四子王旗年鉴

（2021）

四子王旗档案史志馆　编

方志出版社
Publishing House of Local Records

图书在版编目（CIP）数据

四子王旗年鉴 . 2021 / 四子王旗档案史志馆编 . — 北京 ：
方志出版社，2022.12
ISBN 978-7-5144-5131-3

Ⅰ . ①四… Ⅱ . ①四… Ⅲ . ①四子王旗—2021—年鉴
Ⅳ . ① Z522.64

中国版本图书馆 CIP 数据核字（2022）第 257464 号

责任编辑：范　静
责任校对：刘玉霞
责任印制：梅中英
出 版 者：方志出版社
地　　址：北京市朝阳区潘家园东里 9 号（国家方志馆 4 层）
邮　　编：100021
网　　址：http://www.zgfzcb.cn
发　　行：方志出版社图书营销中心（010-67110500）
印　　刷：山西基因包装印刷科技股份有限公司
开　　本：889 毫米 ×1194 毫米　1/16
印　　张：23.5
字　　数：672 千字
版　　次：2022 年 12 月第 1 版
印　　次：2022 年 12 月第 1 次印刷
定　　价：298.00 元

《四子王旗年鉴（2021）》编辑部

主　　编：刘瑞敏

编　　辑：韩　斌

资料搜集：尹光伟

供　　稿：白　洁　张磊桃　张慧娟　索瑞敏　王浩镔　冯梦鸿　谢　芳
赵永鸿　张　程　张燕妮　刘　婧　贺春雷　李丽娜　赵佳琳
柴云龙　李　广　孟晓峰　李　军　李　敏　赫智宇　王云龙
曹慧婷　刘三妹　陈嘉麒　张晓晖　王咏梅　张　静　塔　娜
赵宏俊　刘海龙　刘　伟　赫智宇　孙志文　武日更　李志军
杨嘉琪　宗慧敏　吕海平　孙浩楠　张继业　兰雅斐　吕艳军
王　卓　王珮怡　郭　敏　高佳欣　赵剑峰　李　哲　李国荣
庞昕暐　闫丽霞　孙君政

数字四子王旗（2020）

辖区面积：24036 平方公里

户籍人口：209112 人

常住人口：129372 人（其中：流入人口 63000 人）

其中：蒙古族常住人口 14167 人，占比 10.95%；

其他少数民族人口为 1446 人，占比 1.12%

城镇居住人口：64979 人

农牧区居住人口：64393 人

年平均气温：3.6℃

最高气温：32.7℃

最低气温：−34.8℃

最大冻土深度：158 厘米

年最大风速：25.4 米 / 秒

年降水量：342.1 毫米

年总日照时数：3195.9 小时

无霜期：108 天

地区生产总值：60.52 亿元

三次产业结构：29.8：31.7：38.5

一般公共财政预算收入：1.49 亿元

财政公共预算支出：30.91 亿元

全旗农作物播种面积：183.39 万亩

全年粮食总产量：2.45 亿公斤

牧业年度牲畜存栏头数：149.35 万头（只）

出栏羊：130 万只

出栏生猪：6.3 万头

出栏牛：2.2 万头

肉产量：3.4 万吨

禽蛋产量：440 吨

绒毛产量：1755.76 吨

规模以上工业企业：20 家

规模以上工业总产值：24.6 亿元

完成工业增加值：7.38 亿元

完成工业固定资产投资：4.83 亿元

社会消费品零售总额：16.82 亿元

完成外贸进出口额：615.14 万美元

全年接待国内外游客：90 万人次

旅游综合收入：5.7 亿元

金融机构各项存款余额：73.29 亿元

保险机构保费收入：1.80 亿元

普通中学:4 所（其中完全高中 1 所、初中 3 所）

一贯制学校：（12 年）1 所、小学 8 所、幼儿园 15 所

在校生：13140 人（其中普高 1512 人、职高 303 人、义务教育学生 8367 人、幼儿园 2958 人）

全旗在职教职工：1646 人

全旗共有卫生机构：31 个

风、光电装机容量：109 万千瓦

清洁能源总发电量：26.73 万千瓦时

人工造林：1.65 万亩、封山育林 3.5 万亩

城镇居民可支配收入：3.15 万元

农牧民可支配收入：1.32 万元

农牧民转移就业：19528 人（其中转移 6 个月以上 17254 人）

城乡居民社会养老保险参保人数：114273 人

享受城乡居民社会养老保险待遇：33114 人

全旗共有企业离退休人员：10670 人

全年政府化解债务：7.53 亿元

全年报销医疗费：1.15 亿元

发放惠农惠牧补贴资金：8.35 亿元

老旧小区改造：6 个小区、6 栋楼、206 户

城镇新增就业：1100 人

上级下达扶贫专项资金：2.17 亿元

编辑说明

一、《四子王旗年鉴》是全面反映四子王旗旗情的年度资料性文献。《四子王旗年鉴（2021）》卷为总第8卷，主要记载2020年全旗政治、经济、文化和社会等方面的基本情况。旨在为社会各界读者了解和研究四子王旗提供基本信息资料，也为续修地方志书积累史料。

二、《四子王旗年鉴（2021）》以马克思列宁主义、毛泽东思想、邓小平理论、"三个代表"重要思想、科学发展观、习近平新时代中国特色社会主义思想为指导，坚持辩证唯物主义和历史唯物主义的立场、观点和方法，反映事物的真实情况；人物称谓一律使用第三人称，客观地记录四子王旗政治、经济、文化与社会发展全貌，内容丰富，是四子王旗人民政府对外宣传的重要窗口，也是全旗各行业主管部门掌握旗情的重要资料。

三、《四子王旗年鉴（2021）》采用分类编辑法，设类目、分目、条目三个层次。全书框架在《四子王旗年鉴（2020）》类目基础上作了调整，将部分类目进行了整合或分设。分目下设子分目，以条目为记述的基本形式，条目标题统一用"【　】"表示。

四、《四子王旗年鉴（2021）》记述时间为2020年1月1日至2020年12月31日，为了保证记述内容的完整性，个别事件内容记述时限有上溯或下延。

五、《四子王旗年鉴（2021）》采用的文字、照片、图表由全旗各部门和单位提供基础资料。全书内容由四子王旗档案史志馆按照年鉴编纂要求编辑。

优势特色农牧业

◆ 马铃薯

◆ 南　瓜

◆ 杜蒙羊

◆ 肉　牛

◆ 蒙古马

◆ 戈壁双峰驼

优势特色工业

◆ 风　电

◆ 光　电

◆ 四子王旗景欣农业有限公司葵花子生产线

◆ 内蒙古蒙霖公司柠条加工现场

◆ 四子王旗杜蒙肉羊科技园区

◆ 中加农业园区

为脱贫助力 为致富献爱

◆ 2020年5月27日，呼和浩特市荣联房地产公司助力四子王旗脱贫攻坚捐赠仪式

◆ 2020年7月2日，北京市怀柔区党政代表团赴四子王旗对接扶贫协作捐赠仪式

◆ 2020年10月10日，内蒙古蒙霖生态科技有限公司为四子王旗忽鸡图乡小东营行政村鸡登村捐赠了30吨柠条饲料

◆ 2020年4月25日，爱心企业为郑家滩村委会建档立卡贫困户捐赠生活用品

抗击新冠肺炎我们在一起

◆ 2020 年 2 月 3 日，纪检系统党委在包联小区建立疫情防控临时党支部

◆ 各包联单位领导干部全员上岗，在辖区内开展新型冠状病毒肺炎排查摸底工作

◆ 同舟共济抗疫情、万众一心除病毒

◆ 2020 年 2 月，四子王旗交管大队严把防疫管控交通关

众人捐善款 爱心暖民心

◆ 2020 年 6 月 18 日，内蒙古自治区红十字会向四子王旗捐赠疫情防控物资折合 86.6 万元

◆ 2020 年 3 月 2 日，广州朝云控股有限公司向旗红十字会捐赠价值 33015.2 元的洗涤、消杀物资

◆ 2020 年 3 月 2 日，广州立白集团有限公司向四子王旗红十字会捐赠消杀物资

◆ 2 月 5 日，四子王旗蒙银村镇银行、海星热力公司、大成建筑安装公司联合开展非公企业献爱心捐赠活动

◆ 2020 年 3 月 2 日，四子王旗四大班子领导成员为抗击新冠肺炎疫情带头捐款

◆ 2020 年 2 月 14 日，思瑞科技有限公司向卫健委捐赠价值 158000 元的 SRK 消毒抑菌剂 2 吨

主题党日

◆ 2020年8月11日，四子王旗机关工委党组织牵头举办题为“城乡共建美丽庭院·争创最美文明家庭”的主题党日活动

◆ 2020年11月8日，四子王旗呼市地区流动党员活动中心在乌兰夫纪念馆开展“追寻红色记忆·传承初心使命”主题教育实践活动

◆ 2020 年 9 月 21 日，四子王旗统计局在政府广场举办主题为“人口普查开始啦　欢迎普查员来我家”的第七次全国人口普查宣传月活动

◆ 12 月 4 日，四子王旗全面依法治旗委员会办公室在政府广场举行“12 · 4”宪法宣传日集中宣传活动

城乡建设日新月异

◆ 乌兰花镇俯瞰图

◆ 朝克文都新村

◆ 永远做草原上的红色轻骑兵

◆ 2020 年 6 月 24 日，“乌兰牧骑月 · 一切为了人民”主题活动走进大黑河乡毛独亥村

◆ 2020 年四子王旗“爱在四子王　同心奔小康”春节联欢晚会于 1 月 9 日在四子王旗乌兰牧骑演播大厅上演

◆ 2020 年 11 月 21 日，四子王旗老年体协举办 2020 年度健身舞、健身操、健身气功交流活动

双语教育呈现出一派生机和活力

◆ 2020 年 9 月 14 日，四子王旗蒙古族中学全体师生在校体育馆齐聚一堂，举行 2020—2021 学年度开学典礼暨教学成绩表彰会

◆ 2020 年 10 月 11 日，四子王旗乌兰花镇蒙古族小学校园举行庄严的升旗仪式

◆ 四子王旗城乡人居环境整治志愿服务活动走进大井坡幸福院

◆ 2020 年 12 月 17 日 1 时 59 分，嫦娥五号返回器携带月球样品在四子王旗预定区域安全着陆

◆ 2020 年 12 月 26 日，四子王旗疫情防控先锋志愿者表彰现场

◆ 2020 年 8 月 28 日，中加农业四子王旗种植争霸赛颁奖大会暨 2021 年种薯订货启动仪式举行

◆ 8 月 30 日，心连心“丰收王”全国评选活动在四子王旗举办。活动由河南心连心化工集团股份有限公司主办，四子王旗润丰农资化肥销售部协办，来自旗内各乡镇的马铃薯种植户参加了活动

内蒙古“互联网+史志”大数据学术研讨会暨内蒙古史志信息化第六届学术交流会全体合影

呼和浩特　2021年11月26日

特　载

大事记

旗情概览

中共地方组织

四子王旗人民代表大会

四子王旗人民政府

政协四子王旗委员会

中共四子王旗纪律检查委员会 四子王旗监察委员会

群众团体

法 治

军　事

经济管理与监督

农牧业　林业　水利与气象

工业经济

通信　邮政

资源管理与环境保护

财政　税务

金融 保险

商贸流通

教育　体育

文化　旅游

卫生与医疗

社会生活

苏木乡镇

中共四子王旗第十三届全委扩大会议第二十次会议工作报告（节选）

——在旗委第十三届十二次全会暨全旗经济工作会议上的报告

旗委书记　武玉亮

一、肯定成绩、直面问题，奠定经济社会高质量发展坚实基础

2020年是我旗发展史上极不平凡的一年，也是取得瞩目成绩的一年。在自治区党委、市委的坚强领导下，旗委常委会团结带领全旗各级党组织和广大党员干部群众，坚决贯彻落实习近平总书记对内蒙古重要讲话重要指示批示精神，坚定不移走生态优先、绿色发展的高质量发展之路，打赢打好“三大攻坚战”，扎实做好“六稳”工作，全面落实“六保”任务，疫情防控和经济社会发展实现“双胜利”，“十三五”规划圆满收官，夯实了“十四五”起步的基础。全年完成地区生产总值60.52亿元，一般公共预算收入完成1.49亿元，固定资产投资同比增长4%，规模以上工业增加值增速5.5%，社会消费品零售总额完成16.82亿元，城乡居民人均可支配收入分别为31525元、13155元，外贸出口总额615万美元。

（一）坚定政治方向、强化政治引领，班子建设更加坚强有力

常委会始终把学习贯彻落实习近平新时代中国特色社会主义思想作为重要政治任务，持续巩固深化“不忘初心、牢记使命”主题教育成果，传达学习习近平总书记重要讲话重要指示批示精神37次，认真开展研讨交流，带头深入基层宣讲，自觉武装头脑、指导实践、推动工作，不折不扣把党中央重大决策部署落到实处，以实际行动践行“两个维护”。严格执行民主集中制原则，认真落实民主生活会制度，形成了民主团结的良好局面。带头落实党风廉政建设责任制和廉洁自律各项规定，当好廉洁自律的表率。认真落实党管意识形态责任，有效防范化解社会民生、民族宗教等意识形态领域重大风险，主阵地更加牢固，中华民族共同体意识深入人心。

（二）夯实党建基础、强化党建引领，党的建设全面加强

坚持党要管党、全面从严治党。建立了中心组学习巡听旁听制度，制度体系更加完善。传统媒体和新兴媒体融合发展，《草原额吉——人民楷模都贵玛》荣获全区旗县融媒体作品一等奖，编发各类稿件1912条，唱响了主旋律、弘扬了正能量。建成新时代文明实践阵地26个，文明之风吹进千家万户。严格落实“五化协同、大抓基层”要求，以“基层党组织效能建设年”为抓手，扎实推进“五强”党支部、党群服务中心建设，基层党建引领网格化治理水平不断提高。大力培养选拔优秀年轻干部，提拔重用了一批在脱贫攻坚、疫情防控等急难险重任务中表现突出的干部，优化了年龄、学历、专业结构。完成了苏木乡镇机构改革和综合行政执法队伍改革，深化事业单位改革试点工作有序推进。新一届“两委”换届选举圆满完成，5个100%要求全部实现，基层党组织带头人队伍建设取得了新成效。民兵应急分队和骑兵连积极参与鼠疫防控、嫦娥五号回收、防火防汛等应急任务，国防动员和后备力量建设作用凸显。纵深推进党风廉政建设和反腐败工作，深入开展扶贫领域、煤炭领域、人防系统、教育医疗系统、扫黑除恶、营商环境专项整治，十三届旗委巡察“全覆盖”任务全部完成，党风政风进一步好转。

（三）坚持联防联控、群防群控，新冠肺炎疫情防控取得决定性胜利

疫情就是命令，防控就是责任。面对突如其来的新冠肺炎疫情，各级党组织闻令而动，迅速响应。136个嘎查村社区、180个居民小区、3583名党员干部和青年志愿者、33万件防护用品、3.5吨消杀物资、584万元捐赠资金、66个昼夜值勤等，一串串数字构筑了众志成城、群防群控的钢铁长城，打赢了疫情防控人民战争、总体战、阻击战。统筹推进常态化疫情防控和经济社会发展，工商企业有序复工复产，为一线防控人员和高风险人群接种疫苗7300份，核酸检测1万余份，守住了人民群众的“生命线”，稳住了经济社会的“基本盘”。

（四）坚持精准施策、全力攻坚克难，三大攻坚战成效显著

坚决贯彻落实总体国家安全观，积极防控各领域风险，经济社会秩序稳定。全年化解政府债务7.53亿元，超额完成既定目标任务。坚决打赢“蓝天碧水净土”保卫战，全年空气质量优良天数342天，优良率95.8%，河（湖）长制有效落实，完成沙源治理、经济林建设、人工种草27.6万亩，农业面源污染得到有效遏制。坚决把打赢打好脱贫攻坚战作为首要政治任务，3月5日公告退出国家贫困旗县序列。我们持续压实责任、集中攻坚，坚持标准不降、力度不减、干劲不松，突出未脱贫人口脱贫、产业扶贫、就业扶贫、消费扶贫等重点工作，投入资金3.16亿元，实施扶贫项目125个，脱贫攻坚取得丰硕成果。以优异成绩通过国家脱贫攻坚普查验收和2020年脱贫攻坚成效第三方评估检查验收，旗委和自治区脱贫攻坚工作总队荣获全国脱贫攻坚先进集体荣誉称号。这份荣誉是所有党员干部辛勤付出的结果，也是对口帮扶地区和定点帮扶单位真情帮扶的结果，更是党中央坚强领导的结果，高质量完成了脱贫攻坚历史使命，全旗人民群众过上了更加富裕美好的生活。

（五）优化产业结构、完善产业链条，发展质量不断提升

立足主体生态功能区定位，推动三次产业提质增效。把调整农牧业结构作为重中之重，农作物总播面积稳定在183万亩，其中马铃薯种植面积56万亩，玉米种植面积增加到36万亩，杜蒙肉羊杂交改良52万只，肉牛养殖达到5.5万头，“为养而种、种养结合、以养促调”的产业结构调整进程明显加快。亿茗马铃薯深加工项目主体完工，肉羊育肥场和活畜交易市场具备运营条件，启动实施牛羊肉屠宰加工项目，补齐了短板，健全了产业链条。国电投600万千瓦风电项目进展顺利，首台风机成功发电。引进三峡新能源“源网荷储”示范项目，前期工作有序推进。永和氟化工一氯甲烷、氟烷等新产品投产，萤石资源利用率进一步提升。“一区多园”架构基本完成，为产业落地奠定了基础。首次举办AOPA草原飞行大会暨亚草赛和“辉煌梦机车嘉年华”赛事活动，开发了旅游资源、创新了旅游产品、丰富了旅游业态，全年接待游客90万人次，旅游综合收入5.7亿元。游客中心和乌兰牧骑排练厅主体封顶，智慧旅游平台搭建完成，公共文化服务体系逐步完善。完成王爷府修缮工程，启动锡拉木伦庙抢险加固工程，文物资源得到有效保护。国家级电子商务进农村示范项目成效显著，孵化企业45家，出港快递17.6万件，配送下乡1.9万单，网络销售额4800万元，通过国家和自治区中期绩效考核。

（六）聚力补齐短板，推动融合发展，城乡面貌不断改善

新增商住面积13.5万平方米，改建市政道路3.6公里，配套管网工程18.9公里，建成区园林绿化覆盖率30.74%，生活垃圾裂解气化处理项目开工建设，城镇功能进一步完善，成功创建自治区卫生城镇。国道331线建成通车，格红线改造工程开工建设，积极开展公路升级养护和安防工程建设，被评为自治区“四好农村路”示范旗。维修人饮工程484处，红格尔水库续建工程顺利推进，新建110千伏输变电站2座，农网改造线路170公里，完成危房改造276户，改造户厕4985户，基础设施更趋完善。

（七）坚持人民至上、情系民生福祉，群众生活更加美好

全年民生领域支出25.3亿元，占财政总支出的82.6%。城镇新增就业1100人，农牧民转移就业3.2万人。全面推进义务教育优质均衡发展，试行“普职融通”办学模式，提升普通高中办学水平，高考升本率达到45.2%。将民族团结教育与课堂教学、德育教育相结合，积极开展双语师资培训，国家统编教材顺利推行使用。旗人民医院晋级二级甲等医院，PCR核酸检测实验室投入使用，公共卫生服务水平稳步提升。圆满完成部分退役士兵社保接续和公益性岗位安置工作。殡仪馆和城镇公益性公墓开工建设。开展各类文化惠民活动200余场次，群众文化活动丰富多彩。乌兰牧骑荣获多个自治区奖项，红十字会获得自治区“光明行”社会公益活动先进集体荣誉称号，孟三虎荣获“全国劳动模范”荣誉称号，模范榜样作用深入人心。

（八）强化社会治理、维护稳定大局，社会环境安定有序

坚持依法治旗、依法执政、依法行政共同推进，民主法治化水平显著提升。加强基层网格化治理，累计为农牧民办实事、解难题1.2万件。推进综合行政执法改革，梳理权责事项清单4862项，行政执法主体56个。累计办理涉黑涉恶案件22起，铲除恶势力犯罪团伙2个，破获公安厅督办命案1起，社会公众安全感明显提高。全面深化改革进展顺利，营商环境持续向好，安全生产形势总体平稳，应急救援体系逐步完善，完成第七次全国人口普查登记工作，档案史志工作完成全国“两全”目标。军警民联合保障嫦娥五号返回器平安回家，实现自治区“双拥模范旗”六连创。扎实做好矛盾纠纷排查化解工作，有效解决房地产历史遗留“入住难、办证难”问题，信访总量明显下降。支持人大、政协、法院、检察院依法行使职权，扎实做好统战、民族、统计、群团和老干部工作，全旗上下形成实干进取、团结奋进的良好局面。

这些成绩的取得，是以习近平同志为核心的党中央坚强领导的结果，是自治区党委、市委正确领导的结果，是旗四大班子精诚团结的结果，是全旗党员干部群众拼搏奋斗的结果。在此，我代表旗委常委会，向全旗各族人民和所有关心关注、鼎力支持四子王旗发展建设的同志们、朋友们、老干部们，表示衷心的感谢并致以崇高的敬意！

在肯定成绩的同时，我们要清醒认识到实

现经济社会高质量发展，还存在经济结构不够合理、农牧业产业体系不够完善、城乡融合发展不够平衡、营商环境不够优化、民生领域有不少短板等问题。对这些问题，旗委常委会和各级党组织务必要高度重视，发扬斗争精神，认真加以解决。

以上报告提请全会审议。

二、立足当前、着眼大局，为经济社会高质量发展蓄势积力

2021年，是“十四五”开局之年，是全面建设社会主义现代化国家新征程开启之年，也是建党100周年，在疫情防控常态化背景下，统筹抓好经济社会发展各项工作意义更加重大。党的十九届五中全会提出了“十四五”时期经济社会发展主要目标和二〇三五年远景目标；中央经济工作会议安排了强化国家战略科技力量，增强产业链供应链自主可控能力，坚持扩大内需这个战略基点，全面推进改革开放，解决好种子和耕地问题等八个方面的重点任务；自治区党委十届十三次全会暨全区经济工作会议明确了坚定不移走以生态优先、绿色发展为导向的高质量发展新路子，牢牢立足“两个屏障”“两个基地”和“一个桥头堡”的战略定位；市委四届十次全会暨全市经济工作会议提出推动“五大经济”联动发展的新思路。这些目标任务为我们指明了方向、提供了遵循，全旗上下要切实把思想和行动统一到党中央决策部署和自治区党委、市委的工作要求上来，认认真真履职尽责，扎扎实实抓好落实。

党的十九届五中全会作出“当前和今后一个时期，我国发展仍然处于重要战略机遇期，但机遇和挑战都有新的发展变化”的科学判断，充分体现了以习近平同志为核心的党中央对国内外形势的精准把握，为我们正确认识发展大势，应对风险挑战提供了思想指引。对我旗而言，在进入新发展阶段之后，我们面临的环境和条件都发生了新的变化，这就要求我们增强机遇意识和风险意识，准确识变、科学应变、主动求变，在抓机遇、防风险中推动经济社会高质量发展。一是宏观政策带来了诸多利好。在加快构建以国内大循环为主体、国内国际双循环相互促进的新发展格局背景下，党中央将通过深入推进供给侧结构性改革，重新布局产业要素，着力打通生产、分配、流通、消费各个环节，在国内形成完备的经济链条，这为我们提供了新的发展机遇。中央经济工作会议明确提出要继续保持宏观政策的连续性、稳定性和可持续性，实施积极的财政政策和稳健的货币政策，为我们向上争取项目和资金提供了更多机会。二是发展基础积蓄了强劲动能。经过“十三五”期间的不懈努力，我们做了大量打基础、利长远的工作，农牧业产业链条逐步完善，旅游品牌和知名度进一步打响，生态环境质量明显改善，社会治理成效显著，党的建设纵深推进，政治生态持续向好，发展环境不断优化，全面建成小康社会取得决定性成就，为“十四五”乘势起航奠定了坚实基础。三是干部队伍提供了坚强保障。通过脱贫攻坚、疫情防控等急难险重任务的磨砺锤炼，一批政治坚定、能力突出、作风优良的干部得到培养锻炼，干部队伍的担当意识明显增强。通过“两委”换届选举，强化了基层组织建设，夯实了战斗堡垒，动员群众、组织群众、凝聚群众的能力大幅提升。全旗上下形成了人心思进、赶超跨越的浓厚干事创业氛围，为在新的发展阶段实现更高质量发展提供了组织保障。

同志们，2021年是我国现代化建设进程中特殊重要的一年，是向着第二个百年奋斗目标进军的第一年。我们要站在全国、全区、全市的大局中来科学分析形势，准确把握大势，积极应对挑战，增强发展信心，解放思想、抢抓机遇，以更加饱满的精神、更加振奋的士气、更加澎湃的力量，发扬为民服务孺子牛、创新发展拓荒牛、艰苦奋斗老黄牛的“三牛”精神，谱写经济社会高质量发展新篇章。

三、坚定信心、乘势而上，开启经济社会高质量发展新征程

2021年经济社会发展总体要求是：以习近

平新时代中国特色社会主义思想为指导，全面贯彻党的十九大和十九届二中、三中、四中、五中全会精神，深入落实习近平总书记对内蒙古重要讲话重要指示批示精神和中央经济工作会议精神，按照自治区党委十届十三次全会暨全区经济工作会议、市委四届十次全会暨全市经济工作会议部署，坚持稳中求进工作总基调，立足新发展阶段，贯彻新发展理念，构建新发展格局，以推动高质量发展为主题，以深化供给侧结构性改革为主线，以改革创新为根本动力，以满足人民日益增长的美好生活需要为根本目的，坚定不移走以生态优先、绿色发展为导向的高质量发展新路子，以优异成绩庆祝建党100周年。

按照这一总体要求，综合考虑基础支撑条件、项目建设以及疫情影响，今年经济社会发展的主要预期目标是：地区生产总值增长4.7%左右，固定资产投资增长100%左右，规模以上工业企业增加值增长6.5%左右，一般公共预算收入增长5%左右，社会消费品零售总额增长3.4%左右，外贸进出口额增长40%左右，城乡居民人均可支配收入分别增长4%和8%左右，城镇登记失业率控制在4.1%以内，单位GDP能耗下降2.97%。

完成好上述目标任务，着重抓好六个方面的工作。

第一，坚持农业农村优先发展，全面推进乡村振兴战略。坚持把解决好“三农”问题作为重中之重，高起点编制乡村振兴规划，全面推进乡村振兴战略，促进农牧业高质高效、农牧区宜居宜业、农牧民富裕富足。一要巩固脱贫攻坚成果。在5年过渡期内，扎实做好政策衔接、工作衔接和机构队伍衔接。严格落实“四不摘”要求，保持现有帮扶政策、帮扶力量总体稳定，健全防返贫动态监测和帮扶机制，强化综合保障措施，坚决防止发生返贫。坚持投入力度不减，充分衔接乡村振兴战略，培育壮大扶贫产业，改善基础设施条件，强化资金项目和资产管理，巩固好脱贫攻坚成果。加大易地扶贫搬迁后续扶持力度，继续发展壮大“整村推进”肉羊产业，完善配套设施和公共服务，确保“搬得出、稳得住、逐步能致富”。调整优化公益性岗位设置，建立酬劳匹配机制，激发就业人员参与乡村振兴的积极性主动性。深化东西部协作和央企定点帮扶，加强产业、教育、医疗卫生、人才等领域深度合作，精准对接首都市场，拓宽优质农畜产品进京销售渠道。二要加快农牧产业高质量发展。充分发挥企业优势、资源优势、技术优势，加大政府扶持引导力度，坚定不移走“为养而种、种养结合、以养促调”的高质量发展路子，让农牧业成为有奔头的产业。一是积极打造优势产业。充分发挥国家级马铃薯良种繁育基地作用，创建自治区级马铃薯产业园区，推广“企业+基地+农户”模式，形成马铃薯良种繁育、新品种推广、专用薯种植多元发展新格局。引进社会化服务企业，大力推广标准化种植。加大换种补贴、基础设施、杂交改良投入力度，在农区继续整村推广杜蒙肉羊养殖模式，在有养殖基础的村庄整村推进西门塔尔、安格斯优质肉牛产业，发展一批专业户，打造一批专业村。二是推动农业提质增效。积极推进农业节水改造，必保完成“水改旱”工作任务，实施好高标准农田建设工程。大力发展旱作有机农业，着力破解旱作农业发展“瓶颈”，做强燕麦、小麦、油菜、饲草等旱地优势产业，实施旱作高标准农田和饲草产业项目，通过绿色有机、订单收购、“过腹转化”提升产业价值。三是做大做强种子产业。积极推进中加、鑫雨自主马铃薯新品种登记和保护工作，提升马铃薯种业自主创新能力，逐步建成满足全旗、供应全市、辐射全国的种薯主导产业。发挥国家肉羊核心育种场的示范带动作用，健全肉羊育种扩繁体系，力争“杜蒙”肉羊通过国家新品种认定，增强市场竞争力和良种覆盖率，打造全国杜蒙肉羊交易集散地。四是延长产业发展链条。完善肉羊产业科技园区建设，扎实推进大象集团生猪养殖和10万头肉牛标准化养殖牧场项目，确保亿茗马铃薯和民贸牛羊肉屠宰深加工项目投产，扩大景欣农业葵花产能，实现农牧业全链条、融合式发展。五是深入实施品牌战略。积极创建国家级农业产业强镇，争取认定1～2个国家级或自治区级“一村一品”示范村镇。扎实开展质量提升行动，加强绿色、有机农产品和地理标志产品认证，新增绿色食品、有机农产品1～2个。打造农畜产品区域公用品牌，让优质农畜产品走出内蒙古。三要全面实施乡村振兴战略。实施一批农村牧区小型水利、防洪坝等工程，推进“智慧广电”牧区现代化建设项目，积极改善通信网络，让农村牧区公共基础设施更加完善。深化农村牧区集体产权制度改革，带动资本、人才、技术等要素向嘎查村流动，推动农村牧区发展提档升级。启动实施农村牧区人居环境整治提升五年行动，实施户厕改造、垃圾污水处理、土地增减挂钩项目，促成全域垃圾无害化处理工程落地，建设畜禽无害化处理中心，常态化开展村庄环境卫生整治，提升农村牧区宜居水平。四要弘扬新时代文明新风。加强社会主义精神文明和思想道德建设，引导农牧民践行社会主义核心价值观，挖掘优秀传统文化，推进移风易俗。深入开展“听党话、感党恩、跟党走”宣讲活动，用老百姓听得懂、接地气的语言讲政策、讲变化、讲故事，让广大农牧民从身边人、身边事中感受农村牧区发展变化，坚定跟党走的强大信心。

第二，坚持高质量发展主题，全力推动经济转型升级。立足主体生态功能区定位，把好产业准入关，壮大优势产业、发展第三产业，切实提高资源有效转化率。一要突出项目带动作用。准确把握上级政策走向和资金投向，加快前期工作进度，储备和建设一批打基础、利长远、增后劲的重大项目。年内力争“源网荷储”示范项目开工，600万千瓦风电基地首期项目并网发电，永和氟化工新增项目投产，白乃庙铜矿启动重整，推动佳辉硅业盘活工作，把资源优势转化为经济优势。二要加快第三产业发展。充分挖掘旗域内消费潜力，鼓励餐饮住宿、商业零售、文化娱乐等行业开展各类优惠促销活动，推动“夜间经济”“地摊经济”规范有序发展，激发城镇消费活力。培育发展线上线下相结合的消费新业态，组织旗内农畜产品参加各类展销会、赶大集等活动，打造“网红”队伍，发展“网红”经济，拓宽产品销售渠道。完善旗、乡、村三级物流体系，申报国家级电子商务进农村综合示范项目升级版，推进电子商务进农村和农畜产品“出村进城”，构建“实体经济+电子商务+现代物流”的发展模式。积极承办草原旅游那达慕、飞行大会、机车嘉年华、草原音乐节等文化旅游节庆赛事活动，开发休闲农业和乡村旅游精品线路，探索研学游发展新路子，促进全域全季旅游发展，繁荣旅游消费市场。三要持续优化营商环境。深入实施“营商环境作风整治年”行动，深化“放管服”改革，最大限度减环节、优流程、压时限、提效率，建立健全“双随机、一公开”监管联席会议制度，落实公平竞争审查制度和减税降费政策，着力构建亲清政商关系，在全社会形成“人人是营商环境、事事是营商环境、处处是营商环境”的浓厚氛围。深入开展“全员招商年”行动，压实招商引资责任，加大招商引资力度，引进建设规模大、投资强度高、拉动力强的优质高效项目。按照“一区多园”架构，进一步优化规划布局，完成园区控制性详规，完善园区基础设施，为项目落地提供平台。四要强化政策支持保障。严格执行普惠金融定向降准政策，围绕主导产业发展，加强银政、银企合作，发挥“助保贷”作用，有效解决中小企业融资难问题。大力创新金融产品，积极化解民间高利贷，依法规范民间借贷行为。积极争取转移支付和地方政府新增债券额度，保障民生和重点领域项目支出，大力涵养和培植税源，完成化解政府债务目标任务。

第三，坚持绿色发展理念，筑牢北疆生态安全屏障。践行“两山”理论，统筹山水林田湖草系统治理，严守生态保护红线、环境质量底线、资源利用上线，让天更蓝、水更清、草更绿、空气更清新。一要全面提升环境质量。加大矿山地质环境综合治理力度，推进绿色矿山建设。严把新建项目环保准入关，严格执行环境影响评价和环保“三同时”制度。持续整治“散乱污”企业，取缔淘汰燃煤供热锅炉，做好热力源除尘脱硫改造工作，确保空气质量更加优良。持续推进化肥农药减量增效，加大废旧残膜回收力度，确保耕地土壤更加洁净。二要大力保护利用水资源。严格落实《乌兰察布市水资源保护条例》，有序关停农业灌溉井，扎实推进农业水价综合改革，严控农业地下水开采，用最严格制度保护好有限的水资源。探索农村牧区垃圾污水无害化处理路径，实施污水处理及再生利用二期工程和中水蓄水池工程，提升污水收集处理利用能力。三要加强林草资源保护。严格落实禁牧和草畜平衡制度，严格执行《草原法》和《自治区草畜平衡和禁牧休牧条例》，坚决查处超载放牧和禁牧区揽畜放牧行为，加大经济处罚力度，巩固好来之不易的草原生态保护成果。深入开展破坏草原林地违规违法行为专项整治行动，严肃查处草原上乱采滥挖、开荒种地行为，实施沙源治理、经济林等重点生态工程建设，引种扩繁胡杨林，完善东山生态公园供水系统，保护和修复草原林地生态系统。四要严格节能降耗。严格执行自治区高耗能项目准入政策，坚决完成能耗增量、单位 GDP 能耗下降控制目标，守住能耗双控底线。统筹做好各领域节能降耗工作，加强公共机构节能降耗管理，积极倡导绿色生产生活方式。

第四，坚持以人民为中心的发展思想，着力提升人民群众幸福指数。民生是最大的政治，要始终坚持“人民至上”理念，多行利民之举、多办为民实事，不断满足人民群众对美好生活的向往。一要提升城镇宜居功能。采取争取项目、适度举债等方式，着力解决城镇“老大难”民生问题。完成国土空间规划修编和第三次国土调查，有序开展村庄规划编制，合理有效利用土地资源。一是切实改善居住条件。加快泰和、碧生源等商住小区建设，实施老旧小区改造项目，积极解决棚户区改造和房地产历史遗留问题，整顿物业行业乱象，提高物业管理水平。二是切实改善生活条件。实施道路改造以及配套管网、镇内排洪和人防工程，推进生活垃圾裂解气化处理项目，建设一批水冲式厕所和垃圾转运站，规划建设充电桩，改造镇内电网线路。结合新旧区道路绿化现状，补植一批行道树，推进园林式小区、单位建设，扩大镇内绿地面积，让群众“推窗见绿、出门见景”，争创自治区级园林城镇。积极筹建数字化城市管理平台，力争建立起覆盖全旗、上下贯通、数据共享、运行高效的网络综合执法体系，实现城市管理数字化、精细化、智慧化。二要完善基础设施建设。开工建设通用机场、中四线一级公路工程，格红线改造工程完工，推进乌兰花镇南北互通立交桥项目，严厉打击农村公路违法行为，建好“四好农村路”，让群众出行更便捷。新建红格尔—江岸 110 千伏变电站双回路工程，柯梅 35 千伏输变电工程，农网改造线路 163 公里，新能源转网电 908 户，提高供电可靠性。加快红格尔水库建设进度，推进引红入乌工程前期工作，实施乌兰花镇供水水源地保护建设工程，配建自来水厂，提升供水保障能力。三要持续保障和改善民生。把就业作为第一民生工程，全面落实援企稳岗政策，加强失业人员登记和失业保险征缴工作，持续开展职业技能提升行动，稳定就业基本盘。完善城乡居民基本医疗保险制度，确保脱贫人口全部参保，健全重大疾病医疗保险和救助制度，切实减轻群众负担。落实城乡居民基本养老保险待遇正常调整机制。推进城乡低保制度统筹发展，逐步提高特困人员供养服务质量。完成殡仪馆和公益性公墓建设，大力推进殡葬改革。加强退役军人服务保障体系建设，强化烈士纪念设施管理，做好双拥优抚安置工作。关心关爱妇女儿童，支持慈善和残疾人事业。实施中心敬老院项目，提高幸福院管理水平，让老年人安享晚年。四要积极发展社会事业。始终以办好人民满意教育为宗旨，把育德一项放在首要位置，按照学前教育抓普惠、义务教育抓均衡、高中教育抓特色、民办教育抓品牌的思路，总体谋划教育布局，坚持公办和民办相结合、相促进，全面推行“县管校聘”，改善办学条件、建强师资队伍、提升教学质量，加强特长教育和民族体育教育，开展高中教育特色化办学，提高升本率。深入开展铸牢中华民族共同体意识培训教育，确保三科统编教材推行平稳有序。高度关注单亲子女、留守儿童、学困生教育，采取封闭管理、结对帮扶等措施，让每一个孩子在关爱中健康成长。落实常态化疫情防控要求，压实“四方”责任，落实“四早”要求，毫不放松抓好“外防输入、内防反弹”各项工作，巩固来之不易的疫情防控成果。实施基层医疗卫生人才引进计划，完成旗人民医院发热门诊改扩建项目，蒙中医院投入使用，提升医疗卫生服务能力。推进国家级鼠疫监测点改扩建项目和新建鼠疫防疫物资储备库项目，提升鼠疫疫情防控能力。加强知识产权保护，激发全社会创新活力。开展文化资源普查，传承和保护非物质文化遗产。加大文物保护力度，锡拉木伦庙申报国家级文物保护单位，完成市级文物保护单位标志碑建设和锡拉木伦庙抢险加固工程。力争乌兰牧骑排练厅和游客中心投入使用，建立乌兰牧骑联席会议制度，充分发挥“乌兰牧骑 +”作用，围绕建党 100 周年庆祝活动，深入开展各类群众文化活动和惠民演出，丰富群众文体生活，为乡村振兴注入新的文化气息。

第五，坚持强化社会综合治理，全力推进平安四子王旗建设。牢固树立“发展是第一要务、平安是第一责任”的思想认识，将平安建设作为社会治理现代化重要内容，让人民群众的获得感成色更足、幸福感更可持续、安全感更有保障。一要树牢政治安全底线。要全面落实总体国家安全观，坚持把维护政治安全、政权安全、制度安全作为首要任务，强化国家安全宣传教育，严密防范敌对势力渗透、破坏、颠覆、分裂活动。铸牢中华民族共同体意识，认真学习贯彻党的各项民族理论政策，持续加强和改进民族工作，深入开展民族团结进步示范创建活动，让民族之花常开长盛。构建党政军警民合力强边固防工作格局，筑牢祖国北疆安全稳定屏障。二要提升法治理念。积极开展“八五”普法宣传，加强对《民法典》《中国共产党统一战线工作条例》等法律法规的宣传教育，将法治理念渗透到全社会各个领域、各个环节，提升干部群众法治意识。各级领导干部要牢固树立法律红线不能触碰、法律底线不能逾越的思想观念，带头遵守法律、带头依法办事，不断提高运用法治思维和法治方式处理问题的能力。三要强化社会治理。常态化开展扫黑除恶专项斗争，持续深化重点领域、重点行业专项整治工作，让城乡更加安宁、群众更加安乐。加大信访积案化解力度，扎实解决“入住难、办证难”问题和草牧场纠纷等信访事项，推动“事要解决”，把“群众送上门来的工作”办实办好，把矛盾化解在基层，化解在萌芽状态。四要创新基层治理。加强党对政法工作的领导，推进苏木乡镇综治中心“四位一体”建设，扎实开展平安创建活动，强化基层网格化治理，构建农村牧区共建共治共享的基层治理新路径。五要抓好公共安全。全面落实安全生产责任制，扎实开展安全生产专项整治行动，全面开展农村牧区房屋安全隐患排查整治工作和违法建设违规审批专项清查工作，切实消除安全隐患，坚决遏制重特大事故发生。加强应急管理体系建设，配齐配足装备和人员，切实提升防灾减灾救灾能力。严格落实食品药品“四个最严”要求，切实保障人民群众“舌尖上的安全”。

第六，坚持党建引领发展，着力续写充满活力新篇章。坚定不移贯彻落实新时代党的建设总要求，持续深化全面从严治党，努力把党组织打造的更加坚强有力，把广大党员干部锤炼得更加奋发有为，为“十四五”开好局、起好步提供坚强保障。一要强化政治意识，坚定维护核心。各级党组织和广大党员干部必须旗帜鲜明讲政治、坚定不移讲政治、一以贯之讲政治，切实提高政治判断力、政治领悟力和政治执行力，增强“四个意识”、坚定“四个自信”、践行“两个维护”。坚持用习近平新时代中国特色社会主义思想武装头脑，深化政治理论学习，加强党性锻炼，夯实理想信念根基，锤炼忠诚干净担当的政治品格。要严格落实意识形态责任制，积极倡导主流思想文化，依法处置网络舆情和谣言散播行为。以建党100周年为契机，精心组织“两优一先”评选表彰等庆祝中国共产党建党100周年系列活动，深入开展党史学习教育，在学习党的光辉历史、光荣传统中，进一步增强发展信心。二要建强干部队伍，激励担当作为。做深做实领导班子和领导干部考核工作，充分发挥考核“指挥棒”和“风向标”的作用，提升识人察人精准度。树立鲜明的选人用人导向，优化干部育选管用工作，坚持在乡村振兴、疫情防控等重点工作一线培育选拔干部，让想干事、能干事、干成事的干部有平台、有机会。在今年的旗乡两级领导班子换届工作中，统筹考虑班子结构和功能，立足干部队伍实际，选拔培养优秀年轻干部、女干部、少数民族干部和党外干部，确保干部队伍结构合理。完善健全容错纠错机制，激发广大干部干事创业的积极性，形成支持大胆干、大胆闯，鼓励敢担当、敢作为的良好氛围。三要深化组织引领，夯实基层基础。围绕增强政治功能和提升组织力，坚持要素建设和机制建设并重，推动有形覆盖向有效覆盖转变、单兵突破向整体推进转变，持续推进基层党组织效能建设，着力完善上下贯通、执行有力的组织体系。扎实推进抓基层党建促民族团结，推动抓党建促脱贫攻坚与抓党建促乡村振兴有效衔接，深入开展党员教育管理监督、嘎查村社区软弱涣散党组织、机关党建“灯下黑”和中小学党建工作4个专项整治。探索推行党建网格化，完善在职党员到社区报到参与治理服务常态化机制。全面加强党员队伍建设，开展基层党组织书记任职培训和入党积极分子、预备党员集中培训，落实好“三会一课”、主题党日等制度，推动党员教育管理和党组织生活严起来实起来。四要从严正风肃纪，净化政治生态。坚持把正风肃纪作为全面从严治党的关键举措，在坚持中深化、在深化中发展，推动党风政风持续好转。各级党组织要严格落实中央八项规定及其实施细则精神，坚决纠治“四风”，着力整治“四官”，持续优化督查调研考核机制，杜绝文山会海，为基层松绑减负，让基层干部有更多时间和精力谋改革、促发展、抓落实、解民忧。深入开展作风领域突出问题专项整治，严厉打击、坚决查处破坏营商环境、影响发展的人和事，切实营造风清气正的政治生态。持续强化审计监督，发挥审计经济督查作用，着力推进审计发现问题的整改落实。坚持挺纪于前、抓早抓小，精准运用监督执纪“四种形态”，常态化开展警示教育活动，防止一些党员干部身上的“炎症”演变为“癌症”，做到强化监督有态度、执纪问责有力度、治病救人有温度。充分发挥政治巡察利剑作用，深入开展专项巡察，适时启动“回头看”工作，强化巡察成果运用，扎实做好巡察“后半篇文章”。五要加强自身建设，凝聚强大合力。加强旗委常委会自身建设，发挥党委统揽全局、协调各方作用，支持人大、政府、政协和法院、检察院依法依章履行职能，工会、共青团、妇联、工商联等群团组织发挥作用，发展最广泛的爱国统一战线，重视保密机要、档案史志、统计、气象和老干部工作，加强党管武装、国防动员和军民融合发展，为全旗经济社会高质量发展汇集众智、凝聚共识、形成合力。

四子王旗第十五届人民代表大会第五次常务委员会工作报告（节选）

——2021 年 3 月 11 日在四子王旗第十五届人民代表大会第五次会议上

旗人大常委会主任　格宝日

2020 年主要工作

2020 年是实现第一个百年奋斗目标、全面建成小康社会的决胜之年，也是“十三五”规划的收官之年。一年来，在旗委的坚强领导下，旗人大常委会坚持以习近平新时代中国特色社会主义思想为指导，深入学习党的十九大和十九届二中、三中、四中、五中全会精神，全面贯彻落实习近平总书记关于坚持和完善人民代表大会制度的重要思想及对地方人大及其常委会工作的重要指示精神，坚持党的领导、人民当家作主、依法治国有机统一，紧紧围绕全旗工作大局，认真履行宪法和法律赋予的职责，圆满完成旗十五届人大四次会议确定的各项目标任务，为我旗经济社会发展和民主法治建设做出了新的贡献。

一、强根固基，切实提高政治站位

旗人大常委会旗帜鲜明讲政治，坚决拥护党中央权威和集中统一领导，始终把党的领导贯穿人大工作的全过程，确保我旗人大工作与中央、自治区精神同频共振，与市委、旗委决策部署同向发力。常委会持续推进“两学一做”和“不忘初心、牢记使命”主题教育常态化、制度化建设，坚持把学习领会习近平总书记重要讲话精神作为思想建设重点，把党中央、自治区党委、市委和旗委重大决策部署作为常委会的重要学习内容，特别是以打好打赢脱贫攻坚战为工作导向，集中学习习近平总书记 2015 年以来 7 次脱贫攻坚专题会议的重要讲话精神，从思想上聚合人大助力脱贫攻坚的强大合力。2020 年，人大党组中心组和人大办直属党支部在专题学习《中华人民共和国民法典》、十九届五中全会精神、习近平关于民族工作的重要讲话精神的同时，深入学习贯彻习近平法治思想，切实提高政治站位，牢固树立“四个意识”、坚定“四个自信”、做到“两个维护”，夯实了做好新时代人大工作的思想根基和政治基础。

二、保驾护航，坚决贯彻旗委决策部署

旗人大常委会牢固树立核心意识，始终把党的领导贯穿于依法履职全过程，自觉维护旗委总揽全局、协调各方的领导地位，把贯彻落实党的路线方针政策作为人大工作的重中之重，确保旗委在脱贫攻坚、经济社会发展等方面的重大决策部署，通过人大法定程序成为人民群众的共同意志，并依法得到贯彻落实。

三、服务中心，发挥人大各项工作职能

旗人大常委会始终围绕事关全局性、根本性、长远性的重大问题，持续关注社会热点难点问题，积极探索人大监督的新方式新途径，紧扣中心、服务大局、依法履职。

*围绕经济发展强化履职。*旗人大常委会紧紧围绕全旗经济社会发展大局，全面助推“六保六稳”工作落实，以我旗重点项目推进、国有资产管理、2015 至 2019 年主要经济指标完成等情况为主要内容，开展工作调研 4 次，审

议专项工作报告2个，有力增强了对经济领域工作的监督。同时审议了旗人民政府关于“十三五”规划执行和“十四五”规划纲要编制情况的报告，对深化“放管服”改革，优化营商环境以及稳增长、促改革、调结构、惠民生、防风险各项工作起到了积极的法治保障作用。

围绕法制建设强化履职。旗人大地方人大处在基层民主法治建设的第一线，确保宪法、法律正确实施是人大工作的根本任务。年内，常委会先后对《中华人民共和国草原法》《中华人民共和国传染病防治法》等9部法律法规开展执法检查8次，审议专项报告6个，着力推进法治政府建设，不断提升社会法治化管理水平。2020年是为期三年扫黑除恶专项斗争的决胜之年，针对此项工作，常委会继续听取和审议了旗人民政府关于开展扫黑除恶专项斗争情况的报告和人民检察院关于扫黑除恶治乱工作情况的报告，并结合实际，提出了审议意见，确保扫黑除恶专项斗争取得全面胜利，为营造全旗和谐稳定的社会环境发挥了积极作用。

围绕民生热点强化履职。旗人大常委会紧紧围绕人民群众普遍关注的热点问题开展调研和执法检查，重点对道路交通安全、环境保护、土壤污染防治、学前教育、民间借贷纠纷、未成年人检察等工作开展调研和执法检查3次，审议专项工作报告9个，切实做到把人民群众利益维护好、实现好、发展好，努力提升人民群众的满意度和幸福感，为全旗社会发展和稳定大局奠定了坚实的法治基础。

围绕任免权强化履职。旗人大常委会始终坚持“党管干部、依法任命、事后监督”的原则，扎实开展对拟任命干部进行任前考察工作，坚决把好干部任职条件关。严格执行拟任命干部供职发言、无记名表决、颁发任命书、向宪法宣誓等法定程序，切实增强拟任命干部的法律意识、责任意识、公仆意识和依法履职的使命感、责任感。年内，共任免“一府一委两院”国家机关及人大常委会工作人员59人。其中，任命旗人民法院工作人员20人、人大常委会工作人员5人，决定免职和接受辞职工作人员34人。按照法定程序补选乌兰察布市第四届人民代表大会代表1人。通过依法行使人事任免权，保障了党组织推荐人选按法定程序成为国家机关工作人员。

围绕备案审查强化履职。旗人大常委会进一步优化规范性文件备案审查工作机制，加强备案审查制度建设，认真做好煤炭资源领域规范性文件的专项清查。

围绕“三大攻坚战”强化履职。

——打赢精准脱贫攻坚战。旗人大常委会持续关注脱贫攻坚工作，积极开展助推脱贫攻坚专题调研，听取和审议旗人民政府关于2019年度扶贫资金使用情况专项报告，建议政府要在“精准”上下功夫，在“稳定”上做文章，坚持扶贫与“扶智扶志”相结合，以激发群众内生动力为导向，因地制宜发展特色产业，力争让脱贫人口稳定增收，实现脱贫攻坚成果与乡村振兴有效衔接。脱贫攻坚战打响以来，人大常委会先后派出6名领导干部和职工深入脱贫攻坚一线，助推打赢脱贫攻坚战。

——打赢污染防治攻坚战。旗人大常委会认真贯彻落实习近平总书记对内蒙古加强生态环境保护建设的重要讲话精神，牢固树立“绿水青山就是金山银山”理念，对《中华人民共和国草原法》和《内蒙古自治区草原管理条例》贯彻实施情况进行了执法检查，对绿色矿山建设情况开展调研。针对存在的问题，提出了指导性意见，强调在生产建设中要统筹考虑草原生态功能和生产功能，坚决把草原生态功能挺在前面，最大限度减少人为因素对草原的破坏，切实维护草原生态系统的修复和保护。

——打赢防范化解重大风险攻坚战。旗人大常委会深入贯彻落实上级人大预算审查监督工作要求，积极开展预算编制监督提前介入工作，聘请财经专家协助，审查预算调整和决算方案，审议2020年计划执行、预算执行、财政收支的审计情况和2018年审计及审计查出问题整改情况的报告。按照自治区人大、市人大要求对预算绩效管理工作开展调研，加强对重大政策执行、重点财政支出、绩效管理、转移支付、政府债务的监督，推动政府完善重大风险防控机制，确保经济社会平稳运行。2020年，人大预算联网监督系统如期上线运行，对财政预算的监督由过去的静态监督转为实时动态监督，通过系统发现、处理、反馈问题，督促有关部门严格预算执行，有效发挥了人大对财经工作的监督职能，预算联网监督工作迈上新台阶。

四、多措并举，增添代表活力

*做好代表建议、批评和意见督办工作。*旗人大常委会按照“两个高质量”的要求，对代表建议、批评和意见的提出、审查、交办、办理、督办、评议等方面都提出了明确要求，并指导代表把好建议、批评和意见的质量关，保障代表主体作用的发挥。在旗第十五届人民代表大会第四次会议期间，代表共提出建议、批评和意见16类46件。会议闭幕后，常委会及时召开交办会，将建议、批评和意见转交旗人民政府处理。处理过程中，常委会组织承办单位负责人、部分人大代表，对代表提出的建议、批评和意见办理情况进行了专题调研，面对面听取代表对办理情况的意见。办理期结束后，常委会听取和审议旗人民政府关于代表建议、批评和意见办理情况的报告，并提出审议意见，使代表建议、批评和意见办理工作进一步规范化、制度化，提高了办理效率和质量。

*做好闭会期间代表活动工作。*旗人大常委会依托全旗已建成的65个“人大代表之家”，进一步丰富代表在闭会期间的活动内容，广泛开展常委会组成人员联系代表、代表联系选民的“双联”活动，年内共组织代表集中视察1次、代表集中培训2次、邀请代表列席常委会会议24人次、邀请代表参加各类调研和执法检查28人次，真正拓宽和畅通了社情民意表达和反映渠道，同时建立起与列席常委会会议的代表座谈交流的常态化机制，让人大代表把人民群众的心声直接带到了常委会，架起了常委会与人民群众沟通的桥梁。年内，听取了8名市级人大代表述职，并现场开展测评，满意率达到100%，有效激发了代表在闭会期间的活力。

*做好民生实事项目人大代表票决制工作。*2020年，常委会继续加大民生实事项目人大代表票决制工作的实施力度，分别在乌兰花镇、东八号乡、江岸苏木通过人大代表票决制实施民生实事项目5个，进一步提高了代表履职积极性，确保代表真正做到为人民用权、为人民履职、为人民服务。

五、夯实基础，强化自身建设

新时代孕育新思想、新定位产生新要求，旗人大常委会把加强自身建设摆上更加重要的位置，坚持不懈提高依法履职能力。

*着力加强能力建设。*旗人大常委会始终把加强能力建设和中心工作相结合，多措并举提升人大代表、常委会组成人员、机关干部的思想政治素质、业务工作能力、职业道德水准，并自觉运用法治思维和法治方式推动工作开展。2020年共组织培训人大代表、常委会组成人员、人大主席、机关干部职工209人次，通过培训不断提高人大代表和人大干部的履职能力和综合素质。

*着力强化廉洁意识。*在日常工作中，旗人大常委会领导干部依法监督、廉洁用权、勤俭履职，自觉做到为民、务实、清廉，坚决贯彻中央“八项规定”精神及实施细则，厉行勤俭节约，完善会务、发文、人事、保密、财务、接待、用车等各项工作制度，确保机关运行规范有序、调度有方、保障有力。

六、彰显担当，工作有序推进

*有力推动国家统编教材的使用工作。*2020年下半年，旗人大常委会各成员在深入学习习近平总书记关于民族团结和铸牢中华民族共同体意识重要讲话精神的基础上，积极深入各自包联的苏木乡镇和旗内各民族语言授课学校，就推广和使用国家统编教材政策进行宣传引导、政策解读、解疑释惑，让中华民族共同体意识在各族群众的爱国主义情怀中得

以广泛认同和升华，把党中央的决策部署贯彻落实到位，积极推行国家统编教材的使用。

*有力推动新冠肺炎疫情联防联控。*面对年初突如其来的新冠肺炎疫情，旗人大常委会迅速行动、加强领导、主动作为，第一时间成立了相关工作机构，按照“科学防控、精准防控、联防联控、属地负责”的原则，组织机关党员干部全员投入疫情防控工作，并做到疫情防控工作常态化。

2021 年工作安排

2021 年是“十四五”规划的开局之年，是开启全面建设社会主义现代化国家新征程、向第二个百年奋斗目标进军的第一年，也是我们党建党 100 周年，做好今年人大工作意义重大。

今年，旗人大常委会工作的总要求是：坚持以习近平新时代中国特色社会主义思想为指导，全面贯彻党的十九大和十九届二中、三中、四中、五中全会精神，深入贯彻习近平总书记关于坚持和完善人民代表大会制度的重要思想以及对地方人大及其常委会工作的重要指示精神，坚持党的领导、人民当家作主、依法治国有机统一，全面加强政治建设，提高政治能力，坚守人民情怀，在旗委的坚强领导下，全面担负起宪法法律赋予的各项职责，增强人大工作整体实效，坚定信念，砥砺前行。

一、坚持党的领导，加强思想建设

旗人大常委会要认真贯彻落实党的十九大和十九届二中、三中、四中、五中全会精神，始终把习近平法治思想和习近平总书记关于坚持和完善人民代表大会制度的重要思想、重要指示作为做好新时代人大工作的指引方向、根本遵循和行动指南，着力践行以人民为中心的发展思想，更加注重倾听民声、反映民意，更加注重依法依规、探索实践，更加注重工作的科学性、实效性，推动“十四五”规划开好局、起好步，同时，旗人大常委会要认真学习贯彻习近平总书记在党史学习教育动员大会上的重要讲话精神，扎实开展好党史学习教育，以优异成绩迎接建党 100 周年。

二、树牢责任意识，认真履行监督职责

旗人大常委会要坚持围绕大局、贴近民生、突出重点，依法行使监督权，健全人大对“一府一委两院”监督制度，促进被监督机关依法行使权力。坚持真监督、真支持，遵循依法原则，创新方式方法，使监督更具权威、更有效力。抓好调查研究工作，加大执法检查力度，强化跟踪督办能力，对全旗贯彻实施《乌兰察布市农用地膜污染防治条例》《物业管理条例》情况开展执法检查；对全旗民办教育、农村牧区各项工作、巩固脱贫攻坚后续产业发展情况开展调研，并听取和审议专项工作报告；加强对国有资产管理、扶贫资金管理、破坏草原林地违规违法问题专项整治等工作的监督；持续推进人大预算联网监督审查工作。常委会将进一步增强监督工作实效，盯住重点领域的关键问题推动相关工作改进，强化跟踪问效，深化专题询问，做好监督的“后半篇文章”。

三、加强服务工作，发挥代表主体作用

旗人大常委会要强化对代表的服务工作，支持保障代表依法履职，充分发挥代表联系群众的桥梁纽带作用。今年，常委会将加强统筹安排，细化对代表的培训计划，增强培训工作的针对性和实效性，不断提高代表的履职能力和水平。完善代表联系制度，健全代表联络机制，推进代表之家和代表小组建设，密切常委会组成人员同代表、代表同人民群众的普遍联系，倾听民情民意、汇聚民智民力。持续扩大代表参与常委会工作的深度和广度，更好发挥代表专业优势，依靠代表做好人大各项工作。按照“内容高质量、办理高质量”的要求，进一步完善代表建议、批评和意见的提出、办理、答复、通报和评价等全过程管理机制，抓好跟踪落实，真正兑现答复承诺。健全代表履职监督机制，加强对代表的有效管理，使代表珍惜政治荣誉，珍视代表职务，树立人民情怀，维护代表形象。

四、注重自身建设，树立人大新形象

旗人大常委会要持续提高政治站位，强化责任担当，不断增强履职意识和工作能力，进一步营造风清气正的良好政治生态。健全各项制度，完善议事规则，进一步提高工作质量和运转效率。推进规范化建设，扎实改进作风，进一步加强调查研究和执法检查力度，推动更多调研成果的转化。抓实意识形态工作，用好各种载体和平台，加强人大工作宣传力度，进一步提升人大形象。

四子王旗人民政府工作报告（节选）

——2021 年 3 月 10 日在四子王旗第十五届人民代表大会第五次会议上

政府旗长　赵利国

一、2020 年及“十三五”时期工作回顾

2020 年是我旗发展史上极不平凡的一年，也是全旗广大干部群众团结拼搏、砥砺奋进的一年。面对突如其来的新冠肺炎疫情，在市委、市政府和旗委的坚强领导下，紧紧围绕全面建成小康社会目标任务，团结带领全旗广大干部群众扎实做好“六稳”工作，全面落实“六保”任务，常态化疫情防控和经济社会发展取得双胜利，为全面建成小康社会奠定了坚实基础。全年实现地区生产总值 60.52 亿元，同比增长 2.3%；一般公共预算收入 1.49 亿元，同比增长 24.2%；固定资产投资同比增长 4%；规上工业增加值同比增长 5.5%；社会消费品零售总额 16.82 亿元，同比下降 6.2%；城乡居民人均可支配收入分别为 31525 元、13155 元，同比分别增长 2.3%、8.8%。外贸进出口总额 615 万美元。三次产业结构比由 26.4 ∶ 32.2 ∶ 41.4 调整为 29.8 ∶ 31.7 ∶ 38.5，产业结构进一步优化。

一年来，我们践行生命至上，疫情防控取得显著成效

新冠肺炎疫情发生后，及时启动重大突发公共卫生事件一级响应，严格落实属地管理责任，建立多部门联防联控机制，全力推进人员摸排、隔离管控、物资调运等工作，1 例新冠肺炎确诊病例得到治愈，未发生疫情传播。加强防控体系建设，配建核酸检测实验室、发热门诊，配备负压救护车。深入落实援企稳岗政策，规模以上企业全部复工复产，返还企业社会保险 445.4 万元，城镇登记失业率控制在 3.99%。严格落实常态化疫情防控措施，为重点人群免费接种疫苗 7300 份，完成核酸检测 1 万余份。

一年来，我们聚焦精准施策，三大攻坚战取得决定性成效

脱贫攻坚取得全面胜利。坚持以脱贫攻坚统揽经济社会发展全局，聚焦短板弱项集中攻坚，全年投入资金 3.16 亿元，实施扶贫项目 125 个，资金项目绩效评价进入全区优秀档次。采取挂牌督战的措施，剩余 53 户 121 人未脱贫人口、750 户 1464 人边缘易致贫人口如期脱贫和解除风险，高标准完成脱贫攻坚收官之战各项目标任务。以优异成绩顺利通过国家脱贫攻坚普查、脱贫成效第三方评估和审计署太原特派办审计监督。健全强化防贫返贫监测机制和扶贫资产管理，成立扶投公司，扶贫资产运行管理更加顺畅，扶贫成效更加凸显。北京市和新兴际华集团分别投入资金 5215.7 万元、647.76 万元，为我旗决战决胜脱贫攻坚作出了突出贡献。

污染防治取得明显成效。深入贯彻落实习近平生态文明思想，严格落实国家生态红线管理制度和主体功能区规划，中央、自治区环境保护督察及“回头看”等各类整改任务全部完成，矿山环境治理、草原植被修复等工作取得显著成效。全年空气质量优良天数 342 天，优良率达 95.8%，保持全市领先。PM2.5 年均浓度较 2019 年下降 21.48%。全年累计巡河 593 次，实现巡河工作常态化、制度化。完成沙源治理工程人工造林 1.5 万亩、封山育林 3.5 万亩、经济林建设 4170 亩，生态环境持续改善。

重大风险化解有力有效。积极防范金融风险，健全政府性债务风险预警和化解机制，化解债务7.53亿元，完成年度任务的113%。清理拖欠民营企业中小企业账款1.07亿元，圆满完成年度目标任务，债务风险明显降低。煤炭资源领域违规违法问题专项整治工作成效显著。扎实推进人防系统腐败问题专项治理，建档清算民用建筑项目149个，追缴人防易地建设费4859.6万元。积极推进“解决信访问题年”专项行动，一批信访积案得到有效化解。“平安四子王”建设扎实推进，扫黑除恶专项斗争圆满收官。安全生产形势总体平稳。

一年来，我们聚焦短板弱项，城乡融合发展取得新成效

城镇建设投入不断加大。投资2.71亿元，实施6项市政基础建设工程和15项房建工程，新增住宅面积13.5万平方米，实施格根塔拉北路、王爷府路、解放路等5条市政道路及管网改建工程，完成旧城区5条给水管网改造工程、民生小区排洪工程、康乐三期中水管网工程等一批市政项目。27个老旧小区改造工程、生活垃圾裂解处理项目开工建设，居民生活水平持续提升。国土空间总体规划编制工作顺利推进。扎实开展了房地产领域历史遗留问题专项整治工作，“办证难”“回迁难”“入住难”问题得到有效解决。城镇管理水平不断提升，市容市貌明显改善，智慧城镇建设有序推进。建成区绿地面积达480公顷，人均公园绿地面积达9.07平方米。检察院、泰和花园等6个单位（庭院）成功创建市级园林单位（庭院）。

农村牧区基础设施持续改善。国道331线艾勒格庙—乌华敖包段112.5公里二级公路建成通车，格根塔拉—红格尔苏木三级公路改造工程顺利推进。完成公路升级养护工程72公里、安防工程54.3公里。成功创建自治区级“四好农村路”示范旗。完成乌兰花镇防洪工程和江岸防洪堤应急加固工程。红格尔水库具备蓄水功能。投资2.6亿元，新建110千伏输变电站2座，建成110千伏以下电网337公里，完成老旧计量改造工程4万户，农牧民生产生活用电保障能力不断增强。深入实施易地搬迁拆旧复垦和“增减挂钩”项目，完成复垦面积5087.4亩。实施危房改造276户、户改厕4985户，新建储草棚1547处，村容村貌明显改善，人民群众获得感、幸福感不断提升。

一年来，我们聚焦结构调整，经济转型升级迈出新步伐

现代农牧业成效显著。全力推进农牧业产业化发展，规模化、集约化水平持续提升。农作物总播面积183.39万亩，粮食产量达2.5亿公斤。马铃薯种植面积56.6万亩，其中标准化种植24万亩，发放马铃薯良种补贴资金4104万元。大力推进国家级马铃薯良种繁育基地建设，中加、鑫雨公司马铃薯组培室、网室建设任务基本完工，建成种薯扩繁基地24万亩。亿茗马铃薯精淀粉及净菜主食加工项目主体完工，马铃薯产业精深化加工迈出新步伐。肉羊产业发展迅猛，年出栏肉羊130万只，杜蒙肉羊年改良52万只。民贸牛羊肉屠宰加工项目顺利推进，肉羊育肥场、活畜交易市场项目具备运营条件，全力补齐肉羊肉牛产业链短板。以马铃薯、肉羊为主导产业的龙头企业不断发展壮大，中加、赛诺公司自主种业创新水平迈上新台阶。京邦公司怀柔区四子王旗特色馆建成运行，进一步推动特色农畜产品进京销售，实现优质优价。

工业经济稳中向好。清洁能源产业发展迅速，国电投600万千瓦风电项目首台风机成功发电，三峡“源网荷储”项目顺利落地，向打造千万千瓦级风光电清洁能源输出基地迈出坚实步伐。完成《黑沙图工业园区总体规划》修编工作，“一区多园”空间布局方案初步形成。永和氟化工一氯甲烷、氟烷等氟化工产品建成投产，引进国内行业龙头企业金石集团，萤石资源开发加工水平显著提高。本土高新科技创新产业发展迅速，思瑞科技消毒液、阿尔格绿藻土壤修复液市场稳定拓展。

服务业发展势头强劲。以创建全域旅游示范旗为引领，旅游基础设施建设不断完善，王爷府修缮工程、游客中心及乌兰牧骑排练厅主体工程基本完工，锡拉木伦庙抢险加固工程有序推进，通用机场完成选址工作，子午二期空间天气科学中心开工建设。格根塔拉景区股权收购工作顺利完成。成功举办草原飞行大会暨亚草赛、辉煌梦机车嘉年华、美食文化节等文化旅游活动，全域旅游、四季旅游迈出新步伐。全年接待游客 90 万人次，实现旅游综合收入 5.7 亿元。电子商务中心稳健运行，村级服务站点更加便捷。仓储物流分拨中心分拣快递 267 万件，出港快递 17.6 万件。国家级电子商务进农村示范项目顺利通过中期绩效考核。国通物流园区主体基本完工，具备招商条件。积极扶持小微企业发展，开展“助保贷”为企业融资 1295 万元。人民币存贷款余额分别为 67.79 亿元、44.23 亿元，实现存贷比 65.25%。

一年来，我们坚持人民至上，民生保障持续提升

社会保障体系不断健全。持续加大民生领域投入力度，全年民生领域支出 25.3 亿元，占财政总支出的 82.6%。困难群体保障标准持续提高，全年发放低保、五保、残疾人、高龄人、困境儿童、优抚对象等各类补贴资金 1.29 亿元，惠及困难群众 2.25 万人次。城乡医疗保险参保人数达 18 万人，全年报销医疗费 1.6 亿元。

教育教学质量显著提升。全面推进教育体制机制改革，生源外流局面得到控制。试行“普职融通”的办学模式，高考成绩取得新突破。民办教育发展环境不断优化，中考成绩全市名列前茅。深入落实国家通用语言文字教育工作，全面推行使用国家统编教材。充实优化教师队伍，引进各类人才 46 名。成立旗重点业余体育运动学校，着力打造教体结合新高地。荣获第六届“市长杯”足球赛男女组第二名的优异成绩。

公共服务体系持续优化。充分发挥乌兰牧骑“红色文艺轻骑兵”作用，在全市率先授旗“金融乌兰牧骑”。乌兰牧骑荣获“第六批全区民族团结进步示范单位”荣誉称号，以及第十届华北五省市（区）舞蹈大赛内蒙古赛区选拔赛表演二等奖和创作三等奖。深入实施文化惠民工程，开展各类惠民文艺演出活动 200 余场次。积极推进医疗基础设施建设，PCR 核酸检测实验室投入使用，旗蒙中医院建设项目基本完工，旗人民医院成功晋级“二级甲等医院”，公共医疗卫生服务水平明显提高。成功创建“自治区卫生旗县”。新冠肺炎、鼠疫疫情防控得到全面加强，公共卫生应急处置能力显著提升。积极推进殡葬改革，殡仪馆和公墓项目开工建设。高质量完成第四次全国经济普查，全力开展了第七次全国人口普查工作。圆满完成部分退役士兵社保接续和公益性岗安置工作。“自治区双拥模范城”实现六连冠。嫦娥五号返回器安全着陆，我旗知名度显著提升。红十字会获得自治区“光明行”社会公益活动先进集体荣誉称号。孟三虎同志荣获“全国劳动模范”荣誉称号。此外，地方志工作完成全国“两全”目标，工会、共青团、妇联、科协、工商联、文联、残联等群团组织工作取得新进展，统计调查、供销、气象、地震、外事、档案、关心下一代和老龄等事业成效显著。

切实加强政府自身建设。全面落实重大行政决策程序、行政执法“三项制度”，政府依法行政水平显著提高。人大代表建议和政协委员提案全部办结。积极支持检察机关开展公益诉讼。严格落实自治区党委第四巡视组反馈意见整改要求，持续深化“证照分离”改革，有力抓好工程建设审批制度改革，协同推进“放管服”改革和减税降费政策，全旗营商环境持续向好。坚持过紧日子，全旗一般性支出和“三公”经费双下降。

“十三五”时期，我们始终坚持问题导向，三大攻坚战成效显著。脱贫攻坚取得全面胜利，高质量实现“人脱贫、村退出、旗摘帽”目标，荣获“全国脱贫攻坚先进集体”荣誉称号。累计投入各类扶贫资金达 12.3 亿元，精准落实产业、就业、健康、教育、住房保障、饮水安全、消费扶贫等各项政策措施，“两不愁三保障”高质量实现，78个嘎查村全部脱贫退出，8109户18906人贫困人口如期脱贫，到2020年底脱贫人口人均纯收入达到1.4万元。立足国家生态主体功能区定位，大力实施巩固退耕还林、京津风沙源治理等生态建设重点工程，完成经济林建设1万亩，森林覆盖率和草原植被覆盖度“双提高”，森林覆盖率由“十二五”末的21.41%提高到21.46%，草原植被覆盖度由18.35%提高到29.4%，实现荒漠化和沙化土地“双减少”。全面落实“河湖长制”。建成自治区级绿色矿山3家。坚持底线思维，妥善处置各类金融风险，债务风险明显降低。安全生产形势保持稳定，信访工作不断加强，社会治安秩序持续向好。

“十三五”期间，我们始终坚持优化产业结构调整，经济持续快速发展。粮食产量年均达到2.5亿斤，较“十二五”末增长25%。种植结构进一步优化，马铃薯种植面积稳定在56万亩，小麦、玉米种植面积分别达到29万亩、36万亩。大力发展马铃薯主导产业，中加、鑫雨等龙头企业不断发展壮大，被列为国家级马铃薯良种繁育基地。杜蒙肉羊年均改良35万只，培育种羊2.5万只，成为全国最大的良种肉羊生产基地。“杜蒙羊”地方标准通过自治区评审。品牌化建设工作成效显著，农畜产品“三品一标”认证21个。建成农牧民示范合作社国家级3家、自治区级11家，家庭农牧场达4709家，农牧业规模化、标准化经营水平显著提高。工业经济加快转型升级，培育发展清洁能源、农畜产品深加工、矿产品采选及深加工等产业，累计引进风光电企业13家，装机总容量达到109万千瓦，占全市新能源装机的15.9%。永和、民贸、景欣等一批企业不断发展壮大，工业产业结构不断优化。现代服务业发展势头良好，全域旅游、商贸流通、电子商务、现代金融等服务业稳健发展。旅游基础设施不断完善，游客人数和旅游收入较“十二五”末分别增长18.5%、29.4%。现代农村牧区商贸流通网络体系基本形成，国家级电子商务进农村示范项目有序推进，现代服务业多元化发展格局逐步形成。产业结构由“十二五”末的27.4：36.5：36.1调整为“十三五”末的29.8：31.7：38.5。

“十三五”期间，我们始终坚持统筹城乡发展，人居环境不断改善。紧紧围绕宜居宜业宜游城镇建设和美丽乡村建设目标，扎实推进农村牧区人居环境整治，城乡面貌明显改善。乌兰花镇城区面积由“十二五”末的13.8平方公里扩大到19.8平方公里，城镇化率由41.9%提高到58.9%。实施泰和花园、碧生源等一批高档住宅小区，新增建筑面积105万平方米。城镇垃圾处理率、污水收集率分别达98.9%和92%，集中供热普及率达75%，建成区绿地率达30.74%，城镇居民生活条件显著改善。农村牧区基础设施建设不断加强，新增等级公路315.7公里，实施通村公路工程946公里、街巷硬化889公里，群众出行更加便捷。实施安全饮水工程628处，新建牧区水窖2620座，安装集中净水设备103套、户用净水设备5627套，全旗饮水安全问题得到彻底解决。红格尔水库完成总工程量的71%。实施10千伏及以下农网线路1949.37公里，完成老旧计量改造工程6万余户，农牧民用电实现全覆盖。积极推进电信普遍服务试点工程，建设基站79个，铺设光缆1330公里，农牧区信息化水平不断提升。农村牧区集体产权制度改革顺利推进，嘎查村清产核资、土地承包经营权确权登记颁证工作全部完成。

“十三五”期间，我们始终坚持人民至上的理念，民生福祉持续提升。坚持每年将80%以上的财政支出用于保障和改善民生，城乡居民人均可支配收入年均分别递增了6.2%和9.5%。养老、失业、医疗、生育、工伤等保险参保人数逐年增加，低保、五保、优抚对象、困境儿童等弱势群体的救助标准逐年提高，困难群众的生产生活得到有效保障。教育事业稳健发展，实施实验中学、足球馆、红格尔蒙古族小学附属工程等一批教育基础设施项目，教学硬件条件明显改善。积极探索民办教育新模式，成功引进北京宽高教育集团办学。建成南号、古营子等4所幼儿园，学前教育三年毛入园率达到95%以上。顺利通过国家义务教育均衡发展验收。公共文化服务水平明显提高，建成文化广场61个、嘎查村（社区）文化室136个，广播电视信号基本实现全覆盖。大力弘扬乌兰牧骑“红色文艺轻骑兵”的优良传统，先后推出《都贵玛额吉》《神舟阿木古郎》《二魁摔跤》等一批优秀剧目，荣获全区第八届乌兰牧骑艺术节金奖。医疗卫生事业扎实推进，各级各类医疗卫生机构达到241个，旗乡村三级医疗卫生服务体系更加完善。医药卫生体制改革稳步推进，全面实行药品零差率销售。新冠肺炎和鼠疫得到有效防控。扎实推进“质量强旗”创建工作，新增注册商标356件、注册地理标志证明商标3件。深入推进商事制度改革，扎实开展市场流通领域整治工作，市场活力得到进一步激发。全旗各类市场主体、注册资本金和从业人员，较2015年分别增长29.3%、51.5%、13.4%。深入推进审批服务便民化，企业开办时间和不动产登记时间分别压缩到3个、5个工作日，抵押注销登记、预告登记、查封登记当日办结。深入开展民族团结宣传教育和民族团结进步创建活动，民族宗教领域和谐局面持续巩固。“草原母亲”都贵玛荣获“人民楷模”荣誉称号。

在肯定成绩的同时，我们也清醒地认识到，我旗发展中仍然存在不少困难和问题。主要表现在：财政收支矛盾较为突出，刚性支出仍然较大；城乡融合发展不够平衡，乡村振兴任务繁重；产业发展整体水平还不高，转变发展方式任务艰巨；营商环境与高质量发展不相协调；社会民生领域还存在不少短板，教育、医疗等公共服务水平与群众期盼仍有差距。对此，我们将高度重视，努力在今后的工作中，采取有力措施加以解决。

二、“十四五”时期经济社会发展主要目标任务

“十四五”时期是“两个一百年”奋斗目标的历史交汇期，也是开启全面建设社会主义现代化国家新征程的第一个五年。根据旗委《关于制定国民经济和社会发展第十四个五年规划和二〇三五年远景目标的建议》，我们编制了《四子王旗国民经济和社会发展第十四个五年规划和二〇三五年远景目标纲要（草案）》，明确了“十四五”时期经济社会发展主要目标，提出了一系列重点任务和政策措施，提请本次大会审议。“十四五”期间，政府工作的奋斗目标是：地区生产总值年均增长6.9%，一般公共预算收入年均增长5%，固定资产投资年均增长16%，规模以上工业增加值年均增长10%，社会消费品零售总额年均增长6.3%，城镇居民和农牧民人均可支配收入年均分别增长5.95%和8.65%，外贸进出口额年均增长14.6%。节能减排目标控制在市政府确定的目标之内。

“十四五”期间，政府工作的主要任务是：

（一）坚持以绿色发展为目标，坚决守住生态环保底线。牢固树立“生态优先、绿色发展”理念，深入开展森林、草原生态修复保护工程，严格落实禁牧和草畜平衡制度，筑牢生态保护防线。严把新建项目环保准入关，坚决守住能耗双控底线。积极争取项目支持，加快推进“引红入乌”工程。力争到2025年，森林覆盖率和草原植被盖度分别达到21.51%、30%，全旗空气优良天数比率保持在95%以上。

（二）坚持以乡村振兴为统领，全力推动农牧区现代化。持续巩固和拓展脱贫攻坚成果，全面推进乡村振兴。坚决守住耕地红线，确保粮食总播面积和产量持续稳定。全力提升现代农牧业科技水平，实现农牧业生产全程机械化。积极创建自治区马铃薯科技产业园，加快推进国家级马铃薯良繁基地和肉羊养殖基地建设，全面开展农村牧区人居环境整治提升五年行动，建立健全农牧区治理体系。高效集中全部财力向“三农三牧”倾斜，力争到2025年，在全市率先实现农牧业和农村牧区现代化。

（三）坚持以优势产业为主导，全面促进产业聚变升级。结合“十四五”规划编制，依托资源禀赋和产业基础，聚焦碳达峰、碳中和目标，加快构建“源网荷储”一体化智慧化现代能源体系。充分发挥风光电项目引领作用，大力发展绿色清洁能源经济，延伸农畜产品加工产业链条，推动矿产品采选及精深加工向高端化转型，全力打造绿色清洁能源和农畜产品加工输出基地。力争到2025年，新能源装机和消费比例分别占全市的60%、30%，农畜产品加工转化率达到70%以上，着力构筑围绕“京津冀”市场供应的保障中心。

（四）坚持以人民至上为中心，全力打造新型智慧城镇。加大旧城区提升改造力度，拓展完善北部新区服务功能，不断加大住房、道路、管网等基础设施建设力度，持续提高物业、保洁、文娱等公共设施服务水平，配套完善文体、教育、旅游、康养等新业态。力争到2025年，城镇老旧小区及破损道路全部改造完成，努力建设宜居宜业的智慧城市。

（五）坚持以共享发展为宗旨，全面提升群众幸福指数。坚持以人民为中心的发展思想，不断完善社会救助、社会保险、社会福利体系，着力提升就业、教育、医疗、养老等基本公共服务能力，切实解决群众关心的实际问题。持续深化改革，不断优化营商环境。协同推进“放管服”改革，让群众“一门一窗一网一次”办成事。集中精力抓好普惠性民生工程，努力让人民共享发展成果。

三、2021年工作安排

今年是中国共产党成立一百周年，也是“十四五”规划开局之年。今年工作的发展思路是：以习近平新时代中国特色社会主义思想为指导，全面贯彻党的十九大和十九届二中、三中、四中、五中全会精神，深入落实习近平总书记关于内蒙古的重要讲话重要指示批示精神和中央经济工作会议精神，按照自治区党委十届十三次全会暨全区经济工作会议、市委四届十次全会暨全市经济工作会议部署，坚持稳中求进工作总基调，立足新发展阶段，贯彻新发展理念，构建新发展格局，以推动高质量发展为主题，以深化供给侧结构性改革为主线，以改革创新为根本动力，以满足人民日益增长的美好生活需要为根本目的，坚定不移走以生态优先、绿色发展为导向的高质量发展新路子，以优异成绩庆祝建党100周年。

全旗经济社会发展的主要奋斗目标是：地区生产总值增长4.7%，固定资产投资增长100%，规模以上工业企业增加值增长6.5%，一般公共预算收入增长5%，社会消费品零售总额增长3.4%，城乡居民人均可支配收入分别增长4%和8%，城镇登记失业率控制在4.1%以内，对外贸易进出口额增长40%，单位GDP能耗下降2.97%。

围绕上述目标任务，重点抓好以下六个方面工作：

（一）坚持绿色发展理念，持续改善生态环境质量。牢固树立“绿水青山就是金山银山”的发展理念，统筹推进山水林田湖草沙系统治理，努力在改善生态环境质量上取得新突破。**严格水资源管理。**统筹推进农业节水增效、工业节水减排、城镇节水降耗，加快实施城乡居民集中饮用水水源地重新划定保护工作，积极推进新建住宅小区居民生活用水使用再生水，促进水资源有效利用。加快推进农业水价综合改革，年内压减灌溉面积3.92万亩，封闭灌溉井240眼。加强工业节水管理，严禁新上高耗水项目。扎实推进黄河流域生态保护和高质量发展。全面落实河（湖）长制。加大中小河流治理力度，投资9500万元完成塔布河流域2处护岸治理工程44公里。**加大污染防治力度。**坚决落实“三线一单”刚性约束，深入推进“散乱污”企业综合整治，不断强化工业固废综合利用，补齐工业经济转型发展短板。全面遏制农业面源污染，积极推广化肥农药减量增效技术，加大废旧地膜回收力度。积极争取项目资金，加快推进农村牧区生活垃圾处理配套设施建设，有效解决城乡生活垃圾处理难题。**强化生态修复治理。**深入开展绿化造林种草和京津风沙治理工程，实施退耕种草29万亩，封山育林5万亩，人工造林8000亩。加大草原生态资源管控，严格执行禁牧和草畜平衡制度，巩固提升生态建设成果。持续开展矿山环境治理，严厉打击非法采砂行为，认真做好破坏草原林地违法违规行为专项整治工作。积极引导矿山企业开展绿色矿山建设，力争建成自治区级绿色矿山2家。

（二）**坚持农牧区优先发展，全面推进乡村振兴**。聚焦“三农三牧”工作，认真做好乡村振兴规划编制工作，大力开展农村牧区建设行动，加快推进农牧业和农村牧区现代化。**巩固拓展脱贫攻坚成果**。严格落实“四个不摘”，年内计划投资3.9亿元，实施项目67个，做好同乡村振兴有效衔接。健全防止返贫监测和帮扶机制，持续加大产业和就业扶持力度。强化易地搬迁后续帮扶，促进脱贫人口稳定增收。继续抓住京蒙对口帮扶和新兴际华集团定点帮扶的有利契机，进一步加大产业合作、人才交流、劳务协作和消费扶贫力度。充分发挥扶投公司作用，强化扶贫资产经营管理、维护和监督，切实保障嘎查村集体和农牧民的利益。**持续优化产业结构**。坚持“以种促养、种养结合、以养促调”的农牧业产业结构调整思路，围绕马铃薯、肉羊两大主导产业，积极开展种业技术创新，依托中加、鑫雨等龙头企业，加快推进国家级马铃薯良繁基地建设项目，不断提升马铃薯种业自主创新水平。依托赛诺公司大力发展杜蒙肉羊产业，不断强化肉羊育种体系，全力推动“杜蒙”肉羊新品种命名通过国家评审。坚持“节水优先、量水而行”，突出抓好旱作有机农业，大力发展小麦、燕麦、荞麦、油菜籽等农作物，着力优化种植业结构调整。坚持“政府引导、公司运营、农户参与”的模式，引进社会化服务体系，建设5万亩高标准旱作农田和30万亩饲草产业项目。守住耕地红线，确保粮食总播面积稳定在130万亩以上。加快推进畜牧业多元化发展，积极推行标准化、规模化饲养，年内出栏肉羊130万只、肉牛2万头、生猪5万头。**延伸农牧业产业链条**。加强农牧业产业化联合体建设，培育壮大新型农牧业经营主体和服务主体，着力打造农畜产品加工技术集成基地和精深加工示范基地，农畜产品加工转化率达到67%。不断提高育种创新、良种繁育能力，积极创建自治区级马铃薯产业园区，确保完成亿茗马铃薯精淀粉及净菜主食加工项目，补齐马铃薯产业短板。加快推进肉羊育肥场和活畜交易市场项目、民贸屠宰加工项目建设，争取年内投入使用。积极推动畅宇农牧10万头肉牛养殖及屠宰加工项目、大象集团生猪养殖全产业链项目，促进畜牧业多元化、产业化发展。积极创建国家级农业产业强镇，争取建成1～2个自治区级“一村一品”示范村。加强农畜产品品牌创建工作，新增绿色、有机农产品和地理标志产品1～2个。**强化基础设施建设**。全力推进国道335线三元井—小东营段39.9公里一级公路工程、乌兰花镇南北出口立交桥工程，争取年内开工。加快实施格根塔拉—红格尔苏木32.6公里公路改建工程，确保10月底前通车运行。强化农村公路养护和管理工作，让群众出行更加便捷。加快推动红格尔水库工程建设，争取年内完工。继续实施好农村牧区饮水安全巩固提升工程，持续保障农村牧区饮水安全。大力实施水土保持工程，加快江岸生态清洁小流域治理项目建设，确保完成小流域综合治理30平方公里。不断完善电网工程，实施35千伏及以上输变电工程2项、10千伏及以上配电网改造工程3项。启动实施农村牧区人居环境整治提升五年行动，全面开展农村牧区房屋安全隐患排查整治工作，不断完善水、电、路和通信、广播电视等基础设施，因地制宜推进农村牧区“厕所革命”、生活垃圾处理和种养殖废弃物资源化利用，提升农村牧区宜居水平。深入开展乡村清洁行动，大力推进乡村绿化美化，打造2～3个精品示范村。深入推进农村“房地一体”工作，扎实开展自然资源统一确权登记。

（三）**坚持优化产业结构，推动经济稳健发展**。充分发挥资源优势，由粗放利用向集约化、节约化转变。进一步提高综合利用效率，不断壮大优势产业，大力发展绿色经济。

推动工业经济绿色转型。大力发展现代能源经济，加快推动600万千瓦风电基地首期240万千瓦项目建设，全力推进三峡“源网荷储”项目开工建设，力争年内完工。积极推进清洁能源领域上下游产业发展，吸引风光电装备制造、先进储能等产业落地，着力构建全国重要的清洁能源输出基地。推广使用清洁能源，统筹推进城乡充电桩建设。进一步优化产业布局，完成《黑沙图工业园区控制性详规》编制工作，完善基础设施建设项目可研编制、立项等前期工作，做好项目申报准备工作，提升园区综合承载能力。积极支持企业建设绿色工厂，开发绿色产品，促进节能降耗。推动化工产业绿色化转型，加快推进永和氟化工形成以氢氟酸为基础，逐步向含氟聚合物、新型制冷剂等高端产品发展，推动产业链向中下游延伸，价值链向中高端攀升。加快推进白乃庙铜矿重整工作，积极盘活佳辉硅业。

大力发展现代服务业。深入推进旅游业发展。以创建全域旅游示范旗为引领，积极发展研学游产业，全力打造距离首府最近的草原自驾游目的地。加大旅游基础设施建设力度，健全完善旅游导览图、旅游主干道观景台及标识标牌、景区信号网络设施建设。积极配合做好格根塔拉景区运营管理工作，不断提升服务水平，争创国家AAAAA级景区。依托格根塔拉景区、王爷府、锡拉木伦庙、地质公园等特色资源，开发研学游线路，加快配套服务全体系建设，着力打造草原风情游、休闲度假游、民宿体验游等精品线路。全力推进民宿产品开发，打造2～3个精品民宿示范点，大力发展乡村旅游。充分利用音乐节场地和汽车营地，创新开展各类文化体育赛事活动。继续承办好自治区旅游那达慕大会、飞行大会、机车嘉年华及亚草赛等大型活动，打造特色文化旅游品牌。**加快推进商贸流通业发展。**以推进国家电子商务进农村示范旗项目为核心，抢抓“互联网+”行动机遇，借助电商渠道和网络优势，拓展本土特色农畜产品销售渠道，让本土“特”字号农畜产品走出去。积极申报国家电子商务进农村示范项目升级版，健全完善电商服务中心、仓储物流分拨中心、电商服务站点的功能，着力解决特色农畜产品上线销售的“最后一公里”配送问题，推动农村牧区商贸流通业快速发展。加快国通物流园区基础配套建设和招商工作进度，争取年内投入运行。稳步拓展金融业服务功能。以推动和改善金融创新发展为动力，不断完善金融支持实体经济的有效机制，积极发展普惠金融、绿色金融，全面拓展多层次资本市场发展，全力清收处置不良资产，切实提升金融监管服务水平。依法规范民间借贷行为，采取有效措施防范和打击非法集资活动，牢牢守住不发生系统性金融风险的底线。

（四）坚持推进深化改革，全力优化营商环境。严格落实自治区优化营商环境专项巡视反馈意见整改工作，全力打好优化营商环境、净化政治生态整体攻坚战，着力营造市场化、法治化的营商环境。继续深化“放管服”改革，完善“互联网+政务服务”体系建设，全力抓好工程建设审批制度改革和各项减税降费政策，持续压缩审批时间，不断优化政务服务环境。全力推进“证照分离”改革全覆盖，实行证明事项和涉企经营许可事项告知承诺制。建立健全“双随机、一公开”联席会议制度，全面落实公平竞争审查制度，积极支持实体经济发展。加大违法违规用地整改力度，着力盘活闲置土地。扎实开展“全员招商年”行动，强化招商引资队伍，加大招商引资力度，构建亲清政商关系，依法保护民营企业权益。加大人才培养力度，积极引导高校毕业生回乡创业就业。深入实施“科技兴蒙”行动，加大与高校、科研院所合作力度，积极培育本土科技创新企业，强化知识产权保护和孵化支持力度，加快推动科技成果转化。

（五）坚持人民至上理念，持续增进民生福祉。坚持以人民为中心的发展思想，做好民生工程，兜牢民生底线，推进民生实事落地见效，不断满足人民日益增长的美好生活需要。

着力提升城镇宜居品质。聚焦改善住房条件和提升公共服务水平，加大市政基础设施和房建工程建设力度，让城镇更宜居生活更美好。切实解决国有土地上房建项目历史遗留问题，积极探索产权调换等多种方式，着力改善居民居住环境。加大房建工程投入力度，计划投资4亿元，重点完成泰和花园、碧生源二期等住宅小区，新增建筑面积25万平方米。全力做好违法建设违规审批专项清查工作，守住建筑安全底线。不断完善市政基础设施建设，分步实施卫井路、政北路、光明路等道路及配套管网工程，以及哈萨尔广场北路等4项防洪应急工程。全面完成33个老旧小区改造工程，同步完善小区街路附属功能，着力提升居民生活质量。加快完成垃圾裂解项目，确保年内建成运行。积极争取项目资金，推动实施垃圾转运站、水冲厕所及公共服务配套工程，有效解决居民如厕难、环境差的问题。开工建设惠民园项目，确保年内建成运行，切实完善新区服务功能。加快推进乌兰花镇水资源利用提升项目，确保完成2个净化水厂和2处水源地保护建设工程，切实提升供水保障能力。加大城镇管理力度，积极筹建智慧城市综合管理平台，不断强化城镇管理智慧化、数字化、精细化。推动成立物业管理委员会，探索建立市场化物业服务模式，力争将所有无物业管理小区全部进行规范化管理，切实提高物业服务水平。以创建自治区级园林城市为目标，继续实施街道绿化和公园优化提升工程，进一步提升休闲、健身等服务载体功能。

不断加快社会事业发展。加大失业保险稳岗返还力度，保障好重点群体就业和外出务工服务。深化医保制度改革，强化医保基金监督管理。严格执行《保障农民工工资支付条例》，全力保障农民工合法权益。继续落实居民养老保险待遇调整机制，建立分层分类社会救助体系。加强公共卫生基础设施建设，确保旗蒙中医院建设项目、旗人民医院发热门诊改扩建项目建成投运，强化医疗卫生服务能力。全力提升鼠疫监测水平，加快推进红格尔国家级鼠疫监测中心及白音朝克图配套监测点项目，确保年内完工。不断完善公共卫生体系和医疗救治体系，力争乌兰花镇第一、二社区服务中心项目建成使用，为群众提供优质、高效的服务。落实全面二孩政策，促进人口长期均衡发展。严格落实疫情常态化防控措施，深入开展爱国卫生运动，推广公筷公勺、分餐制等文明健康习惯。全力推动苏木乡镇卫生城镇创建工作。着力推进医共体建设，强化资源共享，不断提升医疗服务能力。严格落实食品药品“四个最严”要求，切实保障人民群众“舌尖上的安全”。加快推进职业高中实训楼、宽高学校和红格尔蒙校宿舍楼、尚德幼儿园建设项目，不断优化教育教学环境。统筹推进“县管校聘”教育领域综合改革，不断激活教育内生活力，坚定走“外引内联”联盟化、集团化的路子，发挥“名师”引领作用，持续改善教育教学生态。切实抓好群众体育、竞技体育、学校体育和艺术三项重点工作，认真做好全区“民运会”备战工作。全力做好国家通用语言文字和国家统编教材使用工作，优化充实“三科”教师队伍。实施“加餐”计划，确保“三科教材”跟得上、学得会。高度关注留守儿童、单亲孩子的教育管理问题，探索推行封闭式管理模式，充分发挥学校育人功能。深入贯彻落实自治区乌兰牧骑《条例》，建立健全联席会议制度。加快乌兰牧骑排练大厅项目建设，争取年内使用。继续推进自然保护地整合优化，力争年内地质博物馆开放运行。实施重点文物保护工程，积极申报锡拉木伦庙国家文物保护单位。加强退役军人服务保障体系建设，稳步推进优抚双拥安置工作，加大烈士纪念设施保护力度。牢固树立“五个认同”思想，依托希敏高勒民族团结进步创建教育基地、锡拉木伦庙战役遗址等资源优势，将民族团结教育与红色文化结合，积极开展形式多样的红色文化教育，深入推进民族团结进步创建活动，铸牢中华民族共同体意识。积极倡导移风易俗，力争年内殡仪馆及公墓项目建成运行。全力开展“自治区文明城”创建工作。

全面维护社会和谐稳定。全力做好政府债务化解工作，建立防止拖欠民营企业中小企业账款长效机制，稳妥推进农信社改革。有效防范化解信访矛盾，积极解决群众合理合法诉求。全面落实安全生产责任制，深化安全生产专项整治活动，强化自然灾害突处应对能力，积极完成第一次全国自然灾害综合风险普查工作，充分发挥消防专业队伍的优势，进一步完善应急救援体系和机制建设。常态化开展扫黑除恶工作，严厉打击各类违法犯罪活动。严格落实煤炭资源领域长效监管机制，全面推进常态化治理工作。扎实开展供销合作社系统腐败问题重点整治工作。支持国防和军队现代化建设，加强国防动员教育、稳边固防、双拥共建和人民防空工作。深入做好民族团结进步工作，扎实推进兴边富民行动，促进民族交流交融，积极配合全市创建“全国民族团结进步示范市”。同时，认真做好档案、红十字、残疾人、关心下一代等工作，注重发挥老干部、工商联、工会、共青团、妇联、文联、科协等组织的作用。

（六）坚持践行为民初心，加强政府自身建设。时刻牢记全心全意为人民服务的根本宗旨，始终把人民群众对美好生活的向往作为奋斗目标，更加务实担当，努力建设人民群众满意的政府。**加强政治建设，**始终坚持和加强党的全面领导，不断增强“四个意识”、坚定“四个自信”、做到“两个维护”，不折不扣落实中央、自治区、市委和旗委的决策部署。**加强法治建设，**严格落实重大行政决策程序规定和行政执法“三项制度”，深入实施好民法典，开展“八五”普法工作。持续强化审计监督，逐步实现重点领域、重点项目和重点资金审计全覆盖。依法接受旗人大及其常委会监督，自觉接受旗政协民主监督和社会舆论监督，切实提高政府公共服务满意度。**加强廉政建设，**严格落实党风廉政主体责任，认真履行“一岗双责”，深入推进政府系统党风廉政建设和反腐败斗争。坚决纠正和惩治懒政怠政、推诿扯皮、落实不力等行为，深入开展党史学习教育，严格落实中央八项规定及其实施细则精神，锲而不舍纠“四风”，持之以恒正风肃纪，坚定不移把反腐倡廉推向深入。

中国人民政治协商会议四子王旗第十四届委员会常务委员会第五次会议工作报告（节选）

——2021 年 3 月 9 日在政协四子王旗第十四届委员会第五次会议上

政协主席 赵翠萍

2020 年工作回顾

一年来，旗政协坚持以习近平新时代中国特色社会主义思想为指导，围绕中心、服务大局，坚定信心、开拓奋进，深入协商议政、广泛凝聚共识，推动政协事业在继承中发展、在发展中创新。党对政协的全面领导进一步加强，理论武装不断强化，专门协商机构作用进一步凸显，提质增效成效显著。特别是面对突如其来的新冠肺炎疫情，我们积极投身抗击疫情斗争，合力助推“六稳”“六保”，在夺取疫情防控和经济社会发展双胜利中践行初心使命、彰显责任担当，为建设美丽四子王旗、共圆复兴梦想贡献了智慧和力量。

一、坚持党的领导，强化党的建设，人民政协履职方向更加笃定

坚持党的领导。常委会始终坚持把党的领导体现在政协履职的全过程，坚持在旗委的领导下开展工作，坚持重大事项、重要工作及时向旗委报告，重要议题及时与旗委沟通，坚持政协重要活动都围绕全旗中心任务进行，将旗委决策部署转化为全体委员的自觉行动，将发展蓝图转化为全体委员的共同意志，确保与党政决策部署无缝对接、合拍共振。旗委高度重视政协工作，每次召开常委会之前，都要收集政协议题，旗委常委会审定了《2020 年度政协协商工作计划》，补充旗委常委、统战部长兼任旗政协党组副书记，定期听取政协党组工作汇报，专题研究政协重大工作事项，对政协工作提出具体要求，使政协工作任务更明、思路更清、底气更足。

强化党的建设。全面推进政协党的建设各项工作，认真落实党建工作、意识形态工作和党风廉政建设责任制，发挥政协党组把方向、管大局、保落实作用，形成“政协党组、机关党组、直属党支部层层抓党建”的工作格局。积极打造政协机关“建言资政凝共识·履职为民促发展”党建品牌，建立政协班子成员联系党员委员、党员委员联系党外委员制度，切实发挥党员委员先锋模范作用，推动政协党建和履职深度融合，以党的建设引领履职实践，以履职成效检验党建水平。去年以来，先后获得自治区团委“青年突击队”及全旗“最强党支部”荣誉称号。

深化理论学习。把加强理论学习作为思想政治引领的有效途径，认真学习习近平总书记中国特色社会主义思想特别是关于加强和改进人民政协工作的重要思想，学习党的十九届五中全会精神及自治区、市委、旗委重要会议精神，一年来，共开展各类学习 20 多次，召开“加强和改进民族工作专题民主生活会”和“四子王旗政协党组 2020 年度专题民主生活会”，组织部分党员委员参加政协办直属支部“学习航天精神 弘扬神舟文化”主题党日活动，在增强“四个意识”、坚定“四个自信”中筑牢共同

思想政治基础，把社会各界的智慧力量凝聚到推进四子王旗发展的生动实践上来，为政协工作保持正确政治方向提供思想保障。

二、注重服务大局，助推发展超越，专门协商机构作用更加彰显

提高协商议政质量。坚持把政协工作置于全旗改革发展大局中去思考、定位和推进，坚持党政中心工作推进到哪里、政协工作就跟进到哪里，建立“专委会牵头、多方联动”协商机制，增强建言资政的“靶向性”和“含金量”。年初制定年度协商计划和重点调研课题，有重点、有层次、有步骤开展协商议政和调研视察。一年来，共开展专题议政协商、界别协商、对口协商等协商议政活动6次，调研视察活动5次，先后形成了《加快推进农村牧区危土房拆迁及环境整治，助力我旗乡村振兴的调研报告》《关于全旗古长城保护及非物质文化遗产保护和传承情况的调研报告》《加强我旗公共卫生服务体系，提高应对突发公共卫生事件能力调研报告》等十余个观点鲜明、论证周密、内容翔实的调研报告，在协助旗委、政府决策科学化、施策有效性上发挥了积极作用。特别是与自治区政协、市政协开展了为期近半年的优化营商环境三级联动协商调研活动，由副主席带队，深入企业、部门开展调研，召开专题协商议政会议，形成专题报告，得到了市政协及旗委政府的充分肯定，扭住了专责主业，为推进全旗高质量发展献智献力。

增强民主监督实效。认真贯彻落实中共中央《关于加强和改进人民政协民主监督工作的意见》精神，围绕中心工作中的重点、热点问题，融协商、监督、参与、合作于一体，深入实施民主监督。去年，对旗林业和草原局“护管防”工作开展情况进行了民主评议。通过走访群众，发放调查问卷，召开座谈会和民主评议大会等方式，形成民主评议情况通报。通过评议拓展了民主监督方式，增强了民主监督实效，同时也促进被评议部门转变了工作作风、增强了服务意识、提高了工作效能。

畅通民意表达渠道。充分发挥人民政协贴近群众、渠道畅通的优势，组织广大委员以提案、社情民意信息等方式议政建言，形成了委员主动、渠道畅通、规范有序的工作局面。一年来，政协委员共提交提案73件，立案68件，立案率93%，通过主席会议成员督办重点提案、召开提案交办会、协调会、座谈会等方式加强提案的办复工作，委员对提案办理结果满意度进一步提升；向市政协、旗委、政府报送社情民意70余篇，其中多篇信息被采用，有力促进了一批涉及民生热点难点问题的解决，并因工作成绩突出，获得2020年度全市社情民意信息先进单位称号，践行了履职为民的宗旨，助力改善了民生福祉。

三、注重双向发力，广泛凝聚共识，共谋发展的氛围更加浓厚

强化政协联系协作工作。进一步加强同工商联、民主人士、无党派人士和社会团体的沟通联系，征求对政协工作的意见建议，鼓励和支持他们通过政协平台开展履职活动，通过政协平台传递正能量、发出好声音；加强同自治区政协、市政协及各地政协的联系联谊，积极配合他们在我旗开展的学习、调研、考察等活动，一年来，协助市政协在我旗开展各种调研活动6次，先后接待了福建省建瓯市，赤峰市巴林右旗等地政协来我旗学习考察，就民办教育、生态建设、产业发展及政协工作创新进行沟通和交流。参加了市政协组织的针对“乡村振兴”“产业发展”等课题的调研视察活动，组织部分政协委员赴赤峰、通辽等地进行调研视察，学习他们在旅游文化、非物质文化遗产保护及美丽乡村建设情况等方面的先进经验，通过这些活动，向各地介绍四子王旗文化旅游、经济社会发展等情况，为提升四子王旗知名度做出了积极贡献。

突出文史资料“存史、资政、团结、育人”作用。积极参与市政协文史馆的筹备工作，完成了市政协文史馆四子王旗板块的建设；编辑出版了《扶贫记忆画册》，再现了全旗广大政协委员和政协工作者在助力全旗打赢脱贫攻坚战中所作的工作；对四子王旗历史文化、草原文化、文物古迹、知青文化等史料及脱贫攻坚、疫情防控等资料进行了收集整理，为宣传四子王旗，打造经典导游词，促进四子王旗旅游文化融合发展做出了积极贡献。出版了《四子王政协专刊》（第十期），为全旗政协委员提供沟通信息、交流思想、发表意见的平台，引导委员主动发声、正面发力，使政协委员更好地履职尽责。

四、突出责任担当，发挥委员作用，为民情怀充分彰显

助力打赢疫情防控战。在新冠肺炎疫情防控工作中，第一时间向全体政协委员发放了《关于打赢新型冠状病毒感染的肺炎防控战致四子王旗广大政协委员的倡议书》，政协班子成员担任相关苏木乡镇包片领导，多次深入所包联乡镇、社区安排部署疫情防控期间管控、值班、监测等工作，机关全体干部24小时蹲点值班，负责所包联小区人员排查、政策宣传等工作，疫情防控期间共排查小区住户1000余人次，广大委员积极响应，逆行出征，积极投身疫情防控的主战场，捐款捐物、出钱出力，据统计，疫情防控期间政协委员和政协机关干部捐款捐物折合人民币19.6万元。为助推全旗打赢这场疫情防控战贡献了政协力量。生动诠释了为国履职，为民尽责的深厚情怀。

助力打赢脱贫攻坚战。紧扣决战决胜脱贫攻坚，把脱贫攻坚作为最大的政治任务和民生工程。旗政协主席挂职任包联乡镇第一书记，各位副主席担任包联领导，专委会主任担任市委派驻苏木乡镇脱贫攻坚督导组副组长，政协机关派出驻村工作队，主席、副主席每人包扶3～5户贫困户，机关干部每人包扶2～5户贫困户，共包扶50户贫困户。从而形成了政协机关全员出动、尽锐出战的工作格局，认真开展协调沟通、调研督导、走访慰问、政策宣传等工作；全旗100多名委员积极主动投身脱贫攻坚主战场，开展了产业扶贫、科技扶贫、健康扶贫、界别扶贫、公益扶贫等活动，一年来，委员累计捐款捐物达100多万元，帮助村集体经济增收400多万元，为200多户贫困户提供了就业岗位，切实用真诚和义举烘热了脱贫攻坚的温度，用实干和实效为助力全旗脱贫攻坚目标任务的完成做出了积极贡献。

助力民族团结边疆稳定。认真贯彻党的民族政策和宗教工作方针，充分发挥政协位置超脱、易于融合的优势，加强同少数民族界、宗教界政协委员的沟通联系，并通过他们影响身边的人，扩大共识，理顺情绪，为进一步增进各民族之间的团结和谐，铸牢中华民族共同体意识做出了积极贡献。在今年的推进国家统编教材工作中，政协班子成员在包联苏木乡镇现场办公，深入学生家长和教师家中宣传国家统编教材相关政策，并组织了20余名委员开展政策宣讲，说服教育工作，有力地推动了国家统编教材工作，完成了全旗各项阶段性重要工作的任务，体现了忠诚担当在一线、凝心聚力在一线的政治的品格。

五、注重强基固本，努力提质增效，政协队伍自身建设更加有力

完善制度机制。建立健全以政协章程为基础，以协商制度为主干，覆盖政协党建、履职工作、组织管理、内部运行等为重点的制度体系。先后修订完善了《主席、副主席联系专委会、专委会联系界别制度》《四子王旗政协党员委员活动制度》等多项制度机制，汇编成册。多途径、多形式加强制度的学习宣传，大力推进制度执行，初步实现了以制度规范履职、以机制保障落实的目标。

提升履职质量。建成并启用“政协云”履职平台，实现了自治区、市、旗三级政协的整体联动，新建2个“委员之家”，使我旗委员之家数量达到了6个，累计开展学习、视察、调研、座谈等活动20余次，进一步增强了委员对政协组织的认同感和归属感，激发了委员投入政协工作、融入全旗发展的思想和行动自觉，有效实现了政协工作重心下移，让人民群众觉得政协就在身边。

2021年工作建议

2021年是中国共产党建党100周年，是实施“十四五”规划、全面建设社会主义现代化国家的开局之年，站在“两个一百年”的历史交汇点上，旗政协工作的指导思想和总体要求是：坚持以习近平新时代中国特色社会主义思想为指导，认真贯彻落实自治区、市、旗两会精神及旗委十三届十二次全会精神，增强“四个意识”、坚定“四个自信”、做到“两个维护”，把坚持和发展中国特色社会主义作为巩固共同思想政治基础的主轴，把加强思想政治引领、广泛凝聚共识作为中心环节，坚持团结和民主两大主题，把准专门协商机构新定位，落实“双向发力”新要求，扛起“三个重要”新任务，服务大局敢担当，凝心聚力扬优势，聚焦治理善作为，完善机制求实效，为推动我旗实现高质量发展做出新的更大的贡献。

要坚持把思想政治引领、党建党风廉政建设、意识形态、民族工作等工作贯穿政协履职全过程，坚持深入学习贯彻习近平新时代中国特色社会主义思想，深入学习党史、新中国史、改革开放史、社会主义发展史、统一战线和人民政协历史，特别是要把学习贯彻党的十九届五中全会精神，作为当前和今后一个时期的重要政治任务，强化学深悟透，切实把思想和行动统一到中共中央决策部署上来，把智慧和力量凝聚到为实现社会主义现代化奋斗目标中去。

要充分发挥人民政协作为专门协商机构的作用，紧扣旗委十三届十二次全会精神、“十四五”规划实施及今年政府工作报告的重点任务，聚焦教育、医疗、养老、环保、文体等民生关切的热点，广泛多层次开展专题协商、对口协商、界别协商、提案办理协商，力求形成一批质量高、影响大、可操作性强的协商议政成果，为助推我旗高质量发展，实现“十四五”开门红贡献智慧和力量。

要积极发挥人民政协统一战线组织的优势作用，坚持以共同的事业感召人、以广泛的协商团结人、以紧密的联系凝聚人，在强化政治引领和广泛凝聚共识上“双向发力”，引导各族各界人士充分发挥“好参谋、好帮手、好同事”的政治作用，铸牢中华民族共同体意识，巩固和发展大团结大联合局面，坚定把中央、自治区和市委、旗委的决策部署不折不扣落实到政协全部工作之中，在全旗大局中把准坐标定位，始终做到思想同心、工作同向、行动同步。

要进一步发挥人民政协“重要阵地”“重要平台”“重要渠道”的作用，引导委员始终把增强“四个意识”、坚定“四个自信”、做到“两个维护”作为首要政治任务，把责任担当、为民履职作为价值追求。积极搭建平台，细化委员“履职菜单”，做实委员履职台账，完善履职综合考评，发挥委员主体作用，不断促进政协事业发展。

大事记

1月

2日 乌兰察布市食品药品安全委员会办公室考核组到四子王旗开展食品药品安全评议考核。

3日 自治区党委常委、组织部部长杨伟东到四子王旗看望慰问“草原额吉”都贵玛，并就基层党建工作进行调研。

同日 旗委书记武玉亮一行先后到天和学校、北京宽高学校、四子王实验学校实地检查校园安全。

同日 旗委宣传部、旗文旅局、北京市怀柔区文旅局联合举办主题为“挥毫写春意 福禄进万家”的活动，并为市民赠送春联。

同日 内蒙古“随手公益”携手壹基金会为四子王旗实验小学30名住校学生捐赠“温暖包”。

4日 杜尔伯特搏克爱好者联盟第四次搏克比赛在四子王旗体育馆开赛。来自呼和浩特市、锡林郭勒盟、包头市等地的搏克爱好者与四子王旗搏克爱好者同台竞技。

7日 四子王旗非公企业和社会组织党组织举行主题为“党建联盟聚合力、情暖城乡助脱贫”2020年第一次主题党日活动。活动当中各非公企业党支部演出形式多样的合唱、独唱、朗诵等节目。

同日 四子王旗在乌兰牧骑演播大厅举办“额吉的摇篮”2020年蒙古语春节晚会，整场晚会由乌兰牧骑、民间艺术团、民俗协会、农牧民等联合演出。

9日 四子王旗在演播大厅举办主题为“爱在四子王、同心奔小康”2020年春节联欢晚会，邀请到很多大咖级明星和乌兰牧骑演员同台演出。

10日 四子王旗举办主题为“保障春运交通畅通 服务群众平安温暖回家”的“春运”启动仪式。抵制超速、超员现象。

14日 乌兰察布市委常委、副市长苏和一行深入四子王旗走访慰问63628部队官兵。

17日 旗委书记武玉亮赴吉生太镇慰问困难党员和贫困群众，并送上慰问品及慰问金。

同日 农历腊月二十三（俗称小年），由旗民俗协会主办的蒙古族传统祭火仪式在哈萨尔广场盛大举办，来自四面八方的各界蒙古族群众盛装出席祭火仪式。

20日 春节来临之际，旗委书记武玉亮慰问乌兰花镇一线环卫工人、低保户、创业带头人并向他们致以节日的问候和新春的祝福。

22日 四子王旗四大班子领导慰问“人民楷模”都贵玛老人。

26日 四子王旗召开新型冠状病毒肺炎疫情防控工作会。

同日 四子王旗交通运输局发出《关于关

闭停运长途客运站、城镇公交、农村公交客运的紧急通知》。

同日 四子王旗文化和旅游局发布《四子王旗取消春节、元宵节各项文化活动公告》。

27 日 四子王旗成立新型冠状病毒感染的肺炎疫情防控工作领导小组。启动了东八号、三元井、席边河、白音希勒和阿莫吾素 5 个治安检查站。

同日 四子王旗人民政府发出《关于对进入小区人员进行实名登记排查的通知》。

28 日 四子王旗新型冠状病毒感染的肺炎疫情防控指挥部发布（第 1 号）《关于新型冠状病毒感染的肺炎疫情防控工作的通告》。

30 日 四子王旗公安局民警发现该旗蔺某某在微信群及朋友圈内大量转发四子王旗被确诊新型病毒肺炎患者病例同乘客车人员信息图文，严重侵犯了公民的人身、财产权利，对其涉嫌散布他人隐私的行为依法处以罚款。

同日 四子王旗纪律检查委员会对白音朝克图镇白音希勒嘎查监督委员会主任周某某失职失责进行通报。

同日 四子王旗各单位对乌兰花镇辖区内所有居民小区进行包联，对小区内进出人员进行摸底、排查、登记。

31 日 四子王旗新型冠状病毒感染的肺炎疫情防控指挥部发布（第 5 号）《关于新型冠状病毒感染的肺炎疫情防控期间实施道路交通管制的通告》。

同日 乌兰察布市委组织部副部长刘永忠一行先后深入四子王旗库伦图镇、忽鸡图乡、吉生太镇和乌兰花镇，调研指导新型冠状病毒感染的肺炎疫情防控工作。

2 月

1 日 四子王旗市场监管局查处药店销售 5020 个“三无”口罩案，对该药店进行罚款 6000 元的处罚。提醒广大市民，在选购口罩时一定要选择正规企业生产的口罩。

4 日 四子王旗新型冠状病毒感的肺炎疫情防控指挥部发布（第 9 号）《关于加强车辆人员流动管控的通告》。

同日 四子王旗农村信用合作联社向旗红十字会捐赠现金 10 万元，专项用于支援四子王旗新型冠状病毒肺炎疫情防控工作。

同日 四子王旗纪委监委因新冠疫情防控不力，对忽鸡图乡 3 名村干部进行追责问责。

同日 白音希勒嘎查牧民孟克巴雅尔父女驱车到白音希勒公路出入口疫情监测点，为奋战在抗疫一线的值班执勤人员送去鲜牛奶及奶制品。

同日 四子王旗烟草公司向旗红十字会捐赠 10 万元、四子王旗国通物流园区向旗红十字会捐赠 10 万元，用于支援抗击新型冠状病毒感染的肺炎疫情防控。

5 日 四子王旗新型冠状病毒感染的肺炎疫情防控指挥部发布（第 10 号）《关于新型冠状病毒感染的肺炎疫情防控期间加强居民小区管控的通告》。

6 日 旗委副书记、政府旗长赵利国一行深入牧区检查苏木嘎查疫情防控工作。

8 日 四子王旗万宝金店向旗新冠肺炎疫情防控指挥部捐赠 48 桶“84”消毒原液和高压喷雾消杀机，用于支援抗击新冠疫情防控工作。

11 日 四子王旗疫情防控指挥部收到海纳肠衣晟泰新村项目部捐款 10 万元、新天地开发公司新华小区售楼部捐款 5 万元、民族贸易有限公司捐款 2 万元、四子王旗景欣农业股份有限公司捐款 1 万元。

同日 四子王旗新型冠状病毒感染的肺炎疫情防控指挥部发布（第 11 号）《关于进一步加强外来人员、返乡人员和居民群众管控工作的通告》。

13 日 四子王旗政协主席赵翠萍一行深入乌兰花镇盛唐豪庭、和悦公寓、宏盛一期、天和小区、兆丰花园、中华园住宅小区及纪委家属楼，实地督导小区疫情防控工作。

14 日 四子王旗思瑞科技有限公司向四子

王旗卫健委捐赠了价值158000元的SRK消毒抑菌剂2吨。

15日 四子王旗首例新冠病毒感染者王某某治愈出院。该患者于1月29日入住四子王旗人民医院，1月30日被诊断为感染新型冠状病毒。经过系列治疗，经区市两级专家会诊，符合出院标准，同意出院。

15日 四子王旗40名青年自发组成捐赠团体，为疫情防控指挥部捐赠了13000副一次性手套。

17日 四子王旗公安局桥西派出所民警在排查工作中发现，乌兰花镇集贸市场某旅店蒋某某违规留宿6名客人，依法对其给予行政拘留十日处罚。

同日 四子王旗人民法院启动速裁程序，公开审理宣判全市第一起涉疫情防控刑事案件，依法被判处有期徒刑十一个月，被告人张某风当庭表示服判不上诉。

同日 内蒙古赛诺种羊科技有限公司为疫情防控捐款10万元，四子王旗中兴贸易加油站为疫情防控捐赠价值2万元成品油，所有捐赠款物专项用于疫情防控。

19日 “乌丽吉”城乡服务管理平台在四子王旗正式上线。全旗广大农牧民、居民主动扫码关注“乌丽吉”公众号。

24日 内蒙古银行四子王旗支行全面支持企业复工复产，为赛诺公司提供700万元的活畜质押贷款，又为其解决300万元的专利权质押贷款。

同日 四子王旗市场监管局对辖区内大型商场、超市及居民小区周边各类经营户，就落实新型冠状病毒肺炎疫情防控工作情况开展“回头看”检查工作。对各经营者疫情防控措施落实情况、物资供应情况、销售价格等情况继续进行逐户排查。

25日 四子王旗新冠肺炎疫情防控指挥部发布（第12号）《关于分级分批、稳妥有序推动全旗生产生活秩序逐步恢复的通告》。

3月

1日 乌兰察布市首例四子王旗新冠肺炎康复者王某某，到自治区血液中心自愿无偿捐献血浆400毫升。这是全区首例自愿无偿捐献康复期血浆的新冠肺炎康复者。王某某在湖北省武汉市上大学，于1月19日由湖北返乡，1月29日到四子王旗人民医院发热门诊就医，次日被确诊为新冠肺炎，2月15日治愈出院。

同日 四子王旗发布《关于依法打击供济堂镇阿莫吾素山、六股山等地盗采“钱币石”等矿产资源的公告》。

2日 广州立白企业集团有限公司携广州朝云控股有限公司、广州超威生物科技有限公司向四子王旗红十字会捐赠价值33015.2元的洗涤消杀物资，驰援新冠肺炎疫情防控。

同日 四子王旗四大班子领导为抗击新冠肺炎疫情带头进行捐款，其他旗委常委、旗人大常委会、旗政府、旗政协等领导分别进行捐款。

3日 乌兰察布市纪委监委督查组以暗访形式对四子王旗疫情防控和复工复产工作开展监督检查。

4日 四子王旗公安局民警通过大数据摸排涉疫人员时发现网上在逃人员祁某某的活动轨迹，成功将其抓获。

5日 四子王旗达到国家级贫困旗县退出有关指标，符合贫困旗县退出条件。经自治区人民政府研究，同意退出贫困旗县序列。

同日 “人民楷模”都贵玛向四子王旗红十字会捐款5000元。

10日 四子王旗大黑河乡巨龙太村由国家林业和草原局确定为国家森林乡村。

同日 乌兰察布市市场监督管理局产品质量检验组赴四子王旗对复工复产企业进行督查指导。

11日 四子王旗首家大型商场世京商厦复工复业开始营业。

同日 全市脱贫攻坚全面摸底排查工作现

场观摩总结会在四子王旗召开。

同日 内蒙古军区司令员马庆雷到四子王旗调研民兵建设工作，要求民兵加强训练，发挥紧急时刻保障作用。

12日 四子王旗工商银行、农业银行、中国银行、信用联社等8家银企与28位种养殖大户签订了《金融支持农牧业春耕备耕生产贷款协议》，贷款协议金额共1168万元。

19日 江岸苏木对8个嘎查同步开展人居环境集中整治行动和危土房拆除清理行动，对牲畜粪便和垃圾及时清理。

22日 四子王旗景欣农业有限公司将复工复产以来生产的价值50万元的葵花子运往武汉，以比往年销售价低10%的价格缓解武汉市场需求。

23日 四子王旗新冠肺炎疫情防控指挥部发布（第14号）《关于疫情防控期间全面恢复正常秩序、加强境外返旗人员管控和全面推进各行各业复工复产的通告》。

24日 查干补力格苏木德力森呼德格嘎查的牧民乌力吉塔娜救助了一只受伤的天鹅。经旗湿地和野生动植物管理部门辨认，受伤鸟类确为国家二级野生保护动物天鹅。

25日 四子王旗召开2020年度全旗鼠疫防控工作会。会议分析当前鼠疫防控工作中存在的问题，安排部署了近期和今后一个阶段鼠疫防控各项工作。

26日 旗委副书记、政府旗长赵利国分别到蒙古族中学、四子王旗第一中学、四子王旗第三中学督导检查学校疫情防控和学生复课准备工作。

27日 中共四子王旗委十三届委员会第十次全体会议暨全旗经济工作会议，在旗党政大楼二楼会议室举行。十三届旗委委员、候补委员出席本次大会。市人大常委会党组成员、旗委书记武玉亮主持会议并代表旗委常委会作了题为《聚焦历史使命　强化责任担当　奋力夺取全面建成小康社会的伟大胜利》的工作报告。大会经过讨论，审议通过了《中共四子王旗第十三届委员会第十次全体会议决议》。

同日 以内蒙古自治区党委宣传部副部长王晓平为组长的自治区第八督导组到四子王旗督导调研疫情防控工作。

4月

1日 自治区红十字会携手乌兰察布市朝聚眼科医院走进四子王旗，开展“关爱百姓健康、助力脱贫攻坚”2020年全区“光明行”社会公益活动。

同日 四子王旗气象局地面气象观测实现自动化，这标志着该旗气象现代化的进一步提升，彻底告别了人工观测手工记录操作的繁杂过程。

1—2日 自治区党委书记、人大常委会主任石泰峰深入扶贫包联旗县四子王旗，走访调研6个乡镇10个行政村的17户未脱贫户，了解掌握精准脱贫政策落实情况。

7日 旗政府二楼大会议厅召开“清廉村居（嘎查）”表彰大会。旗委组织部、宣传部相关领导为26个荣获“清廉村居（嘎查）”的嘎查村、社区进行了颁奖授牌。

10日 乌兰察布市在四子王旗境内启动与内蒙古电力集团有限责任公司、国家电投集团内蒙古能源有限公司600万千瓦风电项目签约仪式。

15日 国家第5个全民国家安全教育日，四子王旗民兵骑兵连开展形式多样的宣传教育活动，让官兵和广大人民群众接受国家安全教育，增强国家安全意识。

16日 全旗开展排查整治党政机关、事业单位、国有企业职工人员涉煤违规违法问题专项整治工作，并召开动员部署会。

17日 旗委常委会召开中央脱贫攻坚专项巡视“回头看”整改落实专题民主生活会。深刻进行对照检查和原因剖析，严肃开展批评和自我批评，明确努力方向和整改措施，确保打赢脱贫攻坚战。

20 日 自治区副主席郑宏范到四子王旗就教育扶贫和开学复课情况等工作进行调研。

同日 自治区卫健委副主任伏瑞峰一行到四子王旗红格尔苏木国家级鼠疫检测培训中心及旗疾控中心 PCR 检验室进行调研指导。

27 日 乌兰察布市统计局党组成员王新天一行 5 人对四子王旗工业、投资、贸易、服务业企业电子台账建立情况和乡镇名录库维护、乡卡村卡报送情况进行检查指导。检查组每到一个企业或数据上报单位都对上报数据进行认真的审查和核对，发现问题及时纠正，不能及时纠正的问题留下意见限期整改。

28 日 由自治区党委宣传部、自治区文联、自治区美术家协会联合主办的“红色百年内蒙古”大型主题油画、雕塑创作工程，中国油画家“人民楷模”都贵玛大型主题油画工程主创画家采风团走进四子王旗，开展主题采风活动。

29 日 脑木更苏木阿莫吾素嘎查发现鼠疫，脑木更苏木及时向上级相关部门报告，并在疫点周围 4 平方公里范围内进行人工灭鼠。7 天时间内共出动人员 587 人次，车辆 64 台次，同时在外围进行飞机灭鼠和拖拉机灭鼠。

同日 四子王旗气象局荣获乌兰察布市第三届气象行业职业技能竞赛团体第一，来自全市 11 支代表队的 33 名选手参加了比赛。

5 月

3 日 四子王旗乌兰花镇东湖村、东八号乡白彦敖包村、红格尔苏木红格尔嘎查、忽鸡图乡庙后村、江岸苏木拜兴图嘎查、脑木更苏木乌兰席热嘎查被自治区党委、自治区人民政府表彰为文明村镇。

4 日 在五四青年节之际，四子王旗委、政府对江岸苏木、脑木更苏木参与鼠疫防控的工作人员及民兵进行集中慰问。

6 日 政协四子王旗第十四届委员会第四次会议在旗党政大楼二楼会议室开幕。应到委员 104 名，实到委员 93 人，符合政协章程规定人数。会期三天，8 日闭幕。乌兰察布市政协驻四子王旗的委员，各苏木乡镇、旗直有关部门主要负责人列席了闭幕大会。会议分别审议通过了《政协四子王旗第十四届委员会第四次会议提案审查委员会关于本次会议提案审查情况的报告》《政协四子王旗第十四届委员会第四次会议政治决议》《政协四子王旗第十四届委员会常务委员会工作报告的决议》《政协四子王旗第十四届委员会常务委员会提案工作报告的决议》。

7 日 四子王旗第十五届人民代表大会第四次会议在政府大楼二楼会议厅开幕。大会应到代表170名，实到代表162名，符合法定人数。会期 3 天，大会于 5 月 9 日闭幕。会议圆满完成各项议程后胜利闭幕。大会先后表决通过了《四子王旗第十五届人民代表大会第四次会议关于四子王旗人民政府工作报告的决议》《四子王旗第十五届人民代表大会第四次会议关于四子王旗 2019 年国民经济和社会发展计划执行情况与 2020 年国民经济和社会发展计划草案的报告的决议》《四子王旗第十五届人民代表大会第四次会议关于四子王旗 2019 年财政预算执行情况和 2020 年财政预算草案的报告的决议》《四子王旗第十五届人民代表大会第四次会议关于四子王旗人民代表大会常务委员会工作报告的决议》《四子王旗第十五届人民代表大会第四次会议关于四子王旗人民法院工作报告的决议》《四子王旗第十五届人民代表大会第四次会议关于四子王旗人民检察院工作报告的决议》。

同日 鄂尔多斯市农产品质量安全检验检测中心分别深入乌兰花镇河南营菜队、北菜队开展蔬菜监测抽样工作。抽取黄瓜、生菜、油菜、小白菜等应季蔬菜样品 16 个，抽取牛羊肉样品 10 个，鸡蛋样品 5 个，并对蔬菜种植生产记录和使用农药记录进行检查，未发现非法使用高毒农药和使用禁用农药行为，从种植源头确保蔬菜产品质量安全。

8 日 内蒙古自治区马铃薯新品种展示田在吉生太镇小土格木自然村开始播种。展示田共征集马铃薯新品种31个。种薯均为微型薯，每个品种展示种植一亩，共计31亩。

11日 四子王旗纪委监委印发《关于优化营商环境强化监督执纪问责的公告》。

同日 内蒙古自治区副主席黄志强到访赛诺种羊科技有限公司调研，他指出希望企业坚定信心，继续努力，不断发展壮大，推动地方经济持续发展。

同日 市委副书记、市长费东斌到四子王旗调研农牧民住房安全保障、易地扶贫搬迁、危土房拆除等工作开展情况。

12—13日 乌兰察布市人大常委会副主任李洁一行到四子王旗就文物保护法的贯彻执行情况及文物保护知识宣传工作进行调研；同时对贯彻实施《中华人民共和国非物质文化遗产法》和《内蒙古自治区非物质文化遗产保护条例》进行执法检查。

15日 四子王旗纪委监委在全旗范围内开展为期7个月的医疗卫生领域涉及民生问题专项整治活动。严厉打击各类违规违法执业行为和医疗欺诈骗保行为。

19日 乌兰察布市委第四巡察组对四子王旗发改委、自然资源局、生态环境分局、工信局、市场监督管理局、应急管理局、查干补力苏木开展煤炭资源领域进行专项巡察。

20日 市委常委、统战部部长白颢率调研组一行到四子王旗调研农村饮水安全和健康扶贫工作。

21日 自治区扶贫办副主任韩建刚一行到四子王旗调研金融扶贫工作并召开座谈会。

27日 自治区党委常委、宣传部部长白玉刚一行深入四子王旗王府和锡拉木伦庙进行调研。调研组详细了解了四子王旗王府和锡拉木伦庙建筑修缮及文物保护工作中存在的主要问题，提出了指导性意见。

6月

3日 四子王旗文联所属作家协会、书法家协会、音乐家协会和舞蹈家协会的10名作者（10部作品）获得乌兰察布市文联关于2019年度全市文艺工作成绩突出单位（集体）和优秀工作者奖。

4日 四子王旗公安局成功抓获了一名潜逃30年的命案逃犯。

同日 四子王旗召开全旗人居环境整治工作推进会暨现场观摩总结会。与会人员先后观摩了乌兰花镇、吉生太镇、大黑河乡、东八号乡、忽鸡图乡、库伦图镇和供济堂镇等农区7个乡镇16个自然村，检查自然村的人居环境整治工作。

9日 四子王旗在哈萨尔广场举行游客中心启动颁奖仪式。分别为内蒙古通悦旅行社四子王旗分公司、四子王旗格根塔拉草原旅游中心颁发优秀地接旅行社奖牌和国家AAAA级旅游景区标牌。启动仪式上由老年服装服饰队和老年体协进行传统民族服饰表演。

11日 四子王旗在杜尔伯特广场举行“文化和自然遗产日”宣传活动。

同日 自治区党委宣传部副部长、电影局局长乌恩奇一行到四子王旗调研“乌兰牧骑月”启动仪式相关情况。

同日 自治区妇联“蒲公英”项目——“不让毒品进我家”活动走进北京宽高四子王旗实验学校。学生们观看生动形象的仿真毒品模型。

13—14日 四子王旗市场监督管理局针对北京市出现多例新增本土新冠肺炎病例，按照新冠肺炎疫情防控新形势要求，该局由局分管领导带队，组织各市场监管所人员重点对辖区内三文鱼经销市场进行了全面排查。

15日 防范和打击非法集资集中宣传活动在政府广场举行 。通过发放传单、展板展示、政策宣讲等多种形式，告诫和提醒广大人民群众珍惜血汗钱，远离非法集资。

16日 四子王旗在杜尔伯特广场举办了全国第十九个“安全生产月咨询日”活动，此次活动主题为“消除事故隐患　筑牢安全防线”。

17日 由自治区党委宣传部、自治区文化和旅游局共同主办的“乌兰牧骑月·一切为了人民”文艺会演在四子王旗查干补力格苏木格日勒图雅嘎查举行。

同日 四子王旗“就业扶贫基地挂牌仪式暨就近就地就业”专项招聘会在四子王旗民族贸易有限责任公司举办。

18日 四子王旗宣传部发布公告，面向全社会征集《三千孤儿与草原母亲》图片资料、实物类资料及音视频资料。

同日 自治区红十字会到四子王旗蒙古族小学举行疫情防控物资爱心捐赠活动。捐赠疫情防控物资累计达86.6万元。

23日 四子王旗组织卫健委、教体局、公安局、城管局、人民医院等共18个相关单位就四子王旗第一中学普通高考安全和考务工作开展情况进行督察。

同日 四子王旗“天梦草原”公共品牌发布会暨首届农旅牧电商直播节在旗电子商务公共服务中心开幕。

23—24日 市人大常委会副主任李洁一行到四子王旗疾控中心、翔振矿业集团、脑木更苏木卫生院进行调研，并详细了解红格尔苏木国家级鼠疫检测点工作运转情况。

24日 小东营通行费收费所为库伦图镇苏木加勒格村委会捐赠了50吨煤。

29日 四子王旗司法局召开传达“10·4”违规执法案件通报专题会议，班子成员、全体环节干部参加会议。会议传达了《关于凉城县公安局蛮汉镇派出所“10·4”违规执法案件的通报》，并针对案件造成的不良社会影响，全面分析案件的成因，深入剖析政法队伍管理中存在的问题。

30日 四子王旗金融乌兰牧骑启动仪式暨“金融乌兰牧骑”授旗宣传演出活动在神舟广场举行。旨在将党和国家的金融普惠政策、金融基本知识编排成广大人民群众喜闻乐见的节目进行宣传。

同日 四子王旗对查干补力格苏木格日勒图雅嘎查景观带内两处未经许可违规经营的骑马场、卡丁车场进行了依法取缔。

同日 中国老龄事业发展基金会高级顾问刘德祝一行到四子王旗考察卫生健康工作，并探讨“健康惠民医疗扶贫公益行”项目执行建议。随后召开座谈会。

7月

1日 四子王旗召开建党99周年大会暨“七一”专题党课。通过讲党课共同回顾党的光辉历程，缅怀先烈的丰功伟绩。

1—2日 乌兰察布市统计局局长兰明携相关科室负责人深入四子王旗白音朝克图镇入户走访、慰问贫困户，与旗委书记武玉亮、政府旗长赵利国、政府常务副旗长窦陶然等共同分析探讨了该旗第七次全国人口普查工作存在的问题和解决办法。对四子王旗乌兰花镇统计站基层基础建设情况进行深入细致的了解和工作指导，对乌兰花镇土城子行政村讨思号自然村的农作物播种面积和牲畜头数进行质量抽查。

2日 四子王旗召开领导干部警示教育大会。通过开展警示教育活动，进一步增强广大党员、领导干部廉洁自律意识和拒腐防变能力。会议通报并深刻分析了近年来该旗查处的一批典型违纪违法案件。会议还组织观看了警示教育片《一个市委书记蜕变的灵魂》，以案说事、以案警示。

同日 四子王旗公安局组织开展《社区矫正法》宣传活动。旗人民法院、检察院、司法局、财政局、民政局、教育局等相关单位领导出席了活动。通过宣传活动，使广大群众了解参与社区矫正工作。

同日 四子王旗第一中学为使参加高考的考生熟悉高考入场流程，对全体高三学生进行了无声入场模拟演练。在老师的引导下，考生们有序地检测体温并在高考入场人脸识别仪前刷身份证进行身份识别，实现考生无声入场。

4日 政府副旗长李耀一行深入第一中学检查指导高考备考和疫情防控工作。旗教育体育局、卫健委、市场监督局、城管局、公安局等相关部门负责人陪同检查。

6日 全国两会精神四子王旗宣讲团在乌兰花镇进行宣讲。党校老师解读政府工作报告八大亮点。

同日 四子王旗城市管理综合行政执法局正式挂牌成立，原“四子王旗城市管理综合执法局”更名为“四子王旗城市管理综合行政执法局”。

7日 市人大常委会调研组一行到四子王旗调研2020年上半年国民经济和社会发展计划执行情况等相关方面工作，并召开座谈会。调研组实地察看了国家马铃薯良繁基地——鑫雨种业园区项目、四子王旗泰和花园房地产项目、电子商务公共服务中心。

14日 四子王旗总工会组织开展“致敬劳动 情系盛夏”2020年全旗送清凉慰问活动，慰问团先后到旗人民法院、消防救援大队、旗供电分局、乌兰花镇、城管局、小东营收费所、人民医院、内蒙古永和氟化工有限公司、快递公司等进行了慰问。送去了奶制品、衣服、洗漱用品等。

16日 旗工信局组办公益宣讲，助力企业发展普法活动。邀请北京策略律师事务所组成的普法律师团为四子王旗70余家中小企业进行为期一天的公益普法宣讲。

17日 四子王旗召开创建自治区卫生城镇工作推进会。会议要求对照时间节点，对照标准逐项落实。

同日 四子王旗召开第七次全国人口普查区域划分与建筑物标绘培训会议。各苏木乡镇各社区区域划分与建筑物标绘业务骨干参加了培训。会议强调，区域划分和建筑物标绘是一项关乎普查成败的基础性工作，也是“区不漏户、户不漏人”的一个重要参照。

18—19日 内蒙古自治区市场监管领域安全“滚动式”督导检查组一行，对四子王旗市场监管领域安全进行为期两天的“滚动式”督导检查。检查组首先与市场监管局工作人员召开对接会，局领导对2020年上半年市场监管工作进行了汇报。检查组分成6个工作组，就食品生产企业、食品流通企业（包括校园周边、冷冻食品、散装食品、食盐、餐饮单位）、保健食品、农牧区食品、养老机构食堂、粮食加工企业、旅游景区餐饮、工业产品、特种设备、压力容器领域进行督导检查。本次督导检查共检查了经营户17家。其中，食品生产领域经营户3家、食品流通领域6家、餐饮领域3家、特种设备领域3家、重点工业产品领域2家。针对发现的问题进行了现场指导，并责令其限期整改。检查组还深入乌兰花镇市场监管所对辖区经营户档案进行查阅，对存在的问题现场进行纠正。

21日 四子王旗防汛抗旱指挥部在吉生太镇泉掌子水库开展防汛抢险演练。旗人武部政委刘涛、旗应急局领导及各成员单位负责人实地观摩了演练。演练内容包括转移安置群众、抢险被困群众、医务人员模拟救护伤员等三大项内容进行演习。

23日 由自治区旗县级融媒体运营服务中心总编辑孙延明率队一行6人到四子王旗融媒体中心验收指导融媒体运营服务工作。实地察看了融媒体中心历史长廊、新时代文明实践中心展厅、都贵玛事迹展厅、融媒体中心指挥调度大屏、发布平台、多功能演播室。详细了解了该旗融媒体中心组建后的机构设置、人员配备、采编发流程、移动优先传播矩阵、技术系统平台等情况。通过听取汇报、实地查看资料、座谈交流等方式，对照项目建设内容，从硬件、软件等方面对融媒体中心建设运营情况进行验收，并在验收中提出了针对性的意见和建议。

同日 四子王旗“天梦草原”公共品牌发布会暨首届农旅牧电商直播节在旗电子商务公共服务中心开幕。发布会上王之帆副旗长致开幕词、巴图副旗长作了“天梦草原”公共品牌主题推介。发布会上，乌兰牧骑队员们进行了精彩演出。

25—26日 自治区资质认定评审组一行，

对四子王旗食品药品检验检测所进行了为期两天的资质认定评审。评审组首先与局工作人员召开首次会，就本次评审内容等进行了对接，进一步明确了本次评审的具体内容及行程安排。该所检验人员对检验所工作进行了汇报。评审组就体系文件、人员档案、设备档案、实验室环境、练兵报告等内容进行了评审。26日下午，评审组与局领导、检验人员召开了座谈会与末次会议，评审组宣布四子王旗食品药品检验检测所顺利通过此次评审，并对开出的6个基本符合项在20个工作日内完成整改。评审组就评审中发现的问题与检验人员进行现场交流，该检验所工作人员也将各自在日常工作中遇到的疑点难点问题向各位专家进行了现场咨询。

26日 农业农村部种业管理司一级巡视员周云龙一行6人到四子王旗中加农业生物科技公司、赛诺种羊科技有限公司、鑫雨种业园区、四子王旗农业技术推广站进行实地考察调研。周云龙分别听取各公司相关负责人汇报，在详细了解基地建设情况后，对所取得的成果给予高度评价，并对以后发展提出了指导性意见。

28日 四子王旗召开优化营商环境专项督查工作座谈会。由乌兰察布市纪委监委党风政风督察室、市自然资源局行政审批科、市发改委民营经济科、市市场监督管理局注册科组成联合督查组，对旗市场监督管理局、住建局、发改委等单位优化营商环境工作进行了专项督查。

31日—8月1日 国家知识产权局委托中国生态道德教育促进会专家组赴四子王旗开展“四子王戈壁羊及其制品”生态原产地产品延期保护进行评定，评定工作按程序依次展开并顺利通过了专家组的审核评定。

8月

3日 旗宣传部文明办、旗红十字会组织200余名志愿者参与到创建文明卫生城镇活动中。

4日 四子王旗召开种植业流动现场观摩会。观摩组先后到高标准农田建设项目、农技推广改革与建设项目、有机旱作农业项目、农业重大技术协同推广项目、地膜减量节水农业项目、农村牧区人居环境整治项目进行实地观摩。

5日 四子王旗卫生健康综合行政执法大队正式挂牌成立，政府副旗长李耀出席挂牌仪式并讲话。

同日 自治区交通运输厅厅长白智一行到四子王旗进行调研。调研组一行深入乌兰花至艾勒格庙路段对旅游公路工程建设项目进行实地考察调研。调研组听取相关部门工作人员汇报后，详细询问了解项目立项、资金情况及项目实施后百姓受益情况。

6日 自治区蒙古语言文字规范化标准化工作专家评议及蒙古语语言生活状况调查组到四子王旗融媒体中心视察调研。

同日 市委第四巡察组专项巡察四子王旗煤炭资源领域情况反馈会议召开。市委第四巡察组组长白河一行出席会议。会上，市委第四巡察组向旗发改委、自然资源局、生态环境分局、工信局、市场监督管理局、应急管理局6个党组织反馈煤炭资源领域巡察情况。并对巡察整改工作提出明确要求。

10日 四子王旗召开鼠疫防控工作会。会议主要分析当前鼠疫防控工作存在的问题和面临的新形势，安排部署今后一个阶段鼠疫防控工作。会上，旗卫健委主任传达了全区鼠疫防控形势。

11日 中国人民银行四子王旗支行组建辖内金融机构宣传队，走进旗杜尔伯特广场，开展以“金融支持稳企业保就业”为主题的宣传活动。

12日 国家重点研发计划“绵羊高效安全养殖技术应用与示范”项目专家团队到四子王旗调研指导工作。旗农牧和科技局、林草局、工商联、内蒙古蒙霖生态科技有限公司相关负责人陪同调研。专家团一行先后到内蒙古蒙霖生态科技有限公司项目一期、二期实地进行参观指导，现场观摩柠条粉碎、过滤、碾压、装袋等生产流程，向企业负责人详细了解柠条加工厂的现状及二期在建生产线的具体情况。

14日 四子王旗林草局和旗园林局联合开展“铲除蒿草、净化空气、保护健康”行动，旨在减轻域内鼻炎患者高发态势。

18日 自治区人大财经委副主任张国忠一行到四子王旗调研预算绩效管理工作。

19日 白音朝克图镇新淖尔嘎查蒙古族牧民的娜日娜（女，43岁）和儿子一起参加2020年高考，双双通过本科线。娜日娜被一本院校内蒙古财经大学旅游管理专业录取，圆了23年的大学梦。

20日 市委书记、市长费东斌深入四子王旗，就草原生态保护及矿山修复治理整改等工作进行调研。

21日 AOPA乌兰察布飞行大会暨第五届亚太地区商学院草原挑战赛在格根塔拉草原隆重举行。来自武汉大学等各大高校的40支参赛队依次入场。四子王旗乌兰牧骑为现场观众奉献一台歌舞晚会。

25日 四子王旗在哈萨尔广场举办农牧民会演，二人台专场表演。由东八号乡、大黑河乡、文南路社区、团结路社区等9个单位选送的节目参加了此次专场比赛。选送节目以“决胜全面小康、决战脱贫攻坚”为主线，以“不忘初心、文化筑梦”为主题。

27日 四子王旗组织三级人大代表集中视察全旗经济社会发展工作。代表们实地察看了全旗经济社会重点工作。

28日 旗政协委员视察全旗经济社会工作。实地视察了全旗一年来经济社会发展情况，重点了解工程建设和完成情况。

同日 四子王旗在中加园区举办以“一粒种子可以改变一个世界，一次合作可能带来一生财富”为主题的“中加2号”四子王旗种植争霸赛颁奖大会暨2021年种薯订货会。市人大常委会副主任、旗委书记武玉亮、内蒙古中加农业生物科技有限公司总经理秦国华共同为获得总冠军的种植户颁发了荣誉证书、奖杯和价值65000元的汽车。

29日 由自治区政府台湾事务办公室主办，乌兰察布市委统战部、宣传部承办，中央广播电视总台海峡飞虹中文网作为媒体支持的“飞越海峡的音乐之声”文艺交流演出在四子王旗格根塔拉景区举行。

31日 四子王旗红十字会共接受新冠肺炎疫情以来社会各界捐款捐物折合人民币7641467元（其中捐赠资金254笔5845444元，捐赠物资折款1796023元），全部用于疫情防控需要和按捐赠人员意愿安排使用。

9月

9日 美团共享电单车进驻四子王旗，共投放300辆，让四子王旗老百姓共享低碳生活。

同日 乌兰察布市动物疫情应急演练现场会在四子王旗举办，全市11个旗县市区的兽医部门200多人参加了本次演练。本次演练由乌兰察布市农牧局主办、乌兰察布市疫控中心和乌兰察布市动物卫生监督所承办，四子王旗农牧和科技局协办。

2—10日 四子王旗公安局查处4起利用网络在微信群内发布和转发带有煽动、威胁、恐吓、辱骂视频案件。反对和阻止国家统编教材使用。致使多名学生未能按时报名上学，其行为扰乱了社会秩序，造成了恶劣的社会影响。对2名被调查人给予行政拘留十日的处罚，另2名给予警告处理。

10日 自治区农牧业科学院玉米研究所研究员到四子王旗东八号乡梁底行政村补号地自然村，现场指导“自治区财政支持农业科技推广示范项目”玉米新品种内旱，高产、高效栽培技术。

同日 四子王旗举行欢送新兵大会。身着迷彩服、胸戴大红花的入伍新兵即将正式踏上军旅新征程，为保卫祖国奉献自己的青春。

11日 为“盒”情牵——内蒙古乡村住校生餐具改善计划捐赠仪式在四子王旗第六小学举行。社会各界爱心人士捐赠饭盒500余套。

12—14日 市委宣传部组织“乌兰牧骑+”宣讲团，深入四子王旗以群众喜闻乐见的表演，开展国家统编教材宣传，尽享高质量双语教育一个都不能少的政策。

15日 四子王旗殡仪馆建设项目在忽鸡图乡小东营行政村正式开工。项目计划总投资2000万元，总占地面积149亩，项目由殡仪馆、骨灰寄存塔和墓地三部分组成（包括悼念楼、火化楼、守灵楼、业务办公楼及配套工程等）。

15—16日 四子王旗召开全旗第七次全国人口普查“指导员”综合业务培训会。旗普查办工作人员、乡镇指导员及成员单位工作人员共176人参加了培训。会上旗人普办主任、统计局局长董占峰作了第七次全国人口普查摸底和入户登记业务培训班的动员讲话。

17日 旗人口普查办公室在政府二楼会议室召开四子王旗第七次全国人口普查普查员培训会议，旗人普办全体人员、部分苏木乡镇共计118名普查员参加了培训。

19日 由四子王旗人民政府主办、旗教育和体育局承办的四子王旗2020—2021年“旗长杯”校园足球联赛在四子王旗实验小学操场开幕。本次联赛历时6天，共有13所中小学校的25支代表队近370名运动员参加比赛；比赛分高中、初中、小学组分别进行。

21日 四子王旗在政府广场举行第七次全国人口普查宣传月暨第十一届中国统计开放日宣传活动。

23日 四子王旗举办2020年残疾人趣味运动会，每个项目设有一、二等奖及纪念奖，共有35名参赛选手投入到每一项比赛中。

24日 四子王旗第四届美食文化节暨红格尔苏木首届美食文化节在红格尔苏木举行。

28日 四子王旗统计局召开全旗工业企业培训会，特邀市统计局工业科科长管俊巧、薛强一行4人到四子王旗培训指导工作，全旗规模以上工业企业和规模以下工业样本企业参加了培训。

29日 由北京市怀柔区人力资源和社会保障局、四子王旗劳动就业服务局主办，内蒙古天宇人力资源开发有限公司承办的北京市怀柔区、内蒙古四子王旗2020年“京蒙劳务协作”秋季现场招聘会在四子王旗神舟广场举行。此次招聘会的主题是“京蒙帮扶送岗位，转移就业稳增收”。

10月

2日 “辉煌梦机车嘉年华”联盟音乐节在四子王旗格根塔拉开幕，近5万名乐迷齐聚草原感受机车文化。

10日 内蒙古蒙霖生态科技有限公司为四子王旗忽鸡图乡小东营行政村鸡登村捐赠了30吨柠条饲料。

11日 四子王旗第七次全国人口普查入户摸底工作全面展开。532名普查员身着蓝色普查服，胸前戴挂普查员工作证，从14个苏木乡镇（场）的615个小区同时开展入户摸底工作。

12日 四子王旗乌兰牧骑参加第十届华北五省区舞蹈大赛选拔赛。参赛的两个作品《牧人的喜悦》《都贵玛额吉》分别获得表演二等奖和创作三等奖，乌兰牧骑被评为优秀组织单位。

同日 中国胸痛中心联盟、中国心血管健康联盟和中国胸痛中心执行委员会核查组到四子王旗人民医院进行胸痛中心认证的现场核查。

13日 自治区爱卫办检查组一行到四子王旗对创建自治区卫生旗县进行了评审前检查指导，并召开了汇报会。

16日 乌兰察布市人大常委会副主任蔚世林一行到四子王旗调研《乌兰察布市水资源保护条例》执行情况，并召开座谈会。

17日 四子王旗政府在神舟广场举办“决胜全面小康　决战脱贫攻坚”为主题的第七个全国“扶贫日”活动。各苏木乡镇（场）负责人、脱贫攻坚重点行业部门负责人、四子王旗减贫带贫企业负责人参加了活动。

19 日　四子王旗举行职工工会篮球比赛，共有 19 支代表队参加比赛。

22 日　四子王旗空间天气科学中心（简称四子王旗子午综合性台站）启动建设，工程定于 2022 年将完成建设、调试工作。

22—23 日　市统计局党组成员王新天一行对四子王旗第七次全国人口普查工作进行督查指导。督查组一行深入该旗库伦图镇、乌兰花镇、红格尔苏木的普查小区摸底登记现场，检查摸底信息录入情况、部门数据利用情况，对一线普查员和普查指导员给予慰问和鼓励，同时对存在的问题进行梳理和解决，对深层次的问题经过研究后给予解答。

23 日　四子王旗乌兰牧骑被内蒙古自治区党委宣传部、统战部、自治区民委命名为第六批全区民族团结进步示范区示范单位。

27 日　旗委副书记、政府旗长赵利国深入乌兰花镇富强路社区幸福家园二期调研该旗人口普查摸底工作开展情况，并看望慰问了普查工作人员。赵利国随普查员入户摸底登记，在调研中进一步了解该旗人口普查各项工作的开展情况，同时了解“两员”补贴落实情况，普查物资发放使用情况和普查工作中存在的困难问题，对一线普查指导员和普查员的辛勤工作表示赞扬，要求全旗普查人员要严格落实“见人就登，见户口就登”原则，真实反映四子王旗人口状况。同时号召全旗广大居民支持、配合普查员做好人口普查工作。

29 日　旗工商联合会（总商会）在旗党政大楼召开十三届执委会（扩大）第三次会议。会议通过了关于三位兼职副主席辞职申请的决定和选举办法。补选产生了四子王旗工商联（总商会）第十三届执委副会长和兼职副主席。

同日　四子王旗扶贫开发领导小组对各苏木、乡镇上报的贾拴平等 53 户 121 人脱贫户，按照脱贫标准和程序确认为实现脱贫。

11 月

1 日　四子王旗人口普查入户登记工作正式开始。乌兰察布市人大常委会副主任、四子王旗委书记武玉亮，旗长赵利国分别参加第七次全国人口普查现场登记。

2 日上午 10 时　内蒙古永和氟化工厂有限责任公司氯化钙造粒装置高温风机发生故障，叶轮破裂飞出击破风机外壳，打到巡查人员，造成 1 人死亡，直接经济损失 182 万元。

3 日　自治区人民政府批复同意将乌兰花镇列入四子王旗点状开发城镇名录。

6 日　四子王旗“铸牢中华民族共同体意识”专题宣讲团走进蒙古族中学，为学校师生进行专题宣讲。

12 日上午 10 时　位于四子王旗吉生太镇公合成行政村的内蒙古鑫雨种业有限公司恒温库发生火灾，事故造成 1 人死亡，直接经济损失 173 万元。

14 日　中国科学院空天信息创新研究院临近空间浮空器实验基地项目启动会在四子王旗查干补力格苏木格日勒图雅嘎查举行。

18 日　中共十九届五中全会精神市委宣讲团报告会暨旗委中心组（扩大）学习会在四子王旗党政大楼二楼会议室举行。

24 日　四子王旗白音朝克图镇山丹嘎查党支部书记孟三虎在北京人民大会堂被评为全国劳动模范。

27 日　市委书记、市长费东斌到四子王旗，参加指导常委班子“加强和改进民族工作专题民主生活会”，并对本次专题民主生活会情况作了点评。

28 日　自治区公路局联合五部门到四子王旗开展 2020 年“四好农村路”建设及交通扶贫督导考评工作。

12 月

1 日 自治区党委书记、人大常委会主任石泰峰到扶贫包联旗县四子王旗调研督导脱贫攻坚工作。

同日 四子王旗“弘扬乌兰牧骑精神——到人民中间去”基层综合志愿服务暨文艺演出活动启动仪式在乌兰花镇神舟广场举行。

2 日 自治区鼠疫防控第三督导组、自治区草原工作站副站长赵英到四子王旗督导检查鼠疫防控工作。

5 日 第 35 个国际志愿者日，四子王旗委宣传部、文明办联合旗红十字会志愿者在供济堂镇陆合堂行政村开展“真情暖心促互助”新时代文明实践志愿服务活动。

10 日 四子王旗邮政快递员杨小龙被评为全区劳动模范。

12 日 市新冠肺炎疫情防控第二督导组组长张英军一行到四子王旗就新冠肺炎疫情常态化防控和冬春季疫情防控进行专项督查。

同日 四子王旗公安局食药环侦大队联合旗市场管理局对辖区内的药房进行了安全大检查。检查人员首先对各药房的营业执照和药师执业证书进行了检查；重点对人证是否相符、诊疗范围及是否使用非卫生技术人员从事医疗卫生技术工作等进行检查。

15 日 北京市怀柔区北龙中网科技有限责任公司、网址注册局到四子王旗乌兰花镇第六小学捐赠电脑 35 台，总价值 3.8 万元，用于改善乌兰花镇第六小学教学条件。

16 日 自治区政府副主席欧阳晓晖赴四子王旗调研嘎查村、社区“两委”换届工作。

17 日 1 时 59 分 嫦娥五号返回器携带月球样品成功着陆到四子王旗主着陆场。

18 日 酒泉卫星发射中心石中华主任一行对四子王旗委、政府协助回收保障工作表示感谢，并赠送锦旗。

22 日 市政协主席云淮就中央第八巡视组移交四子王旗信访事项化解情况到四子王旗进行督导。

23 日 四子王旗召开旗委中心组（扩大）学习会暨全旗干部警示教育大会。市纪委副书记、监委副主任赵师军作了专题为《守纪律 讲规矩 做新时代遵纪守法的党员干部》的警示教育讲座。

24 日 按照内蒙古自治区党委、自治区人民政府、内蒙古军区印发《关于命名自治区双拥模范城的决定》，四子王旗第六次被授予“双拥模范旗”荣誉称号。

26 日 四子王旗在乌兰牧骑举行 2020 年新时代文明实践志愿服务项目授旗主题活动暨四子王旗红十字会志愿服务队年度颁奖晚会。活动当中还进行了精彩的文艺表演，包括歌伴舞《我们都是追梦人》、舞蹈《撸起袖子加油干》、情景剧《相亲相爱一家人》、朗诵《我们是骄傲的红会志愿者》《好人就在身边》、大合唱《世界因你而美好》等节目。

29 日 四子王旗纪委监委关于发出《关于 2021 年元旦、春节期间进一步严明纪律加强作风建设的通知》。

31 日 四子王旗召开“两节”期间农村牧区疫情防控工作会议。

同日 四子王旗召开嘎查村、社区“两委”换届工作调度推进会。

同日 旗委副书记、政府旗长赵利国一行到四子王旗指定的疫苗接种点检查指导新冠肺炎疫苗接种工作。

旗情概览

自　然

【位置与面积】 四子王旗位于内蒙古自治区中部，乌兰察布市西北部，东与察哈尔右翼中旗、察哈尔右翼后旗及苏尼特右旗毗邻，南与卓资县、武川县交界，西与达尔罕茂明安联合旗相连，北与蒙古国接壤，国境线全长104公里，地理坐标为北纬41°10′～43°22′，东经110°20′～113°。总辖地面积24036平方公里，占乌兰察布市总面积的48%。其中，农区4670平方公里，占19.4%；牧区19366平方公里，占80.6%。

【地形地貌】 四子王旗地形从南至北由阴山山脉北缘、乌兰察布丘陵和蒙古高原三部分组成。地形东南高，西北低，平均海拔1400米。南部多为山地丘陵，北部为开阔的荒漠草原。全境丘陵起伏，平原相间，既无高山峻岭，亦少较大平原。其中，山地占4.1%，丘陵占56.1%，高原占39.8%。海拔高度为1000～2100米，相对高差1100米。

【水文气候】 四子王旗境内主要水系由5条内陆河流组成。锡拉木伦河（塔布河）全长323公里，旗境内长194公里，流域面积约7873平方公里。其次有大清河、席边河、乌兰花河、巴音敖包河，均系季节性河流。该旗有呼和淖尔和查干淖尔两大湖泊。呼和淖尔是中国内陆湖，水面面积约21平方公里。查干淖尔在呼和淖尔东南约4公里处，为塔布河注入的内陆湖，干旱年份时湖水干枯。当湖内水深超过955米时，即流入呼和淖尔。四子王旗水库有白音希勒水库、府壕子水库、银贵河水库、乌兰花水库、泉掌子水库、红格尔水库。全旗地表水资源总量为9620万立方米，地下水总储量为51.93亿立方米，补给量为3.36亿立方米，可开采量为2.65亿立方米。

【自然资源】 四子王旗辖区地形、气候、土壤差异大，植物资源比较丰富，拥有天然草场3000多万亩，耕地面积200万亩。已查明的野生植物45科、225种。其中以禾本科、菊科最多，豆科、藜科、蔷薇科、百合科次之，单科单种的有18种。天然乔木有白桦、胡杨、黄榆、山杨等，其中胡杨为世界珍稀树种。药用植物产量较高的有黄芪、知母、甘草、锁阳、柴胡、麻黄、百合、大黄、秦艽、远志、杏仁、枸杞、龙胆、车前子、蒲公英、黄芩、防风、益母草、苁蓉等。优良牧草19种，分布广、产草量高的有羊草、冰草、紫花苜蓿、山野豌豆、针茅属、冷蒿、三裂亚菊、寸草苔、细中苔、碱蓬、马蔺等。在各种植物中，有不少山肴野菜，如发菜、蕨菜、黄花（金针）、野蘑菇、沙葱、山韭菜、田苣菜等。有毒植物主要有狼毒、野罂粟、天仙子（熏牙籽）、荨麻等。有野生动物数十种，其中常见野生动物有黄羊、盘羊、野驴、狼、狐狸、刺猬、猞猁、獾、鹰、野兔、沙鸡、百灵等。已探明的矿藏有40余种，其中金、铜、镍、锰、萤石、石膏、芒硝等矿藏储量可观，具有较高的开采价值。萤石矿产品位高、质量好，工业储量1900万吨，属亚洲第一大矿藏；乃莫岱石膏矿D级储量4400万吨，埋层浅、矿体厚，是内蒙古地区大型矿藏之一；小南山铜镍（多金属共生）矿属国家级大型矿藏，富含金、铜、镍、钯、钴、铑等稀有贵重金属。

建置沿革与行政区划

【建置沿革】 四子王旗地域历史悠久。春秋战国时期为匈奴地；秦汉时为雁门定襄郡之徼外地、匈奴中部单于庭辖地；魏晋南北朝时为拓跋氏据地，隶属抚冥镇；唐朝时属振武军兼大单于大都护府；辽代属丰州西京道；金时属西京路；元朝时为净州路及西南境砂井总管府之各郡，中、东、西部皆为赵王传世食邑；明朝时为察哈尔部林丹汗右翼属地；清朝初期封给元太祖成吉思汗胞弟哈布图·哈萨尔后裔，称四子部落。清顺治六年（1649年），四子部落正式置旗，建制为28个苏木，称四子部落郡王旗，也就是“四子王旗”的由来，为乌兰察布盟四部之一，受绥远城将军府节制。清同治四年（1865年）四子王旗兵奉旨征讨甘肃回族农民起义军马克龙部时，伤亡惨重，缩编为20个苏木。民国3年（1914年），改受绥远特别都统节制，直属蒙藏委员会。民国17年（1928年），绥远特别行政区改为绥远省，旗地属绥远省乌兰察布盟领导。民国38年（1949年）9月19日，绥远省和平解放，封建王公世袭制及清朝盟旗制也随之土崩瓦解。新中国成立初期，四子王旗属绥远省乌兰察布盟领导。

【行政区划】 1950年4月1日，四子王旗人民政府成立，隶属绥远省乌兰察布盟人民自治政府领导，全旗设置3个牧业努图克，3个农业区，辖地总面积3.23万平方公里。1952年7月，原乌兰察布盟乌兰花直属区划入四子王旗，统一调整区划，农区改为8区、1镇，旗党政机关由四子王府迁驻乌兰花镇。1953年3月25日，武东县9个行政村划归四子王旗管辖，成立第九区。1954年3月6日，绥远省与内蒙古自治区合并，四子王旗属内蒙古自治区乌兰察布盟人民政府领导。1956年撤区划乡，四子王旗除保留农业七区和四区建制外，其余努图克、区建制均撤销，划为22个乡、7个苏木。1958年4月，乌兰察布盟人民委员会改为乌兰察布盟行政公署，四子王旗属乌盟行政公署领导。1958年5月，平地泉行政区武东建制撤销，武东县所属的5个大乡（19个小乡）划入四子王旗。1958年6月，四子王旗所属2个大乡划转察右后旗，调整后四子王旗辖34个乡苏木。实行人民公社建制后，四子王旗辖15个人民公社（包括乌兰花镇公社）、2个农牧场。1962年，四子王旗调整区划，牧区新增2个公社、1个牧场（卫境公社、白音花公社，阿木古郎牧场），农区新增8个公社（大井坡公社、乌兰花乡公社、太平庄公社、东八号公社、忽鸡图公社、朝克文都公社、三元井公社、吉庆公社）。至此，四子王旗共有25个公社、3个牧场（江岸牧场、阿木古郎牧场、乌兰牧场）。1980年，阿木古牧场改为吉尔嘎郎图公社。四子王旗共辖26个人民公社、2个牧场。

1984年2—4月，四子王旗公社建制改划为乡镇苏木建制，牧区划为10个苏木，农区划为15个乡、1个镇、2个牧场，共计28个苏木乡镇（场）。1994年，江岸牧场转制后更名为江岸开发区。2001年6月，开展撤乡并镇工作，大黑河乡、太平庄乡合并为大黑河乡，库伦图乡、三元井乡、朝克文都乡合并为库伦图乡，吉庆、供济堂合并为供济堂乡，并对一些行政村、嘎查区划进行了整合。撤乡并镇后，牧区划分10个苏木（卫境苏木、脑木更苏木、巴音敖包苏木、查干补力格苏木、红格尔苏木、查干敖包苏木、白音朝克图苏木、乌兰哈达苏木、白音花苏木、吉尔嘎郎图苏木）；农区划11个乡（吉生太乡、大黑河乡、巨巾号乡、西河子乡、活福滩乡、库伦图乡、供济堂乡、大井坡乡、乌兰花乡、东八号乡、忽鸡图乡）、1个镇（乌兰花镇）、1个牧场（乌兰牧场）、1个开发区（江岸开发区），调整后共计24个苏木乡镇（场、开发区）。2003年12月1日，国务院批准撤销乌兰察布盟建制设乌兰察布市，四子王旗属乌兰察布市人民政府领导。2004年，江岸开发区改称江岸苏木，旗内辖24个苏木乡镇（场）。2006年，四子王旗再次进行撤乡并镇，调整为12个苏木乡镇（场）。2012年，恢复大黑河乡和巴音敖包苏木，苏木乡镇界线基本不变，参照原先苏木乡镇界线，整体划分。机构改革后全旗共有14个苏木乡镇场（5个苏木、3个乡、5个镇、1个牧场）。2020年底，全旗辖13个苏木乡镇，138个嘎查村社区（122个嘎查村委会、1个管委会、14个社区、1个牧场），763个自然村。

历史文化

【历史古迹】 1991年9月，乌兰花镇南梁出土距今500万年的犀牛化石群；四子王旗境内红格尔苏木、江岸苏木出土1万年前楔形石核、石叶、石铲、石片、刮削器等石器；乌兰花镇土城子的抚冥镇遗址，是北魏王朝为了抵御北方新崛起的游牧民族建立的军事重镇；金代长城建于金代大定年间（1161—1189年），长城四子王旗段全长约330公里。东西走向，由锡盟西苏旗入旗境，经白音朝克图、查干敖包、红格尔、白音花出旗境。元代净州路古城遗址位于吉生太镇城卜子村。江岸苏木查干哈萨图蒙古部落原始蹄形岩画；乌兰哈达石林岩画以及蒙、藏文字；有着300多年历史的王爷府，王爷家庙；距今260多年历史的藏式建筑锡拉木伦庙；位于四子王旗红格尔苏木达忽拉嘎查的元代敖包群，大敖包高约10米，周围陪衬着100余座小敖包。

【非物质文化遗产】 四子王旗非物质文化遗产涉及国家、自治区、乌兰察布市三个级别“非遗”保护项目。种类繁多，内容丰富，特色鲜明。主要有历史遗存类、表演艺术类、手工制作技艺类、民俗礼仪类、传统美术类、民间文学类、传统医学7个类别。分别为蒙医五疗放血术、针刺疗术、俊旦糖酥饼制作技艺、二人台爬山调、泥塑、蒙古族民歌、蒙古象棋、搏克、射箭、骨牌、祭祀敖包、草原那达慕、祭火活动、驼桩祭祀节、马头琴演奏、蒙古族金银铜器制作技艺、民间布艺、民间铁艺、四子部落传统服饰、民间剪纸、马鞍制作技艺、传统实木家具制作技艺、传统烧伤疗法、传统蒙医、正骨疗法、哈萨尔祭祀、花纛祭祀、蓝色哈达礼俗、格斯尔文化、蒙古族舞蹈、烤全羊技艺、射箭、蒙古美食制作技艺、烫画、四子部落蒙古族刺绣技艺、蒙古族传统骨雕制作技艺36个传承保护项目。

【特色文化】 四子王旗特色文化有：商旅文化、宗教文化、胡杨林文化、草原文化、蒙元文化、美食文化节、蒙古服饰文化、蒙古宫廷文化、祭祀文化、游牧文化、神舟文化、地质文化、六旗会盟文化、祭祀敖包、那达慕大会、马文化节、驼桩文化节、音乐节、丰收节、祭火节、元宵节、帐篷节、车展节、航空器表演节等。

【旅游资源】 四子王旗境内有AAAA级格根塔拉旅游景区、王爷府、藏式风格的锡拉木伦庙、美丽的脑木更山、古老的胡杨林、牧户旅游景区、红格尔特色村镇、敖德其沟水库、砂井总管府故城、净州路故城遗址、“神舟”系列航天飞船主着陆场、毕齐格图岩画、道兰斯日背（七层山）、地质博物馆、乌兰花生态公园、希敏高勒文化旅游体验园区、人民楷模都贵玛展厅等。

国民经济与社会发展

【气象监测】 2020年，四子王旗年平均气温为3.6℃，年最高气温出现在6月6日，为32.7℃，年最低气温出现在12月29日，为-34.8℃；降水量最大的月份是7月，月降水量为113毫米，年降水总量为342.1毫米；年极大风速出现在5月15日和6月4日，为25.4米/秒，年最大风速出现在6月1日，为15.9米/秒，月平均日照时数为266.3小时，年总日照时数为3195.9小时；最大冻土深度为158厘米，分别出现在2月26—29日、3月1—3日，共出现7天。

【民族和人口】 2020年末，四子王旗共有常住家庭户64490户，家庭户人口为125570人，集体户1388户，集体户人口为3802人。平均每个家庭户的人口为1.95人，常住人口129372人（其中流入人口63000人），汉族人口为113759人，占87.93%；蒙古族人口为14167人，占10.95%；其他少数民族人口为1446人（包括回族、满族、达斡尔族、锡伯族、土族、苗族、壮族、彝族、朝鲜族、鄂温克族、鄂伦春族、维吾尔族12个民族），占1.12%。城镇居住人口64979人，农牧区居住人口64393人。

【主要经济指标】 2020年，实现地区生产总值60.52亿元，同比增长2.3%；一般公共预算收入1.49亿元，同比增长24.2%；固定资产投资同比增长4%；规上工业增加值同比增长5.5%；社会消费品零售总额16.82亿元，同比下降6.2%；城乡居民人均可支配收入分别为31525元、13155元，同比分别增长2.3%、8.8%。外贸进出口总额615万美元。三次产业结构比由26.4：32.2：41.4调整为29.8：31.7：38.5。

【现代农业】 2020年，四子王旗农作物总播面积183.39万亩，粮食产量达2.5亿公斤。马铃薯种植面积56.6万亩，其中标准化种植24万亩，发放马铃薯良种补贴资金4104万元。推进国家级马铃薯良繁基地建设，中加、鑫雨公司马铃薯组培室、网室建设任务基本完工，建成种薯扩繁基地24万亩。亿茗马铃薯精淀粉及净菜主食加工项目主体完工，实现马铃薯产业精深化。

【现代畜牧业】 2020年，四子王旗牲畜累计产仔成活99.26万头（只），其中大畜产仔成活3.2万头（只），小畜产仔成活96.06万头（只），仔畜成活率均在98%以上。牧业年度存栏牲畜149.35万头（只），其中存栏大小畜147.21万头（只），存栏生猪2.14万头。年末存栏牲畜99.16万头只口，其中大小畜存栏98万头（只），生猪存栏1.16万头。出栏羊130万只，出栏生猪6.3万头，出栏牛2.2万头，肉产量3.4万吨，禽蛋产量440吨，绒毛产量1755.76吨。2020年，全旗建立高效肉羊养殖示范村4个，投放种公羊1943只、半血母羊（杜蒙高繁母羊）1438只，累计回收杂交羔羊4260只。在东八号乡、忽鸡图乡、吉生太镇、库伦图镇、供济堂镇分别建立1个星级种羊科技服务站，13个一般种羊科技服务站，服务站对农牧民进行技能培训、种羊投放回收、羔羊回收、饲料出入库等。

【生态建设】 2020年，四子王旗实施2020年沙源二期工程，投资759万元，完成人工造林1.5万亩、封山育林3.5万亩；根据《2020年四子王京津风沙源治理工程草原保护建设项目作业设计》，落实暖棚建设任务5万平方米，贮草棚3万平方米，青贮窖0.6万立方米，建设任务全部完成；投资667万元，完成了特色经济林栽植4170亩；投资100万元，完成了2019年森林质量精准提升灌木林平茬任务1万亩；投资90万元，在9个行政村实施完成了2300亩的补植、新造乡村美化绿化任务；投资138.6万元，完成了2018—2019年度50920亩的森林保险植被恢复任务；投资200万元，完成义务植树任务1000亩，苗木栽植任务5.6万株；投资 855 万元，完成中国绿化基金会“蚂蚁森林”项目 15000 亩；按照上级下达的人工种草任务，完成人工种草一年生牧草 22 万亩；在查干补力格苏木巴音嘎查实施 2019 年退化草原生态修复试点项目种植驼绒藜 0.8 万亩。2020 年，四子王旗立足国家生态主体功能区定位，大力实施巩固退耕还林、京津风沙源治理等生态建设重点工程，森林覆盖率和草原植被盖度“双提高”，森林覆盖率由“十二五”末的 21.41% 提高到 2020 年末的 21.46%，草原植被盖度由 18.35% 提高到 29.4%，实现荒漠化和沙化土地“双减少”。全面落实“河湖长制”。建成自治区级绿色矿山 3 家。

【水利水保】 2020 年，四子王旗总投资 450 万元，为农区 6 个乡镇 13 个人饮工程实施改造提升工程，新打机电井 2 眼，配套潜水泵 2 台，新建泵房 3 间，配备简易消毒柜 4 套，输配水管道供水管长 22.1 公里，设置检查井及排水井共 12 处，已完成总工程 40%；四子王旗总投资 300 万元，为牧区新打机井 20 眼，工程已完成 63%；四子王旗贫困村饮水安全巩固提升工程（第二批）总投资 1568 万元，新建水源工程 19 处，维修水源井工程 3 处，新建井房 19 座，配套水处理装备 10 套，变压器 6 台，铺设输水管道 78 公里，中型水处理设备配套保温房 28 座，工程已完工 95%；四子王旗贫困村饮水安全巩固提升工程（第三批），总投资 1139.6 万元，新建水源工程 9 处，配套潜水泵 10 台，新建井房 6 座，配套中型水处理设备保温房 50 座、水处理设备 672 套、变压器 3 台，铺设配水管道 27 公里，工程已完工 91%；四子王旗牧区安全饮水基础设施建设及水毁修复工程，总投资 390 万元，在四子王旗 6 个苏木新打机电井 24 眼，并对白音敖包苏木、红格尔苏木、江岸苏木、脑木更苏木、查干补力格苏木进行水毁井洗井修复，工程已完工；四子王旗牧区储水窖工程，总投资 12439.62 万元，涉及全旗 7 个苏木镇、场，建成储水窖 2501 座并配套太阳能、自动化饮水槽、户用净水器；2020 年四子王旗京津风沙源治理工程水利水保项目于 2020 年全部完工；2018 年度四子王旗京津风沙源治理工程水利水保项目，截至 2020 年完成 83%；2019 年度四子王旗大庙生态清洁小流域水土保持综合治理工程，项目总投资 300 万元，新增水土流失治理面积 6 平方公里、生态综合治理区实施柠条灌木林 112 公顷、生态修复区治理面积 482.63 公顷（其中补植补种 144 公顷），截至 2020 年，项目已全部完工；2020 年，全旗山洪灾害防治项目，总投资 10 万元已全部完工；2020 年，四子王旗江岸防洪堤应急加固改造工程，总投资 75 万元，工程已完工。

【工业项目】 2020 年，四子王旗按照“一区多园”的空间架构，对黑沙图工业园区总体规划进行修编，修编调整后黑沙图工业园区由黑沙图区块、乌兰花区块以及白音勿拉区块组成，总规划面积为 12.88 平方公里。委托内蒙古环投环境损害司法鉴定中心对黑沙图工业园区及周边环境现状进行了调查与评估。编制了黑沙图园区日处理污水 3000 吨的污水处理厂可研报告，并通过了专家组评审。完成了轻工业园区道路、输电线路、管网等基础设施建设的规划设计。乌兰察布风电基地一期 600 万千瓦示范项目总投资为 425.44 亿元，征地进度已完成 85%，幸福至大板梁二风电场已开工建设，完成部分临建施工及 16 台风机基础样板浇筑工作，升压站基础施工及全部临建工作。三峡乌兰察布新一代电网友好绿色电站示范项目总投资为 136.8 亿元，已完成气象、风资源和光资源等实测数据的收集和购买工作；完成场址区域 1∶2000 地形图和地质初勘工作；完成项目可研报告的编制和内审工作。

【商贸流通】 2020 年，四子王旗完成外贸进出口额 615.14 万美元。其中，内蒙古永和氟化工有限公司出口贸易 493.6 万美元；四子王旗景欣农业股份有限公司出口 121.54 万美元；旗电子商务公共服务中心、仓储物流分拨中心、36个电商服务站、5个旅游电商服务站已全部投入运营。电子商务公共服务中心现有4家社会组织和职能机构以及15家企业入驻，通过商城下单购买农资140余万元。仓储物流分拨中心年内累计分拣快递267万件，出港快递17.6万件；旅游电子商务公共服务平台“外环”链接全国13个电商主流平台网站，累计在全国完成发表四子王旗相关旅游文章4000余篇，同时建立飞猪平台四子王旗旅游网店，通过全国平台向四子王旗旅游端注入客源流量。2020年5月28日，由内蒙古商务厅公开遴选的第三方机构对该旗电子商务进农村综合示范项目开展了中期绩效考核，2020年6月2日，由商务部委派的专家组对该旗电子商务进农村综合示范项目进行复审，均获得优异成绩。

【招商引资】 2020年，四子王旗招商引资签约项目5项，分别是四子王旗太衡号四通化工建材有限公司年产4万吨优质岩棉制品项目、内蒙古康源再生资源利用有限公司年处理废旧铅酸蓄电池等10万吨项目、四子王旗乌兰花镇幸福颐养养老院建设项目、四子王旗辉煌梦欢乐谷和机车嘉年华项目、四子王旗生活垃圾裂解气化处理厂项目。

【重大项目投资】 2020年，四子王旗争取到中央、自治区预算内投资项目8项，涉及总投资1.33亿元（其中中央预算内投资3980万元，自治区预算内投资6647万元）。项目涵盖脱贫攻坚、生态治理、老旧小区改造、社会事业项目等领域。2020年，四子王旗实施亿元以上重点项目11项（其中续建项目7项、新建项目4项），开复工率81.82%。项目总投资36.87亿元，2020年累计完成投资6.27亿元。

【城镇建设】 2020年，四子王旗投资2.71亿元，实施6项市政基础建设工程和15项房建工程，新增住宅面积13.5万平方米，实施格根塔拉北路、王爷府路、解放路等5条市政道路及管网改建工程，完成旧城区5条给水管网改造工程、民生小区排洪工程、康乐三期中水管网工程等一批市政项目；27个老旧小区改造工程、生活垃圾裂解处理项目开工建设；建成区绿地面积达480公顷。检察院、泰和花园等6个单位（庭院）成功创建市级园林单位（庭院）。

【交通运输】 2020年，四子王旗国道331线（艾勒格庙—乌华敖包段）二级公路，全长112.5公里，建设总投资7.83亿元，10月底全线建成通车；格根塔拉—红格尔苏木三级公路改造工程32.165公里，建设投资3448.89万元，7月初开工，完成路基工程。2020年公路养护建设项目5个72公里全部完成；农村公路生命安防工程，乡道1项Y016三元井—苏计营盘16.3公里，村道5项38公里，6月开工，9月底完工；完成北库伦至朝克文都14.265公里“油返砂”工程；农村公路日常养护工程，完成346公里农村公路沥青路灌缝工程和全旗农村公路水毁修复工程。

【污染防治】 2020年，全旗城镇集中式饮用水水源地监测点位共2个，分别是源河水源地、枳芨滩水源地，水质监测浓度均符合地下水质量标准限值要求，达标率为100%；全旗地表水监测点位共1个，为塔布河，水质达到地表水环境质量标准。重点企业安装大气在线监测设备；对12家燃煤小锅炉全部淘汰；对镇内4家热力公司5个热能源厂脱硫除尘设施已建成且设备运行正常。大气自动监测站现已通过市环保局的验收，按照交接程序已移交第三方进行运营。全年城区优良天数达到342天，较2019年增加13天，达标率提升至95.8%。

【重大风险化解】 2020年，四子王旗积极防范金融风险，化解债务7.53亿元，完成年度任务的113%；清理拖欠民营企业中小企业账款1.07亿元；煤炭资源领域违规违法问题专项得到整治；开展人防系统腐败问题专项治理，建档清算民用建筑项目149个。推进“解决信访问题年”专项行动，一批信访积案得到有效化解。

【脱贫攻坚】 2020年，四子王旗脱贫工作聚焦短板弱项集中攻坚，全年投入资金3.16亿元，实施扶贫项目125个。资金项目绩效评价进入全区优秀档次。采取挂牌督战的措施，剩余53户121人未脱贫人口、750户1464人边缘易致贫人口如期脱贫和解除风险。顺利通过国家脱贫攻坚普查、脱贫成效第三方评估和审计署太原特派办审计监督，实现旗摘帽、村退村、人脱贫。2020年，四子王旗建立防贫返贫监测机制和扶贫资产管理，成立扶投公司，扶贫资产运行管理顺畅。北京市和新兴际华集团分别投入资金5215.7万元、647.76万元。

【金融业】 2020年，四子王旗驻旗金融机构各项存款余额69.73亿元，同比增长17.99%；各项贷款余额47.29亿元，同比增长8.7%，实现存贷比67.82%。积极扶持小微企业发展，开展“助保贷”为企业融资1295万元。

【旅游业】 2020年，四子王旗新建投资2600万元的集游客中心、乌兰牧骑排练厅、文化馆和图书馆为一体的综合文化办公楼现已封顶；投资659万元的四子王旗王爷府修缮工程已完工待验收；投资75万元的四子王旗王爷府消防水系统建设项目已完工；实施锡拉木伦庙的抢险加固工程和古代壁画保护工程；完成了砂井总管府和净州路故城遗址监控设备故障修复工作；净州路故城遗址环境整治项目和四子王旗王府围封工程项目已编制设计方案；投资160万元的四子王旗全域旅游规划及乡村旅游扶贫规划编制工作已完成；统筹三年旅游厕所奖补资金，建设完成旅游厕所25座；已申报“贡格尔蒙古大营旅游点”和“希敏高勒文化旅游体验园”项目。清理整顿全旗32家违规占用草原旅游景区。年内累计接待游客近90万人次，实现旅游综合收入近5.7亿元。

【教育事业】 2020年，四子王旗新建尚德民族幼儿园和红格尔小学宿舍楼，南号、六犋牛、古营子3所幼儿园交付使用；全旗高考、中考成绩均位列全市第二，创历史新高；小学学业水平测试均分全市第二，优秀率第一；小学男、女组均荣获“市长杯”足球联赛亚军；引进北京宽高实验学校；长期存在的小饭桌、未审批幼儿园实现“清零”；完成两所学校消防验收。推行使用三科统编教材和全面加强国家通用语言文字教育教学工作。

【文化产业】 2020年，四子王旗乌兰牧骑“红色文艺轻骑兵”在全市率先授旗“金融乌兰牧骑”。乌兰牧骑荣获“第六批全区民族团结进步示范单位”荣誉称号，以及第十届华北五省市（区）舞蹈大赛内蒙古赛区选拔赛表演二等奖和创作三等奖。开展各类惠民文艺演出活动200余场次。策划录制了《额吉的摇篮》蒙语春晚及《爱在四子王　同心奔小康》综合春晚。创作小型舞台剧《都贵玛额吉》、小型民族歌舞剧《美丽杜尔伯特》、好来宝《精准扶贫》、小品《三喜临门》、小品《绿水青山就是金山银山》、男女二重唱《神舟魂》、女声独唱《圣山翰乌拉》、男女群舞《牧人的喜悦》等文艺节目，深入新时代文明实践所、站演出370余场次。配合中央电视台完成了《故事里的中国——“人民楷模”都贵玛》录制；拍摄了短视频《传颂红色旋律　不忘初心使命——诵读红色家书》。举办“中华民族一家亲　同心共筑中国梦”国旗进校园活动、第三届“我和我的祖国”群众文化周活动、第三届“决胜小康　奋斗有我”守望相助好家园农牧民文艺会演、“决胜小康　奋斗有我”第八届广场舞大赛、“不忘初心　文化筑梦”第三届书香草原朗诵大赛系列活动、“同心同书——祖国新春好”等送春联公益活动、“我们的中国梦”——文化进万家系列活动及书香内蒙古·脱贫奔小康——“4·23”四子王旗

2020“草原阅读季”系列活动、“草原儿女爱祖国　中华民族共团圆”为民演出活动。配合自治区党委宣传部在四子王旗成功举办了全区“乌兰牧骑月·一切为了人民”主题活动、启动2020年四子王旗“弘扬乌兰牧骑精神　到人民中间去”基层综合志愿服务暨文艺演出活动。

【卫生健康】 2020年，四子王旗投资7000万元对旗蒙中医院、妇幼保健所及残疾人康复中心进行二次装修；建成旗疾控中心、旗人民医院PCR核酸检测实验室，扩建旗人民医院感染科。筹建红格尔鼠疫监测点、核酸实验室、鼠炮库房以及扩建第一社区卫生服务中心；开展免费婚前医学检查554对，开展免费孕前优生健康检查254对，发放计划生育“三项制度”奖扶资金；全力抗击新冠肺炎疫情和鼠疫。

【社会保障】 2020年，四子王旗参加养老保险总人数124454人，其中企业职工基本养老保险、机关事业养老保险、城乡居民养老保险分别覆盖了22018人、10193人、92243人。全旗10704名企业退休人员和34726名城乡居民养老保险享受待遇人员，养老金按时足额发放。共征缴企业职工养老保险金4367.5万元。

【就业创业】 2020年，全旗城镇新增就业919人，完成指标任务650人的141.39%；失业人员再就业344人，完成指标任务270人的127.4%；城镇登记失业率控制在3.99%，比指标4.5%低0.51个百分点；农牧民转移技能培训1885人，完成指标任务600人的314.17%；组织家庭服务从业人员培训229人；农牧民转移就业32204人，完成计划任务32000人的100.64%；失业保险参保7500人，完成指标任务7500人的100%，征缴失业保险金246.44万元，完成指标任务250万元的98.58%；发放创业担保贷款55人，621万元。

【精神文明】 2020年，四子王旗创建自治区级文明村镇6家、旗级文明村镇28家，国家级文明单位1家（供电分局），自治区文明单位标兵1个，旗级文明单位5家、文明校园8家、文明社区2家，自治区级文明家庭1户、市级文明家庭2户、旗级文明家庭30户，选树各级各类道德模范、身边好人55人，新时代少年24名，市级“十星家庭示范户”12家。成立了新时代文明实践中心，在13个苏木乡镇成立新时代文明实践所13个，在嘎查村（社区）成立新时代文明实践站13个，在气象局、电影院、赛诺杜蒙肉羊科技园区成立新时代文明实践点3个，全旗共建成30个新时代文明实践阵地，建成新时代文明实践中心展厅和“人民楷模”都贵玛先进事迹展厅。开展了2020年四子王旗新时代文明实践志愿服务项目授旗主题活动，为10项志愿服务项目举行授旗仪式。白音朝克图镇孟三虎荣获“全国劳动模范”荣誉称号。

【人民生活】 大力实施各类民生工程。紧紧围绕“生态立旗、农牧稳旗、工业强旗、旅游名旗、商贸活旗”五大发展战略，将改善民生、维护民利、实现民愿作为各项工作的出发点和落脚点。坚持从群众最直接、最现实的利益问题入手，努力让广大人民群众在改革发展中普遍得益受惠。

2020年，全旗社会消费品零售总额16.82亿元，下降6.2%；实现城镇居民人均可支配收入31525元，增长2.3%；农村牧区居民人均可支配收入为13155元，增长8.8%。

2020年，四子王旗财政拨付保民生领域支出65700万元，占财政总支出的17.8%。累计发放惠农惠牧补贴资金83537万元，惠及城镇居民及农牧民1198516人次。2020年，四子王旗下达的21708.7万元扶贫资金用于扶贫领域；旗财政安排各类教育专项资金5690.78万元。

2020年，四子王旗上级下达新冠肺炎疫情防控专款专用资金13547万元（其中项目工程资金10500万元），全旗实际支出2718.92万元。其中，设备和防控物资1045.92万元，疫情防控人员补助399万元，医疗救治支出50万元，重症病区发热门诊改造30万元，公共卫生体系建设和重大疫情防控救治体系建设532万元，应急物资保障体系建设57万元，其他支出（不含复工复产）605万元。

2020年，全旗城镇新增就业125人，城镇登记失业率控制在3.99%，农牧民转移技能培训1485人，农牧民转移就业19528人；城乡居民社会养老保险参保人数完成114273人，享受城乡居民社会养老保险待遇33114人，发放养老金2227.5万元，城乡居民丧葬补助费55.5万元。

2020年，全旗共救助城镇低保3153户4509人，发放城镇低保资金2842.4万元；救助农牧区低保23229户34721人，发放救助资金11897.3万元；投资140余万元对幸福院设施进行改造，建有蔬菜大棚2座，果树100余棵，全自动无压力供暖锅炉1处，剩余空地全部硬化。两处小广场安放老年活动器材和休闲桌椅，院落空地绿化树木和花草。院内道路两旁添设太阳能路灯48盏。聘请专人护理，提高院民的伙食标准，由每人每日12元提高到18元。民政局每周指派专人对敬老院的消防设施、院内电路、各类食材进行检查，防止食品安全、火灾和触电事故发生。增设12个床位，增加暖气片解决了走廊及个别房间冬天温度低的问题。9月15日，四子王旗殡仪馆建设项目在忽鸡图乡小东营行政村正式开工。项目计划总投资2000万元，总占地面积149亩，项目由殡仪馆、骨灰寄存塔和墓地3部分组成。

2020年，四子王旗建档立卡未脱贫人口全部为因病致贫共53户121人。通过新增危房改造、低保提标、托管代养、生态护林员等帮扶措施158项，人均收入均高于4000元，“两不愁三保障”均已解决，达到脱贫条件，在10月动态管理调整工作中全部脱贫退出。边缘易致贫户、脱贫不稳定户，通过政策落实全部解除致贫风险。

四子王旗结合贫困户致贫原因和脱贫意愿，聚焦聚力“两不愁三保障”目标，认真落实“五个一批”政策举措。实现贫困群众生产生活“九个变化”，做到扶贫措施落实精准，决不让一个贫困群众掉队。真正打一场脱贫攻坚的翻身仗；推进防返贫保险，确保脱贫人口更有保障。

2020年，四子王旗贫困群众生活水平发生了翻天覆地的变化。“超标水”变“纯净水”“危土房”变“砖瓦房”“有学上”变“上好学”；贫困群众看病就医由“负担重”变“负担轻”，享受到了很好的就医保障；贫困群众社会兜底有保障；贫困群众参与生态建设有收入；贫困群众致富有产业；贫困群众稳岗就业有收入；农牧民的产品由过去的“销售滞后”变为“销售有渠道”。农村牧区人居环境得到彻底整治。四子王旗以“三清一改”“厕所革命”为重点，进一步改善村容村貌，树立文明新风。

2020年，四子王旗委、政府深入开展民族团结宣传教育和民族团结进步创建活动。民族宗教领域和谐局面持续巩固。2020年10月23日，四子王旗乌兰牧骑被内蒙古自治区党委宣传部、统战部、自治区民委命名为第六批全区民族团结进步示范区示范单位。12月24日，四子王旗第六次被内蒙古自治区党委、自治区人民政府、内蒙古军区命名为自治区双拥模范旗。

中共四子王旗委员会

【领导名录】

书　记：武玉亮（蒙古族，旗委书记，1月任市人大常委会副主任）

副书记：赵利国（政府旗长）

王　君（挂职，脱贫攻坚总队长）

梁志华（兼政法委书记）

常　委：王高奎（纪委书记、监委主任）

苏耀斌（统战部部长）

郭爽频（组织部部长）

窦陶然（常务副旗长）

成光辉（副旗长）

段雅丽（女，宣传部部长）

刘　涛（人武部政委）

王之帆（副旗长）

张雪春（旗委办主任）

【概况】 2020年，中共四子王旗委员会（简称旗委）在自治区党委、市委领导下，团结带领全旗各级党组织和广大党员干部群众，贯彻落实习近平总书记对内蒙古重要讲话重要指示批示精神，坚定不移走生态优先、绿色发展的高质量发展之路。打赢“三大攻坚战”，做好“六稳”工作，落实“六保”任务。疫情防控和经济社会发展实现“双胜利”。“十三五”规划圆满收官。全年完成地区生产总值60.52亿元，一般公共预算收入完成1.49亿元，固定资产投资同比增长4%，规上工业增加值增速5.5%，社会消费品零售总额完成16.82亿元，城乡居民人均可支配收入分别为31525元、13155元，外贸出口总额615万美元。

2020年，中共四子王旗委持续巩固深化“不忘初心、牢记使命”主题教育成果，传达学习习近平总书记重要讲话重要指示批示精神37次，认真开展研讨交流，带头深入基层宣讲，不折不扣地把党中央重大决策部署落到实处。带头落实党风廉政建设责任制和廉洁自律各项规定。落实党管意识形态责任，防范化解社会民生、民族宗教等意识形态领域重大风险，中华民族共同体意识深入人心。坚持党要管党、全面从严治党。建立了中心组学习巡听旁听制度，制度体系更加完善。传统媒体和新兴媒体融合发展，《草原额吉——人民楷模都贵玛》荣获全区旗县融媒体作品一等奖，编发各类稿件1912条。建成新时代文明实践阵地26个。培养选拔优秀年轻干部，提拔重用了一批在脱贫攻坚、疫情防控等急难险重任务中表现突出的干部。完成苏木乡镇机构改革和综合行政执法队伍改革，事业单位改革试点工作有序推进。

2020年，四子王旗民兵应急分队和骑兵连积极参与鼠疫防控、嫦娥五号回收、防火防汛等应急任务。纵深推进党风廉政建设和反腐败工作，深入开展扶贫领域、煤炭领域、人防系统、教育医疗系统、扫黑除恶、营商环境专项整治，十三届旗委巡察“全覆盖”任务全部完成。

2020年，四子王旗面对突如其来的新冠肺炎疫情，各级党组织闻令而动，迅速响应。136个嘎查村社区、180个居民小区、3583名党员干部和青年志愿者、33万件防护用品、3.5吨消杀物资、584万元捐赠资金，等等，众志成城打赢疫情防控阻击战。统筹推进常态化疫情防控和经济社会发展，工商企业有序复工复产，为一线防控人员和高风险人群接种疫苗7300剂次，核酸检测1万余份。

2020年，四子王旗全年化解政府债务7.53亿元，超额完成既定目标任务。坚决打赢“蓝天碧水净土”保卫战，全年空气质量优良天数342天，优良率95.8%，河（湖）长制有效落实，完成沙源治理、经济林建设、人工种草27.6万亩。

2020年3月5日，四子王旗公告退出国家贫困旗县序列。突出未脱贫人口脱贫、产业扶贫、就业扶贫、消费扶贫等重点工作，投入资金3.16亿元，实施扶贫项目125个。以优异成绩通过国家脱贫攻坚普查验收和2020年脱贫攻坚成效第三方评估检查验收，旗委和自治区脱贫攻坚工作总队荣获“全国脱贫攻坚先进集体”荣誉称号。

2020年，四子王旗把调整农牧业结构作为重中之重，农作物总播种面积稳定在183万亩，其中马铃薯种植面积56万亩，玉米种植面积增加到36万亩，杜蒙肉羊杂交改良52万只，肉牛养殖达到5.5万头，“为养而种、种养结合、以养促调”的产业结构调整进程明显加快。亿茗马铃薯深加工项目主体完工，肉羊育肥场和活畜交易市场具备运营条件，启动实施牛羊肉屠宰加工项目，补齐了短板，健全了产业链条。

2020年，四子王旗落地的国电投600万千瓦风电项目首台风机成功发电。引进三峡新能源“源网荷储”示范项目，前期工作有序推进。永和氟化工一氯甲烷、氟烷等新产品投产。首次举办AOPA草原飞行大会暨亚草赛和“辉煌梦机车嘉年华”赛事活动。全年接待游客90万人次，旅游综合收入5.7亿元。游客中心和乌兰牧骑排练厅主体封顶，智慧旅游平台搭建完成。完成王爷府修缮工程，启动锡拉木伦庙抢险加固工程。国家级电子商务进农村示范项目成效显著，孵化企业45家，出港快递17.6万件，配送下乡1.9万单，网络销售额4800万元，通过国家和自治区中期绩效考核。

2020年，四子王旗新增商住面积13.5万平方米，改建市政道路3.6公里，配套管网工程18.9公里，建成区园林绿化覆盖率30.74%，生活垃圾裂解气化处理项目开工建设，成功创建自治区卫生城镇。国道331线建成通车，格红线改造工程开工建设，开展公路升级养护和安防工程建设，被评为自治区“四好农村路”示范旗。维修人饮工程484处，红格尔水库续建工程顺利推进，新建110千伏输变电站2座，农网改造线路170公里，完成危房改造276户，改造户厕4985户。

2020年，四子王旗全年民生领域支出25.3亿元，占财政总支出的82.6%。城镇新增就业1100人，农牧民转移就业3.2万人。试行“普职融通”办学模式，高考升本率达到45.2%。开展双语师资培训，国家统编教材顺利推行使用。旗人民医院晋级二级甲等医院，PCR核酸检测实验室投入使用。完成部分退役士兵社保接续和公益性岗位安置工作。殡仪馆和城镇公益性公墓开工建设。开展各类文化惠民活动200余场次。乌兰牧骑荣获多个自治区奖项，红十字会获得自治区“光明行”社会公益活动先进集体荣誉称号，孟三虎荣获“全国劳动模范”荣誉称号。

2020年，四子王旗加强基层网格化治理，累计为农牧民办实事、解难题1.2万件。推进综合行政执法改革，梳理权责事项清单4862项，行政执法主体56个。累计办理涉黑涉恶案件22起，铲除恶势力犯罪团伙2个，破获公安厅督办命案1起。完成第七次全国人口普查登记工作，档案史志工作完成全国“两全”目标。军警民联合保障嫦娥五号返回器平安回家，实现自治区“双拥模范旗”六连创。解决了房地产历史遗留“入住难、办证难”问题。

2020年中共四子王旗委召开的重要会议一览表

表1

会议名称及内容	会议地址	会议时间	参会人数
全旗“不忘初心、牢记使命”主题教育总结会议	二楼大会议室	1月14日	200人
四子王旗办公系统暨保密机要工作培训会议	二楼大会议室	1月15日	350人
全旗扶贫开发领导小组会议	六楼东视频会议室	3月11日	480人
中国共产党四子王旗第十三届委员会第十次全体会议暨全旗经济工作会议	二楼大会议室	3月27日	280人
中共四子王旗第十三届纪律检查委员会第五次全体会议	二楼大会议室	3月27日	270人
全旗党的建设暨组织、宣传、统战、政法工作会议	二楼大会议室	4月9日	300人
全旗脱贫攻坚问题整改“百日攻坚”行动暨落实中央脱贫攻坚专项巡视“回头看”和脱贫攻坚成效考核反馈意见整改动员部署会议	二楼大会议室	4月17日	400人
学习习近平总书记脱贫攻坚重要论述中心组（扩大）学习	二楼大会议室	4月24日	380人
全国“两会”精神市委宣讲团报告会	二楼大会议室	6月17日	320人
四子王旗庆祝建党99周年“七一”专题党课和全旗领导干部警示教育大会	二楼大会议室	7月1日	220人
旗委中心组（扩大）学习会议	二楼大会议室	8月21日	320人
旗委中心组（扩大）学习会暨百名法学家百场报告会	二楼大会议室	11月13日	297人
党的十九届五中全会精神市委宣讲团报告会暨旗委中心组（扩大）学习会	二楼大会议室	11月17日	320人
全旗扶贫开发领导小组会议	二楼大会议室	12月2日	260人
全旗嘎查村、社区“两委”换届工作动员部署会议	二楼大会议室	12月11日	310人
全旗领导干部警示教育大会	二楼大会议室	12月23日	380人
四子王旗第41次旗委常委会暨2020年全旗党组织书记抓基层党建述职评议考核工作会	二楼大会议室	12月30日	260人

【旗委常委会议】 1月8日，四子王旗委在党政大楼628会议室召开第一次旗委常委会议，会议由旗委副书记、政法委书记梁志华主持。参会常委共8人。会议主要内容：研究确定拟晋升一级调研员考察对象建议人选有关事宜。

1月13日，四子王旗委在党政大楼政协三楼会议室召开第二次旗委常委会议，会议由旗委书记武玉亮主持。参会常委共9人，列席人员有旗人大、旗政协主要领导，各苏木乡镇党委书记，旗扫黑除恶专项斗争领导小组成员单位主要负责人共43人。会议主要内容：听取全旗2019年扫黑除恶专项斗争工作开展情况述职；旗扫黑除恶专项斗争工作领导小组组长武玉亮点评；审议《四子王旗防范化解重大风险总体工作方案》；听取人大、政府、政协、法院、检察院党组工作汇报；传达学习习近平总书记在“不忘初心、牢记使命”主题教育总结会上的重要讲话精神；传达学习中央经济工作会议精神；传达学习中央农村工作会议精神；传达学习全国扶贫开发工作会议精神；传达学习《中国共产党宣传工作条例》；传达学习《中国共产党农村工作条例》；传达学习自治区党委十届十一次全会暨全区经济工作会议精神；传达学习中央第八巡视组对内蒙古自治区开展脱贫攻坚专项巡视“回头看”进驻沟通会精神；传达学习关于印发《内蒙古自治区纪委监委关于激励担当作为的实施意见》的通知；传达学习《中国共产党党内法规制定条例》《中国共产党党内法规执行责任制规定》《中国共产党党内法规和规范性文件备案审查规定》；传达学习自治区党委副书记、政法委书记林少春在全区扫黑除恶专项斗争视频会上的讲话精神。

1 月 19 日，四子王旗委在党政大楼政协三楼会议室召开第三次旗委常委会议，会议由旗委书记武玉亮主持。参会常委 9 人，列席有旗人大、旗政协主要领导和部分副职领导，各苏木乡镇党委书记共 20 人。会议主要内容：通报自治区党委书记、人大常委会主任石泰峰在我旗暗访检查脱贫攻坚工作有关情况；讨论未脱贫 55 户贫困户调整帮扶责任人有关事宜；讨论人居环境整治工作有关事宜；讨论帮扶责任人培训有关事宜。

1 月 21 日，四子王旗委在党政大楼政协三楼会议室召开第四次旗委常委会议，会议由旗委书记武玉亮主持。参会常委 10 人，列席有旗人大、旗政协主要领导，各苏木乡镇党委书记共 15 人。会议主要内容：传达 2020 年第 5 次市委常委会会议精神；听取关于评选 2018 年度清风干部工作情况的汇报；传达学习习近平总书记对新型冠状病毒感染的肺炎疫情作出重要指示精神。

1 月 30 日，四子王旗委在党政大楼 405 会议室召开第五次旗委常委会议，会议由旗委书记武玉亮主持。参会常委 10 人，列席有旗政协主要领导，旗委、政府办公室副主任共 4 人。会议主要内容：通报全旗肺炎疫情情况并安排部署下一步工作；传达学习中共中央政治局常务委员会研究新型冠状病毒感染的肺炎疫情防控工作会议精神及习近平总书记重要讲话精神；传达学习《关于加强党的领导、为打赢疫情防控阻击战提供坚强政治保证的通知》；传达学习习近平总书记对军队做好新型冠状病毒感染的肺炎疫情防控工作重要指示精神。

2 月 1 日，四子王旗委在党政大楼 405 会议室召开第六次旗委常委会议，会议由旗委书记武玉亮主持。参会常委 10 人，列席有旗人大、政协主要领导 2 人。会议主要内容：研究纪委案件有关事宜（卫分健委主任刘耀华等涉新冠肺炎疫情监管责任有关案件）。

2 月 12 日，四子王旗委在党政大楼政协三楼会议室召开第七次旗委常委会议，会议由旗委书记武玉亮主持。参会常委共 12 人，列席有旗人大、政协主要领导及部分副职领导，公安局长共 9 人。会议主要内容：研究旗级领导包联小区做好疫情防控工作有关事宜；传达学习自治区扶贫办主任幺永波在全区部署扶贫系统疫情防控和脱贫攻坚重点工作视频会上的讲话精神；传达学习市委杜学军书记在全市新冠肺炎疫情防控工作视频调度会上的讲话精神；传达学习习近平总书记在北京市调研指导新型冠状病毒肺炎疫情防控工作时重要讲话重要指示精神；传达学习自治区党委书记石泰峰在全区脱贫攻坚汇报会上的讲话精神。

2 月 18 日，四子王旗委在党政大楼 628 会议室召开第八次旗委常委会议，会议由旗委书记武玉亮主持。参会常委 11 人，列席有旗人大、政协主要领导 2 人。会议主要内容：研究纪委案件有关事宜（农牧科技局副局长赵崇文案件）；中共中央政治局常务委员会研究新型冠状病毒感染的肺炎疫情防控工作会议精神及习近平总书记重要讲话精神。

2 月 28 日，四子王旗委在党政大楼 628 会议室召开第九次旗委常委会议，会议由旗委书记武玉亮主持。参会常委11人，列席有旗政协主要领导和组织部有关人员3人。会议主要内容：审议《苏木乡镇和旗直部门领导班子及其领导干部2019年度考核工作实施方案》。

3月2日，四子王旗委在党政大楼政协三楼会议室召开第十次旗委常委会议，会议由旗委书记武玉亮主持。参会常委10人，列席人员有旗人大、政协主要领导和相关部门主要领导12人。会议主要内容：审议《四子王旗苏木乡镇驻村办、驻嘎查村干部派出单位、驻村工作队、帮扶单位及帮扶责任人管理办法》；研究四子王旗游客中心和乌兰牧骑排练厅项目建设有关事宜；传达学习中共中央政治局常务委员会研究部署近期新冠肺炎疫情防控重点工作会议精神及习近平总书记重要讲话精神；传达学习中国共产党第十九届中央纪律检查委员会第四次全体会议精神及习近平总书记重要讲话精神；传达学习中央政法工作会议精神及习近平总书记对政法工作重要指示精神；传达学习全国组织部长会议精神；传达学习全国宣传部长会议精神；传达学习全国统战部长会议精神；传达学习自治区第十三届人民代表大会第三次会议精神；传达学习中国人民政治协商会议内蒙古自治区第十二届委员会第三次会议精神；传达学习自治区十届纪委六次全会精神。

3月15日，四子王旗委在党政大楼政协三楼会议室召开第十一次旗委常委会议，会议由旗委书记武玉亮主持。参会常委8人，列席人员有旗人大、政协主要领导和各苏木乡/镇/场主要领导17人。会议主要内容：传达市委主要领导调研指示精神，安排部署贯彻落实工作。

3月25日，四子王旗委在党政大楼政协三楼会议室召开第十二次旗委常委会议，会议由旗委书记武玉亮主持。参会常委9人，列席人员有旗人大、政协主要领导和相关部门领导29人。会议主要内容：审议在旗纪委十三届五次全会上的报告；研究关于调整旗委政法委员会组成人员有关事宜；议定《全旗扫黑除恶整治基层组织建设薄弱环节和中央脱贫攻坚专项巡视“回头看”发现问题集中整改工作排查台账》；研究纪委有关案件；审议在旗委十三届十次全会上的报告；审议《四子王旗边防委员会工作规范》；传达学习3月4日中共中央政治局常务委员会研究当前新冠肺炎疫情防控和稳定经济社会运行重点工作会议精神及习近平总书记重要讲话精神；传达学习3月18日中共中央政治局常务委员会研究部署统筹抓好疫情防控和经济社会发展重点工作会议精神及习近平总书记重要讲话精神。

4月3日，四子王旗委党政大楼二楼视频会议室召开第十三次旗委常委会议，会议由旗委书记武玉亮主持。参会常委11人，列席人员有旗人大、政协主要领导和副职领导，各苏木乡镇党政主要领导，旗扶贫开发领导小组成员单位主要负责同志。会议主要内容：学习习近平总书记在决战决胜脱贫攻坚座谈会上的重要讲话精神；传达学习石泰峰书记督导调研讲话精神；传达学习幺永波主任和杜学军书记讲话精神。

4月9日，四子王旗委在党政大楼政协三楼会议室召开第十四次旗委常委会议，会议由旗委书记武玉亮主持。参会常委11人，列席人员有旗人大、政协主要领导和相关部门领导共31人。会议主要内容：审议《四子王旗开展全国第32个爱国卫生月实施方案和创建自治区卫生城镇实施方案》；研究关于补选旗级人大代表有关事宜；研究关于补选旗级政协委员有关事宜；听取四子王旗2019年度后备干部考察结果汇报；传达学习3月27日中共中央政治局研究部署进一步统筹推进疫情防控和经济社会发展工作会议精神；传达学习4月8日中共中央政治局常务委员会研究部署落实常态化疫情防控举措全面推进复工复产工作会议精神；传达学习中国共产党乌兰察布市第四届委员会第八次全体会议暨全市经济工作会议精神；传达学习中国共产党乌兰察布市第四届纪律检查委员会第五次全体会议精神；审议《四子王旗委常委班子召开中央脱贫攻坚专项巡视“回头看”整改落实专题民主生活会工作方案》。

4月13日，四子王旗委在党政大楼政协三楼会议室召开第十五次旗委常委会议，会议由旗委书记武玉亮主持。参会常委11人，列席人员有旗人大、政协主要领导和相关部门领导45人。会议主要内容：审议《中央脱贫攻坚专项巡视“回头看”反馈意见整改工作方案》；审议《国家成效考核反馈意见整改工作方案》；传达学习习近平总书记、李克强总理对安全生产重要指示批示精神和全国安全生产电视电话会议精神。

4月16日，四子王旗委在党政大楼政协三楼会议室召开第十六次旗委常委会议，会议由旗委书记武玉亮主持。参会常委10人，列席人员有旗人大主要领导。会议主要内容：专题民主生活会会前集中学习；传达学习自治区党委副书记、政法委书记林少春在乌兰察布市脱贫攻坚工作座谈会上的讲话精神。

4月18日，四子王旗委在党政大楼政协三楼会议室召开第十七次旗委常委会议，会议由旗委书记武玉亮主持。参会常委9人，列席人员有旗人大、政协主要领导和相关部门领导40人。会议主要内容：审议《四子王旗脱贫攻坚问题整改“百日攻坚”行动方案》；传达学习中央政治局研究部署疫情防控和经济社会工作会议精神和自治区党委副书记、政法委书记林少春在乌兰察布市脱贫攻坚工作座谈会上的讲话精神。

5月3日，四子王旗委在党政大楼政协三楼会议室召开第十八次旗委常委会议，会议由旗委书记武玉亮主持。参会常委9人，列席人员有旗人大、政协主要领导和相关部门领导31人。会议主要内容：审议在旗十五届人大四次会议上的政府工作报告；审议2020年度财政预算收支安排情况；审议旗十五届人大四次会议人大常委会工作报告；审议旗政协十四届四次会议工作报告；听取2020年扫黑除恶专项斗争进展情况汇报；听取四子王旗2019年度苏木乡镇及旗直部门领导班子年度考核结果汇报；审议《四子王旗党务公开工作实施方案》；审议《四子王旗委常委会2020年工作要点》；传达学习4月29日中共中央政治局常务委员会研究部署完善常态化疫情防控举措会议精神；传达学习习近平总书记考察陕西重要讲话重要指示精神；传达学习习近平总书记考察浙江重要讲话重要指示精神；传达学习中央全面深化改革委员会第十二次会议精神；传达学习中央全面深化改革委员会第十三次会议精神；传达学习《党委（党组）落实全面从严治党主体责任规定》；传达学习乌兰察布市第四届人民代表大会第三次会议精神；传达学习政协乌兰察布市第四届委员会第三次会议精神。

5月29日，四子王旗委在党政大楼628会议室召开第十九次旗委常委会议，会议由旗委书记武玉亮主持。参会常委10人，列席人员有旗人大、政协主要领导2人。会议主要内容：研究关于干部调整有关事宜；研究2019年度无党派人士后备干部有关事宜；审议《四子王旗扶持发展壮大嘎查村集体经济实施方案》；审议《推进“五强”党支部建设项目方案》。

5月29日，四子王旗委在党政大楼628会议室召开第二十次旗委常委会议，会议由旗委书记武玉亮主持。参会常委10人，列席人员有相关部门领导4人。会议主要内容：研究关于干部调整有关事宜；研究发放车改公务交通补贴有关事宜。

6月19日，四子王旗委在党政大楼628会议室召开第二十一次旗委常委会议，会议由旗委书记武玉亮主持。参会常委9人，列席旗纪委监委1人。会议主要内容：研究干部任免和纪委监委派驻公安局纪检监察组长交流任职有关事宜。

7月23日，四子王旗委在党政大楼政协三楼会议室召开第二十二次旗委常委会议，会议由旗委书记武玉亮主持。参会常委10人，列席人员有旗人大、主要领导和相关部门主要负责人共27人。会议主要内容：听取环保工作有关事宜汇报；旗自然资源局、林草局、住建局等11个部门负责同志分别汇报牵头承担的整改问题；讨论《四子王旗关于落实中央宗教工作督查“回头看”反馈意见的整改方案》；听取人防系统腐败问题专项整治工作进展情况汇报；传达上级扫黑除恶专项斗争有关会议精神，听取扫黑除恶专项斗争情况汇报；传达学习全国“两会”精神，学习习近平总书记在参加十三届全国人大三次会议内蒙古代表团审议时重要讲话精神；传达学习自治区党委石泰峰书记在四子王旗调研指示精神；传达学习中国共产党内蒙古自治区第十届委员会第十二次全体会议精神；传达学习市委四届九次全会精神；传达学习习近平总书记在中共中央政治局第二十一次集体学习上的重要讲话精神；传达学习习近平总书记对防汛工作重要指示精神；传达学习习近平总书记对进一步做好防汛救灾工作重要指示精神；传达学习5月6日中共中央政治局常务委员会会议精神；传达学习5月14日中共中央政治局常务委员会会议精神；传达学习习近平总书记考察山西重要指示重要讲话精神；传达学习习近平总书记考察宁夏重要指示重要讲话精神；传达学习习近平总书记在党外人士座谈会上的重要讲话精神；传达学习中央全面依法治国委员会第三次会议精神；传达学习赵乐际和杨晓渡同志在全国巡视工作会议暨十九届中央第五轮巡视动员部署会上的讲话精神；传达学习中央全面深化改革委员会第十四次会议精神；传达学习习近平总书记在专家学者座谈会上的重要讲话精神；传达学习中共中央政治局常务委员会研究部署防汛救灾工作会议精神；传达学习中共中央政治局审议《中国共产党军队党的建设条例》和《中国共产党基层组织选举工作条例》会议精神；传达学习习近平总书记在企业家座谈会上的重要讲话精神；传达学习习近平总书记在中共中央政治局第二十次集体学习上的重要讲话精神；传达学习《中国共产党基层组织选举工作条例》。

7月24日，四子王旗委在党政大楼政协三楼会议室召开第二十三次旗委常委会议，会议由旗委书记武玉亮主持。参会常委共8人，列席人员有旗政协主要领导及相关领导共3人。会议主要内容：审议《四子王旗2020年度政协协商工作计划》。

8月6日，四子王旗委在党政大楼政协三楼会议室召开第二十四次旗委常委会议，会议由旗委书记武玉亮主持。参会常委共9人，列席人员有旗人大主要领导和相关部门主要负责人共30人。会议主要内容：审议《关于进一步推进清廉乡村建设工作的实施意见》；审议《四子王旗煤炭资源领域违规违法问题整改工作方案》；审议《四子王旗食品安全监管事权清单》；听取上半年食品药品安全工作汇报；审议《党委（党组）理论学习中心组学习巡听旁听实施方案》；听取四子王旗2020年上半年意识形态领域分析研判报告；审议《四子王旗2020年“扫黄打非”工作要点》；传达学习中共中央政治局7月30日会议精神；传达学习习近平总书记考察吉林重要讲话重要指示精神；学习《中共中央、国务院关于深化改革加强食品安全工作的意见》。

9月8日，四子王旗委在党政大楼628会议室召开第二十五次旗委常委会议，会议由旗委书记武玉亮主持。参会常委共9人，列席人员有旗政协主要领导和相关部门负责人共1人。会议主要内容：研究有关干部免职事宜；研究确定拟晋升三级调研员考察对象建议人选有关事宜。

10月12日，四子王旗委在党政大楼政协三楼会议室召开第二十六次旗委常委会议，会议由旗委书记武玉亮主持。参会常委共9人，列席人员有旗政协主要领导和相关部门领导共6人。会议主要内容：研究关于拆除旗宾馆土地及房屋遗留问题补偿事宜；研究关于拆除贾拉庆姚煊房屋遗留问题补偿事宜；传达学习习近平总书记对制止餐饮浪费行为作出的重要指示；传达学习中共中央办公厅转发《中央宣传部、中央组织部关于认真组织学习〈习近平谈治国理政〉第三卷的通知》的通知；传达学习《习近平谈治国理政》第三卷出版座谈会精神；传达学习石泰峰、刘奇凡在全区巡视巡察工作会议暨十届自治区党委第八轮巡视动员部署会上的讲话精神；传达学习王鸿津在全国市县巡察办主任提级培训班上的讲话精神；传达学习王鸿津在市县巡察工作华北东北片区调研座谈会上的讲话精神；传达学习《关于巩固深化“不忘初心、牢记使命”主题教育成果的意见》；学习《中共中央、国务院关于营造更好发展环境支持民营企业改革发展的意见》；学习《优化营商环境条例》。

10月19日，四子王旗委在党政大楼政协三楼会议室召开第二十七次旗委常委会议，会议由旗委书记武玉亮主持。参会常委共7人，列席人员有旗人大主要领导和组织部副部长共2人。会议主要内容：研究开展嘎查村、社区“两委”换届选举前期专项排查整顿工作；研究开展排查整顿农村牧区发展党员违规违纪问题工作。

10月30日，四子王旗委在党政大楼政协三楼会议室召开第二十八次旗委常委会议，会议由旗委书记武玉亮主持。参会常委共10人，列席人员有旗人大主要领导和部分苏木乡镇党委书记共12人。会议主要内容：研究关于干部调整有关事宜；研究法检干部职级调整有关事宜；研究统战部长兼任政协党组副书记有关事宜；听取党建工作情况汇报；听取2020年上半年党风廉政建设工作情况汇报；审议《中共四子王旗委常委会加强和改进民族工作专题民主生活会工作方案》；传达学习习近平总书记在中央党校（国家行政学院）中青年干部培训班开班式上的重要讲话精神；学习《中国共产党中央委员会工作条例》；学习《中国共产党党和国家机关基层组织工作条例》。

11月10日，四子王旗委在党政大楼政协三楼会议室召开第二十九次旗委常委会议，会议由旗委书记武玉亮主持。参会常委共10人，列席人员有部分苏木乡镇党委书记和相关部门负责人共12人。会议主要内容：审议《四子王旗边民补助管理实施细则》；听取2021年边防基础设施建设项目情况和护边员选用工作进展情况；传达学习内蒙古自治区边防委员会第一次会议精神，并通报7月底自治区边防委员会督查反馈问题及整改情况。

11月11日，四子王旗委在党政大楼政协三楼会议室召开第三十次旗委常委会议，会议由旗委书记武玉亮主持。出席会议常委共9人，列席人员有旗政协主要领导、苏木乡镇党委书记和相关部门领导共46人。会议主要内容：研究中央第八巡视组、自治区第四巡视组移交我旗信访事项有关事宜；研究2020年四子王旗嘎查村集体经济收益未达标情况及拟采取措施有关事宜；审议《四子王旗脱贫攻坚总结工作实施方案》；审议《四子王旗脱贫攻坚总结阶段宣传工作方案》；传达学习习近平总书记、李克强总理在第六个国家扶贫日到来之际对脱贫攻坚工作的重要指示批示。

11月16日，四子王旗委在党政大楼政协三楼会议室召开第三十一次旗委常委会暨旗委常委班子加强和改进民族工作专题民主生活会进行会前集中学习，会议由旗委书记武玉亮主持。出席会议常委共8人，列席人员有旗人大主要领导和组织部门相关人员共2人。会议主要内容：旗委常委班子加强和改进民族工作专题民主生活会会前集中学习；习近平总书记2009年考察内蒙古重要讲话重要指示精神；学习习近平总书记2014年考察内蒙古重要讲话重要指示精神；习近平总书记2019年考察内蒙古重要讲话重要指示精神；习近平总书记在中央民族工作会议上的重要讲话精神；习近平总书记在全国民族团结进步表彰大会上的重要讲话精神；习近平总书记在第二次中央新疆工作座谈会上的重要讲话精神；习近平总书记在第三次中央新疆工作座谈会上的重要讲话精神；习近平总书记在第六次中央西藏工作座谈会上的重要讲话精神；习近平总书记在第七次中央西藏工作座谈会上的重要讲话精神；自治区党委书记石泰峰在参加指导锡林郭勒盟委班子加强和改进民族工作专题民主生活会上的讲话精神；《关于加强和改进新形势下大中小学教材建设的意见》（中办发〔2016〕66号）；《关于全面深入持久开展民族团结进步创建工作，铸牢中华民族共同体意识的意见》（中办发〔2018〕65号）；《中华人民共和国国家通用语言文字法》；自治区党委办公厅关于高质量开好加强和改进民族工作专题民主生活会的通知。

11月23日，四子王旗委在党政大楼政协三楼会议室召开第三十二次旗委常委会议，会议由旗委书记武玉亮主持。出席会议常委共9人，列席人员有旗人大、政协主要领导，相关部门主要负责人共30人。会议主要内容：审议《四子王旗深化事业单位改革试点实施方案》；传达学习党的十九届五中全会精神；传达学习《中共中央关于制定国民经济和社会发展第十四个五年规划和二〇三五年远景目标的建议》；传达学习习近平总书记在教育文化卫生体育领域专家代表座谈会上的重要讲话精神；传达学习习近平总书记在基层代表座谈会上的重要讲话精神；传达学习中共中央政治局审议《黄河流域生态保护和高质量发展规划纲要》和《关于十九届中央第五轮巡视情况的综合报告》会议精神；传达学习中央全面深化改革委员会第十五次会议精神；传达学习中央全面深化改革委员会第十六次会议精神；传达学习《中共中央办公厅关于加强新时代民营经济统战工作的意见》；传达学习《国务院办公厅关于进一步优化营商环境更好服务市场主体的实施意见》。

12月3日，四子王旗委在党政大楼政协三楼会议室召开第三十三次旗委常委会议，会议由旗委书记武玉亮主持。出席会议常委共9人，列席人员有旗政协主要领导、相关部门主要负责人共24人。会议主要内容：听取综合行政执法改革完成情况汇报；听取苏木乡镇改革任务完成情况汇报；审议《四子王旗公务用车管理实施办法》和公车租赁有关事宜；传达学习习近平总书记在中央党校（国家行政学院）中青年干部培训班开班式上的重要讲话精神；传达学习习近平总书记在经济社会领域专家座谈会上的重要讲话精神；传达学习习近平总书记在扎实推进长三角一体化发展座谈会上的重要讲话精神；传达学习习近平总书记在深圳经济特区建立40周年庆祝大会上的重要讲话精神；传达学习习近平总书记考察广东重要讲话重要指示精神；传达学习习近平总书记对新时代推进农村土地制度改革、做好农村承包地管理工作作出的重要指示；传达学习中共中央、国务院《关于实行党风廉政建设责任制的规定》；传达学习自治区党委、政府《贯彻落实中共中央、国务院〈关于实行党风廉政建设责任制的规定〉的实施办法》；传达学习自治区党委书记石泰峰在自治区落实党风廉政建设责任制工作领导小组会议上的讲话；传达学习自治区第四巡视指导督导组组长贾德永在调研督导乌兰察布市巡察工作座谈会上的讲话；传达学习市委书记、市长费东斌在巡视指导督导工作座谈会上的讲话要点。

12月3日，四子王旗委在党政大楼政协三楼会议室召开第三十四次旗委常委会议，会议由旗委书记武玉亮主持。出席会议常委共8人，列席人员有相关部门主要负责人共37人。会议主要内容：听取“十四五”规划及项目情况汇报；传达学习习近平总书记对“十四五”规划编制工作作出的重要指示；传达学习习近平总书记在中共中央党外人士座谈会上的重要讲话精神；传达学习中共中央政治局常务委员会听取“十三五”规划实施总结评估汇报会议精神。

12月10日，四子王旗委在党政大楼政协三楼会议室召开第三十五次旗委常委会议，会议由旗委书记武玉亮主持。出席会议常委共7人，列席人员有旗人大、政协主要领导，相关部门领导共28人。会议主要内容：审议《四子王旗嘎查村、社区“两委”换届选举工作方案》；研究关于建立“不忘初心、牢记使命”主题教育五项机制有关事宜；审议《四子王旗学习贯彻党的十九届五中全会精神工作方案》；审议

《乌兰察布市争创“全国民族团结进步示范市”四子王旗工作任务分解方案》；研究民族团结进步先进个人表彰有关事宜；审议《融媒体中心临时性人员竞聘上岗及紧缺型人才招考实施方案》；传达学习中共中央政治局常务委员会听取脱贫攻坚总结评估汇报会议精神；传达学习习近平总书记在中央全面依法治国工作会议上的重要讲话精神；传达学习习近平总书记在全国劳动模范和先进工作者表彰大会上的重要讲话。

12月23日，四子王旗委在党政大楼政协三楼会议室召开第三十六次旗委常委会议，会议由旗委书记武玉亮主持。出席会议常委共9人，列席人员有旗人大、苏木乡镇党委书记、相关部门主要负责人共30人。会议主要内容：听取中央第八巡视组移交我旗信访事项有关情况汇报；听取中央第八巡视组移交四子王旗信访事项中未化解信访事项情况汇报。

12月24日，四子王旗委在党政大楼政协三楼会议室召开第三十七次旗委常委会议，会议由旗委书记武玉亮主持。出席会议常委共8人，列席人员有旗人大主要领导、相关部门领导共10人。会议主要内容：听取旗扫黑办和旗扫黑除恶专项斗争领导小组部分成员单位三年工作述职；审议《平安四子王建设工作领导小组工作规则》；听取旗人大常委会党组2020年工作情况汇报；听取旗政府党组2020年工作情况汇报；听取旗政协党组2020年工作情况汇报；听取旗人民检察院党组2020年工作情况汇报；听取旗纪委监委2020年工作情况汇报；听取2020年党内法规执行工作情况汇报；听取2020年意识形态工作情况汇报；研究关于调整梁志华分管工作有关事宜。

12月24日，四子王旗委在党政大楼政协三楼会议室召开第三十八次旗委常委会议，会议由旗委书记武玉亮主持。出席会议常委共7人，列席人员有旗人大主要领导、相关部门主要负责人共15人。会议主要内容：听取政府债务化解情况汇报；听取旗委党校2020年工作情况汇报；听取各群团组织2020年工作情况汇报；听取旗委政法委2020年工作情况汇报；听取旗人民法院党组2020年工作情况汇报；听取旗公安局党组2020年工作情况汇报；听取2020年公安工作汇报；听取2020年禁毒工作汇报；听取国家安全局工作情况汇报。

12月25日，四子王旗委在党政大楼政协三楼会议室召开第三十九次旗委常委会议，会议由旗委书记武玉亮主持。出席会议常委共7人，列席人员有旗人大主要领导、相关部门主要负责人共21人。会议主要内容：听取2020年全面依法治旗工作情况汇报；听取司法局党组2020年工作情况汇报；听取2020年基础教育工作情况汇报；听取2020年全旗思想政治教育课建设情况汇报；听取推行国家统编教材工作情况汇报；研究安全生产有关事宜；研究污染防治攻坚战有关事宜。

12月25日，四子王旗委在党政大楼628会议室召开第四十次旗委常委会议，会议由旗委书记武玉亮主持。出席会议常委共9人，列席人员有旗人大主要领导共1人。会议主要内容：研究干部调整有关事宜。

12月30日，四子王旗委在党政大楼二楼会议室召开第四十一次旗委常委会议，会议由旗委书记武玉亮主持。出席会议常委共7人，列席人员有旗人大、政协主要领导，旗党的建设工作领导小组成员、旗党的建设工作领导小组办公室成员、旗纪委监委各派驻纪检监察组组长、各苏木乡镇党委书记、副书记、纪委书记、组织委员、宣传委员、旗直机关工委与旗非公企业和社会组织党工委书记、税务局党委书记，旗直各系统党委书记、副书记，旗直各部门和人民团体党组织负责人，部分党代表、人大代表、政协委员代表。会议主要内容：听取13个苏木乡镇党委书记和旗直机关工委书记、旗非公企业和社会组织党工委书记、旗公安局党委书记抓基层党建述职，旗委书记武玉亮代表旗委分别进行点评；市委组织部徐杰点评讲话；旗委书记武玉亮讲话。

12月30日，四子王旗委在党政大楼政协

三楼会议室召开第四十二次旗委常委会议，会议由旗委书记武玉亮主持。出席会议常委共8人，列席人员有旗人大主要领导、各苏木乡镇党委书记共14人。会议主要内容：听取各苏木乡镇党委书记2020年党风廉政建设工作汇报；研究乌兰花镇小太平庄砖厂事故发生后贾晋峰等人受处分期间遗留问题有关事宜。

【旗委书记专题会议】 1月2日，旗委书记武玉亮在党政大楼405会议室主持召开第一次书记专题会议。参会人有部分旗委常委、相关部门负责人共13人。会议主要内容：研究公安机构改革有关事宜。

1月22日，旗委书记武玉亮在党政大楼405会议室主持召开第二次书记专题会议。参会人有部分旗委常委共5人、旗委巡察办负责人共6人。会上主要听取了旗委第九轮巡察工作汇报，安排第十轮巡察工作。

3月19日，旗委书记武玉亮在党政大楼405会议室主持召开第三次书记专题会议。参会人有部分旗委常委共4人，旗人大主要领导、检察院检察长共6人。会议主要内容：听取旗检察院关于白乃庙西区煤田案件办理有关情况汇报。

5月6日，旗委书记武玉亮在党政大楼405会议室主持召开第四次书记专题会议。参会人有部分旗委常委共5人、旗巡察办主要领导共6人。会议主要内容：听取人防系统专项巡察工作汇报。

5月25日，旗委书记武玉亮在党政大楼405会议室主持召开第五次书记专题会议。参会人有部分旗委常委共4人、相关部门负责人共14人。会议主要内容：研究600万千瓦风电基地项目征地有关事宜。

5月30日，旗委书记武玉亮在政协三楼会议室主持召开第六次书记专题会议。参会人有部分旗委常委共3人、相关部门负责人共14人。会议主要内容：研究育肥场和活畜交易市场项目建设。

5月31日，旗委书记武玉亮在党政大楼405会议室主持召开第七次书记专题会议。参会人有部分旗委常委共2人、相关部门负责人共14人。会议主要内容：研究育肥场和活畜交易市场项目建设。

6月6日，旗委书记武玉亮在政协三楼会议室主持召开第八次书记专题会议。参会人有部分旗委常委共3人，相关苏木乡镇党委书记、有关部门负责人共20人。会议主要内容：研究后续产业扶持和储草棚建设项目。

6月18日，旗委书记武玉亮在党政大楼308会议室主持召开第九次书记专题会议（扶贫开发领导小组会议）。参会人有部分旗委常委共4人、有关部门和企业负责人共16人。会议主要内容：研究育肥场和活畜交易市场项目建设。

6月19日，旗委书记武玉亮在政协三楼会议室主持召开第十次书记专题会议。参会人有部分旗委常委共3人、相关部门及企业负责人共18人。会议主要内容：研究政府债务化解有关事宜。

6月23日，旗委书记武玉亮在党政大楼405会议室主持召开第十一次书记专题会议。参会人有部分旗委常委共4人、相关部门及企业负责人共9人。会议主要内容：研究大唐风电项目有关事宜。

7月23日，旗委书记武玉亮在党政大楼405会议室主持召开第十二次书记专题会议。参会人有部分旗委常委共5人、旗委巡察办及旗委办副主任共7人。会议主要内容：听取煤炭资源领域专项巡察工作汇报。

7月24日，旗委书记武玉亮在政协三楼会议室主持召开第十三次书记专题会议。参会人有部分旗委常委共7人，旗政协主要领导、相关部门负责人、中国三峡新能源集团股份有限公司内蒙古分公司总经理汤建军、电力规划设计总院新能源处耿照为、北京天羿机场设计咨询有限公司金江等共26人。会议主要内容：听取三峡风电集团、电力规划总院关于“源网荷储”项目情况汇报；听取四子王旗通用机场选址情况汇报。

8月2日，旗委书记武玉亮在政协三楼会议室主持召开第十四次书记专题会议。参会人有部分旗委常委共2人，相关苏木党委书记、部门及企业负责人共14人。会议主要内容：研究600万千瓦风电基地项目建设推进工作。

8月4日，旗委书记武玉亮在党政大楼405会议室主持召开第十五次书记专题会议。参会人有部分旗委常委共4人、相关部门主要负责人共15人。会议主要内容：研究矿山修复治理和环境整治有关工作。

8月4日，旗委书记武玉亮在党政大楼405会议室主持召开第十六次书记专题会议。参会人有部分旗委常委共3人、相关部门主要负责人共11人。会议主要内容：研究偷排污水处理问题。

8月5日，旗委书记武玉亮在党政大楼405会议室主持召开第十七次书记专题会议。参会人有部分旗委常委共4人、相关部门及企业主要负责人共14人。会议主要内容为研究乌兰花镇水体污染有关事宜。

8月7日，旗委书记武玉亮在党政大楼308会议室主持召开第十八次书记专题会议。参会人有部分旗委常委共4人，相关部门主要领导、自治区生态环境厅生态执法局钟宇翔及部分企业负责人共17人。会议主要内容：研究乌兰花镇水体污染有关事宜。

8月10日，旗委书记武玉亮在政协三楼会议室主持召开第十九次书记专题会议。参会人有部分旗委常委共4人、相关部门主要领导共16人。会议主要内容：研究600万千瓦风电基地项目建设有关事宜。

8月19日，旗委书记武玉亮在政协三楼会议室主持召开第二十次书记专题会议。参会人有部分旗委常委共7人，相关苏木党委书记、相关部门主要领导共17人。会议主要内容：研究双语教育有关事宜。

8月20日上午，旗委书记武玉亮在党政大楼308会议室主持召开第二十一次书记专题会议。参会人有部分旗委常委共5人，相关苏木党委书记、相关部门主要领导、部分企业负责人共16人。会议主要内容：研究双语教育有关事宜。

8月20日下午，旗委书记武玉亮在党政大楼405会议室主持召开第二十二次书记专题会议。参会人有部分旗委常委共5人、旗委巡察办有关人员共10人。会议主要内容：听取旗委第十轮巡察工作汇报、安排旗委第十一轮巡察工作。

8月27日，旗委书记武玉亮在政协三楼会议室主持召开第二十三次书记专题会议。参会人有部分旗委常委共4人、相关部门领导共27人。会议主要内容：研究棚户区改造历史遗留问题有关事宜。

8月28日，旗委书记武玉亮在党政大楼405室主持召开第二十四次书记专题会议。参会人有部分旗委常委共2人、相关部门领导共12人。会议主要内容：研究生猪养殖基地项目建设信访有关事宜。

8月28日，旗委书记武玉亮在政协三楼会议室主持召开第二十五次书记专题会议。参会人有部分旗委常委共6人、相关部门领导共26人。会议主要内容：研究使用国家统编语文教材有关工作。

8月30日，旗委书记武玉亮在政协三楼会议室主持召开第二十六次书记专题会议。参会人有部分旗委常委共7人，部分苏木乡镇党委书记、相关部门领导共38人。会议主要内容：研究使用国家统编语文教材有关工作。

8月31日上午，旗委书记武玉亮在二楼视频会议室主持召开第二十七次书记专题会议。参会人有部分旗委常委共5人，苏木乡镇党委书记、相关部门领导共33人。会议主要内容：研究使用国家统编语文教材有关工作。

8月31日下午，旗委书记武玉亮在政协三楼会议室主持召开第二十八次书记专题会议。参会人有部分旗委常委共4人，人大、政协主要领导，部分苏木乡镇党委书记，相关部门领导，民族中小学校负责人共21人。会议主要内容：研究使用国家统编语文教材有关工作。

9月6日，旗委书记武玉亮在党政大楼405室主持召开第二十九次书记专题会议。参会人有部分旗委常委共6人、相关部门领导共13人。会议主要内容：研究使用国家统编语文教材有关工作。

9月7日，旗委书记武玉亮在党政大楼405室主持召开第三十次书记专题会议。参会人有部分旗委常委共5人，旗人大、政协主要领导、相关部门领导共13人。会议主要内容：研究使用国家统编语文教材有关工作。

9月7日，旗委书记武玉亮在党政大楼405室主持召开第三十一次书记专题会议。参会人有部分旗委常委共9人，旗人大主要领导、分管副旗长、相关部门领导共12人。会议主要内容：研究使用国家统编语文教材有关工作。

9月10日，旗委书记武玉亮在党政大楼405室主持召开第三十二次书记专题会议。参会人有部分旗委常委共7人，分管副旗长、教体局主要负责人共9人。会议主要内容：研究使用国家统编语文教材有关工作。

9月17日，旗委书记武玉亮在党政大楼405室主持召开第三十三次书记专题会议。参会人有部分旗委常委共2人、相关部门主要领导共9人。会议主要内容：研究扶贫资金拨付有关事宜。

9月21日，旗委书记武玉亮在党政大楼308室主持召开第三十四次书记专题会议。参会人有部分旗委常委共2人、相关部门领导共11人。会议主要内容：研究600万千瓦风电基地项目征地有关事宜。

9月21日，旗委书记武玉亮在党政大楼405室主持召开第三十五次书记专题会议。参会人有部分旗委常委共3人，苏木乡镇党委书记、相关部门领导共22人。会议主要内容：研究自治区环保督察信访案件整改工作有关事宜。

9月22日，旗委书记武玉亮在政协三楼会议室主持召开第三十六次书记专题会议。参会人有部分旗委常委共4人，吉生太镇长、相关部门领导、三峡集团有关人员共25人。会议主要内容：研究三峡集团“源网荷储”项目有关事宜。

9月23日，旗委书记武玉亮在政协三楼会议室主持召开第三十七次书记专题会议。参会人有部分旗委常委共5人，苏木乡镇党委书记、相关部门领导共38人。会议主要内容：研究使用国家统编语文教材有关工作。

9月27日，旗委书记武玉亮在党政大楼405会议室主持召开第三十八次书记专题会议。参会人有部分旗委常委共2人、相关部门领导共10人。会议主要内容：研究600万千瓦风电基地征地有关工作。

9月28日，旗委书记武玉亮在政协三楼会议室主持召开第三十九次书记专题会议。参会人有部分旗委常委共7人，苏木乡镇党委书记、相关部门领导共28人。会议主要内容：研究使用国家统编语文教材有关工作。

10月11日，旗委书记武玉亮在政协三楼会议室主持召开第四十次书记专题会议。参会人有旗委常委2人，苏木乡镇党委书记、相关部门领导共15人。会议主要内容：研究600万千瓦风电征地有关事宜。

10月19日，旗委书记武玉亮在政协三楼会议室主持召开第四十一次书记专题会议。参会人有旗委常委3人，苏木乡镇有关领导、相关部门领导、三峡内蒙古分公司、绿能新能源公司负责人共16人。会议主要内容：召开三峡集团“源网荷储”项目社会稳定风险评估汇报会。

10月30日，旗委书记武玉亮在党政大楼405会议室主持召开第四十二次书记专题会议。参会人有旗委常委5人。会议主要内容：研究干部调整有关事宜。

11月12日，旗委书记武玉亮在党政大楼405会议室主持召开第四十三次书记专题会议。参会人有旗委常委4人，相关部门领导、安立信会计事务所相关人员共 11 人。会议主要内容：研究脱贫攻坚有关事宜。

12 月 18 日，旗委书记武玉亮在党政大楼 405 会议室主持召开第四十四次书记专题会议。参会人有旗委常委 3 人、相关部门负责人共 11 人。会议主要内容：研究白乃庙铜矿重整有关事宜。

12 月 25 日，旗委书记武玉亮在党政大楼 405 会议室主持召开第四十五次书记专题会议。参会人有旗委常委 2 人、相关部门负责人共 8 人。会议主要内容：研究白乃庙铜矿重整有关事宜。

12 月 25 日，旗委书记武玉亮在党政大楼 405 会议室主持召开第四十六次书记专题会议。参会人有旗委常委共 5 人。会议主要内容：研究干部任免有关事宜。

（李俊玲、白杰）

旗委办公室

【领导名录】

主　任：张雪春

副主任：张志刚

张永旗

常东伟

李俊玲（女，6 月任职）

白海江（6 月任职）

【概述】 2020 年，旗委办公室（简称旗委办）围绕旗委改革发展大局，严格按照自治区党委、市委和旗委决策部署和相关工作要求，坚持“高水平谋事、高效率办事、高质量服务”，积极主动开展服务工作，不断强化管理，转变作风，锐意进取，较好地发挥了参谋助手和综合作用。

【综合协调】 2020 年，旗委办从领导的角度和对工作负责的立场上想问题，从全局观察问题、从政策上考虑问题，把握好协调的方向和尺度，明确推进协调的基本思路和步骤。开展调查研究，在吃透上情、摸清下情方面开展办公室综合协调工作。

【党建 + 扶贫】 2020 年，旗委办党支部组织召开党员大会 4 次、支部委员会 12 次、党小组会 12 次、主题党日活动 12 次，组织集中学习平均每月 3 次、专题研讨 2 次，邀请党校教师讲党课 2 次。为包联行政村发放鸡雏 1.2 万余羽，饲料 2.5 万余公斤，受益贫困户 104 户，年户均增收 2000 余元；发放蔬菜苗 500 余苗，惠及农户 100 余户。

【文秘工作】 2020 年，旗委办起草旗委十三届十次全委会报告、旗纪委十三届五次全会、政协十四届四次会议等全旗重大会议领导讲话以及各类文稿 150 余篇 80 多万字。编发旗委常委会纪要 42 期、书记专题会纪要 43 期、扶贫开发领导小组会纪要 4 期。

【办文办会】 2020 年，旗委办全年共流转各类文件 1300 余份，累计发文 43 件，其中，党委发文 12 件，比上年度减少 6 件，减幅 36%；党办发文 31 件，比上年度减少 44 件，减幅 34%，发文总数减幅 53%。全年共承办各级各类会务活动 61 次，其中承办本级会议 22 次，比上年度减少 10 件，减幅 31%。

【信息工作】 2020 年，旗委办全年共向上级党委报送信息 2956 篇，全区排名第 6；累计刊发《四子王旗重大紧急信息专报》28 期、《四子王旗领导动态》308 期、《四子王旗脱贫攻坚问题整改“百日攻坚”行动工作简报》79 期。

【政工工作】 2020 年，旗委办制定了《旗委办公室财务管理制度》《旗委办公室请销假管理制度》和《旗委办公室公务用车管理制度》；开展办公用品采购管理工作，采购物品全部通过“内蒙古自治区政府采购网”进行备案购买，并建立健全了物品出入库登记台账，按需采购，对每件物品发放严格把关，一物一登记，分发有明细；完成2020年度办公室“三务”公开工作，与旗纪委监委“三务公开”平台建立了无缝对接。

【督查工作】 2020年，旗委办围绕脱贫攻坚、生态文明、乡村振兴、人居环境整治等中心工作，采取“四不两直”的督查方式，深入苏木乡镇、嘎查村一线督查20次；完成上级督办事项11项；旗委办共计督办人民网地方领导留言板网民留言反映问题14项，办复率达100%。

【档案工作】 2020年，旗委办组织档案业务人员通过“面对面”“一对一”的方式，深入全旗13个苏木乡镇、121个嘎查村以及22个相关部门，对扶贫档案分类整理、排列编号等工作进行了实地指导。

【规范性文件备案审查】 2020年，旗委办邀请市委办领导就规范性文件备案审查工作进行了专题培训。累计向全旗各地各部门印发《党委党组规范性文件备案工作手册》《公文处理学习材料》等手册600余本；印发《关于加强党内法规制度建设的实施意见》《关于开展党内规范性文件备案审查工作的通知》等文件。全年，共审查旗委、旗委办文件9件，市委直报点文件3件，向市委备案12件（其中包括3件直报点规范性文件）。审查旗直部门报备文件2件，苏木乡镇报备文件9件。电话告知不规范文件6件。

旗深化改革办公室

【概况】 2020年，四子王旗深入推进供给侧结构性改革。调整优化园区产业布局，积极筹备修编黑沙图工业园区总体规划，总规划面积12.88平方公里，重点发展氟化工、有色金属深加工、石材开采加工、废料综合利用、农畜产品深加工、工艺品生产及轻工业产业等相关产业。

【“放管服”改革】 2020年，四子王旗深改办实行企业投资项目审批由行政服务中心一窗受理，完成一站式服务；开展电子商务进农村牧区综合示范工作，以“农产品进城”和“工业品下乡”为核心，构建了“236”电商综合服务体系；落实电力市场化改革，佳辉硅业、永和氟化工、华生氢氟酸以及已运行的风、光电企业已加入了电力市场多边交易；建立转变政府职能和深化“放管服”改革协调小组成员单位联动机制，畅通信息共享，实现了“一网、一门、一次”改革；财税金融体制改革实行“互联网+政府采购”。完成了政府采购云平台建设。政府采购由审批制改为备案制，取消了对中小企业的限制，推行政府采购“全区一张网”线上办理。

【生态文明体制改革】 2020年，四子王旗出台了《党委、政府及有关部门环境保护工作职责》和《环境保护党政同责、一岗双责考核评价和责任追究制度》，成立了环境保护委员会。制定并印发了《四子王旗环境监管网格化管理实施方案》，建立了“属地管理、分级负责、全面覆盖、责任到人”的网格化环保监管体系。

【农村牧区综合改革】 2020年，四子王旗完成对全旗133个嘎查村的清产核工作。完成人口排查、成员界定、股权设置、股权配置工作；对全旗89个村（社区）进行了集体经济登记并赋统一社会代码；完成土地承包经营权确权工作，共调查承包户52886户，完善承包合同51989份，完善土地承包合同面积191.36万亩，颁发土地承包经营权证书50820份；完成新型农牧业经营体系改革；完成自治区下达的40万亩轮作任务；完成农村牧区人居环境整治厕所革命。

【统编教材改革推行工作】 2020年，四子王旗在推行国家统编教材工作中，召开旗委常委会、部署会、推进会5次；制定了《四子王旗民族语言授课学校推行使用三科国家统编教材和全面加强国家通用语言文字教育教学工作实施方案》，利用《杜尔伯特报》共刊登 56 条，四子王旗电视台共播出汉语 32 条、蒙古语 30 条，四子王旗电台 FM94.5 共播发 62 条。通过聘请内蒙古党校、内蒙古大学教授集中授课和开展校本培训等方式，共组织 3 批次铸牢中华民族共同体意识专题研讨培训班，累计培训教师 2800 人次。

（李俊玲、白洁）

旗委组织部

【领导名录】

部　长：郭爽频

副部长：苏日嘎郎图（蒙古族）

赵志宇

王银山（蒙古族）

李向林

干部人事档案管理中心

主　任：米志荣（6 月任职）

【概况】 2020 年，四子王旗委组织部在旗委坚强领导下，以习近平新时代中国特色社会主义思想和中共十九届二中、三中、四中、五中全会为指导，以学习贯彻全区、全市组织部长会议精神为主线，深入贯彻新时代党的组织路线，落实《党委（党组）落实全面从严治党主体责任规定》，旗委常委会、党建工作领导小组及办公室多次召开会议研究基层党建工作，旗委常委会专题听取了基层党建工作汇报。同时，旗委组织部对 362 个基层党组织进行了专项督查，下发整改意见书 42 份。派出 24 名处级领导分 6 期参加了全市中共十九届四中全会精神专题培训班；科级干部、驻村干部、嘎查村“两委”干部累计参加各类培训班 18 期，培训 5230 余人次；同时，发放了《中国共产党党内法规选编》《党员应知应会 200 条》《公务员法》《精准扶贫知识应知应会手册》等书籍 4300 册，供广大党员干部学习使用。

【党组织与党员情况】 2020 年底，四子王旗共有基层党组织 362 个。有党工委 28 个，其中，苏木乡镇党委 13 个、公安局党委 1 个、旗直机关工委 1 个、旗直机关系统党委 12 个、非公企业和社会组织党工委 1 个；党总支 9 个，其中，旗直机关 7 个、乌兰牧场 1 个、公有制企业党总支 1 个；党支部 325 个，其中农村牧区党支部 134 个、社区党支部 14 个、旗直机关事业单位党支部 143 个、国有企业党支部 9 个、非公有制企业党支部 25 个、社会组织党支部 6 个。全旗共有党员 9168 名，其中，苏木乡镇党员 4936 名，社区党员 678 名，机关企事业党员 3449 名，非公企业和社会组织党员 105 名，流动党员 1617 名。

【基层党建】 2020 年，旗委组织部对全旗 362 个基层党组织推进落实基层党建重点任务情况进行了专项督查。特别是抓党建促脱贫攻坚“一清二白”互促提升专项行动，市、旗两级 38 名组工干部对全旗 78 个贫困嘎查村开展了专项走访行动，发现共性问题 3 个、个性问题 6 个。对发现的问题层层建立台账，细化整改措施、限期完成整改任务；每月一次主题党日活动成为规范基层党组织载体；全旗 325 个党支部在年底前结合组织生活会和民主评议党员工作完成 2020 年度评星定级工作；2020 年在旗委书记和各常委的示范带动下，362 个基层党组织书记全部为基层党员讲党课。

【组织关怀】 2020 年，旗委组织部向市委组织部申请到 31200 元，为全旗党龄在 50 年以上生活困难的 104 名老党员发放了党内关爱基金；组织部从旗委管理的党费中匹配 31200 元，统一下发至各基层党组织。

【党员教育培训】 2020 年，旗委组织部举办中共十九届四中全会精神专题培训班，科级干部、驻村干部、嘎查村“两委”干部累计培训班18期，培训5230余人次。

【嘎查（村）社区“两委”换届】 2020年，旗委组织部落实嘎查村“两委”干部“两联审”工作机制，对729名现任“两委”成员和277名拟新进人选全部联审，10月底前全面完成了现任“两委”成员经济责任审计工作。12月11日全旗嘎查村、社区“两委”正式启动换届选举工作。印发了工作方案，建立了工作机构。全旗13个苏木乡镇于12月16日前全部完成了嘎查村“两委”换届选举动员部署工作。

【关爱一线扶贫干部】 2020年，旗委组织部为556名驻村干部发放生活补助1098.12万元，驻村工作队工作经费501万元。派出单位为556名驻村干部购买了保额不低于50万元的人身意外伤害险，并进行了健康体检。脱贫攻坚一线提拔一般干部任副科级干部27名。

【班子结构】 2020年，旗委组织部按照自治区党委、市委关于干部工作的目标任务在四子王旗率先组织实施。全旗现有科级干部452人，其中，正科级干部115名，副科级干部337名（女干部72人，少数民族干部149人，非党干部39人）。1983年以后出生干部101人。其中，正科级干部3人，副科级干部98人；1984年以后出生干部86人，其中，正科级干部3人，副科级干部83人；1990年以后出生干部11人，均为副科级。2020年共调整干部2次，涉及183人。其中，一般提副92人，副提正7人，平调61人，重新任命2人，免（兼）职21人。特别是提拔重用了脱贫攻坚一线、近4年内没有提拔过干部的旗直单位和后备干部年限3年以上的88人。

【干部考核及监督管理】 2020年，旗委组织部强化领导班子和领导干部政治素质考察考核，把“两个维护”作为根本任务，坚决防止“带病提拔”；完善选人用人事前、事中、事后监督机制，建立“一备双查”监督工作机制，并完成2020年度处级领导干部个人有关事项报告；完成苏木乡镇和旗直机关2019年度考核工作；完成全旗现有公务员（参公）职务与职级套转工作及公安机关职务序列改革和晋升工作。

【实用型人才培养】 2020年，旗委组织部新录用34名公务员、26名选调生；以京蒙对口帮扶为契机，接收怀柔对口挂职专业技术人员16人，并选派7名专业技术人员到怀柔区挂职锻炼；旗委组织部围绕脱贫攻坚、乡村振兴任务培养“土专家”“田秀才”等本土人才，培养整合农牧业、经贸、教育、卫生、文化等各类本土人才，引导人才向艰苦边远地区和基层一线流动。

【组织整顿】 2020年，旗委组织部按照“四个一”整改机制，完成了6个软弱涣散嘎查村党组织集中整改任务。

【非公党建】 2020年，旗委组织部累计选派党建指导员44名；党支部书记由企业高管和社会组织负责人担任的比例达到91.6%；党建扶贫联盟行动参与企业达到39家。43家非公企业党组织覆盖率72%，工作覆盖率达到100%。20家社会组织党组织覆盖率60%，工作覆盖率达到100%。

【党员先锋队】 2020年，四子王旗委组织部在疫情防控的重要时期，组织全旗各基层党组织和广大党员干部充分发挥战斗堡垒和先锋模范作用。21名旗级领导和1423名党员干部组成了150支党员先锋队，深入乌兰花镇150个居民小区指挥调度疫情防控工作。13个苏木乡镇党委成立疫情防控尖刀班13个。960名党员参与组建先锋队136支，战斗队30支，划分战区278个。全旗9476名党员线上线下捐款143.5万元，位居全市第二。

旗委宣传部

【领导名录】
部　长：段雅丽（女）
副部长：谢和平（蒙古族）
　　　　额日和木（蒙古族）
　　　　王　菁（女）

【概况】2020年，四子王旗深入贯彻中央、自治区党委、市委和旗委关于宣传思想文化工作的决策部署。以坚定不移举旗帜，增强思想引领力、舆论引导力、价值凝聚力、文化支撑力为重点，组织旗委中心组（扩大）学习会14次，开展专题研讨2次。利用全旗192所“学习讲堂”组织脱贫攻坚专题学习260余场次。开展理论测试3次。推出“学习微讲堂”110期，制作脱贫攻坚微宣讲2期。组织“草原学习轻骑兵”宣讲小分队在全旗集中开展“双决双扶”蒙汉双语巡回宣讲送文艺、送政策，围绕脱贫攻坚、铸牢中华民族共同体意识、中共十九届五中全会精神等深入农村牧区、学校企业开展对象化、分众化、互动式宣讲活动200余场次，覆盖群众4万余人。召开意识形态工作联席会、调度会、专题培训会3次，开展意识形态工作专项督查2次。加强网络意识形态治理，全年化解舆情86件。紧扣疫情防控、脱贫攻坚、决胜小康、铸牢中华民族共同体意识等主题，刊播报道1103篇。全旗共建成新时代文明实践中心、所、站、点30个，并建成了新时代文明实践中心展厅和“人民楷模”都贵玛先进事迹展厅。组建宣传、文化、卫生、科技、农牧业、商务、扶贫、金融、民族事务等11支“草原综合服务轻骑兵”队伍，以“乌兰牧骑+”志愿服务的形式，集中开展理论宣讲、医疗义诊、文化惠民、帮困扶贫等活动70余场次。2020年，四子王旗宣传部创建国家级文明单位1家，自治区文明单位标兵1个、文明村镇6家、文明家庭1户，市级文明家庭2户，旗级文明村镇28家、“十星家庭示范户”14家，选树各级各类道德模范、身边好人、新时代好少年79名。

【理论学习】2020年，四子王旗宣传部继续发挥旗委理论学习中心组示范带动作用，制定下发中心组学习安排意见，全年共组织中心组（扩大）学习14次，建立了中心组学习巡听旁听机制；对全旗13个苏木乡镇党委和市场监督管理局党委（党组）中心组、交通运输管理局党委（党组）中心组等旗直部分党委（党组）理论学习中心组开展了巡听旁听工作；编印下发了中心组学习辅导读本《脱贫攻坚应知应会知识手册》口袋书；“双决双扶”宣讲提纲共2500册；中共十九届五中全会学习和铸牢中华民族共同体意识宣讲提纲200余册；组织征订《习近平谈治国理政》（第三卷）等理论学习书籍。

【专题学习】2020年，四子王旗宣传部依托学习讲堂组织全旗各地各部门开展脱贫攻坚、中共十九届五中全会精神、铸牢中华民族共同体意识等专题学习500余场次；全旗各单位帮扶责任人开展脱贫攻坚理论测试2次；围绕习近平新时代中国特色社会主义思想开展理论测试1次；在“网信四子王旗”微信公众平台推出“学习微讲堂”“百日攻坚”学习微讲堂110期，内容涵盖脱贫攻坚、《习近平谈治国理政》（第三卷）、铸牢中华民族共同体意识等；利用“学习强国”学习平台，不定期对全旗各学习组织学习情况进行排名，为全市排名前50的学员发放了奖励证书及奖品。

【草原学习轻骑兵】2020年，四子王旗宣传部组织“草原学习轻骑兵”宣讲小分队，采取“乌兰牧骑+”的形式开展对象化、分众化宣讲；在全旗集中开展“双决双扶”蒙汉双语巡回宣讲送文艺、送政策、送服务活动；围绕全国“两会”精神、统编教材政策、铸牢中华民族共同体意识等主题深入农村牧区、农家院落、学校企业开展分众化、互动式宣讲活动，全年开展各类集中宣讲共300余场次，入户1500余户，覆盖5万余人；制作脱贫攻坚微宣讲2期。四子王旗“草原学习轻骑兵”荣获自治区“草原学习轻骑兵”先进集体荣誉称号。

【户外宣传】 2020年，四子王旗宣传部制作悬挂疫情防控、优化营商环境、创建双拥模范城、党的十九届五中全会精神、铸牢中华民族共同体意识等各类宣传标语3000余条，海报3000余张，单体字3处，道旗113面；国庆期间组织全旗各大电子屏播放“草原儿女爱祖国　中华民族共团圆”公益广告，并形成主题灯光秀；全旗各地各部门利用电子屏滚动播放各类宣传标语。

【意识形态工作】 2020年，四子王旗宣传部将意识形态工作同其他重点工作同部署、同落实、同检查、同考核，旗委中心组围绕铸牢中华民族共同体意识，结合意识形态进行了专题学习培训，并深入公安系统开展意识形态专题培训3次；制定下发《四子王旗2020年意识形态工作要点》《四子王旗2020年意识形态工作任务清单》以及《意识形态基层网格化落实深化年实施方案》。定期对草原书屋、数字书屋进行常规检查，充分利用村村响、户户通等宣传阵地，扩大覆盖面，筑牢基层意识形态“根据地”，录制、播放疫情防控、脱贫攻坚等各类音频100余条。政策宣传在农村牧区全覆盖。

【外宣工作】 2020年，四子王旗宣传部在各新媒体平台及《杜尔伯特报》开设“众志成城　疫情防控”“只争朝夕　决战决胜脱贫攻坚”“决胜小康　奋斗有我”“走向我们的小康生活”“‘十三五’我们一起走过”“百城千县万村调研行”“铸牢中华民族共同体意识”“弘扬蒙古马精神　身边的榜样”“草原儿女爱祖国　中华民族共团圆”“每日一学”“全国劳动模范孟三虎”等专题专栏。在主流媒体、“两微一端一云”刊播稿件1103余篇，阅读量达875万人次，在抖音、快手等平台发布短视频480余条，其中，在“主播带你看脱贫”专栏发布视频176期，点击量达593210人次。在中央、自治区和市级媒体累计播发各类新闻329多篇，播发数量位居全市前列。积极加强与《人民日报》、新华社、中央电视台等中央主流媒体以及《内蒙古日报》《乌兰察布日报》等上级媒体的合作。其中，上海广播电视台东方卫视赴我旗看望慰问“人民楷模”都贵玛，邀请都贵玛老人参加新春团拜会，为都贵玛老人录制“2020年上海市各界人士春节拜年会”的祝福语；中蒙媒体联合线上采访团赴四子王旗采访脱贫攻坚；中央电视台《明游记》赴四子王旗拍摄脱贫攻坚工作；新华社、人民网、中央电视台等主流媒体采访AOPA草原飞行大会、辉煌梦机车嘉年华、嫦娥五号降落。2020年，四子王旗宣传部共接待上级媒体记者458人。

【脱贫攻坚专题报道】 2020年，四子王旗宣传部通过微信公众号推出脱贫攻坚报道269期，集中报道该旗创新产业扶贫新模式；“活力四子王旗”平台针对脱贫攻坚进行系列专题报道383期，澎湃新闻客户端同步推送383条；内蒙古“神舟家园四子王”客户端发布121条，覆盖干部群众120余万人次；《杜尔伯特报》刊发“脱贫攻坚”稿件636篇，播发《一线采访》专栏新闻稿件51条；各平台推出《牢记总书记的嘱托》专栏，把脱贫攻坚政策快捷传送到贫困农牧民群众中；在各新媒体平台开设“只争朝夕　决战决胜脱贫攻坚”“聚焦一线”“京蒙帮扶”“脱贫攻坚常识”专题专栏；在抖音、快手等平台开设“主播带你看脱贫攻坚”专栏；邀请上级主流媒体到四子王旗开展“百日攻坚”采访活动；将该旗脱贫攻坚工作的新举措、新亮点向上级媒体每天推送1期。

【宣传使用国家统编教材】 2020年，四子王旗宣传部坚定不移传播正确导向，及时跟进和宣传解读中央和区市有关使用国家统编教材的决策部署，借助各类宣传平台，凝聚社会各方力量，构建全方位、立体式宣传网络。截至2020年底，活力四子王旗微信公众号共发布推文74篇，阅读量达5万人次，神舟家园四子王旗客户端共发布32条，神舟家园四子王旗草原云APP、神舟家园四子王新华社APP、今日头条、澎湃新闻客户端、活力四子王旗微博平台同步活力四子王旗微信公众号推送。《杜尔伯特报》、四子王旗电视台、四子王旗电台分别刊播相关报道39篇、45条。

【疫情防控宣传报道】 2020年，四子王旗宣传部活力四子王旗微信公众号发布162篇新闻报道；神舟家园四子王旗客户端发布77条新闻报道；神舟家园四子王旗草原云APP、神舟家园四子王新华社APP、今日头条、澎湃新闻客户端、活力四子王旗微博平台同步活力四子王旗微信公众号推送新闻报道。FM94.5调频广播累计播出新闻报道350次，四子王旗电视台播出新闻报道汉语40条、蒙古语40条，《杜尔伯特报》刊发45篇新闻报道。

【网信工作】 2020年，四子王旗宣传部网信办每周二与相关单位开展周研判和重大舆情随时研判会。共编发《网情专阅》139期。给涉事单位下发《网情提示》89期，涉事单位全部妥善处置并及时反馈，每季度对舆情进行研判分析，编发互联网舆情专报4期，全年未发生重大网络舆情事件。

【网信安全建设】 2020年，四子王旗宣传部网信办组织旗保密机要局、旗网安大队对各部门、各单位开展网络安全检查。检查内容包括重要信息系统基本情况、网站运维情况、网站安全防护措施、网络安全管理制度落实情况。完成包括水、电、暖、校园、财政、卫生医疗系统、融媒体中心等基础设施关键部门的检查任务；针对《网络信息内容生态治理规定》主要内容和出台的目的、背景开展专题讲座，制作专门的PPT，由网信办工作人员负责讲解。

【信息网络管理】 2020年，四子王旗宣传部网信办开展网络恶意营销账号专项整治活动。对属地网站、新媒体平台开展网上巡查和监督，依法查处属地12个没有依法履行备案注销手续、域名未进行续费、原互联网接入运营商未及时停止接入服务、长期闲置而被篡改成涉黄涉赌违规企业网站。2020年，4个网站已向内蒙古通信管理局履行网站备案注销手续，8个网站已移交四子王旗公安局网安大队处置；排查发现存在两周以上甚至几年未更新的官方微信平台14个，完成注销14个。组织属地网站、新媒体平台在重大节日节点开展主题宣传活动，借助清博大数据平台每周、每月对属地80个政务官方微信平台进行排名通报，督促各单位强化网上宣传力度。

【疫情防控期间网络舆情】 2020年，一场突如其来的疫情席卷全国。四子王旗宣传部网信办每天利用“网信四子王旗”官方微信和“活力四子王旗”官方微博平台，推送在抗击疫情中涌现出来的感人故事、感人瞬间和疫情防控知识。并且按时下发任务给属地新媒体平台，要求及时转发疫情宣传报道，及时反馈上级网信部门。制作原创H5同心战“疫”，战“疫”必胜和H5扩散！农牧民防疫常识作品2部，被市委网信办选为疫情防控期间优秀H5宣传作品，组织全旗网评员队伍转发；网信办24小时接力坚守在抗击疫情的网络一线，开展涉旗舆情信息监测，监测到涉旗舆情，第一时间上报并开展研判分析和应急处置。2020年，成功处置新冠肺炎负面舆情22起。

【网络属地管理】 在全旗网络安全和网络意识形态检查过程中，针对《网络信息内容生态治理规定》主要内容和出台的目的、背景举办专题讲座，受众人数达1000多人。排查出14个内容更新不及时、长期闲置的官方微信平台，成功完成注销14个。

【精神文明建设】 2020年，四子王旗宣传部启动创建自治区文明城市工作。张贴了创城标语和公益广告，开展了文明交通、文明餐桌、文明旅游、文明上网等活动，为创建自治区文明城市营造浓厚宣传氛围。创建自治区级文明村镇6个、旗级文明村镇28个，国家级文明单位1家、自治区文明单位标兵1个，自治区级文明家庭1户、市级文明家庭2户，选树各级各类道德模范、身边好人55人，新时代少年24名，旗级“十星家庭示范户”14户，发挥典型示范引领作用。在“文明四子王”开设“文明实践”“我们的节日”“弘扬蒙古马精神·身边的榜样”等专栏，报道先进典型和文明实践活动共300余条。

【新时代文明实践】 2020年，四子王旗宣传部文明办在旗级层面成立新时代文明实践中心1个，在各苏木乡镇成立新时代文明实践所13个，在嘎查村（社区）成立新时代文明实践站9个，在气象局、电影院、赛诺杜蒙肉羊科技园区成立新时代文明实践点3个，全旗共建成26个新时代文明实践阵地，并建成了新时代文明实践中心展厅和“人民楷模”都贵玛先进事迹展厅，文明实践阵地成为集聚文明力量的主阵地。畅通“线上”渠道，在“神舟家园四子王”手机客户端研发“新时代文明实践点单小程序”，推行群众点单、中心（所、站）派单、服务队送单、群众评单“四单”机制，开设“新时代文明实践中心”专栏，推介新思想，报道典型事迹、特色做法和鲜活经验，反映文明实践活动带来的新气象新成效和群众的新生活新风貌；将新时代文明实践与“草原综合服务轻骑兵”基层综合服务活动相结合，组建宣传、文化、卫生、科技、农牧业、商务、扶贫、金融、民族事务等11支“草原综合服务轻骑兵”小分队，针对嘎查（村）实际和群众需求，以“乌兰牧骑+”志愿服务的形式，集中开展理论宣讲、医疗义诊、文化惠民、帮困扶贫、学习身边榜样等活动70余场次，受益群众32000余人；建立“1+10+N”志愿服务模式，推动志愿服务走向专业化、精准化。精心打造“红”志愿、“乌”志愿、“青”志愿及“小小”志愿服务品牌。2020年，注册志愿者人数达到1.2万人，围绕群众性文明内蒙古建设“十大行动”，开展孝老爱亲、帮困扶贫、疫情防控等“我们的节日”“小手拉大手、文明伴我行”主题实践志愿服务活动80余场，受众达29000余人次。

【志愿服务】 2020年，四子王旗宣传部以“乌兰牧骑+”的方式，组建宣传、文化、卫生、科技、农牧业、商务、扶贫、民族事务等10支乌兰牧骑志愿服务队，开展“乌兰牧骑+”综合志愿服务活动。建立“1+10+N”志愿服务模式，“1”即四子王旗新时代文明实践志愿服务总队，政府旗长担任总队长；“10”即针对社区和农村牧区分别打造理论宣讲送政策、矛盾调和解心结、敬老助残送温暖、文艺润心送欢乐、真情暖心促互助、医疗卫生送健康、移风易俗倡新风、志智双扶送幸福、环境美容换新貌、关爱少年送关怀10项志愿服务项目；“N”即根据实际，组建“名嘴课堂”“拉家常”“剪刀手”“化事人”等志愿服务队，推动志愿服务走向专业化、精准化。2020年共开展文明实践志愿服务活动170余场次，受益群众29000余人次，捐款捐物价值达30000元。注册志愿者人数达到1.2万人。

【文艺作品创作】 2020年，四子王旗宣传部策划录制了《额吉的摇篮》蒙古语春晚及《爱在四子王　同心奔小康》综合春晚。创作小型舞台剧《都贵玛额吉》、小型民族歌舞剧《美丽杜尔伯特》、好来宝《精准扶贫》、小品《三喜临门》、小品《绿水青山就是金山银山》、男女二重唱《神舟魂》、女声独唱《圣山翰乌拉》、男女群舞《牧人的喜悦》等文艺节目，深入新时代文明实践所、站演出370余场次。配合中央电视台完成了《故事里的中国——“人民楷模”都贵玛》录制；拍摄了短视频《传颂红色旋律 不忘初心使命——诵读红色家书》。

【乌兰牧骑发展改革】 2020年，四子王旗宣传部落实自治区《乌兰牧骑条例》和《2020年乌兰牧骑工作方案》，注册“四子王旗乌兰牧骑”抖音账号，推出网络文艺精品30条，点击量达130万次，推动网上乌兰牧骑建设；开展乌兰牧骑会演月活动，策划组建3支“双决双扶”宣传小分队，进村入户送思想、送服务、送文明，演出节目130多场次；乌兰牧骑在第十届华北五省（区）市舞蹈大赛内蒙古赛区选拔赛中荣获二等奖1个、三等奖1个及优秀组织奖；代表自治区赴杭州、苏州、上海等地开展旅游宣传推广活动；在第二届全区乌兰牧骑新人新作比赛中获表演金奖、银奖各一项。

【群众性文化活动】 2020年，四子王旗宣传部举办“中华民族一家亲　同心共筑中国梦”国旗进校园活动、第三届“我和我的祖国”群众文化周活动、第三届“决胜小康　奋斗有我”“守望相助好家园”农牧民文艺会演、“决胜小康　奋斗有我”第八届广场舞大赛、“不忘初心　文化筑梦”第三届书香草原朗诵大赛系列活动、“同心同书——祖国新春好”等送春联公益活动、“我们的中国梦”——文化进万家系列活动及书香内蒙古·脱贫奔小康—“4·23”四子王旗2020年“草原阅读季”系列活动、“草原儿女爱祖国　中华民族共团圆”为民演出活动。配合自治区党委宣传部在四子王旗成功举办了全区“乌兰牧骑月·一切为了人民”主题活动，启动2020年四子王旗“弘扬乌兰牧骑精神　到人民中间去”基层综合志愿服务暨文艺演出活动。

【惠民服务】 2020年，四子王旗宣传部开展户户通、村村响建设、维护、维修、管理工作，共维护定位近400余次；公益电影放映工作完成故事片1517场、科教片546场。

【文化市场监管】 四子王旗宣传部组织开展“扫黄打非”打击侵权盗版出版物、保护知识产权法制宣传活动。针对全旗印刷企业和出版物市场开展了专项检查行动，针对企业负责人进行了法律宣传。

（张慧娟）

融媒体

【领导名录】

主　任：乌宁（蒙古族，6月任职）

副主任：田俊海（6月任职）

　　　　李海军（6月任职）

　　　　路　熙（6月任职）

【概况】 四子王旗融媒体中心于2018年12月17日挂牌，2020年3月10日获批为旗委直属相当于正科级公益服务一类事业单位，归口旗委宣传部。融媒体中心是集广播、电视、报纸、新闻媒体于一体的工作机构。机构设置为策划总编股、记者采访股、编辑制作股、新媒体发展股、运维保障股和办公室，“五股一室”。四子王旗融媒体中心将原规划展厅作为办公大楼进行改造装修，总面积为3600平方米。通过招投标完成中宣部和自治区党委宣传部下拨的专项资金200万元用于融媒体中心相关设备购置。

【宣传供稿】 2020年，四子王旗融媒体中心完成内蒙古电视台汉语卫视播发新闻23条、内蒙古电视台蒙古语卫视播发新闻8条；乌兰察布市电视台播发新闻共77条（乌兰察布新闻联播64条、公众视窗13条）；在《杜尔伯特新闻》《杜尔伯特报》开辟了“两会专题报道”“脱贫攻坚”“扫黑除恶”“疫情防控”“都贵玛事迹”“新时代文明实践”“新春走基层”等栏目。

【开办美食栏目】 2020年，四子王旗融媒体中心开辟一档美食的新栏目——《神舟家园·美食故乡》。内容以本土餐饮为主，兼容地方特色美食，提供受众最需要的美食文化与资讯。

【疫情防控微电影】 2020年，四子王旗融媒体中心以挖掘身边事，讲好身边的故事为切入点，针对奋战在疫情防控一线的医护人员、警察、交警、记者、机关企事业单位等工作人员，用镜头和文字记录他们在关键时刻豁得出、顶得上、靠得住的精神。制作新媒体微电影《守护》，第一时间在“草原云”平台发布，短时间内播放量达到10万+。

【脱贫攻坚短视频】 2020年，四子王旗融媒体中心组织一线记者、新媒体人员、播音主持人深入草原牧区、乡村农家、田间地头、龙头企业，及时报道各地在扶贫攻坚工作当中的进展成效、经验做法，充分挖掘扶贫干部扎根基层、服务群众的典型事迹以及贫困群众自力更生、脱贫致富的感人事迹。制作《主播带你看脱贫》《脱贫成效怎么样？听听老乡怎么说！》一系列短视频，通过报纸、广播、电视以及微信、客户端、抖音、快手等平台进行发布。

【宣传效果】 四子王旗融媒体中心开展区域品牌平台建设，综合运用客户端、微信、手机报、报纸、电视等终端开展分类宣传。

旗委统战部

【领导名录】

部　长：苏耀斌

副部长：吴恩其（蒙古族，常务副部长）

　　　　王　军（蒙古族）

【概况】 2020年，四子王旗委统战部开展民族宗教和蒙古语文政策法律法规宣传活动；开展党的民族理论、民族政策和民族团结进步宣传教育活动。与旗委宣传部、旗民族局联合下发通知，以学习宣传《中华人民共和国民族区域自治法》为重点，抓好四子王旗民族团结创建活动，以铸牢中华民族共同体意识为主线，参与双语教学改革活动，进一步落实“三个离不开”和“五个认同”，落实民族工作进宗教寺庙工作，扎实抓好民族团结工作。落实《四子王旗清真食品生产、饮食业经营管理办法》，通过电视宣传和组织开展联合检查，对蒙、汉两种文字并用和清真饮食业进行清理整顿。在5月和9月分别开展了“民族宗教蒙古语文法律法规宣传月”“民族团结进步活动月”，发放了《蒙古语文政策法律法规》和宗教事务条例共5000份，为民族团结进步活动营造和谐良好的社会氛围。

【宗教工作】 2020年，四子王旗委统战部制定并印发《四子王旗宗教联席会议制度》，统战干部参加旗内的宗教活动，不定期对宗教活动场所进行检查，进一步加大了对宗教管理的力度，确保宗教活动正常有序开展。会同相关部门对全旗宗教活动场所进行安全大检查。确保宗教活动正常有序开展。统战部印发《关于做好宗教领域常态化疫情防控工作的通知》，按照“暂不开展大型宗教活动”的精神及自治区统战部有关要求，按照“两暂停一延迟”的工作要求，督促各宗教活动场所，继续进行封闭式管理。统战部组织召开了四子王旗2020年度宗教工作培训会、做好新时代民族宗教工作学习培训会议。并发放了《宗教工作应知应会知识手册》和《宗教事务条例》宣传单10000份；8月，统战部特邀自治区党委统战部宗教处处长作以“学习贯彻宗教事务条例，提高宗教工作法制化水平”为专题的辅导讲座。旗委召开第22次常委会专项研究宗教工作，专题研究审议了《四子王旗关于落实中央宗教工作督查“回头看”反馈意见的整改方案》。统战部协助旗文物局争取资金494万元对希拉木仁庙进行维修，为王爷府庙争取维修资金659万元进行加固维修，同时旗委统战部、宗教局出资30多万元为活佛住所和庙管会房屋进行了维修。

【党外人士工作】 2020年，四子王旗认定有18名无党派人士，并在11月组织召开以“深入学习贯彻党的十九届五中全会精神”为主题的培训座谈会；筹备召开四子王旗党外知识分子联谊会。

【对台工作】 2020年，四子王旗委统战部制定《四子王旗涉台突发事件应急预案》。对全旗台属、台胞进行了摸底。2020年8月底统战部协助自治区统战部、市委统战部举办了“飞越海峡两岸”文艺会演活动。

【工商联和非公经济】 2020年，四子王旗委统战部在全旗非公经济党组织、党员和四子王旗新联会中开展了关于学习自治区新的社会阶层人士统战工作联席会议工作精神暨优化民营企业营商环境座谈会，以“深入学习贯彻党的十九届五中全会精神”为主题的教育活动；在全旗43个非公党支部共开展主题党日活动12次；旗委统战部积极与各银行沟通联系，为会员企业和银行间牵线搭桥，累计实现贷款2000余万元、入股投资700万元。2020年发展会员28名，其中企业会员8名、个人会员20名；组织召开旗工商联十三届三次执委（扩大）会议，补选了16名执委，补选了9名副会长，选举产生了3名新的非公经济兼职副主席。实施了旗级领导包扶民营企业制度，指导民营企业30多次。开展对接京蒙帮扶交流活动5次。筹备组建四子王旗包头商会；开展“泛海助学活动”，共为高考录取的贫困生争取资金12万元，解决了24个精准贫困学生家庭的困难；组织动员28名会员投身于“万企帮万村”扶贫行动中，开展扶贫助学等社会公益活动，组织会员围绕发展主导产业、参与贫困村建设、促进贫困人口就业、提供资金支持、开展技能培训、提供产销信息参与消费扶贫进行实践。

【新的社会阶层联谊会】 四子王旗共吸纳新的社会阶层联谊会会员66名，其中2020年新增22名。2020年1月8日，四子王旗新的社会阶层人士联谊会召开第一届第六次理事会；2月29日，在电子商务公共服务中心召开新的社会阶层人士联谊会第一届第七次理事会；4月25日，四子王旗新的社会阶层人士联谊会召开第一届第八次理事会；12月9日，四子王旗新的社会阶层人士联谊会召开了会议；9月26日，统战部组织召开关于学习自治区新的社会阶层人士统战工作联席会议工作精神暨优化民营企业营商环境座谈会；11月17日四子王旗新的社会阶层人士联谊会深入学习贯彻中共十九届五中全会精神；11月23—26日，统战部派出会员代表参加全市各民主党派、党外知识分子、新的社会阶层代表人士成员培训；6月16日，四子王旗新的社会阶层人士联谊会被授予“最佳支持单位”荣誉称号。2020年，四子王旗新联会40余名会员在疫情防控期间挺身而出，坚守在抗疫一线，执勤50余天。全体会员积极捐款捐物，累计捐款8万元、物资3万元。

【爱心捐赠】 自2020年新冠肺炎疫情暴发以来，旗委统战部发出《致全旗统一战线各界人士的倡议书》，全旗爱心企业、爱心人士和新的社会阶层人士联谊会捐赠资金总计139.7万元；该旗宗教界人士共计捐款已达3.11万元。

旗委机构编制委员会办公室

【领导名录】

主　任：李志文（女）

副主任：刘　峰

　　　　马清泉（兼事业单位登记管理局局长）

【概况】 中共四子王旗委员会机构编制委员会办公室（简称旗委编办）为旗委机构编制委员会办事机构，挂事业单位登记管理局牌子，承担旗委机构编制委员会日常工作。内设综合股、机构编制管理股、事业单位登记管理股。2020年旗委编办进一步完善党政机构改革工作，深化苏木乡镇和综合行政执法改革工作，推进事业单位改革。完成对党政机构改革；对苏木乡镇改革，综合行政执法改革；事业单位登记管理。旗委编办结合各单位实际，对照“三定”规定，对机构改革后运行中呈现的问题，通过及时沟通了解掌握情况，对旗林业和草原局、应急管理局、水利局的防火职能进行了细化分工，确保责任落实到位；并对存在领导职数变动的部门及时进行调整并上报备案。

【**苏木乡镇改革**】 2020年，旗委编办按照自治区、乌兰察布市关于深化苏木乡镇和街道改革推进基层整合审批服务执法力量的相关要求，按照时间表、任务图要求，推进苏木乡镇改革。协助旗政务服务局完成自治区赋权事项下放工作，共下放权力事项93项；协助旗司法局完成对各苏木乡镇综合行政执法局人员的两期培训工作。

【**综合行政执法改革**】 2020年，旗委编办按照中央、自治区开展综合行政执法改革的决策部署，以机构改革协调小组名义印发了《四子王旗自然资源、卫生健康、应急管理综合行政执法改革实施意见》，对城市管理、卫生健康、应急管理3支综合行政大队改革方案进行批复，对农牧业、文化市场、卫生健康、应急管理4支综合行政执法大队完成了机构编制、职能职责的批复工作。

【**事业单位改革**】 2020年，旗委编办参照自治区印发的《关于深化事业单位改革试点工作的实施意见》，结合市机构改革协调小组要求，2020年旗委编办初步拟定《四子王旗事业单位改革方案（草案）》。

【**机构编制管理**】 2020年，旗委编办践行“编委会议事”制度。凡是涉及机构编制事宜坚持编制部门一家受理、一家行文、一支笔审批规定，按照“零空编”管理办法，将现有行政事业空编或因人事调动、退休、死亡、辞职（辞退）、开除等空出的行政事业编制一律收回，由旗委编委集中统一管理。同时，以机构编制实名制系统为手段，规范全旗机构编制管理，按照系统管理指南，由专人负责维护管理，及时更新维护有关机构编制事项变更台账，实现机构编制动态化调整。旗委编办按照机构编制管理 “撤一建一”原则，撤销白音花卫生院、卫镜卫生院。成立旗委巡察办所属巡察数据中心、旗信访局所属旗信访联合接访中心两个事业单位；对党校与教师进修学校职能职责进行了重新梳理；按照市委编委《关于各旗县市区成立融媒体中心有关事宜的通知》要求，成立旗委直属相当于正科级事业单位融媒体中心，并对“五定”方案进行了批复；按照2020年第一次旗委编委会会议精神，旗委编办撤销了原正科级事业单位四子王旗规划局，成立了四子王旗招商引资服务中心；结合四子王旗蒙古族中学去行政化管理原则，占用旗蒙古族中学正科级事业单位机构限额，成立了旗公共资源交易中心。按照自治区党委编办及市委编办工作要求，旗委编办对旗纪委监委、旗委巡察办、旗公安局的职责机构编制进行了批复工作。对纪委公开选调的工作人员进行了编制核查，并按照市委编办《关于调整置换各旗县市区派驻纪检监察机构政法编制的通知》文件要求，将旗人民法院部分政法专项编制置换为行政编制，调整分配于旗纪委监委派驻机构。

【**空编使用报批程序**】 2020年旗委编办上报市委编办空编招考计划旗教育系统33名，特岗教师5名；旗卫生系统6名；大学生村干部20名；优秀大学生59名。

【**机关事业单位编制**】 2020年，旗委编办按照编制管理“编随事走，人随编走”原则调整了部分单位编制，为45名调动人员办理了调动手续，并结合《乌兰察布市教育系统引进优秀人才实施办法》和“民办公助”相关政策精神，旗委编办为宽高学校招聘的24名教师办理了列编手续，为6名调入教师办理了调动手续。

【事业单位登记管理】 2020年，旗委编办按照《事业单位登记管理条例》，对新设立的8家事业单位进行了法人登记、发放证书工作，并结合事业单位管理有关规定，对全旗122家事业单位进行了年检工作，对不按照规定时间提交事业单位年度报告的7家事业单位进行了系统冻结。

【抽查验收】 2020年四子王旗委编办按照“双随机，一公开”规定，就事业单位是否按时限报送年度报告、是否按照核准登记的宗旨和业务范围开展业务活动、是否继续具备承担与业务范围相适应的民事责任能力等事项，旗委编办对文物管理所、巨巾号卫生院、广播电视台3家事业单位进行了实地检查。经抽查检查，被检单位不存在违反事业单位登记管理规定的事项。

【信息调研】 2020年，旗委编办领导班子成员带队深入各苏木乡镇调研指导各苏木乡镇完成党群服务中心和综合行政执法局标准化建设情况。锁定各苏木乡镇综合行政执法局人员编制140名。

旗委党校

【领导名录】

校　长：梁志华（旗委副书记兼）
常务副校长：乌力计（蒙古族）
副校长：冯瑞生
　　　　安建兵（6月任职）
　　　　沙其拉（女，蒙古族）

【概况】 中共四子王旗党校为旗委直属的公益一类事业单位，机构规格相当于正科级。始建于1958年，校址位于当时的吉生太公社，时称“党员训练班”，后迁回乌兰花镇。“文化大革命”期间一度停办，后在旧车站北建新校区。1983年又迁入乌兰花镇西北新建校区。1996年4月旗委本着教育资源共享原则，将旗委党校、教师进修学校合并成立“四子王旗培训中心”。1997年挂“四子王旗行政学校”牌子，1998年被乌兰察布盟委党校工作领导小组授予“乌兰察布盟乙级党校”。2020年6月，党校单设，教师进修学校重新划回教育局。党校下设综合办公室、教学教研室、政办室、财务室、电大办。2020年，旗委党校充分发挥党校教育“主渠道”作用，为推进全旗党员干部培训工作服务。

【干部教育培训】 2020年，旗委党校（行政学校）按照组织部干部教育培训规划的要求，共举办培训9次。宣讲内容有十九届四中全会精神、脱贫攻坚、铸牢中华民族共同体意识、习近平总书记考察内蒙古时的讲话精神等，培训党员干部1000人次；聘请自治区党校、市委党校教授到四子王旗宣讲铸牢中华民族共同体意识、十九届四中全会精神、习近平新时代中国特色社会主义等内容；旗党校配合旗公安局、民委、网信办为全旗教职工宣讲十九届四中、五中全会精神。

【宣讲工作】 2020年，选派3名教师参加宣传部开展十九届四中、五中全会精神，铸牢中华民族共同体意识，脱贫攻坚宣讲活动20场次，教育党员干部1400名。

旗档案史志馆

【领导名录】

馆　长：刘瑞敏（蒙古族）

【概况】 四子王旗档案史志馆是全旗档案管理、党史研究和地方志三合一机构。属旗委全额拨款事业单位。内设综合办公室、馆务组、史志编研室3个股室。2020年，档案史志馆为不断加强档案馆“五位一体”功能建设，档案工作提质增效，充分发挥档案职能作用，扎实履行档案保管利用职责，开展旗志和年鉴编研工作，参加精准扶贫和新冠肺炎疫情防控工作。

【档案馆工作】2020年，档案史志馆对库房消防设施进行了维护和更新，配备了符合要求的水基型灭火器、温湿度记录仪。定期检查档案资料霉变、鼠咬、虫蛀等情况。选派业务人员参加档案业务培训班。接待查档利用90人次，提供查阅档案资料587卷（件）。建立健全了档案保管、保密、利用等档案管理制度。加大档案法治宣传教育，开展“6·9”国际档案日“档案见证小康路、聚焦扶贫决胜期”主题宣传活动，发放档案法宣传单、《档案整理利用实用手册》300余份。

【史志工作】2020年，档案史志馆继续推进第二轮志书编纂工作，征集资料50余万字，对初稿进行修改和完善。为老促会编纂革命史资料提供档案查阅利用服务。

旗委保密机要局

【领导名录】

局　长：王永升

副局长：卢建军

【概况】四子王旗保密机要局在2019年3月机构改革中，将原有的四子王旗国家保密局和旗委机要局合并为四子王旗委保密机要局。机构内设：办公室、业务技术股、宣传法规指导股，属于旗委正科级单位。2020年，四子王旗委保密机要局严格按照保守国家秘密法、《中华人民共和国密码法》等有关法律、法规，不断加大保密宣传教育、监督管理和技术防范力度，健全各项保密机要管理制度和工作责任制。加强对全旗涉密人员的管理，努力提高全旗保密机要工作法制化和规范化水平。

【保密培训】2020年，四子王旗委保密机要局组织各单位保密委员会成员及保密工作者学习保守国家秘密法、保守国家秘密法实施办法、密码法等法律、法规和上级保密部门要求传达学习的有关文件；12月15日，保密机要局组织召开四子王旗办公系统暨保密机要工作会议，邀请市委保密机要局同志就日常保密管理与规范做了专题授课。5月9日，保密机要局召开四子王旗旗委保密委员会第一次全体会议，为全旗保密委员会成员单位讲解保密注意事项以及近几年发生的失泄密案件。

【高考保障工作】2020年6月，四子王旗委保密机要局在普通高校招生考试期间提供保障服务工作。调整充实了四子王旗委保密机要局安全突发事件应急处置工作领导小组，由局长担任组长，对普通高考事项保密工作负总责；副局长为副组长，负责指导、协调和督促高考中的各项保密事务；其他科室负责人为成员的领导小组，对试卷保密室进行检查。

【内网建设】2020年，保密机要局全面加强电子政务内网的建设管理工作，继续扩大电子政务内网网络覆盖面。保密机要局与各联网单位签订了《电子政务内网安全使用单位管理保密责任书》和《电子政务内网用户保密承诺书》。严格内网保密审查和分级保护测评，要求各联网单位确定专门技术人员，负责内网建设和运行管理工作，加强内网的密码保障和维护保养，规范内网网络连接，保障密码电报的安全稳定传输工作。

【制度建设】2020年，旗委保密机要局加强制度建设，先后制定完善了各项保密工作制度，严格按照规定流程办理各项事务，做好紧急重要电报和中央发电的办理传输工作。对机要电子公文的制作、收发、存储、传递、使用、保存、销毁等处理程序，制定相应的规章制度和防范措施。

【硬件配备】 2020年，保密机要局为党委、政府各种会议提供保障服务。保密机要局更换视频会议高清摄像机、垂直瑞乐话筒、调音台以及高清会议电视终端和高清视频矩阵，定期维护各种设备，确保视频会议图像清晰、环境规范、设备运行稳定。为了各项秘密安全，给旗处级领导办公室以及保密机要局各科室配备了存放涉密文件的保密柜。

【密码保障服务】 四子王旗委保密机要局加强机要密码工作的服务保障，做好各种重要电报的办理工作，通过密码通信保障服务的培训和学习，确保电报的传输安全畅通。

【保密宣传月活动】 2020年10月21日，市保密机要局走进四子王旗，联合旗委保密机要局在红格尔苏木、驻地部队开展以“忠诚·使命”为主题的宣传活动。

【保密检查】 2020年，四子王旗委保密机要局根据上级要求，推动落实保密主体责任，加强保密规范化管理。督促各单位开展保密工作自查自评，旗委保密机要局定期检查，不定期抽查，推进各机关、单位保密问题隐患排查和整治工作。

（张磊桃）

旗委老干部活动中心

【领导名录】

主　　任：杨　永

党委书记：张　程

【概况】 2019年5月，因机构改革，撤销四子王旗委老干部局，成立四子王旗老干部活动中心。2020年，四子王旗老干部活动中心在旗委、政府领导下，在市委老干部局指导下，紧紧抓住落实老干部政治待遇、生活待遇这条主线，切实从政治上尊重、思想上关心、生活上照顾老干部，解决改革发展中老干部工作遇到的重点、难点问题。

老干部活动中心配合旗委开展新冠肺炎疫情联防联控工作，组织离退休党员开展自愿捐款活动，共计捐赠59150元全部上缴旗委组织部党费专项账户。

【组织关怀】 2020年，老干部活动中心慰问看望部分离退休老党员和困难老党员。七一前夕，党委班子成员对各支部部分离退休党员和生活困难党员进行了慰问；在“七一”建党节，以茶话会的形式组织开展学习，落实老干部的政治生活待遇，会上倾听老党员的心声，帮助解决一些困难；年内，共探望住院、卧床不起老干部40人次。

【组织老干部学习】 从4月开始，老干部活动中心按照旗委组织部安排，组织老干部开展“三会一课”等各种党建活动。旗离退休党委在呼市建立四子王旗流动党员活动中心，与各苏木乡镇党委联合组织全旗外出流动党员开展大型主题党日活动4次、主题学习教育实践活动2次。使外出流动党员都能过上正常的党组织生活，并且使他们有归属感。老干部活动中心组织各支部书记按期为离退休老党员、老干部集中上党课，学习习近平总书记系列讲话和习近平“不忘初心、牢记使命”论述选编、《习近平谈治国理政》（第三卷）。

【离退休干部待遇落实】 老干部活动中心落实对离退休老干部的生活待遇。离休干部住院采取记账制，在规定范围内实报实销；离退休干部的离退休费按时足额发放；稳定离退休干部门诊费；10月组织离休干部、处级退休干部免费参加体检。落实对离退休老干部的“政治待遇”。为每位老干部按地、处、科级别分别公费订阅了党报党刊、《老年世界》及其他老年性报刊读物。组织部分老同志在旗内考察；组织离退休干部参与全旗重要会议；按规定组织阅文；召开老干部通报会、座谈会；慰问全体老干部。全年大型慰问老干部2次（七一慰问党员老干部，春节慰问老干部）；2020年，老干部活动中心妥善处理老干部丧事8件；7月，老干部活动中心慰问离休干部，为离休干部送去党建读物；12月，慰问抗美援朝老干部，并送上纪念勋章。2020年底，举办迎新年老干部元旦扑克比赛。

【开展活动】 2020年，老干部活动中心与老年大学、市场监督管理局、老年消费协会联合开展老年消费教育基地挂牌仪式，在旗老干局挂牌成立老年消费教育基地；老干部活动中心组织老干部开展考察活动。9月利用重阳节组织老干部进行农牧区考察活动，参观国家马铃薯良繁基地鑫雨种业园区、四子王旗光伏扶贫村级电站、电子商务服务中心、四子王旗景欣农业有限公司；通过座谈和参观学习，让老干部了解全旗经济发展新成果，让老干部切身感受全旗经济社会发展情况，并征求建设性意见和建议。

（老干部活动中心）

关心下一代工作委员会

【领导名录】

主　　任：梁志华（旗委副书记兼）
常务副主任：曹俊文
副 主 任：孙培江
办公室主任：张　程（兼）

【概述】 四子王旗关心下一代工作委员会（简称四子王旗关工委）于1997年1月10日成立，是在旗委政府领导下的，以离退休老同志为主体、党政有关部门和群团组织负责人参加的，以关心、教育、培养各族青少年健康成长为目的的群众性工作组织，属党委系统事业单位。关工委实有工作人员4名（其中2名处级退休干部任旗关工委常务副主任、副主任）。2020年，旗关工委坚持服务青少年的正确方向，以立德树人为根本任务，用社会主义核心价值观引领、教育青少年，关爱留守儿童，帮扶困境家庭青少年，强化意识形态安全教育工作，积极参与创新社会治理，不断提升关工委服务能力。2020年8月，在纪念中国关工委成立30周年总结表彰大会上，四子王旗关工委荣获2020年度全国关心下一代工作先进集体称号，受到表彰奖励。

【青少年思想道德建设】 2020年，旗关工委组织动员30名“五老”同志到广大群众特别是青少年中讲述亲身经历，进行爱国传统教育、形势教育、法治教育、劳动教育、生态文明教育、心理健康宣传教育和中华优秀传统文化教育，引导广大青少年增强文化自信，把红色基因一代代传下去。

【民族团结进步教育】 2020年，旗关工委充分发挥“五老”同志的优势和特长，以铸牢中华民族共同体意识教育为主线，组织2个“五老”宣讲报告团，走进学校和青少年中间，充分利用老同志投身自治区民族团结进步事业的亲身经历，通过多种形式、渠道，对各族青少年深入进行党的民族政策、法律法规和民族基本知识的教育，进行“三个离不开”的教育，使1.3万多名各族少年儿童对党的民族政策、法律法规和民族基本知识有了明确的认识。

【开展青少年教育服务活动】 2020年，旗关工委继续推进“五老”关爱工程，特别是在青少年成长成才、身心健康、就业创业、社会融入等方面，通过项目帮扶、结对帮扶、阵地帮扶等方式，帮助农村青年创业就业，帮扶农村孩子享有高质量教育，帮教失足青少年重返社会，促进农村留守儿童和困境儿童健康发展。组织开展了青少年主题教育活动，全旗各中小学通过举办“中华魂”主题教育演讲、征文比赛活动，旗关工委免费发放各类主题教育读本5000多套（册），组织全旗青少年儿童参与读书活动。各级关工委开展主题教育活动。

【开展青少年法治教育】 2020年，旗关工委以旗博物馆和青少年教育基地为依托，以旗第三中学法治教育基地为活动平台，组织全旗1.3万名青少年参观学习革命传统教育和法治主题教育展览。邀请老警察、老法官、老律师等参与青少年法治教育。

【帮助困境家庭青少年】 2020年，旗关工委对全旗各学校摸排出的300多名困境家庭中小学学生给予12.1万元资助；年内还配合旗教育、民政等部门认真落实《乌兰察布市留守儿童救助管理办法》文件精神，对农牧区及城镇的留守儿童、孤儿以及困境家庭儿童情况进行了普查，初步摸清了全旗留守儿童的分布、就学、生活等基本情况。启动了对全旗困境儿童救助机制，开展了重点帮扶救助活动。

（张程）

四子王旗人民代表大会常务委员会

【领导名录】

人大常委会

主　任：格宝日（蒙古族）

副主任：张　文

敖　登（女，蒙古族，2020 年 2 月 11 日调离）

巴登少（女，蒙古族，2020 年 2 月 11 日任职）

贾喜宏

赵天宽

人大常委会办公室

主　任：云志军（蒙古族）

副主任：高群杰（2020 年 6 月 7 日任职）

人大常委会各工作委员会

法制工作委员会

主　任：郝平乐

副主任：李妙贞

选举任免联络工作委员会

主　任：陈志新

副主任：布仁巴雅尔（2020 年 6 月 7 日调离）

李　标（2020 年 6 月 7 日任职）

财政经济工作委员会

主　任：薛文志（2020 年 6 月 7 日调离）

朱　岚（2020 年 6 月 7 日任职）

教科文卫工作委员会

主　任：姚　翔

副主任：刘淑芳（2020 年 11 月 9 日任职）

社会建设工作委员会

副主任：布仁巴雅尔（2020 年 6 月 7 日任职）

人大常委会专职委员

郭连根

孟根虎

贺永平

何　旺

刘根柱

乔晓明

胡禄业

【概况】 四子王旗人民代表大会常务委员会（简称四子王旗人大常委会）是四子王旗人民代表大会的常设机关。于 1981 年 7 月由旗人民代表大会选举正式建立，至 2020 年历经 15 届，在闭会期间对四子王旗人民代表大会负责并报告工作。十五届人民代表大会代表名额 172 名，2020 年实有代表 168 名。本届人大常委会组成人员名额 33 名，2020 年实有 29 名，其中常委会主任 1 名、副主任 4 名、委员 24 名。常委会下设办公室、法制工作委员会、教科文卫工作委员会、选举任免联络工作委员会、财政经济工作委员会、社会建设工作委员会、农牧业工作委员会、环境资源城乡建设工作委员会；

2020年，全旗共建成65个“人大代表之家”。2020年四子王旗人大常委会在中共四子王旗委的领导下，全面贯彻落实习近平总书记关于坚持和完善人民代表大会制度的重要思想及对地方人大及其常委会工作的重要指示精神，围绕全旗工作大局，认真履行宪法和法律赋予的职责。2020年共组织培训人大代表、常委会组成人员、人大主席、机关干部职工209人次。

【人民代表大会】 2020年5月6日，四子王旗十五届人民代表大会第四次会议在乌兰花镇举行，会期4天，会议应出席代表170人，实到165人；会议听取和审议了四子王旗人民政府工作报告；审查和批准了四子王旗人民政府关于四子王旗2019年国民经济和社会发展计划执行情况与2020年国民经济和社会发展计划草案的报告，批准2020年四子王旗国民经济和社会发展计划；审查和批准了四子王旗人民政府关于2019年预算执行情况和2020年预算草案的报告，批准2020年四子王旗本级预算；听取和审议了四子王旗人民代表大会常务委员会工作报告；听取和审议了四子王旗人民法院工作报告；听取和审议了四子王旗人民检察院工作报告。会议补选巴登少（女，蒙古族）为四子王旗第十五届人民代表大会常务委员会副主任，梁志华为四子王旗第十五届人民代表大会常务委员会委员；同时，辞去敖登旗十五届人大代表职务，补选梁志华、巴登少、孟宪玉、青格勒图为旗十五届人大代表。本次会议，代表共提出建议、批评和意见16类46件，其中农牧类15件、水利类3件、交通类2件、城建类4件、电业类1件、通信类2件、工信类2件、城管类4件、环保类2件、林业类2件、卫生类1件、金融类1件、文化旅游类2件、组织人事类2件、自然资源类1件、市场监管类2件。

【常委会会议】 4月23日，旗十五届人大常委会第十四次会议在旗人大三楼会议厅召开。会议听取和审议旗人民政府关于调整2019年财政收支预算（草案）的报告；审议四子王旗人大常委会工作报告（审议稿）；审议四子王旗人大常委会2020年工作要点（审议稿）；审议四子王旗第十五届人大常委会代表资格审查委员会关于个别代表的代表资格审查报告（草案）；审议四子王旗第十五届人民代表大会第四次会议有关事宜；审议四子王旗人大常委会关于召开四子王旗第十五届人民代表大会第四次会议的决定（草案）；审议四子王旗人大常委会关于旗第十五届人民代表大会第四次会议邀请和列席人员名单（草案）；审议通过其他人事任免事项。

6月16日，旗十五届人大常委会第十五次会议在人大三楼会议厅召开。会议听取和审议旗人民政府关于2019年度扶贫资金使用专项工作报告；听取和审议旗人民政府关于农牧业工作进展情况的报告；审议旗人大常委会关于农牧业工作及农村牧区重点工作的调研报告；听取和审议旗人民政府关于《中华人民共和国草原法》《内蒙古自治区草原管理条例》贯彻实施情况的报告；审议旗人大常委会关于对我旗贯彻实施《中华人民共和国草原法》《内蒙古自治区草原管理条例》的执法检查报告听取和审议旗监察委员会2019年工作专题报告；听取和审议四子王旗人民法院关于智慧法院建设工作专题报告；听取和审议四子王旗人民检察院关于生态环境保护工作的报告；审议通过其他人事任免事项。

7月13日，旗十五届人大常委会第十六次会议在旗人大三楼会议厅召开。会议听取和审议旗人民政府关于《四子王旗人大常委会对〈旗人民政府关于贯彻实施《中华人民共和国道路交通安全法》情况的报告〉的审议意见》办理情况的报告，并进行满意度测评；听取和审议旗人民政府关于开展扫黑除恶专项斗争情况的报告；审议通过其他人事任免事项。

8月26日，旗十五届人大常委会第十七次会议在人大三楼会议厅召开。会议听取和审议旗人民政府关于2020年国民经济和社会发展计划上半年运行情况的报告；听取和审议旗人民政府关于2019年度旗级财政决算（草案）及2020年上半年财政预算执行情况的报告；听取和审议旗人民政府关于2018年旗本级预算执行和其他财政收支审计查出问题整改情况的报告；听取和审议旗人民政府关于国有资产管理情况的报告；听取和审议旗人民政府关于旗十五届人民代表大会第四次会议代表建议、批评和意见办理情况的报告；审议旗人大常委会关于旗十五届人民代表大会第四次会议代表建议、批评和意见办理情况的调研报告；听取和审议旗人民政府关于学前教育开展情况的报告；审议旗人大常委会关于全旗学前教育开展情况的调研报告。

10月28日，旗十五届人大常委会第十八次会议在人大会议厅召开。会议听取和审议旗人民政府关于法治政府建设情况的报告；听取和审议旗人民政府关于土壤污染防治工作开展情况的报告；审议旗人大常委会关于全旗土壤污染防治工作开展情况的调研报告；听取和审议四子王旗人民法院关于审理民间借贷纠纷案件专题报告。

12月9日，旗十五届人大常委会第十九次会议在人大三楼会议厅召开。会议听取和审议旗人民政府关于“十三五”规划执行和“十四五”规划纲要编制工作情况的报告；听取和审议旗人民政府关于调整2020年财政收支预算（草案）的报告；听取和审议旗人民政府关于2019年旗本级预算执行和其他财政收支的审计报告；听取和审议旗人民政府关于2020年度环境状况和环境保护目标完成情况报告；听取和审议旗人民政府关于全旗“七五普法”工作情况的报告；听取和审议四子王旗人民检察院关于扫黑除恶治乱工作情况的报告；听取部分市人大代表履职情况报告并进行测评；审议通过其他人事任免事项。

【重要活动】 5月19日，旗人大常委会主任、副主任带队组成调研组，对全旗各苏木乡镇农村牧区重点工作开展情况进行专题调研。调研主要内容为春耕备耕实施情况、脱贫攻坚排查摸底问题整改情况、脱贫攻坚后续产业延伸和发展情况、集体经济发展和壮大情况、土地增减挂钩项目危旧房拆迁情况、环境卫生长效管理机制实施情况、金融扶贫落实情况、各类疫情及春防工作开展情况。

5月27日，旗人大常委会副主任贾喜宏、旗人大教科文卫工作委员会主任姚翔、旗人大常委会办公室工作人员朝洛蒙组成执法检查组，对该旗贯彻实施《中华人民共和国草原法》和《内蒙古自治区草原管理条例》情况进行执法检查。执法检查主要内容为草原鼠虫害防治工作开展情况、退化草原治理及草原植被恢复管理情况、禁牧、休牧政策落实情况、草原确权证发放和承包、流转情况、依法开展草原保护和建设利用情况、非法开垦破坏草原及其整治情况、草原“一法一条例”贯彻执行情况、执法机构设置、执法队伍建设情况。

8月17日，旗人大常委会副主任巴登少、旗人大常委会教科文卫工作委员会主任姚翔、旗人大常委会办公室工作人员赵思远组成调研组，对该旗学前教育开展情况进行了专题调研。旗人民政府副旗长李耀，旗教育和体育局局长魏伏虎参加调研。调研主要内容为全旗学前教育工作基本情况、全旗公办幼儿园和民办幼儿园的比例、全旗普通幼儿园和民族幼儿园的比例、全旗幼儿专任教师情况、全旗幼儿园的监管力度。

8月27日，四子王旗人大常委会组织自治区、市、旗三级人大代表在旗域内开展集中视察经济社会活动。旗人大常委会主任、副主任、旗人大常委会委员、苏木乡镇人大主席、部分自治区级、市旗级人大代表参加视察。旗人民政府常务副旗长窦陶然陪同视察。上午，代表们先后视察旗人民法院、电子商务服务中心、南号幼儿园、仓储物流分拨中心、乌兰木旗排练厅建设项目、国家马铃薯良繁基地鑫雨种植园区、高标准农田智慧农业项目和四子王旗光伏扶贫村级电站项目。下午，代表们视察了王爷府文化保护修缮项目、北国兴农饲料加工项目、地膜减量节水农业马铃薯专项项目、农村牧区人居环境专项整治项目和2020年农业重大技术协同推广项目。

9月16日，旗人大常委会副主任贾喜宏带队，对该旗国有资产管理情况进行调研。调研组实地察看了康乐小区三期在建工程，并与城投公司、旅投公司、国源投资公司三家国有企业负责人进行座谈，详细了解了公司转型及资产资源整合注入情况、资产运营情况和资产运营管理中存在的问题。

10月15日，旗人大常委会副主任贾喜宏、旗人大常委会教科文卫工作委员会主任姚翔、旗人大常委会专职委员何旺、旗人大常委会社会建设工作委员会副主任布仁巴雅尔、旗人大常委会办公室工作人员赵思远组成调研组，对该旗土壤污染防治工作开展情况进行了专题调研。调研内容为《中华人民共和国土壤污染防治法》贯彻落实和宣传情况，全旗土壤污染防治规划、标准、普查、检测情况，全旗土壤污染风险管控和修复等情况，全旗生活垃圾和固废处理企业土壤污染防治情况，全旗化工企业生产工艺、污水排放、排污管网建设情况，全旗养殖场畜禽粪污处理情况，全旗废旧地膜、污水、污泥处理情况。

【执法检查】 2020年，旗人大常委会先后对《中华人民共和国草原法》《中华人民共和国传染病防治法》等9部法律法规开展执法检查8次，审议专项报告6个。2020年是为期三年扫黑除恶专项斗争的决胜之年。常委会针对此项工作，听取和审议了旗人民政府关于开展扫黑除恶专项斗争情况的报告和人民检察院关于扫黑除恶治乱工作情况的报告，并结合实际，提出了审议意见。

【开展民生热点调研】 2020年，旗人大常委会围绕人民群众普遍关注的热点问题开展调研和执法检查。重点对道路交通安全、环境保护、土壤污染防治、学前教育、民间借贷纠纷、未成年人检察等工作开展调研和执法检查3次，审议专项工作报告9个。

【任免干部】 2020年，旗人大常委会开展对拟任命干部的任前考察工作。执行拟任命干部供职发言、无记名表决、颁发任命书、向宪法宣誓等法定程序。年内，共任免“一府一委两院”、国家机关及人大常委会工作人员59人。其中，任命旗人民法院工作人员20人、人大常委会工作人员5人，决定免职和接受辞职工作人员34人。按照法定程序补选乌兰察布市第四届人民代表大会代表1人。

【建议批评和意见办理情况】 旗人大常委会按照“两个高质量”的要求，对代表建议、批评和意见的提出、审查、交办、办理、督办、评议等方面都提出要求，并指导代表把好建议、批评和意见的质量关。在旗第十五届人民代表大会第四次会议期间，代表共提出建议、批评和意见16类46件。会议闭幕后，常委会召开交办会，将建议、批评和意见转交旗人民政府办理。办理过程中，常委会组织承办单位负责人、部分人大代表，对代表提出的建议、批评和意见办理情况进行了专题调研，面对面听取代表对办理情况的意见。办理期结束后，常委会听取和审议旗人民政府关于代表建议、批评和意见办理情况的报告，并提出审议意见。

【代表活动情况】 旗人大常委会依托全旗已建成的65个“人大代表之家”，开展常委会组成人员联系代表、代表联系选民的“双联”活动。年内共组织代表集中视察1次、代表集中培训2次、邀请代表列席常委会会议24人次、邀请代表参加各类调研和执法检查28人次。畅通社情民意表达和反映渠道，建立起参与列席常委会的代表座谈交流的常态化机制，人大代表把人民群众的心声直接带到了常委会。

【人大代表票决制】 2020年，旗人大常委会继续开展民生实事项目人大代表票决制。年内，分别在乌兰花镇、东八号乡、江岸苏木通过人大代表票决制实施民生实事项目5个。

人大常委会办公室

【领导名录】
办公室主任：云志军（蒙古族）
副　主　任：高群杰（6月7日任职）

【概况】 四子王旗人大常委会办公室（简称旗人大办）是人大常委会的综合办事机构。在人大常委会工作中起着组织、协调、联络作用。其主要职责是承办旗人民代表大会会议的筹备工作，常务委员会会议、主任会议和其他重要会议的会务、材料、总务工作。负责检查常务委员会会议、主任会议、主任办公会议以及其他重要会议决定事项的落实。负责草拟、审核、印发常务委员会的各类文件和领导的讲话。受理人大代表、人民群众对旗人民政府、旗人民法院、旗人民检察院及其工作人员的申诉和意见。处理常务委员会会议期间常务委员会组成人员提出的建议和意见。负责处理和管理机关文书、公务、行政事务。负责常务委员会的内外接待工作。负责向主任会议汇报人大代表和人民群众的来信来访工作，重大的来信、来访案件及时送主任、副主任审阅处理。承办常务委员会主任、副主任交办的其他事项。2020年，旗人大常委会办公室在旗委和旗人大常委会领导下，围绕旗人大常委会工作要点，充分发挥旗人大常委会办公室参谋助手作用，保障了旗人大常委会依法履行职权和常委会机关工作运转。办公室充分与各个部门进行沟通、合作，协助和配合机关其他科室开展工作。办公室与基层人大进行联系，为基层人大和全旗各级人大代表开展各项工作提供服务。人大常委会办公室承担了常委会日常各类视察、执法检查、调查等活动的服务保障工作，以及人大代表活动、建议办理、来信来访等的协调配合工作。

【文稿起草工作】 2020年，旗人大办负责起草旗人大常委会年度工作计划、工作要点，并按月份安排落实每项工作。起草人大常委会工作报告，安排旗人大常委会举行的各项重要会议及起草其他重大活动的文稿。常委会办公室共起草常委会文件13份、办公室文件34份、函件4份、调研报告5份。

【会议服务工作】 2020年，四子王旗十五届人民代表大会第四次会议期间，旗人大办公室起草和印制人大常委会工作报告草案、各项报告决议草案；负责大会议程、主席团和秘书长名单、大会列席人员名单、执行主席名单、副秘书长名单、大会列席人员名单的起草和印制；负责大会程序讲话和总结讲话的起草和印制；协调落实政府、计划、财政、法院、检察院工作报告；负责会议有关材料、文件的翻译、校对工作；负责大会签到、代表证、列席证发放工作；负责会议厅布置工作及相关协调工作；办公室对本年度各次常委会会议进行的组织、文字材料起草和文字记录整理、服务工作。会后对审议意见进行督促落实。

【保障服务代表闭会期间活动】 截至2020年底，人大常委会办公室在全旗建成65个“人大代表之家”，为代表在闭会期间开展活动提供场所；开展常委会组成人员联系代表、代表联系选民的“双联”活动。年内共组织代表集中视察1次、代表集中培训2次、邀请代表列席常委会会议24人次、邀请代表参加各类调研和执法检查28人次，建立起与列席常委会会议的代表座谈交流的常态化机制。年内，听取了8名市级人大代表述职，并现场开展测评，满意率达到100%。

【办理代表意见】 2020年，人大常委会办公室在十五届人大常委会第四次会议闭幕后，对代表们所提 16 类 46 件建议，办公室与选任联工委进行梳理汇总，分析研究后，召开交办会议，列出办理清单，明确办理时限，明确责任，督促旗政府及有关承办部门加快建议意见办理进程。

【信访工作】 2020 年，旗人大办公室严格按照信访条例的要求，建立健全了有关信访工作接待、登记、批转、调查、督办、结案和汇报一系列规章制度。对群众的来信来访进行认真的清理、登记，及时送有关领导批示，并按领导批示积极做好调查处理或督办工作。做到群众的来信件件有着落、事事有回音。

【创建“学习型”机关】 人大常委会办公室按照创建“学习型”机关的要求，组织广大党员学理论、学业务、学法律，并根据常委会议题安排和不同时期的工作重点适时调整学习内容，推进“两学一做”和“不忘初心、牢记使命”主题教育常态化；坚持把学习领会习近平总书记重要讲话精神作为思想建设重点，把中央、自治区党委、市委和旗委重大决策部署作为常委会的重要学习内容，特别是以打好打赢脱贫攻坚战为工作导向，集中学习习近平总书记 2015 年以来 7 次脱贫攻坚专题会议的重要讲话精神，从思想上聚合人大助力脱贫攻坚的强大合力。2020 年，旗人大办直属党支部专题学习《中华人民共和国民法典》、十九届五中全会精神、习近平关于民族工作的重要讲话精神。

【加强制度建设】 人大常委会办公室在加强党的组织建设方面，按时召开支部会，研究解决工作中存在的突出问题。坚持民主集中制，在选拔任用干部、决定办公室重大事项时，都是通过召开主任办公会议集体研究决定；在制定年度党建工作活动安排时，根据人大常委会机关的特点，工作分工主次有序，活动安排有分有合。根据机关党员干部队伍状况，开展素质教育，使每个党员都成为本职岗位上的业务骨干。

四子王旗人民政府

重点工作

【领导名录】

旗　长：赵利国

副旗长：窦陶然（常务副旗长）

成光辉（旗委常委、副旗长）

王之帆

谢晋彬（公安局长）

阿拉塔（女，蒙古族）

巴　图（蒙古族）

杨　柳

李　耀（挂职）

曹金山（4 月挂职期满）

【概况】 2020 年是全面建成小康社会和“十三五”规划收官之年，也是四子王旗谋划“十四五”规划的关键之年。全旗各族干部群众坚持以习近平新时代中国特色社会主义思想为指导，全面贯彻落实中共十九大、十九届二中、三中、四中、五中全会精神和习近平总书记对内蒙古工作的重要讲话、重要指示精神；全面完成疫情联防联控工作；围绕全面建成小康社会目标任务，坚持稳中求进工作总基调，践行新发展理念，坚定不移走“生态优先、绿色发展”的高质量发展之路，坚决打赢三大攻坚战，扎实做好“六稳”工作，全面落实“六保”任务，统筹推进稳增长、促改革、调结构、惠民生、防风险各项工作，全旗经济社会实现持续健康发展。全年实现地区生产总值 60.52 亿元，同比增长 2.3%；一般公共预算收入 1.49 亿元，同比增长 24.2%；固定资产投资同比增长 4%；规上工业增加值同比增长 5.5%；社会消费品零售总额 16.82 亿元，同比下降 6.2%；城乡居民人均可支配收入分别为 31525 元、13155 元，同比分别增长 2.3%、8.8%。外贸进出口总额 615 万美元。三次产业结构比由 26.4：32.2：41.4 调整为 29.8：31.7：38.5，产业结构进一步优化。坚决打赢三大攻坚战，全面完成各项目标任务。

【脱贫攻坚】 2020 年，四子王旗政府全年投入资金 3.16 亿元，通过国家脱贫攻坚普查、脱贫成效第三方评估和审计署太原特派办审计监督，建立了防贫返贫监测机制和扶贫资产管理。成立了扶投公司，扶贫资产运行管理顺畅，扶贫成效明显。北京市和新兴际华集团分别投入资金 5215.7 万元、647.76 万元。四子王旗按照“四个不摘”要求，围绕“两不愁三保障”目标发力，紧抓京蒙扶贫协作和新兴际华集团对口帮扶机遇，推进住房、产业、教育、健康、集体经济、劳动培训等 125 个扶贫项目，完成脱贫攻坚收官之战和各项目标任务。2020 年 3 月 5 日公告退出国家贫困旗序列。针对剩余 53 户 121 人未脱贫人口，统筹推进产业扶贫、金融扶贫、就业扶贫等政策落实，11 月初公告脱贫退出。完成全旗 8118 户 18975 人贫困人口、78 个贫困嘎查村全部退出的目标任务。

【污染防治】 2020 年，四子王旗政府坚持“绿水青山就是金山银山”的发展理念，落实国家生态红线管理制度和主体功能区规划。整改完成中央环境保护督察及“回头看”、草原生态环境问题专项督察、自治区生态环境保护督察“回头看”反馈意见。林草地征占用、矿山环境治理、水源地保护、固废集中处理等一批群众反映强烈的环境问题得到有效整治。全旗有效监测天数 325 天，优良天数 310 天，优良率 95.38%，$PM_{2.5}$ 浓度为 20.81 微克 / 立方米，空气质量优良率保持全市领先。第二次全国污染源普查验收工作顺利完成。全面落实“河湖长制”，旗级河（湖）长巡河 29 次，乡级、村级河（湖）长巡河 564 次，实现巡河工作常态化、制度化。金石集团绿色矿山技改项目顺利完成，为全旗矿山环境保护与治理恢复、安全生产、技术改造创新树立标杆。完成沙源治理工程人工造林 1.5 万亩、封山育林 3.5 万亩、经济林建设 4170 亩。城镇绿化覆盖率大幅提升，生态环境持续改善。

【化解重大风险】 2020 年，四子王旗政府防范金融风险，健全政府性债务风险预警和化解机制，通过预算安排、再融资债券、新增债券、土地出让、处置国有资产和审价核减等方式，化解债务 7.53 亿元，完成年度任务的 113%。清理拖欠民营企业中小企业账款 1.07 亿元，完成年度目标任务，降低债务风险；开展煤炭资源领域违规违法问题专项整治工作；开展人防系统腐败问题专项治理。开展“解决信访问题年”专项行动，一批信访积案得到成功化解。

【城乡建设】 2020 年，四子王旗实施 6 项市政基础建设重点工程和 15 项房建工程，完成投资 2.71 亿元、新增住宅面积 13.5 万平方米。实施格根塔拉北路、王爷府路、解放路等 5 条市政道路及管网改建工程及管网配套工程 2.2 公里。完成旧城区 5 条给水管网改造工程、民生小区排洪工程、康乐三期中水管网工程等一批市政项目。开展 27 个老旧小区改造工程，投资 1.4 亿元开工建设生活垃圾裂解气化处理项目，开展国土空间总体规划编制，开展房地产领域历史遗留问题专项整治工作，解决了“办证难”“回迁难”“入住难”的问题。开展城镇管理、市容市貌建设、智慧城镇建设，建成区绿地面积达 480 公顷，人均公园绿地面积达 9.07 平方米，创建检察院、泰和花园等 6 个庭院为市级园林庭院，城镇集中供热面积达到 436 万平方米，集中供热普及率达 75%。园林绿化建成区面积达到 15.6 平方公里，绿化覆盖率达 31.8%，人均公园面积达到 9.07 平方米，高于国家园林城市标准。

【农牧区基础设施建设】 四子王旗辖区内国道 331 线艾勒格庙—乌华敖包段二级公路 112.5 公里建成通车；开始建设格根塔拉—红格尔苏木三级公路改造工程 32.2 公里；完成乌兰花—郑家滩、乌兰花—大红山等 5 个公路养护项目 72 公里；完成农村公路生命安防工程；完成北库伦—朝克文都 14.3 公里“油返砂”工程；完成红格尔水库大坝河床段工程；投资 2.6 亿元，新建 110 千伏变电站 2 座，建成 110 千伏以下电网 337 公里；完成老旧计量改造工程 4 万户；推进易地扶贫搬迁拆旧复垦及城乡建设用地增减挂钩试点项目；2020 年，完成危房改造 276 户、户改厕 445 户。

【优化产业结构】 2020 年，四子王旗继续调整种植业和养殖业结构，推进农牧业产业化经营，发展设施农业。农作物总播种面积 183.39 万亩，粮食产量达 2.5 亿公斤。马铃薯种植面积 56.6 万亩，其中标准化种植 24 万亩，发放马铃薯良种补贴资金 4104 万元。建设国家级马铃薯良繁基地，完成中加、鑫雨公司马铃薯组培室、网室建设。建成种薯扩繁基地24万亩。马铃薯产业由单纯追求产量向质量效益同步发展。为了使马铃薯产业得到精深化加工，四子王旗引进亿茗马铃薯精淀粉及净菜主食加工项目，年底前主体工程已完成；肉羊产业方面，年出栏肉羊130万只，杜蒙肉羊年改良52万只。建成高效肉羊养殖示范村4个，覆盖81个易地扶贫搬迁新村，带动示范合作户1221户，农牧合作户均增收4万元。推进民贸牛羊肉屠宰加工项目，肉羊育肥场、活畜交易市场项目已具备运营条件，补齐肉羊肉牛产业链短板。以马铃薯、肉羊为主导产业的龙头企业有中加公司、赛诺公司培育出新的良种。京邦公司在怀柔区建成四子王旗特色馆并开始运行，特色农畜产品进京销售，实现优质优价。大象集团生猪全产业链项目开工建设，中加公司、赛诺公司、鑫雨公司、大戈壁公司、中峰公司、景欣公司等一批农牧业产业龙头企业实现创收。提升马铃薯、肉羊、肉牛、葵花子等特色农畜产品市场竞争力。

【工业经济】 2020年，四子王旗发展壮大清洁能源产业，发展农畜产品加工和新型科技产业，优化和调整工业经济结构。国电投600万千瓦风电项目首台风机成功发电，推进三峡新能源“源网荷储”示范项目。打造千万千瓦级风光电清洁能源输出基地。完成《黑沙图工业园区总体规划》修编工作，“一园多区”空间布局初步形成。永和氟化工三期建设项目完成投资1.38亿元，建成一氯甲烷、四氟乙烷等氟化工产品和配套项目，引进国内行业龙头企业金石集团，开发萤石资源加工。推进农畜产品加工园区建设。投资2.72亿元开工建设亿茗马铃薯精淀粉及净菜主食加工项目。开发本土高新科技创新产业，思瑞科技消毒液、阿尔格绿藻土壤修复液市场供不应求。

【旅游业】 2020年，四子王旗探索发展全域旅游、四季旅游。创建全域旅游示范旗项目和建设“旅游名旗”发展战略，打响“吉祥草原、神舟家园”旅游品牌。完成格根塔拉景区股权收购工作。完成王爷府、锡拉木伦庙保护与修复工作。乌兰牧骑排练厅及游客中心主体工程完工。子午二期空间天气科学中心开工建设。举办“AOPA草原飞行大会暨亚草赛”和“辉煌梦机车嘉年华”、美食文化节活动。年接待游客近90万人次，实现旅游综合收入近5.7亿元。

【商贸物流业】 2020年，四子王旗国通物流园区主体工程完工，已具备招商条件。国家级电子商务进农村示范项目顺利通过中期绩效考核。仓储物流分拨中心分拣快递267万件，出港快递17.6万件。旅游电子商务公共服务平台搭载全国13个电商主流平台网站，网络销售额达4800万元。

【金融产业】 2020年，四子王旗扶持小微企业发展，开展“助保贷”工作，为企业融资1295万元。人民币存贷款余额分别为67.79亿元、44.23亿元，实现存贷比65.25%。防范金融风险，实行政府性债务风险预警和化解机制，化解债务7.53亿元，完成年度任务的113%。清理拖欠民营企业中小企业账款1.07亿元。

【民生保障】 2020年，四子王旗加大民生领域投入力度，全年民生领域支出25.3亿元，占财政总支出的82.6%。城乡医疗保险参保人数达18万人，全年报销医疗费1.6亿元。全年发放低保、五保、困境儿童、残疾人、高龄人、优抚对象等各类补贴资金1.29亿元，惠及困难群众2.25万人次。逐步完善农村牧区养老服务体系，初步形成了以幸福院互助养老为主体、居家养老为依托、敬老院集中供养为补充的服务体系。

【教育教学】 2020年，四子王旗继续推进教育体制机制改革，优化民办教育发展环境，打造特色教育品牌影响力。落实国家统编教材使用工作，全面加强国家通用语言文字教育工作。充实优化教师队伍，引进各类人才46名。改进教育教学设施设备，开通全旗智慧教育云平台，安装精品录播室6处，同屏互动教室、配套安装教育在线视讯平台、同屏互动管控平台8处。成立旗重点业余体育运动学校，将蒙古族中学打造为全旗乃至全市体教结合的示范基地。蒙古族中学取得第六届“市长杯”足球赛男女组第二名的好成绩。

【公共服务体系】 2020年，乌兰牧骑“红色文艺轻骑兵”被乌兰察布市授予“金融乌兰牧骑”称号。乌兰牧骑深入基层开展各类惠民演出活动160场次，“金融乌兰牧骑”正式成立；乌兰牧骑荣获第十届华北五省市（区）舞蹈大赛内蒙古赛区选拔赛表演二等奖和创作三等奖，被评为优秀组织单位。乌兰牧骑实施文化惠民工程，举办“众志成城、抗击疫情”蒙汉文书法网络微展。乌兰牧骑举办“不忘初心、文化筑梦”守望相助好家园第三届全旗农牧民文艺会演等系列活动；2020年，四子王旗推进医疗基础设施建设，PCR核酸检测实验室投入使用，推进旗蒙中医院、妇幼保健所及残疾人康复中心医用二次装修和配套设备建设项目；完成全国第七次人口普查工作；开展社会矛盾纠纷和信访积案排查化解工作。四子王旗荣获“自治区双拥模范城”荣誉称号，实现六连冠。

【法治政府建设】 2020年，四子王旗继续完善政府议事规则和重大行政决策程序规定，执行行政机关内部重大决策合法性审查制度，落实司法部门全程参与固定列席政府常务会议机制，发挥法律顾问、公职律师的决策服务作用。深化行政执法体制改革，整合行政执法队伍，初步构建了行政执法力量配备与事权划分相匹配的组织体系。开展行政执法监督管理，倒逼行政执法责任制落实。

【三务公开】 2020年，四子王旗政府继续贯彻落实党中央八项规定精神，履行“一岗双责”的意识和能力，深化党风廉政建设和反腐败工作。强化审计监督，推进政府预算、部门预算、三公经费向社会公开。推进巡视反馈意见整改落实。主动接受旗人大、政协的工作监督和社会舆论监督，办理人大代表建议46件、政协委员提案69件，办结率达到100%。

【“平安四子王”建设】 2020年，四子王旗开展扫黑除恶专项斗争。贯彻落实自治区党委第四巡视组反馈意见整改要求，开展“证照分离”改革，开展工程建设审批制度改革，协同推进“放管服”改革和减税降费政策，全旗营商环境得到改善。完成国家交付的“嫦娥五号”探测器返回着陆任务。

【政府常务会议】 2020年2月27日，政府旗长赵利国主持召开旗政府2020年第一次常务会议，就财政预算安排和成立四子王旗扶贫资产管理有限公司、四子王旗资源开发投资有限公司等事项进行了专题研究。

2020年4月24日，政府旗长赵利国主持召开旗政府2020年第二次常务会议，就2020年杜蒙肉羊育肥场与活畜交易市场建设项目和京蒙扶贫协作和支援合作资金项目进行了专题研究。

2020年7月4日，政府旗长赵利国主持召开旗政府2020年第三次常务会议，就上半年增拨资金、四子王旗防汛抗旱应急救援预案、国源公司回购内蒙古银行不良贷款抵押资产用于抵债化债等事项进行了专题研究。

2020年7月18日，政府旗长赵利国主持召开旗政府2020年第四次常务会议，就《国源公司资产转让化债抵债工作方案》、宽高学校和3所幼儿园等事项进行了专题研究。

2020年11月13日，政府旗长赵利国主持召开旗政府2020年第五次常务会议，就审议《四子王旗公务用车管理办法（讨论稿）》、旗公安局业务技术用房建设项目等事项进行了专题研究。

【旗长办公会议】 2020年4月11日，政府旗长赵利国主持召开会议，就全旗采砂资源运营管理方案有关事宜进行了专题研究。

2020年5月19日，政府旗长赵利国主持召开旗长办公会议，专题研究了中央环保督察反馈问题整改工作有关事宜。

2020年6月12日，政府旗长赵利国主持召开旗长办公会议，专题研究了环境保护工作有关事宜。

2020年6月24日，政府旗长赵利国主持召开旗长办公会议，专题研究了格根塔拉景区运营管理有关事宜。

2020年7月24日，政府旗长赵利国主持召开旗长办公会议，专题研究了审计署太原特派办对四子王旗扶贫资金审计发现问题整改有关事宜。

【重要会议】 2020年7月1日，赵利国主持召开庆祝建党99周年“七一”专题党课。旗四大班子在家领导、法检两长、公安局政委，旗四大班子办公室主任等参加会议。

2020年7月1日，全旗第一期党员干部理论培训班在四子王旗党校六楼会议室正式开班。培训班邀请旗党校两位老师分别围绕“生态文明建设”和“全国两会政府工作报告解读”两方面内容，通过理论与实际相结合的方式进行了深入浅出、细致系统的讲解。

2020年7月26日，由农业农村部种业管理司一级巡视员周云龙、种业司农作物种业处二级调研员张冬晓等组成的调研组一行6人赴四子王旗进行调研指导。调研组先后到内蒙古中加农业生物科技有限公司、内蒙古赛诺种羊科技有限公司、内蒙古鑫雨种业园区、四子王旗农业技术推广站进行实地考察调研。

2020年8月4日，李耀主持召开四子王旗创建自治区卫生城镇工作推进会，市有关领导出席会议。

2020年8月30日，心连心马铃薯“丰收王”评选活动在四子王旗举办。活动由河南心连心化工集团股份有限公司主办，四子王旗润丰农资化肥销售部协办，来自旗内乡镇的马铃薯种植户参加了活动。

2020年9月10日，四子王旗举行2020年欢送新兵大会。旗委常委、人武部政委刘涛，旗政府办、旗退役军人事务局、旗人武部相关负责人出席欢送大会。

2020年9月23日，四子王旗举办2020年残疾人趣味运动会。

2020年9月24日，赵利国宣布四子王旗第四届美食文化节暨红格尔苏木首届美食文化节开幕。

2020年9月28日，赵利国主持召开全旗新冠肺炎疫情常态化防控暨秋冬季疫情防控工作和信访工作会，旗政法委书记梁志华，政府副旗长窦陶然、谢晋彬、李耀，旗直各相关部门、各苏木乡镇主要负责人参加。

2020年9月29日，由北京市怀柔区人力资源和社会保障局、四子王旗劳动就业服务局主办，内蒙古天宇人力资源开发有限公司承办的北京市怀柔区、内蒙古四子王旗2020年“京蒙劳务协作”秋季现场招聘会在四子王旗神舟广场举行。此次招聘会的主题是“京蒙帮扶送岗位，转移就业稳增收”。旗委常委、政府副旗长成光辉出席会议并致辞。

2020年10月3日，辉煌梦越野车王挑战赛在四子王旗开赛。来自赤峰、通辽、山东、二连浩特、呼和浩特等地的越野赛车手演绎了一场现实版的“速度与激情”。

2020年10月19日，赵利国主持召开全旗信访工作会，旗四大班子在家领导，旗直各相关部门、各苏木乡镇主要负责人参加。

2020年10月26日，赵利国主持召开全旗扶贫工作推进会，旗四大班子在家领导、法检两长，自治区派驻四子王旗脱贫攻坚工作总队全体成员，市委派驻各苏木乡镇督导组组长等参加会议。

四子王旗人民政府办公室

【领导名录】

主　任：阿古拉（蒙古族）

副主任：刘志慧（女）

赵海军

贺海良

薛文强

李其政

柳林旺

李海军

程　泽

王海军（6月调离）

【概况】 四子王旗政府办公室（简称旗政府办）是旗政府的重要办事机构和综合职能部门，是旗政府工作运转、承上启下、联系左右和沟通内外的枢纽，具有参与政务、处理事务、履行服务三大职能。四子王旗人民政府办公室内设综合科、文秘科、文件科、会议科、考核督查信息科、编译科、政务公开办、党建意识形态办8个职能科室。2020年，旗政府办公室紧紧围绕政府的中心工作，紧跟领导思路，坚持发挥枢纽作用，积极探索参谋服务的有效途径和方法，为政府决策“参”在点子上、“谋”在关键处。2020年，政府办公室多次组织所有帮扶干部到黄羊城村进村入户，扎实开展脱贫攻坚大宣传、大走访、大排查、大帮扶工作，着力解决贫困村、贫困户的实际问题，大幅提高了贫困户识别精准率、退出精准率、群众满意度率，顺利通过自治区、市脱贫攻坚评估考核。

【文稿和会务服务】 2020年，旗政府办按照“短、实、新”的要求，把好文稿政策关、内容关、文字关和格式关，确保文稿的权威性和可操作性。审核政府和政府办文件148份，高质量完成各项汇报材料90余篇，函件127份。按照“精简、高效、务实、节俭”的原则，严格控制会议规格、数量、规模、会期，简化会议程序、提高会议效率，抓好会务统筹，精心组织政府全体会、政府常务会、政府党组会、旗长办公会和各类专题会议。审核会议议题，抓好会议决策前的各项准备工作，确保会议决策的效率和质量。2020年，旗政府累计召开各类会议496次，比上年同期减少77次，精简比例达13%。

【提高办文效率】 旗政府办按照规范化、制度化、科学化的要求，在办文中紧抓收文、阅办、归档三个环节，确保公文快速有序地流转。坚持在高效、严谨、规范上下功夫，提高综合协调能力，杜绝不规范文件，精简文件数量，提高文件质量。2020年，累计接收运转公文1376件，实现文件处理“件件有落实，事事有回音”。

【落实政府各项决策部署】 旗政府办围绕旗委、旗政府工作重心，坚持督办检查和联络协调紧抓不懈，对主要经济指标、安全生产、环境整治、脱贫攻坚等多个方面多次开展督查，把政府各项工作落到实处，为领导掌握旗情、科学决策提供参考。同时，对各级人大议案、政协提案进行专项督办检查，提高人大议案、政协提案的答复办理速度和质量，办结率达到100%。

【政务公开工作】 2020年，旗政府办对旗政府门户网站政务公开专栏进行了改版升级，在政府信息公开目录、政府信息公开年报、政府信息公开制度、依申请公开等栏目的基础上再增设部门信息公开、乡镇信息公开栏目，准确公开苏木乡镇和旗直部门信息，方便公众访问查询。2020年通过旗政府门户网站主动公开政府信息5879条，其中旗政府本级公开154条，旗直部门公开663条，苏木乡镇公开72条。政府公报公开信息24条；公开规范性文件7件；转发上级政策解读稿件28篇；政府网站在线访谈5次；旗长信箱共收到群众来信66条，办结66条，办结率达到100%。

【信息上报和管理】 2020年，旗政府办加强信息报送工作。制定出台了《四子王旗人民政府办公室关于全面加强全旗政务信息报送工作的通知》(〔2019〕19号）文件。完善信息报送制度，建立政务信息日报制，确保政务信息工作推进。政府网站日更新信息16条，日均点击率达1178次，开展网站维护工作，确保网站正常运行，保障网络安全；加强重要政务信息的管理。对行政规章、规范性文件进行集约化集中式公开，建立规范性文件清理长效机制，坚持定期清理和及时清理相结合，对规范性文件进行全面清理。有序推进与司法厅法治政府建设智能一体化平台的对接工作，实现规范性文件的电子化管理。

【强化作风建设】 旗政府办将总支带头学、支部组织学、干部个人自学等多种学习方式灵活结合，将集中学习、专题研讨、宣讲教育等学习形式融会贯通，把学习习近平新时代中国特色社会主义思想和中共十九大精神、推进“两学一做”学习教育常态化制度化落实到党建具体工作和日常业务工作中。强化廉政学习教育，采取集中学习和自学相结合，专题讲座和民主讨论相结合等多种形式，组织全体党员干部认真学习了党章、廉洁自律准则、纪律处分条例《关于新形势下党内政治生活的若干准则》等党纪党规。把党的建设放在重要位置，严格落实“三会一课”、主题党日活动、组织生活会等制度，全年共组织开展主题党日活动12次、党员集中学习48次。同时，不定期在班子领导成员、科室负责人之间组织开展谈心谈话活动。年内召开民主生活会4次。

（四子王旗人民政府办公室）

旗信访局

【领导名录】

局　长：田海军

副局长：海　泉（蒙古族）

宋曦鹏（10月任职）

【概况】 四子王旗信访局为旗人民政府的组成部门，属正科级单位。内设机构为综合办公室、来访接待股、办信办案股、督查股、信访联合接访中心。2020年，四子王旗信访局积极推行“阳光信访、法治信访、责任信访”。开展“解决信访问题年”、集中治理重复信访和化解信访积案专项工作，以“事要解决”为核心，持续推行“五个一”化解措施，全旗信访形势较好。2020年，四子王旗信访总量共278批次1411人次（不含重复访），同比批次下降6.4%、人次下降18.8%。群众到旗访340批次1915人次，同比批次上升1.5%、人次下降13.2%。其中个访215批次482人次，同比批次上升4.9%、人次上升12.6%；集体访125批次1433人次，同比批次下降3.8%、人次下降19.4%。

【积案清零化解】 2020年，四子王旗信访局按照自治区“解决信访问题年”专项行动的有关要求，对“三交办”(国家、自治区、市三级交办)、“两包联”(省市两级领导包联）信访积案清零化解。国家信访局交办1件，已化解结案。自治区信访局交办3批13件，其中信访纯案12件，已全部化解。市信访局交办21件，其中纯案18件，已全部化解。自治区领导包联2件，已全部化解并审核通过。市级领导包联8件，已全部化解并审核通过。十九届第六轮中央第八巡视组分六批移交四子王旗89件信访事项（其中纯案74件）。截至12月底，已上报并审核通过28件；自治区第四巡视组移交四子王旗信访事项8件，其中涉法涉诉案件2件、三级终结案件2件，其余4件均按程序办结上报。

【网上信访】 2020年，四子王旗信访局实现了信访信息在线上流通、案件在线下办理、结果在网上送达、意见在网上反馈；通过在政府门户网站上设置网上信访专区，开设信访微信公众号的网上信访体系。2020年，网上信访信息系统共受理信访事项238件，与去年同期相比上升10.8%，经梳理后信访纯案109件，其中网上投诉70件、来信16件、主席信箱4件，旗本级通过信访信息系统转送走访19件次51人次。信访部门及时受理率100%、责任单位及时受理率99.39%、责任单位按期办结率100%、按期化解率100%、群众参评率100%、群众满意率100%。“五率”水平在全市名列前茅。

【涉法涉诉类信访】 2020年，四子王旗信访局共收到涉法涉诉类信访问题16件，已移送至旗委政法委6件，其余10件按信访条例规定提供法律援助走法定程序，涉纪类信访事项8件移送纪检委。

【领导接访】 2020年，四子王旗实行领导包案、领导接访下访制度。严格落实自治区及乌兰察布市提出的“三交办”“两包案”督促化解信访事项的工作要求，将接待过程中梳理排查出的隐患、疑难信访事项按照“一个对象、一名包案领导、一个班子、一个方案、一套稳控措施”的“五个一”工作法一抓到底。十九届第六轮中央第八巡视组移交四子王旗的12件信访事项，信访局按照2020年11月3日自治区党委关于办理十九届第六轮中央第八巡视组移交信访事项推进会和《乌兰察布市关于做好中央巡视组和自治区巡视组巡视期间移交信访事项办理工作方案》的要求，对所有案件落实了市旗两级领导包案和责任单位，同时按程序转办到事权单位进行调查处理，并按期督促其报送处理结果。另自行排查出38件分两批落实了旗级领导包案；持续推行领导接访下访常态化工作机制，坚持每天安排一名旗级领导在信访联合接访中心接待来访群众，了解信访人的诉求，协调事权部门协作配合、形成工作合力，如有特殊疑难信访事项，旗级领导组织事权部门带案下访，实地了解情况，现场协调解决问题。截至年底，旗级领导共接待来访群众153批次2105人次，领导带案下访95次。

【信访案件大排查】 2020年，四子王旗信访局集中对2017年以来中联办、自治区和乌兰察布市交办的信访事项进行了一次大排查“大起底”大化解。并按照“四个清单，四个清”的要求，明确时限，限期化解。截至2020年底，全旗自行排查出11件信访事项、涉及197人次，化解销号6件、办结未销号3件、未办结1件、涉法涉诉1件。2020年通过6次实地督案、7次发函对18件到期未答复的重点案件进行督办，督办案件已全部回复。

【推行信访听证制度】 2020年，四子王旗信访局牵头组织有权解决信访问题的职能部门，分析信访问题成因，找准问题症结，保障信访人合法权益，信访矛盾得以化解。2020年，就旭仁花等人要求公安机关更正户口登记信息的信访案件进行了公开听证，邀请了乌兰察布市人大代表、党代表、旗政协委员、司法干部、律师、属地领导参加听证，为当事人反映诉求提供了渠道。

【督办信访事项】 2020年，四子王旗信访局对久拖不决、涉及面广、群众反映强烈、社会关注度高的重大疑难信访突出问题，采取针对性的方法，进行跟踪督查和问效。截至年底共6次实地、7次发函对18件到期未答复的重点案件进行督办，督办案件已全部回复。

【联席会议运行机制】 2020年，四子王旗信访局召开3次信访工作联席会议。主要听取重点信访案件的进展情况并进行商讨，安排部署自治区“两会”、全国“两会”、十九届五中全会等重点时期的信访维稳安保工作。安排部署“解决信访问题年”、集中治理重复访和化解信访积案等专项工作。

【重复访案件情况】 2020年，旗信访局对重复访案件进行全面清理，深入分析案情，把解决信访诉求与解决生活困难，做好思想工作和依法处理结合起来，实行因案施策，对症下药。

【坚持诉讼分离】 2020年，四子王旗信访局坚持诉访分离原则，凡涉法涉诉类信访事项由旗委政法委牵头，组织法院、检察院、公安等部门推动解决。开展调解、仲裁、行政裁决、诉讼等法定纠纷解决途径的衔接配合，日常工作中由专业律师参与信访接待与案件化解，解决合理合法诉求、帮扶救助；对涉嫌组织策划串联非正常上访、缠访闹访和严重扰乱公共秩序的骨干人员依法处理；截至年底，共收到涉法涉诉类信访问题16件，已移送至旗委政法委6件，其余10件按信访条例规定，提供法律援助、建议走法定程序，涉纪类信访事项8件，已移送到纪检委。

【引导群众依法信访】 2020年，旗信访局结合“解决信访问题年”专项行动及网上信访宣传月等主题活动，开展集中宣传、进社区、下乡入户等形式宣传工作。利用政府门户网站、信访局微信公众号等平台进行案例剖析、法制教育。向信访人发放宣传材料，在信访联合接访大厅摆放宣传图板，利用LED屏滚动播放政策、法律、条例，多渠道引导群众树立依法维权意识，对依法逐级上访有更清晰的认识。共计发放宣传单页、信访漫画、信访条例解读、网上信访流程等材料8000余份。

政务服务中心

【领导名录】
局　长：雷振国
副局长：靳峥嵘
政务服务中心
主　任：王子源
副主任：郑　强（6月任职）

【概述】 四子王旗政务服务局（简称旗政务局）成立于2019年2月，是旗人民政府的组成部分，属正科级。由四子王旗人民政府办公室统一管理和协调。内设综合办公室、政务公开与效能监察股、放管服改革推进股。政务服务中心属政务局二级单位。2020年，旗政务局深化“放管服”改革工作，坚持以问题为导向、以服务为主线、以规范为重点、以满意为标准，不断推进行政审批制度改革和政务服务创新。

【进驻服务大厅情况】 截至2020年底，进驻政务服务中心大厅单位有公安局、社保局、医保局、民政局、生态环境局、住建局、不动产登记中心、房产交易中心、消防大队、市场监督管理局、税务局、水利局、就业局、林业和草原局、卫生健康委员会、文化和旅游局、政府采购中心、发改委、农行19个部门，3个苏木（江岸苏木、脑木更苏木、巴音敖包苏木）。现有工作人员120人，进驻行政审批和服务事项266项。政务中心全年共办理各类行政审批及便民服务事项91067件。

【政务服务事项】 2020年，四子王旗政务局共认领政务服务事项603项，编制实施清单559项，发布了521项。“互联网＋监管”认领667项，编制636项，上传电子证照41项，基本实现应领尽领，各相关部门完成实施清单编制发布工作。11月，政务局对全旗25个部门706项服务事项又进行了精细化梳理，保障一体化政务服务平台正式上线运行。

【政务服务改革】 2020年，四子王旗政务局开展全旗政务服务一体化在线政务平台建设，推动政务服务向网上办理延伸，形成线上线下相结合的一体化政务服务模式，实现市、旗、乡镇、村四级政务服务体系互联互通、资源共享。按照国务院的基础清单，将机构改革后各部门的政务服务事项清单进行调整，各部门结合实际进行了事项认领和录入工作。完成全年政务服务事项梳理、录入工作，并与由市政务服务平台、自治区政务服务平台进行对接。组织开展了政务服务平台建设及应用培训会。推进“互联网+政务服务”和“一网通办”工作，变“群众跑腿”为“信息跑路”，实现了企业和群众办事“只进一扇门，最多跑一次”。截至年底，全旗共认领政务服务事项603项，编制实施清单559项，发布了521项。“互联网+监管”认领667项，编制636项，上传电子证照41项，基本实现应领尽领，基本完成实施清单编制发布工作。11月，政务服务中心对全旗25个部门706项服务事项又进行了精细化梳理，为保障一体化政务服务平台正式上线运行做好准备工作。

【重新梳理和公布权责清单】 2020年，由于机构改革，各部门原有的职能和权责清单发生了变化。政务服务局要求各部门依据自治区目录清单，重新梳理并调整本部门新的权责清单。截至年底，共梳理了33个部门，权利事项4594项，其中行政许可项187项、行政确认57项、行政给付39项、行政奖励51项、行政裁决3项、其他行政权力122项、行政处罚3503项、行政监督检查361项、行政强制措施108项、行政强制执行79项、行政征收84项。全部报送旗司法局进行合法性审核，审核后第一时间在政府网站对外公布。

【下放苏木乡镇赋权事项】 2020年，旗政务局按照旗机构改革协调小组关于印发《四子王旗深化苏木乡镇改革推进基层整合审批服务执法力量的工作方案》的通知要求，由政务服务局牵头，依据自治区政府制定的赋予苏木乡镇行政权力事项清单，与苏木乡镇共同确定赋权事项，将职责范围内的行政事务整建制下放至苏木乡镇，共下放行政审批事项16项，行政处罚77项。

【优化营商环境审批】 2020年，旗政务局优化审批流程，压缩审批时限，进厅服务类项目基本做到即来即办。市场监督管理局已实现新开办企业在3个工作日内完成营业执照办理、公章刻制、银行开户、税务办理、社保登记等事项。工商登记工作时限由原来的3个工作日压缩到1个工作日，材料齐全有效的，登记人员予以当场受理、当场办结、当场发照。不动产一般登记、抵押登记办理时限已分别压缩至5个和3个工作日，抵押注销登记，预告登记、查封登记当日办结，查询信息即来即查。

【便民服务中心建设】 2020年，旗政务局开展乡镇便民服务中心和村级（社区）代办服务建设。完成以旗政务服务中心为核心，苏木、乡镇、嘎查村（社区）为构架的“三级政务服务体系”建设。全旗13个苏木乡镇已全部建立便民服务中心，基本实现121个嘎查（村）便民服务代办点代办功能全覆盖，乌兰花镇13个社区便民服务代办功能达到了全覆盖。达到民生事项“就近办”的要求。

机关事务管理局

【领导名录】
局　长：阿德尔图（蒙古族）
副局长：李其政（6月任职）

【概况】 机关事务管理局是为党政机关办公提供事务性管理和公共服务等后勤工作的全额拨款事业单位，2020年，共有事业编制人员11人。2020年，旗机关事务管理局作为旗公共机构节能领导小组办公室，完成了2020年度节约型公共机构创建工作任务，年内共完成23家党政机关行政单位节约型公共机构创建任务，达到整体创建目标的37%。

【后勤安保】 2020年，机关事务管理局维修和更换了党政大楼的消防设备，将原有报废、损坏的消防设备全部更换维修，党政大楼的消防水泵、消防主控室、烟感探头、消火栓等消防设备已全部正常运行，通过保安巡逻和消防设备实现物防加人防的消防模式。

【会议服务】 2020年，机关事务管理局会议科共接待各类大小会议700余次，会议科按照会议服务高标准常规化地对各类会议设备进行维护保养，工作人员对会议室卫生及时清理，有序摆放会议文件、茶杯等用具。

【节约型餐厅】 2020年，机关事务管理局聘请优秀厨师为驻楼单位人员掌勺，为驻楼单位200人（办卡人数）提供用餐服务。

【公务用车】 2020年，机关事务管理局制定了《四子王旗公务用车管理实施办法》，为党政机关和事业单位共110台公务用车安装了卫星定位系统，建立并使用公务用车信息化管理平台，并完成了与市级公务用车信息平台的对接工作。

【节能管理】 2020年，机关事务管理局在各办公室、楼道内张贴《安全用电、节约用电、铲除安全隐患管理制度》，提示楼内工作人员关灯、关设备、关电源。控制机关运行成本，改进食堂设备，使用新型灶具，办公室、楼道灯改用LED节能灯具，降低能源消耗量；配备专人、专用电脑按季度对全旗各144个成员单位进行催报，督促成员单位按时进行网上能源消耗数据填报。2020年有59家单位开展创建节能型机关活动，完成23家单位的创建工作，占全旗党政机关（主管行政单位）总数的38%。

【后勤保障】 2020年，旗机关事务管理局对投入运行14年的党政大楼基础设施进行了集中排查，对已经老化“跑、冒、滴、漏”暖气管道、地下、阀门等设施彻底更换；将原有的灯具改造成为更加安全、节能的LED灯具；将食堂的燃气灶具改造成电气化灶具。配备6名人员专门负责党政大院的环境卫生和冬季积雪清理。

外事办公室

【领导名录】

主　任：云志新（蒙古族）

副主任：高海龙

【概况】 四子王旗外事工作委员会办公室（简称旗外事办）于2019年3月重新组建成立，属于旗政府正科级单位。内设外事综合管理股。工作人员现有主任、副主任2人。2020年，旗外事办在旗委和政府的领导下，较好完成了年度内的外事管理和边境巡查、日常维护等工作。

【涉外疫情防控】 2020年，在新冠肺炎疫情防控期间，旗外事办是旗新型冠状病毒肺炎疫情防控指挥部办公室成员单位，按照《内蒙古自治区新型冠状病毒感染肺炎防控指挥部关于进一步加强涉外疫情防控工作的通知》等文件要求，外事办协同旗公安局出入境管理大队，对四子王旗长期和临时居住外籍人员进行了情况核实、信息了解，并建立在旗外籍人员信息台账和微信群，动态了解外籍人员疫情防控期间生活、出行等情况，并实时按要求进行了上报。

【边境巡查和日常管理】 旗外事办为保障边界日常维护管理工作，特别是出于方便巡查维护界碑需要，经外交部和自治区外办审核批准，四子王旗政府外事办按照2020年边界日常维护管理项目既定内容，旗外事办赴边境开展了巡查调研工作。安排完成了辖段内3条简易上界路的清理整治任务，填土平整部分水毁巡逻路段，维护平整总长约1公里。5月8日，旗外事办组织召开旗第一次外事工作委员会会议，制发了委员会工作规则和办公室工作细则。会议讨论并审议了外事办草拟的《四子王旗委外事工作委员工作规则》和《四子王旗委外事工作细则》，外事办按照委员会会议商定内容，完成发文、政策宣传等工作。

政府采购中心

【领导名录】
主　任：刘斌林

【概述】 2020年旗政府采购中心共完成项目采购14宗，其中公开招标5次，竞争性谈判2次，单一来源1次，竞争性磋商3次，询价3次。共执行政府采购预算1615.31万元，实际采购1591.34万元，节约资金23.98万元，资金节约率为1.48%。

【公开招标项目】 2020年旗政府采购中心共完成公开招标项目5宗，包括四子王旗第一中学标准化考点智能监控系统升级改造项目、四子王旗吉生太镇人民政府老圈滩行政村土脑包村到吉大线道路建设项目补充工程、四子王旗水利局四子王旗2018年高效节水农田改造项目、四子王旗水利局四子王旗2018年节水增粮小型农田改造项目、四子王旗脑木更苏木人民政府黑沙图饲草料基地建设工程。

【竞争性谈判招标】 2020年旗政府采购中心共完成竞争性谈判招标项目2宗，四子王旗人民法院审判办公大楼亮化装饰工程、四子王旗水利局四子王旗江岸苏木江岸防洪堤应急加固改造工程。

【单一来源招标】 2020年旗政府采购中心共完成单一来源招标项目1宗，即四子王旗利源新能源开发有限公司四子王旗光伏扶贫村级电站运维单一来源采购项目。

【竞争性磋商招标】 2020年旗政府采购中心共完成竞争性磋商招标项目3宗，四子王旗教育体育局四子王旗义务教育薄弱环节改善与能力提升项目购置，内蒙古四子王旗人民医院物业服务管理项目、四子王旗人民法院其他网络设备。

【询价招标】 2020年旗政府采购中心共完成询价招标项目3宗，四子王旗教育体育局北京宽高四子王实验学校设备购置项目电子设备、四子王旗教育体育局民族幼儿园玩教具购置采购项目、四子王旗教育体育局古营子幼儿园设备购置项目。

【“全区一张网”试点旗县】 2020年8月，四子王旗率先成为乌兰察布市政府采购“全区一张网”试点旗县，正式开始使用电子化政府采购云平台。政府采购中心多次邀请内蒙古金财公司技术员对该单位全体业务人员进行业务培训。

（四子王旗政府采购中心）

政协四子王旗委员会

重点工作

【领导名录】

主　席：赵翠萍（女）

副主席：巴特尔（蒙古族）

　　　　李成义

　　　　云志忠（蒙古族）

　　　　敖　登（女，蒙古族，1 月任职）

政协各工作机构

办公室主任：徐　沣

社会事务委员会主任：韩　斌

经济委主任：张　颖（女）

文史委主任：霍建军

提案委主任：高文飞（蒙古族）

社会事务委副主任：胡国栋（6 月任职）

经济委副主任：任忠义（6 月任职）

文史委副主任：苗伏雨

提案委副主任：王　潇

办公室副主任：张永在（10 月任职）

【概况】 2020 年，四子王旗政协机关共有干部职工 34 人，其中主席 1 名、副主席 4 名（驻会副主席 4 名，非驻会副主席 1 名）、秘书长 1 名，设有“一办四委”，即政协办公室、提案委员会、文史委员会、经济委员会、社会委员会，分别设主任、副主任各 1 名。2020 年，政协常务委员会委员 24 人、政协委员 104 人（其中 2020 年增补 5 名）。分别是共产党界、教育科技界、农牧民界、工商企业经济界、文化艺术新的社会阶层界、台属侨胞界、工青妇界、少数民族界、医药卫生界、宗教界十个界别。基层委员之家 6 个（其中 2020 年新建 2 个）。2020 年，四子王旗政协坚持以习近平新时代中国特色社会主义思想为指导，围绕中心、服务大局，深入协商议政、广泛凝聚共识。特别是面对突如其来的新冠肺炎疫情，全体政协委员积极投身抗击疫情斗争，合力助推“六稳”“六保”，精准进行扶贫工作；为增进各民族团结和谐，铸牢中华民族共同体意识，推进国家统编教材使用方面做大量工作。2020 年，四子王旗政协共开展专题议政协商、界别协商、对口协商等协商议政活动 6 次，调研视察活动 5 次，先后形成 8 个调研报告。政协委员提案立案率达 93%。完成市政协文史馆四子王旗板块的建设。文史方面为宣传四子王旗，打造经典导游词，促进四子王旗旅游文化融合发展做出了积极贡献。新冠肺炎疫情防控期间，政协机关全体干部 24 小时蹲点值班，负责所包联小区人员排查、政策宣传等工作，共排查小区住户 1000 余人次。广大政协委员逆行出征，积极投身疫情防控的主战场，捐款捐物、出钱出力。疫情防控期间全旗政协委员和政协机关干部捐款捐物折合人民币 19.6 万元；全旗 100 多名政协委员积极主动投身脱贫攻坚主战场，开展了产业扶贫、科技扶贫、健康扶贫、界别扶贫、公益扶贫等活动。2020年，委员累计捐款捐物达100多万元，帮助村集体经济增收400多万元，为200多户贫困户提供了就业岗位。

【重要会议】 2020年5月6日，政协四子王旗第十四届委员会第四次会议在旗党政大楼二楼会议室开幕。大会应到委员104人、实到93人，符合政协章程的规定，会议由政协副主席巴特尔主持。5月8日会议闭幕。会议分别审议通过了《政协四子王旗第十四届委员会第四次会议提案审查委员会提案审查情况的报告》《政协四子王旗第十四届委员会第四次会议政治决议》《政协四子王旗第十四届委员会常务委员会工作报告的决议》《政协四子王旗第十四届委员会常务委员会提案工作报告的决议》，旗委书记武玉亮到会表示祝贺并作重要讲话，会议审议并通过全旗优秀政协委员和优秀提案表彰工作有关事宜。

政协四子王旗常务委员会

【政协四子王旗委员会第十三次常委会】 2020年4月23日，政协四子王旗委员会第十三次常委会在政协三楼会议室召开。会议由政协主席赵翠萍主持，出席会议常委19人、缺席5人，各专委会主任、副主任列席会议。会议主要内容是审议通过增补十四届政协委员名单；审议通过政协四子王旗第十四届委员会第四次会议议程（草案）；审议通过政协四子王旗第十四届委员会第四次会议日程（草案）；审议通过政协四子王旗第十四届委员会第四次会议执行常委名单（草案）；审议通过政协四子王旗第十四届委员会第四次会议编组办法和各讨论组召集人名单（草案）；审议通过政协四子王旗第十四届委员会第四次会议秘书长、副秘书长名单（草案）；审议通过政协四子王旗第十四届委员会第四次会议大会秘书处工作机构（草案）；审议通过政协四子王旗第十四届委员会第四次会议提案审查委员会人员名单（草案）；审议通过政协四子王旗第十四届委员会第四次会议各次会议主持人及报告人名单（草案）；审议通过优秀政协委员、优秀提案（草案）；审议通过《选举办法（草案）》；确定计票人名单；审议通过政协四子王旗第十四届委员会第三次会议以来提案工作情况的报告；审议通过政协四子王旗第十四届委员会第四次会议常委会工作报告。

【政协四子王旗委员会第十四次常委会】 2020年5月8日，政协四子王旗委员会第十四次常委会在政协三楼会议室召开。会议由政协主席赵翠萍主持，出席会议常委24人。会议主要内容：听取各讨论组召集人对各大报告、副主席候选人、常务委员候选人、《选举办法》及总监票人、监票人讨论情况汇报；审议通过政协四子王旗第十四届委员会第四次会议政治决议（草案）；审议通过政协四子王旗第十四届委员会第四次会议常务委员会工作报告的决议（草案）；审议通过政协四子王旗第十四届委员会第四次会议提案工作情况报告的决议（草案）；审议通过政协四子王旗第十四届委员会第四次会议提案审查委员会关于本次会议提案审查情况的报告（草案）。

【政协四子王旗委员会第十五次常委会】 2020年7月14日，政协四子王旗委员会第十五次常委会在政协三楼会议室召开，会议由政协主席赵翠萍主持，出席会议常委21人、缺席3人，各专委会主任副主任列席会议。会议审议通过《四子王旗2020年度政协协商工作计划》；旗政协主席赵翠萍讲党课《立足岗位讲奉献，勇于担当比作为》。

【政协四子王旗委员会第十六次常委会】 2020年12月9日，政协四子王旗委员会第十六次常委会在政协三楼会议室召开，会议由政协主席赵翠萍主持，出席会议常委20人，各专委会主任副主任列席会议。会议审议通过《关于优化我旗营商环境民主监督的调研报告》《加快推进农村牧区危土房拆迁及环境整治，助力我旗乡村振兴的调研报告》《关于全旗古长城保护及非物质文化遗产保护和传承情况的调研报告》《加强我旗公共卫生服务体系，提高应对突发公共卫生事件能力调研报告》。

【协商议政】 2020年，四子王旗政协共开展专题议政协商、界别协商、对口协商等协商议政活动6次，调研视察活动5次，配合协助自治区政协、市政协开展了为期半年的优化营商环境三级联动协商调研活动，由政协副主席带队，深入企业、部门开展调研，召开专题协商议政会议，形成专题报告。

【民主监督】 2020年，四子王旗政协认真贯彻落实中共中央《关于加强和改进人民政协民主监督工作的意见》精神，围绕中心工作中的重点、热点问题，融协商、监督、参与、合作于一体，深入实施民主监督。2020年，旗政协对旗林业和草原局生态建设项目护管防工作开展情况进行了民主评议。通过制定工作方案、召开动员大会、组织相关政协委员实地走访项目区建设、走访基层群众、发放调查问卷、召开座谈会和民主评议大会等方式，形成民主评议情况在总结会上进行通报。

【提案办理】 2020年，四子王旗政协委员提交提案73件，立案68件，立案率93%，答复率达100%。其中，已办理8件，占立案率12%；正在办理44件，占立案率65%；列入计划办理13件，占立案率19%；由于其他因素无法办理3件，占立案率4%。通过主席会议成员督办重点提案、召开提案交办会、协调会、座谈会等方式加强提案的办复工作；向市政协、旗委、政府报送社情民意73篇，采用51篇。获得2020年度全市社情民意信息“先进单位”称号。

【调研活动】 2020年，四子王旗政协协助配合区、市政协开展各种调研活动6次，参加了市政协组织的“乡村振兴”“产业发展”等课题的调研视察活动。2020年，旗政协累计开展学习、视察、调研、座谈等活动20余次。形成《加快推进农村牧区危土房拆迁及环境整治，助力我旗乡村振兴的调研报告》《关于全旗古长城保护及非物质文化遗产保护和传承情况的调研报告》《加强我旗公共卫生服务体系，提高应对突发公共卫生事件能力调研报告》。

【视察考察】 2020年，旗政协组织两级政协委员对全旗农牧业、工业、脱贫攻坚、教育事业、城镇建设、生态治理及社会服务业等做了全面的视察；旗政协先后接待了福建省建瓯市、赤峰市巴林右旗等地政协到旗学习考察，就民办教育、生态建设、产业发展及政协工作创新进行沟通和交流；组织部分政协委员赴赤峰、通辽等地进行调研，学习旅游文化、非物质文化遗产保护及美丽乡村建设情况等方面的先进经验。

【文史工作】 2020年，四子王旗政协完成市政协文史馆四子王旗板块建设；编辑出版了《扶贫记忆画册》、《四子王旗政协专刊》（第十期）；收集整理了四子王旗历史文化、草原文化、文物古迹、知青文化、脱贫攻坚、疫情防控等资料。

【履职平台建设】 2020年，四子王旗政协建成并启用“政协云”履职平台，实现了自治区、市、旗三级政协的整体联动。

【创建政协委员之家】 2020年9月，四子王旗政协分别在旗人民医院和景欣农业股份有限公司新建2个“政协委员之家”，使全旗政协委员之家数量达到了6个，实现了政协工作重心下移，让人民群众觉得政协就在身边。

政协办公室

【领导名录】
主　任：徐　沣（秘书长）
副主任：张永在（10月任职）

【概况】 四子王旗政协办公室（简称旗政协办）是政协的综合办事机构。2020年，旗政协办强化党的建设，推进重点工作。以“三会一课”、主题党日、组织生活会、民主评议党员等为重点，推动党建工作制度化、常态化；狠抓促脱贫攻坚工作。举办帮扶责任人专题培训4次，脱贫攻坚专题会议10次，组织扶贫考试1次，帮扶责任人累计入户300余人次；组织协调新冠肺炎疫情防控及捐赠工作；强化制度机制建设，先后制定出台了《主席、副主席联系专委会制度》《专委会联系界别制度》《四子王旗政协党员委员活动制度》三项制度。

【会务工作】 2020年，旗政协办圆满完成了政协全委会议、常委会议、主席办公会议、党组会议等会议的组织服务工作。在会务组织的过程中，形成了全员参与、统筹安排、密切配合、运转协调的工作机制，使政协委员顺畅履行政治协商、民主监督、参政议政的职能。

【协调视察调研】 2020年，旗政协办组织全旗政协委员视察全旗社会经济发展情况。组织政协委员开展了优化全旗营商环境民主监督、加快推进农村牧区危土房拆迁及环境整治，助力全旗乡村振兴、古长城保护及非物质文化遗产保护和传承情况，加强全旗公共卫生服务体系建设、提高应对突发公共卫生事件能力课题的调研，并形成了4篇调研报告，上报旗委政府，为旗委政府决策提供了参考。

【起草文件】 2020年，旗政协办共起草各类文件120份。其中党组文件50份、委员会文件20份、办公室文件22份、函件24份、调研报告4份、其他文件材料316份。

【协调提案督办落实】 2020年，旗政协办公室配合专委会采取集中交办、重点督办、跟踪督办等形式提高提案办理质量和成果转化。十四届四次会议四子王旗政协委员提交提案73件，立案68件，立案率93%，答复率达100%。

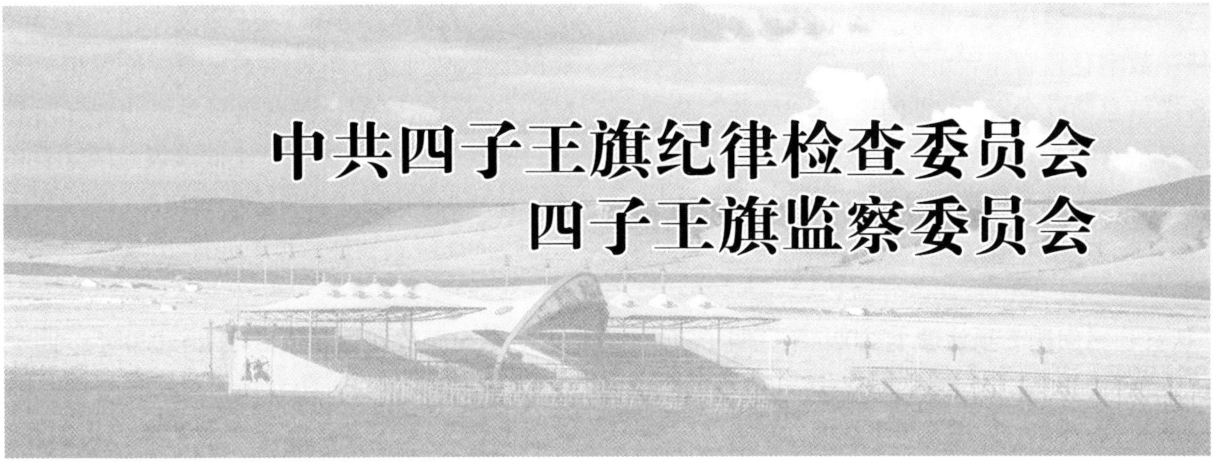

中共四子王旗纪律检查委员会 四子王旗监察委员会

纪委监委

【领导名录】
纪委书记、监委主任：王高奎
纪委副书记、监委副主任：苏　荣（蒙古族）
　　张闻天
纪委常委、监委委员：王永祥（信访室主任）
　　张淑英（女）
　　邸全旺（纪检监察三室主任）
　　李翰章（监委委员）
　　左向东（监委委员）

【概况】 2020年，四子王旗纪委监委忠诚履行党章和宪法赋予的职责，一体推进不敢腐、不能腐、不想腐。按照“强化政治监督、深化专项治理、提高办案质量、推动以案促改”总体思路，不断推动纪检监察工作高质量发展。坚定不移地把党风廉政建设和反腐败工作向纵深发展。

【细化政治监督台账】 2020年，四子王旗纪委监委开展“精准监督年”活动。实行责任跟着“清单”走，监督对着“台账”走。制定了《四子王旗纪委监委政治监督台账》，细化17项70条监督内容。督促同级党委和各地、各部门党委（党组）围绕“人、权、事”认真梳理、细化量化党组织、一把手和分管领导责任清单，实现了履职“一单清”、监督“一账明”。

【政治监督】 2020年，四子王旗纪委监委统筹纪律、监察、派驻和巡察四个监督力量，确定5个监督检查室负责联系苏木乡镇、旗直部门单位政治责任落实常态化监督工作，对照监督清单，运用“末端工作法”，“点对点”靶向精准监督，发现和纠正政治偏差。2020年，精准回复党风廉政意见41批次4256人次，问责履行“两个责任”不力的党员干部26人，查处违反党的政治纪律和政治规矩问题1件1人，向旗委报告全旗落实政治责任情况7次，实时反馈发现的突出问题并提出有针对性的意见建议。

【派驻监督】 2020年，四子王旗纪委监委在过去派驻监督的基础上，增设派驻旗民政局、旗发展和改革委员会、旗市场监督管理局3个纪检监察组。制定了《四子王旗纪委监委关于加强派驻机构工作的实施意见（试行）》，起到了派驻机构“探头”作用。

【大数据平台建设】 2020年，四子王旗纪委监委布局大数据平台建设。接入乌兰察布市“三务”公开监督平台，接通“两个责任”数字化监督平台，接通政府公务用车后台监管通道，指定1名工作人员专职负责大数据平台日常运行和维护。建成大数据监控室，建成“两个责任”数字化监督平台；全旗“线上”公开公示各类信息200余万条；四子王旗“三务”公开监督平台后端正式启用，完成全旗“三务”公开录入员培训和旧数据迁移等工作，全年各地各部门录入相关信息249条。

【扶贫领域问题专项治理】2020年，四子王旗纪委监委围绕脱贫摘帽后“四不摘”、脱贫绩效、问题整改“百日攻坚”行动要求，厘清7大类14个方面主体责任，明确34项具体监督内容，建立了监督底单、问题整改、线索处置“三本台账”，成立11个专项督查组，实时跟进督查，定期验收销号。全年开展专项督查9轮次，覆盖13个苏木乡镇115个嘎查村，发现相关问题64个，下达督查整改建议书40份，向旗委和政府、相关部门专项反馈3次。旗纪委监委承接中央脱贫攻坚专项巡视“回头看”、2019年国家成效考核和中央纪委国家监委实地踏查调研反馈4个方面13个问题整改，细化为23项整改任务，已完成整改22项；扶贫领域共发现问题线索18件，立案3件，党纪政务处分4人，组织处理18人，通报曝光6起15人。

【扫黑除恶专项斗争】2020年，四子王旗纪委监委紧盯大要案件不放，对2019年立案的卓资县赵某涉黑案持续强力攻坚，严肃查处党员干部涉黑4人，充当“保护伞”1人，失职失责15人；给予党纪政务处分19人（其中开除党籍和公职双重处分3人），退休事业人员不再作出处分决定1人，移送司法机关1人。紧盯重要问题线索不放，对1起涉恶案件集中研判、精准摸排，发现3名公职人员参与涉恶团伙敲诈勒索，对其进行审查调查。

【整治煤炭领域违规违法问题】2020年，四子王旗纪委监委重点对2个煤矿开展全面排查；督促全旗党政机关、事业单位、国有企业在职和离退休公职人员逐人填报“煤炭资源领域专项整治个人有关事项报告表”；发布公告发动群众积极反映问题，拓展线索来源。统筹相关监督检查室、派驻纪检监察组对主要职能部门开展“定点”督查19轮次，会同涉煤地区党委和政府及相关职能部门实地踏查煤田3次，共受理涉煤问题线索5件，组织处理10人。

【人防系统腐败问题专项治理】2020年，四子王旗纪委监委成立人防专项监督责任组和专项联络机构，认真梳理核查人防领域各类工程、项目、资金情况，形成任务底单，并督促旗人防办摸排民用建筑工程项目149个。紧盯人防系统易发多发的5类重点问题，对住建、规划、国土、财政等重要行业部门全面开展监督检查10轮次，督促旗人防办对欠缴易地建设费的77个项目下达追缴通知书，累计追缴欠费2287.8万元，下达纪律检查建议书1份、督促函2份。

【教育、医疗系统专项治理】2020年，四子王旗纪委监委以整治教育领域择校、课外补课、学生安全、变相收费乱象以及医疗机构各类违规违法执业、医疗欺诈骗保行为等问题为重点，精准摸排校外培训和补课机构128所，及时向旗政府下达监察建议书，对33所未经许可的校外培训机构下达了停办通知，责令12所条件不完善的校外教育机构限期整改；摸排医疗领域相关问题线索82个，其中违规违法执业21个，医疗欺诈骗保行为61个，全部完成整改，主动退回金额58.1万元，罚款2.96万元，通报医疗机构3家。

【营商环境监督】2020年，四子王旗纪委监委印发《关于优化营商环境强化监督执纪问责的通知》，发布了公告列出24种损害营商环境负面清单，对照重点问题开展专项监督检查4轮次，发现问题8个，完成整改7个。共受理优化营商环境方面的问题线索2件，了结1件。

【治理违规经商办企业】2020年，四子王旗纪委监委制定《关于全旗开展党政机关公职人员和干部职工违规经商办企业专项整治工作方案》，督促各地各部门组织全面排查，及时上报自查自纠情况，旗纪委监委重点对“零报告”的地区和部门进行监督检查。

【拓展作风建设成效】 四子王旗纪委监委在贯彻落实中央八项规定精神中，立案查处违反中央八项规定精神问题3起，党纪政务处分3人，通报曝光3起3人；发现作风方面问题线索36件，组织处理31人。在查处形式主义、官僚主义问题中，发现受理相关问题线索35件，党纪政务处分19人，组织处理34人、3个党组织，约谈嘎查村“两委”干部3人，通报曝光12起26人、2个党组织。

【运用容错纠错机制】 2020年，四子王旗纪委监委运用容错纠错机制，澄清一批不实信访举报。对1起案件涉及的1人适用容错纠错机制，对2起2人不实举报予以澄清正名，打击诬告陷害行为，保护和激发了党员干部干事创业的工作积极性。

【“三务”公开】 2020年，四子王旗纪委监委对照“三务”公开内容清单，发现公开的范围有死角、公开内容不规范、公开数据不及时等问题及时提醒纠正、严肃查处。全年“三务”公开共发现问题线索3件，立案2件，党纪政务处分2人，组织处理2人，通报曝光2个单位。

【“上访变下访”】 2020年，四子王旗纪委监委针对群众反映强烈、久处未决以及重访缠访的信访件，班子成员主动带案进村入户，一线研究、一线调处、一线解决。全年共下访18批次48人次，排查信访问题18件，化解矛盾17个。

【严惩基层“微腐败”】 2020年，旗纪委监委第一轮“微腐败”大清扫行动共筛选出信访举报18件，已全部办结。化解信访问题13个，立案9件，给予党纪政务处分11人，组织处理2人，涉事人员主动上缴违纪违法所得2.67万元；第二轮大清扫行动共接受上级移交信访举报17件，办结12件，立案1件，给予党纪处分1人。

【评选“清风干部”】 2020年，四子王旗纪委监委建立了“民选+官审+网议”的评选模式，形成了“两推两审两公示”规范的评定流程。评选2019年度“清风干部”2174人、标杆干部325人。创新性地运用“5+1”标准法评选“清廉村居（嘎查）”25个。

【运用“四种形态”】 2020年，旗纪委监委坚持抓早抓小、防微杜渐，共谈话函询4人，批评教育党员干部29人，诫勉谈话7人，党纪轻处分46人。坚持严字当头、权责统一，运用“四种形态”处理党员干部214人次，其中，第一种形态145人次，占67.8%；第二种形态61人次，占28.5%；第三种形态3人次，占1.4%；第四种形态5人次，占2.3%。

【有案必查　有贪必肃】 2020年，四子王旗纪委监委坚持有案必查有贪必肃。共处置问题线索142件，立案60件，党纪政务处分71人，组织处理79人，采取留置措施3人，移送司法机关2人。旗廉政警示教育中心承接留置任务3起16人。

【用精用好“两书”】 2020年，四子王旗纪委监委下达纪律检查建议书7份，监察建议书15份。提出了有针对性的解决方案，并对“两书”执行情况全程跟踪督办。纪委机关以“宣布处分决定+现场警示教育”的模式对案发地区部门开展警示教育35场次，召开全旗领导干部警示教育大会1场次，利用党建直通车开展“线上”警示教育1场次；纪委制定了《关于进一步推进清廉乡村建设工作的实施意见》，明确主要工作内容和举措，推动形成查处一批案件、解决一批问题、形成一套制度、规范一个领域的治本长效机制；旗纪委利用本旗廉政文化元素，在东八号乡廉政文化阵地、查干补力格苏木、乌兰花镇和谐公园、旗廉政教育管理中心建设廉政文化场所。

【处置巡视组移交问题线索】 2020年，四子王旗纪委监委将中央第八巡视组移交问题线索办理作为重点工作，实行审理提前介入制度，将审核把关贯穿办理工作的全过程和各环节。共接受巡视组移交问题线索15件（其中重信3件），已全部办结，予以了结14件，直接了结1件，诫勉谈话1人。

【政治巡察】 2020年，四子王旗纪委监委完成了第十轮常规巡察、人防系统专项巡察。配合市委第四巡察组完成对查干补力格苏木煤炭资源领域专项巡察共3轮巡察任务，年底前，第十轮常规巡察整改和第十一轮常规巡察工作正在开展，十三届旗委应巡察党组织61个，巡察全覆盖任务全部完成。共发现问题98个，其中立行立改3个，向被巡察单位反馈问题95个，移交问题线索32条，被巡察单位整改12条。

【干部监督】 2020年，四子王旗纪委监委开展“精准监督年”活动。精准运用“四种形态”共处理党员干部256人次，其中第一种形态176人次，占68.8%；第二种形态72人次，占28.1%；第三种形态3人次，占1.2%；第四种形态5人次，占1.9%。

【党风廉政建设】 2020年，四子王旗纪委监委精准回复党风廉政意见41批次4256人次，问责履行“两个责任”不力的党员干部26人，查处违反党的政治纪律和政治规矩问题1件1人，向旗委报告全旗落实政治责任情况7次，实时反馈发现的突出问题并提出有针对性的意见建议。

【四风问题】 2020年，四子王旗纪委监委查处形式主义、官僚主义问题线索35件。给予党纪政务处分19人，组织处理34人、3个党组织，约谈嘎查村“两委”干部3人，通报曝光12起26人、2个党组织。

【违纪干部问题查处】 2020年，四子王旗纪委监委坚持抓早抓小、防微杜渐。年内共谈话函询4人，批评教育党员干部29人，诫勉谈话7人，党纪轻处分46人。

【新冠疫情防控突出问题】 2020年，四子王旗纪委监委在疫情防控期间从严从快查处突出问题，共立案17件，党纪政务处分17人，组织处理45人3个党组织，通过微信公众号平台累计曝光15批次52人3个单位。

【基层监察】 2020年，四子王旗纪委监委下设13个苏木乡镇纪委监察办共处置问题线索39件，立案18件，给予党纪政务处分16人，组织处理19人。

【警示教育和廉政文化】 2020年，四子王旗纪委监委以“宣布处分决定+现场警示教育”的模式对案发地区部门开展警示教育35场次，通过召开全旗领导干部大会、利用“北疆先锋党建直通车”等形式开展集中警示教育6场次。开展“廉情寄语”活动征集廉政文化作品135幅。建成东八号乡廉政文化阵地、旗廉政教育展厅、旗廉政教育管理中心户外廉政文化广场。

（王浩镔）

巡察办公室

【领导名录】

主　任：毕力格巴特尔（蒙古族）

副主任：车瑞平

【概况】 四子王旗委巡察办（简称旗委巡察

办）成立于2017年6月，为旗委直属正科级单位。旗委巡察办下设秘书股、综合股、督查股3个行政股室和1个巡察数据中心（股级事业单位）。编制数35个，其中行政编制20个、事业编制15个。科级领导职数4正4副。旗委和旗委巡察工作领导小组注重从各级优秀干部中抽调人员到巡察岗位锻炼，把巡察岗位作为发现、培养、锻炼干部的重要平台，发挥熔炉作用。2020年，旗委巡察办按照市委巡察办和旗委、旗委巡察工作领导小组的安排部署，发挥巡察利剑作用，以问题为导向，突出政治巡察。完成了十三届四子王旗委第十轮常规巡察；完成全旗人防系统专项巡察；配合市委第四巡察组完成煤炭资源领域上下联动专项巡察；开展十三届四子王旗委第十一轮常规巡察。2020年开展巡察机构和巡察干部队伍建设，加强基层党支部建设工作，配合全旗开展精准扶贫工作和新冠疫情防控工作。

【巡察工作】 2020年，旗委巡察办根据市委巡察办《关于开展人防系统专项巡察工作的通知》精神，按照旗委巡察工作领导小组安排部署，3月17日至4月8日，旗委人防系统专项巡察组对四子王旗人民防空办公室进行了专项巡察。从主体责任履行情况、人防项目审批情况、易地建设费收缴减免情况、人防工程出租牟利情况、违规审批和作风情况等几个方面进行监督检查。巡察发现共10个问题，4月21日人防系统专项巡察组向旗委巡察工作领导小组汇报了巡察工作情况，5月6日向旗委书记专题会汇报了人防系统专项巡察工作情况，5月14日向旗人防办进行了巡察反馈，9月24日对巡察整改落实情况进行了实地督查，责成人防办建章立制6条。

【旗委第十轮巡察】 2020年，旗委巡察办按照旗委巡察工作领导小组的安排部署，于2020年5月19日至2020年7月21日，开展了十三届旗委第十轮巡察。旗委三个巡察组对乌兰花镇、巴音敖包苏木、白音朝克图镇、财政局、人民医院、房屋征收中心、医保局、卫健委、政法委9个党组织进行了常规巡察。巡察期间，巡察组贯彻中央巡视工作方针，坚守巡察政治定位。以“四个意识”为标杆，把坚决维护习近平总书记核心地位、维护党中央权威和集中统一领导作为根本政治任务，紧扣“三个聚焦”。巡察组进驻被巡察单位后，采取实地走访、听取汇报、个别谈话、明察暗访等方式开展政治巡察，受理群众来电来访8件次，开展个别谈话544人次，听取专题汇报43个，查阅相关文件和财务账册3979份，走访调研174次。巡察发现被巡察党组织“三个聚焦”方面问题98个，巡察发现重点人、重点事的问题线索32件。巡察期间，巡察组实行边巡边改，反馈被巡察党组织立行立改的问题3个。2020年8月14日，巡察组向旗委巡察工作领导小组汇报巡察工作情况；8月20日巡察组向旗委书记专题会汇报巡察综合情况；10月13—21日，由巡察领导小组成员带领巡察组向被巡察党组织进行了巡察问题反馈，将问题线索移交旗纪委监委和有关部门分类处置。旗委巡察办会同有关部门对各被巡察单位的整改落实情况进行实地督查。

【煤炭资源领域专项巡察】 2020年，旗委巡察办按照市委和市委巡察工作领导小组统一安排，于5月19日，乌兰察布市委第四巡察组对四子王旗发改委、自然资源局、生态环境分局、工信局、市场监督管理局、应急管理局，查干补力苏木（敖包图嘎查）开展煤炭资源领域专项巡察。四子王旗委成立上下联动组，配合市委第四巡察组完成对查干补力苏木（敖包图嘎查）的专项巡察任务。

【旗委第十一轮巡察】 2020年，旗委巡察办按照旗委巡察工作领导小组的安排部署，于2020年11月2日开始开展了十三届旗委第十一轮巡察。旗委三个巡察组对旗委宣传部、旗人民法院、旗公安局、旗人力资源和社会保障局、旗扶贫办、旗农牧和科技局、旗林业和草原局、旗市场监督管理局8个党组织进行常规巡察。

【巡察全覆盖】 截至2020年底，旗委巡察办对十三届四子王旗委巡察“全覆盖”。共巡察61个党组织，其中旗直机关行政单位37个、苏木乡镇13个、事业单位9个、国有企业2个。截至年底，对全旗61个党组织全部开展巡察，覆盖率达100%；对全旗135个嘎查村（社区）党组织通过运用延伸巡察的方式全部完成，覆盖率达100%。

【培训巡察干部】 旗委巡察办于2020年5月12日开展十三届旗委第十轮巡察前业务培训；2020年8月2—6日，选派2名巡察组副组长参加第四期全区巡察干部业务培训；10月17日开展十三届旗委第十一轮巡察巡前业务培训。发挥巡察工作“显微镜”“探照灯”的作用。

总工会

【领导名录】

主　席：王鸿胜（蒙古族）

副主席：斯日古楞（蒙古族）

　　　　刘锁根（10月任职）

【概况】 四子王旗总工会是全旗基层工会的领导机关，内设机构包括：办公室、业务股、经保部（劳动保护、社会保障和职工经济技术协作工作部）、职工服务维权中心。

2020年，四子王旗总工会持续推进全旗各单位工会组织建设、组织整顿和工会换届工作，组织领导"八大群体"及农牧民工入会工作；积极推进工会会员普惠制服务；开展苏木乡镇（街道）、开发区（工业园区）工会"双创优"活动；开展各阶层工会会员关爱慰问活动。

【基层工会建设】 截至2020年底，四子王旗总工会累计建立基层工会组织165家，发展会员7954人（其中"八大群体"会员106人、农牧民会员762人），苏木乡镇街道建会率达到100%，职工入会率动态保持在85%，会员实名制录入达到85%以上。

【会员普惠制服务】 2020年底，四子王旗总工会以金盛涛家电、荣记大排档饭店、"鲜果到"水果店、广电网络为平台，共同举办"四子王旗工会会员普惠服务活动"，为全旗工会会员发放专享基金卡和普惠券29000余张，宣传册6500余册。工会会员持专享基金卡和普惠券消费享受优惠服务。

【"双创优"活动】 2020年，四子王旗总工会对全旗各苏木乡镇（街道）、开发区（工业园区）工会开展"双创优"活动进行督促和指导，各基层工会均配备了专、兼职工会主席和工会干部。

【职工维权】 2020年，四子王旗总工会将工资专项集体协商工作和创建劳动关系和谐企业活动同部署、同督导、同考核。企业界续签工资集体合同26家。总工会于12月4日到内蒙古永和氟化工有限公司开展2020年工会系统"宪法进企业"主题活动，124名职工参加宣传活动；新冠疫情期间，总工会在线上开展主题为"创建安全健康平等的工作环境，依法维护女职工合法权益和特殊利益"的女职工维权行动月活动，并开展"女职工权益保护知识有奖竞答"。

【"安康杯"竞赛】 2020年，四子王旗总工会在实验小学开展主题为"同舟共济战疫情，不忘初心铸师魂——当好学生引路人"的"安康杯”技能演讲竞赛。分汉语组、蒙古语组和幼儿组三组分别进行角逐，各中小学、幼儿园青年教师 59 人参与活动，旗教研室教研员担任评委。

【“医疗服务企业行”活动】 2020 年 8 月，四子王旗总工会联合旗蒙中医院到四子王供电分局和内蒙古永和氟化工有限公司共同举办主题为“助力企业复工达产、蒙中医药服务职工健康”的活动。

【“丰收节”慰问】 2020 年，四子王旗总工会常务副主席王鸿胜一行于 9 月在全旗开展对农牧民工走访慰问活动，共走访慰问农牧民工 758 人，发放慰问品金额共计 7.58 万元。

【“八大群体”慰问】 2020 年，四子王旗总工会先后两次慰问“八大群体”，共慰问会员 64 人，其中，货车司机会员 56 人，内蒙古创升商务有限公司（“饿了么”）会员 8 人，共计发放价值 1.948 万元的慰问品。

【“送温暖”活动】 12 月 17 日，旗总工会开展“送温暖”活动。慰问组深入 39 家行政企事业单位，送去总价值为 11 万余元的慰问品。

【首届青年联谊会活动】 8 月 28 日晚，由四子王旗总工会、旗团委、旗妇联、旗文明办、乌兰察布志愿者协会联合主办的“青春之约——不‘七’而会，心心相‘夕’四子王旗首届青年联谊会”在四子王旗足球馆举行，本次活动共有 110 余名青年男女参加。

【群众性文体活动】 2020 年，旗总工会联合乒乓球协会举办“四子王旗职工工会会员乒乓球比赛”，共有 70 名选手报名参加；总工会联合四子王旗羽毛球协会共同举办主题为“参与绿色运动，携手共赢健康”的全旗职工、工会会员羽毛球比赛。共有 102 名选手报名参加；由四子王旗总工会主办、四子王旗教育体育局工会承办了 2020 年全旗职工、工会会员篮球比赛。本次比赛共有 19 支代表队、280 名运动员报名参赛，比赛在四子王旗第三中学和追梦体育馆举办。

【职工医疗互助】 2020 年，四子王旗总工会举办职工医疗互助保障活动。共有 104 家单位、5960 人参加此次活动，给报销医疗费的职工足额发放补助金。

【帮扶救助工作】 2020 年，旗总工会深入 35 户困难职工家中走访，为深度困难职工 2 户、相对困难职工 16 户、旗级困难职工 17 户提供帮扶救助；为特殊困难及生活困难的省部级劳动模范向上级工会申请 12.89 万元困难补助金，并以实名打卡的方式发放到 7 名省部级困难劳模手中。

【评选劳模】 2020 年，四子王旗总工会评选出全国劳动模范 1 名；评选出自治区劳动模范 1 名，自治区先进工作者 1 名；市级工人先锋号 3 家，市级五一劳动奖章 5 人。

（冯梦鸿）

共青团四子王旗委员会

【领导名录】

书　记：曹学飞

副书记：塔米尔（蒙古族，6 月任职）

【概况】 2020 年，四子王旗共有团员 5195 人（学生团员 1523 人），新发展团员 328 名，其中发展社会团员 2 名。少先队员 6401 人，大中队辅导员 182 人。团组织 287 个，其中苏木乡镇团组织 14 个、嘎查村（社区）团组织 135 个、学校领域团组织 88 个、非公团组织 20 个、团工委 4 个、旗直属团组织 26 个。共青团四子王旗委员会（以下简称团旗委）微信公众平台发布工作动态、思想宣传等各类信息249条，微博转发600篇；依托青年爱里开展系列特色活动28场次。

【特色服务】 2020年，团旗委借助各级青基会力量为四子王旗564名贫困师生发放资助金28万元、爱心物品52万元；新冠肺炎疫情发生后，组织企业、爱心人士捐款捐物共计373552元。联系对接北京怀柔区团委在查干补力格苏木巴音嘎查援建爱心超市1处，内置1万元的生活必需品；联合北京怀柔区团委开展“汇爱成团、青您助圆”直播带货活动，累计销售特色农产品5824.8元。推荐青创联盟成员张荣、陈飞申请“青创易贷”项目，总计发放贷款200万元。

【志愿者服务】 2020年，团旗委开展志愿服务活动13场次，累计动用志愿者400名。

【爱心公益家庭微课堂】 2020年，团旗委联合内蒙古小记者协会举办“全旗爱心公益家庭教育讲座微课堂”，特邀四子王旗琴悦艺术学校老师为该旗学生家长讲授《怎样才是一个合格的父母》。

【主题团日活动】 2020年5月4日，团旗委开展“绽放战疫青春·坚定制度自信”主题团日活动暨五四青年座谈会，各级团组织负责人、社会各个领域的先进个人、集体代表以及团旗委班子成员共计48人参加会议。会上对该旗优秀共青团员、优秀团干部、五四红旗团委、五四红旗团支部、四子王旗青年五四奖章（集体）、优秀志愿者（集体）进行表彰。

【团代表联络站挂牌】 2020年，四子王旗团代表联络站正式挂牌成立，邀请全国、区、市、旗级，团的委员代表及青年26人参加。

【护航返学复课】 6月19日，团旗委联合四子王旗思瑞科技有限公司在实验小学开展“筑牢防疫战线·护航返学复课”防疫物资捐赠仪式。四子王旗思瑞科技有限公司向全旗34所中小学幼儿园捐赠价值331800元防疫物资，助力全旗各中小学幼儿园顺利复学复课。

【特别的党课】 2020年7月，团旗委组织民委、妇联与科协等单位组成联合党支部共同开展“庆七一”主题党日活动，特邀都贵玛讲党课。

【爱心捐图书】 7月7日，旗团委在乌兰花镇举行北京市怀柔团区委“爱心捐图书，共筑求学梦”捐赠活动，为第六小学、北京宽高四子王实验学校捐书2000余册，价值6万余元。

【助力青年创业】 2020年，旗团委在希敏高勒研学基地开展“众创时代，不负韶华，助力青年创业，四子王旗青创联盟在行动”青年创业培训班，共26名青年创业者、企业家参与此次活动。

【一对一捐资助学】 2020年，团旗委联系“航天五院一对一”助学金发放仪式在四子王旗第五小学举行，共资助148名家庭贫困的学生，捐赠爱心善款44400元。

【选先进树典型】 2020年，团旗委推荐产生“全市优秀共青团员”13名、“全市优秀共青团干部”6名、“全市五四红旗团委（团工委）”3个、“全市五四红旗团支部”5个。

【金秋送温暖活动】 9月10日，四子王旗团委组织开展“情系教师节·金秋送温暖”活动。由内蒙古青基会为全旗小学女教师每人赠送一套价值354元的爱心唇膏礼盒套装，共计价值近8万元。

【助力人口普查】 2020年，团旗委在全国第七次人口普查期间，组织30余名志愿者协助13个社区开展人口普查工作。

【换届选举】 2020年，四子王旗团委完成全旗14个苏木乡镇（场）团委换届选举工作。

【特色演练活动】 2020年，团旗委联合文北路社区、四子王旗青少年宫，特邀请乌兰察布志愿者红十字应急救援队5名讲师在全旗7所小学、5所中学开展消防演练、心肺复苏等特色演练活动。

（谢芳）

妇女联合会

【领导名录】

主　席：刘慧娟（女）

副主席：武艳丽（女）

　　　　张晓红（女）

【概况】 四子王旗妇女联合会（简称旗妇联）是旗委领导下的人民团体，是党和政府联系妇女群众的桥梁和纽带。内设机构分为三部一室，分别是组宣部、发展权益部、家庭和儿童工作部以及办公室。2020年，旗妇联围绕全旗中心工作，以联系和服务妇女儿童为工作主线，开展了疫情防控、脱贫攻坚、乡村振兴、维权服务、关爱救助、美丽家园创建、家庭文明创建等多项工作。

【云端相聚】 2020年，旗妇联在"三八"国际妇女节期间，正值全旗广大人民众志成城共抗疫情之时。为阻止病毒传播，将往年的纪念大会改为了与广大妇女的云端相聚。其间，旗妇联在官方微信公众平台推出了各类线上庆祝活动，以文字、图片和视频等不同形式向全旗广大妇女送上节日的问候和温暖的祝福；推出了旗妇联干部集体手舞操《听我说谢谢你》，向奋战在抗疫一线的妇女致以衷心的感谢。同时，对疫情防控工作中做出积极贡献的个人和家庭进行平台展播。

【开展巾帼心向党活动】 2020年，旗妇联开展"巾帼心向党，致敬三八红旗手"主题活动。将本年度获得全市三八红旗手标兵、三八红旗手（集体）的奖牌、奖章和荣誉证书送到了先进典型的手中，向荣誉获得者表示热烈的祝贺、致以崇高的敬意。教育引领全旗妇女学习身边的先进典型，见贤思齐、向善向美，当好巾帼"领头雁"。

【都贵玛老人讲党课】 2020年建党节期间，旗妇联与科协联合党支部、旗民委党支部、旗团委党支部联合举办了"庆七一・听都贵玛老人讲党课，促进民族团结进步创建工作"主题党日活动。

【维权服务】 2020年，旗妇联以建设维权阵地、普及法律知识，提高妇女群众法律意识和维权能力、保障全旗广大妇女儿童合法权益为重点开展了一系列工作。特别是在《内蒙古自治区反家庭暴力条例》出台后，旗妇联利用微信公众平台转发、下乡入户、线上线下宣传，向广大妇女和家庭进行宣传；旗妇联继续开展好婚姻家庭矛盾纠纷调解工作，秉承当事人自愿并为事件保密的原则进行调解，为家庭纠纷当事人特别是心理受到伤害的妇女姐妹提供心理疏导、法律咨询、法律帮助等服务；旗妇联在乌兰花镇王府路社区开展了"法官进社区"活动，邀请旗人民法院法官为广大居民讲解民法典中有关婚姻家庭的法律法规，提高居民的法律意识和懂法、守法、用法的能力。

【手工培训学技能】 2020年，旗妇联带领全旗广大基层妇女发展庭院经济，种植蔬菜、果树，获取经济收益。依托京蒙帮扶项目，开展妇女手工技能培训班，就一片式口金包的缝制技能进行培训，全年共培训女性学员100余名，帮助30余名妇女获得了持续收益，实现了居家灵活就业。

【巾帼建功行动】 2020年，旗妇联与旗非公党工委、工信局等单位联合举办了非公企业和社会组织2020年第三次主题党日活动，常态化开展了“百千万巾帼大宣讲”活动，号召各行各业的妇女姐妹岗位建功、岗位成才。成立乌兰察布市女企业家协会四子王旗分会，发挥全旗女企业家的巾帼建功示范引领作用，带动更多妇女就业创业。

【庭院经济再发展】 旗妇联组织各苏木乡镇（场）妇联成员召开了创建“美丽庭院”工作动员部署会。通过了《四子王旗妇联2020年“美丽庭院”创建评比活动实施方案》。同时陆续深入各苏木乡镇及嘎查村，对各地往年庭院经济发展情况和新一年度种植规划进行了实地调研，现场发放了10余个品种的蔬菜花卉籽种及蔬菜秧苗。8月，旗妇联在库伦图镇朝克文都村召开了“美丽家园”创建工作现场推进会，现场表彰了当地的“美丽庭院”示范户。

【关爱留守儿童】 2020年，旗妇联向市妇联争取到6万余元的“儿童之家”建设项目款，在乌兰花镇王府路社区成立“儿童之家”，配备电脑、书桌、玩具柜、各类书籍、玩具等设施，不定期开展关爱少年儿童特别是留守儿童活动，帮助留守儿童享受良好的学习娱乐环境。

【送温暖活动】 2020年，旗妇联落实市妇联关爱项目，为20名贫困妇女发放了“母亲邮包”。向北京市怀柔区妇联争取到贫困妇女救助资金2万元，为全旗40名贫困妇女每人发放500元救助金。

【开展妇幼健康促进活动】 2020年8月，旗妇联邀请内蒙古附院医学专家深入旗人民医院，开展妇幼健康促进活动，为基层广大妇幼保健医生提供了现场理论教学和实践指导，并为前来就诊的女性患者进行义诊。

【“最美家庭”活动】 2020年，旗妇联在全旗范围内发出寻找“最美家庭”活动通知。建设相亲相爱的家庭关系、弘扬向上向善的家庭美德。采取家庭自荐、妇联推荐的方式征集到各类“最美家庭”20余户，其中1户被评为自治区级“最美家庭”，11户被评为市级“最美家庭”。

【开展法官进社区活动】 2020年，旗妇联在乌兰花镇王府路社区开展“法官进社区”活动，举行“平安法治、共建社区”揭牌仪式，并邀请旗人民法院法官为社区广大居民讲解民法典中有关婚姻家庭的法律法规。

【妇女“两癌”筛查】 2020年，旗妇联联合旗卫健委全年开展妇女“两癌”免费筛查活动，适龄妇女“两癌”筛查率达到了100%。将符合救助条件的“两癌”患者信息登记造册、录入系统、报送上级妇联。举行了农村牧区贫困母亲“两癌”救助资金发放仪式，向39名患者每人发放救助资金1万元，合计发放39万元。

【创建美丽家园】 2020年，旗妇联在全旗范围内引领妇女发展庭院经济、建设美丽家园，促进美丽家园创建与脱贫攻坚相结合。全年共发放各色花卉蔬菜籽种10余种、蔬菜秧苗9万余苗。在库伦图镇朝克文都新村召开了“美丽家园”创建工作现场推进会，并在全旗范围内表彰了“最美家庭”及“美丽庭院”示范户150余户。

【维护妇儿权益】 2020年，旗妇联利用“三八”维权周、宪法宣传周等时间节点开展反家庭暴力法、反家庭暴力条例、妇女儿童权益保护法宣传活动。在乌兰花镇王府路社区举行了“平安法治、共建社区”揭牌仪式。开展了法律进社区活动，邀请旗人民法院法官为广大居民讲解民法典。以服务妇女和帮助妇女排忧解难为目的，开展婚姻家庭矛盾纠纷调解工作，全年接受妇女来访 11 次，调解成功率 100%。

【文明家庭建设】 2020 年，旗妇联在全旗范围内开展好家风好家训宣讲活动和寻找“最美家庭”活动。利用妇联官方微信公众平台展播“最美家庭”先进事迹，并择优报送上级妇联。全年共有 8 户家庭被评为市级“最美家庭”，1 户家庭被评为市级“最美家庭”标兵户，1 户家庭被评为自治区级“最美家庭”。

【换届选举】 11 月 8—9 日，旗妇联召开旗妇女第九次代表大会。来自全旗各族各界、各行各业的 128 名妇女代表参加了大会，会议审议通过了工作报告；选举产生了新一届妇联领导班子，并配齐 3 名兼职副主席。大会向全旗广大妇女发出号召：“巾帼心向党、建功新时代！”

（赵永鸿）

科学技术协会

【领导名录】

主　席：马　鹏（6 月任职）

副主席：白斯古楞（蒙古族）

【概况】 2020 年，旗科协在旗委、政府领导下，在市科协支持指导下，坚持全面推进科学素质纲要实施，认真开展科普宣传工作，并不断加强自身建设，取得了较好成绩。

【旗青少年科技馆建设】 2020 年，旗科协实施“基层科普行动计划”项目，建设旗青少年科技馆。旗政府将“四子王旗博物馆”部分展厅面积 1000 平方米划拨科协使用，作为四子王旗青少年科技馆场所。旗科技馆由乌兰察布市科技馆设计，开展规划布展。

【打造科普 e 站】 2020 年，旗科协借助上级科协“科技助力精准扶贫工程”的契机，本着高效、实用的原则，开展科普资源整合，把农村牧区、贫困户作为重点服务对象，推进农村牧区和社区科普信息化建设。对以前建成的 5 个科普 e 站（吉生太镇便民服务大厅 e 站、查干补力格苏木政府议事大厅 e 站、乌兰花镇文北路社区 e 站、旗政务服务中心大厅 e 站、旗科协图书阅览室 e 站）进行不间断跟踪检查、指导，提高使用率，提升科普信息化水平。

【提高线上科普率】 2020 年，旗科协利用“A-四子王旗科协办公微信群”“B- 科协内部办公微信群”“四子王旗果蔬技术咨询微信群”“市旗县科普工作者沟通平台”微信群等线上手段，利用电视、广播、报刊、科普 e 站等媒体，传播科普知识，交流实用技术，传播正能量，传递好声音，开展“科普中国”应用协同传播。

【科普干部能力建设】 2020 年，旗科协为加快四子王旗科普信息化建设，全面推进“科普中国”落地应用，不断提高科普信息员的实际操作能力和管理水平，打造一支稳定、精干的兼职科普信息员队伍。从 7 月开始，旗科协已派出 6 批次干部参加区市两级科协组织的提升基层科普干部能力培训班。

【开展科技创新大赛活动】 2020 年，旗科协联合旗教科体局、镇内各小学等单位，组织两批次 12 人参加乌兰察布市青少年科技创新大赛活动。

【创新性开展科普活动】 2020 年，旗科协围绕科普日、科技活动周、百名专家走进盟市旗县科普传播行等主题科普活动，开展各类实用技术培训、大型义诊等科普活动。5 月与旗委宣传部等多部门联合开展了“三下乡”活动。旗科协工作人员随团深入全旗苏木乡镇、嘎查村，农村、牧区、厂矿、企业进行科普知识宣传与科技服务工作，发放科普资料和科技实用技术资料；9 月组织“百名专家走进盟市旗县科普行”活动，有针对性地安排肉牛养殖、马铃薯种植方面的专家深入乌兰花镇、大黑河乡种养殖大户，以现场问答式的培训形式开展活动。

【科协组织换届】 2020年，旗科协按照上级科协和旗委的统一要求完成科协组织的换届工作。实现旗乡两级“三长”全部进科协组织。

工商业联合会

【领导名录】

主　席：牛子尧（农工民主党）

副主席：陈　俊

【概况】 四子王旗工商业联合会（简称工商联）是中共四子王旗委领导的由工商界组成的人民团体和民间商会，是旗委和政府联系非公有制经济人士的桥梁和纽带，是政府管理非公有制经济的助手，也是对外开放、民间外交的一条重要渠道。2020年，四子王旗工商联协调政府相关职能部门为非公经济提供服务。各商协会通过开通各种平台，利用现代化信息手段，为会员提供政策服务，传递各类信息。通过劳动就业等部门联合举办“非公企业法律讲堂”“劳动争议预防调解”“和谐劳动关系”等多种形式的培训活动，不断提升会员的维权意识。积极帮助协调处理会员之间、会员与非会员之间、会员与消费者之间的矛盾纠纷，为会员提供全方位的维权服务。推进“村（嘎查）企合作”精准扶贫行动，引导宣传非公经济人士参与社会公益事业，助力脱贫攻坚行动。

【培训学习】 2020年，四子王旗工商联组织全旗非公经济人士举办民营企业家座谈会。重点学习总书记在工商联委员联组会上的重要讲话精神以及十九届全会的精神、科普知识、适用法规的培训；参加旗党校举办的培训班；推荐优秀企业人士参与自治区百强民营企业和“影响乌兰察布”民营经济十大先进人物等活动；5月6日，旗工商联邀请旗司法局老师为50家企业会员在四子王旗电商服务中心举办非公企业法律讲堂，讲解合同法、招标投标法；7月8日工商联邀请了内蒙古资深人力资源讲师任跃，为50家企业会员举办如何建立健全和谐劳动关系学习班，培训从劳动仲裁、劳资纠纷处理、劳动监察等方面，结合合同签订与解除、消极怠工、离职、旷工、调岗等案例为大家作了一场专题讲座；10月30日，市工商联组织邀请自治区信用标准化委员会专家委员，内蒙古南瓜征信管理有限公司总经理在四子王旗政府二楼举办信用体系培训班，内容涉及企业劳资纠纷处理、劳动监察、合同签订与解除、消极怠工、离职、旷工、调岗等案例。11月30日，工商联组织30多家会员企业在旗电商服务中心举行学习全国民营经济暨统战工作会议精神，学习国务院出台的《优化营商环境条例》。

【服务非公经济】 2020年，四子王旗工商联开展招商引资服务，组织多家企业到其他省市进行考察交流，了解企业生产经营情况、发展思路；搭建融资担保服务平台，缓解企业融资难问题。与各银行沟通联系，为企业和银行间牵线搭桥，破解小微企业融资难题。工商联深入非公企业进行调研，广泛征求非公经济代表人士意见和建议，写出《四子王旗工商联关于全旗非公经济发展运行的调研报告》。2020年，工商联协调指导民营企业在做好新型冠状病毒肺炎疫情防控工作同时，推进会员企业复工复产。工商联利用商会微信群在疫情防控期间及复工复产阶段宣传惠企政策，为企业提供销售、推广等互动服务，及时了解复产困难企业存在的问题，并帮助企业解决在疫情防控及复工复产过程中遇到的突出问题。

【走访非公企业】 2020年，四子王旗工商联组织全体干部到内蒙古中加生物科技有限公司，内蒙古赛诺种羊有限公司、内蒙古蒙霖生态科技有限公司等35家企业。通过召开座谈会听取部分企业意见建议；会后向会员企业发放复工复产稳产网络问卷调查，将收集到的有关流动资金匮乏、员工回归困难、运力不足等10多条突出问题及时上报并第一时间回应。

【民营企业转型升级】 2020年，四子王旗工商联引导民营企业创新思路，加大招商引资力度，引进项目、资金、人才、先进技术和经营理念。改进工艺、淘汰落后设备，强化内部管理。采取强强联合、兼并重组、资源整合、做大做强，向低碳、节能、环保、绿色型企业发展。引导民营企业家立足国家产业总体布局，主动适应经济发展新常态。

【创建民营企业品牌意识】 2020年，四子王旗工商联引导民营企业重视创建品牌发展，政府服务部门加强宣传中央、区、市支持民营企业发展出台的一系列文件。工商联引导和鼓励民营企业参与专项扶持资金项目，明确专门部门和领导具体抓落实。

【召开执委扩大会】 10月29日，旗工商联召开第十三届三次执委扩大会。会议应到78人，实到65人，补选选举产生了工商联新的十三届执委会，由执委会补选选举产生了工商联（总商会）兼职主席、副会长。新增会员28个，增补执委12人。会员从2019年的85人递增到2020年的101人。

文学艺术界联合会

【领导名录】
主　席：周桂芳（女）
副主席：崔世国

【概况】 四子王旗文学艺术界联合会（简称文联）是全旗文学艺术家协会组成的人民团体，是党和政府联系全旗各民族文艺家的桥梁和纽带。文联组织的基本职能是对各团体协会会员开展联络、协调、服务工作，通过文艺创作、理论研究、学术交流、文艺评奖等工作，对各协会会员进行业务培训和指导。

【文学创作】 2020年，四子王旗文学艺术界联合会诗词学会完成区市两级诗词学会“诗说内蒙古一诗一图”“草原古韵·乌兰察布卷”“敕勒春韵”等主题创作文稿征集任务；出版《笔架山诗言录》诗词集；旗作家协会会员在《乌兰察布日报》《内蒙古日报》等报刊发表散文、诗歌；旗文联编辑印刷《塔布河》（蒙古汉文版）文学期刊、大型摄影画册《聚焦神舟草原》；旗文联微信公众号推送、发布各类文艺作品和文艺动态消息120余条，关注人数达1000余人。

【书画活动】 旗老年书画协会选送内蒙古老年书协举办的网络书法展作品15幅；参加四子王旗“缤纷中国梦”书画摄影展，选送书画影作品90多幅；开展“人民楷模”都贵玛主题诗书画创作，推出作品30多幅（首）；举办迎新春老年书画精品展。旗书法家协会举办“弘扬蒙古马精神”书法篆刻作品联展，展出区内外书法篆刻作品90幅。旗文联策划、筹组“龙腾草原　寿佑神州”暨“百龙百寿”中国科学院大学教授、当代著名书法家王渭田书法展，王渭田教授亲临现场书法；主办“新时代文明实践书画精品展”。

【艺术活动】 2020年，旗文联组织四子王旗音乐家协会参加全市文艺会演；参加全旗农牧民文艺会演4场；原创歌曲《乌兰牧骑》选送自治区草原文化节获优秀节目奖。旗音乐家协会马头琴分会在旗蒙古族中学举办“校园文艺”马头琴演出，在红格尔苏木举办的“蒙古族饮食文化节”进行公益演出。旗朗诵协会在旗新华书店举办《马兰花开》朗读会，在哈萨尔广场举办第三届文化周朗读比赛。

【送温暖活动】 旗文联邀请和组织自治区市旗三级书协、美协等艺术家深入镇乡、村、社区开展“春联年画进万家、送祝福活动”6场次，创作春联46副、书写赠送春联年画1800余幅、福字2000多个；为旗党群服务中心“阅读书籍加油站”捐赠蒙古文、汉文文艺类图书40余册。

【创作采风】 旗文联承接市文联脱贫攻坚文学创作采风调研组、内蒙古重大主题文艺精品创作中国油画院“人民楷模”都贵玛大型主题油画工程主创画家采风、北京市怀柔区作家艺术家团文艺帮扶采风活动；配合内蒙古作家蒋雨含执笔报告文学《草原母亲》。

【文化交流】 旗文联与北京市怀柔区作家艺术家在本旗开展“柔水红山京蒙谊、同心共筑文化情”交流活动，双方联办“丹青妙笔添彩、柔水红山情长”书画笔会活动；旗诗词学会创作歌曲《红山柔水草原情》。

【创作抗疫作品】 2020年，旗文联组织旗诗词学会选送第八批“中国梦”主题原创歌曲2首《浴火的凤凰》《奔向前线》；组织“抗击疫情、文艺助力”主题创作，推送作品10集50余篇。

【创作脱贫攻坚作品】 旗诗词学会与旗音乐家协会选送第八批“中国梦”主题原创歌曲《脱贫攻坚这条路》；旗作家协会开展“脱贫攻坚、文艺助力”专题创作，推送作品10期30余篇；旗文联举办“墨香伴粽香、重彩绘精彩”——书画家助力脱贫攻坚端午节书画笔会；旗作家协会荆文明创作报告文学《扶贫送暖幸福来》；旗文联周桂芳创作报告文学《情暖杜尔伯特草原》；旗文联崔世国创作格律组诗《决胜贫困奔小康》。

【获奖作品】 2020年，四子王旗5名作者的作品分别获得乌兰察布市文学艺术创作奖，包括李耀的《李耀印稿》（篆刻）、张国胜的《张国胜印迹》（篆刻）、周桂芳的《情暖杜尔伯特草原》（报告文学）、陈珍的《常常牵肠挂肚的童谣》（散文）、那木拉的《牧人的喜悦》（舞蹈）。

残疾人联合会

【领导名录】

理 事 长：赵凤英（女）

副理事长：斯琴高娃（女，蒙古族，6月任职）

【概况】 2020年，四子王旗残疾人联合会（简称旗残联）积极与上级残联进行项目对接，争取项目资金（含辅具）170多万元。共为10名残疾儿童提供康复救助服务。全旗共有建档立卡残疾人贫困人口1254人已全部实现脱贫。年内对4000余名残疾人进行了重新鉴定，通过宣传惠残政策为多年未办理残疾证的鉴定了残疾，实现了“应办尽办　见底清零”，同时为重度肢体残疾人上门开展了残疾评定工作。免费发放轮椅、助行器、助听器等辅助器材1200余件。对残疾人家庭基础设施进行了无障碍改造，年内上门服务191次。开展残疾人实用技术培训，受训人数300余人，提升了残疾人就业技能。开展救助工作，年内慰问救助残疾人120人次。充分发挥残疾人温馨家园服务作用，免费开展上门理发、入户家政、技术培训等工作。全年共对340户建档立卡贫困重度残疾人家庭实施无障碍改造。全年新办残疾证792人、持残疾证总人数达9000多人、持证率达到45.45%。全年为5000名困难残疾人发放生活补贴，为3000名重度残疾人发放护理补贴。全年为258名残疾人实施职业技能培训，实现就业60名。全年为16名有需求的残疾儿童和持证残疾人提供基本康复服务和基本辅具适配服务。全年共资助12名贫困大中小残疾学生接受教育，帮助16名残疾青壮年实现脱盲。旗残联利用中秋节、春节和全国助残日等节日开展走访慰问活动，为贫困残疾人送去慰问金及慰问物资等共计4万多元。

【免费发放辅助器具】 2020年，旗残联为建档立卡贫困户残疾人免费发放辅助器具计1200多件（主要包括轮椅、助行器、助听器等）。

【残疾人教育扶贫】 2020年，旗残联创造条件为参加普通高等学校统一招生考试的残疾学生提供便利服务。对残疾大学生和贫困残疾家庭大学生给予资金支助。

【无障碍改造】 2020年，旗残联为340户建档立卡贫困重度残疾人家庭基础设施进行无障碍改造（包括建造轮椅坡道、过道扶手、灶具台升降、安装沐浴椅、坐厕器、升降毛巾架、更换铝合金窗、油烟机、下水道水管等）。

【实用技术培训】 2020年，旗残联深入库伦图镇、供济堂镇、白音朝克图镇、红格尔苏木等七个苏木乡镇开展了农村实用技术培训，培训人数258人，推荐参加市残联培训人数50人，实现残疾人稳定就业60人（其中有53人从事电商行业）。

【慰问残疾人】 2020年，旗残联利用春节、中秋节等重大节日对残疾人进行慰问，共走访慰问残疾人120人次，发放慰问金及物资6万余元。

【"百日攻坚"行动】 2020年，旗残联开展疑似残疾人摸排、集中办证及享受政策工作。全旗共摸排疑似残疾人1058人。经过评残机构的残疾鉴定，苏木乡镇及嘎查村（社区）核实、公示等相关程序，发出残疾人证明369个。为解决重度残疾人无法出行到定点医院鉴定，上门进行残疾评定，评残小组最远到达离城镇300公里处的脑木更苏木丁计嘎查办证。在规定时限内做到"应办尽办　见底清零"。

【开展残疾人运动会】 旗残联于9月23日举办一场残疾人运动会。来自全旗40多名各类残疾人参加了滑轮、飞镖、棋牌、套圈等多个项目的比赛。

【残疾儿童康复救助】 2020年，旗残联出台《四子王旗残疾儿童康复救助实施方案》，全年共为16名残疾儿童提供康复救助服务，受助残疾儿童得到了不同程度的康复。

【贫困重度残疾人补贴】 2020年，旗残联为1252名建档立卡贫困重度残疾人发放护理补贴和困难残疾人生活补贴；对建档立卡贫困残疾人参加基本医疗保险个人缴费部分由政府给予补贴；为100名建档立卡贫困残疾人提供基本辅具适配服务。

【残疾人温馨家园建设】 2020年，旗残联利用京蒙帮扶资金先后开展免费为贫困残疾人上门理发、入户搞家政、开展实用技术培训等解决残疾人日常困难的活动，利用助残日、预防日活动开展一系列丰富的文化娱乐活动。

红十字会

【领导名录】

会　　　长：阿拉塔（女，蒙古族，副旗长兼）
常务副会长：宝　明（蒙古族）
副　会　长：闫草原
专职副监事长：葛冬梅（女，6月任职）

【概况】 四子王旗红十字会是隶属旗政府领导的参照公务员管理事业单位，是从事人道主义工作的社会救助团体。1996年8月成立，2002年12月单独建制。内设3个科室，包括综合办公室、宣传筹资部和赈济救援部。2020年，四子王旗红十字会完成"博爱一日捐"募捐任务、自治区级红十字项目、"光明行"活动、造血干细胞血样采集、救灾救助工作、应急救护培训、志愿服务活动及基层组织建设等工作。

【募捐筹资】 2020年，红十字会组织"博爱一日捐”筹集捐款120.9万元；新型冠状病毒感染的肺炎疫情防控期间，旗红十字会承担全旗疫情防控募捐工作，共收到捐款584.54万元，累计支出584.54万元；接收捐赠物资价值179.6万元，累计支出捐赠物资价值179.6万元。该会对捐赠款物的接收使用情况定期进行公示。分批分阶段进行了10次公示，同时，依法主动接受审计，接受社会监督。

【志愿者服务】 2020年，红十字会有2支志愿服务队，分别是综合志愿服务队和应急救援队。组织志愿者开展了“5·8”纪念日活动、“博爱家园”献爱心活动、“宝宝爱干净”志愿服务进校园活动、“艾滋病日”宣传活动、人道文化传播点人道宣传等12次大型活动，组织志愿者采集干细胞血样18例，组织志愿者献血2万多毫升。

【人道救助】 2020年，红十字会在充分尊重捐赠者意愿的基础上，严格依照《中国红十字会自然灾害和突发事件救助规则》，做到灾情信息上报准确，救灾物资发放及时到位，相关手续齐全，账物清楚、专款专用。共支付救助金42.5万元，发放米、面、油、棉被等救灾救助物资价值24.75万元，受益人数达3720人。

【自治区项目】 2020年，四子王旗红十字会配合自治区博爱家园，在乌兰花镇王府路社区第二幼儿园实施安全饮水困难工程；建设人道文化传播点、应急救护点、应急救护角；在格根塔拉旅游点建设景区博爱卫生站，年底已完工并投入使用。

【“光明行”活动】 2020年，旗红十字会继续开展“光明行”活动。8月，由乌兰察布市红十字会、乌兰察布市卫健委、乌兰察布医保局联合牵头调用全区“光明行”流动手术车走进四子王旗实施免费白内障复明手术。在全旗各乡镇苏木筛查8200余人，为180名白内障患者免费实施手术。2020年四子王旗红十字会获得全区“‘光明行’社会公益活动先进集体”荣誉称号。

【助医助学活动】 2020年，旗红十字会配合北京市怀柔区红十字会开展“助医助学”活动，慰问贫困户、贫困学生80人，发放救助金5万元。

【应急救护培训】 2020年，旗红十字会于7月在安鑫达检测站开展应急救护培训；10月在格根塔拉旅游点、库伦图镇苏木加勒格村开展初级卫生救护、逃生培训，培训人数达到160余人。10月在蒙古族小学开展应急救护培训，对全校师生进行了校园安全知识及应急演练培训。2020全年旗红十字会培训救护员150名，并在社区、学校、企业开展普及性培训，人数达到1500人。

【献爱心宣传】 利用“5·8”红十字纪念日、急救日、献血日、艾滋病日等活动为契机，向群众宣传红十字会法、捐献造血干细胞、捐献遗体等红十字知识，发放宣传资料5000余份；红十字会培训救护员400名，分别在社区、学校、企业开展普及性培训，累计参加人数达到1500人。

【京蒙对口帮扶】 配合北京市怀柔区红十字会在全旗范围内开展“助医助学”活动，为23名大病患者、47名贫困学生发放救助金5万元。

（旗红十字会办公室）

法 治

政法委及综治

【领导名录】
政法委书记：梁志华（旗委副书记）
政法委常务副书记：刘文山（4 月因公牺牲）
郭连根（11 月任职）
政法委副书记：田晓东
政法委副书记：苏和巴特尔
政法委副书记：马　强

【概况】 2020 年以来，四子王旗旗政法工作在旗委、政府的领导下，在市委政法委的指导下，以习近平新时代中国特色社会主义思想及治国理政新思想、新理念为指导，深入学习贯彻十九大和十九届历次全会精神，全面落实中央、自治区党委、市委政法工作会议决策部署，统筹推进疫情防控和政法各项工作，全力维护国家政治安全、确保社会大局稳定、促进社会公平正义、保障人民安居乐业，为四子王旗营造了和谐稳定安全的社会环境。

【反恐防暴】 2020 年，四子王旗旗政法系统持续完善反恐防暴工作机制，细化应急处置预案，全面开展反恐防暴工作。排查行业场所 300 余家，建立重点目标档案 80 份，均未发现异常情况。

【边境防范管控】 2020 年，旗政法系统立足边境旗县实际，配齐配强边防组织机构。考虑边防工作实际，将旗边防委员会成员单位进行调整完善，将该旗边境管理区 3 个苏木以及驻旗边境部队等部门统筹列入旗边防委员会组织框架。建立健全工作制度。依据乌兰察布市边防委员会办公室下发的各项制度机制，结合该旗实际，制定印发了《四子王旗党政军警民合力强边固防职责分工》《四子王旗护边员队伍管理实施细则》等文件制度。落实边民津贴补助。会同相关部门制定印发了《四子王旗边民补助管理实施细则》，明确边民补助发放对象、条件和范围。2020 年，该旗共为江岸、巴音敖包 2 个抵边苏木符合边民补助发放标准的 2346 人，发放边民补助资金 703.8 万元。调整优化护边员队伍建设。与自治区、市两级边防办争取护边员名额 60 个，按照护边员队伍管理办法要求，边境管理区 3 苏木和属地派出所联合推荐护边员 60 名。经联审，对 12 名存在行为违法不良记录和 2 名党员存在违纪行为不良记录人员进行调换，年底已完成组织推荐、联审等选拔程序，已进入试用期。

【政法系统战疫情】 2020 年，自新冠肺炎疫情发生以来，旗政法系统按照旗委、政府和上级有关部门指示要求，从 1 月 25 日开始启动一级勤务，实行战时工作机制。成立了以政法委书记为组长的疫情防控社会管控组，抽组相关部门工作人员，全天候24小时坚守工作岗位，全力开展疫情信息收集、人员摸排、隔离管控、设卡盘查等各项工作，做到了外防输入和内防扩散。全旗共设立治安查控检查点8个，检查各类车辆约4.7万台（次），走访摸排各类人员13万余人，通过大数据核查4328人，依法从严从快办理1起寻衅滋事案、1起妨害公务案。其中，寻衅滋事案系乌兰察布市首例涉疫防控案件，从立案到提起公诉仅用3天时间，被自治区检察院评选为涉疫情典型案例。

【网络安全保卫工作】 2020年，旗政法系统组织开展"净网"专项行动。先后巡查网站、微博、微信群、QQ群、贴吧共2390个约19万次，发现网上有害信息260条，落地查证180人，教育训诫171人。破获散布他人隐私案2起，网上侮辱他人案1起，虚构事实扰乱公共秩序案2起，寻衅滋事案2起，未按规定落实网络安全义务案1起，非法持有宣扬恐怖主义物品案1起，行政拘留6人，罚款处罚1人，警告单位1家，责令家长监护1人。

【惩治各类违法犯罪活动】 2020年，旗政法系统持续开展扫黑除恶专项斗争，围绕影响社会和谐稳定各类问题，保持严打高压态势。并适时组织开展"扫黄铲毒"等一系列专项行动。公安机关共立刑事案件285起，同比下降13.4%；破180起，刑事拘留58人，移送起诉76人，提请逮捕49人。共受理查处行政案件473起，同比持平，行政拘留171人。检察机关办理审查逮捕案件44件69人，批准逮捕34件52人；提起公诉71件100人，移送审查起诉案件72件106人。审判机关共受理各类案件5660件，审执结4485件，结案率79.2%。

【专项行动】 自2020年旗政法系统开展扫黑除恶专项斗争以来，全旗共收集各类涉黑涉恶线索40条，均已办结完毕。打掉聚众赌博团伙一个，刑事拘留3人。在"云剑–2020"命案积案攻坚行动中，破获了厅督办1990年刘某仁命案。"扫黄铲赌"共查处涉赌行政案件12起，打击处理50人，收缴赌资5.1127万元，罚款8.9万元；查处涉赌刑事案件1起，打击处理3人；查处涉黄行政案件2起，打击处理3人，罚款1.5万元。整治枪爆共清查收缴弹药80发，打击破获涉枪案件1起，收缴管制刀具3把，其他类共595件；群众主动上交各类子弹821发，群众主动上交猎枪1把。打击经济犯罪共受理经济案件31起，立经济案件25起，破经济案件1起，抓获2人，取保候审2人，移送起诉4案2人，挽回损失17.97万元。禁毒工作共办理刑事案件1起，抓获贩卖毒品人员1人，刑事拘留1人。办理行政案件4起，行政拘留3人，查获吸毒人员3名，强制隔离戒毒1人；开展"严整改、促提升、树形象"专项活动。政法系统各部门加强党风廉政建设，严格履行一岗双责，开展全旗政法队伍"严整改、促提升、树形象"纪律作风教育整顿专项活动，重点明确防止干预司法"三个规定"相关内容和举措。开展了岗位大练兵活动，因岗施训、因人施训、注重实效。

【重点场所监管】 旗政法系统对重点场所、重点区域进行了8次安全大检查，共排查旅店223家次，人员密集场所51次，废旧物品收购点66家次，其他行业场所265家次，对27家宾馆下发限期责令整改通知书。配合自治区、市两级公安机关会同乌兰察布市安平爆破公司对排查发现的12枚炮弹、65节火箭布雷弹空桶、530件弹药零部件进行了全部销毁。

【社会矛盾排查化解】 2020年，旗政法系统学习贯彻"枫桥经验"，在全旗范围内开展了大排查、大调处专项行动。截至11月底，四子王旗各级人民调解委员会共排查各类矛盾纠纷1702件，调解1702件，调解率为100%，调解成功1634件，调解成功率为96%，实现了矛盾纠纷排查全覆盖，确保了“排查走在调解前、调解走在计划前”的目标。

【情报信息收集】 2020年，旗政法系统执行重点敏感时期日研判、其他时期周研判工作制度。定期对旗社会安定形势进行分析研判。全年共发布预警信息22次，维稳信息56期。

【特殊人群管理】 2020年，旗政法系统落实严重精神障碍患者监护人“以奖代补”政策。对摸排出的27名易肇事肇祸严重精神障碍患者监护人履职情况进行复核，发放监护人“以奖代补”补助26人62400元。并动员各苏木乡镇、卫生院、公安派出所对易肇事肇祸严重精神障碍患者进行常态化摸排。全年共上报易肇事肇祸严重精神障碍患者190人，协调旗公安、卫健等部门进行复核，经相关机构鉴定确认，对符合条件的患者落实专人进行监管。发放“以奖代补”津贴，确保该旗该类群体不发生现实危害。持续开展监外执行及社区矫正人员管控。规范和加强监外执行工作，对重点人员开展常态化监管工作。截至年底，累计接收社区矫正服刑人员656名，解矫587人，在册61人，其中缓刑人员60人、管制1人。全旗社区矫正人员无脱管、漏管、上访、闹访等问题出现。旗政法系统开展违规违法减刑、假释、暂予监外执行问题整治行动。按照上级要求，制定印发了《四子王旗违规违法减刑假释暂予监外执行专项整治实施方案》《四子王旗关于加强违规违法减刑、假释、暂予监外执行问题整治的分工方案》，组建了由旗委副书记、政法委书记任组长的专项整治工作领导小组。分三个阶段倒查30年以来违规违法减刑假释暂予监外执行问题。摸排出监外执行2人，判实刑未交付执行1起。

【政法基层基础建设】 2020年，旗政法系统持续开展旗乡综治中心、平安办一体化建设。按照县域社会治理现代化试点工作方案要求，将苏木乡镇、嘎查村（社区）标准化综治维稳中心、平安建设办一体化建设作为重点工作，成立了由旗委书记任组长、相关旗领导任副组长、47个部门单位为成员的平安四子王建设工作领导小组，领导小组下设办公室在旗委政法委，与综治维稳中心合署办公，全面负责平安四子王建设工作的统筹协调、日常调度和督促检查。按照苏木乡镇改革推进基层整合审批服务执法力量工作要求，各苏木乡镇平安办和综治中心一体化建设均已完成，并落实了办公场所，配备了工作人员，明确了职责任务，13个苏木乡镇配备了政法委员并落实了政法津贴，形成了旗级指导、苏木乡镇领导、政法委员主抓、网格员发挥作用的基层政法工作格局。2020年，旗政法系统强化基层网格化治理工作。制定印发了《进一步加强基层网格化治理的实施办法》，明确了科学优化网格、规范网格职责等7项具体任务，对全旗网格化治理工作格局进行调整和完善。经先后3次调整，已建立起旗、乡、村、组四级网格治理体系，全旗14个社区、122个嘎查村共划分网格557个，配备总网格长135人，网格长557人，网格员810人。按照上岗公示制度要求，人员信息已全部上墙，累计为农牧民办实事、解难题近1.2万件。四子王旗全面推进县域社会治理现代化试点工作。申报为第二期（2023—2025年）县域社会治理现代化试点地区。按照同步开展的要求，四子王旗年初召开全旗政法工作会议，对县域社会治理现代化试点工作进行安排部署，制定印发了《四子王旗推进县域社会治理现代化试点工作方案》《四子王旗县域社会治理现代化试点工作任务分解清单》《县域特色工作指引》《负面清单》。明确工作职责、工作任务和工作要求。年底，四子王旗县域社会治理现代化试点工作已全面开展，全旗13个苏木乡镇和旗直有关部门已全部启动试点工作。

法治政府建设

【重大决策合法性审查】 2020年，司法局健全依法决策机制。制定出台了《四子王旗人民政府重大行政决策专家论证制度》《四子王旗政务公开新闻发言人制度》《四子王旗重大民生决策事项民意调查制度》。坚持决策后评估与责任追究制度，研究制定《四子王旗贯彻落实“三重一大”事项集体决策制度实施意见（试行）》，将重大事项决策、重要干部任免、重大项目安排、大额资金使用列为重点督查内容，对相关违纪违法行为严肃追责问责；落实重大决策社会风险评估机制。凡涉及政府的有关合同、协议等法律文书，以及政府有关部门、苏木乡镇人民政府签订的行政合同、重大投资项目的经济合同，均由旗政府法律顾问单位（爱德律师事务所）专职律师全程参与合同谈判与签订事宜，并对合同进行合法性审查把关。针对不同行业，聘请行业专家、专业机构进行论证并提供专业性、技术性决策；对于重点项目是否实施等重要决策，由旗政府常务会议集体讨论研究，旗司法局全程参会。严格执行行政机关内部重大决策须经合法性审查的制度，并且通过门户网站向社会公众公开征求意见。

【政府法律顾问工作】 司法局全面推行法律顾问制度。及时制定了《四子王旗建立法律顾问制度工作方案》，各苏木乡镇、旗直各部门聘用爱德律师事务所为法律顾问，律师、公证员、法律服务工作者承担嘎查村临时法律顾问。

【行政复议应诉】 2020年，司法局贯彻落实中央依法治国委员会《行政复议体制改革方案》《内蒙古自治区行政复议体制改革实施方案》。推进全旗行政复议体制改革工作，落实规范化建设的各项任务，完善行政复议工作流程。本年，司法局共收到行政复议申请9件，受理9件，受案率100%。受理的行政复议案件均是行政处罚案件，均以公安局作为被申请人，其中7起案件当年办结，对5起案件作出复议维持决定，变更2件。2020年，四子王旗共发生行政应诉案件8件，经过复议案件3件，直接起诉政府案件1件，上诉案件4件，行政负责人出庭案件5件。

【依法行政执法】 2020年，旗司法局落实党和国家机构改革以及行政执法体制改革决策部署。随着机构改革工作的开展，整合组建了旗城市管理、文化市场、农牧业、交通运输、卫生健康、应急管理、自然资源、市场监管8支综合行政执法队伍，建立起“综合行政执法＋部门专业执法＋联合执法”体系；按照市委全面依法治市工作要求，在全旗范围内开展了行政执法主体清理确认工作。截至年底，全旗共有行政执法主体资格单位80个，其中法定行政机关31个，法律、法规授权的组织12个，依法受委托执法的组织37个。依托内蒙古司法厅行政执法监督平台，对持证执法人员进行日常执法监管。

（刘婧）

公 安

【领导名录】

局　长：谢晋彬（政府副旗长）
政　委：巴特尔（蒙古族）
副局长：李　志（12月任职）
　　　　那仁朝克图（蒙古族，10月任职）
副政委：冯生云

【概况】 2020年公安局机构改革后，公安局现共有33个所、队、室。其中，执法勤务机构8个，综合管理机构2个，选设机构3个，派出所18个，监管场所2个，全局共有民警、辅警564人（其中行政编186人，事业编158人，辅警220人）。

【维护社会安定】 2020年，四子王旗公安局共搜集各类情报信息180条，共排查各类矛盾纠纷167起，化解167起；排查行业场所340余家，建立重点目标档案80份；组织开展“净网”专项行动，先后巡查网站、微博客、微信群、

QQ 群、贴吧共 3000 余个约 24 万次，发现网上有害信息 260 条，落地查证 180 人，教育训诫 171 人；破获散布他人隐私案 2 起，网上侮辱他人案 1 起，虚构事实扰乱公共秩序案 2 起，寻衅滋事案 2 起，未按规定落实网络安全义务案 1 起，非法持有宣扬恐怖主义物品案 1 起。行政拘留 7 人，罚款处罚 1 人，警告单位 1 家，责令家长监护 1 人。

【打击各类违法犯罪】 2020 年，四子王旗公安局共接各类报警 19563 起，其中有效警情 4016 起，无效警情 15547 起，共立各类刑事案件 320 起，同比下降 11.36%，破 198 起，同比下降 17.5%，刑事拘留 63 人，移送起诉 83 人，提请逮捕 49 人。共受理查处行政案件 522 起，同比上升 0.96%，行政拘留 187 人，成功破获了 30 年前刘某仁命案。

【扫黑除恶专项斗争】 2020 年，四子王旗公安局共接收各类线索 280 件，办结 280 件，办结率 100%。其中中央督导组转办三类线索 16 条，全部办结；上级下发线索 87 条，全部办结；本级线索 177 条，全部办结，完成了“六清”专项行动任务。共铲除恶势力犯罪集团 1 个，恶势力犯罪团伙 4 个，涉恶类个案 17 起，抓获犯罪嫌疑人 66 名，向各成员单位、行业主管部门移送核查线索 12 条，发送意见建议函 5 份。在“云剑 –2020”命案积案攻坚行动中，破获厅督办刘某仁 1990 年命案 1 起；另有厅级 1 起、市级 1 起挂牌督办命案积案正在侦查当中。2020 年新增逃犯 20 人，抓获 20 人。健全公安局扫黑办“四室一中心”的改造和硬件装备，完善了“12 大类，58 个科目”扫黑除恶工作台账，组建了 5 支 50 人的专业线索核查专班。从全局遴选了 12 名精干警力组建了“猎鹰突击队”。

【建设“平安四子王”】 2020 年，四子王旗公安局在“扫黄铲赌”专项行动中，共查处涉赌行政案件 12 起，打击处理 50 人，收缴赌资 5.1127 万元，罚款 8.9 万元；查处涉赌刑事案件 1 起，打击处理 3 人；查处涉黄行政案件 3 起，打击处理 5 人，罚款 1.8 万元；公安局在打击整治枪爆违法犯罪活动中，共清查收缴弹药 80 发，打击破获涉枪案件 1 起，收缴管制刀具 5 把，其他类共 595 件；群众主动上交各类子弹 876 发，群众主动上交猎枪 1 把。在打击经济犯罪工作中，共受理经济案件 33 起，立经济案件 27 起，不予立案 6 起，破经济案件 4 起，抓获 4 人，取保候审 2 人，移送起诉 4 案 3 人，挽回损失 17.97 万元。共核查涉众型案件 40 起 233 人；在禁毒工作中，办理刑事案件 1 起，抓获贩卖毒品人员 1 人，刑事拘留 1 人。行政案件 5 起，查获吸毒人员 4 名，强制隔离戒毒 1 人。铲除罂粟 63 株，收缴罂粟膏 1.25 克，收缴安纳咖 10.3 克；在打击食药犯罪工作中，办理行政案件 1 起，行政拘留 7 人，办理刑事案件 4 起，刑事拘留 5 人，取保候审 2 人，移送起诉 3 起，提请逮捕 2 起；在打击电信网络诈骗工作中，立案 38 起，涉案金额 298 万余元，破获 4 起电信网络诈骗案，抓捕嫌疑人 4 名。在行业管理工作中，治安管理大队对镇内行业场所、重点区域、重点场所、重点对象进行了 10 次安全大检查，检查旅店 439 家次、娱乐场所 166 家次、学校 192 家次、医院 40 家次、物流寄递企业 26 家次，检查人员密集场所 51 次，废旧物品收购点 66 家次，矿山企业 8 家次，检查其他行业场所 267 家次，对 35 家宾馆、1 家危险化学品生产企业、2 家洗浴中心下发限期责令整改通知书。年内，区、市、旗三级公安机关会同乌兰察布市安平爆破公司的专业技术人员，共销毁各类炮弹 12 枚、火箭布雷弹空桶 65 节、弹药零部件 530 件。在巡逻防控工作中，开展屯警街面和应急处突演练，设置三个勤务中队、一个突击中队、一个综合办，严格落实“三人制”接处警模式，保证每起警情都有音视频资料留存；公安局组织开展应急处突演练和拉练工作；在打击跨境赌博犯罪工作中，共接到市局推送的跨境赌博线索 4 条，利用互联网获取销售彩票违法违规线索 1 条。

【疫情防控】 2020 年，四子王旗公安局从 1 月 25 日至 6 月底，全力开展疫情信息收集、报告、人员摸排、分散隔离、设卡盘查、网上舆情管控等各项工作。在全旗各进出路口设立治安查控检查点 8 个，检查车辆 18 万台次，检查过往人员 63 万人次，深入全旗农村、牧区、街道社区共走访居民群众、摸排各类人员 13 万人，其中重点人员 161 人。通过大数据核查 4328 人，共开展疫情防控宣传 46 次，张贴各类通告等 2300 余份。共核查往来青岛、天津、新疆喀什及境外人员 108 人。

【规范化执法】 2020 年，法制部门共审核审查网络流转行政案件 134 起，审核审查刑事案件立案 353 起，受理行政复议案件 8 起，出庭应诉行政诉讼案件 5 起，开展法制培训 5 次 145 人，下达执法巡查督办通知单 109 份。

【基层业务】 2020 年，四子王旗公安局各基层派出所共办理居民身份证 7383 份，办理准迁证业务 43 份，办理临时身份证 448 件，出生登记上户 1125 人，死亡注销 1538 人，迁入 150 人，迁出 1507 人，变更更正户口登记项目 3024 人，登记流动人口 9443 人，登记出租房屋 5973 户，列管重点人员 176 名。出入境管理部门共办理护照 189 本、港澳通行证 43 件，往来港澳通行证签注 3 次。办理非法居留案 2 起，办理违反外国人住宿登记规定案 1 起，走访常住外国人 16 次，走访涉外酒店 9 家次。

【禁毒工作】 2020 年，四子王旗公安局共举办各类禁毒知识讲座 6 次，以各种形式组织开展禁毒宣传教育 15 次，宣传活动共计悬挂 20 条横幅，发放禁毒宣传资料 2500 余份，宣传品 5200 余份；张贴《四子王旗禁毒委员会办公室关于禁止非法种植毒品罂粟、大麻通告》150 余张。年内办理毒品刑事案件 1 起，抓获贩卖毒品嫌疑人 1 名，刑事拘留 1 人。查处毒品行政案件 5 起，查获吸毒人员 4 名，铲除罂粟 63 株，收缴罂粟膏 1.25 克，收缴毒品安钠咖 10.3 克，强制隔离戒毒 1 人。旗公安局在全旗范围内开展了吸毒人员“清隐”行动，对娱乐场所的从业人员及住宿吸毒前科人员进行了毒品尿样检测，排查 98 余人次。全年共检查易制毒化学物品行业 8 次，下责令整改书 1 家。

【警容风纪】 2020 年，四子王旗公安局针对疫情防控工作、打击疫情造谣、内务卫生、警容风纪、值班备勤、“禁酒令”落实、公务用枪、内部安全管理、教育整顿等工作开展督察共计 200 余次。2020 年共查处违纪民辅警 15 人，其中留党察看 1 人、党内严重警告 4 人、党内警告 3 人，行政撤职处分 2 人、行政记大过 6 人、行政记过 1 人、行政警告 2 人，旗纪委监委暂未作出处理 1 人；局党委进行组织处理和组织调整 9 人。

【执法规范化建设】 2020 年，法制部门共审核审查网络流转行政案件 134 起，审核审查刑事案件立案 353 起，受理行政复议案件 8 起，出庭应诉行政诉讼案件 5 起，开展法制培训 5 次 113 人，下达执法巡查督办通知单 52 份。

【队伍管理工作】 2020 年，四子王旗公安局针对疫情防控、大型安保、值班备勤、警容风纪、内部管理，先后开展督导检查 120 次，查处违规违纪民警、辅警 22 人，其中留党察看 1 人、党内严重警告 11 人、党内警告 4 人、行政撤职 2 人、行政记大过 9 人、行政记过 4 人、行政警告 2 人，立案审查中 1 人，局党委进行组织处理和组织调整 9 人，完成机构改革、“两个职务序列”改革和辅警层级评定工作，任免调整 129 名环节干部和民警的职务及工作岗位。

检　察

【领导名录】
检 察 长：王宇峰
副检察长：谢图雅（女，蒙古族）
云志忠（蒙古族）
齐萍萍（女，蒙古族）

【概况】 2020年，四子王旗人民检察院（简称检察院）以习近平新时代中国特色社会主义思想为指导，以人民群众获得感、幸福感、安全感为导向，全面履行“四大检察”职能，扎实推进“十大业务”，把增强“四个意识”、坚定“四个自信”、做到“两个维护”体现在履职尽责上，在深耕检察监督主责主业中落实检察责任，在服务社会大局稳定中彰显检察担当，在坚持司法为民理念中展现检察作为，在淬炼忠诚干净担当中锻造检察队伍，在自觉接受监督中展现检察形象，各项检察工作稳步推进。

【刑事检察】 2020年，检察院全年共依法批准逮捕40件58人，同比下降27.3%和10.8%，不批捕22人，同比下降26.7%。提起公诉81件111人，同比上升24.6%和38.8%，不起诉4件12人，与上年持平；全年共受理监督立案6件7人，监督撤案4件6人。向乌兰察布市中级人民法院提出抗诉案件2件。适用认罪认罚从宽制度办理刑事案件76件105人，提出量刑建议69人，精准量刑67人，法院量刑建议采纳率97.1%；开展违规违法减刑、假释、暂予监外执行专项整治活动，对2000年以来的刑事案件档案和暂予监外执行案件档案进行全面排查，对在专项活动中发现的问题，向有关单位发出书面检察建议和纠正违法通知书。

【民事行政检察】 2020年，检察院开展民事执行案件质量评查专项活动，对旗人民法院890余件民事执行案件进行评查，针对存在的问题，提出检察建议20件；对1起交通事故责任纠纷提请乌兰察布市人民检察院抗诉；检察院在监督行政裁判和非诉执行案件中，对旗人民法院2018—2019年所有行政案件进行评查，提出检察建议10件，均收到回复；检察院开展对行政机关不当履行职责的监督，办理行政机关不当履职案件4件。

【公益诉讼】 2020年，检察院创建双赢多赢共赢理念。依法办理各类公益诉讼案件57件，发出诉前检察建议42份。避免国有资产流失，挽回土地出让金1320万元；坚持食品药品安全底线不容触碰，开展“四个最严”专项行动，与旗市场监督管理局联合签发《关于加强食品药品安全领域公益诉讼工作协作的意见》，保障全旗人民群众“舌尖上的安全”；积极开展公益诉讼“等”外领域案件探索。

【未成年人检察】 2020年，检察院严惩侵害未成年人犯罪，起诉2人。坚持“教育、挽救、感化”的方针，对1名轻微犯罪的未成年人，作出不起诉决定，消除“犯罪”标签对未成年人的生活影响。建成“一站式”未成年人办案场所和心理疏导室，避免在案件办理过程中因反复询问、调查取证、出庭作证等司法活动对未成年被害人造成二次伤害。检察官集中受聘成为全旗31所中小学校及幼儿园的法治副校长。落实一号检察建议，联合相关部门严格执行《关于建立侵害未成年人案件强制报告制度的意见（试行）》《关于建立教职员工准入查询性侵违法犯罪信息制度的意见》等制度。

【控告申诉】 2020年，检察院把“12309”检察服务中心作为落实以人民为中心发展理念的前沿阵地，全年累计接待来访群众280余人，其中检察长接待50余人。巩固和深化群众来信件件有回复工作机制，切实解决群众反映的实际问题，努力实现案结事了人和。受理各类信访事项20件，其中，受理非民行类首次申诉案14件，受理民行类首次申诉案6件，均完成7日内程序性回复、三个月内办理过程或结果答复。

【职务犯罪检察】 2020年，检察院共办理职务犯罪案件3件3人，其中办理黑社会“保护伞”案件1件1人，纪委监委商请提前介入2件2人。提出抗诉1件1人。

【扫黑除恶专项斗争】 2020年，检察院针对易滋生涉黑涉恶问题的重点行业、重点领域，通过综合治理，办理1起拒不支付劳动报酬案和1起合同诈骗案，发现部分房地产开发及施工企业存在违法违规行为，为解决该旗房地产行业历史遗留问题，督促行政部门依法履职，协调相关行政部门进行座谈，向行政机关制发6份检察建议。1月7日，组织旗自然资源局、住房和城乡建设局、房屋征收与补偿办公室、房产管理局、税务局、人力资源和社会保障局、信访局7家行政部门主要负责人、公安局和法院相关人员及27家房地产企业负责人召开推动解决房地产遗留问题座谈会。

【打击和防范金融犯罪】 2020年，检察院审查逮捕一起组织领导传销活动案。办理一起信用卡诈骗案，向四子王旗农业银行制发检察建议1份。

【司法救助】 2020年，检察院针对一起强奸未成年人案，根据审查认定的事实和人民法院刑事附带民事判决书、内蒙古自治区人民医院核医学科报告单、内蒙古人民医院病历资料、四子王旗人民法院出具的情况说明和嘎查村委会出具的贫困证明等证据，经乌兰察布市人民检察院审批，结合被害人实际受害情况，给其法定监护人9500元救助金。

【法律监督】 2020年，检察院推进“两项监督”专项活动落实，全年检察院受理监督立案案件6件7人，受理监督撤案案件4件6人；加强介入侦查、引导固定收集证据，审查逮捕阶段提前介入案件8件；审查办案与监督工作的有机结合，发现公安机关办案中违法情形21件，发出书面纠正违法通知书1件，发出侦查活动监督通知书11份，口头纠违9件。

（张燕妮）

法　院

【领导名录】

院　长：李树峰

副院长：特木尔（蒙古族）

张利宏（蒙古族）

马成刚

【概况】 2020年，四子王旗人民法院内设机构有立案庭、刑事审判庭、民事审判庭、行政审判庭、审判管理办公室、执行局、综合办公室、政治部。2020年，四子王旗人民法院在旗委的坚强领导、在旗人大及其常委会的监督下，紧紧围绕“努力让人民群众在每个司法案件中感受到公平正义”的目标，坚持服务大局、司法为民、公正司法，忠实履行宪法法律赋予的职责，为四子王旗经济发展提供司法服务和保障。2020年，四子王旗人民法院抓住人民群众最为关心的法治环境、权益保障和社会公平正义问题，以增强群众安全感为宗旨，严厉打击各类刑事犯罪，维护群众合法权益。2020年四子王旗人民法院先后被评为全市“三八红旗先进集体”、全旗“五四奖章先进集体”。民事审判庭被授予集体三等功。院党支部被评为“最优工作法党支部”，院团支部被评为全旗“五四红旗团支部”，东八号人民法庭被评为旗级“文明单位”；多名干警分别获得全区法院先进个人、基本解决执行难先进个人、全市三八红旗手、个人三等功、旗级最强领头雁、最优排头兵等荣誉。

【受理案件】 2020年四子王旗人民法院全年共受理各类案件5675件，受疫情影响，同比下降3.7%，审执结4936件，同比下降4.2%，结案率为86.97%。人均结案274件，连续三年法官人均结案数位居全市首位。

【刑事审判】 2020年四子王旗人民法院共受理各类刑事案件77件，审结67件，审结率87.01%。疫情防控期间，法院审理2起涉疫情防控类刑事案件，做到了快审快判。其中，被告人张某某犯寻衅滋事罪一案系乌兰察布市首起涉疫情防控类案件。受理各类民事案件3296件，审结2968件，审结率90.05%。审结金融借款纠纷案件283件，审结民间借贷纠纷案件762件。成立诉前调解机构，选聘了专职人员，对事实清楚、权利义务关系明确、争议不大的民商事纠纷利用诉前调解方式有效化解。诉前调解各类纠纷370件。受理诉前保全案件69件，结案69件。

【民事审判】 2020年，四子王旗人民法院受理各类民商事案件3296件，同比下降2.4%；审结2968件，同比下降3.1%，结案率为90.05%；诉前调解各类纠纷370件。受理诉前保全案件69件，结案69件；审结民间借贷纠纷案件762件，遏制民间借贷乱象；组织召开了金融部门座谈会，分析近年全旗金融风险形势，确定解决措施。审结金融借款纠纷案件283件，涉及金融案件司法拍卖金额3782.05万元，为银行收回债权。

【扫黑除恶】 四子王旗人民法院将扫黑除恶专项工作作为一项重大的政治任务来抓。多次召开专门会议，研究和部署相关工作，制定《扫黑除恶专项斗争工作实施方案》，成立了工作领导小组、严格执行各项工作制度；立足审判工作，开展涉黑涉恶案件的审理工作。2018年至2020年底，法院共审结涉恶势力案件3件，涉“保护伞”案件1件，涉及打财断血工作案件3件。排查出21条问题线索，办理市中院指定线索5条，发出涉及扫黑除恶专项斗争工作司法建议4条，司法建议均得到被建议单位的重视并予以回复。开展扫黑除恶专项斗争宣传教育工作。深入农村牧区、社区、企业等宣讲扫黑除恶专项斗争政策法规，设置了工作宣传栏、印制《扫黑除恶专项斗争应知应会手册》、组织干警进行扫黑除恶专项斗争知识考试。

【行政案件审理】 2020年，四子王旗人民法院受理各类行政案件20件，同比上升5.26%，审结16件，同比下降5.88%，结案率为80%；审理四子王旗首例滥采滥挖钱币石行政公益诉讼案件。组织被诉行政机关干部200余人次旁听庭审，落实行政机关负责人出庭应诉制度。

【案件执行】 2020年，四子王旗人民法院受理执行案件2213件，同比下降7.56%，执结1816件，同比下降8.42%，执结率为82.06%；司法拘留被执行人13人次，限制高消费1482人，执行到位标的金额1.049亿元。

【审判监督】 2020年，四子王旗人民法院开展法律职业资格考试培训、书记员专业知识和技能测试、人民陪审员业务培训等活动；组织干警参加上级业务部门举办的各类业务培训32期101人；法院建立廉政风险防控机制，支持派驻法院纪检监察组工作，开展审务督察、明察暗访工作，执行约谈提醒、诫勉谈话、倒查问责制度，层层签订了廉政责任状，建立全院干警廉政档案。

【司法救助】 2020年，四子王旗人民法院开展司法救助，全年共为经济困难的当事人办理缓交诉讼费金额达到55万余元。

【巡回审判】 2020年，四子王旗人民法院建立了牧区巡回审判联络点，开展牧区巡回审判，推出上门立案、实地调解、就地开庭、案后回访等一系列便民举措。2020 年四子王旗人民法院 3 个基层人民法庭和 1 个牧区巡回法庭受理案件 1159 件，结案 998 件，法官利用巡回审判、就地办案方式，通过以案说法，开展法治实地宣传。

【落实“创新管理年”活动】 2020 年，四子王旗人民法院响应自治区高院开展“创新管理年”活动的号召，召开党组会，制定了《四子王旗人民法院关于开展“创新管理年”活动的工作方案》和《四子王旗人民法院关于开展“创新管理年”活动各庭室具体任务分工实施方案》，成立了工作领导小组。召开了动员部署大会 1 次，推进会 3 次。制定了包括队伍管理、行政事务管理、审判管理方面的《四子王旗人民法院管理制度》，共计 71 项制度 10 万余字。制度对法院的队伍建设、事务管理、审判执行有了明确的要求，做到有章可循、有规可依。

【防疫审判两不误】 2020 年，四子王旗人民法院立足审判职能和新冠疫情防控大局。成立了由院长任组长的新冠肺炎疫情联防联控工作领导小组，多次主持召开疫情防控工作会议，对疫情防控工作进行再研究、再部署、再落实。疫情防控期间，全院干警积极行动，共有 56 名干警自愿参加了两个小区的联防联控工作。利用悬挂条幅、张贴标语等形式开展公共卫生宣传工作。针对疫情防控期间审判执行工作情况，通过微信公众号第一时间发出《四子王旗人民法院关于疫情防控期间诉讼及相关事项的公告》《四子王旗人民法院关于疫情防控期间诉讼服务工作的倡议书》《四子王旗人民法院疫情防控期间网上立案及邮寄立案操作流程指引》等信息，引导当事人通过信息化等便捷手段进行诉讼。利用微信公众号宣传战疫消息 25 条，制作疫情防控简报 29 期。疫情防控期间，通过网上立案 5 件，现场立案 2 件。法院利用“云审判”，审理各类案件 15 件，执行结案 19 件，针对未结执行案件发起网络查控 434 次，有效冻结金额 40.1049 万元。

【主动接受监督】 2020 年，四子王旗人民法院通过座谈评议、观摩法院、旁听庭审、集中走访、通报工作，邀请出席重要会议、电话征求意见、参与执行等多种联络方式，采用门户网站、微博、微信公众号、代表委员联络微信群等新媒体平台主动向代表委员展示法院工作、案件动态、执行公开、队伍建设等内容。主动邀请代表委员临案旁听案件 4 次共计 20 余人次；组织联络活动 12 次，联络各级人大代表、政协委员 200 余人次。其中，向人大代表委员通报法院工作 4 次，邀请政协委员视察法院工作 6 次。8 月 27—28 日，邀请 160 多名三级人大代表和政协委员组成视察组到该院视察工作。邀请代表委员参加“法官进社区”民法典宣讲活动 2 次共计 20 余人，院领导一行主动走访全国人大代表、全国劳动模范朝勒孟 2 次。邀请人大代表、政协委员参加新闻发布会 2 次。共计电话联络人大代表 150 次、上门联络人大代表 101 次，征集意见建议 112 条。四子王旗人民法院代表在委员联络微信群发布信息 203 条。

司 法

【领导名录】

局　长：吉　雅（蒙古族）

副局长：王兆生

　　　　吕永均

【概况】 四子王旗司法局成立于 1980 年，2019 年机构改革进行重组，成为旗委议事机构、属政府组成部门。司法局设立旗委全面依法治旗委员会办公室、旗普法工作专项办公室。局机关内设办公室、法制股、普法宣教股、社区矫正管理股、人民参与和促进法治股、公共法律服务管理股 6 个股室，各苏木乡镇下设 14 个基层司法所、公证处、法律援助中心。

【普法工作】 2020年，司法局落实“谁执法谁普法”的普法责任制，开展基层依法治理，建设“法治四子王”。完成“七五”普法验收工作。组织开展网络在线学法和普法考试工作；开展内容丰富、形式多样的系列法制宣传活动。组织全旗干部群众学习宣传社区矫正法、民法典党内法规、中国特色社会主义法律体系。将其纳入每月宣传重要内容。新冠疫情期间，四子王旗司法局开展疫情防控网络宣传服务。累计发放疫情防控宣传海报1000份、悬挂疫情防控宣传横幅50条；2020年旗司法局开展“法律六进”活动，把法治宣传落实到基层。集中开展各类主题的普法宣传活动及各类法律服务活动35场，发放法律书籍5000册，上法治课18场，出动法制宣传车约15台次；组织乌兰牧骑演出团下乡开展法治文艺会演。对涉及群众生产生活等切身利益问题提供法律援助，引导群众依法反映利益诉求。

【在线学法和普法考试】 2020年，司法局组织开展网络在线学法和普法考试工作。按照上报给内蒙古自治区普法办全旗学法单位、学员人数、管理员名单。组织开展第一季度的网络在线学法考试，全旗参加网络学法的单位达到130个，参加在线学法人员达到4747人。

【创建标准化司法所】 2020年，旗司法局继续推进一级司法所的创建工作。按照《标准》完善司法所内部各项规章制度建设、规范工作流程，统一台账资料，达到统一规范的标准；配备各类办公设备、执法设备和必要的交通工具，一级司法所创建工作圆满完成。

【法律援助】 2020年，司法局审查批准共办理法律援助案件84件。其中刑事案件67件，民事案件17起。案件中涉及故意伤害案件11件、危险驾驶案件9件、盗窃案6起、诈骗案6起、人身损害赔偿纠纷4起、离婚纠纷3起等。援助对象包括妇女、残疾人、老年人、农民工等群体。旗法律援助中心在服务大厅设立了“马上办”服务窗口和退役军人优先服务窗口；在法院、检察院、看守所及服务大厅设立了律师值班窗口。

【人民调解】 2020年，司法局完成人民调解组织网络。嘎查村、居（社区）调解组织建成率达到了100%。对人民调解员进行全员轮训；组织律师、公证员、基层法律服务工作者参与矛盾纠纷化解工作；开展矛盾纠纷预警防范、应急处置机制。2020年，各级人民调解委员会共排查各类矛盾纠纷1841件，调解1841件，调解率为100%，调解成功1768件，调解成功率为96%。

【选任人民陪审员】 2020年，司法局为保障公民依法参加审判活动。根据司法部、最高人民法院、公安部《人民陪审员选任办法》和自治区司法厅、自治区高级人民法院、自治区公安厅关于印发《内蒙古自治区人民陪审员选任工作实施方案》的规定和精神，开展人民陪审员选任工作，按照要求选出拟任命人选共57名。同步启用人民陪审员选任管理系统，在系统上公布选任计划、抽选候选人以及对候选人进行资格审查、拟任公示等各项工作。

【法治工作】 2020年，司法局共接受行政复议申请7件，受理7件，受案率100%。收到的行政复议案件均是行政处罚案件，均以公安局作为被申请人。其中3起案件已审结，复议机关对案件作出复议维持决定。行政应诉案件7件，经过复议案件3件，上诉案件4件，现审结3件，其余案件尚未审结。全旗行政执法证件申领工作已全面开展，2018年已培训待考试人员共计121人，已确认报名参加乌兰察布市2020年行政执法资格考试（第一批），第二批报考人员信息已全部完成录入。苏木乡镇人民政府行政执法主体资格认证待审批后公示。

【公共法律服务】 2020年，司法局协调配合乌兰察布市司法局完成全旗基层法律服务所和基层法律服务工作者的执业申报工作；完成了14个基层法律服务所及20名基层法律服务工作者考核备案工作；完成三个律师事务所及6名社会律师、2名公职律师执业考核工作；2020年，律师共办理民事诉讼案件17件、行政诉讼案件5件。成立四子王旗司法局律师舆论应急处置工作领导小组，为各律师事务所制定相关文件。

【公证服务】 2020年，司法局公证处办结公证案件414件。其中民事案件399件，经济类15件。无一例错证发生，无一例投诉案件发生。司法局拓展业务领域，建立节假日、双休日预约办证服务，弱势群体优先接待、优先受理、优先办理和费用减免以及老弱病残行动不便者上门办理制，首问责任制、一次性告知制、"马上办"等服务承诺制度；开展公证执业风险意识教育，进行公证执业监督和质量管理，健全公证机构内部办证规则。

【社区矫正与安置帮教】 2020年，旗司法局共接收社区矫正服刑人员44人，解矫49人，完成社区矫正对象基础信息录入工作。2020年安置帮教衔接人员总数83人，解除帮教96人。全旗共管理刑满释放人员306人。司法局建立行政基层工作信息管理平台和社区矫正信息系统平台，与乌兰察布市社区矫正平台共享使用。2020年，全旗社区服刑人员手机APP安装已基本实现全覆盖。基层司法所把社区服刑人员手机APP安装和应用作为常规性监管手段，对新入矫的社区服刑人员在办理接收登记或矫正宣告时统一为其安装手机APP，指导其使用方法，告知其使用要求；对社区服刑人员拒不安装手机APP、拒不按要求签到、擅自关闭手机或擅自卸载和关闭APP等不服从管理的行为，及时教育训诫，情节严重的依法采取警告等惩戒措施；旗司法局把信息化应用贯穿社区矫正执法和教育管理工作各环节和全过程；社区矫正机构和司法所要求社区矫正管理系统和JPAD随时处于开启状态，实时录入和传输业务工作数据。

【扫黑除恶专项斗争】 2020年，司法局将扫黑除恶法治宣传教育与"七五"普法相结合，与"法律六进"活动相结合。在乡镇街道、包扶嘎查村深入开展扫黑除恶专项斗争法治宣传教育活动；落实"两类人员"涉黑涉恶的监督管理；建立律师办理涉及扫黑除恶案件请示报告制度。

交　管

【领导名录】

大 队 长：贾培峰

教 导 员：吕永平

副大队长：王晓春

张登平

召那生（蒙古族）

【概况】 四子王旗交管大队在支队党委及四子王旗委、政府、公安局党委的领导下，全队民警、辅警坚持用习近平新时代中国特色社会主义思想武装头脑，辛勤工作，圆满完成了公安交管工作任务。在抗击新冠肺炎疫情中，大队全体民辅警开展了近40天的疫情防控任务。为全旗复工复产、经济恢复做出了应有贡献。

【荣誉】 四子王旗交管大队获得旗公安局"抗击疫情先进集体"；旗总工会"羽毛球比赛优秀组织奖"；职工牛燕飞获得旗总工会篮球比赛"优秀运动员"；白凤玲获评全市交管系统"优秀宣传员"；乌云达来获得市公安局新冠肺炎疫情个人嘉奖；王宝峰获得市公安局个人嘉奖；张登杰获市局"双节安保"个人嘉奖；王晓春获得市公安局三等功；召那森获得市公安局个人嘉奖；赵崇胜、张登平获得市局优秀共产党员；全队民辅警办好事实事数多达90余起，收到锦旗10面、感谢信1封。

【查处违法交通情况】 2020年，四子王旗交管大队共查处交通违法行为50707起。与上年同期相比下降28%。其中简易程序43780起，分别为现场处罚21880起、非现场处罚21900起。共查处无证357起，同比上升17.8%，酒驾299起（再次饮酒22起），同比上升17.7%，假套牌21起，同比上升5%，无强制保险10起，准驾车型不符21起，暂扣期间驾驶机动车6起，超速9379起，共开展安保行动19起。2020年指挥中心车辆逾期未年检查处1030起，非现场转现场查处1891起。

【交通宣传】 2020年，四子王旗交管大队在各级媒体刊稿数125篇，视频刊稿数25篇，典型案例曝光数48条，发布微信3060条、微博4320条、今日头条960条、短信4978条、快手80条、抖音49条。开展进学校、进企业等“七进”宣传68次。新建“两站两员”警保合作劝导站8个，劝导员日志累计11600条。办公室各级文件办理数478件，制定各类专项行动方案数15个，共上报信息910篇，审核通过705篇，通过率77.5%。

【车辆驾驶管理】 2020年，四子王旗交管大队办理机动车业务2778笔，驾驶证业务共办理3481笔。科一考试人数1013，合格872人，合格率81.6%。科三文明教育考试人数884人，合格790人，合格率89%。满分考试人数505人，合格298人，合格率59%。“重点车辆”隐患清零完成38人，处理率23.45%。“重点驾驶车辆”隐患清零完成59辆，完成率16.76%。

【放管服改革】 2020年，四子王旗交管大队在36项“放管服”改革措施中，“申请材料四个减免”“普通业务一窗通办”“18类业务一证即办”、小型汽车驾驶证全国“一证通考”等20项“放管服”措施已经落地。12项优化营商环境放管服措施已落实10项。摩托车科目二、科目三社会化考场通过上级验收，摩托车考试工作实现全科目下放。12项机动车业务和16项驾驶人业务实现下放。

【事故处理】 2020年，四子王旗交管大队全年共接警710起，处警710起，其中，共发生简易程序事故216起，快处快赔420起，发生一般程序事故74起（同比下降53.7%）。死亡事故21起，共造成29人死亡（同比上升27.5%），101人受伤（下降211%），直接经济损失折款284900元（下降73.8%）。

【各类大型交通安保任务】 2020年，四子王旗交管大队各中队完成了“五一”、国庆等节点和乌兰察布市飞行大会、2020年乌兰察布市辉煌梦机车嘉年华、“嫦娥五号”返回器着陆等重大安保任务。保障了全旗道路安全畅通。

【文明畅通行动】 2020年，四子王旗交管大队建设了3处红绿灯系统，209国道与乌艾线交叉路口红绿灯和电警系统、和平路与阿木古郎街路口红绿灯系统和球机监控系统、沙井府街与格根塔拉路路口红绿灯和电警系统都已投入使用；争取旗政府对和平路4处红绿灯系统进行了维修改造；推动在和平路三完小处清真寺建设社会停车场；年初，为城镇增加了10名执勤人员，并对城镇中队警务人员进行了优化配置；11月，交管大队制定了城镇中队勤务管理若干规定。上半年，交管大队与旗城管局、城投公司两部门负责人商讨城镇道路交通优化措施，制定了《四子王旗交管大队关于全旗创建“全区卫生城镇”道路交通优化方案》，对道路交通设施建设进行了规划与概算。

【专项行动】 2020年，四子王旗交管大队以“减量控大”为主线，交管大队组织各类统一行动70余次。查处各类重点违法行为，查处“逾期未年检”“非现场转现场”等交通违法行为。

【交通安全宣传亮点】 2020年，四子王旗交管大队宣教办在持续推进“七进宣传”“五大曝光”等基础上，通过“钉钉云课堂”为师生家长学生开展“交通安全空中课堂”；制作违法停车温馨提示单，开展机动车乱停违法行为教育活动；联合美团外卖骑手、顺丰快递小哥开展“一盔一带”交通安全宣传巡游活动；走进农村开展交通安全宣传“下乡村、进农户”教育活动；走进牧民家开展蒙语宣传；开展了外卖小哥进警营活动；结合平板电脑对农用车驾驶员实行“停车三分钟，宣讲求实效”的交通安全整治加教育方式，让农用车驾驶员紧绷安全弦，创造文明和谐交通；组织每批次新领证学员在城区开展常态化志愿义务劝导工作。

【道路隐患排查】 上半年，交管大队对辖区G209国道隐患点段进行现场实地调查排摸，对事故多发点段、急弯路段等排查登记，商讨整改方案，提出具体解决办法。边行进边记录，并由排查双方单位确认签字。排查出8处隐患，已全部整改完成。农牧区千灯万带共安装2处，在席边河村、三元井路段设置太阳能警示灯3处，振荡减速带6处。

【协同共治】 2020年，四子王旗交管大队联系旗道路交通安全工作领导小组各成员部门，协同共治，开展秩序整治工作。与旗城管局等部门联合开展“僵尸车”集中整治行动；联合城管、工商、食药在城区开展集中整治，彻底清除违法占道经营现象；与旗交通局成立联合治超执法小分队，在东八号、乌江线、西河子、江岸等路段开展“百吨王”货车整治行动；与农机监理站联合持续开展对农用拖拉机车厢及尾部粘贴反光标识，防止夜间追尾事故的发生；联合教育行政部门、交通运输部门对辖区中小学、幼儿园开展了实地检查，并整改了安全隐患；联合公路养护部门、乌赛公区、交通局、安监局等部门召开冬季恶劣天气应急处置联席会。

（四子王旗交管大队）

军　事

四子王旗人民武装部

【概况】 1950年10月，四子王旗武装委员会收归军队建制，改称四子王旗人民武装部。1955年9月，根据内蒙古军区指示，四子王旗人民武装部改称兵役局，同时挂兵役局和武装部两块牌子。1958年6月，撤销四子王旗兵役局，称四子王旗人民武装部。1986年5月，人民武装部归地方建制，其性质和任务未变，机关名称改为内蒙古自治区四子王旗人民武装部。1996年4月，四子王旗人民武装部由地方建制改归军队建制，机关名称为中国人民解放军内蒙古自治区四子王旗人民武装部（以下简称旗人武部）。四子王旗人民武装部是中共四子王旗委员会的军事部门和政府的兵役工作机构，负责四子王旗的军事工作，主要是民兵、兵役和动员工作。下设军事科、政工科、后勤科。人武部分别在13个乡镇（苏木）下设基层人武部，有专武干部13人。2020年，人武部按照军分区党委扩大会议工作部署，着眼“完善国防动员体系”目标任务，坚持举旗铸魂固根本、练兵备战谋打赢、聚力主业打基础、正风肃纪强作风、群策群力保底线，人武部建设形势向上向好。

【思想政治建设】 2020年，旗人武部与军区同步组织11次党委中心组带机关理论学习，坚持党委领导带头上党课、深入基层搞调研，对《习近平谈治国理政》（第三卷）、《习近平论强国兴军》及《预防犯罪工作条例》等书籍进行学习，并召开专题组织生活会，逐人对照检查；组织观看红色电影、“学习楷模都贵玛、不忘初心担使命”等活动，联合旗局单位开展“情系国防、双拥共建、纪念中国人民解放军成立93周年”主题党日活动，并利用民兵集合点验、集中训练等时机，开展民兵思想政治教育。

【民兵军事训练】 2020年，旗人武部按照“建队伍、提素质、抓训练、能应急”的基本思路，开展备战打仗工作。在春秋火灾多发期，组织民兵配合旗林草局和森林公安开展联合巡山防火工作，坚持每日派出两组骑兵巡查火情，主动担负全旗2亿亩林地的火灾防范任务；对坟山墓葬集中区域设卡设点，检查巡查。在夏季洪涝灾害期间，联合旗应急、水利、消防等单位在泉掌子水库开展防汛抢险应急演练；4月，组织民兵集合点验及开训动员，完成应急力量114人、专业力量20人、边防民兵的训练任务。

【党管武装巩固发展】 2020年，旗人武部开展基层武装部规范化建设。贯彻落实《关于加强新时代基层武装部建设的实施意见》，把各苏木乡镇民兵应急力量纳入全旗应急管理体系，合理配置补充各类应急器材，做到人装一体、军地共用；全年人武部2次联合旗纪委监委、旗委组织部组成联合工作组对13个基层人武部达标建设进行检查。10月下旬，接受军分区联合工作组检查，全部达标合格。人武部分2个批次为13个基层人武部配置服装、携行背囊、防爆器材等物资；高标准完成边防民兵试点任务。利用2个月时间，完成内蒙古军区赋予的骑兵连试点训练任务，并开展为期1个月的野外驻训工作，于10月完成“边防民兵骑兵连试点建设报告”“边防民兵骑兵分队建设规范”“边防民兵骑兵分队训练教材”“边防民兵无人机分队训练教材”“边防民兵骑兵连试点建设专题片”试点任务。合力抓好边防建设和军事设施保护，在边境嘎查布建了蒙古包哨所，统一制作了哨所标识牌，哨长、哨兵职责牌，执勤日志本，悬挂了国旗，配发了制式服装，统一日常勤务规范。组织人员对辖区国防工程开展一次全面普查维护，重新核准定位所属坑道和工事，完善了相关电子档案。

【遂行任务】 2020年4月25日，四子王旗发现鼠疫疫情，旗人武部紧急集结民兵，在江岸边境苏木疫区连续奋战7天6夜，消耗灭鼠烟雾弹药6.7吨，完成2个核心防控区灭鼠任务。面对新冠肺炎疫情防控严峻形势，人武部党委及时统一思想和部署行动，组织本部干部职工和民兵队伍积极参与地方疫情防控工作，共组织110人投入辖区疫情防控点，参与疫情防控宣传、道路值守、卡口盘查、劝阻车辆行人、居住办公环境消杀等工作。

【拥政爱民】 2020年，旗人武部开展国防动员和后备力量建设。利用“4·15”全民国家安全教育日、全民国防教育日等时机，组织民兵、专武干部10余次深入社区、嘎查（村）开展国防教育宣传活动；在“八一”军事日举办军营开放日活动，组织旗党政领导干部、各局办共50余人齐聚骑兵训练场；核实核准潜力调查数据，定期组织成员单位逐项逐条进行数据审核，落实国防动员潜力统计调查“千分制”要求。

【征兵工作】 2020年，旗人武部持续开展征兵宣传工作，将网络作为重要阵地，利用手机短信、微信公众号、网络论坛等新渠道进行有针对性宣传。严格落实廉洁征兵“零报告”和监督员制度，及时公布举报电话、信箱，保持廉洁征兵高压态势，完成2020年度兵员征集任务，未发生任何违纪廉洁征兵纪律问题，未发生退兵问题。

【保障工作】 2020年国庆期间，旗人武部动用民兵骑兵连、无人机班，联合旗边委办、边境管理大队、边防连队开展“十一”期间“五位一体”边境联防联控行动；多方协调经费集中采购民兵训练移动宿营车1台，多功能方舱1台；在春节、国庆等节日期间，严格落实战备值班制度。结合不明空情、新冠肺炎疫情及辖区鼠间鼠疫防控，区分作战、日常战备和非战争军事行动三个类别，组织人员集中修订完善17类本级战备方案预案。

（四子王旗人武部）

四子王旗边境管理大队

【领导名录】

大 队 长：黄卫峰

教 导 员：张云杰

副大队长：王　平

【概况】 公安边防部队实行体制改革后（2019年），四子王旗公安边防大队改称为四子王旗边境管理大队（简称旗边境管理大队），由副团级单位变更为正科级单位。内设边境管理办公室、政治工作办公室、后勤保障办公室、边境管理服务中心、财务室等，下设6个边境派出所。常年担负乌兰察布市103.161公里中蒙边境线、11525平方公里边防辖区的边境管理任务和辖区 3 个苏木 18 个行政嘎查边境管理区的政治、社会治安稳定重任。2020 年，总站、支队党委的坚强领导下，旗边境管理大队按照新时代管理队伍建设的新要求，团结和带领全体民警完成 2020 年的中心工作和队伍建设任务。

【思想政治建设】 2020 年，旗边境管理大队党委牢牢把准队伍建设发展政治方向。旗帜鲜明讲政治，落实“不忘初心、牢记使命”制度，以“四强”党支部创建、党建工作示范创建活动为重点，坚持党要管党、全面从严治党，带领全体民警改进作风。以疫情防控为主线，坚持抓中心、议大事，落实加强党委和支部建设“两个意见”“两个细则”。制定出台年度工作计划和全面从严治党主体责任清单，从做精主业、建强队伍、打牢基础、树好形象、做实保障 5 方面细化具体工作举措。召开党委会议 16 次，推动落实重点工作 69 项，主动作为、不等不靠。落实“第一议题”制度，制订全年学习计划，部署开展了党章党规学习月、训词学习、首届“十大国门卫士”学习和中共十九届五中全会精神学习等教育活动，严格落实留营夜读制度。发挥“网络夜校”和“学习通”软件等平台作用，建立学习考评记录台账。全年党委开展学习 12 次，政治教育 60 课时，讨论交流 4 次。深入开展党建工作示范创建活动，及时召开党建工作推进会，部署开展“四强”党支部创建、庆祝建党 99 周年和“十大精品党课”评选活动；落实党组织书记讲党课制度，常态化开展重温入党誓词、党员过“政治生日”和党务知识测试等活动，推行“智慧党建”APP 应用。年内，组织 9 名所队级党组织书记参加支队支部书记培训，推选 8 个优秀课件评选“十大精品党课”，利用各级各类媒体和互联网站、三微平台等宣传阵地宣传大队在疫情防控和执勤执法斗争中涌现出来的先进典型和感人事迹；开展大队边境“法治课堂”、构建“3+1”联调联控机制和边境管理服务中心“一站式”服务等亮点工作。年内接受“法润草原——边关行”采访团的采访；杨祺、田志超家庭当选乌兰察布市 2020 年度最美家庭。全年被各级新闻媒体采用稿件共计 47 篇（条），中央级媒体刊稿 21 篇（条），其中自治区、市级媒体刊稿 26 篇（条）。2020 年，旗大队荣立集体三等功，2 名个人受到总站和地方各级表彰奖励。

【防控新冠肺炎疫情】 2020 年，旗边境管理大队树立边境管理主责意识，紧跟新冠肺炎疫情防控形势任务，守住边境辖区安全稳定和边民群众生命安全。树立“疫情就是命令、防控就是责任”的意识。抽调 12 名警力设立 2 处临时查验卡口和 4 个疫情检测点，24 小时不间断对进出边境辖区的人员及车辆开展查验，严防新冠病毒和鼠疫流入流出；组织成立摸排小组 12 支，全面展开辖区疫情摸排，守住边境地区疫情“零突破”的底线。其间，累计查验车辆 474 辆次，盘查人员 1400 余人次，发送政府公告及防疫知识短信 1000 余条，组织民警为武汉献爱心捐款 3.68 万元。

【边境管控】 2020 年，旗边境管理大队相继开展“百万警进千万家”“扫黑除恶”专项斗争、“打击整治枪爆违法犯罪”、打击跨境赌博、“靖边”“启明”等专项行动。成立边境巡逻队，常态部署 10 余名警力在边境地区重点方向布防；开展防范打击“三非”活动，过滤和净化不安全因素。年内累计出动警力 810 人（次）、车辆 706 辆（次），二线堵卡查验车辆 5450 辆（次），盘查人员 7850 人（次），巡逻 696 次，采集各类信息 2957 条，一标三识采集率达 100%。查处行政（治安）案件 23 起，调解民事纠纷 55 起。

【警地协作】 2020 年，旗边境管理大队推动与旗边防委“合署办公”工作。抽调一名民警进驻边防委，并牵头组织四子王旗边防委员会成员单位召开全旗边民补贴发放研究会议，制定发放标准；选拔、联审、聘用全旗边境苏木 60 名护边员；深化“放管服”改革，发扬“马上办、就近办、一次办”服务理念，得到总站总站长刘同香的批示肯定，并建议总结推广。年内共办理各类户籍业务251件，达到往年各派出所办理户籍业务总和的二分之一，实现“让数据多跑路，让群众少跑腿”的目标。

【实战练兵】2020年，旗边境管理大队开展全警实战大练兵活动。将民警能力素质提升列为年度“核心工程”。重点开展以“一讲二进三学”（讲信念，进执勤现场、进群众家里开展岗位实践，学业务、学技能、学语言）为主要内容的教育培训。截至年底，先后组织民警参加“法制大讲堂”3期、全警实战大练兵脱产轮训班1期，开展警务实战送教2次，推荐支队警务实战教官团初级教官6人次。2020年，旗边境管理大队在乌兰察布市公安局蓝军教官培训班培训中取得公开课考核第一名，红蓝对抗演练和理论考核分别获得第二名，实训课考核第三名、团体第一名的好成绩。大队采取“岗位实践+碎片化学习”为主的练兵模式，开展“蒙汉结对”“每日一句”“百词斩”等活动。编制完善预案、规范处置流程，助推与驻地政府、解放军边防连队和友邻单位等多方维稳力量联勤联动；大队推行“一所一队一教员”机制，选拔民警参加总站警务实战培训，体现训练人才“传帮带”作用，实现各单位练兵工作新突破。截至年底，累计开展“警营大讲堂”70余课时、模拟办证3次、联合演练2次，总结交流练兵心得4次，实现民警的业务工作能力新提升；严格落实派出所“每周一测”、大队“每月一考”的两级考核机制；开展民警基础体能和警务实战技能训练，落实训练效果和安全风险评估制度，对照7项评估内容逐项分析研判练兵过程中存在的安全风险隐患，并全程跟踪指导完成整改。年内，开展“警营书香留营夜读”活动2次、应对突发公共卫生案（事）件情况处置演练4次、训练安全风险评估4次，发现并整改练兵安全问题隐患30余处，利用KEEP软件开展锻炼40余次。

【从严治警】2020年，旗边境管理大队树立底线思维，从严管理队伍，抓各项规章制度的刚性落实。大队建立由主官挂帅、各组牵头、整体联动的工作模式。抽调专人组建教育整顿小组，设立指挥协调、上下通联、督促落实等4个分组，开展集中协同办公。制定6大类25项重点任务46项具体措施的教育整顿工作方案，相继出台大队教育整顿重要任务分解表、自查自纠和推进计划等配套活动方案，倒排工期、挂图作战、跟踪问效、补齐短板。截至年底，制作并下发学习资料4份，协调印制学习笔记本80余册，在支队网页刊发信息30余篇、报告2篇；以贯彻落实总站“安全基础建设年”为内容，部署开展“警规警令学习月”“警示教育月”、违规饮酒自查等专项活动。制定《大队纪检督察细则》《车辆管理规定（试行）》《安全监督制度》等规章制度，常态化落实周通报、月分析、季度讲评工作。以零容忍的态度从严整治涉酒涉车涉赌各类问题。其间，召开警示教育大会11次、安全分析会11次，组织参加廉政专题讲座、廉政参观等活动5次，观看警示教育片17次，发布致家属和辖区群众的一封信80余份；大队深入基层单位开展督导帮扶22次，下发督察通报11期，发现整改问题隐患6类243个、提出督察建议70余条，书面检讨4人。

【经常性管理】2020年，旗边境管理大队紧盯任务目标，持续开展“问题隐患排查整治”“教育整顿自查自纠”等活动。深入排查队伍管理中存在的问题隐患，发挥公务车辆北斗监控系统效能，对车辆使用进行日常管理；不定期开展酒精检测，严抓治酒控酒管酒不放松。截至年底，累计开展谈心谈话70余次、与民警家属沟通了解情况20余次、召开信访专题会议4次、开展廉政风险排查3次、执法突出问题排查20余次、整改各类问题隐患130余处、聘任社会监督员5名。

【提升后勤保障能力】 2020年，旗边境管理大队统筹财力、物力资源，规划为民警办实事项目。年内，合理安排民警请休假1200余人次，民警休假天数比例达到100%。帮扶困难民警4人，组织区内疗养3批5人次，区外疗养1批2人次。疫情防控期间，大队通过开通“便民直通车”，为基层执勤一线民警及家属运输物资1万余公斤，赠送消毒液、口罩等各类防护用品200余件，购买慰问品2万元。年内，大队累计争取项目经费191.5万元，新建训练场和犬舍，增设多功能活动室、观影室，对办公楼、招待室及屋顶进行了翻新改造，改造各库室功能。种植各类灌木和乔木10余种，2300余株，使营区绿化率达到了60%以上；铺设柏油院面并通过安装太阳能路灯对营区进行了夜景亮化提升改造，打造“花园式”生态警营。2020年，边境管理大队被四子王旗园林局推荐参评乌兰察布市绿化标兵单位。

（四子王旗边境管理大队）

发展和改革委员会

【领导名录】

局　长：梁宝贵

副局长：叶俊文

　　　　李文清

【概况】 四子王旗发展和改革委员会（以下简称旗发改委）是旗人民政府工作部门，为正科级单位。加挂旗粮食和物资储备局、旗区域经济合作局牌子。旗委财经委员会办公室设在旗发展和改革委员会。内设机构有办公室、农村牧区经济发展股、社会发展股、工交环资财贸股、区域合作办公室、生态办公室、审批股、新能源办公室、价格股、粮食与物资储备办公室。旗发展和改革委员会机关行政编制15名。设主任、财经委员会办公室副主任1名，副主任4名（其中：1名兼任四子王旗粮食和物资储备局局长，1名兼任四子王旗区域经济合作局局长）。围绕“五旗”发展战略，按照“立足发展抓项目、统筹改革谋思路”的工作主线，着眼事关全旗经济社会长远发展的大事要事，着力在重大事项研究、重大项目建设、重大产业发展、重大资金争取等方面取得新成效。

【参谋协调规划】 2020年，四子王旗发展和改革委员会完成四子王旗国民经济和社会发展第十四个五年规划和2035年远景目标纲要规划编制工作，“十四五”规划（草案）已通过人大审议。

【引项争资】 2020年，四子王旗发展和改革委员会继续以争取更多项目资金为工作重点，共争取到中央、自治区预算内投资项目8项，涉及总投资1.0787亿元，其中，中央预算内投资5870万元，自治区预算内投资4917万元。具体项目为：2020年以工代赈（提前）项目，总投资390万元，全部为中央预算内资金；2020年第二批以工代赈项目，总投资243万元，全部为中央预算内资金；乌兰察布市四子王旗森林公安局江岸派出所建设项目，总投资121万元，其中自治区预算内投资18万元；乌兰察布市四子王旗公安局业务用房建设项目，总投资444万元（其中自治区预算内投资67万元）；乌兰察布市四子王旗乌兰花镇统建西路道路及雨污水管网改造工程，总投资930万元（其中自治区预算内投资93万元）；乌兰察布市四子王旗乌兰花镇白音朝克图街道排洪管网工程，总投资1200万元（其中自治区预算内投资82万元）；空间环境地基综合监测网（子午工程二期）四子王旗空间天气科学中心项目，总投资3600万元（其中自治区预算内1500万元）；2020年易地扶贫搬迁项目，总投资4678万元

（其中自治区预算内投资 2754 万元）；乌兰察布市四子王旗 2020 年老旧小区改造配套基础设施建设项目，总投资 2133 万元，全部为中央预算内资金；四子王旗人民医院感染科扩建项目，总投资 1500 万元，其中中央预算内 1100 万元；内蒙古京津风沙源治理二期工程，总投资 2537.5 万元，其中中央预算内 2004 万元。

【审批项目投资】 2020 年，四子王旗发改委共审批项目 142 项，涉及投资 25.8 亿元；备案项目 51 项，涉及投资 34.25 亿元；备案固定资产投资节能声明表 81 份。

【重点项目建设】 2020 年，四子王旗实施亿元以上重点项目 11 项，其中续建项目 7 项，新建项目 4 项，开复工率 81.82%。项目总投资 36.87 亿元。2020 年计划投资 12.19 亿元，年内累计完成投资 6.27 亿元。

【续建项目】 2020 年，四子王旗发改委 8 个续建项目完成情况。四子王旗红格尔水库工程，项目总投资 9.02 亿元，2020 年计划投资 0.5 亿元，年内完成投资 2.2 亿元；乌兰察布市四子王旗乌兰花镇港原维多利购物中心，项目总投资 1.06 亿元，2020 年计划投资 0.8 亿元，完成投资 0.02 亿元；四子王旗格根塔拉景区提升改造项目，项目总投资 4.2 亿元，2020 年计划投资 1.7 亿元，完成投资 0.13 亿元；乌兰察布市四子王旗国通仓储物流园区建设项目，项目总投资 5.5 亿元，2020 年计划投资 2 亿元，完成投资 0.5 亿元；四子王旗泰和花园商住小区建设项目，项目总投资 2.6 亿元，计划投资 1.23 亿元，完成投资 0.58 亿元；乌兰察布市四子王旗内蒙古永和氟化工有限公司氟化工扩建续建项目，项目总投资 2.8 亿元，年内完成投资 1.5 亿元；乌兰察布市四子王旗东山生态公园建设项目，项目总投资 3.2 亿元，2020 年计划投资 0.4 亿元，完成投资 0.2 亿元；乌兰察布市四子王旗国家地质公园南梁园区旅游扶贫开发建设项目，项目总投资 1.4 亿元，项目未开工，前期手续全部办理完毕。

【新建项目】 2020 年，四子王旗发改委 3 个新建项目完成情况。乌兰察布市四子王旗内蒙古大象农牧发展有限公司生猪养殖场建设项目，项目总投资 3.6 亿元，计划投资 1.8 亿元，完成投资 1.13 亿元；乌兰察布市四子王旗非金属、金属废料和碎屑加工处理回收利用建设年处理废旧铅酸蓄电池等 10 万吨项目，项目总投资 2 亿元，项目未开工；四子王旗生活垃圾裂解气化处理厂建设项目，项目总投资 1.4 亿元，总占地约 30 亩；建设日处理生活垃圾 100 吨的垃圾裂解项目，并配套绿化、园林景观等，2020 年计划投资 0.9 亿元，完成投资 0.01 亿元。

【易地扶贫搬迁】 2020 年，四子王旗发改委工作重点是实施易地扶贫搬迁基础设施和公共服务设施补短板项目，项目涉及供济堂、吉生太、库伦图、东八号、忽鸡图、红格尔六个苏木乡镇，总投资 4187 万元，建设内容主要包括储草棚，垃圾收集处理设备，室外照明设施，室外活动场所，新村安置点排洪沟、护坡、河道治理工程。项目已全部建设完成，已进入竣工验收阶段。

【能源产业发展】 乌兰察布风电基地一期 600 万千瓦示范项目。该项目总投资为 425.44 亿元，2020 年底，完成征地 85%，幸福一及大板梁二风电场已开工建设，完成部分临建施工及 16 台风机基础样板浇筑工作，升压站基础施工及全部临建工作；四子王旗空间天气科学中心地方配套项目，批复项目总投资 3493.74 万元，科研装备部分已经完成两套中纬高频雷达的设备安装工作；三峡乌兰察布新一代电网友好绿色电站示范项目，总投资为 136.8 亿元，项目已核准，已完成气象、风资源和光资源等实测数据的收集和购买工作；完成场址区域 1：2000 地形图和地质初勘工作。

【价格监管执法】 2020年，四子王旗发改委完成执行收费公示清单制度，对各收费单位的收费项目和收费标准进行清理，对需要取消和降低的坚决按内蒙古自治区行政事业性收费目录清单执行。从三月开始收费公示清单备案，原核准备案10户，实际备案10户，备案率100%；在疫情防控期间对城市居民实施食品零售价格监测，每日定时上报；推进城镇居民阶梯水价和非居民饮水超定额累进加价工作；2020年办理社会稳定风险评估报告。

【粮食安全工作】 2020年，保质保量完成了区市两级4500吨玉米轮换任务，并于9月14日通过验收，完成旗库存粮食和安全检查工作。

统计局

【领导名录】
局　长：董占峰
副局长：张灵梅（女）
　　　　其其格（女，蒙古族，10月任职）

【概述】 四子王旗统计局是旗人民政府工作部门，为正科级单位。内设机构有办公室、数管和核算股、综合业务股、法治监督管理股、普查办公室。2020年，四子王旗统计局紧紧围绕旗委、政府关于推进全旗经济高质量发展工作要求，围绕提高统计能力、提高统计数据质量、提高政府统计公信力，完成各项统计工作任务。完成2020年工业、农牧业、固定资产投资、建筑及房地产、能源、商贸等各行业数据的收集、审核、汇总和上报工作，企业一套表联网直报率达到100%。按照时间节点完成第七次全国人口普查各阶段的普查登记工作。完善各苏木乡镇统计站的建设，推进统计基层基础建设。

【常规统计】 2020年，旗统计局完成2020年工业、农牧业、固定资产投资、建筑及房地产、能源、商贸等各行业数据的收集、审核、汇总和上报工作。企业一套表联网直报率达到100%，各项数据质量得到很大的提高。全旗经济运行平稳，全年完成地区生产总值60亿元，比上年增长2.3%。其中，规上工业增加值增速为5.5%；社会消费品零售总额完成16.82亿元，同比增长-6.2%；固定资产投资同比增长4%；城镇居民可支配收入、农牧民可支配收入分别达到31525元、13155元，分别增长2.3%、8.8%。

【第七次全国人口普查工作】 2020年，旗统计局开展第七次全国人口普查工作。按照全市统一安排，年初组建四子王旗第七次全国人口普查领导小组和办公室，制定普查进度安排，落实普查经费和物资设备；统计局从领导小组各成员单位抽调工作人员充实到人口普查办公室；5月15日四子王旗召开第七次全国人口普查领导小组会议，制定普查方案；7月中旬开始普查区域划分与建筑物标绘工作；8月底共完成划分普查区136个、普查小区615个，标绘建筑物33191个；9月开始选聘普查指导员和普查员750名，先后开办6期“两员”培训班；从9月20日开始，旗统计局联合宣传部开展为期一个月的普查宣传月活动，通过电视广告、发放宣传物资、新媒体视频、悬挂条幅、张贴海报等一系列宣传活动；10月10日，人口普查领导小组召开第七次全国人口普查入户摸底动员大会，10月11日，开始全旗第七次全国人口普查入户摸底工作。全旗14个苏木乡镇（场）的615个小区同时开展入户摸底工作。10月31日24时，摸底工作结束。11月1日开始正式登记，在清查摸底的基础上，对全旗所有居民进行了入户登记，按照区不漏房、房不漏户、户不漏人、人不漏项开展登记工作。11月6日，四子王旗第七次全国人口普查领导小组召开登记工作推进会，会议就全旗普查进度慢、存在问题多、“两员”思想相对松懈等问题进行了分析和解答。11月8日、11日四子王旗旗委、政府主要领导召集各苏木乡镇党政主要领导召开了两次第七次全国人口普查登记工作推进会。

两次会议旗委书记武玉亮和政府旗长赵利国就人口普查工作的重点、难点提出了具体要求；正式登记期间统计局下派三组人员分别到乌兰花镇、农区、牧区去实时了解和督促登记情况。11月13日将应登人员全部登完，14—15日集中两天时间查遗补漏，查找外出人员信息。15日晚上12点关网前全部完成第七次全国人口普查登记工作。11月16日到12月10日进行长表登记和比对复查工作。

【基层统计】 2020年，四子王旗统计局在各苏木乡镇建立统计站，农区配备2名及以上专兼职统计员，其中1名任统计站站长，牧区至少配备1名专职统计员，任统计站站长。对专兼职统计信息员开展业务培训，为各统计站配发电脑、打印机、档案柜。完善统计台账（包括纸质台账和电子台账），做到“数出有源，有据可查”。指导企业统计台账的填报、管理、存档和使用。

【夏季畜牧业普查】 2020年，旗统计局统计六月末全旗牲畜头数总计1137027头，其中大牲畜49071头、羊1074994只。

【农作物播种面积调查】 2020年，旗统计局公布全旗农作物播种总面积122257.06公顷，其中粮食作物播种面积83461公顷，较2019年增幅2.17%，经济作物播种面积38736.06公顷，较2019年增幅5.3%。

【农作物产量调查】 2020年，四子王旗统计局于9月调查农作物产量，全旗农作物产量总计354915.58吨，其中粮食作物产量214963吨，较2019年增幅3.56%，经济作物产量139952.58吨，较2019年增幅42%。

【统计报表】 四子王旗统计局完成了2020年工业、农牧业、固定资产投资、建筑及房地产、能源、商贸等各行业数据的收集、审核、汇总和上报工作。企业报表联网直报率达到100%。

【统计调查】 2020年，四子王旗统计局开展夏季畜牧业普查；农作物播种面积调查；农作物产量调查；旗、乡、村三级区域社会经济基本情况调查。

统计调查

【领导名录】
队　长：党　选
副队长：张智敏

【概况】 国家统计局四子王旗调查队（简称旗调查队）是国家统计局派出机构。2007年由国家统计局四子王农村社会经济调查队改制组建。全队在编人员9名，不设股室。主要负责国家统计局布置的抽样调查任务，向各级政府提供决策依据，向社会各界提供数据分析。2020年，国家统计局四子王旗调查队以不断提高统计数据质量为核心，立足于服务经济建设，认真完成上级部署的任务，为国家经济建设和各项事业发展做出了积极的贡献。

【常规调查】 2020年，旗调查队在四子王旗境内承担常规调查任务15项。分别包括城乡居民生活状况调查120户（其中城镇居民生活状况调查70户，农村、牧区居民生活状况调查50户）；农户固定资产投资调查50户；农村贫困监测调查50户；农民工劳动力监测调查50户；退耕还林还草监测调查40户；农作物播种面积调查5个自然村；小麦产量调查5个自然村；农作物面积遥感测量5个自然村；畜禽监测调查5个自然村、3个大户；农产品生产者价格调查30户；农产品中间消耗调查22户；劳动力调查队3个点每月调查48户；工业生产者价格调查企业4家；新设立小微企业跟踪调查3家；农产品集贸市场价格调查1个。

【开展脱贫攻坚普查工作】2020年，旗调查队按照国家统计局及内蒙古调查总队的要求，配合地方政府做好脱贫攻坚普查工作。旗调查队与旗扶贫办共同成立脱贫攻坚普查领导小组。成立普查工作综合协调组、方案设计与实施组、数据处理组宣传组、质量监督与执法检查组共同开展脱贫攻坚普查工作。6月中旬，领导小组分两批次召开四子王旗脱贫攻坚普查清查摸底工作培训会和清查摸底工作督导培训。358名清查摸底人员，39名乡镇审核验收人员，参加培训并通过了考试。6月23日，8个督导组分别赴全旗13个乡镇开展督导，每个乡镇随机抽取3～4个行政村，每村10户贫困户开展。个别乡镇实现了督导全覆盖。其中吉生太镇老圈滩行政村、忽鸡图乡小东营行政村、库伦图镇库伦图行政村接受了乌兰察布市脱贫攻坚普查工作领导小组办公室督导组的督导检查；按照普查工作安排与苏木乡镇路线需求，配备14辆车供普查组使用；普查组坚持以数据质量为核心，实行全程质量控制，从业务培训到信息采集，再到数据审核、数据评估均要求严谨慎重，对各有关户表、村表、县表等指标信息进行把控。每周至少召开2次全体会议。每天召开指导员小组碰头会（3个指导组共指导22个普查小组）。重点针对普查工作过程中发现的问题和上级传达的相关指标解答，进行沟通交流。在普查过程中，共召开全体会议8次，指导员小组碰头会25次。普查结束后，普查小组及时汇总相关数据，与乡镇领导现场交办意见单。

【开展“双随机”执法检查】2020年，旗调查队贯彻落实《防范和惩治统计造假、弄虚作假督察工作规定》及全国统计法治会议精神。防范和惩治统计造假、弄虚作假行为。国家统计局四子王调查队于2020年6—7月开展统计执法监督检查工作。研究制定调查队本年度执法检查计划，召开动员部署会，对执法检查人员进行培训。

【“七五”普法总结验收】2020年，旗调查队按照内蒙古调查系统“七五”普法规划要求，组织开展“七五”普法总结验收工作。将组织领导和法制保障作为“七五”普法工作的重要内容。制定《四子王调查队统计执法和普法工作制度》，并将其作为普法工作的总纲领，按照该制度开展各项普法宣传工作。建立了以队长牵头，副队长、纪检员为主体的普法领导小组，负责本单位各项普法工作的具体实施。四子王调查队结合国家宪法日、宪法宣传周、统计普法宣传月、中国统计开放日等时间节点，结合第七次人口普查以及其他常规调查活动，在全旗范围内开展统计法律进机关、进系统、进社区、进企业、进乡村、进住户的“统计法律六进”活动。

【基础数据质量自查】2020年，旗调查队依照制定的自查清单，对住户调查制度建设、业务建设、数据质量建设及调查队伍建设等情况逐项进行自查。自查内容包括开展制度建设自查，是否建立住户调查专业制度、辅调员管理制度、数据管理规范、档案存档规范等各项制度；开展账本规范自查，记账户所用日记账本格式符合国家要求，封面清晰，小区名称、户主信息、调查员信息填写清楚，居民收支各项指标的指标口径、计算方法都按国家统一制度执行，账页齐全，账本无人为修改痕迹。调查队辅助调查员按月访户，认真填写访户情况登记表，对记账时出现的问题及时发现纠正，发现可能漏记、错记和混记现象进行耐心的辅导和讲解，并能够及时改正。截至年底，对发现的问题已经全部整改完毕并联系记账户规范记账；开展机账对应自查。数据账页录入及时完整，实行人机审核，对审核出有疑问的及时和记账户联系询问，及时解决，并记录在审核台账上，并对已录入的2020年前两个季度的记账数据进行了抽检。发现有部分账页数据出现错录、漏录、编码错误的问题。年底前已全部整改完毕。

审计局

【领导名录】
局　长：邢　斌
副局长：张锁旺
　　　　王智生

【概述】 四子王旗审计局（以下简称旗审计局）是旗人民政府工作部门，为正科级单位，旗委审计委员会办公室设在旗审计局。内设机构有办公室、财税金融审计股、行政事业审计股、农业和资源环境审计股、经济责任审计股、社会保障审计股、经贸审计股、电子数据审计股、固定资产投资审计股、重大政策绩效审计股。2020年，旗审计局依法全面履行审计监督职责，做好常态化“经济体检”工作，充分发挥审计在推动国家治理体系和治理能力现代化中的职能作用。

【审计工作】 2020年初，旗审计局按照上级审计机关统一组织，开展了新冠肺炎疫情防控资金和捐赠款物专项审计、四子王旗2019年医疗保险基金审计、四子王旗2013年至2019年人防系统腐败问题专项治理审计、优化营商环境审计、2020年新增财政资金直达市县基层直接惠民利民审计。

【财政预决算审计】 2020年，旗审计局分别开展了6个旗直部门2019年度部门预算执行情况审计和3个苏木乡镇2019年财政决算审计。查出违规金额1770.34万元，上缴财政202.4万元。在预算执行审计方面，重点审计了部门预算资金使用的规范性，在决算审计方面重点审查乡级财政各项资金使用情况，乡级财政国有资产管理和债权债务核算的规范性；涉及民生改善项目的群众自筹资金、城乡居民养老保险、城乡居民医疗保险收缴管理是否规范，是否纳入乡财政核算；重点关注“三公经费”和会议费预算执行情况、扶贫资金使用、村级经费管理使用、村集体发展资金管理程序的合规性和安全性以及收益使用情况；跟踪审计2020年疫情防控资金使用情况。

【专项审计调查】 2020年，旗审计局组织6名审计人员对31个部门预算执行审计全覆盖，对疑点数据182条进行了核实。发现有1个部门存在收入往来科目核算问题，涉及金额5万元。

【经济责任审计】 2020年，四子王旗审计局对8名科级领导干部进行离任经济责任审计；在嘎查村开展的“两委”换届前期，旗审计局开展对全旗122个嘎查行政村和14个社区“两委”进行经济责任审计。

【跟踪审计】 2020年，旗审局开展对各相关单位稳增长、促改革、调结构、惠民生、防风险政策措施落实情况跟踪审计，开展新冠肺炎疫情防控资金和捐赠款物专项审计，开展对四子王旗2019年医疗保险基金审计，开展对四子王旗2013—2019年人防系统腐败问题专项治理审计，开展对优化营商环境审计，开展对2020年新增财政资金直达市县基层直接惠民利民审计，对医疗保险基金审计。

【配合上级审计机关审计】 2020年，旗审计局参加和配合上级审计机关审计任务以及旗本级巡察工作。根据上级审计机关安排，全年旗审计局共抽调了12人次参加上级机关审计任务。参加审计署组织的全国医疗保险审计，参加太原特派办组织的对内蒙古自治区通辽市库伦旗扶贫资金审计，参加自治区审计厅组织的额济纳旗乡村振兴审计，参加呼伦贝尔市科尔沁区扶贫资金及乡村振兴审计，参加乌兰察布市审计局前旗审计，参加乌兰察布市审计局组织的对丰镇市扶贫资金审计、化解地方政府债务专项审计调查、环保资金审计和矿产资源审计，参加乌兰察布市审计局组织的对卓资县委书记、县长及检察院检察长经济责任审计，参加四子王旗委第十轮巡察工作，参加旗纪委监委关于扶贫资金督查和旗扶贫领域、民生领域资金管理排查工作。

【嘎查村“两委”经济责任审计】 2020年，旗审计局开展嘎查村“两委”经济责任审计。按照旗委组织部要求，对全旗122个嘎查行政村和14个社区“两委”进行经济责任审计，确保年底全旗嘎查村“两委”换届工作顺利进行。

【督促整改落实】 2020年，旗审计局集中全局人员利用2个月的时间对四子王旗近年来各级扶贫审计发现的问题及整改情况进行了全面梳理，并督促各相关单位完成各级审计机关扶贫审计发现的各项问题进行彻底整改。

市场监督管理局

【领导名录】

局　长：索继平

副局长：纪仁太（蒙古族）

　　　　贾　峰

　　　　王晓春（6月任职）

　　　　苏　浩（6月任职）

【概况】 四子王旗市场监督管理局内设机构19个，即办公室、政策法规股、审批注册股、稽查股、信用监管股、网络交易监管股、消费环境股、广告监管股、知识产权股、产品质量监管股、食品安全协调股、食品生产监管股、食品流通监管股、餐饮服务监管股、特种设备监察股、标准化计量股、药械监管股、化妆品监管股、综合规划股，均为正股级。地方事业机构2个，分别为四子王旗食品药品检验检测所、四子王旗产品质量计量检测所。派出机构设1个综合行政执法大队，在各苏木乡镇设13个市场监督管理所，为四子王旗市场监督管理局的派出机构，在四子王旗市场监督管理局的领导下，负责辖区内市场监管和行政执法工作。人员编制情况，截至2020年底，共有在职人员198人（其中行政编62人、工勤编4人、事业编制132人）。

2020年，四子王旗市场监督管理局坚持以深化商事制度改革为主线，以加强事中事后监管为重点，全面履行了市场监督管理职能职责。新冠肺炎疫情发生以来，加强组织领导，压实疫情防控责任，全面加强市场监管，确保疫情防控措施落实到位，强化疫情防控宣传，积极推进群防群控。

各市场监管所立即组织执法力量，迅速出击，针对餐饮单位、药店、超市等重点领域，以口罩、抗菌药物等疫情防控相关用品价格和质量开展了全覆盖的监管执法。密切关注应对新型冠状病毒疫情相关的口罩、消毒液、抗病毒药物等商品价格异常波动情况，严肃查处借疫情之机哄抬价格、借机涨价、囤积居奇等价格违法行为。疫情防控期间，累计出动执法人员6000余人（次），检查各类市场主体9000余户（次），立案查处违法案件4起。

【简政放权】 2020年，四子王旗市场监督管理局降低准入门槛，简化审批流程。共办理全程电子化营业执照527户；办理简易注销市场主体149户；新申请注册商标128件，已申请注册地理标志证明商标2件。继续巩固和扩大“一照一码”改革成果，“多证合一”；通过广播、电视、报纸、显示屏、微信公众平台、印发宣传册、发送信息等多项措施，督促各类市场主体及时开展年报公示工作；会同四子王旗农村信用合作联社签署了“政银合作协议”，推行全程电子化改革，为各类市场主体搭建信息互联互通和“一站式”免费代办服务与融资平台，申请人足不出户即可通过互联网办理营业执照。截至年底，市场监督管理局共办理全程电子化营业执照527户，推行“审核合一、一人通办”改革，除特殊登记业务外，市场监管登记窗口受理、审查、核准事项均由同一登记人员负责。同时推行企业名称自主申报（除涉及前置审批外）；推行“一站式”服务，做到咨询解答一口清，将企业设立登记时间压缩到1天；对符合条件的市场主体，积极推行简易注销程序，有效降低了经营者的注销成本，缩短了注销时间。2020年累计办理注销市场主体149户。截至2020年10月31日，全旗共有各类市场主体12552户，其中，企业2273户，年度新增291户；个体工商户9460户，年度新增1225户；农民专业合作社819户，年度新增7户。市场主体注销904家，其中企业148户、个体工商户727户、农民专业合作社29户；股权出质3户，涉及金额2758.4万元；办理食品经营许可证506户，其中餐饮类226户、流通类280户、小作坊登记证137户、小餐饮备案登记证144户。

【实施商标战略】 2020年，四子王旗市场监督管理局推动各类市场主体和自然人注册、运用、保护和管理商标，完善驰名商标梯队，形成“培育一批、储备一批、申报一批”的可持续发展机制。2020年新申请注册商标128件，已申请注册地理标志证明商标2件。开展“四子王戈壁羊及其制品”生态原产地保护产品延期保护复评审工作，并通过了国家知识产权局复评审，并予以登记保护；积极扶持小微企业发展，进一步放宽企业出资方式，通过股权出质、动产抵押等方式，帮助小微企业融资，2020年共办理股权出质7起、动产抵押登记13起，帮助小微企业通过股权出质融资2125万元、动产抵押融资12360万元。

【非公经济党建工作】 2020年，四子王旗市场监督管理局派驻非公党建指导员10名，每月参加旗非工党工委开展的主题党日活动，积极宣传贯彻党的方针政策，指导和帮助非公经济组织开展正常的组织活动。先后组织开展了全旗药品经营企业培训会，全旗食品生产加工小作坊经营规范暨食品安全培训会，药品、化妆品、医疗器械不良反应（事件）专题培训会，餐饮服务企业食品安全培训会，校园食品安全培训会等。

【生态原产地保护】 2020年，四子王旗市场监督管理局开展“四子王戈壁羊及其制品”生态原产地保护产品延期保护复评审工作，并顺利通过了国家知识产权局复评审，并予以登记保护。

【市场监管】 2020年，四子王旗市场监督管理局对新开办和延续的食品经营企业进行主体资格审查；开展校园周边食品安全整治工作和春节、端午、儿童节、中高考、中秋、国庆节等食品市场的专项整治以及农村牧区假冒伪劣食品专项整治；组织开展辖区“放心肉菜示范超市”和“放心食品超市”的创建工作。该旗共创建放心肉菜示范超市1家和放心食品超市4家；组织对辖区食品经营企业进行风险分级管理工作，共实施风险分级的食品经营单位有594家，其中A级36家、B级433家、C级102家、D级23家。

【药械安全监管】 2020年，有药品、医疗器械企业营业使用企业223家，其中：药品经营企业71家、医疗器械经营企业共34家、医疗器械使用单位118家。年内对全旗的所有药品经营企业、医疗器械使用单位进行了全面排查。组织药店从业人员进行了新版药品管理法的培训；针对药品流通领域专项整治开展动员会；开展了药品经营企业执业药师挂证、中药材中药饮片掺假等多项专项检查活动；开展了严厉打击化妆品违法经营的行为；开展“全国化妆品安全科普宣传周”宣传活动；组织化妆品从业人员进行相关法律法规的培训；开展监督检查工作和专项行动，对辖区内的化妆品经营、使用单位进行了全面排查，重点检查企业的经营合法性、产品和发行、标签标识情况、进货查验制度、广告宣传等方面；在疫情防控期间对复工化妆品经营户进行备案登记，并要求化妆品经营户注册乌丽吉平台，做好人员流动记录和经营场所消记录；医疗器械方面对定制式义齿、无菌和植入类、医疗器械冷链管理等进行了重点检查、对四子王旗的所有隐形眼镜及护理液经营企业角膜塑形镜进行了检查。

【特种设备安全监管】 2020年，四子王旗市场监督管理局将人员密集场所商场、市场、超市和特种设备市场的锅炉、压力容器、电梯、起重机械、气瓶充装单位作为检查整治的重点，开展了排查整治行动。共出动执法人员350余人次，车辆100余台次，检查特种设备使用单位180余户次，检查设备800余台次。下达安全监察指令书13份，消除安全隐患16起，对13户存在安全隐患（小蒸汽锅炉）小作坊劝诫其停止使用蒸汽锅炉，6户已拆除，其余已全部停用。

【产品质量安全监管】 2020年，四子王旗市场监督管理局要求全旗10家滴灌带生产企业对产品进行了自检且签写承诺书；配合市局监督抽查农资产品3家滴灌带（农兴、鑫荣飞、及时雨）产品质量全部合格；配合区局抽取8个滴灌带样品（禹派1个、惠农2个、农兴2个、锦秀三春1个、及时雨1个、润发1个）。对流通市场销售的农用地膜抽验4家；流通市场3家滴灌带进行抽验；现场检查2家机动车检验检测机构，发现超范围检验，责令停止检验并进行整改。

【计量监管】 2020年，四子王旗市场监督管理局疫情防控期间为确保消费者权益不受侵害，依法对四家超市的计量器具进行了检查，共检查计量器具38台（件）；开展春耕农资产品定量包装商品计量专项监督抽查，共抽查10家滴管生产企业、6家化肥供应商、2家地膜经销商的20个批次的产品，对不合格的8家滴管生产企业进行了处理，下发了责任整改通知书；对10家新开的加油站进行了计量专项检查，对其未经检查擅自使用计量器具的行为依法进行处罚；在世界计量日开展了宣传活动，同时在超市、加油站进行法律宣传。配合市局计量检测所检定全旗医疗设备，共检定医疗设备67台件，合格率100%。配合市局计量检测所两次检定燃油加油机，共检定269台件，电子秤1230台件，压力表1240块，血压计62台件，戥秤43台件，合格率为100%。

【广告监管】 2020年，四子王旗市场监督管理局成立了专项整治行动领导小组。重点检查未经卫生健康行政部门审查擅自发布的医疗广告和违反《医疗广告审查证明》规定发布医疗广告；医疗机构在自建网站、公众号等自媒体上发布虚假的医疗信息；表示功效、安全性的断言或者保证；宣传治愈率、有效率等诊疗效果；与其他药品、医疗器械的功效和安全性或者其他医疗机构比较；法律、行政法规规定禁止的其他内容；开展互联网广告整治工作，聚焦重点媒介、重点广告问题，以社会影响大、覆盖面广的门户网站、电子商务平台、突出移动客户端和新媒体账户等互联网媒介，针对医疗、药品、保健食品、房地产、金融投资理财等关系人民群众身体健康和财产安全的虚假违法广告进行专项检查；对总局、自治区局和市局派发的涉嫌违法线索及时依法处理，做到件件有落实。发挥整治虚假违法广告联席会议机制的作用，形成部门间的信息共享、数据交换和执法联动；根据市局要求，该局制定了“四子王旗市场监督管理局开展烟草广告专项整治工作”安排，针对旗烟草广告进行了大规模集中性的检查，重点查处禁止在大众传播媒介或者公共场所、公共交通工具、户外发布烟草广告；禁止向未成年人发送任何形式的烟草广告；禁止变相发布烟草广告；禁止利用其他商品或者服务的广告、公益广告，宣传烟草制品名称、商标、包装、装潢以及类似内容；烟草制品生产者或者销售者发布的迁址、更名、招聘等启事中，不得含有烟草制品名称、商标、包装、装潢以及类似内容宣传行为；完成市场监管总局关于开展2019—2020年度全国广告业统计工作，全旗共计被抽查企、事业单位6家，都在规定时间内完成了统计上报工作。

【知识产权保护】 2020年，四子王旗市场监督管理局开展侵犯知识产权商品日常执法检查、开展各类知识产权专项检查指导，督促全旗企业在核心专利、关键技术、自主品牌上下功夫，主动打好技术创新牌、守好产品质量关；开展“4·26”知识产权宣传活动，就企业知识产权发展状况、存在的问题与需求等方面进行了交流发言，为全旗加强知识产权保护，提出建议与意见。

【消费者权益保护】 2020年，市场监督管理局按照自治区、市局的安排部署，于3月15日开展“3·15”国际消费者权益日宣传活动。组织开展了“凝聚你我力量”年主题和相关法律法规和消费知识宣传活动；5月20日，结合“5·20”世界计量日，开展了“计量精准战‘疫’助力复工复产”月，现场宣传了《侵害消费者权益行为处罚办法》等法律法规；6月18日，组织开展了内蒙古自治区“凝聚你我力量　让消费更温暖　关注老年消费　护航老年生活”宣传活动；9月24日开展了“凝聚你我力量，让消费更温暖”保障食品安全，维护市场秩序宣传活动。全年，共接到投诉举报案127起，已处理115起，办结率95%，涉及金额共计25万元，挽回经济损失2.3万元。

【行政执法】 2020年，综合行政执法大队共接到投诉举报案151起，已处理151起，办结率100%，涉及金额共计28万元，挽回经济损失2.5万元。

【“双随机一公开”抽查检查】 2020年，四子王旗市场监督管理局在全旗范围内完成6大类监督抽查，其中化妆品领域抽查市场主体15户，餐饮领域抽查市场主体35户，企业年报抽查市场主体80户，农民专业合作社抽查市场主体16户，与四子王旗烟草专卖局完成跨部门联合抽查1次，抽查市场主体10户。完成自治区下发任务2次，其中特种设备抽查市场主体2户、衣食住行领域抽查市场主体17户。完成市局下发任务8次。其中，医疗器械1次，抽查市场主体1户；食品流通企业3次，共55户；验光配镜行业计量1次，抽查市场主体5户；药品流通领域1次，抽查市场主体12户；幼儿园餐饮企业1次，抽查市场主体6户；农民专业合作社抽查1次，抽查市场主体25户。

【违法失信企业】 2020年，四子王旗市场监督管理局实施经营异常名录和严重违法企业名单管理。依法开展企业经营异常名录和严重违法失信企业名单列入、移出和异议处理等工作。对2019年未年检的企业218户，农合进行了列异处理193户，2020年有个体户125户、农合23户、企业13户进行移出处理。

【完善企业信用信息】 2020年，四子王旗市场监督管理局推进企业信用信息公示与共享工作，年内为31个部门开通了企业信用信息公示系统“口令卡”，实现了31个部门间信用信息互通共享。2020年积极为四子王旗消防救援大队向自治区申请了账号，纳入协同监管平台。截至年底，平台共登录1902次，录入行政许可3632条，行政处罚339条，数据利用397509条，检查任务制定51条，检查人员236人，抽查事项清单820条。

【资质认证】 2020年7月25—26日，自治区资质认定评审组一行，对四子王旗食品药品检验检测所进行了为期两天的资质认定评审。评审组就体系文件、人员档案、设备档案、实验室环境、练兵报告等内容进行了评审。26日下午，评审组与局领导、检验人员召开了座谈会与末次会议，评审组宣布四子王旗食品药品检验检测所顺利通过此次评审。经专家评审组现场评审后，检验能力覆盖食品和非食品相关领域，检验总参数 88 项。

【食品药品检验】 按照市局要求，食品药品检验所按照 2020 年食品安全抽检任务进行抽检，年底前，已完成 230 个批次的抽检工作，其中包括农产品 100 个批次。已出具检验报告 138 个批次，其中 1 个批次不合格，已移交稽查股处理。共完成快检 376 个批次，抽检工作已全部完成。

【市场专项整治】 2020 年，四子王旗市场监督管理局开展衣食住行四大领域专项整治、食品安全检查、校园周边整治、无照经营排查和企业个体户年报工作以及“双随机、一公开”和信用监管工作和农资市场专项整治工作，在辖区内逐户走访企业、商场、超市等经营户，对市场交易过程中可能存在的低价强买、高价强卖、垄断货源、阻碍流通、非法控制市场经营权等违法行为线索进行摸排。全年共出动执法人员 758 人次，发放宣传材料 591 份，张贴海报公告 355 份，悬挂横幅 22 条，走访咨询 1235 人次，制作 LED 屏和展板 18 个，张贴宣传标语 24 条，共立案 11 起。

（贺春雷　李丽娜）

应急管理局

【领导名录】

局　长：兰　毅

副局长：次雪松

胜　利（蒙古族）

陈　曦（6 月任职）

【概况】 四子王旗应急管理局是旗人民政府工作部门，为正科级。负责全旗应急管理工作，应对安全生产类、自然灾害类等突发事件和综合防灾减灾救灾工作。内设办公室、应急指挥调度办公室、危险化学品安全监督管理股、安全生产基础股、宣传教育训练股，应急救援和灾情评估统计综合股、行政执法监督股。2020 年，四子王旗应急管理局深入推进安全生产专项整治三年行动，紧盯安全隐患整治目标，深入开展安全生产大检查、大整治，强力推进安全监管工作制度化、规范化，遏制了各类生产安全事故发生，确保全旗安全生产形势持续稳定，最大限度地保障了人民群众生命财产安全。

【安全生产】 2020 年，旗应急管理局落实安全生产责任制度。以抓基层基础建设、深化安全隐患整治为目标，坚持“有法必依、执法必严、违法必究”的基本原则，制定出台安全生产专项整治三年行动方案，组织各相关部门深入开展了安全生产大检查、大整治，遏制了各类生产安全事故发生。安全生产形势总体平稳，全年共发生 2 起安全生产事故，造成 2 人死亡，造成经济损失 355 万元。

【专项整治】 旗应急管理局按照“全覆盖、零容忍、严执法、重实效”的总体要求，先后在全旗范围内开展危险化学品、非煤矿山、道路交通、建筑施工、校园安全及人员密集场所等重点行业领域安全生产大检查、大整治行动，对存在安全隐患的重点行业（领域）认真专题研究、采取切实有效措施，及时整改。同时，采取每季度和重点时段召开安全生产调度会的形式，分析研判全旗安全生产形势，部署安全生产重点工作，研究解决重大安全生产问题。

【生产经营企业监管】 2020 年，旗应急管理局结合安全生产专项整治三年行动方案，开展重点行业隐患排查治理。全年累计对 159 家企业开展了隐患排查整治，共排查隐患 84 处，现已全部整改完毕。各部门成立检查组 39 个，开展督导检查 158 次；开展安全生产监管执法检查，全年累计完成执法检查 480 余次，下达各类执法文书32份，排查隐患461条，年底，已全部依法整改完毕；开展消防安全监督检查，共检查单位（场所）310家，发现火灾隐患或违法行为76处，已整改完成61处，下发责令改正通知书38份，下发行政处罚决定书19份，下发临时查封决定书4份，罚款12.4万元；聘请自治区级专家每季度对化工、矿山等重点企业进行了安全隐患排查，确保企业安全有序生产；持续开展醇基燃料专项整治工作。于10月28日，组织应急管理、公安、市场监督等部门对全旗非法生产经营醇基燃料的企业进行了清理整顿，共关停查处非法企业5户，清理非法储罐3个。

【应急救援体系建设】 2020年，旗应急管理局明确应急管理与水利、林草、自然资源、住建等有关部门的职责关系，应对了各种突发性灾害。特别是在7月12日发生洪涝灾害和12月22日发生暴雪寒潮灾害后，及时组织旗应急管理局以及消防、水利、电力、交通等部门开展了抢险救灾工作，成功救援转移安置了受灾群众，没有造成人员伤亡；适时举行了抗洪抢险和处置突发危化事故救援应急演练，及时发布了极端灾害性气候预警信息，全年共发布32条。发布了秋冬季森林草原防火戒严令，依法强化森林草原防灭火管理工作，全年没有发生重特大森林草原火灾。

【安全宣教】 2020年，四子王旗应急管理局在旗政府广场开展"消除事故隐患、筑牢安全防线"为主题的全国第19个安全月活动，发放了安全生产知识读本、折页等6000余份物品；年内对全旗工矿商贸企业负责人、安全生产管理人员、特种作业人员进行了集中专项培训，"三项岗位"人员累计达300人。

【专项整治】 2020年，四子王旗应急管理局按季度开展了矿山安全专项整治工作，依法查处无证勘查、无证非法盗采矿产资源的违法行为，对存在重大安全隐患的阿莫吾素铜业有限公司、额尔敦朝古拉铁矿依法下达停产整改指令书。年内共下达责令整改指令书19份，提出隐患整改意见137条，整改完成率达到88%。

【危化品生产经营监管】 2020年，四子王旗应急管理局聘请自治区级化工专家每季度对永和氟化工和华生氢氟酸2家自治区级危化企业进行安全隐患排查整治，下达整改意见书3份，提出整改意见17条，整改完成率达到100%。对35家违法经营的加油站点下达了整改指令书；截至年底已有23家企业取得危化品经营许可证,7家已进入取证程序,其余22家限期办理。

【烟花爆竹销售市场监管】 2020年，四子王旗应急管理局制定了《四子王旗醇基燃料集中整治工作方案》，并于6月开展了醇基燃料专项整治工作。应急管理局对全旗烟花爆竹销售市场进行全面整治，设置了专门烟花爆竹零售市场，清理整治镇内各零售摊点，责令镇内5家烟花爆竹零售点限期搬离镇内，在乌兰花镇北空旷地带设置40个零售铁棚，并由乌兰察布市安发培训中心和市安监考核中心对零售点负责人和安全员80人进行了培训和考核。

【道路交通安全隐患排查】 2020年，四子王旗应急管理局在安委会统一领导下，开展道路交通安全隐患查处，配合旗交通、运管、公安等部门依法开展对长途客运、危险化学品运输车辆、校车安全进行了排查，整治超速、超载、疲劳驾驶、酒驾等各类违法行为；对无证驾车、酒后驾车、超载行驶等违法违章行为进行查处，年内共查处各类违法违规行为70770起，立案701起，罚款491.3万元。

烟草专卖局

【领导名录】

局长（经理）：温尚晗

副局长（副经理）：李尚龙

【概述】 四子王旗烟草专卖局（又称卷烟营销部）组建成立于1984年4月，隶属于乌兰察布市烟草专卖局（公司），受乌兰察布市烟草专卖局（公司）和四子王旗委（政府）双重领导，在四子王旗履行烟草专卖管理、假私非卷烟稽查、卷烟营销及配送等工作。2020年，四子王旗烟草专卖局（营销部）规范经营、践行责任文化等方面呈现出新的亮点，为单位的高质量发展做出了应有的贡献，较好地完成了各项工作任务。

【卷烟销售】 2020年，四子王旗烟草专卖局对全旗607户商户的经营情况、市场需求情况、卷烟库存情况开展了摸底调查。2020年全年累计销售卷烟6684箱，较上年同期下降2.79%，累计实现销售收入18248万元，较上年同期下降了0.41%。实现单箱销售收入27767元，较上年同期增长了2.45%。

【烟草专卖市场监管】 2020年，四子王旗烟草专卖局与公安、市场监督管理、邮政管理等部门联合协作，开展专项行动，打击真品卷烟非法流通高压态势，开展物流寄递行业和无证运输案件的破获力度。全年共查获涉烟案件143起，查获各类违法卷烟32.39万支，其中，查获假私烟6.04万支，真烟26.35万支，涉案案值总计35.81万元，其中假私烟案值7.3万元、真烟案值28.52万元。

【规范营销环境】 2020年，四子王旗烟草专卖局按照内部专卖监督管理工作流程对大要案涉及零售客户进行入户走访调查，筛查内部违规线索，查清是否有行业内部人员参与，是否存在“内外勾结、主观故意、组织参与”违法违规经营卷烟行为；从卷烟访销、卷烟配送、专卖管理、预警监测、货款回收等重要工作环节着手实行全程监控，杜绝一切不规范的经营行为；按照市局（公司）下达的《关于对全市烟草系统从业人员亲属从事卷烟经营业务管理规定》的要求，增强对职工亲属从事卷烟经营活动的监管。

（赵佳琳）

农牧业　林业　水利与气象

农牧和科技局

【领导名录】

局　长：邢永亮

副局长：高文喜

都　希

薛　晖

赵崇文

【概况】 根据市委办公厅、市政府办公室批准的《四子王旗机构改革方案》（厅发〔2019〕8号）和旗委办公室、旗政府办公室印发的《四子王旗机构改革实施意见》，四子王旗农牧和科技局是旗人民政府工作部门，为正科级。旗委农村牧区工作领导小组办公室设在旗农牧和科技局。旗农牧和科技局内设机构9个，包括办公室、人事法规股、计划财务股、综合业务室、农畜产品质量安全监管办公室、农田建设管理股、科技教育股、乡村产业发展办公室、农村牧区社会事业促进股。下设二级单位17个：农业技术推广站、植保植检站、农药监督管理站、农业经营管理站、牧经站、动物疫病预防控制中心、兽药监察所、农产品质量安全检验站、种子管理站、动物卫生监督所、家畜改良站、水产站、农牧业综合执法大队、农机管理站、农机监理站、农机推广站、科技培训中心。2020年，四子王旗坚持把解决好“三农三牧”问题作为重中之重，认真贯彻落实中央、自治区党委、市委各项决策部署，顺势而为，主动作为，调结构、抓改革、补短板、惠民生，努力推动农牧业增效、农牧民增收、农村牧区增绿。保障了农村牧区经济良好发展的势头，农牧业经济持续发展、农牧区社会和谐稳定。

【种植业】 2020年，全旗计划农作物播种面积180万亩，实际完成183.39万亩，其中粮食作物125.2万亩、经济作物及其他作物58.19万亩。预计粮食产量24380万公斤，总产增加3%，平均单产194.5公斤；油料作物预计总产8700万公斤，比上年减少了18%，平均单产149.5公斤；马铃薯总产量（折粮）预计13570万公斤，比2019年减少了21%，平均单产240公斤（折粮）。

【惠农政策】 2020年，四子王旗继续实施马铃薯脱毒种薯补贴政策，全旗马铃薯脱毒种薯补贴面积共24万亩，补贴资金共4104.5017万元。其中，原原种共6151.9万粒，面积1.42万亩；原种共38265.98吨，面积22.58万亩。品种以冀张薯12号为主，共购入17310吨，占总购种量的48.9%，参与供种企业32家。全旗大豆种植面积落实2082亩，补贴资金共38.81万元；玉米种植面积落实了35.77万亩，补贴资金共

1705.88万元；全旗耕地地力保护补贴面积落实196.87万亩，补贴资金共7132.26万元。2020年，旗农牧局与四子王旗农兴土地流转交易有限公司严格按照流转土地招投标的规则，对全部流转土地进行了招标，共完成供济堂镇、库伦图镇的275047亩流转土地的招标工作，涉及2个镇21个行政村。2020年全旗共落实土地流转补贴资金2780.85万元。

【农牧区工作】 2020年，四子王旗完成农村牧区清产核资和集体产权制度改革工作。完成对全旗133个嘎查村的清产核资，清查农村牧区流动资产合计共89.84万元、固定资产7627.96万元，耕地面积187.81万亩、建设用地57.52万亩、林地面积150.86万亩、林木16.03立方米、农用地面积327.27万亩，经营性资产245.94万元、非经营性资产7493.36万元，草地面积2915.14万亩、未利用地54.85万亩。并且完成了人口排查、成员界定、股权设置、股权配置及农村牧区集体经济组织登记赋码工作。

【土地承包经营权确权工作】 2020年，四子王旗共调查承包户52886户，完善承包合同51989份，完善土地承包合同面积191.36万亩，颁发土地承包经营权证书50820份，颁证率96%，并建立了土地承包经营权信息应用平台。

【马铃薯产业】 2020年，四子王旗重视马铃薯产业发展。在设施农业建设、新品种新技术推广、良种繁育体系建设、机械化耕作、加工仓储营销等方面予以重点扶持，马铃薯产业占农业产值的50%以上、农民收入的45%。年产量达到9亿公斤，最高亩产超万斤。全旗500亩以上规模种植户突破300多家，2020年种植面积达到56.63万亩，标准化种植达到42万亩。

【设施农牧业】 2020年，四子王旗进行高效节水、水肥一体化试验示范。配套智能水肥一体化系统17937亩，建设示范点14个，示范点实现了智能灌溉和施肥，并通过手机APP控制，每千亩节省田间管理人工2人，同时实现了精准给水、精准施肥，使农作物营养均衡，长势整齐。经测算，该技术每生产1吨马铃薯用水量在76立方米，较喷灌圈用水量减少34立方米，水的利用率达到90%以上，较喷灌圈提高40%；肥料利用率达到59.8%，较喷灌圈提高了27.8%；以乌兰花镇高油房村为核心区，共开展各种肥料试验示范26次；在乌兰花镇耗赖村推广全程追施液体肥示范，亩节约肥料成本86元，亩产量较常规种植提高800多公斤，最高亩产4100公斤。

【农牧业标准化生产】 2020年，四子王旗新增种植业标准化生产16万亩，达到56万亩，标准化技术覆盖率达到64%，结合农牧业重大技术协同推广、有机旱作农业、绿色增产增效技术推广等试验示范，重点推广应用水肥一体化、测土配方施肥、增施有机肥、病虫害专业化统防统治、绿色防控等一系列标准化绿色高效技术；严格落实加大畜禽标准化规模养殖场建设力度，全旗标准化规模养殖场达到2861家，饲养量89.96万头（只）。

【轮作种植】 四子王旗种植业通过科技推广轮作种植，改变了多年重茬的传统种植方式。2020年度，全旗马铃薯种植面积下降14万亩，但经过轮作种植，耕地得到休养，马铃薯单产平均提高0.6吨，总产量较轮作前有所增加，粮食总产量没有受到影响；全旗玉米种植面积34万亩、小麦28.9万亩、大豆种植面积12.7万亩、马铃薯面积56.6万亩、葵花面积17.8万亩。项目区地膜减量400吨左右、减幅57%；化肥减量9600吨、减幅40%左右；农药减量45%左右。种植户熟悉轮作知识、轮作模式与技术，特别是种植大户自觉进行轮作，马铃薯与葵花种植已不再重茬。科学布设监测网点，定期开展耕地质量监测，土壤有机质提升0.65%、土壤pH都呈下降趋势。全氮上升幅度

24.4%；有效磷上升幅度 17.5%；速效钾上升幅度 46.5%；产品商品率由原来的 70% 左右提高到现在的 85% ～ 90%；东八号、忽鸡图、大黑河等乡镇种植旱作有机燕麦，内蒙古联创公司与农户订单种植回收，有机认证达 2 万亩；忽鸡图乡农民杨永刚注册成立了内蒙古大圳生态农牧业有限公司，公司种植的旱作小红皮小麦于 2019 年获得有机认证，“觉凤”牌有机小红皮小麦馒头、翻身饼、挂面等畅销南方市场；2020 年全旗有机旱作农业种植面积 3.5 万亩，其中小红皮小麦 3.1 万亩、黑小麦 0.3 万亩、马铃薯 0.1 万亩。

【优势特色种植业项目】 2020 年，四子王旗全株青储玉米、甜玉米、南瓜、葫芦籽种植面积达 10 万亩，其中小麦 28.9 万亩；全旗有机旱作农业种植面积 3.5 万亩，其中小红皮小麦 3.1 万亩。

【高标准农田建设】 2020 年，四子王旗高标准农田建设项目（2019 年的项目）于 2020 年 3 月 18 日完成了公开招标，明确了 2 家中标单位，即四子王旗浩森水利水电工程有限公司和内蒙古嘉利农牧业装备有限责任公司。通过询价招标确定了项目监理单位为呼和浩特建设监理咨询有限责任公司。项目工程于 3 月 28 日正式全面开工，截至年底，共完成地埋管道焊接 102639 米，占总工程量的 100%；完成地埋管道开挖、回填 73900 立方米，占总工程量的 100%；完成土地平整 1500 亩，占总工程量的 100%；完成农田生产路 23.339 公里，占总工程量的 100%；完成防护林挖坑 12309 株，占总工程量的 100%；栽植防护林 10867 株，占计划任务的 88.28%；井房 35 间，占总工程量的 100%。完成科技培训与观摩培训 2 次 2600 人次，占总工程量的 100%。

【农牧区综合改革】 2020 年，四子王旗完成农村牧区清产核资和集体产权制度改革工作。完成对全旗 133 个嘎查村的清产核资，清查农村牧区流动资产合计共 89.84 万元、固定资产 7627.96 万元、耕地面积 187.81 万亩、建设用地 57.52 万亩、林地面积 150.86 万亩、林木 16.03 立方米、农用地面积 327.27 万亩、经营性资产 245.94 万元、非经营性资产 7493.36 万元、草地面积 2915.14 万亩、未利用地 54.85 万亩。并且完成了人口排查、成员界定、股权设置、股权配置及农村牧区集体经济组织登记赋码工作。2020 年，四子王旗共调查承包户 52886 户，完善承包合同 51989 份，完善土地承包合同面积 191.36 万亩，颁发土地承包经营权证书 50820 份，颁证率 96%，并建立了土地承包经营权信息应用平台；2020 年对全旗 89 个村（社区）进行了集体经济登记并赋统一社会代码，共认定 89 个村（社区）经济合作社，确认经济合作社户数 63013 户，人数 146142 人。农牧区 120 个嘎查村都已全部完成各自清查内容，完成比例 100%。

【农业保险】 2020 年，四子王旗政策性农业保险帮助农户转嫁风险减少损失，保费补贴品种主要有马铃薯、小麦、玉米、葵花、油菜籽五种农作物。

【种子经营】 4 月上旬，配合市种子管理站对该旗辖区内的三家马铃薯种薯生产经营企业窖贮种薯进行检查，做到三家种薯企业全覆盖，重点检查种薯真菌和细菌病害、发芽、烂薯等情况，同时检查标签标注及生产经营档案情况；4 月下旬至 5 月下旬，配合市种子管理站对该旗葵花、玉米等种子开展质量监督检验和市场检查，检查经营户门店 30 多户，抽检样品 5 个（玉米 2 个，葵花 2 个，南瓜 1 个）；开展新品种展示跟踪评价。承担自治区马铃薯、玉米新品展示跟踪评价试验任务，马铃薯试验点安排在吉生太镇小土格木自然村，面积 30 亩，参试品种 28 个，种薯级别为原原种（微型薯）。玉米试验点安排在吉生太镇下古营自然村，面积

65 亩，参试品种 21 个（籽玉米 18 个、青贮玉米 3 个）；组织专人对该旗种子经营户建立电子档案，共计立档 102 户。同时对小麦、玉米、葵花等农作物原包装种子销售进行网上备案，共计备案 75 户 525 批（次）。

【植保工作】 2020 年，四子王旗设立全国农作物病虫疫情监测中心内蒙古分中心田间监测点 4 个，分别在乌兰花镇生盖营村（重点监测点）、大黑河乡土格木村、库伦图镇库伦图村、吉生太镇泉掌子村；迁飞性害虫雷达监测站建设项目，利用三模式车载昆虫雷达，观测昆虫迁飞，两个项目均已上报自治区植保植检站。

【农机购置补贴】 2020 年，四子王旗推广了各种适合本地区作业的农牧业机械 1052 台，完成中央补贴资金 1507.079 万元，自治区财政购机补贴资金 24.068 万元。补贴机具 946 台（套），受益农户 828 户。

【农业机械化推广】 2020 年，四子王旗在大黑河乡的太平庄行政村建立了机械化马铃薯高垄种植机械化示范园区一处，示范面积 1000 亩。种植模式为机械深耕、整地，机械施肥、点种、起垄，机械中耕、培土、铺放滴灌管，机械收获。

【专业合作社产品认证】 2020 年，四子王旗农牧区嘎查（行政村）初审和业务部门复审认定的家庭农牧场数为 4709 个，任务完成率达 100%，并已全部录入家庭农牧场名录管理系统，被评定为示范家庭农牧场的有 10 个，已落实财政扶持旗县级示范家庭农牧场的为 2 个。全旗合作社续存 857 家，其中国家级合作社 3 家、区级合作社 11 家、市级合作社 37 家，示范合作社共计 51 家。工商登记农牧民合作社达到 875 万家，注册成员 2.92 万户。农畜产品加工企业发展到 9 家，年加工农畜产品能力超过 22 万吨，产值达到 22 亿元以上；全旗农业社会化服务组织 11 个，生产托管服务面积达到 50 万亩；全旗已认证的“三品一标”的企业或合作社 10 家，18 个品种。

【农业产业扶贫】 2020 年，四子王旗聚焦 124 名未脱贫人口，对其中 44 名有劳动能力贫困人口，做到特色产业全覆盖、产业项目全覆盖、利益联结全覆盖、服务指导全覆盖，已于 4 月完成了旗、乡、村三级产业发展规划。全旗派出产业指导员共 157 名，其中，驻村第一书记 102 人，村组干部 8 人，基层农技人员 19 人，种植大户 10 人，养殖大户 2 人，村兽医 9 人，专业技术人员 5 人，种养能手 1 人，致富带头人 1 人，有专业技术背景人员比例达到了 52%，覆盖 120 个嘎查村，指导 4284 户贫困户。旗产业扶贫技术专家组围绕肉羊、马铃薯、葵花、小麦 4 个产业设置专家组，共由 17 名专家组成。全旗 157 名指导员指导服务贫困户共 4284 人次，帮助贫困户选择产业 3977 户，帮助落实政策 1171 户，解决技术难题 1400 余件，帮助建立产销关系 356 户。产业指导员信息卡到户发放率、建立指导员服务指导台账率和“产业扶贫指导通”小程序注册率均达到了 100%。

【人居环境整治】 2020 年，四子王旗在乡村共建设三格式水冲式卫生厕所和双坑交替式卫生旱厕 2 种 4985 座。实现对项目所属库伦图镇、供济堂镇、吉生太镇、忽鸡图乡、东八号乡、大黑河乡和乌兰花镇 7 个乡镇农村人居环境的本质性改善。实现项目所属区域农村厕所粪污治理率达 85%。

【培养乡村振兴储备人才】 2020 年，旗农牧局举办新型职业农牧民培训班 4 期。采取理论学习和赴鄂尔多斯市鄂托克旗进行实训观摩的方式共培训学员 304 人，培训内容以该旗主导产业马铃薯种植和肉羊养殖为主；利用“2020 年京蒙扶贫协作培训项目”开展农牧民实用技术培训，从自治区、乌兰察布市的科研院所、高校及农广系统选聘了 8 名有理论、懂实践的教师组成师资团队，在14个苏木、乡镇巡回举办培训班。全年共培训10次，其中养殖业培训689人次，种植业培训331人次，培训建档立卡贫困240人次，一般户780人次，发放技术资料3000余册；开展贫困户产业指导员能力提升培训。邀请本地扶贫龙头企业内蒙古赛诺种羊科技有限公司总经理杨庆茹和内蒙古鑫雨种业有限公司总经理王俊彪分别就杜蒙肉羊养殖和马铃薯种植两方面用通俗易懂的语言，深入浅出的方式为指导员们授课，全旗157名产业发展指导员参加培训。旗农牧和科技局印发174份培训资料和农牧业实用技术丛书。

【养殖业】 2020年，全旗牲畜累计产仔成活99.26万头（只），其中，大畜3.2万头（只），小畜96.06万（只），仔畜成活率均在98%以上。牧业年度存栏牲畜149.35万头（只），其中，存栏大小畜147.21万头（只），存栏生猪2.14万头。预计年末存栏牲畜110.36万头（只口），其中大小畜存栏98万头（只），生猪存栏1.16万头。出栏羊130万只，出栏生猪6.3万头，出栏牛2.2万头，肉产量3.4万吨，禽蛋产量440吨，绒毛产量1755.76吨。

【肉羊产业】 2020年，四子王旗投放种公羊1943只，建立哈卜斯太、下坤兑、四股高效肉羊养殖示范村3个，投放半血母羊（杜蒙高繁母羊）1438只，累计回收杂交羔羊4260只。共计覆盖81个新村，带动示范合作户1221户（其中杜蒙二元杂交合作户953户、杜蒙萨三元杂交合作户268户）。带动建档立卡贫困户356户。通过整村推进良种工程，与传统养殖品种比较，二元杂交羔羊增收200元/只，三元杂交羔羊增收300元/只，四子王旗农区达到年出栏12万只杂交羔羊的规模，户均增收2万元；牧区达到年出栏40万只杂交羔羊的规模，户均增收6万元，杜蒙肉羊年出栏达到80万只以上，成为当地脱贫攻坚主导产业。

【设施畜牧业】 2020年，全旗标准化暖棚和青贮窖累计分别达到49.76万平方米和56.9万立方米（其中牧区分别达18.12万平方米和17.78万立方米），三分之一以上的牧户达到户均一窖、一棚；配套饲草料加工机具1353台（套），其中牧区达到630台（套）。

【饲草料基地建设】 2020年，四子王旗累计建成灌溉饲草料基地6.53万亩，牧区建成灌溉小草库伦1060处/2.41万亩，人工种草保有面积120万亩。各类饲草年产量3亿多公斤，青贮2.1亿公斤。

【牲畜防疫】 2020年，四子王旗为保证全旗动物防疫质量和密度，保障畜牧业健康发展，分别于3月5日和9月20日在全旗范围内开展了春秋防大会战；9月26日在全旗成功举办了全市突发动物疫情应急演练活动。2020年，四子王旗农牧局预防猪口蹄疫4.0259万头、牛口蹄疫7.0742万头、羊口蹄疫411.017万只、驼口蹄疫2.0573万头、鸡禽流感10.3961万羽、鸡新城疫10.3961万羽、猪蓝耳病4.0259万口、预防猪瘟4.0259万口，预防小反刍兽疫230.257万只，预防布病180.76万只。棘球蚴病（给犬驱虫）共驱虫12次。

【畜牧兽医培训】 2020年，四子王旗开展畜牧兽医技术人员培训，聘请市级专家5人，旗级科技人员20人；发放各类资料、图书1000余份；举办培训班5次，直接培训基层服务人员300余人，解答各类咨询100人次，提供技术服务500人次；摆放宣传展板12块。

【牲畜检疫】 2020年，四子王旗有产地牲畜检疫申报点42个，检疫率达100%；规模饲养场和散养户产地报检审检疫率分别达到100%和45%；产地检疫病害动物无害化处理率100%；通过专门培训考试，聘用牲畜协检员108人（为当地村级防疫人员）。

【畜产品商标认证】 2020年，四子王旗积极加强“三品一标”认证，做到人无我有、人有我优、人优我名，占领市场制高点。已认证的“三品一标”的企业或合作社11家，18个品种。

【规范生产经营行为】 2020年，旗农牧局开展农资市场专项整治工作。通过拉网式排查检查种子经营户87家，农药经营户30家，化肥经营户35家，兽药经营户18家，动物饲料经营户25家。截至年底，共办理违法案件12起，罚款12780元。其中种子违法案件4起，罚款8600元；肥料违法案件8起，罚款4180元。参与农资纠纷调解5起，均得到处理，为农民挽回应有的经济损失。开展第三次全国农作物种质资源普查与收集行动，七月中旬开始普查收集工作，利用两个多月时间，走访8个乡镇（苏木），共收集资源56份，其中：农作物资源11个，蔬菜、果树资源5个，牧草资源40个。开展农资打假“春雷”行动和“放心农资下乡”活动，对全旗农牧区及乌兰花镇所有经营种子、农药、化肥、农机等农资生产经营企业发放了告知书，签订了承诺书，印发宣传资料1.5万余份，墙体标语50余幅。

林业和草原局

【领导名录】

局　长：纪宵鹏

副局长：杨　辉

　　　　张熙东

【概况】 四子王旗林业和草原局原为四子王旗林业局。于2019年1月28日挂牌成立（以下简称旗林草局），是四子王旗人民政府工作部门工作机构，为全额拨款正科级单位。由四子王旗自然资源局统一管理和协调。内设办公室、造林种草治沙股、森林和草原管理监督股、湿地和野生动植物管理股、13个二级单位。林业和草原局内设机构有办公室、造林种草治沙股、森林和草原管理监督股、湿地和野生动植物管理股。下设13个二级单位：林业工作站、禁牧办、草原保护站、草原工作站、公益林管理站、森林和草原防火指挥部办公室、林木种苗站、森林病虫害防治检疫站、林政工作站、乌兰花苗圃、红旗林场、希拉穆仁苗圃、中大清河苗圃。森林公安分局于2020年4月划改到旗公安局。2020年，四子王旗林业和草原局（简称旗林草局）在上级林草主管部门和旗委、旗政府的领导下，旗林草局认真践行“绿水青山就是金山银山”的理念，履行部门职能，实施造林绿化，加强森林、草地资源管理，推进绿色产业发展。开展惠民惠农财政补贴资金“一卡通”管理问题治理工作。聚焦林草行业重点项目，认真自查自纠，规范项目和资金管理；继续加大美丽乡村绿化力度和贫困农牧户在护林用工方面的倾斜力度，认真落实生态扶贫职责。各项林草生态建设进展有序并取得阶段性成效。

【开展绿化防沙治沙行动】 2020年，旗林草局着力实施草原生态修复力度，推进林业和草原生态建设工程。旗林草局全面完成国家投资759万元的沙源二期工程，共5.15万亩（人工造林1.65万亩、封山育林3.5万亩）；旗林草局根据《2020年四子王京津风沙源治理工程草原保护建设项目作业设计》，落实暖棚建设任务5万平方米，贮草棚3万平方米，青贮窖0.6万立方米，年底，项目建设任务已完成100%；完成自治区投资植被恢复资金667万元的特色经济林栽植4170亩；全面完成2019年度国家投资100万元的森林质量精准提升灌木林平茬任务1万亩；完成自治区财政奖补资金90万元的乡村美化绿化任务9个行政村，2300亩的补植及新造任务；全面完成（2018—2019年度）中国人民保险股份有限公司乌兰察布分公司理赔资金138.6271万元的森林保险植被恢复任务50920亩；完成旗级投资200万元的义务植树任务1000亩，5.6万株苗木栽植任务；完成2020年中国绿化基金会“蚂蚁森林”投资855

万元项目15000亩；林草局按照上级下达的人工种草任务，依托国家生态建设项目，全旗共完成人工种草一年生牧草22万亩；落实2019年度退化草原生态修复试验项目，该项目在查干补力格苏木巴音嘎查种植驼绒藜0.8万亩。年底，完成草原固定监测点基础设施建设设备安装，完成全旗5月牧草返青的测报工作，完成6—8月牧草长势监测和牧草生产力监测，完成9月牧草的枯草期监测。截至年底，共完成了10次的监测工作；旗林草局完成全旗森林抚育（灌木林平茬）工程建设补贴项目7万亩。

【森林草原管理和保护】2020年，旗林草局全面开展依法治林治草，全面清理、整治和打击破坏林草资源、非法侵占（非法占用、未批先占、少批多占林草地和毁林毁草开垦等）林地草原违法行为。加大对各类涉林涉草案件的查处力度。上半年，林草局共查处林业林政案件12起，依法办理建设项目征占用林地13个，征用林地面积83.0593公顷，杜绝建设项目未批先占、违法占用林地的发生；依法清查20宗违法征占用林地项目，共涉及林地70公顷；2020年森林督查67图斑完成外业调查工作；查处草原违法案件30起，面积352.01亩；对全旗84个草原利用现状监测图斑进行了逐一核实，其中，80个已上报自治区并销号，4个为违法图斑，因机构改革，已将该违法行为移交相关苏木综合执法局进行查处；完成中央环保督察反馈意见整改工作，对存在未批先建问题的项目，依法查处并办理草原征占用审核审批手续；会同旗文旅局共计摸排未履行草原征占用审核审批手续的牧家乐旅游点32家，年底已完成整改31家，组件上报自治区林草局1家；完成征用草原审核审批的3件，面积1195.576亩；办理临时占用草原5件，面积229.44亩；完成“在草原上修建直接为草原保护和畜牧业生产服务的工程设施使用草原”的审批3件，面积为2019.3541亩（其中2件由市林草局批复，面积1999.3541亩）；2020年，旗林草局全面落实林草地用途管制和定额管理制度，开展枯死林木清理工作，全年办理林地更新采伐许可证3份，涉及采伐蓄积1288.8立方米。年底，完成四子王旗“十四五”采伐编制工作。

【林业和草原“三防”工作】2020年，旗林草局组织落实林业和草原“三防”工作监管措施。开展林草灾害防控工作。贯彻落实“预防为主、积极消灭”的森林草原防火方针和自治区、市、旗森林草原防灭火工作会议精神。7月，成立四子王旗森林草原防火服务中心。全年发放森林草原防火宣传单8万余份，发放印有森林草原防火标志的手提袋、帽子、抽纸等6000余份，设置森林草原固定防火警示牌35块，悬挂横幅旗帜200余副。开展防火检查3次，排除隐患点21处，发出《森林草原火灾隐患整改通知书》16份，责令隐患单位、区域限期进行整改，发布森林草原防火禁火令，开展防火宣传4次，在重点时段、重点区域严防死守，实行24小时值班和领导带班防火制度。并在脑木更胡杨林开设五公里防火隔离带，在红旗林场开设15公里防火隔离带，在五营子生态区开设17公里防火道路。全年共发生火情56起（其中森林火灾22起，受害森林面积906亩。草原火灾11起，受害草原面积5670亩）。组织扑救火灾时，出动扑火人员530人次，出动车辆112台次，当日扑灭率达100%。森林草原防火期无重特大森林草原火灾发生；开展林业有害生物防治，林草局按照突出重点、分类施策的原则。从3月30日开始至年底，共签发《森林植物检疫要求书》27份，植物检疫证书7份。调运复检各类苗木18车次、16.2万株，松木板材、檩材250立方米。并全部登记造册。2020年，全旗现有林和未成林面积为829万亩，成灾面积1.05万亩，成灾率为1.2‰。预测发生面积4.23万亩，实际发生面积3.9万亩，预测预报准确率92%；防治林业有害生物1.05万亩，无公害农药防治1.05万亩，无公害防治率100%；应施产地检疫面积0.11万亩，实施产地检疫面积0.11万亩，种苗产地检疫率100%；开展草原鼠虫害测报与防治工作。林草局从5月25开始，启动24小时值班制度和信息定期上报制度。测报员将虫害危害信息通过草原鼠虫害监测预警信息平台软件实时报。旗林草局组织开展草原病虫害防治工作至年底前，全旗共发生草原鼠害危害面积122万亩，严重危害面积25万亩，防治总面积176.4万亩，其中，飞机防治140万亩（直升机防治136.7万亩、无人机防治3.3万亩），拖拉机防治36.4万亩，毒饵158.4吨，原药203900毫升；草原虫害危害面积295万亩，严重危害面积100万亩。全年累计出动大型喷雾机械431台次，车辆132辆次，投入劳动力537人次，技术人员268人次，喷洒防虫药剂35.46吨。共完成草原虫害防治面积118.42万亩（其中叶甲防治面积26.9万亩）。

【管理和监督禁牧工作】 2020年，旗林草局开展管理和监督禁牧工作。依法打击偷牧等不法行为；对全旗各苏木乡镇的全部建档立卡贫困户中的生态护林员和草原管护员实施了严格的区域划分，明确了职责分工，并与工资挂钩，层层监管，责任落实到人；对全旗13个乡镇苏木生态护林员、草原管护员进行了三次规范化培训，协助苏木乡镇对重要区域、重点路段开展禁牧工作。年底，完成自治区级禁牧专项督察检查工作3次，乌兰察布市级检查工作8次，完成各项迎检工作159次。

【生态扶贫】 旗林草局从建档立卡贫困人口中推荐符合条件的人员，签订生态护林员管护合同，乡镇考核合格按月兑现报酬。2020年，续聘生态护林员1280名（管护面积达到138万亩），年收入可达10000元，实现一人护林、全家脱贫的目标。

【野生动植物保护与监控】 旗林草局开展野生动物疫源疫病监测，对辖区内非洲猪瘟疫情监测巡护巡查工作，截至年底，辖区内未发现非洲猪瘟疫源疫情；针对该旗乱捕滥猎和非法经营候鸟违法犯罪行为，林草局组织开展联合整治行动25次，出动警力105人次，巡护野生动物栖息繁衍活动区域，检查餐饮场所、集贸市场、野生动物繁育场所，遏制破坏候鸟等野生动物资源违法犯罪活动。截至年底，共救治鹿3只、大天鹅2只、小天鹅1只、鸬鹚2只、大雁4只、草原鹰7只、燕隼2只；旗林草局开展人工繁育陆生野生动物清查登记工作，对全旗各乡镇持有陆生野生动物人工繁育许可证（或行政许可）的养殖户进行实地清查核数。

【办理苗木生产经营许可证】 林草局按照申办苗木生产经营许可证相关条件进行审核。完成审批林木种子生产经营许可证的核发工作。全年共办理苗木生产经营许可证（核发、换证）2份，变更注册地址1份；在全旗范围内开展打击侵犯林业植物新品种权及制售假冒伪劣林木种苗违法行为工作。对调入造林现场的林木种苗进行质量抽检，不符合标准或不合格的苗木一律不得用于苗木造林；开展育苗基地的监督管理，及时上报种苗报表、种苗信息等工作。

【绿化成果养护】 2020年，疫情得到控制后，旗林草局组织开展春季绿化苗木的养护工作。针对疫情的不确定性，各建设项目在人员通勤、餐饮、工作区划定方面做了安排，以防止聚集性疫情的出现；针对春季的严重旱情，该局与各施工单位在保证人畜饮水安全的前提一下，采取增加中水使用率等多方面措施，基本保证了春季绿化苗木养护的灌溉用水问题；组织实施绿化苗木的冬灌工作，保证绿化苗木安全越冬和来年萌芽。对国道省道中央分隔带和主线两侧苗木，安排洒水车集中浇灌；对绿化苗木及时修剪整形、清理病虫枝、下垂枝、内向枝及影响树形的枝条，对树大枝密的大树进行修剪，增加树木通风透气性；清理有病虫害的树枝、树干和常绿苗木的枝叶，控制来年病虫害的发生和扩散；对施工企业在护林防火工作进行指导提醒，在绿化重点区域周边开展护林防火宣传工作，进行防火宣传。在主要路口安装防火宣传广告牌，落实安全生产制度。

【生态效益补偿基金】 旗林草局开展森林生态效益补偿及公益林管理工作编制《乌兰察布市四子王旗2020年森林生态效益补偿基金实施方案》。全旗有公益林246.22万亩（其中99.5%为个人所有），总计落实补偿资金3870万元，涉及全旗13个苏木乡镇,111个行政村（嘎查）。2020年，对各地的补偿面积与变更户主进行了部分调整，在年底前通过“一卡通”将补偿资金发放到位；完成公益林监测工作。配合国家林业规划院利用10天的时间对全旗39个公益林监测点全部进行了复位。完成各个样地的生物量调查。在各行政村嘎查的明显公益林地块安装制作公益林管护牌130块，标明了四至界限、管护主体、管护面积等。制作安装大型宣传牌4块，中型宣传牌13块。

（柴云龙）

园林服务中心

【领导名录】

主　　任：陈志强

总工程师：杨佳宁（6月任职）

【概况】 四子王旗园林局成立于2015年12月。2020年机构改革后为园林服务中心。主要负责乌兰花镇内园林绿地建设、养护等工作。内设办公室、建设股、养护股、技术股、防扑火队。

2020年，园林服务中心共计养护绿地约200公顷。对全旗城市绿化工程实施“绿色图章”制度，继续加强镇内主要街道、节点景观打造。对和平路南梁花池、政府东侧花池、神舟大桥西侧花池、乌兰花公园花池等处进行了草花种植，景观效果明显。

【园林养护】 2020年，园林局共计养护绿地200公顷（其中，各类乔木共计10万株，各类灌木共11公顷，各类绿地植被约40公顷）。新购置20吨洒水车2台、园林作业车2台以及升降车、喷药机各1台。

【打造镇内景观】 2020年，四子王旗继续加强乌兰花镇内主要街道、节点景观打造。投资约28万元，对和平路南梁花池、政府东侧花池、神舟大桥西侧花池、乌兰花公园花池等处进行了草花种植，种植面积共计约4000平方米。

【园林苗木病虫害防治】 2020年，乌兰花镇内发生大面积绿篱虫害，园林服务中心采取措施及时监测、及时防控，没有给正常生长的植物造成影响。组织专人针对四子王旗境内昆虫、苗木等制作标本。

【绿地建设管理】 2020年，园林服务中心为完善莫林胡尔公园整体服务水平，重点进行了园内道路、塑胶广场铺设，种植了景天地被，完成了太阳能照明路灯安装，增加了健康步道、健身器材等设备。年底，该项目各项工程已完成并投入使用。为提高莫林胡尔公园管理服务水平，园林服务中心在园内增设一处面积约20平方米的造型管理用房。配备专人对公园进行养护管理。

【绿色图章制度】 2020年，园林服务中心按照旗政府的安排部署，对全旗城市绿化工程实施“绿色图章”制度（“绿色图章”制度是要求乌兰花镇规划区范围内各类建设项目必须按照规定的绿地率指标及要求，把绿化工作纳入建设项目基本程序的措施，保证城市各类建设工程与其配套的绿化工程同步设计、同步施工、同步验收）。园林服务中心通过对绿化工程的规划设计、建设和竣工验收进行把关。四子王旗城市绿化工程设计审查与验收中实施“绿色图章”制度，城市规划区范围内所有新建、改建、扩建工程项目的配套绿化工程，将受到城市绿化行政主管部门的审核管理，并通过两个图章（城市绿地设计方案审核章和绿地竣工验收章）和三个环节（方案设计、建设、验收）达到城市绿化效果。

【监管绿地临时占用】 2020年，园林服务中心重点监管镇内绿地临时占用，划分了责任片区，对占用、破坏绿地情况提前介入。避免了非法占用绿地行为的发生。针对镇内道路两侧新建工程较多的实际，主动进行对接，要求业主单位做好行道树栽植树坑预留工作。

【安全生产和防火】 2020年，园林服务中心多次召开安全生产专项工作会议和防火专题工作会议。11月上旬，园林服务中心组织开展了防火应急演练，参加演练人数约50人，演练配备了防火鞭、鼓风机、便携式灭火器和重型灭火器以及多用途洒水车。

【配套养护设备】 2020年，随着乌兰花镇内绿化面积逐年扩大，养护内容多样化，园林服务中心争得上级领导同意，采取政府采购的方式，新购置20吨洒水车2台、园林作业车2台以及升降车、喷药机各1台。

（四子王旗园林服务中心）

水利局

【领导名录】

局　长：苏　和（蒙古族）

副局长：王桂林

　　　　贾额尔登（蒙古族）

【概况】 四子王旗水利局（简称旗水利局）是四子王旗人民政府工作部门，为正科级单位。负责全旗水利事宜。水利局内设办公室、业务股、水资源管理股、河湖管理办公室。水利局有二级单位11个。水政监察大队、水利工作队、水管站、水保站、地下水管理中心、抗旱服务队、乌兰花水库、泉掌子水库、白音希勒水库、府壕子水库、银贵河水库。2020年，旗水利局在饮水安全、水土保持、基础设施建设及水毁修复工程、红格尔水库工程等方面做了大量工作。落实河长制、湖长制，实现“河畅、水清、岸绿、景美”的目标。

【饮水安全改造提升工程】 2020年，四子王旗农村牧区饮水安全改造提升工程，总投资450万元。为全旗6个乡13个人饮工程实施改造提升工程。新打机电井2眼，配套潜水泵2台，新建泵房3间，配备简易消毒柜4套，输配水管道供水管长22.1公里。设置检查井及排水井共12处，年底工程已完工40%；2020年农村牧区饮水安全巩固提升工程，总投资300万元。为牧区新打机井20眼，年底工程已完工63%；四子王旗贫困村饮水安全巩固提升工程（第二批，属2019年项目），总投资1568万元。新建水源工程19处，维修水源井工程3处，新建井房19座，配套水处理装备10套，变压器6台，铺设输水管道78.01公里，中型水处理设备配套保温房28座。工程已完工95%；四子王旗贫困村饮水安全巩固提升工程（第三批，属2019年项目），总投资1139.6万元。新建水源工程9处，配套潜水泵10台，新建井房6座，配套中型水处理设备保温房50座、水处理设备672套、变压器3台、铺设配水管道27公里。工程已完工91%。

【水利修复工程】 2020年，四子王旗牧区安全饮水基础设施建设及水毁修复工程，总投资390万元。在四子王旗6个苏木新打机电井24眼，并对遭受洪灾的白音敖包苏木、红格尔苏木、江岸苏木、脑木更苏木，查干补力格苏木进行水毁井洗井修复工作。工程已完工。

【牧区储水窖工程】 2020年，四子王旗牧区储水窖工程，总投资12439.62万元。涉及全旗7个苏木镇、场，建成储水窖2501座并配套太阳能、自动化饮水槽、户用净水器。项目结余资金已做变更。

【水土保持】 2020年，四子王旗完成2017年度京津风沙源治理工程水利水保项目，计划实施小流域治理面积5公里；完成牧区实施水源工程20处，节水灌溉工程15处，计划投资375万元，年底工程已完工；完成2018年度四子王旗京津风沙源治理工程水利水保项目，批复总投资620万元，其中，中央投资396万元，地方投资224万元，计划完成水源工程60处，节水灌溉40处，小流域治理3公里，年底工程已完工83%；2020年，四子王旗完成2019年度大庙生态清洁小流域水土保持综合治理工程，批复总投资300万元，其中国家投资210万元、自治区配套45万元、市旗两级自筹45万元。新增水土流失治理面积6平方公里；生态综合治理区实施柠条灌木林112公顷；生态修复区治理面积482.63公顷（其中补植补种144公顷），年底工程已全部完工。

【红格尔水库工程】 2020年，红格尔水库工程大坝河床段已完成坝基防渗墙、帷幕灌浆、固结灌浆施工；完成左、右坝肩基座及坝基帽梁混凝土施工；完成左、右坝肩帷幕灌浆、固结灌浆施工；完成上游围堰截流；完成大坝沥青混凝土心墙填筑施工。截至9月23日，已完成大坝坝坡碎石垫层填筑；完成上游坝坡砼面板浇筑；完成上游坝坡阻滑板混凝土浇筑；完成右岸延长段帷幕灌浆施工，坝顶防浪墙共36块，已完成17块。2020年，红格尔水库泄洪洞洞身开挖、混凝土衬砌、洞内灌浆、进出口锚喷；竖井井身开挖、混凝土衬砌、灌浆等工程均已完成；金属结构安装：平面检修闸门、弧形工作闸门及启闭设备已全部安装完成，已完成工程量的94%。2020年，红格尔水库输水洞进出口、竖井及洞身已全部开挖完成，输水洞竖井底板混凝土已浇筑完成，竖井墙体已浇筑至顶1316.1米高程；完成进口段方洞混凝土浇筑；洞身段圆洞完成16节（共17节）洞身混凝土浇筑。截至年底，输水洞进口段完成混凝土197.5立方米，累计完成227.5立方米，占总量94%。竖井钢制爬梯已施工完毕，拦污栅、平面闸门门轨已安装完毕；2020年，红格尔水库溢洪道进口段、控制段、泄槽段、挑坎段已全部开挖成型。截至9月23日，溢洪道控制段底板已完成浇筑50%；泄槽段底板已完成浇筑65%；泄槽段右侧边墙已完成浇筑40%。

【小型水利工程】 2020年，四子王旗小型水库维修养护工程，总投资78万元，截至10月底已完工；2020年四子王旗山洪灾害防治项目，总投资10万元，年底完工；2020年，江岸苏木防洪堤应急加固改造工程，总投资75万元，工程已完工。

【河长制湖长制】 2020年，四子王旗河湖管理办公室在地方党委政府换届后，及时调整了河湖长、更新了河湖长公示牌，并及时更新公示牌监督电话。旗级河湖长共巡河29次，乡级、村级河湖长巡河564次；2020年该旗河道治理共修建护坡护岸670米，河道疏浚3.49公里，清理垃圾33562吨。“清四乱”暗访工作组对旗进行了暗访，发现四乱问题2处，针对问题，旗水利局全部完成整改，整改完成率100%。2020年，规模以下河流岸线管理划界工作已完成。

【水政执法】 2020年，四子王旗水利局以“3·22”世界水日为契机，开展宣传巡察活动。在水利局大楼悬挂水法律法规宣传标语。组织水利人员到各乡苏木嘎查村开展水法、水土保持法、防洪法等法律法规宣传活动。发放传单4800多份，水法、水土保持法宣传书5000多册。出动执法车62车次，出动执法人员230人次，对水资源市场管理，水土保持费征收、河长制巡河、水资源税核量等进行监管、征收、核查。建立区域内取用地下水“双控”制度，特别是塔布河沿岸灌溉区以及机电井农业灌溉密集区，实行严格的凿井取水审批制度。对河道私挖乱采，非法违规取用地下水违法凿井作业队，予以严厉的打击和驱赶。对河道私挖乱采和水资源市场进行管理。

【水旱灾害防御】 2020年，旗水利局承担全旗水旱灾害防御、山洪灾害防御及防汛抗旱物资储备及发放，各水库防汛和调度职能。全面落实防汛工作责任制。实行24小时轮流值班，汛期值班从2020年6月15日到2020年9月20日止，对全旗所有水库等各类水利工程及山洪地质灾害隐患点等防汛重点部位进行定期排查，消除安全隐患。落实编织袋5万条、皮划艇40个、污水泵15台，铁锹、手电、雨衣、雨鞋等防汛物资储备及发放。汛前，水利局组织有关人员对辖区内的水库、江河堤防、各项工程施工现场开展了拉网式大检查。对检查出的安全隐患作了及时整改。

气象局

【领导名录】

局　　长：常志东
副 局 长：吴　超
　　　　　周　萍
纪检书记：郭宏力（4月任职）
气象台长：刘智明

【概况】 四子王旗气象局为国家基本气象观测站，属乌兰察布市气象局和四子王旗旗委、政府双重领导，负责本行政区域的气象服务及防灾减灾工作。机构规格为正科级，机构内设气象台、气象灾害防御中心。2020年，四子王旗气象局完成《四子王旗气象灾害防御规划》，修订《四子王旗重大气象灾害应急预案》，建全分灾种气象灾害应急预案，制定完成14个苏木乡镇（场）气象灾害应急预案；制订完成133个嘎查村气象灾害应急行动计划；完成防灾减灾“六个一”标准化建设。2020年为进一步做好防灾减灾工作，四子王旗气象局实地走访调研，对四子王旗中小河流洪水、山洪、地质灾害、防灾减灾重点单位等数据进行核查。会同旗民政局、应急管理局和相关乡镇积极开展气象灾害调查。建立气象灾害数据库。确定各直属单位灾害预警信息人员504人。

【气象监测预报】 2020年，气象局根据天气系统的变化逐时滚动发布0～2小时临近天气预报。应用上级指导产品，发布24小时内灾害性天气落区预报和苏木乡镇精细化气象要素预报的订正业务；开展农牧用天气预报、产量预报和灾害评估等农牧业气象预报；在关键农事季节和具体农业生产活动期间，四子王旗气象局紧扣跟踪天气变化，开展全旗14个乡镇苏木土壤墒情监测，制作土壤墒情监测报告。

【气象情报】 2020年7月11日，四子王旗出现暴雨天气，红格尔苏木牛房滩村降雨量达到93.3毫米。四子王旗气象局提前预报，并于7月11日11时给旗政府发布暴雨蓝色预警信号，旗防汛抗旱指挥部及防汛成员单位通过电话、手机短信、微信公众号、防汛群等多种方式对外发布，提醒广大人民群众做好防范。

【服务飞行大会气象】 2020年8月19—23日，四子王旗格根塔拉景区举办中国航空器拥有者驾驶员协会AOPA乌兰察布草原飞行大会。四子王旗气象局担任此次活动气象保障任务，提前制定保障方案，提前制作气象预报服务产品，联合市气象局共同分析研判天气形势，并在大会现场搭建自动气象站，24小时提供实时气象数据。

【服务嫦娥五号返回气象】 2020年12月17日凌晨，嫦娥五号返回器在内蒙古四子王旗预定区域着陆，完成我国首次月球采样返回任务，四子王旗气象局提前谋划，制定详尽的气象服务方案，并于16日夜间进入现场开展气象保障任务。

【服务生态功能区】 2020年，四子王旗气象局制定《建设北方重要生态安全屏障和祖国北疆安全稳定屏障示范旗气象服务保障工作方案》，完善了四子王旗气候生态环境监测系统。会同畜牧局专家，与自治区、市生态专家深入牧区调查全旗干旱情况及草原植被情况。选取7个固定生态监测场、10个开放性监测场，配备自动气象站，对生态观测场的气温、降水数据进行采集和观测。气象局业务人员应用气象卫星遥感技术、无人机航拍技术和地面人工取样“天空地”立体化的综合监测手段对四子王旗草原生态进行评估。每旬制作一期遥感气象服务产品，对气候概况、生态植被遥感监测、生态植被指数变化进行分析。

【人工影响天气】 2020年，四子王旗气象局为缓解和消除辖区内前期干旱的影响，抓住有利的天气条件，开展烟炉增雨作业，在四子王旗农区新建7个标准化炮点，并安装保险箱。完成防雹高炮、增雨火箭年检。对四子王旗11个炮点的12门三七高炮安装安全锁。开展烟炉增雨作业7次，燃烧烟条48根，高炮作业62次，发射炮弹1065发。

【观测网络与信息保障】 2020年，四子王旗气象局完成天气现象视频智能观测仪和冻土传感器设备安装，完成忽鸡图、库伦图两个自动气象站建设任务；气象局组织地面测报人员参加业务竞赛，并取得乌兰察布市第三届气象行业职业技能竞赛团体第一名的优异成绩。

【气象信息专报】 2020年气象台发布72小时乡镇精细化气象要素预报；撰写各类气象信息36期，雨雪情78期；预警信号产品75期；农牧业气象服务产品21期；生态遥感重大活动气象服务产品20期。发布短时临近天气预报、森林草原火险等级预报、空气污染气象条件预报。

（吴超）

工业经济

工业信息化

【领导名录】
局　长：刘胜允
副局长：弓德胜
　　　　冀英俊（10月任职）
　　　　席怡敏（女，10月任职）

【概况】 2020年，四子王旗工业和信息化局内设机构有综合办公室、工业经济室（审批室）、商贸流通室、信息化室、节能监察中心、综合执法室6个股（室），共有职工34人。

【经济运行】 2020年，四子王旗20户规模以上工业企业完成工业产值24.6亿元，同比增长5.19%，完成工业增加值7.38亿元，完成工业固定资产投资4.83亿元。社会消费品零售总额同比下降6.2%。完成外贸进出口额615.14万美元，同比增长231.64万美元。

【项目建设】 2020年，四子王旗工业重点项目5项（新建3项，续建2项），项目计划总投资404.4亿元，其中固定资产投资393.3亿元。2020年计划完成投资156亿元，累计完成投资4.83亿元，完成2020年度计划的3%。

【新建项目】 2020年，四子王旗引进四通化工建材有限公司年产4万吨优质岩棉制品项目，项目总投资1.1亿元，其中固定资产投资9693万元，项目占地面积60亩，年底林地手续已上报市林草局；内蒙古察哈尔新能源有限公司风电基地一期600万千瓦示范项目，项目总投资381.7亿元，其中固定资产投资373.14亿元，1—10月累计完成投资11929万元，已完成征地467亩、杆塔1463个、道路2828亩、升压站4处；内蒙古亿茗农业科技有限公司马铃薯精深加工项目，项目总投资2.72亿元，其中固定资产投资1.32亿元。建设年产马铃薯精淀粉30000吨、净菜80000吨、马铃薯馒头10000吨项目，累计投资2460万元，其中淀粉车间、消防设施主体完工；原料池主体钢构结构完工；室内暖气主管完成，外墙保温完成60%。

【续建项目】 2020年，内蒙古永和氟化工有限公司氟化工续建三期项目，总投资14.3亿元，其中固定资产投资14.3亿元。2020计划投资1.38亿元，建设四氟乙烷、一氯甲烷及配套的公用设施、二氟甲烷、混配制冷剂、二氟乙烷技改等项目。1—10月累计完成投资9272万元，一氯甲烷装置已试车，四氟乙烷、焚烧装置建设完成，已具备试车条件。惠农节水灌溉设备有限公司节水灌溉带生产线项目，项目总投资8700万元，其中固定资产投资8700万元。建设滴灌带生产线 11 条，废旧塑料造粒生产线 3 条。项目于 7 月复工，完成累计投资 570 万元，年底前进行办公楼内外装修。四子王旗国通仓储物流园区项目，该项目总投资 5.5 亿元，建筑面积 22.25 万平方米，建设集农资区、汽修汽配区、物流区、五金建材区、家居区、仓储区及商住区为一体的大型物流园区。1—10 月完成固定资产投资 0.1 亿元，项目已完成主体框架全部完工。

【中小企业发展】 2020 年，四子王旗登记在册的中小微企业 84 户（含 20 户规模以上企业），其中能源类 13 户、化工类 3 户、矿山采选类 9 户、农畜产品加工类 16 户、建材类 5 户、热力 4 户、滴灌带生产 12 户、育种类 2 户、商贸流通类企业 20 户。四子王旗中小企业公共服务平台服务水平不断提升，2020 年新增服务机构 40 家，服务费低于市场价 20%，提供服务 410 余项，服务企业 140 余户。

【信息化服务】 2020 年，工业信息化局组织 20 家工业企业和电信企业联通公司开展 5G+ 工业互联网线上线下对接活动。对标国家《关于做好 2020 年企业两化融合管评估诊断和对标引导工作的通知》标准，工业信息化局协调三大运营商摸排全旗网络通信基本情况及覆盖情况，向乌兰察布市工信局申请新增基站 14 个。

【园区建设】 2020 年，工业和信息化局按照“一区多园”的空间架构，完成黑沙图工业园区总体规划修编工作，修编调整后黑沙图工业园区由黑沙图产业园、乌兰花产业园以及白音勿拉产业园组成，总规划面积为 12.88 平方公里；完成轻工业园区道路、输电线路、管网等基础设施建设的规划设计；委托内蒙古环投环境损害司法鉴定中心对黑沙图工业园区及周边环境现状进行了调查与评估；完成编制黑沙图园区日处理污水 3000 吨的污水处理厂可研报告，并通过了专家组评审。

【市场运行】 2020 年，工业信息化局建立市场监测预警，启动生活必需品市场监测日报制度，选择大型商超企业、粮油批发网点、蔬菜批发网点、方便食品配送供应企业作为样本监测企业，实时了解市场供应和价格情况，调度市场货源供应，保障主要生活必需品市场供应不脱销。

【商贸项目建设】 2020 年，工业信息化局确立商贸重点项目 2 项。分别是国通仓储物流园区项目和港原维多利购物中心项目（新建 1 项，续建 1 项），项目总投资 8.3 亿元，其中国通仓储物流园区总投资 5.5 亿元，截至年底项目主体框架全部完工，仍需完善消防工程及配套的基础设施。港原维多利购物中心由于资金原因以及前期手续未办结，本年度内未开工建设。

【服务中小企业】 2020 年，工业信息化局为缓解中小企业融资难问题，与金融办联合主办“战役助企一家情”银企对接会，搭建企业与银行面对面沟通平台，为符合政策、处于成长期的中小企业提供有力的流动资金支持。从企业法律咨询、企业税务申报到企业项目可研编制再到人才培训，全方位为企业服务，年内新增服务机构 36 家。累计为企业提供服务 280 余项，服务企业 140 余户，节约资金 12 万元。

【外贸工作】 2020 年，四子王旗完成外贸进出口额 615.14 万美元。主要包含内蒙古永和氟化工有限公司出口额 493.6 万美元，出口产品以二氟乙烷为主；四子王旗景欣农业股份有限公司出口额 121.54 万美元，出口产品为鹦鹉世家品牌葵花籽，主要出口土耳其、黎巴嫩等国家和地区。

【电子商务工作】 2020 年，四子王旗电子商务工作在中期国家绩效考核中取得“优秀”的成绩。2020 年，四子王旗电子商务交易额 7.2 亿元，同比增长 95%；网络零售额 8675.5 万元，同比增长 79%；农产品网络零售额 4337.7 万元，同比增长 66%。截至 2020 年底，四子王旗电子商务建有两个中心（公共服务中心、仓储物流分拨中心）、三个平台（电子商务公共服务平台、特色四子王供销平台、天梦草原旅游电商公共服务平台）、六大服务体系（旗域电商服务体系、物流配送体系、公共品牌支撑体系、电商人才培养体系、产品质量追溯体系、旅游电商服务体系）。36 个电子商务村级服务站点、5 个旅游电商服务站已全部投入运营。电子商务公共服务中心现有 4 家社会组织和职能机构以及 22 家企业入驻；2020 年，为保障全旗春耕、备耕，电商中心依托电商服务站开展摸底调研，联合内蒙古银行为 50 余户农户发放贷款 400 余万元，通过商城下单购买农资 140 余万元；仓储物流分拨中心现有 4 家快递企业入驻，2020 年，分拨中心已累计分拣快递 270 万件，出港快递 17 万件；36 个电子商务村级服务站点为农牧民代购生产、生活用品 23.4 万余元，代缴话费、电费 18 万元，代收快递近 2 万件；旅游电子商务公共服务平台“外环”链接全国 13 个电商主流平台网站，累计在全国完成发表四子王旗相关旅游文章 5000 篇以上，同时建立飞猪平台四子王旗旅游网店，通过全国平台向四子王旗旅游端注入客源流量。2020 年 5 月 28 日，由内蒙古商务厅公开遴选的第三方机构对该旗电子商务进农村综合示范项目开展了中期绩效考核，2020 年 6 月 2 日，由商务部委派的专家组对四子王旗电子商务进农村综合示范项目进行了复审，均获得优异成绩。解决市场营销问题，强化贫困地区农产品产销对接，四子王旗及时制定《四子王旗消费扶贫实施方案》，充分利用“互联网 +”拓宽销售渠道，以政府引导、市场主导、社会参与、互利共赢的原则，开展消费扶贫专项行动。四子王旗在怀柔区建成特色产品体验店，日均销售额达 1 万元。成立京邦公司，建成四子王旗特色馆，在大兴发农发地市场开设 2 处专柜，销售 20 余个品牌的农副产品，推动特色农畜产品进入北京市场，累计销售精淀粉、羊肉、马铃薯等农畜产品 1.5 万余吨。

【行业安全监管】 2020 年，工业信息化局组织工作人员对各类企业、加油站、餐饮住宿、商场等 80 多家企业进行专项检查。制定并印发了《安全生产月活动方案》《防汛应急预案》等 10 多份文件。安全生产检查中共为所属企业发放给安全生产相关资料共计 200 余份次，并下达了现场检查记录。2020 年完成了加油站成品油零售经营批准证书的年度检查工作，并完成了 10 家加油站的《成品油零售经营批准证书》办理工作。配合旗安监局开展全国第 19 个安全生产月活动，制定活动月方案，设立咨询台，接受群众免费咨询，发放商务举报投诉服务宣传册等 200 余份，宣传安全生产的重要性。

四子王旗供电分局

【领导名录】

局　　长：黄东渤

副 局 长：照日格图（蒙古族）

　　　　　云志峰（蒙古族）

工会主席：何　杲

【概况】 2020 年，四子王供电分局在上级主管部门的领导和地方政府的支持下，以“量质同升”为中心，抓住“两条主线”，为工作方针，全面完成各项工作任务。在新冠肺炎防疫期间，供电分局完成全旗“新冠肺炎”疫情防控期间重点场所保电工作和联防联控工作。

【指标完成情况】 2020 年，四子王供电分局完成安全指标，全年未发生一般电网、设备事故，未发生职工轻伤，未发生有责任的农村触电重伤事故，未发生负主要责任的交通、火灾事故。截至年底，综合电压合格率完成 99.89%，供电可靠率完成 99.95%（指标 99.93）；全年售电量完成 3.86 亿千瓦时，同比增加 3000 万千瓦时。10千伏有损综合线损率（剔除光伏）完成7.85%，比下达指标降低0.81个百分点，同比降低1.01个百分点。全年电费发行1.69亿元，同比增加300万元。截至年底，电费回收率完成93.59%。全年平均售电单价完成316.22元/兆瓦时，同比下降19.54元/兆瓦时。2020年，供电分局接到“95598”投诉5件，同比减少17%；百万客户投诉量42次/百万客户，同期减少6次/百万客户；转办“12398”投诉工单2件，同比增加2件。

【安全生产】 2020年，供电分局组织消防、交通安全、职业健康、隐患排查、劳保防护佩戴、应急救护、安全生产月主题教育、案例学习等培训共计10次，参训人数合计200人/次；常规教育培训150人/次；在“迎峰度夏”“安全生产月”专项活动中，分局向社会各界人员发放电力安全用电手册及电力宣传资料10000多份，悬挂横幅20余条，现场介绍安全生产知识、安全法律法规、用电安全知识和电力设施保护等安全理念50余人次；完成季节性安全大检查和消缺工作。2020年先后开展了春季安全大检查、秋季安全大检查、“安全周”活动及消防专项治理检查等。每次检查分局都以文件形式进行组织、计划、检查、总结、落实、考核，形成检查从头到尾的闭环管理。供电分局对重点防火部位等场所的消防管理以及车辆交通管理实现了安全可控；供电分局对农网工程施工现场安全及承发包管理进行检查。对施工项目实施全程安全监督。安全监督室对承发包工程的施工单位、施工人员进行认真梳理，对施工资质、人员上岗证件、人身保险等手续进行检查登记并开展安全教育培训。2020年，四子王旗供电分局对110千伏、35千伏变电站进行验收取证，供电分局按照市局统一部署，完成对26座变电站消防验收备案取证工作。

【保电任务】 2020年，供电分局在元旦、春节、新型冠状病毒传播防疫期间、“五一”劳动节、端午节、高考、中考、AOPA乌兰察布国际草原飞行大会暨亚太地区商学院草原商学院挑战赛活动、两岸新发现——飞跃海峡的音乐之声、辉煌梦机车嘉年华、中秋、国庆等节点，完成保电任务。出动应急电源车8台次，对所辖线路、设备台区进行排查消缺。

【经营管理】 2020年，四子王旗供电分局完成办公中小修14项工程。对工程进行管控，实行预算管理，执行ERP报账流程。推进资产清查工作。

【营销管理】 四子王旗供电分局持续优化电力营商环境，贯彻落实“三零”服务。控制用电报装时限，紧盯每个项目的流程传递过程，缩短完成新增负荷投入生产时限，稳存量、促增量。2020年，四子王旗供电分局根据当地疫情防控需要，组织施工力量，利用应急材料为6个疫情防控检查站架线通电。截至11月20日，累计报装送电18318千伏安/92台，其中公用配变3368千伏安/37台，专变14950千伏安/55台；低压报装送电单相客户5375户、三相客户488户（包含集体报装），符合“三零”投资标准客户单相客户481户、三相客户296户；线上报装737户。

【网格化服务模式】 四子王旗供电分局推行网格化服务模式。发放台区经理名片5万余张，发放网格化服务宣传单2.5万余张，建立网格化服务三级微信联系群，方便客户对电力业务的咨询与办理，建立分局快响班组与各供电服务基层班站的微信工作联系群，提高工作效率。

【供电开放日活动】 6月，四子王旗供电分局在各供电营业厅内利用电视、广告机、宣传海报、宣传手册及分局微信公众平台对“优化电力营商环境”及“三零”服务开展宣传，并在乌兰花镇杜尔伯特广场开展供电服务开放日活动。对沿街商铺发放一般工商业降价告知书，发放供电服务宣传手册，收集调查问卷75份。向转供电商业综合体及租户解答国家降价政策，使降价红利落实到处。11月，分局继续开展优化营商环境“获得电力、点亮生活”主体宣传活动，持续优化电力营商环境；开展对专线、大工业专台客户周期性现场检查，全业务稽查活动，对发现问题下达整改通知单，共下达整改通知书10张，重新核对专线客户变压器使用容量，核实营销基础信息，达到营销系统与现场信息一致。

【降低线损指标】 四子王旗供电分局按照营销管控中心要求，对业扩报装、更名、改类、拆换表、抄表本调整、追退电费等日常营销工作加大管控，提高了工作效率，形成了闭环管理。开展对老旧计量改造表计轮换的检查。计量所开展对采控系统的巡检工作，电检查所对改造后的高损台区进行现场检查。通过对计量资产的把控，2020年线损完成值控制在指标以内。

【电费回收工作】 2020年受疫情影响，四子王旗供电分局上半年电费回收工作压力较大，分局研究制定电费回收预警机制，落实电费回收责任制。定期通报各收费部门电费完成情况，分析欠费原因，采取上门催收和电话催收等方式进行催交。分局派出包片人员走访大客户，了解客户的经营状况，根据客户的信誉程度，采取购电制及分期抄表、付费等多种电费回收措施，规避电费回收风险。

【保证正常供电秩序】 四子王旗供电分局开展高损线路、高损台区的治理工作。层层落实责任制，不定期抽查抄表实抄率及违章用电及窃电行为，在城镇所辖范围内开展用电稽查及私拉乱接等违章用电查处。

【信息化建设】 四子王旗供电分局通过年度营销技改项目的申报，彻底更换了营业厅宣传服务设备、增加营业厅监控、配置自助查询机，对服务环境不符合要求的江岸营业厅进行重新装修，修缮城关、东八号、吉生太营业厅，使窗口服务功能得到改善。分局营销业务人员、窗口服务人员、快响中心工作人员参加乌兰察布电业局组织的各类培训。

【营销服务】 四子王旗供电分局按照集团公司及乌兰察布电业局《2020年营销服务领域突出问题专项治理方案》要求，着力解决吃、拿、卡、要，以电谋私等问题，持续优化供电营商环境。对营销服务领域决策部署贯彻落实、业扩报装、电价执行及抄核收、服务群众、电能计量、公司党委专项巡察反馈这六个方面的突出问题开展专项治理，并制定整改措施进行落实。

2020年，四子王旗供电分局管辖各类电力用户共计115399户（其中居民用户93254户，非居民用户22145户），自查进度完成100%，整改率100%，按分局要求完成了自查工作。

【续建电网项目】 2020年，四子王旗供电分局完成2017年度续建电网工程，于2020年10月31日验收并送电。该工程项目是善丹35千伏输变电工程，批复投资4127万元。工程新建35千伏变电站1座，新建6300千伏安主变1台，新建35千伏输电线路56.5公里。2020年底，供电分局完成2019年度电网结转工程，高家沟110千伏输变电验收和投产送电工程。该工程项目属于1.35千伏及以上工程，高家沟110千伏输变电工程，批复投资5344万元，工程新建110千伏变电站1座，新建40000千伏安主变1台，新建杜尔伯特站至高家沟110千伏输电线路26.8公里，铁塔75基。2020年12月，四子王旗供电分局完成2019年度脑木更35千伏变电站2号主变增容工程。该工程项目投资515万元，年底完工并投产送电。2020年底，供电分局完成（2019年度）10千伏及以下配网结转工程共2项。该项目批复资金18769.6万元，包括老旧计量改造工程，项目批复投资12411.7万元。工程包括改造单相电能表60398块、三相电能表1847块、变台表2970块、采控终端2970个，该工程于年底全部竣工。2020年12月，供电分局完成（2019年度）农网改造升级工程，该项目批复投资6357.9万元，2019年结转工程量包括改造10千伏线路70公里；改造0.4千伏线路3公里，配变4台。截至年底，该工程全部完工。

【电网工程】 2020年，四子王旗供电分局实施10千伏及以下配网结转工程共4项，项目批复资金5621万元（包括抵边村寨农网改造升级工程、第二批边防部队通电工程、贫困旗县农网改造升级工程一、二批项目）。4月30日开工建设抵边村寨农网改造升级工程和第二批边防部队通电工程项目；供电分局建设10千伏架空线路2.1公里，0.4千伏架空线路0.7公里，0.4千伏电缆线路0.32公里，配变4台容量260千伏安，该工程于5月15日完工，较集团公司下达的里程碑计划提前46天；2020年，供电分局还为3户边境牧民接通网电；完成32105部队的2个分队电力配套建设任务；2020年7月5日，供电分局实施贫困旗县农网改造升级工程，该工程项目计划新建10千伏架空线路长度为49.387公里，10千伏电缆线路长度为1.251公里，0.4千伏架空线路长度为104.245公里，0.4千伏电缆线路长度为0.5公里，柱上变压器容量为5300千伏安/63台，柱上断路器为11台，环网箱10台，批复投资5160.6万元；2020年，供电分局贫困旗县农网改造升级工程，该工程计划新建10千伏架空线路长度为0.191公里，0.4千伏架空线路长度为13.416公里，柱上变压器容量为950千伏安/17台，批复投资383.8万元。

【工程项目竣工结算审计情况】 2020年底，四子王旗供电分局按照乌兰察布市电业局的要求，结算2019年结转配电网工程资金使用情况。2020年抵边村寨农网改造升级工程、第二批边防部队通电工程资金已经完成结算。

（张慧清）

城投公司

【领导名录】

董事长、总经理：王　瑛

副总经理：李晓冬

　　　　　马义文

【概况】 四子王旗城乡建设投资开发有限责任公司（简称城投公司）是旗政府授权专门从事市政基础设施建设和资产管理的国有独资企业，公司成立于2007年，名称为四子王旗城市建设投资开发有限责任公司，2015年公司独立运营，更为现名。公司注册资本为4147万元，经营范围有市政道路、给排水、污水处理、垃圾处理、绿化、供热等公用设施的项目投资、建设、经营及房地产开发投资。公司内设监事会、党建办、综合管理部、计划财务部、财务结算中心、总工办（项目库）、工程管理部、质量监督部。

截至2020年底，城投公司总资产为26.35亿元。公司内设党建办、综合管理部、计划财务部、总工办（项目库）、工程管理部、质量监督部6个职能部门。公司有二级单位5家：内蒙古左森工程有限公司、内蒙古北云房地产开发经营有限公司、内蒙古鸿通商贸有限公司、四子王旗测绘大队、四子王旗污水处理厂。2020年城投公司和二级企业共完成6大类45项工作，申请上级专项资金1.211亿元，完成工程产值约1.56亿元。

【上级专项资金】 2020年，四子王旗城投公司办理完成49个项目12类前期手续，涵盖勘察、设计、可研、环评、能评、财政承受能力论证等工作，支出费用合计4936.4万元。成功申请上级专项资金1.211亿元，其中，城维费1000万元，用于建设西水源地供水工程；抗疫特别国债8840万元，用于建设给水系统改扩建及水源地保护工程；一般债券2270万元，用于建设体育西路污水、雨水管网配套建设及道路维修工程和解放路道路及配套管网工程及消防应急物资储备及救援站建设项目。

【垃圾处理项目】 2020年，四子王旗城投公司通过招商引资+特许经营模式引进西安建工市政交通集团有限公司和西安阿尔卑斯项目运营有限公司合作建设运营生活垃圾裂解气化处理厂建设项目。项目总投资1.4亿元。一期投资约9432万元，建设规模为日处理生活垃圾110吨，二期投资约4568万元，将生产能力扩大到日处理160吨。2020年9月，生活垃圾裂解气化处理厂建设项目一期工程在生活垃圾处理厂原址开工建设，截至年底完成工程产值约900万元。

【代建项目】 2020年，四子王旗城投公司继续完善7个代建项目，截至2020年底已完成4项。实验中学、足球馆、古营子幼儿园已交付使用，南号幼儿园完成竣工备案。另有蒙中医院妇幼保健所及残疾人康复中心、就业和社会保障服务中心及档案史志馆综合楼2项在建，消防救援物资储备及营房代建项目如期开工建设，合计完成产值约1013万元。

【市政工程】 2020年，四子王旗城投公司完成统建西路、体育西路、格根塔拉路、王爷府路北段、建国路（统建路至政北路）、八一路6条道路的管网新建和改造工程，修建道路合计3.835公里、管网合计11.118公里；修建王爷府路北段道路上游雨水设施工程，铺设排洪管400米；维修镇内道路面积约112.62万平方米；改建王府路西侧停车场约4833平方米；产值合计约8033.09万元。

【房建项目】 2020年，四子王旗城投公司二级单位内蒙古北云房地产开发经营有限公司负责开发建设康乐三期住宅小区项目（A区），建成住宅204套、商铺33套、车库45套，完成产值4566.4万元，五证均已办妥，开始回迁安置工作。截至年底，旗征拆办回购住宅146套，共计13069平方米，总价值约3354.8万元；康乐三期B区项目总投资约1.45亿元，总占地面积约17600平方米，住宅建筑面积约46000平方米，已完成设计和勘察招投标、工程规划手续及图纸审查等工作，进行工程招投标准备。康乐三期住宅小区附属建设项目完成院面硬化4635.8平方米、院内绿化715.3平方米，产值463.5244万元。

【测绘工作】 2020年，四子王旗城投公司二级单位测绘大队完成生活垃圾裂解气化处理厂、南号村、阿登此老污染水域、草原飞行大会用地等11项测绘工作。测绘内容包括现状地形、水域面积、宗地测绘和住宅测绘等，产值合计约30.9万元。

【污水处理】 2020年，四子王旗城投公司二级单位污水处理厂完成全年总进水量338.15万立方米，总出水量334.29万立方米，污泥处理量4013吨，运行负荷率92.64%，达标排放率87.4%，中水回用率65%，COD全年削减量1588.66吨，氨氮全年削减量156.51吨、总氮全年削减量178.03吨、总磷全年削减量达24.85吨。

【二级企业完成产值】 2020年，四子王旗城投公司下属二级单位内蒙古左森工程有限公司，除与城投公司合作建设部分项目外，单独完成康乐三期消防工程、民族幼儿园装修改造工程、第四小学教职工办公区域装修工程、温馨家园小区老旧道路改造工程、宽高实验中学教职工宿舍装修电缆安装工程5个项目，产值合计437.8万元。

联创旅游投资有限公司

【领导名录】

董事长、总经理：郝团员

副总经理：额尔登达赖（蒙古族，6月任职）
阿荣哈斯（女，蒙古族，6月任职）

【概况】四子王旗联创旅游投资有限公司（简称旅投公司）成立于2017年4月，属国有独资企业。公司主要从事全旗旅游项目股权投资、旅游资源开发和旅游景区景点等旅游产品的经营、文化旅游节庆活动的策划和组织实施等。2017年7月成立四子王旗联创旅游景区管理有限公司，属四子王旗联创旅游投资有限公司下属子公司。2020年，旅投公司全力推进创建全域旅游示范旗项目和建设“旅游名旗”发展战略，进一步打响“吉祥草原、神舟家园”旅游品牌。持续推进旅游和扶贫有效结合，较好地推动旗域旅游工作开展。

【格根塔拉旅游景区】2020年，四子王旗旅投公司确定由北京天创国际演艺制作交流有限公司管理联创旅游景区管理有限公司，并拨付景区营业前准备资金和专业管理团队管理费。在呼和浩特到北京的高铁上制作了针对格根塔拉景区的宣传广告。为景区开业运营做了一系列的保障工作，为明确景区产权、消除管理运营阻力，协调推解决格根塔拉景区884.457亩土地的摘牌出让工作。

【“旅游+扶贫”】2020年，四子王旗旅投公司实施“旅游+扶贫”产业扶贫，推动贫困嘎查村集体经济发展，增加贫困户收入。全旗66个乡镇苏木已完成了2020年集体经济收益分红，共兑现固定分红476万元。旅投公司年初总投资427万元，在格根塔拉旅游扶贫住宿蒙古包区域中，实施新建水源井、消毒间、加压泵站及给水管网配套工程。年内完成了扶贫住宿蒙古包的验收工作，完成铺设草坪绿化带工程。

【汽车营地建设】2020年7月，四子王旗联创旅游景区管理有限公司总投资2200多万元，实施了大活页废弃矿区升级改造为汽车营地旅游项目，依托矿区既有地质地貌修建了汽车赛道和附属设施建设。

【举办大型活动】2020年，四子王旗联创旅游景区管理有限公司为促进乌兰察布市文化和旅游体育的发展，带动乌兰察布市机车产业文化发展，推动全市文化旅游体育产业转型，推进四子王旗“旅游名旗”发展战略，进一步打响“吉祥草原、神州家园”旅游品牌，于8月21—23日、9月30日至10月7日，在格根塔拉景区分别举办“AOPA草原飞行大会”“辉煌梦欢乐谷·机车嘉年华”两项大型活动，接待游客近30万人次。

（李广）

国源投资有限公司

【领导名录】
董事长、总经理：贾兰俊
副总经理：呼斯乐（蒙古族）
刘　飞（6月任职）
降燕平（10月任职）

【概况】四子王旗国源投资有限公司是经旗委、政府批准组建成立的国有独资企业，公司成立于2015年9月22日，公司注册资本1亿元，股东及出资人为四子王旗人民政府。国源公司主要负责全旗重点建设项目的投融资及国有资本运营工作，2020年末公司总资产为55.79亿元，净资产32.06亿元，资产负债率42.53%，公司对外信用等级经合作金融机构评定为AA。公司内设投融资部、资产运营部、资金管理部、人力资源部、综合部、风控部、工程项目部7个职能部门。拥有5家全资子公司，分别为四子王旗利源新能源开发有限公司、内蒙古信源资产管理有限公司、四子王旗资源开发投资有限公司、四子王旗金胜宾馆有限公司、内蒙古育源水务有限公司。

【光伏扶贫村级电站】 2020年，四子王旗国源投资有限公司聘请内蒙古绿能新能源公司完成了四子王旗光伏扶贫村级电站建设旗级综合验收。村级电站建设在红格尔苏木红格尔嘎查。电站光伏设备配置采用国内领先技术水平的双面双玻320单晶硅光伏组件，平单轴跟踪支架。上半年完成光伏电站环保、水保、安全、消防等各项专业验收，10月由四子王旗旗扶贫办牵头聘请第三方内蒙古绿能新能源公司完成了旗级综合验收。

【拆旧复垦】 2020年，四子王旗国源投资有限公司完成四子王旗易地扶贫搬迁拆旧复垦及城乡建设用地增减挂钩项目一标段的旧房拆除、垃圾清运、土地平整、耕地、网围栏安装及旋地等工作；完成二标段工作量的80%。项目拆旧区涉及5个乡镇、25个行政村，总面积4847.4亩，共计117个地块。国源公司负责易地扶贫搬迁拆旧复垦试点项目的投资、建设、运营等整体服务，并通过政策性质保融资模式，向内蒙古扶贫投资公司市场化筹集项目所需建设资金。

【惠民园项目】 2020年，国源投资公司申请农发行四子王旗支行政策性专项贷款，完成四子王旗乌兰花镇新区易地扶贫搬迁惠民园项目的土地、工程规划、地勘、图纸设计、审图、施工许可证和施工监理招标及“三通一平”工作。项目规划总用地面积14152.2平方米，建筑面积10060.68平方米。项目建设内容包括商铺、市场摊位、社区活动室及设备用房等功能用房。

【易地扶贫搬迁配套工程】 2020年，四子王旗国源投资有限公司完成乌兰花镇新区易地扶贫搬迁配套道路管网工程。该工程项目包括实验中学南路及伊尔扎木路段。项目总投资1530.287万元。该项目年初办理了土地建设、用地规划、工程规划及招投标相关手续；经过建设方与施工方的紧密配合，年底项目完成建设、竣工决算手续。

【合作及融资】 2020年，四子王旗国源投资有限公司通过债权融资方式向内蒙古银行四子王旗支行申请到资金8000万元；国源投资有限公司与四子王旗人民政府及国药控股内蒙古有限公司签订了《四子王旗医疗项目战略合作协议》，协议约定由国药公司负责全旗卫健系统所需相关公立医疗机构药品耗材的集中配送，国源公司受国药公司委托负责配送期间提供项目管理服务和咨询服务。

【资产划转及回购】 2020年，四子王旗国源投资有限公司将全旗行政事业单位闲置房产划转至国源公司运营。乌兰花镇文北路社区、棚户区改造安置用房、蒙王国际住宅小区、乌兰一期商营房、和乐小区商营房、民生小区部分住宅、金胜宾馆等房产完成划转手续；通过产权交易中心公开招拍挂形式回购和平路商业房产金鼎商务宾馆资产；回购蒙王国际住宅小区28套房产；回购金宇文苑5#楼，建筑面积7411.1平方米。

【政府抵债化债】 2020年，四子王旗国源投资有限公司利用金融手段将纳入隐性债务系统的27家民营企业中小企业账款3089.76万元完成清偿。化债资金主要来源是内蒙古国源集团公司以购买债权的形式向四子王旗国源公司放款。

【化解债务】 2020年，四子王旗国源投资有限公司为了减少政府债务总量，国源公司匹配1249套房产，用于债务化解工作。各单位意向性选房298套，化债项目49个，签订了部分化债意向性协议。

资源开发投资有限公司

【领导名录】

总经理：王海军（2020年6月任职）

副总经理：陈宝成（2020年6月任职）

那音太（蒙古族，2020年6月任职）

【概况】 四子王旗资源开发投资有限公司成立于2020年1月8日，注册资本1亿元。公司主要经营砂石资源生产、开采、对旗内河湖砂石的开采、运输、销售、治理进行统一经营管理。

【砂场招投标】 2020年，四子王旗成立资源开发投资有限公司，旗域内规划砂场招投标工作已全部完成。负责对旗域内600万千瓦风电项目区域的砂石选址、勘查、取样、送检、地勘报告、防洪预案、实施方案以及砂石的开采、运输、销售、治理工作。

【砂石开采】 2020年，四子王旗许可资源开发投资有限公司规划四个开采区，分别是塔布河乌兰花柳匠滩段，塔布河吉生态镇鲁红道段，高北河—中河段，横格勒浑迪河—依克吾素段、乌兰哈达奔巴台段、乌兰哈达胡热图段。2020年6月15日，四子王旗资源开发投资有限公司已完成招投标程序，分别是塔布河鲁红道段、横格勒浑迪河—依克吾素段、高北河—中河段。

【砂石选址】 年内，资源开发投资有限公司完成14处石子厂、11处砂厂选址。14处石子厂分别是吉生太黄草洼石头山、吉生太镇北石头山、神奇草原牧户石头山、苏脑包石头山、义成山、吉庆洋房沟石头山、伊肯乌素石头山、乌兰哈达石头山、石英矿厂、王府五队赵秀武石子厂、吉生太顺安石子厂、刘吉善石子厂、老赵石子厂、刘志平石子厂。11处砂厂选址分别是乌兰哈达奔巴台段、乌兰哈达胡热图段、红格尔冯巴特段、乌兰哈达六队段、王府五队段、红旗滩段、鲁红道段、横格勒浑迪河—依克吾素段、哈达绍荣段、高北河—中河段、乌兰花河东营子段。

【砂石厂探测】 四子王旗资源开发投资有限公司委托四子王旗顺达工程机械租赁公司使用挖掘机对乌兰花河—东营子、塔布河—红旗滩、鲁红道、横格勒浑迪河—乌兰哈达奔巴台、乌兰哈达胡热图、哈达绍荣、依克吾素、高北河—中河，共计8处河段进行探测，并根据实地用砂质量、砂层厚度、颗粒粒径、水文情况进行评估分析，作出调整风电项目区域调整。将乌兰花河采砂区域变更为塔布河柳匠滩、鲁红道采砂区域。将塔布河—柳匠滩选用为城镇建筑用砂，横格勒浑迪河—哈达绍荣河段、依克吾素河段、乌兰哈达奔巴台河段、乌兰哈达胡热图河段经筛选勘探选用为风电项目用水洗砂，高北河牧户（李强）草场河道范围选用为风电项目用水洗砂，并通过了市水利局专家的审核，同意按规划核发许可。

【岩石取样检验】 岩石表皮由于经太阳辐射、大气、水和生物作用，出现疏松、破碎及矿物成分发生的现象，造成化验分析、检验报告的不准确。公司委托专业公司对以上石头山进行取样，并对14处岩石位置进行取样送检。

【重新规划采砂场】 2020年9月，资源开发投资有限公司为保证四子王旗城镇建筑用砂、三峡风电项目用砂及中四线道路修建用砂，委托内蒙古正岳商贸有限公司对三条河道用砂进行勘探。重新规划了三条河道，分别是大黑河—白彦脑包河、红格尔—乌古图高勒河、库伦图—大清河。

【销售工作】 2020年，资源开发投资有限公司按照采砂规划进行开采，销售毛砂27842.37立方米，其中农区销售毛砂8876立方米、牧区销售毛砂18965立方米，销售总收入581620元。

（孟晓峰）

智赢扶投资产管理有限公司

【领导名录】
董事长兼总经理：张培忠（2020年6月任职）
副总经理：邢兰军（2020年6月任职）
张　毅（2020年6月任职）

【概况】 四子王旗智赢扶投资产管理有限公司（简称旗扶投公司）经旗委、政府批准于2020年5月18日正式成立。公司下设综合部、项目部、风险防控部。

【项目经费】 2020年，旗扶投公司收到扶贫办拨入资金151499687.47元。其中：中央扶贫资金39530000元、京蒙扶贫协作资金41370000元、自治区扶贫资金33570000元、整合部门资金13663400元、盘活存量资金13980000元、彩票公益金3570000元、项目前期费1000000元、嘎查村集体经济收益769400元、光伏电站收益金4046887.47元；已拨付项目资金114333808元；结余37165879.47元；收到项目资金收益金910750元。

【扶持赛诺公司肉羊产业】 2020年，旗扶投公司投入内蒙古赛诺种羊科技有限公司扶贫资金共计7235万元（其中京蒙帮扶资金4025万元，其他扶贫资金3210万元）。杜蒙肉羊育肥场投入资金3000万元。建设羊舍9栋，投入2328万元。截至年底，已完成6栋（其中育肥羊舍3栋，建筑面积共计4862平方米、活畜交易羊舍3栋，建筑面积共计6600平方米）；完成活畜交易配套生产用房3座，建筑面积共计516平方米；完成配套草料库2座，建筑面积共计2975平方米；完成配套蓄水池1座，建筑面积共计800立方米。工程项目内还有其他投资部分工程在年底前未完成，待工程全部完工进行验收，同时聘用第三方中介机构评估完成后进行资产回购。内蒙古赛诺种羊科技有限公司高效肉羊整村推进项目，旗扶投公司投入资金2765万元（其中京蒙帮扶资金2025万元，其他扶贫资金740万元）。该项目主要围绕易地搬迁新村巩固肉羊养殖后续产业，利用扶贫资金购买杜蒙高繁母羊，发展四子王旗高效肉羊产业，以整村推进建立示范村、示范户的形式，开展杜蒙二元、杜蒙萨三元杂交肉羊生产模式。截至年底，项目已回收优质杜蒙（寒）羊2.2万只，选育投放3529只，覆盖四子王旗境内供济堂、库伦图、红格尔、东八号等8个乡镇，100余个村庄。实施过程中，带动贫困户40户，举办各种类型不同规模培训会97场，共计培训3616人次。内蒙古赛诺种羊科技有限公司杜蒙肉羊提质增效工程建设项目，总投资1169万元，其中种羊科技服务站建设投资425万元、科技服务站运营资金投入720万元、征地费24万元。该项目拟建设肉羊星级科技服务站1个（包含3栋养殖羊舍和1座配套生产用房）。截至年底，已完成2栋养殖羊舍建设，共2400平方米，1座配套生产用房建设，建筑面积286平方米。已拨付企业720万元用于采购母羊及饲草料。截至年底，已取得项目收益金910750元。

【扶持中加公司马铃薯产业】 2020年，旗扶投公司投入内蒙古中加农业生物科技有限公司马铃薯提质增效产业扶贫项目资金，投入资金3374万元；项目内容包括新品种选育与示范推广8项；解决影响区域内马铃薯种薯生产种植过程中的关键技术8项；增加组培苗200万株；增加原原种300万粒；增加大田种薯种植面积5806余亩；增加种薯“订单回购”模式2000亩。四子王旗通过扩大马铃薯种薯生产规模，增加土地流转及用工。中加公司为农户采用“统一提供种薯、统一技术流程、统一质量把控、统一价格回购、统一仓储销售、分户经营”的订单回购模式，带动四子王旗马铃薯种植户及相关从业者增收致富。其中，带动建档立卡受益贫困人口数达60人。

【扶持专业合作社】 2020年，旗扶投公司投入四子王旗现代生态观光农业种植专业合作社450万元。用于种养殖、园林、花卉、苗木引进推广；投入观光“农家乐”旅游基础设施建设生态产业扶贫项目资金450万元。1—10月完成室外经济林种植105亩。合作社安排贫困户劳务工作36人，季节性用工达到101人。

【肉牛肉羊深加工项目】 2020年，旗扶投公司投入民贸公司购屠宰车间机械设备2609.3227万元（其中低压成套配电柜157.38万元，制冷设备及电蒸汽锅炉1168.8977万元，屠宰工艺设备1214.045万元，化验室设备69万元）。

【景欣公司的农业产能提升项目】 旗扶投公司投入景欣公司的农业产能提升项目涉及5个乡镇6个行政村。村集体资金投入750万元，其中中央及自治区专项资金600万元、市级配套75万元、旗级配套75万元，项目暂用景欣公司瓜子原材料为抵押物，一年内按投资额年利率5%收取收益金，待项目建成后，投入村集体经济资金的抵押物将变更为新建成的固定资产，同时变更原有抵押手续。

【到户类项目】 内蒙古中峰农业科技有限责任公司肉牛托管项目涉及库伦图镇、忽鸡图乡、江岸苏木、东八号乡、大黑河乡、查干补力格苏木，并与内蒙古中峰农业科技有限责任公司签订了托养协议，共计托养基础母牛891头。2020年12月1日，旗扶投公司对内蒙古中峰农业科技有限责任公司肉牛托养存栏数量进行清点，共有肉牛251头（其中公牛3头、母牛166头、牛犊82头）；大戈壁公司肉牛托养项目，涉及乌兰花镇、供济堂镇、吉生太镇、脑木更苏木、红格尔苏木、巴音敖包苏木，并与大戈壁公司签订了托养协议，共计托养基础母牛1488头。

【建设光伏扶贫电站】 四子王旗按照乌发改能源字（2017）552号文件精神，由市政府整合相关旗县指标，在化德县录义村集中建设光伏扶贫电站，总规模为3.9675万千瓦，其中四子王旗扶投公司注入资本金191.14万元，分配光伏发电指标0.2775万千瓦，年收益33.3万元，收益直接精准到户，带动贫困户111户，连续受益20年，2020年补贴资金已经通过“一卡通”全部到户；2020年，在红格尔嘎查联建设联村电站。资产归78个建档立卡贫困村所有，按联建村贫困人口比例确权，截至年底，实现收益8970555.29元。

【公益类项目】 旗扶投公司在5个乡镇的非贫困村建设公共卫生厕所224座（其中乌兰花镇54座，大黑河乡8座，东八号乡44座，吉生太48座，忽鸡图乡70座），计划投入资金989.8万元。年底前，已建成224座厕所，拨付施工方740万元，剩余资金待项目全部验收合格评审后一次性拨付。旗扶投公司在东八号乡梧桐不浪村河道治理工程计划投资350.14万元（其中建筑工程312.58万元、施工临时工程8.77万元、独立费用28.79万元），资金来源为2020年专项彩票公益金支持革命老区脱贫攻坚资金，年底，项目除险加固工程量完成0.85公里，拨付施工方280万元，剩余资金待项目全部验收合格评审后一次性拨付。供济堂镇后房子防洪工程，项目总投资210万元，项目资金来源为涉农涉牧整合资金。年底前，工程已完成小流域治理长度490米，治理面积6000平方米，已拨付施工方134万元，剩余资金待项目全部验收合格评审后一次性拨付。旗扶投公司受旗扶贫办委托，投资内蒙古北国兴农农牧业科技股份有限公司抗灾救灾母羊精补料采购项目。由内蒙古北国兴农农牧业科技股份有限公司作为供货方。共计采购母羊精补料600吨，投入资金228万元。首批救灾饲料已经发放到位，涉及4个苏木，共计363吨，剩余救灾饲料年底前发放完毕。

【风险评估】 旗扶投公司联合财政、扶贫办委托内蒙古安立信会计师事务所对25家实施村集体项目单位（其中企业9家、合作社13家、村集体3个）进行风险评估，并出具公证书。定期对各项目进行事中监管，每月深入企业进行财务状况检查，对正在实施的项目进展情况进行监督，对企业生产经营情况开展调研。公司成立半年来，完成了扶贫项目的实时动态监管。

配合完成自治区、市扶贫办、旗财政局、第三方中介机构的考评验收、专项检查工作。

内蒙古中加农业生物科技有限公司

【领导名录】
董事长（总经理）：秦国华
副总经理：李江海
　　　　　胡　俊
　　　　　刘广金
财务总监：张守义
总　　监：李　军
研发技术中心总监：吕文霞（女）

【概况】 内蒙古中加农业生物科技有限公司（简称中加公司）成立于2011年6月，注册资金1.16亿元，已完成投资4.24亿元，位于乌兰察布市四子王旗东八号乡，有员工120余人，是自治区和乌兰察布市全力打造的“中国薯都”核心区企业。公司获得“农业产业化国家重点龙头企业”“高新技术企业”“自治区扶贫重点龙头企业”以及自治区“草原英才创新人才团队”等多项荣誉称号。其产品不仅通过了ISO 9001质量体系认证，而且荣获了国家科学技术市场“金桥奖”、马铃薯黑痣病综合防治技术研究与应用推广自治区农牧业丰收奖一等奖、乌兰察布市“市长质量奖”等多个奖项。

【功能型区域】 2020年，公司由1个研发中心和5个功能型区域组成，园区占地657亩，总建筑面积20余万平方米；建有3000平方米的研发中心，5000平方米的马铃薯脱毒组培中心，2600平方米的智能温室，年生产脱毒苗6500万株、原原种1亿粒；配套现代种薯种植农场5万亩，年生产原种3万吨，合格种薯7万吨；建有马铃薯智能仓储库5座，总仓储能力达9万吨。公司的种薯已销往山东、山西、广东、广西等全国20多个省市自治区。

【生产情况】 2020年，生产的脱毒苗共10048462万株。原原种生产部生产原原种共使用了温室25座、网棚96座，共计生产原原种18945500粒。大田种薯生产面积为12816亩，其中，原种制种面积为6388亩，一级种制种面积为4557亩，共划分为16个生产农场，有4个农场为公司自有农场，12个农场为合作农场。收获合格种薯入库净重为31146吨，扣杂3996吨，有效净重为27150吨，原种净重为15750吨，一级种净重为11400吨。

【销售情况】 2020年，累计销售量合计3.2万吨，销售收入9105.3万元，净利润631.15万元。

【合作】 2020年，公司与中国农业科学院、内蒙古农业大学等多家科研机构、院校结成战略联盟，是世界上最大的马铃薯种薯育种企业荷兰公司在中国唯一的战略合作伙伴，也是美国百事、蓝威斯顿、辛普劳等公司薯片薯条专用种薯的供应商。公司拥有种质资源500多份，获批自主专利11项，中加1号、中加2号、中加7、中加16、中加28、中加33先后取得登记证书。

【脱贫攻坚】 中加公司与四子王旗1500余户贫困户建立了长久稳定的利益联结机制，助力地方脱贫攻坚。

（李军）

内蒙古赛诺种羊科技有限公司

【领导名录】
董 事 长：李俊龙
执行总经理：冯　虎
副总经理：黄健林
　　　　　付东阳
财务总监：林雪峰

【概况】 内蒙古赛诺种羊科技有限公司（简称

赛诺公司）成立于1997年，总部设在四子王旗乌兰花镇。赛诺公司是一家集羊的育种、繁育、推广与技术服务为一体的现代种业企业，是首批国家肉羊核心育种场、国家高新技术企业，内蒙古自治区农牧业产业化重点龙头企业和内蒙古自治区扶贫龙头企业。公司注册资金3000万元，总资产2.04亿元。有杜泊羊、萨福克羊、萨能奶山羊等8个品种，具备每年15万枚胚胎、8万只种羊生产能力。每年向全国20多个省市提供优质种羊及标准化技术服务。近年，公司致力于羊的育种、繁殖技术和生产模式的研发与实践，在生产中推广应用，通过实施“羊产业三部升级推广应用模式”，实现农牧民增收和草原生态恢复。赛诺公司与中国农业大学、农业农村部肉羊遗传育种重点实验室、内蒙古大学、内蒙古农业大学、内蒙古农业科学院、南非杜泊羊协会等国外单位建立了长期有效的合作关系。保证公司在经营理念、技术研发等方面保持与世界领先技术同步。为羊优良品种培育、繁育提供技术保障。公司内设杜蒙肉羊产业园、销售部、财务部、项目部、工程部、党政工团、综合管理部、大宗物资采购、活体采购、推广部、兴安盟分公司、养殖部、技术部、育种部、活畜交易、育肥场、人力资源组、数据分析组、牧民学校、种羊园区、特培场。2020年12月，赛诺公司牵头完成的“良种肉羊繁育技术研究推广与产业化模式示范”项目，荣获农牧业丰收奖一等奖。

【育种工作】 2019年，内蒙古赛诺种羊科技有限公司牵头起草《杜蒙羊》地方标准发布，编号为（DB15/T 1770—2019）；赛诺公司与乌兰察布市畜牧工作站共同起草《杜蒙羊场建设技术规程》地方标准发布（DB15/T 1971—2020）；赛诺公司与乌兰察布市畜牧工作站共同起草《羊人工授精站建设技术规程》地方标准发布（DB15/T 1970—2020）；赛诺公司与乌兰察布市畜牧工作站共同起草《绵羊人工授精及同期发情技术操作规程》地方标准发布（DB15/T 1969—2020）；赛诺公司与乌兰察布市畜牧工作站共同起草《杜蒙、杜寒羊杂交改良技术规程》地方标准发布（DB15/T 1968—2020）。

【发挥龙头企业作用】 2020年，赛诺公司持续运用以良种为核心的“羊产业三步升级推广应用模式”，配套八统一服务管理。开展肉羊高效养殖模式培训。在模式推广过程中，由简入难，引导农牧民接受新技术，实现由传统落后养羊方式向现代化生态型高效养羊方式转变。2020年，赛诺公司在全区广泛应用年产杜蒙肉羊140万只。四子王旗作为核心区，年产杜蒙肉羊70万只，每只平均增收300元，每年带动农牧民增收2.1亿元以上。2020年，赛诺公司已推广萨杜蒙三元杂交合作户300余户，年产杜蒙肉羊10万只，每只羊平均增收1500元，每年带动农牧民增收1.5亿元以上。通过推广牧区草地畜牧业，农区农田科学利用措施和萨杜蒙三元杂交配套系相结合，户均增收20万元以上。2020年，赛诺公司配备的繁育、生物、营养、动保专业技术人员持续为客户提供指导和咨询服务。赛诺公司通过“服务协作、技能培训”模式，针对肉羊生产合作户、创业致富带头人、农牧民养殖户（贫困户）等，开展肉羊高效繁育技术、标准化饲养管理技术、疫病防控技术、涉农产业政策导读等“肉羊高效养殖技能提升培训会”100余场，培训农牧民3104人次。

【产业扶贫】 2020年，赛诺继续探索产业扶贫发展新模式，以项目扶持、龙头企业带动、利益联合机制确立为抓手，实现了产业振兴和农牧民脱贫双丰收。通过种羊投放模式，带动贫困户1581户；通过整村推进模式，覆盖81个新村，带动贫困户449户；通过母羊银行模式带动贫困户127户；通过资产收益模式带动贫困户1000户；通过托管代养模式带动贫困户181户。

（闫丽霞）

景欣农业股份有限公司

【领导名录】

董事长：史锦歆

总经理：丁云英

副总经理：史锦荣

副总经理：高志强

财务总监：张凯宏

生产经理：李岐鸣

【概况】 四子王旗景欣农业股份有限公司（简称景欣公司），成立于2014年12月，厂区位于四子王旗乌兰花镇政北西路轻工业园区，是一家以四子王葵花籽种植、加工、销售为主营业务的股份制企业，公司总占地面积27529平方米，注册资金2519万元，资产总额6347万元。公司有员工71人，其中技术人员12人。公司以四子王葵花籽注册“鹦鹉世家”品牌瓜子为特色加工生产的主要产品有原味瓜子、生脆味瓜子、焦糖味瓜子、五香味瓜子、山核桃味瓜子。产品原料均来自四子王旗当地农民种植的葵花籽，有机绿色无污染。景欣农业股份有限公司连续获得了乌兰察布市扶贫龙头企业、巾帼脱贫示范基地、帮扶村集体经济发展先进单位、内蒙古自治区扶贫龙头企业、内蒙古自治区农牧业产业化重点龙头企业、乌兰察布市农牧业产业化重点龙头企业以及农业农村部授予百名优秀学员扶贫先锋等荣誉。2020年公司主营业务收入3229万元。

【产品研发及销售】 2020年，景欣公司先后研发生产了海盐味瓜子、红枣味瓜子、蓝莓味瓜子、荔枝味瓜子等新口味。在产品销售受到新冠疫情影响的情况下，出口创汇826.5万元。

【助力产业扶贫】 2020年景欣农业股份有限公司给四子王旗江岸苏木、吉生太乡、忽鸡图乡、供济堂镇、库伦图乡、乌兰花镇的12个村民委员会村集体经济分红，景欣公司继续带动建档立卡贫困户333户增加收入，安排建档立卡贫困户10人就业，公司支付贫困户工资总额26.4万元。

【领导视察或调研】 2020年内蒙古自治区党委副书记、政法委书记林少春，内蒙古自治区党委书记、自治区人大常委会主任石泰峰到景欣农业股份有限公司参观视察疫情防控期间企业复工复产情况。

（张丽芳）

通信　邮政

中国联通四子王旗分公司

【领导名录】

总 经 理：赵　云

副总经理：田永胜

【概况】 中国联通四子王旗分公司（简称旗联通公司）作为四子王旗第一家通信运营商最早实行网格化管理。内部设置有综合支撑中心、维护单元、渠道网格、综合网格、集团网格，商企网格，设有3个乡镇支局（东八号支局、白乃庙支局、大庙支局），3个营业厅（新华街营业厅、建国路营业厅、统建路营业厅）。2020年，完成“嫦娥五号返回器”回收通信保障任务。

【市场方面】 2020年，旗联通公司完成收入3004.46万元。移动网（包括3G、4G、5G）出账用户47280户，新增用户-549户。固网出账用户1854户，新增用户-373户，宽带（包括专线、IPTV）出账用户12949户，新增476户。

【建设维护】 2020年，旗联通公司运维全成本预算完成375.7万元，预算完成率91.71%。自主实施31项自营自建工程（包括6处新建优化站线路自主实施、配套自主实施，7处农牧区乡镇光改自营建设）。旗联通公司本着共建共享的节约投资原则，协调促成了新区宽高中学、输变电管理处、民生小区、中蒙医院新建管道2.9公里与原管道的沟通到达，并已投入使用。完成了6处城域网主干光交1080纤芯扩建；完成一干1处河道下放，二干3公里、接入网近9公里防鸟啄红缆更换项目；完成1处水毁线路整修；完成区域内近30处老旧杆路倒伏倾斜整修；完成2处出让平房区域杆路迁改拆旧；完成利旧PON设备开通单位语音及智慧酒店业务10余台套，利旧SDH、IPRAN开通集客专线业务12处，新装利旧蓄电池开关电源11台套；配合落地完成电子政务网、智能城域网、审批中心ICT、医院等创新业务和传输系统建设调试项目，旗联通公司全程参与方案制定实施，后期维护交付。自建或指导三方完成5处近30栋住宅楼宇接入开通。

【网络专项优化】 旗联通公司在公司部署GL900M网络改造后，开展了2次“3G、4G网络专项优化”拉网优化工作。专人对接NPS调查，申投诉，贬损用户修复。问题任务分配落格落人后，第一时间实时回复用户，固网问题实时解决。移网问题，对投诉引导的6处镇内重叠覆盖区域，邀请网优工程师进行参调天调。宽带网网业协同，结合智家组网智服A、B套餐，配置相应达量奖励。推进降光，改组播，端网匹配专项工作，公众装维修交付规范。

【新建项目】 旗联通公司在投资预算紧张的情况下，精准投建完成交警队、中加公司、泰和小区、输变电管理处、电业局、双文明小区、乌兰二期、富康小区等镇内弱覆盖区域建站，新建3G站10处，2G退网补盲3处；GU升UL22处，FDD小区扩容12处，上脑包等3G叠4G5处。增加无线网络覆盖范围。开通5G站3处，在建以建代租1处。

（中国联通四子王旗分公司）

中国移动四子王旗分公司

【领导名录】

总 经 理：李耀中

副总经理：梁利平

【概况】 中国移动通信集团内蒙古有限公司乌兰察布分公司四子王旗分公司（简称四子王旗移动公司），内设两个支撑组，分别为市场综合支撑组、网络支撑组；拥有1家移动自营厅、19家移动合作厅、5家泛渠道。公司有职员48人，其中，合同制用工42人，劳务派遣制用工6人。2020年，四子王旗移动公司开展生产经营工作、加强基础通信建设、提升网络质量，依法纳税，主动承担重大社会责任，助力脱贫攻坚。

【经营情况】 2020年，四子王旗移动公司在网客户数9.8万户。5G客户数13414户，权益联盟商户成功入驻商25户，均达成合作关系；“toH”家庭市场宽带在网客户10750户。2020年开展网络优化专项行动，提高各类场景网络质量。

【宽带业务】 四子王旗移动公司在旗委、旗政府的正确领导下，紧紧围绕上级公司年初会议精神，截至2020年建设城区覆盖及正常使用宽带的小区累计96个，农村有线宽带建设11个行政村，农村无线宽带建设28个站点。

【网络建设】 四子王旗移动公司开展网络传输承载能力建设。建设中国移动国际、政企专用传输系统，升级了国际、跨省集客业务承载能力。在满足当下网络需求的同时，制定出长远发展规划，保障长远发展和未来竞争优势，实现网络对市场的有力支撑。2020年四子王旗移动公司新增5G基站4个，累计移动基站达204个，全旗移动网络覆盖范围达到87%，实现城区主街道区域和各集镇4G网络全覆盖。

中国电信四子王旗分公司

【领导名录】

总 经 理：乔永利

副总经理：薛利荣（女）

【概况】 中国电信股份有限公司四子王旗分公司（简称电信公司）成立于2008年10月，2020年度，中国电信四子王旗分公司紧紧围绕“5G发展”这一工作主线，以5G移动业务、宽带业务、DICT业务、云业务以及各种行业应用为基础，重点做好“内强素质、外树形象”的基础管理工作。中国电信四子王旗分公司移动用户达到1.2万户，新增手机用户中，80%以上用户为5G用户，用户应用的感知度良好。全旗电信宽带用户达0.5万户，电信公司响应国家号召，提速降费，镇内所有小区均实现FTTH光覆盖，入户网速均在200兆以上。此外，中国电信云存储、云监控等一系列云业务也在四子王旗部分党政机关、医疗卫生、校园、厂矿企业、个体工商户、家庭等场所得到了较为广泛的应用。

【光网覆盖和5G基站】 2020年，电信公司按照中国电信“宽带中国，光网城市”和“5G业务”发展的战略和建设目标，2008年后，在镇内城区通过光网建设，FTTH 已覆盖各个小区和楼盘，全部实现了 200M 高速宽带接入。电信 4G 网络已经覆盖全旗 80% 以上乡镇和规模较大的自然村以上区域，国道和省道基本实现全程覆盖。建设 5G 基站，通过与中国联通共建共享，已开通四子王旗公安局基站。计划在 2020 年底，在镇内再开通 5 个 5G 基站。

【新农村信息化水平】 2020 年，电信公司进行农村通信基础设施建设，发展“农宽通”，建设“村村通宽带”工程。年底，四子王旗电信分公司已覆盖了东八号、大黑河、乌兰花 3 个乡镇，13 个自然村近千户农民，基本满足农牧民对无线视频监控、宽带、TV 等通信功能的需求。

四子王旗邮政分公司

【领导名录】

总 经 理：荆　宇（2020 年 3 月任职）

副总经理：韩文平

【概况】 四子王旗邮政分局隶属乌兰察布市邮政局和当地政府双重领导。四子王旗邮政分公司内设综合办公室、市场营销部。下设代理金融业务中心、文化传媒中心、渠道平台业务中心。在各乡镇设立 12 个普服营业网点。实现电子化网点有 5 个（东八号邮政所、供济堂邮政所、大黑河邮政所、吉生太邮政所、白音敖巴邮政所）。截至 2020 年底，邮政分公司开通乌兰花到乡镇邮路 12 条，其中第三方直通邮路 6 条、呼运集团乌兰花汽车站委办邮路 6 条。旗到乡镇投递频次每周五次，投递范围覆盖全旗 122 个嘎查村，每月投递里程 20500 公里。其中 11 个行政村雇用投递员 11 名，每周投递 5 次（乡镇政府驻地），8 个行政村每周投递 3 次、79 个村每周投递 2 次、24 个行政村每周投递 1 次。党报党刊、信件按照投递班期、频次投递到行政村、嘎查。5 公斤以下包裹直投到行政村，投递员电话联系收件人领取，要求收件人自取的邮件投递员建立了存局候领登记簿，以备查找。2020 年，四子王旗邮政分公司金融业务作为全局业务发展的重中之重，通过外抓客户，内抓绩效，在“首季开门红”竞赛活动中，储蓄余额新增 3191 万元，完成首季开门红新增目标 1500 万元的 212%，为全年代理金融发展打下了良好基础。截至 12 月底，全年新增储蓄余额 6622 万元，保险保费新增 796 万元。邮政局紧紧抓住金融业务发展旺季，将储蓄业务做大做实；2020 年，邮政分局以项目建设为抓手，扩大进驻政务大厅业务种类，做好票务、保险、检测等商务客户的开发；扩大冷鲜肉寄递业务，完善配套寄递用品；合理规划揽投员揽投程序，做好业务资金回收工作。邮政分局为了提高短信加办率，加大业务督导力度，对于发展较差的邮政支局每天通过电话进行调度，每月定期下到支局进行督导和业务指导。发挥窗口营业员“多说一句话”的宣传和解释力度，利用激励机制调动窗口营业人员的积极性。2020 年，邮政分局组建党员突击队，上门揽收包装协议客户邮件 8000 多件。邮政分局参与精准扶贫工作，参与新冠肺炎疫情阻击战。

【业务收入】 2020 年，四子王旗邮政分公司累计完成业务收入 983.3 万元，同比增幅 14.39%，完成年计划 939 万元的 104.07%。收入绝对值超 44.3 万元。

【代理金融类业务】 2020 年，四子王旗邮政分公司代理金融类业务累计完成业务收入 715.08 万元，同比增幅 10.27%，完成年预算 677 万元的 105.62%，收入绝对值超进度 38.08 万元。

【寄递业务】 2020 年，四子王旗邮政分公司寄递业务累计收入 97.08 万元，同比增幅 80.06%，完成年预算 70 万元的 138.68%，收入绝对值超收 27.08 万元。

【邮政业务】 2020 年，四子王旗邮政分公司全年收入预算完成情况，代理储蓄、寄递业务、集邮拉动了全年业务收入的超额完成，邮务类业务函件、增值、报刊业务均未达到预算进度。上述三项业务造成了全年约28.86万元的收入缺口。

交 通

四子王旗交通运输局

【领导名录】

局　长：赵　峰

副局长：段志刚

　　　　王　茂

交通运输综合行政执法大队

大队长：王旭东（6月任职）

【概况】 2020年，四子王旗交通运输局机构设置有内设机构6个，分别为综合办公室、计划财务股、规划建设股、运输管理股（行政审批股）、质量监督管理办公室、安全监督管理办公室；二级单位4个，分别为四子王旗农村牧区公路保障服务中心、四子王旗交通运输综合行政执法大队、四子王旗兴畅农村公路项目管理有限公司、四子王旗邮政业发展服务中心。旗交通运输局机关行政编制9名。设局长1名、副局长2名。2020年，四子王旗交通运输局成立质量监督小组，督促施工单位从严执行政府行政许可、工程招投标、合同管理、工程监理等制度；综合行政执法大队针对非法营运行为，上路巡查，形成有效震慑，通过远程监控，实行智能化管理，随时了解掌握公路运输状况，农村公路超限超载问题得到治理。整顿清理公路控制区的管理和非公路标志标牌，开展公路沿线环境治理。2020年，动员干部职工开展疫情防控工作。

【干线公路建设工程】 2020年，四子王旗交通局完成国道331线（艾勒格庙—乌华敖包段）二级公路建设项目。建设总投资7.83亿元。公路全长112.5公里，全线设计大桥1座、中桥完成下部结构工程2座、完成159道管涵主体工程，10月底全线建成通车；完成投资3000万元国道335线（黄家滩—苏计段）5.5公里二级公路，已建成通车。

【农村公路建设工程】 四子王旗交通局建设格根塔拉—红格尔苏木三级公路改造工程32.165公里，建设投资3448.89万元，6月中旬完成招投标，7月初施工单位进场开工，年底完成路基工程，计划2021年10月底通车。完成公路养护设项目5个72公里，包括C027乌兰花至郑家滩工程2.791公里、X580乌兰花至大红山工程41.198公里、C004头号至长胜梁、S014S101线至王府、白乃庙至乌兰哈达。农村公路生命安防工程有乡道1项Y016三元井—苏计营盘16.3公里，村道5项38公里。交通局完成北库伦至朝克文都14.265公里“油返砂”工程，完成346公里农村公路沥青路灌缝工程，完成全旗农村公路水毁工程。2020年11月通过自治区交通运输厅等5个部门的检查验收。

年底，交通局被评为自治区“四好农村路”示范旗县。

【城乡客运一体化建设】 2020年，四子王旗交通运输局新建、扩建、改建的公路项目均与农村客运站点同步设计、同步建设、同步交付使用。并统筹安排了已通班车建制村客运站（招呼站）点、城市公交站点的布局，使各种道路运输方式有效衔接。落实农村客运班线公交化运营、增加客车停靠站点、电召预约通班线客车，共计延伸站点26个，设立预约站点38个，实现“公路通、客车通”的总体工作计划，建成全旗建制村全部通客车的工作目标。

【道路客运管理】 2020年，四子王旗交通运输局针对重点、热点线路组织检查，打击未经许可擅自从事道路旅客运输经营行为，年内出动执法人员632人次，出动执法车辆311台次，检查车辆427台次，查处黑车13台次。

【道路运输市场安全监管】 2020年，四子王旗交通运输局对超长客运车辆的动态监管，客运企业卫星定位系统监管平台实行24小时值班，详细做好监控情况记录。及时发现并纠正驾驶员在旅客运输途中发生的违章操作行为；严查违章行为，稽查队定期上路检查，特别是对在农村客运班车进行重点排查，对营运车辆加强例检工作，杜绝违章经营。

【道路运输管理】 2020年，四子王旗交通运输局开展旅客运输、货物运输、客货运站场、机动车维修、驾驶员培训等市场的专项清理整顿活动，全年共出动稽查人员976人次，出动执法车辆311辆次，查验各类营运车辆1358台次，查处各类违法违章经营行为79起。

【道路运输】 2020年，四子王旗交通运输局共完成客运量28.34万人，客运周转量2951.33万人公里；完成货运量177.92万吨，货运周转量12951.65万吨公里。

【春运工作】 2020年，四子王旗春运自1月8日开始，至2月18日结束，共40天。共投入客运车辆56辆，运送旅客0.51万人次。由于受新型冠状病毒感染的肺炎疫情影响，1月27日至2月18日，呼运（集团）乌兰花汽车站关闭，客运班车全线停运。

【营运车辆审验】 2020年，四子王旗交通运输局全年审验客运班车14辆、营运货车246辆、出租汽车231辆。

（李敏）

四子王旗交通运输管理处

【领导名录】

所　长：高丛宝
书　记：姚永旺
副所长：王永胜
　　　　胡　凯

【概况】 乌兰察布市四子王交通运输管理所（简称运管所）隶属于乌兰察布市交通运输管理处，为全额拨款的事业单位，在职职工19人。内设综合办公室、财务室、业务股、稽查一队、稽查二队、驻乌兰花汽车站客运管理办公室等股室。2020年，运管所在市交通运输主管部门、旗委、政府和旗交通主管部门的领导下，以培育发展道路运输市场为中心，以行业安全监管为重点，全所干部职工同心同德，较好地完成了各项工作任务。从1月31日至3月22日，运管所日出动运政工作人员12人次，公务车辆2台次，执行道路运输关卡执勤，为道路运输车辆消毒，整治非法营运，维护疫情防控期间辖区道路运输市场秩序。按照旗疫情防控指挥部的安排完成了对居民小区实施的联防联控包联工作。

【运输生产力】 至2020年11月底，全旗有道路运输业户251家。其中，出租车企业1家，货运企业4家（危险货物运输企业2家、普通货物运输企业2家），个体货运业户246家；道路运输相关业务经营业户80家，其中汽车客运站（二级）1家，机动车维修企业户77家（其中二类2家、三类及摩托车维修业户75家），驾校2家。全旗有营运车辆562辆，其中客车14辆、货车246辆、出租汽车231辆、教练车71辆；客运班线19条，其中省际班线1条、市际班线3条、旗县际班线1条、旗内客运班线14条。全旗有道路运输从业人员共计750余人。

【长途汽车站关闭】 2020年，受疫情影响，长途汽车站关闭，客运班车、出租汽车和公交车辆停运等特殊情况使道路运输生产受到严重冲击，经调查了解，旅客运输企业经济效益与去年同期相比下降了70%左右，企业经营经受空前困难，举步维艰。

【道路运输市场监管】 2020年，运管所持续开展打黑治违活动，查处黑车非法营运，落实道路运输管理机构职能。针对重点、热点线路组织检查，打击各种非法运输车辆及营运车辆超载等违法行为，到年底没有发生交通安全监管责任事故。年出动执法人员632人次，出动执法车辆311台次，检查车辆427台次，查处黑车13台次，纠正其他违规经营行为153次，货运巡查32次。

【道路运输源头安全监管】 2020年，运管所安全管理不断完善工作机制和制度，安全责任制层层落实，对运输企业、增强从业人员的管控能力不断加强；督促客运站、出租汽车公司定期召开安全工作例会，分析安全形势，解决工作中存在的问题；及时通报全国及周边出现的各种重大交通事故，举一反三，在全行业开展安全教育、检查、整治行动；客运站加强了安全工作的检查、监督，驻站人员协同企业管理人员严格执行“三把关、一监督”“三不进站、六不出站”等规定，落实“谁检查，谁负责、谁签字，谁负责”的安全责任追究制度，同时加强了对站内车辆及外地配载车辆的“三品”检查；在落实责任、健全机构的基础上，运管所把各类专项整治工作和隐患排查治理工作有机结合起来，督促企业全方位落实安全措施和制度，排查整治安全隐患不留死角；坚持科技兴安的工作思路，加强对超长客运车辆的动态监管，客运企业卫星定位系统监管平台实行24小时值班，详细做好监控情况记录，及时发现并纠正驾驶员在旅客运输途中发生的违章操作行为；加强路面监控，严查违章行为，稽查队定期上路检查，特别是对在农村客运班车进行着重排查，督促经营者加强例检、例保工作，杜绝违章经营。

【强化安全生产监管】 2020年，运管所根据各级政府和交通主管部门的部署，围绕“平安交通”建设和“安全生产月”专项活动，始终坚持“安全第一、预防为主、综合治理”的工作原则，建立健全安全生产长效机制，遏制重特大事故的发生。6月是第19个“安全生产月”，运管所成立组织领导机构、制定了实施方案，组织全行业积极开展各具特色的宣传教育活动。运管所进行了跟踪督导，落实考核，确保“安全生产月”活动深入普及开展。6月16日，运管所干部职工与各道路交通运输企业负责人参加了旗政府在政府广场举行主题为“消除事故隐患、筑牢安全防线”的大型宣传咨询活动，此次活动中运管所发放宣传品600份，向群众集中宣传交通安全、危险化学品运输、运输行业消防等方面的法律法规和安全知识。

运管所组织乌兰花汽车站、内蒙古永和氟化工有限公司物流部、九洲公司、驾校、汽修等企业开展专项安全生产应急预案演练，提升从业人员应急处置能力。“安全生产万里行”与

“安全生产月”活动同步启动，于年底结束，运管所坚持每月至少一次深入道路交通运输企业开展重点领域安全生产监督检查，并督促整改落实。

（运管所）

乌赛国防公路养护管理分局

【领导名录】

局　长：周宏俊

书　记：白雪峰

副局长：邢日昇

【概况】 乌兰察布市管理局乌赛分局（简称乌赛分局）成立于1995年底，2020年有干部、职工44名。辖内管理养护G209线长159公里。分局下设2个管理站、1个应急抢险突击队。为了提升分局应急抢险能力，配备机械有皮卡车3辆、农用车3辆、装载机3台、平地机1台、斯太尔1台、抛雪机1台。2020年，乌赛分局在市公路管理局的领导和支持下，以迎接全国公路检查为契机，以提升路况、保障安全、优化服务、夯实基础为工作重点，较好完成各项工作任务。在全体干部职工共同努力下，完成疫情防控检查点减速带设置任务，完成封堵进入乌兰花镇部分道口任务，积极做好包联小区的疫情防控工作，全力做好疫情防控期间的公路保通工作。

【备战国检】 2020年，乌赛分局迎来五年一度的全国公路检评。根据市公路管理局的指示精神，全力开展迎接国检准备工作。成立了迎检领导小组；按期完成路面、路基、桥梁病害修复，标志标识补缺以及路容路貌改善等既定养护任务；对分局、管理站和服务区的内务、办公设施进行完善；对管理站房屋、院墙重新粉刷，各种上墙图表制作齐全、统一、规范；组织工作人员对分局五年来的内部资料进行系统梳理，并结合市管理局集中检查提出的整改意见进行了整改；制订详细的工作计划，倒排时间，做到每一个环节、每一项任务都落实到具体责任人，不留死角，限时保质完成。

【公路养护】 2020年，乌赛分局以日常养护和小修保养为基础，以病害及时处治为重点，开展路面定期清扫，公路日常巡查，附属设施维护，沿线杂草清除等一系列日常养护和小修保养工作。截至年底，共计完成热沥青灌缝22.5万延米，贴缝带贴缝12万延米，热沥青拌合料二级路段共挖补坑槽424.5平方米，坑槽厚度4厘米，一级路段共修补坑槽2735.8平方米，坑槽厚度6厘米；冷补料补坑槽1000多平方米，补缺标志牌3块，补缺里程碑4块，砌体维修94.4立方米，抹面1034.1平方米；乌赛分局组织工作人员进行道路边沟清理、防护设施完善、路面保洁养护等工作。

【完善公路安保设施】 2020年，乌赛分局针对G209线一级公路段穿村路段多、平交道口多，二级公路段坡道弯道多的实际情况，为了预防该线交通事故频发的状况，改善该线的安全通行情况，乌赛分局按照“防治结合、突出重点”的原则，以补缺、增设、维护、更新交通标识为基础，实施路段安保工程，整治事故多发路段。截至年底，完成整治安全隐患点8个，设置减速标线504.8平方米，划行车道实线407.51平方米，增设警示牌15块、爆闪灯1套、防撞桶2个。为保证安全设施的完好，分局分两次（春节前和7月底）对沿线安保设施进行普查，并更换缺失、损坏的设备设施。两次共更换爆闪灯82台、标识牌2块、慢行灯7台，更换损毁波形护栏596延米、桥梁安防工程720延米等。

【改善路容路貌】 2020年，乌赛分局本着“因地制宜，因路制宜”的原则，有选择、有重点的对路容路貌进行整治和美化。共完成4万延米路肩进行整形，对全线采用割灌机修剪边坡杂草 130 公里（双侧），修复安装悬空倾倒路肩板 980 延米；修复损毁附属设施，完成石砌边沟勾缝 2000 多平方米，修复平交道口警示块渠化 28 处，清理边沟 3870 延米，修复浅碟形边沟 214 延米；完成刷写公路标语 288 平方米，粉刷护栏柱 1594 根，粉刷桥梁 6725.4 平方米；乌赛工区补缺路基土方 2000 立方米。

【完善运行机制】 2020 年，由于乌赛分局管养线路长，雪阻段落多，风雪灾害频发。草原水来势急，破坏力大。乌赛分局为应对雪阻及水毁，制定了应急预案，建立了运转应急机构。在物质、机械、人员等方面进行了准备。2020 年，路域范围降雪 4 次，共出动大型机械 28 台班，小型机械 47 台班，撒融雪剂 101 吨，融雪液 109 吨，人员 149 工日；汛期，沿线发生水毁 3 处，完成回填水毁土方 611.2 立方米，砌体修 176.7 立方米，石龙坝 14.1 立方米，抹面 312.1 平方米，勾缝 41.6 平方米。

【服务设施建设】 2020 年，乌赛分局为发挥格根塔拉服务区功能，为广大司乘人员最大程度地提供服务。乌赛分局在原有基础设施建设的基础上，又投资 5 万元对服务区房屋下水、电力、卫生间冲洗设备等进行修缮，并派专人对服务区进行管理。年底前，服务区基本能满足过往旅客和车辆的服务需求。同时对历年修建两个停车区及 5 处养路工港湾和小憩点进行修缮。

【改善职工生产生活条件】 2020 年，乌赛分局为改善职工生产生活条件，对 2 处管理站房屋部分墙面进行了刮泥，对卫生间、厨房、下水、洗漱间等进行了修缮；对现有的 2 个管理站宿舍被褥、床、床单、被罩等进行了换新，对厨房配套设施和餐具进行了补充完善。

（乌赛分局）

乌兰察布市公路管理局
神舟路养护管理分局

【领导名录】

局　　长：金　泉（蒙古族）
支部书记：李　波
副 局 长：张吉旭
　　　　　孙玉斌

【概况】 乌兰察布市公路管理局神舟路公路养护管理分局（简称神舟路分局）隶属乌兰察布市公路管理局，成立于 2006 年 10 月，机构规格为正科级事业单位，其主要职责是神舟路的养护管理任务，保障神舟路的安全畅通。由于特殊的地理位置，夏季洪水泛滥，冬季雪阻时有发生。常备养护机械设备有 20T 压路机 1 台、50 装载机 1 台、两驱皮卡 1 台、四驱皮卡 1 台、养护翻斗车 1 台、农用养护车 1 台、554 扫路车 1 台、牵引式扫路机 1 台、沥青灌缝机 1 台。可调用机械有铲雪车、压路机、装载机、综合养护车、平地机、融雪剂铺撒车、沥青运输车、拖板车、打桩机。分局内设养护生产股、安全管理股、财务劳资股、办公室、中号管理站。2020 年，神舟路分局通过全体干部职工的共同努力，较好地完成了养护管理工作和各项责任目标。

【主要工作完成情况】 2020 年，神舟路分局把公路养护工作、危险路段的排险工作按照季节性特点做好防范工作提前介入。做好管养路段路面清扫保洁工作，保证行车舒适；落实带值班工作制，特别是重大节假日期间，强化 24 小时不脱岗带值班制度的落实，信息反馈、报送都做了严格的要求。

2020 年，神舟路分局道路巡查 3800 公里；道路清除积雪 8 次，共计 156 小时；储备防滑料 260 立方米；办理南号村 K35+100 米处养护管理站（停车服务区）征地手续。年底，已完成项目建议书立项、选址意见书、林地复批、可行性研究报告、财政承受能力论证，融资平衡方案、环境技术评估、土地利用总体规划修改、土地预审意见书、林地勘察设计、勘测定界、地质灾害和压覆矿藏、建设项目社会稳定风险审批手续工作。

【整治道路安全隐患】 2020年，神舟路分局以治理安全隐患为重点，全力抓好安全生产工作。贯彻“安全第一，预防为主”和坚持“管生产必须管安全”的原则，严格落实各项安全管理责任制度。按照市局要求，分局定期对全线公路进行了彻底排查（包括路基、路面、公路附属设施、公路安全设施等），并把排查出的安全隐患纳入整治范围，及时列入专项整治或预算。主要抓几方面工作：加强组织领导，明确责任，层层落实到人；分局与各管理站签订安全生产目标责任书，并要求签订至机驾员、操作手、养护职工等一线岗位；完善公路应急预案，进一步提升各类紧急突发事件的快速反应处理能力，从规范各有关部门应急处理程序入手，在不断研究、探索的基础上，制定了《公路突发事件应急处理预案》，明确自然灾害、交通事故等各类事件的应急处理预案，不断增强公路的通行能力、服务水平和快速处理突发事件的指挥调度、协调联动能力，形成紧急救援快速反应联动机制；加强安全生产监督检查制度，开展各项安全生产专项整治活动，消除安全生产隐患，遏制重特大事故的发生；开展安全生产隐患自查自改工作，不定期地深入公路养护、施工作业现场开展安全生产检查，及时发现并排除安全生产隐患；以开展“安全生产月”活动为契机，提高广大干部职工的安全意识和安全作业技能；做好安全应急物资储备工作，并在6月进行公路抢险应急演练，开展防抢险联合演练活动，每次演练根据所处路域环境特点，设置模拟场景，按照抢险预案在规定时间内开展了设施作业区域、现场临时交通管制，设置临时围护设施、垮塌土方清理，提高联合防汛救灾、处置突发事件的应急能力，以实战演练来提高突发事件的处置能力；分局与旗气象局签订天气预报服务协议，由养护生产股统计人员负责掌握天气变化及中长期降雨、降雪量分布情况，掌握天气预报和气象信息，对不利天气要及时向领导反映并采取应对措施。充分利用气象信息指导工作，认真落实领导24小时带班、值班和信息“零”报告制度，分局机关保证值班24小时不离人，值班车辆状况良好，随时待命。节假日期间及恶劣天气值班人员按时上路巡查；分局对单位新进职工、机械操作人员进行岗前培训和安全教育工作，做到持证上岗。

（孙君政）

小东营通行费收费所

【领导名录】

所　长：姜穆民

副所长：李　敏

办公室主任：王雯怡

【概况】 小东营收费所位于四子王旗乌兰花镇北10公里处，公里桩号G209+K320，管辖乌兰察布境内67.9公里，隶属内蒙古公路交通投资发展有限公司呼和浩特分公司。2017年5月16日正式开征，收费年限为16年，共设有12条收费车道。收费所内设有收费、监控、财务、票管、办公室5个部门。所内现有职工81人（其中正式职工68名、劳动派遣职工8名、劳务员工5名），收费采用三班四运转模式，实行半军事化管理。收费所严格执行“应征不漏，应免不征”的收费政策。强化窗口意识，不断提高服务水平，为过往司乘人员和当地群众提供优质高效的服务。2020年小东营通行费收费所以“文明收费创业绩，优质服务树形象”为中心，圆满完成了各项工作任务。

【收费情况】 2020年，小东营收费所征收通行费约 4176 万元，超额完成 2020 年征收任务。

【农牧民免征车辆】 2020 年春节期间，小东营收费所免费车辆 20347 辆，免征金额 30.931 万元；2020 年新冠肺炎疫情防控期间免费车辆 260154 辆，免征金额 758.744 万元；2020 年“十一”国庆节免费车辆 63795 辆，免征金额 205.791 万元；2020 年绿通车辆 4020 辆，免征金额 27.4265 万元。小东营收费所按照《内蒙古自治区发展改革委财政厅交通运输厅关于重新核定全区车辆通行费收费标准的通知》以及《内蒙古公路交通投资发展有限公司关于进一步做好非封闭式公路收费站周边村庄农牧民自有小型客车减免工作的通知》的文件规定，按照农牧民免征车辆的申报及审批流程，开展办理周边农牧民减免信息审核、登记工作，2020 年共办理农牧民免征车辆 5745 台。

乌兰花汽车站

【领导名录】

站　长：李　俊

【概况】 乌兰花汽车站隶属内蒙古呼运（集团）有限责任公司，为总公司分设机构。汽车站成立于 1989 年 11 月 1 日，地处四子王旗乌兰花镇统建东路。汽车站有职工 23 人、有客运线路 19 条，进站客车 56 辆。汽车站设有 9 个工作机构，分别为：办公室、安全办、结算组、调度组、站务组、售票组、检票组、（东、西）安检站、车辆安全日检站。为确保车站治安和行管部门现场监管，另设有公安驻站值勤室，运管驻站办公室。截至 2020 年 12 月底，乌兰花汽车站共发出班车 13300 班次，输送旅客 49203 万人次，售票总额 123 万元。全年安全无事故。在疫情防控期间，汽车站全体员工开展对乘客体温检测、发热乘客移交、站场和交通工具消毒等工作。在旅客出入通道安排专人使用快速红外线测温仪，在候车大厅设置隔离场所，全面落实人员体温检测、留观、发热人员移交、隔离、环境消杀等防疫措施。对汽车站候车大厅等人员聚集的场所环境卫生进行整治，对车辆、候车大厅、扶手栏杆及售票窗口等进行通风、消毒、卫生清洁等工作，对所有进站的客运车辆进行“每班消毒一次”和“每班次通风”，对营运场所和交通工具进行消毒处理；对所有进站的旅客、站务管理人员和驾驶员都进行体温检测，杜绝体温超过 37.3℃的人员进站乘车。

【安全意识教育】 2020 年，乌兰花汽车站本着“向管理要安全，抓纪律保安全，用真情换安全”的安全工作理念，坚持“安全第一，预防为主”的原则，加大监督检查力度，开展对站务人员以及从业人员的安全意识教育活动，着重加强对重大特大安全事故的预防力度，全站人员形成“人人讲安全，事事要安全，处处保安全”的氛围。

【排查安全隐患】 2020 年，乌兰花汽车站领导高度重视安全隐患排查工作。组织全体工作人员在客运站内部开展了“查隐患，堵漏洞，促安全，保客运”的安全生产活动。全站人员（包括司乘人员）从思想上高度重视安全工作预防的重要性，从行动上认真贯彻落实安全生产规定。具体做法是查车况技术、找机械隐患、制定维护期限；查喝酒现象、找不良行为、定班次运行；查堵“三品”、找超载行为、定防范措施；查安全管理、找安全漏洞、定规章制度；查问题车辆、找安全死角、定站务制度。

【落实安全生产责任书】 2020 年，乌兰花汽车站领导班子认真落实《安全生产责任书》，按照责任书内容，对各个班组职工进行考核：站务组开展对车站内车辆停放和站内行驶的车辆进行安全指导；开展站外班车上人、超载的查处工作；防止司机酒后驾驶，逐一叮嘱司机注意安全行驶；检票组抓好进站口人员出入问题，防止闲杂人员进站，防止“三品”进站；调度组把住车辆技术状况关，对超期、未经日检的车辆坚决不予报班。

［内蒙古呼运（集团）有限责任公司乌兰花汽车站供稿］

城乡建设

住房和城乡建设局

【领导名录】

局　长：刘永平

副局长：李生永

徐和平

乔永胜

【概述】 四子王旗住房和城乡建设局（简称住建局）是旗人民政府组成部门，为正科级，加挂四子王旗人民防空办公室牌子。机关内设5个行政股室，即办公室、公用事业管理股、工程质量安全管理股、村镇建设管理股、人防工程股；4个事业科室，即建筑工程质量监督站、建筑工程安全监督站、工程造价管理站、城建监察大队。二级单位有给排水管理中心。2020年，住建局围绕努力提高城镇管理水平，全力加快城镇化进程为重点，城镇化水平明显提高，在危旧房改造方面，实现贫困户全部入住安全房。2020年，四子王旗住建局建设工程完成总投资27134万元，其中，房建工程完成投资20200万元，市政工程完成投资6245万元，农村牧区危房改造完成投资689万元。

【房建新续建项目】 2020年，四子王旗住建局完成投资20200万元房建新续建项目15项，总建筑面积13.5万平方米。重点完成国通仓储物流园区、泰和花园、博源、四季花城等商住小区的建设工程。

【市政道路及管网工程】 2020年，四子王旗住建局完成道路及配套管网工程进展情况。计划投资7254万元，完成市政道路及管网工程，实际完成投资5623万元。其中，格根塔拉北路道路及管网配套工程，全长1.1公里，计划投资2506万元，已完成投资1700万元；王爷府路及管网配套工程，全长1.11公里，计划投资2325万元，已完成投资1500万元；投资742万元完成统建西路道路及雨污改造工程；投资600万元完成体西路道路及雨污改造工程；完成2020年乌镇旧区道路沥青路面灌溉工程，投入资金281万元；投资800万元完成乌兰花镇解放路道路及管网配套工程；投资30万元，完成乌兰花镇污水处理厂生盖营污水提升泵站泵房改造，由原彩钢结构改建为砖混结构；投资96万元，铺设了乌兰花水库至康乐三期中水回用管道；投资256万元，完成民生小区东排洪工程1处；投资30万元，完成神舟大桥防撞设施改造；投资10万元，完成神舟大桥、乌兰花大桥、哈萨尔大桥三座大桥的安全性检测；投资200万元，完成旧城区正义路段、文南八巷至文南三十三巷、青年宾馆至古营子村、天河南拆迁区、旧医院拆迁区5条给水管网的改造。

【农村危旧房改造】 2020年，四子王旗住建局农危改完成投资689万元，农村危旧房改造276户，其中建档立卡贫困户1户。

【工程质量监督】 2020年，住建局工程质量安全管理股按照制订的监督计划，对全旗各项建设工程进行了必监项目的质量监督，进行了隐蔽工程尤其是现浇混凝土部分的层层跟踪。对各工程进行不定期检查，监督次数达到120多次。对于在监督过程中发现的质量问题及时指正，问题严重的下发了整改通知书，全年共下发质量整改通知单4份，对存在的问题责令施工单位限期整改。存在问题是部分监理工程师监管不到位，容易使建设工程出现质量问题。

【工程安全管理】 2020年，住建局建筑工程安全监督站按照《建筑施工安全管理目标责任状》中的考核内容，逐一进行落实。全年共参加自治区、乌兰察布市、旗政府组织召开各类质量安全生产会议4次。对各施工现场的定期不定期安全检查达50余次。对所有的在建工程，进行以施工人员防护用品、施工用电、施工机械、脚手架、安全网及特殊工种持证上岗为主的专项整治，杜绝违章指挥、违章作业。特别是对施工人员无安全防护在高空危险区域作业导致伤亡事故的安全隐患坚决禁止；对不符合安全施工条件、达不到安全施工要求的，一律限期整改。组织召开了由各建设单位和施工单位负责人参加的安全生产、综合防灾和应急管理工作会议。共下发整改通知24份，其中限期整改通知书15份、停工整改通知书9份，提出整改意见330条。

【建设工程招投标及造价管理】 2020年，住建局工程造价管理站按市建委要求，应招标的建筑工程一律进入了有形建筑市场，规范招标工程15项。建设工程造价管理站实施三价备案工作，共登记备案24项。

【公用事业管理运营】 2020年，住建局给排水管理中心全年累计铺设自来水管11.4公里，维修管道阀门井70处，安装智能水表1080块，抢修自来水管网210余处；污水处理厂减排达标，日收集污水8000吨左右，达标水回用率达50%；液化气瓶装站、天然气加气站正常营运，无安全事故发生；2020年，四子王旗有集中供热企业4家、热源厂5个、换热站26个，供热能力为560万平方米，集中供热面积为436万平方米，集中供热普及率达75%。

【消防验收】 2020年，住建局规范全旗建设工程消防验收工作流程、标准和要求，开展从业人员培训和管理。严格全旗建设工程消防验收工作，推进房地产“办证难”历史遗留项目问题的解决。承接并受理20个建设项目递交的消防验收备案申请，验收通过6个项目且出具了消防验收合格意见书，12个项目未抽中，2个项目待现场验收。

【人防工作】 2020年，住建局人防工程股按照人防工程的建设审批程序管理制度，及时承办建设项目设计审核、项目建设许可、易地建设缴费事宜。严格按照《内蒙古自治区人民防空工程建设管理规定》〔内蒙古自治区政府会第190号〕要求，“应建必建、应缴必缴”；配合做好对全市人防工程建设审批事项和实施人防质量监督和竣工验收业务办理情况的监督巡查工作。开展全旗人民防空工程的质量安全监督管理；按照市住建局的工作部署，组织人员参加了消防、人防、绿色建筑和商品混凝土等领域的集中培训。

【垃圾治理】 2020年，住建局成立了以分管副旗长为组长的农村牧区垃圾治理工作领导小组，制定了《四子王旗农村牧区人居环境整治三年行动方案》《四子王旗农村牧区生活垃圾治理实施方案》，开展了农村牧区垃圾治理工作。对四子王旗121个行政村配备垃圾收集箱、收集桶17755个，建垃圾收集池1384个，配备垃圾清扫、收集、垃圾清运车辆 415 辆。

（四子王旗住建局）

房产管理局

【领导名录】

局　长：刘茂增（6 月任职）

【概况】 2020 年，四子王旗房产管理局在旗委、旗政府的领导下，紧紧围绕习近平新时代中国特色社会主义思想，立足行业工作职能，积极构建住房保障体系，严格房地产市场管理，不断完善小区物业管理服务，实施惠民老旧小区改造工作。

【房地产市场管理】 2020 年，房产管理局规范商品房预销售行为。严格执行网上签约、购房实名制、售楼部公示、明码标价、合同备案等制度，对该旗房地产市场存在的一些违法违规行为，发放整改通知书限期整改。该商品房销售面积 23.7 万平方米，销售金额 8.6 亿元，同比增长 17.77%。新增商品房上市套数 1686 套，面积 18.5 万平方米，房地产市场监察队对乌兰花镇内 14 家房地产开发企业、7 家房地产中介机构开展专项检查。

【住房保障】 2020 年，房产管理局按照住房保障的有关规定，发放 2020 年 1—6 月廉租住房货币补贴资金，共计户数 150 户，总金额为人民币 10.6 万元。对申请公共租赁住房的在职人员 15 户，申请公共租赁住房的各社区低保人员 72 户进行政府门户网站公示，对其本人、家庭人口进行财政、民政、社保、车管所等详细信息比对核查。

【档案管理】 2020 年，房产管理局规范档案管理，共划分为三个类别，分别为货币补贴档案、实物配租档案、退出保障档案。做到了一户一档，存放有序，查找方便。

【公租房信息数据录入】 2020 年，房产管理局根据自治区住建厅关于全区公共租赁住房信息进行数据共享精神，对公租房信息进行系统的数据整理，年底完成公租房历史数据的收集、录入、上传工作。

【物业管理】 2020 年，乌兰花镇内共有 152 个小区，575 栋楼，建筑面积 289 万平方米，其中物业公司管理 56 个、自行管理小区 82 个、单位代管小区 4 个、无人管理小区 10 个。房产管理局物业所共受理投诉案件 13 起，经协调全部得到解决。2020 年物业所协调社区进行宣传指导，截至年底，共有 16 个小区成立业主委员会；物业所对全旗各物业服务企业进行登记备案，共有物业服务公司 28 家，对 2 家新成立的物业服务企业进行了登记备案，1 家物业服务公司法人代表进行了变更登记备案。督促检查物业服务公司所服务的项目和落实情况，检查小区楼道的清理情况，对不完善的地方提出整改意见，对新接管的物业服务公司执行收取物业接管保证金制度。

【老旧小区改造】 2020 年，四子王旗老旧小区改造分为 2019 年度和 2020 年度两个项目。2019 年度项目内容为改造乌兰花镇建设于 2000 年以前的老旧小区，共有 27 个小区，31 栋楼，1132 户，建设总投资 3200 万元，改造内容为室内外管网、硬化、绿化、屋面、楼道、门窗、监控、门禁、院面、路灯、弱电线路等。年完成改造工程的 40% 左右，累计完成投资 1120 万元。2020 年度项目为建设于 2003 年以前的老旧小区，共有 6 个小区，6 栋楼，206 户。2020 年度老旧小区改造工程已完成工程量的 85%，累计完成投资 440 万元。改造内容为室内外管网、硬化、绿化、屋面、楼道、门窗、监控、门禁、院面、路灯、弱电线路等，建设总投资 516 万元。

（四子王旗房产管理局）

城市管理综合执法局

【领导名录】
局　长：王云峰（蒙古族）
副局长：王　永
　　　　胡占全

【概况】 2006年3月12日，四子王旗城镇管理局（简称旗城管局）由原来的市政管理所和城管综合执法大队正式组建成立，属全额拨款正科级事业单位。2017年12月3日，在四子王旗城镇管理局加挂四子王旗城市管理综合执法局的牌子，与城管局实行一套人马、两块牌子，合署办公。四子王旗城镇管理局于2020年7月6日，正式更名为四子王旗城市管理综合行政执法局（简称城管执法局），建立健全了相关规章制度，理顺了管理体制。内设机构有办公室、法制宣传股、行政审批股、小广告管理办公室、城管执法一中队、城管执法二中队、城管应急中队、卫生巡查中队、杜尔伯特广场管理办公室、哈萨尔广场管理办公室、市政环卫所。

【市容市貌】 城管执法局开展小广告整治工作。累计共清除各类小广告2.8万余条，粉刷清除乱写乱画约1.5万平方米。拆除破旧广告牌匾。累计拆除广告牌匾90余块，道旗300余块。规范整治占道经营，全年累计清理店外经营450余处、流动经营270人次，流动经营、店外经营等得到了有效治理，镇内市容秩序得到明显改善。强化运输车辆专项整治，下发了《加强建筑市场管理告知书》，要求所有运输车辆在运输过程中必须进行覆盖，严禁带泥上路，严禁乱倒建筑垃圾废土。开展环境卫生整治工作，在日常垃圾清运的基础上，组织环卫力量分区域、分路段对全镇的环境卫生进行集中整治，共清理生活垃圾约2.7万吨。

【垃圾治理】 2020年，城管执法局共清理门店外经营环境卫生420余处、流动经营环境卫生230人次；乌兰花镇生活垃圾全部进行无害化填埋处理，全年累计处理生活垃圾约3.2万吨。

【清扫保洁】 2020年，城管执法局对清扫街巷实行网格化管理，由环卫所4名工作人员和2辆车分区域进行监管，派出200名清扫保洁员实行全天或轮班保洁制。乌兰花镇主干道由4台扫路车定时清扫，机械化清扫率达到73%。

【城市亮化】 2020年，四子王旗投资91万元对统建东路、新华街、和平路、建国路、哈萨尔广场、杜尔伯特广场、政府广场、神舟广场等进行美化亮化。

【广告牌匾管理】 2020年，城管执法局规范户外广告审批、巡查、利用执法措施对违规设置行为及时进行整改，全年共拆除广告牌匾90余块，道路彩旗300余块。

（赫智宇）

房屋征收服务中心

【领导名录】
主　任：吕向峰
副主任：刘春晓
　　　　宋海龙（6月任职）

【概况】 四子王旗房屋征收服务中心（简称拆迁中心）成立于2004年，名称为四子王旗城镇建设办公室。2008年更名为四子王旗拆迁管理办公室。2010年按照国务院《国有土地上征收与补偿条例》要求更名为四子王旗房屋征收与补偿办公室。2019年更名为房屋征收服务中心。内设机构办公室、法制股、财务室、征收股、信访股。四子王旗房屋征收与补偿办公室为旗政府所属相当于科级事业单位。2020年，拆迁办紧紧围绕城镇建设和棚户区改造的总体要求。

由于在本年度上级部门没有给四子王旗下达棚改任务指标，房屋征收服务中心主要工作任务是完善历年来棚改项目遗留问题。积极应对疫情防控，主动适应新情况解决新问题，各项工作顺利推进。

【历史遗留问题】 四子王旗前几年进行的棚户区改造工程，部分项目因开发企业融资困难，资金链断裂，开发企业融资困难导致建设工程延期，回迁户不能按时入住。五个项目存在“回迁难”“入住难”问题，分别为和佳美小区、富豪安居、金鼎花园A区、金宇文苑二期、阳光万豪。拆迁中心按照《关于妥善解决乌兰察布市城镇国有土地上房屋建设项目历史遗留问题的实施意见》精神，对涉及“回迁难”“入住难”的问题进行了全面的排查梳理。拆迁中心针对各个项目存在的不同情况，制定相应解决措施。和佳美小区，由旗政府先期筹措资金垫付，通过棚改贷款结余资金，采取货币安置的方式解决安置问题，利用原开发企业现有已征拆出的净地通过第三方评估转让给旗国源公司，用于抵顶政府先行垫付资金；富豪安居，经旗政府研究决定，选定合适的安置房源，在与被征收户以及提供房源的开发企业协商后，采取异地安置的方式完成安置；金鼎花园A区，协助该项目联系施工队，并与施工队建立农民工工资保证金共管账户，派专人跟踪监督，督促施工队加快施工进度，完成安置；金宇文苑二期、阳光万豪小区，政府协助开发企业融资，促进施工企业加快施工建设，联系市政企业为项目先行接入水、电、暖，同时按照“费证分离”的方式，协调相关部门予以办理施工手续，完成安置。

住房资金管理分中心

【领导名录】

主　任：于日平

副主任：崔玉生

【概况】 四子王旗住房资金管理分中心属乌兰察布市住房资金管理中心和四子王旗双重管理的正科级机构。位于四子王旗乌兰花镇和平路农业银行院内二楼。主要负责四子王旗住房公积金的归集、支取、贷款等相关工作。单位机构设有信贷岗、支取岗、归集岗及审批岗。2020年，单位共有在编职工3人，辅岗职工3人。2020年，四子王旗住房资金管理分中心依照《乌兰察布市住房公积金归集、提取和贷款办法》要求，健全完善各项管理制度，加大住房公积金归集、贷款执法力度，努力优化各项服务，不断加强管理监督。2020年，资金管理分中心公积金缴存比例距离国家规定的比例低4个百分点。

【推行按月缴存制度】 2020年，住房资金管理分中心根据《乌兰察布市住房公积金归集管理办法》《关于开展2020年度非财政供养单位住房公积金缴费基数核定工作的通知》《关于2020年度四子王旗机关事业单位职工住房公积金缴存审核有关事宜的通知》精神，住房资金管理分中心进行归集管理，调整服务政策，推行按月缴存制度。2020年全年归集单位194个，共计归集9124万元。其中：列入财政预算单位159家，缴存金额6928万元；非财政预算单位35家，缴存金额2196万元。

【维护缴存职工合法利益】 2020年，住房资金管理分中心按照市住房资金管理中心下发的《关于调整全市住房公积金贷款、提取业务政策的请示》《关于进一步规范异地购房提取住房公积金实施细则的通知》及“放管服”改革工作要求，减少支取办理要件，增加微信公众号、移动APP上的服务功能。利用服务大厅配备的复印机、身份证打印机等软硬件，基本实现了业务办理“零成本”；在支取风险管控方面，住房资金管理分中心加入增值税发票核查流程，与民政局、房产局、不动产登记中心等部门建立信息共享，降低了住房公积金骗提风险。2020年全年为缴存职工办理公积金提取业务2460笔，支取资金共计6315万元。

【优化贷款流程】 2020年，住房资金管理分中心简化办理流程，增加贷款核查力度，继续与旗不动产管理中心、旗农业银行等单位协调合作，使贷款发放时间缩短在5个工作日内。根据四子王旗实际情况，对五证齐全，符合准入条件的楼盘进行对接，并纳入住房公积金贷款楼盘备案系统，为有买房需求的职工提供了保障。2020年全年为缴存职工发放公积金贷款215笔，发放贷款共计5573万元。

【扶持企业复工复产】 住房资金管理分中心面对新冠疫情这一特殊时期，资金管理分中心按照住房和城乡建设部《住建部办公厅关于应对新型冠状病毒感染的肺炎疫情做好住房公积金管理服务工作的通知》《住房和城乡建设部 财政部 人民银行关于妥善应对新冠肺炎疫情实施住房公积金阶段性支持政策的通知》文件要求，出台多项针对民营企业的优惠政策。为企业提供政策支持。资金管理分中心与缴存企业沟通，把有关政策进行传达。对受疫情影响导致生产经营困难的企业，可按规定申请缓缴住房公积金。对受疫情影响比较严重的企业，在与职工协商的前提下，可调整缴存比例或办理停缴，不影响职工正常提取住房公积金和申请住房公积金贷款。解职工后顾之忧。对于企业职工，特别对一线的医护人员、疫情防控人员，因疫情需要隔离或者暂时受疫情影响的职工，住房公积金贷款不能正常还款的，不作逾期处理，不产生罚息。为缓解影响缴存职工支付房租的压力，租房提取最高额度由原来的2万元提高到3万元。资金管理分中心推行网上办理业务。资金管理分中心为了便于干部职工办理公积金相关业务，通过各单位的专管员群、微信群等及时传送有关公积金的新政策。缴存职工可通过“公积金手机APP”办理信息查询、业务预约、对冲还贷签约、提前部分还款、提前一次性还款、离退休提取、与单位解除劳动关系提取等业务。资金管理分中心助力企业复工复产。住房资金管理分中心深入各缴存单位，尤其是民营企业进行走访，了解企业复工及经营情况，宣传住房公积金应对疫情阶段性支持政策，携手各缴存单位共渡难关。

（四子王旗住房资金管理分中心）

资源管理与环境保护

自然资源局

【领导名录】

局　长：周志光

副局长：韩　锐

　　　　苏　虹（女）

　　　　武晨辉

不动产登记中心主任：张　帆（女）

【概况】 根据《四子王旗机构改革方案》，于2019年1月28日组建四子王旗自然资源局。将旗国土资源局的职责，以及旗发展和改革局的组织编制主体功能区规划职责，旗相关部门的城乡规划管理职责，旗水利局的水资源调查和确权登记管理职责，旗农牧业局的草原资源调查和确权登记管理职责，旗林业局的森林、湿地等资源调查和确权登记管理职责等进行整合，作为旗政府工作部门。

【推进“多规合一”】 2020年，四子王旗自然资源局成立四子王旗国土空间总体规划编制领导小组并印发工作方案。对乌兰花镇及黑沙图工业园区进行了1：1000地形图测绘。完成生态保护红线划定并上报自治区。为满足城镇建设和社会经济发展需要，编制完成《四子王旗乌兰花镇控制性详细规划》；推进工程建设项目审批制度改革，工程建设项目审批系统已全面投入使用，纵向上下数据已对接完成，横向与发改委系统及自治区、市对接完成；开展全旗城乡规划统筹管理、合理配置城乡空间资源，推动城乡一体化发展，2020年共组织召开三次规划委员会会议，审议18个项目，通过13个项目，重点通过了四子王旗消防应急物资储备及救援站、乌兰花镇新区易地扶贫搬迁惠民园等项目。

【强化地政管理】 2020年，四子王旗自然资源局开展建设用地报批工作。年内通过自治区人民政府审批3个单选项目；上报自治区人民政府审核6个单选项目和1个批次项目。重点保障中电投内蒙古四子王旗20万千瓦风电供热、乌兰花工业园区至国道209线（小东营）二级公路工程建设等项目；完成对四子王旗殡仪馆建设项目、国道335线、331线、乌兰花至艾勒格庙段旅游公路项目的用地报批。

【盘活存量】 2020年，四子王旗自然资源局总计供地46宗。其中，划拨20宗，面积30.8318公顷；出让26宗，面积104.8090公顷，土地出让收益1.9606亿元，老旧小区补缴出让金185宗地，涉及30个小区，收取土地出让90.4729万元。全年办理划拨补办出让及改变用途手续13宗地，面积8.2675公顷；2020年下达四子王旗批而未供处置任务30.85公顷，通过供地方式处置批而未供任务量31.6321公顷；四子王旗有一宗闲置土地，面积4612.46平方米，由于城镇规划调整，导致企业无法开工建设，经旗人民政府批准收回该宗土地使用权，并按相关规定完成了闲置土地的处置。

【土地市场监管巡查】 2020年，共巡查89宗，出让金巡查26宗、交地巡查29宗、开工巡查31宗、竣工巡查3宗。

【拆旧区复垦工作】 2020年，四子王旗自然资源局城乡建设用地增减挂钩节余指标跨省调剂建设总规模为251.7亩，复垦耕地60.27亩（旱地），草地191.43亩（天然草地），于7月通过市自然资源局验收和自治区复核备案，收益7800万元；城乡建设用地增减挂钩节余指标跨省调剂建设总规模为255.86亩，复垦全部为天然草地；四子王旗城乡建设用地增减挂钩项目（省内交易），复垦区面积2493.3亩；四子王旗城乡建设用地2020年度增减挂钩项目（省内交易），复垦区面积2360.7亩；开展补充制定未利用地、集体建设用地征地补偿标准、标定地价、集体建设用地基准地价、集体农用地基准地价4项工作；调整完善土地利用总体规划。四子王旗作为深度贫困旗县之一，开展城乡建设用地增减挂钩项目。由于复垦区部分不符合土地利用总体规划，同时四子王旗部分重点项目需开工建设，因此旗人民政府向市人民政府申请《四子王旗土地利用总体规划（2009—2020）》进行修改。

【加强耕地保护】 2020年，四子王旗自然资源局推进全旗三调和年度变更工作。旗人民政府与各乡镇政府签订耕地保护责任状，明确各级责任；按时完成了第三次全旗国土调查工作任务，通过了国家数据库审核；完成了第三次全国国土耕地资源质量分类工作，已报自治区质量检查；永久基本农田储备区划定成果已上报自然资源部，永久基本农田整改补划已通过自治区审核；国家下发2020年度变更图斑928个，作业单位整理收集内业资料，按照国家年度变更要求完成；开展设施农用地报备工作，将历年来农村牧区设施农用地已备案的项目在《设施农业用地监管系统》进行报备；对2008年以来土地整治和高标准基本农田建设项目全部验收并完成报备。

【不动产登记】 2020年，四子王旗自然资源局不动产登记实现“一窗受理、集成服务”模式。共计发放不动产权证书6722本、不动产登记证明3585本，预告登记3799本，司法部门查封宗地房屋36起，房屋查询1005次，收取登记费76万元。对于遗留问题的处置，全旗涉及办证难小区总计70个（18910套），2020年协调旗政府组织相关部门分7次集中联签联审60个小区，其中，办理首次登记的39个小区，已办理完成16个（4160套），为1062户老百姓办理了不动产登记。未缴纳或欠缴土地出让金的15个小区已移交办证难行政执法领导小组处理。未联签联审10个小区因房屋工程质量未鉴定等原因，按照市人民政府办公室关于《妥善解决我市城镇国有土地上房屋建设项目历史遗留问题的补充意见》文件精神继续处理。农村牧区“房地一体”确权登记发证工作中，符合确权登记发证的户数为27695户；集体建设用地权籍修补测完成宗地数221宗，符合确权登记发证的户数为174户；推进办理易地扶贫搬迁安置住房不动产权证，开辟绿色通道，实施容缺受理审查，压缩办理时限。

【草原确权登记】 2020年，四子王旗自然资源局实地为牧民勘界607起，涉及牧户657户；完成了江岸苏木涉及202户牧民的草场划分到户工作，脑木更苏木哈沙图嘎查15个组划分草场的前期工作。配合完成四子王旗风场草原征地的勘界工作，实地对1429台机座台、4642个杆塔、5450米道路进行了勘界。

【矿产资源专项整治】 2020年，四子王旗自然资源局结合“三类”矿产资源进行专项整治，开展对矿山企业的日常监管，以及矿山环境治理和绿色矿山建设工作。完成全旗41家采矿权和88个探矿权的矿业权勘查开采信息公示工作；开展对勘查开采企业探采行为的日常监管和实地巡察，按照“生态优先、绿色发展”高质量发展路子和构筑祖国北部边疆重要的安全生态屏障、“生态草原，绿色草原”的要求，年内把矿山环境治理和安全生产工作当作矿权矿政管理的重点工作来抓。在历史遗留无主矿山环境治理方面，先后完成了江岸地区石膏矿和8个砖厂、2个铁矿环境治理项目，仅江岸石膏矿一个治理项目就回填废弃采坑23个，清运渣堆30个；对有主矿山按照“边开采，边治理”的要求，全面开展矿区环境治理，30个矿山企业完成《矿山环境恢复治理与土地复垦方案》编制评审工作，20个矿山企业完成了年度治理任务；对治理不达标的5个矿山企业下达了《限期治理整改通知书》，责令限期治理，对矿权已过期、存在环境问题的5家矿山企业下达了《限期治理告知书》，责令按照“谁破坏、谁治理”的要求，限期进行治理。按照“绿则存，不绿则退”的要求，自然资源局引导矿山企业开展绿色矿山建设工作，年内建成自治区级绿色矿山2家，累计已建成3家绿色矿山。对个别存在草原生态保护和矿山修复问题的矿山企业提出整改要求，并责令四子王旗伊肯乌素石料场停产进行环境整治，四子王旗宏隆矿山有限责任公司白乃庙旧选厂限期拆除。

【依法行政】 2020年，四子王旗自然资源局开展动态巡查，查处违法违规用地用矿违法行为。年内共进行动态巡查300余次，下发《责令停止违法行为通知书》45份，立案查处土地矿产违法案件33起，罚没款102.64万元，有效打击和制止了违法用地、乱采滥挖的违法行为。开展2020年度土地、矿产卫片执法监察工作。前三季度共下发四子王旗图斑258个，四季度下发图斑65个。下发图斑主要涉及的项目是G331边防公路、异地移民搬迁项目和农村牧区个人建房，依据国土资规〔2017〕10号文件，可以边建设边报批。

【督察整改工作】 历年例行督察下发四子王旗问题图斑70个，其中限期整改图斑44个、持续整改图斑26个。2020年自然资源局限期整改类图斑已全部整改到位。特别是格根塔拉草原旅游中心提升改造项目，既完成了用地报批，又完成了供地，彻底整改到位。

【专项整治】 2020年，四子王旗自然资源局开展煤炭领域违法违规问题专项整治工作。按照自治区、乌兰察布市党委和四子王旗委关于煤炭资源领域专项整治工作的统一安排部署，自然资源局作为整治工作的重要部门，把整治工作当作一项政治任务来抓，制定整治工作实施方案，抽组专人成立专项整治办公室。完成了阶段性整治任务，主要是白乃庙煤田（西区）的环境治理工程，拆除地上建筑物和设施。非法开采破坏矿产资源价值赔偿和没收违法所得，已由市自然资源局立案办理。

【治理行业乱象】 2020年，四子王旗自然资源局扫黑除恶专项斗争中，把治理行业乱象与扫黑除恶专项斗争结合起来，将非法采挖砂石违法行为纳入专项整治重点领域，通过专项整治，打击了非法开采砂石违法犯罪行为。配合公安机关提供对扫黑线索核查技术支持服务，行业乱象得到控制。

【耕地建房专项整治】 2020年，四子王旗自然资源局全面开展农村乱占耕地建房专项整治摸排工作。制定专项整治摸排工作实施方案，加强组织领导，成立摸排工作领导小组，抽组人员成立摸排专班，全面开展摸排农村乱占耕地建房摸排工作。通过摸排全旗共涉及占耕地68宗、117.5亩，其中，产业类36宗、34.3亩，主要是农产品仓储窖；住宅类32宗、83.16亩。

【违法用地专项整治】 2020年，四子王旗自然资源局有序开展违法用地清理专项整治工作。重点对近二年卫片下发图斑和全域例行督察整改图斑进行清理筛查，制定出专项整治实施方案，专人负责。截至年底，正在进行筛查，建立清理台账。

土地储备交易中心

【领导名录】

主　任：付喜元

【概况】 四子王旗土地储备交易中心（简称土储中心）属四子王旗正科级事业单位。承担全旗土地收购储备交易工作；承担着四子王旗存量土地和新增建设用地出让前期开发准备工作。内设机构办公室、储备股、经营股。核定有事业编制人员为5名。2020年，四子王旗土储中心征地项目主要有乌兰察布风电基地一期600万千瓦示范项目、民政部门牵头的殡仪馆建设项目、红格尔水库淹没区工程项目、农畜产品加工园区项目、乌兰花镇内五洋加油站外迁项目等。

【风电征地】 2020年，四子王旗土储中心完成乌兰察布风电示范项目（600万千瓦一期风电示范项目）土地征地工作，该项目属永久征地，涉及6个苏木（乡、镇、场），分别为供济堂镇、库伦图镇、乌兰牧场、红格尔苏木、白音朝克图苏木以及查干补力格苏木，项目征地涉及总户数768户，需征地风机机座1429个，杆塔数为4577个，征地总面积约为9347亩，共计发放征地补偿安置费8286.33万元。

【殡仪馆征地】 2020年，四子王旗土储中心完成殡仪馆新增256亩土地收储工作，项目收储忽鸡图乡小东营行政村双胜德自然村集体土地作为四子王旗殡仪馆建设用地，已发放土地补偿安置费307.2万元。

【水库淹没区土地收储】 2020年，四子王旗土储中心完成红格尔水库淹没区2971.6亩土地收储工作，发放土地补偿安置费787.474万元。

【农畜产品加工园区土地收储】 2020年，四子王旗土储中心完成乌兰花镇广场路社区上脑包自然村的集体土地收储，建设农畜产品加工园区收储635亩土地，共计发放1933.12万元的土地补偿安置费。

【加油站外迁项目土地收储】 2020年，四子王旗土储中心完成乌兰花镇内五洋加油站外迁土地收储工作。发放征地补偿安置费28万元。

【空间天气科学中心土地收储】 2020年，四子王旗土储中心完成空间天气科学中心（子午工程二期）项目建设用地。征地面积433亩，发放总计114.745万元的土地补偿安置费。

【给水系统改扩建土地收储】 2020年，四子王旗土储中心完成收储乌兰花镇文北路社区河北营子自然村集体土地（荒地）14亩作为项目建设用地，发放土地补偿安置费28万元。

（王云龙）

生态环境

【领导名录】

局　长：张世瑾

副局长：岑生亮

　　　　任福在

【概况】 按照《乌兰察布市机构改革方案》的要求，环境保护局于2019年更名为“乌兰察布市生态环境局四子王旗分局”，为乌兰察布市生态环境局派出机构。分局内设四子王旗生态环境综合行政执法大队、市生态环境综合保障中心四子王旗分中心、四子王旗环境监测区域站、国家沙尘暴自动监测站内蒙古自治区四子王旗站。2020年乌兰察布市生态环境局四子王旗分局以强化环境执法改善区域环境质量为抓手、以保障群众健康为目标，监管与服务并举，依法行政与强化治理并重，认真落实中央、自治区以及市、旗两级督察交办的问题整改工作，全旗污染防治攻坚战取得了阶段性成果，生态环境质量进一步改善。2020年，编制完成《四子王旗2020年度生态地面监测报告》；编制完成《四子王旗乌兰花镇区声环境功能区划分技术报告》及《四子王旗乌兰花镇声环境功能区划分方案》；落实中央环境保护督察反馈问题整改工作和自治区生态环境保护督察交办的整改问题。2020年对剩余的中央环境保护督察反馈整改问题全部整改完成。9月3日至10月1日，自治区生态环境保护督察组进驻乌兰察布市期间，交办该旗信访事项共6批次，有10个受理编号的问题。其间，下沉该旗2次，所交办的问题全部整改完成。

【环境空气质量】 2020年，四子王旗城区全年优良天数达到342天，较上年度增加13天，达标率提升至95.8%。空气质量达优145天，占40.6%；良197天，占55.2%；轻度污染13天，占3.6%；重度污染2天，占0.6%。

【集中式饮用水水源地】 2020年，全旗城镇集中式饮用水水源地监测点位共2个，都为地下水水源，分别是源河水源地、枳芨滩水源地，2个水源地的水质监测浓度均符合《地下水质量标准》限值要求，达标率为100%。

【地表水环境质量】 2020年，全旗地表水监测点位共1个，为塔布河，水质达到《地表水环境质量标准》(GB 3838—2002)Ⅲ类标准。

【建设项目环境管理】 2020年，乌兰察布市生态环境局四子王旗分局，共受理并完成审批20个项目〔其中：四子王旗畜禽养殖业发展规划(报告书)1个、加油站建设项目8个、食品加工业4个、社会事业与服务类5个、非金属制造业2个〕，登记表网上自行备案项目79个。在四子王旗环境质量改善提升综合整治行动中，市综合整治四组交办整改问题共575个，其中涉及工业企业问题数224个，整改完成163个，整改任务完成率为72.77%。

【大气在线监测设备】 2020年，市生态环境局四子王旗分局要求4家重点排污企业(内蒙古永和氟化工有限公司、四子王旗海星热力有限责任公司二热、四子王旗海星热力有限责任公司三热、四子王旗金太阳热力有限责任公司)安装大气在线监测设备并与市生态环境局联网，年底，永和氟化工在线监测设备已安装并联网，其余3家企业在线监测设备已到。

【淘汰燃煤小锅炉】 2020年，市生态环境局四子王旗分局淘汰12家10吨/小时及以下燃煤小锅炉。

【监管镇内热力公司】 2020年，市生态环境局四子王旗分局督查完成对乌兰花镇内4家热力公司5个热能源厂(海星热力公司二、三热能源厂、金太阳热力公司、盛和热力公司、瑞泰热力公司)灰渣库，脱硫除尘设施建设。

【除尘设备】 2020年，市生态环境局四子王旗分局对产生粉尘的碎石厂及滴灌厂，按照“环评”要求，于年底均安装除尘设备装置。

【治理烟气污染】 2020年，市生态环境局四子王旗分局对镇内79家餐饮服务行业油烟气污染治理，要求自行进行油烟净化装置改造，并自主聘请有资质的第三方公司出具检测报告。

【大气自动监测站】 2020年，市生态环境局四子王旗分局大气自动监测站现通过市环保局的验收，移交第三方进行运营。

【油罐防渗改造】 2020年，市生态环境局四子王旗分局按照上级要求完成全旗10家加油站36个储油罐的防渗改造任务。

【查处水环境违法行为】 2020年，市生态环境局四子王旗分局针对8月发生倾倒污水的案件，对涉事企业进行了行政处罚，并通过第三方公司治理，两处水坑水质已得到明显改善。

【净土保卫战】 2020年，市生态环境局四子王旗分局按照上级要求配合第三方完成37家重点行业企业用地调查。全部按照环评要求完成对内蒙古华生氢氟酸有限公司、内蒙古永和氟化工有限公司、乌兰花镇生活垃圾处理厂3家重点监管企业土壤自行监测；按照环评要求完成9家企业尾矿库污染防治；按照医疗废物管理有关规定安全转运四子王旗人民医院、四子王旗蒙中医院、四子王旗德广医院、四子王旗乌兰花镇仁爱医院、四子王旗妇幼保健计划生育服务中心医疗废弃物并交由有资质的第三方进行处置。

【环保督察问题整改】 2020年，市生态环境局四子王旗分局针对中央环境保护督察反馈意见问题整改已全部整改完成（无主矿山治理问题、旅游无序开发侵占草原问题、旅游项目道路破坏草原问题）；针对自治区生态环境保护督察交办整改问题共有6批次10个问题（包括固废、水、气），全部整改完成。

【环境监管执法】 2020年，市生态环境局四子王旗分局共抽查企业50家，完成抽查任务50件，出动执法人员150人次；全年共查处环境违法案件13起，罚款人民币75万元，均已结案（其中，污水超标排放案件1起、粉尘无组织排放案件共7起、违法环保排污许可规定4起、逃避监管违法排污案件1起，对违法设施进行了查封扣押并移送公安机关）；全年受理“12369”举报电话问题6起，转办上级督办案件7起，全部办结。

（曹慧婷）

财政　税务

财政局

【领导名录】

局　长：孙　义

副局长：苑荣耀（兼金融办主任）

王永贵

高嫦娥（女、10 月任职）

【概况】 2020 年，四子王旗财政局机构改革后，内设办公室、综合股、预算股、政府债务管理股、国库股、行财股、经济建设股、农牧股、社保股、企财股、绩效管理和监督股、会计股、政府采购股、金融工作办公室和国有资产监督管理办公室 15 个股室。2020 年，四子王旗财政局充分发挥财政职能，积极培植税源，努力增加财力，不断深化财政改革。持续调整和优化财政支出结构，按照“保工资、保民生、保运转、促发展”的目标和要求，统筹各项资金，确保重点支出得到有效保障。加大财政资金统筹使用力度，优化财政支出结构，严格控制“三公”经费等一般性支出，加强政府债务管理，防范财政风险，切实保障民生需要，促进了全旗经济和社会事业的持续健康发展。全旗公共财政预算收入累计完成 14867 万元，完成年度预算任务 12568 万元的 118.3%，与上年同期比增长了 24.2%。

【完成三保工作】 四子王旗财政局全年累计发放资金 12872.7 万元，保障对象 225488 人。进一步加强城乡居民养老保险社会化发放的力度，全年累计发放养老保险 5625.46 万元，发放人数 33957 人，社会化发放率达 100%。积极做好城乡居民医疗补助和征缴工作，全年支出城乡居民医疗补助 6091.77 万元，补助人数达到 21033 人次。城乡居民医疗保险征缴 4319.58 万元，征缴人数 154527 人。重点保障国家党政主要机关的正常运转，特别是受到新冠肺炎疫情影响，在地方财力紧缺的情况下，统筹使用上级专项资金和本级财政资金，重点保障四大班子正常运转、公检法机关的办案经费、行政事业单位和乡村两级运转的需要。此外，确保专款专用，保障新冠肺炎疫情防控工作有序开展。全年上级下达疫情防控资金 13547 万元（其中项目工程资金 10500 万元），全旗实际支出 1884 万元，确保了各项重点工作圆满完成。

【政府债务化解】 2020 年，四子王旗计划完成化解债务 6.66 亿元。截至年底，已完成化解债务 7.53 亿元，完成年度计划任务的 113%，其中：限额内政府债券化解 2.78 亿元，隐性债务化解 3.021 亿元，地方政府债券及贷款利息化解 1.54 亿元。此外，完成化解拖欠民营企业中小企业账款债务 1.07 亿元，完成年度任务的 100%。圆满完成了年度任务。

【各项财政改革】 财政局“一卡通”改革工作覆盖面不断扩大，发放金额大幅增加。全年累计发放10个领域195类243项惠农惠牧补贴资金共计83536.5万元，惠及城镇居民及农牧民1198516人次；不断健全预算执行动态监控体系，全面完成了财政扶贫资金动态监控系统建设工作，加强财政扶贫资金的监管；通过和金财公司合作，全面完成了医疗收费票据电子化改革；加强非税收入管理，严格实行“收支两条线”政策，全年41个执收执罚单位共收缴18198万元。深化政府采购制度改革，政府采购由审批制改为备案制，全面推行政府采购“全区一张网”线上办理。

【财政收支预算执行情况】 2020年，四子王旗财政公共预算收入累计完成14867万元，完成全年预算数12568万元的118.29%，比上年同期同口径的11968万元增加2899万元，增长了24.22%。全旗财政公共预算支出累计完成309287万元，比上年同期的306301万元增加2986万元，增长了0.97%。全旗“三公”经费财政拨款支出总计1220万元，比上年同期的1236万元减少16万元，减幅1.3%。

【保民生领域支出】 2020年，四子王旗财政保民生领域支出65700万元，占财政总支出的17.8%。城乡医疗保险参保人数15.45万人，全年报销医疗费11500万元。全年发放低保、“五保”、困境儿童、残疾人、高龄人、优抚对象等各类补贴资金19600万元，惠及困难群众57.69万人次。

【疫情防控专项资金】 2020年，四子王旗上级下达疫情防控专款专用资金13547万元（其中项目工程资金10500万元），全旗实际支出2718.92万元。其中，设备和防控物资1045.92万元、疫情防控人员补助399万元、医疗救治支出50万元、重症病区发热门诊改造30万元、公共卫生体系建设和重大疫情防控救治体系建设532万元、应急物资保障体系建设57万元、其他支出（不含复工复产）605万元。

【扶贫专项资金】 2020年，四子王旗财政局对专项扶贫资金建立资金分配联动机制，将上级下达的21708.7万元扶贫资金，根据四子王旗扶贫领导小组资金分配方案批复，及时分解拨付至各苏木乡镇、旗直单位。

【教育专项资金】 2020年，四子王旗上级下达及旗县配套安排各类教育专项资金5690.78万元，全部予以拨付。

【政法部门保障经费】 2020年，四子王旗上级下达公安和司法系统中央和自治区政法转移支付专项资金1008万元，全部予以拨付。

【保运转】 2020年，四子王旗财政重点保障国家党政主要机关的正常运转，特别是受到新冠肺炎疫情影响，在地方财力紧缺的情况下，统筹使用上级专项资金和本级财政资金，重点保障四大班子正常运转、公检法机关的办案经费、行政事业单位和乡村两级运转的需要。

【非税收入管理】 2020年，四子王旗财政非税收入完成24040万元，完成年初计划的191%，比上年同期增加8834万元，增长58.1%。其中：纳入一般公共预算管理的非税收入完成5278万元，纳入政府性基金预算管理的非税收入完成18303万元，国有资本经营预算收入完成204万元，缴入财政专户的教育收费完成255万元。为小微企业减免行非税收入50万元。

【财政投资评审】 2020年，四子王旗财政投资评审中心共评审全旗建设工程项目154项，报审金额149367.31万元，审定金额135227.28万元，审减金额14140.03万元。其中：招标控制价编制已完成54项，控制价报审金额43917.42万元，审定金额39505.07万元，审减金额

4412.35 万元，审减率 10.05%。结算审计完成 100 项，报审金额 105449.89 万元，审定金额 95722.21 万元，审减金额 9727.68 万元，审减率 9.22%。

【政府采购】 2020 年，四子王旗政府采购共完成采购 92 宗，比上年 205 宗减少了 113 宗。总采购预算 23936.84 万元，总采购金额 23435.12 万元，比上年同期的 68981.83 万元减少 45546.71 万元，减少了 194.35%；节约资金 501.72 万元，资金节约率 2.14%，比上年增加 1.26%。

【国有资产管理】 2020 年，四子王旗开展国有资产核实、检查等多项工作。委托中介机构评估资产 6 宗，实地核查并批复报废核销资产 6 宗，账面值 81.41 万元；划拨资产 4 宗，账面值 36.64 万元。

（刘三妹）

国家税务总局四子王旗税务局

【领导名录】

局　　长：冀利彪

副 局 长：梁鹏志

　　　　　刘宇池

　　　　　邢俊平

　　　　　韩建明

　　　　　关玉生

　　　　　王喜元

纪检组组长：姜晓伟

【概况】 国家税务总局四子王旗税务局有内设机构 13 个、派出机构 5 个、事业单位 1 个。内设办公室、法制股、税政一股、税政二股、社会保险费和非税收入股、收入核算股、纳税服务股、征收管理股、风险管理股、财务管理股、人事教育股、纪检组、机关党委（党建工作股）。派出机构包括第一税务分局（办税服务厅）、第二税务分局、乌兰花镇税务所、东八号乡税务所、查干补力格苏木税务所。事业单位为信息中心。全局共有干部职工 175 人，在职职工 120 人，离退休干部 55 人。2020 年，国家税务总局四子王旗税务局全力推行税费制度改革，大力实施减税降费，持续优化税收营商环境，各项工作持续稳步推进。

【税费收入】 2020 年，国家税务总局四子王旗税务局各项税费收入 52931 万元，同比增收 6361 万元，增长 13.7%。其中，税收收入 30919 万元，同比减收 142 万元，减少 0.5%。非税收入 1603 万元，同比增收 429 万元，增长 37%。社会保险费 20409 万元，同比增收 6074 万元，增长 42.4%。旗县级一般公共预算收入 9737 万元，同比增收 693 万元，增长 8%。

【减税降费】 2020 年，税务局全年累计新增减税降费 4699 万元，主要由以下两部分组成。2020 年新出台的税费优惠政策新增减税降费 4035 万元（税收减免 1793 万元，社保降费 2240 万元，非税收入减免 2 万元）；2019 年年中出台政策在 2020 年翘尾新增减税降费 664 万元（其中税收减免 662 万元、社保降费 1 万元、非税收入减免 1 万元）。

【出口退税】 2020 年，税务局出口退税 2 户，退税金额 182.1 万元；留抵退税 2 户，退税金额 677.48 万元。

【个人所得税汇算清缴】 税务局在办税服务厅开设汇算清缴专区，抽组 10 名人员成立专家团队，开展汇算清缴工作，截至 6 月 30 日汇算结束，税务局汇算进度达 115.69%，居全市第一。

【依法治税】 2020 年，税务局成立了依法行政工作领导小组，严格执行税务执法人员持证上岗和资格管理制度。2020 年共有 7 人参加了税收执法资格考试，成绩及格率 85.7%。

【执法监管】 2020年，国家税务总局四子王旗税务局开展自查自纠，在纳税评估、税收执法、税务登记注销、非正常户管理、发票申领等方面查找出需完善和改进的风险点。发现问题7个，年底将审计发现的问题都已整改完毕，并按相关程序向督察内审部门进行了反馈。

【优化税务营商环境】 税务局落实“放管服”改革，持续推进“便民办税春风行动”。严格执行《纳税人办税指南》《“最多跑一次”事项办税指南》，落实新办纳税人“套餐式”服务，精简资料报送，优化清税注销流程，最大限度方便纳税人；推行内蒙古i税服务平台、自然人网厅、网上申报、移动APP办税和自助办税，构建“网上办税为主、自助办税为辅、实体办税兜底”的办税服务模式。在全旗范围内实现“一窗通办”“税费通办”，13大项146个办税事项。实现“最多跑一次”；全面推行电子税务局和增值税发票管理系统2.0版，开展网络申报、网络购票、办税服务厅自助办税等特色服务，实施延时办税、预约办税、一次性告知等制度，配合推行了“三证合一、一照一码”登记制度改革。疫情防控期间，在做好疫情防控工作的同时，推行“非接触式”办税服务、预约办税、实地走访企业，全力服务纳税人。

【解决房地产纳税人历史遗留问题】 2020年，税务局对房地产纳税人下达的税务事项通知书，通知企业为购房者开具不动产发票，凭不动产发票缴销契税，凭“契税完税证”办理不动产证，支持旗委、政府解决房地产历史遗留问题。

【便民服务】 2020年，国家税务总局四子王旗税务局全面落实取消行政许可事项和简化税务行政许可事项办理程序。全面取消“非居民企业选择由其主要机构场所汇总缴纳企业所得税的审批”行政许可事项。开展“便民办税春风行动”。让纳税人享受更经济、更规范的纳税服务。

（陈嘉麒）

金融　保险

中国人民银行四子王旗支行

【领导名录】

行　　长：赵树青

副 行 长：武永全

　　　　　王永忠

纪检组组长：连秀珍（女）

【概况】 1950年4月，中国人民银行绥远省分行在乌兰花直属区建立“中国人民银行乌兰花支行”。开展包括四子王旗和达尔罕茂明安联合旗的人民金融工作。1951年，中国人民银行乌兰花支行更名为中国人民银行四子王旗支行，是中国人民银行的派出机构。1984年，人民银行与工商银行分设，人民银行专门行使中央银行职能。1999年，人民银行实行机构体制改革，分设九大区分行，继续履行金融监管、执行货币政策等职责。2004年，根据国务院机构改革方案，人民银行与银监会实行分设。中国人民银行四子王旗支行是中国人民银行的派出机构，其上级主管银行是中国人民银行乌兰察布市中心支行。2020年，中国人民银行四子王旗支行认真履职，稳健的货币政策得到有效执行，开展金融支持稳企业保就业，农牧区信用体系建设得到有效提高；防范和化解金融风险，切实维护地区金融稳定；进一步提升金融服务水平；加强人民币流通管理，推动反假宣传和反假网络建设；加强内部管理，抓好工作规范；加强干部队伍建设，营造风清气正的工作环境。结合支行工作实际，全面梳理和完善现有的组织机构、办事机构和相关工作制度，切实履行一岗双责，形成党组承担贯彻落实党风廉政建设和反腐败工作主体责任，纪检部门协助党组抓好党风廉政建设和反腐败工作，做好监督执纪问责。将党风廉政建设责任考核纳入综合目标管理考核范围，与业务工作同部署同考核。截至2020年12月底，四子王旗辖区银行业金融机构共有9家。

【存贷款业务】 2020年12月末，四子王旗金融机构各项存款余额69.73亿元，较年初增加10.63亿元，增长18%。各项贷款余额47.29亿元，比年初增加3.8亿元，增长8%；其中涉农贷款余额40亿元、小微企业贷款余额4亿元。四子王旗联社和蒙银村镇银行不良贷款余额分别为9610万元、1404万元，不良贷款率分别为5.82%、2.75%。

【金融支持民营企业】 2020年，中国人民银行四子王旗支行组织召开政银企对接、金融支持民营企业、再贷款再贴现货币政策传导、金融支持稳企业保就业推进会等会议，解读货币政策；走访金融机构、小微企业，对货币政策进行再学习、再讲解；对目标任务完成进行再督促、再推动。

【拓展货币政策宣传面】 2020年，中国人民银行四子王旗支行组织金融机构开展“走牧区、进企业”送金融服务下乡活动。利用旗媒体平台、党政工作微信群宣传货币政策20期（次）。人行制定《四子王旗支行经理国库35周年主题宣传活动实施方案》，开展了形式多样的线上线下宣传活动；2020年成功举办了“金融乌兰牧骑”授旗启动仪式，为四子王旗普及金融知识搭建平台，全年开展线上线下金融知识进社区、进牧区、进商户32次，发放各类宣传资料6500余份；配合属地政府及相关部门做好放管服工作，优化营商环境；全年报送金融信息50期，参与各类舆情信息编译信息56篇，调研报告27篇（其中舆情信息被总行采用5篇，金融信息被呼中支采用2篇，调研报告中心支行采用17篇）。

【专项再贷款】 2020年，中国人民银行四子王旗支行地方法人金融机构按照“先贷后借”的模式使用人民银行专项再贷款，特别是疫情防控期间支持企业开工复产信贷工作。2020年6—12月，全旗2家法人金融机构累计办理延期贷款金额4443万元，涉及户数82户，累计延期率57.64%；累计发放信用贷款2333.68万元，占普惠小微企业贷款余额比重10.01%。

【农牧区信用体系建设】 2020年，中国人民银行四子王旗支行开展信用户、信用村、信用乡镇评定管理试行办法。通过采集信息，开展县域信用户、信用村、信用乡镇的评比创建工作。与旗金融办、法院共同完成了乌兰察布市“2020年营商环境评价”工作。

【防范和化解金融风险】 2020年，中国人民银行四子王旗支行开展风险防控与监测，防范和化解金融风险。完善风险监测和报告机制。对辖区内2家法人金融机构开展了从公司治理、内控制度到流动性风险等各个方面的央行评级工作；落实风险监管理念，对辖内银行业机构与保险业机构不定期开展反洗钱培训与宣传工作；按照上级行统一部署，开展存款保险标识启用工作，进行现场巡查，压实金融机构责任，提高了公众对存款保险认知度。

【账户管理】 2020年，中国人民银行四子王旗支行账户开户551个，销户145个，变更152个。

【国库管理】 2020年，中国人民银行四子王旗支行共办理预算收入46838笔，金额81157万元；预算支出2500541笔，金额664031万元，预算收入退库2413笔，金额4653万元，更正调库62笔1398万元。

【支持民营企业和小微企业】 2020年，中国人民银行四子王旗支行共计发放再贷款2346.4万元，其中，支农再贷款专用额度1747.4万元，支小再贷款599万元。

【征信管理】 2020年，人行四子王旗支行辖内共办理个人信用报告查询21557次，受理企业信用报告查询126次。

【支付结算业务】 2020年，人行四子王旗支行ACS系统共发起业务998笔，接收业务172笔，其中，支票业务50笔，普通转账64笔，再贷款业务8笔，现金及发行基金264笔，重空管理7笔，表外业务211笔，支付往来业务112笔，准备金管理业务70笔，财政性缴存款167笔，计息业务26笔，国库业务12笔。

【提升金融服务水平】 2020年，中国人民银行四子王旗支行扩大辖区内移动支付便民工程的实施范围，提升云闪付用户规模。年内完成公交及食堂场景建设，新建商圈一个；动态调整助农取款服务点，撤销距离金融机构营业网点2公里以内且无业务量的助农服务点29个；开展国库基础核算工作，开展减税降费宣传和业务办理。2020 年共办理预算收入 46838 笔，金额 8.12 亿元；预算支出 2500 万笔，金额 66.4 亿元，预算收入退库 2413 笔，金额 4653 万元，更正调库 62 笔，金额 1398 万元，完成全年国库收支各项任务。

【支持和配合地方政府】 2020 年，中国人民银行四子王旗支行为疫情防控工作提供便捷的金融服务。截至 2020 年 12 月 31 日，共拨付抗疫资金 5 笔，合计金额 2370 万元。

【人民币流通管理】 2020 年，人行四子王旗支行开展反假宣传和反假网络建设。开展疫情防控期间银行业金融机构储蓄网点现金收付消毒工作。对辖区银行业金融机构储蓄网点疫情防控期间现金使用情况及现金设备消毒工作进行检查督导。保证付出的现金经过消毒杀菌，切实为人民群众提供“卫生钱”“放心钱”；年内，配合各部门完成 6 次系统升级和网络改造工作。

【内部管理】 2020 年，人行四子王旗支行签订年度保密工作责任状，开展警示教育宣传；全年开展保密安全教育 2 次，节前安全检查 12 次，消防安全知识讲座 2 次，消防演习 1 次；开展公车改革后的留用车辆管理；组织办公室做好口罩、消毒液等应急物资储备；年内选拔任用副股级干部 3 名。对拟提拔使用的 3 名干部征求纪检部门的党风廉政意见，防止干部“带病提拔”“带病上岗”；经常性与班子成员和干部职工开展谈心谈话活动，倾心听取意见建议；组织青年职工学习，落实上级行党委出台的《青年行员成长培养规划》和《积分考评办法》规定。

（张晓晖）

乌兰察布银保监分局四子王监管组

【领导名录】

监管组副组长：吕英欣

【概况】 乌兰察布银保监分局四子王监管组（简称银保监管组），原名乌兰察布银监分局四子王办事处。中国银监会和中国证监会合并后，2019 年 7 月 2 日，乌兰察布银监分局四子王办事处改名为乌兰察布银保监分局四子王监管组。人员编制 2 人。主要职责是在银保监分局的授权和统一领导下，依法依规独立负责所在旗县银行业、保险业机构及其业务活动的监管工作，收集所在旗县有关金融风险的信息并向上级机构报告，承担交办的其他工作。2020 年末，全旗共有银行业金融机构 9 家，其中政策性银行 1 家、大型银行 4 家、城市商业银行 1 家、邮政储蓄银行代理机构 1 家（上述机构均为派出机构）、法人机构 2 家。2020 年末，全旗共有 13 家保险公司，其中财险公司 9 家、寿险公司 4 家，保险公司全部为派出机构。

【防范化解风险】 2020 年，乌兰察布银保监分局四子王监管组防范和化解重大金融风险，落实总体风险处置目标和措施。督促辖内法人金融机构落实风险资产处置目标，不能处置化解的，要在年末全部真实反映。全面出清超过 2 年期的抵贷资产，年末不能出清的，要按规定补提拨备，核减利润；督促辖内法人机构落实主要风险处置措施。继续实行“高管包干、责任人兜底、分线条部门和按网点落实”的管理机制，严格与绩效和干部任用挂钩。督促法人机构要逐笔诉讼追偿逾期不良贷款，做到应诉尽诉。继续严格执行贷款“三查”制度，新增贷款不良率不得超过 2%。

【金融服务】 2020 年，四子王银保监管组督促辖内法人机构落实上级关于疫情防控期间加强金融服务的各项政策，支持企业复工复产、春耕备耕和按羔保育；督促辖内法人机构积极对接中小微企业融资需求，全面完成“三农”和小微企业贷款“双增”目标；督促辖内法人机构坚守“支农支小”定位，专注支持县域经济发展，落实好“机构不出县、业务不跨县、同业不出省”的要求；督促辖内法人机构尽快扭转信贷停顿、业务下滑的现状，把贷款任务纳入员工、网点绩效考核，加大绩效兑现力度。下沉业务、下放贷款权，改进业务流程，加快贷款审批发放进度。

【乱象整改】 2020年，银保监管组对已暴露的股东股权乱象问题，督促相关机构按时完成整改任务，整治大股东操控、不良股东非法套取资金等行为；督促法人机构持续优化股权结构，对不符合资质条件的股东，责令转让；督促法人机构开展股权托管工作；督促法人机构继续开展股东教育活动，向其发送股权整治政策文件，开展股东会前政策、法规培训，把形势和监管政策传导于股东，把治理股权乱象的法纪要求摆在股东面前，让股东自觉规范行为，整改不合规问题。

【各项现场检查】 2020年，银保监管组按照《乌兰察布银保监分局关于对内蒙古银行乌兰察布分行开展审计发现问题核查工作的实施方案》要求，完成了对内蒙古银行四子王旗支行的核查任务；按照乌兰察布银保监分局的安排，完成了对辖区内银行保险机构金融许可证管理情况的检查；四子王旗监管组按月开展了扶贫小额信贷督查工作；监管组对2家法人机构市场乱象“回头看”工作进行督促检查。

【金融指标】 2020年末，全旗银行业金融机构各项存款余额73.29亿元，各项贷款余额50.64亿元，全旗平均存贷比例69.1%；全旗各银行业金融机构不良贷款余额2.93亿元，不良贷款率5.78%；全旗保险公司保费收入1.8亿元，赔款支出0.58亿元。

【金融环境】 2020年末，全旗银行业金融机构各项贷款余额50.64亿元，较年初增长10.13亿元，基本能够满足企业、个体工商户及农牧民的生产生活需求。

中国农业发展银行四子王旗支行

【领导名录】
行　长：李玉堂
副行长：塔凌夫
　　　　白海英（女）

【概况】 中国农业发展银行四子王旗支行（简称农发行）成立于1998年12月，是农发行1816个县级支行之一。机构设置有办公室、信贷部、资金计划部、会计部。2020年，中国发展银行四子王旗支行贯彻区、市农发行年度工作会议精神，按照上级行总体工作要求，四子王旗支行抗击疫情、支持企业复工复产。以优质高效的金融服务，聚焦打赢脱贫攻坚战，全力助力疫情阻击战，扎实推进各项工作。

【存款业务】 2020年，农发行存款余额为4600.45万元，比年初减少1928.4万元，减幅为41.92%。其中：企事业单位存款余额3594.4万元，比年初减少2557.82万元；财政存款余额1006.05万元，比年初增加629.42万元。存款日均余额为11174.09万元，比年初增加4645.24万元。其中：企事业单位存款日均余额7819.27万元，比年初增加1667.05万元，财政存款日均余额3354.82万元，比年初增加2978.19万元。2020年的存款日均任务是7000万元，超额完成任务4147.09万元，完成任务的160%。

【贷款业务】 2020年，农发行贷款余额49944.78万元，比年初减少3848万元，减幅为7.15%。其中购销储贷款余额5781.78万元，比年初贷款余额无增减变化；中长期贷款余额43313万元，比年初减少4698万元。其中国源公司贷款余额为43313万元（易地扶贫搬迁项目中长期贷款14088万元、教育扶贫过桥中长期贷款6500万元、城中村改造非PSL中长期贷款22325万元、四子王旗乌兰花镇新区易地扶贫搬迁惠民园项目400万元），比年初减少4698万元；短期流动资金贷款850万元，均为本年新发放贷款（四子王旗景欣农业股份有限公司350万元，内蒙古惠农节水灌溉设备有限公司500万元），比年初增加850万元。贷款日均余额54132.16万元，比年初增加339.38万元。2020年，农发行无不良贷款发生。

【利润情况】 2020年，农发行收入总计2239.75万元，支出总计3272.2万元，账面利润亏损1032.45万元，同比减少1578.4万元。职工人数为10名，人均亏损157.84万元。

【成本收入比】 2020年，农发行成本为373.57万元。收入为2193.88万元。成本收入比为17.03%。

【各项收入】 2020年，农发行各项收入2239.75万元，同比减少352.34万元，其中贷款利息收入2239.45万元，同比减少351.84万元；金融机构往来收入0.2万元，同比增加0.04万元；中间业务收入0.1万元，同比减少0.54万元。

【各项支出】 2020年，农发行各项支出3272.2万元，同比增加1226.06万元。其中，存款利息支出为39.76万元；系统内往来利息支出1601.57元；营业费用支出373.57万元；税金及附件支出为2.51万元；手续费及佣金支出6.12万元；资产减值损失1248.67万元；无其他营业支出和营业外支出。

【服务小微企业】 2020年，农发行向四子王旗景欣农业股份有限公司发放农业小企业流动资金贷款350万元；向内蒙古惠农节水灌溉设备有限公司发放农业小企业流动资金贷款500万元。

【助力地方经济建设】 2020年，农发行向四子王旗国源投资有限公司发放四子王旗乌兰花镇新区易地扶贫搬迁惠民园项目400万元。用于支出四子王旗易地扶贫搬迁后续产业。

【支持粮食收储业务】 2020年，农发行发放乌兰察布市乌兰花内蒙古自治区粮食储备库5笔储备粮贷款的展期业务，合计金额2845.25万元；收回地方储备粮贷款利息126万元；收回挂账贷款利息10万元。

【防范化解风险】 2020年，农发行按照银保监局和上级行案防工作的要求，落实各项案防工作措施。组织员工学习《中国农业发展银行案防工作管理办法（2020年修订）》（农发银规章〔2020〕49号），按照制度规定进行日常案件风险排查，发现问题，解决问题，消除风险隐患。按照上级行关于“案件专项清理整顿年”工作相关要求，每月组织开展案件防控教育培训、召开案件防控工作会。2020年全年共开展教育培训活动12次，案件防控会议4次，防范和化解了案件风险。开展客户身份识别工作，做好客户身份资料、交易记录和其他反洗钱资料保管工作，收集完善相关客户身份资料、公司章程等信息，并定期关注客户信息变化情况，及时更新维护客户身份信息档案，提高客户反洗钱风险评级及受益所有人信息识别的准确性，严格执行大额和可疑交易报告制度，严格履行反洗钱义务。2020年，农发行上报大额案例88笔，排除可疑案例1笔；农发行利用财管系统强化了财务费用开支管理，财务报账管理、后勤经办采买、车辆管理制度，严格操作行为；推进扫黑除恶专项斗争工作，充分利用营业网点LED电子屏循环播放宣传语，布置横幅标语，在网点内播放宣传视频，布置展板、宣传材料等开展日常宣传；规范内外部各类检查的管理工作，建立问题台账，并逐一进行编号，逐项进行整改销号，开展“回头看”，对各类问题逐项进行整改。

【信贷档案收集】 2020年，中国农业发展银行四子王旗支行按照《中国农业发展银行信贷档案管理办法》（农发银发〔2011〕188号）要求，完成了四子王旗景欣农业股份有限公司、内蒙古惠农节水灌溉设备有限公司和四子王旗国源投资有限公司3户贷款企业2020年信贷档案的收集整理工作。以单笔信贷项目为整理单位，按业务流程的时间顺序排列整理并编写目录，装订成册。由移交人将信贷档案移交信贷部门的档案管理员并将信贷档案放入指定档案室或专用档案柜进行统一保管。

中国农业银行四子王旗支行

【领导名录】
行　长：荆　智（10月任职，兼党总支书记）
副行长：谭　靖（女，蒙古族，兼党总支副书记）
　　　　李　军（满族，党总支委员）
党总支委员：赵　明（纪检委员）

【概况】 中国农业银行股份有限公司四子王旗支行（简称农业银行四子王旗支行）机关设有综合管理部、运营财会部、客户部3个部门。辖区有支行营业室和新华街支行（二级支行）2个营业网点，有员工50人。2020年农业银行四子王旗支行持续强化绩效管理，严格规范财务列支，不断加强经济资本精细化管理，财务指标整体运行平稳，全年实现中间业务收入500万元。支行认真落实旗委、旗政府、上级行关于疫情防控、金融支持复工复产工作部署，组织党员深入包联小区开展疫情防控工作，积极响应区分行号召，组织员工为疫情捐款。

【存款】 2020年，农业银行四子王旗支行各项存款余额10.27亿元，比年初增加7500万元。其中：个人核心存款余额7.42亿元，比年初增加1.12亿元，日均余额68458.63万元，比年初增加6026.29万元；对公存款余额28492.21万元，比年初减少3600.18万元，日均余额32597.97万元，比年初增加5445.71万元。增量同业市场份额第一。

【贷款】 2020年，农业银行四子王旗支行信贷总量不断扩大。截至12月末，全行各项贷款余额9.42亿元，比年初增加2.26亿元。其中：个人贷款余额4.55亿元，比年初增加4300万元；对公贷款余额4.87亿元，比年初增加1.83亿元，贷款增量居同业首位。

【金融服务决战脱贫攻坚】 农业银行四子王旗支行把决战决胜脱贫攻坚金融服务作为重大政治任务来抓，贯彻落实上级行关于决战决胜脱贫攻坚的决策部署。推进“百城千队　万户百亿”专项行动。对全行金融扶贫工作进行再动员、再部署、再安排。特别是面对突如其来的疫情对金融扶贫工作带来的特殊挑战，农业银行四子王旗支行采取措施将疫情影响降到最低。支行抽调青年员工和客户部业务骨干，成立了金融支持脱贫攻坚流动服务党员先锋队。将全旗13个苏木乡镇划分区域，责任落实到人，由班子成员带队，走访调查贫困农牧户、种养大户、专业合作社、烟草商户、医药商户以及扶贫龙头企业等，对符合条件的信贷对象确保精准施策，及时投放相应品种的贷款产品。金融支持脱贫攻坚专项行动，累计发放农户贷款512笔，金额1.1亿元。

【存款策略】 农业银行四子王旗支行抢抓年初、年末资金回笼“黄金期”，制定营销考核方案，兑现考核奖励。响应市分行“比学赶超”活动号召。在春天行动结束后没有放缓营销脚步，对存款稳存增存工作持续发力，利用聚合码产品沉淀商户资金，抢抓低成本存款资源。运用OCRM、营销宝系统细分客户，了解客户持有产品、产品偏好以及客户需求，通过线上为主、线下辅助的方式实现精准营销。2020年支行继续开展对财政单位、重点企业维护工作，以“医师节”“教师节”为契机开展慰问活动，在公私联动营销方面探索新的突破口。对社会保险费网络征缴专户配置专人做了对接服务工作。截至年末，仅两个月时间的缴费金额已达上年缴费总金额的4倍。

【信贷策略】 组建网点、客户部先锋队，通过考核激励制度调动员工积极性。深入农村牧区、田间地头、大小商铺全力营销，将农业银行惠农e贷、烟商贷、药商贷、二手房贷款等产品宣传到位，合规投放。以网捷贷为抓手，主动对接政府、财政部门，促进对各优质单位员工消费信贷的营销力度；继续拓展优质企业和项目客户，确保对公贷款投放提质增量。本年度发放云桂铁路云南有限责任公司银团贷款2.9亿元、四子王旗大戈壁农牧业开发有限公司贷款5000万元、四子王旗及时雨塑料制品有限公司贷款49万元。

【支持实体经济】 2020年，农业银行四子王旗支行支持小微民营企业发展。为市级以上农牧业产业化龙头企业大戈壁农牧业开发有限公司投放贷款5000万元（带动贫困户1789人）、景欣农业开发部投放贷款500万元，以实际行动支持地区经济社会发展。

【不良贷款清收处置】 农业银行四子王旗支行成立清收处置不良贷款领导小组，由行长担任组长，各副行长担任副组长。由10名客户经理组成5个小分队（其中5名客户经理专职清收不良贷款）。支行定期组织客户经理召开清收处置不良贷款推进会议，会上通报催收进度，总结催收中的问题与经验，制定下一步催收计划；抽调青年员工专人负责不良贷款核销处置工作，支行督促客户经理全力配合，推进了工作进度；支行出台《四子王旗支行不良贷款管控专项考核办法》，细化考核落实责任人。对清收、诉讼、核销不良贷款均配置不同金额效益工资兑现。

【风险控制】 农业银行四子王旗支行全面落实风险化解政策，风险防控工作取得成效。全年累计清收、处置不良贷款4384笔，金额6998万元。截至12月末，全行不良贷款余额和不良率较年初分别下降2067万元、5.64个百分点，实现“双降”目标。

【“双基”管理】 农业银行四子王旗支行通过召开运营工作例会、举办专题培训、座谈会等形式，定期梳理各项业务制度、工作流程。学习上级运营管理文件，就日常工作中发现的问题进行研究、讨论，并就存在问题逐一落实整改。在各管理、操作岗位实施工作流程和制度全面落地；支行提升营销能力、服务能力，转变基层经营管理理念；支行贯彻落实上级行网点文明服务工作要求，制定支行网点服务及工作纪律考核办法，将考核内容、质量要求目标化，梳理客户等候时间统计中发现的问题并给予纠正。

【内控管理】 农业银行四子王旗支行落实风控案防的主体责任，发挥业务主管部门和监督部门的双线监督作用，完善考核评价机制；支行定期召开警示教育大会，对上级行检查及内外部各类检查、审计、违规违纪问题，分析违规事件发生原因及防范情况，开展整改工作；分行内部层层签订责任状，实行分级管理，使案件防控责任到人，不留死角；落实岗位轮换、员工行为排查、家访和外部调查等制度；开展安全保卫工作，推进“人防为核心，物防为基础，技防为依托”的安防体系建设，落实解决网点存在的“物防”和“技防”漏洞，重视现金、重空库管理，重视安全保卫和反洗钱工作，杜绝经济案件和安全事故的发生。

【服务民生】 农业银行四子王旗支行作为当地唯一进驻四子王旗政务服务中心的金融机构，为全旗各族人民提供社保卡一站式服务。累计发放新制社保卡9800余张。开通四子王旗城乡居民基本医疗保险掌银缴费场景。截至年末，缴费金额已达到1300多万元，缴费笔数达到

45000 余笔，方便了城乡居民缴费。

（王咏梅）

中国工商银行四子王旗支行

【领导名录】

行　长：秦立军

副行长：刘　波

纪检员：南子甲（6 月任职）

【概况】 四子王旗工商银行隶属于乌兰察布分行，辖两部一室（营业部、业务部、办公室）和西街支行。该行有员工 34 人，其中党员 10 名，占全行人数的 29%。大专以上学历 20 人，占员工人数的 58.8%。中专学历的 14 人，占员工人数的 41.2%。主要经营人民币存款、贷款、结算业务，办理票据贴现，代理发行金融债券，代理发行、兑付、销售政府债券，外汇存款，外汇贷款，外币兑换，国际结算等业务。

【存款业务】 2020 年，工商银行四子王旗支行各项存款到 2020 年末为 111376 万元。活期存款 83836 万元，其中，公司存款 33239 万元；个人存款 50597 万元；定期存款 27540 万元。

【贷款业务】 2020 年，工商银行四子王旗支行各项贷款为 32753 万元。其中，公司贷款 30195 万元，包括项目贷款 30090 万元、一般流动资金贷款 105 万元；个人贷款 2558 万元，包括个人住房贷款 2234 万元、个人消费贷款 242 万元、个人经营性贷款 82 万元。

【中间业务】 2020 年，工商银行四子王旗支行中间业务收入 159 万元。

四子王旗农村信用合作联社

【领导名录】

理事长：贺兰英（女，蒙古族，党委书记）

主　任：强　栋（党委副书记）

监事长：吴成云（纪委书记）

副主任：张金河

　　　　李永亮

【概况】 四子王旗农村信用合作联社（简称旗信用联社）是一家立足三农三牧、服务城乡社区的股份制农村金融企业。2020 年有 20 个营业网点（其中镇内网点 10 个，基层网点 10 个）；覆盖 13 个乡镇、苏木。内部设置综合管理部、党工事务部、纪委办公室、计划财务部、业务发展部、电子银行科技部、资金营运部、风险合规及法律事务部、人力资源部、审计部、安全保卫部、不良资产清收处置中心、远程监控中心以及远程授权中心 14 个部室，负责统领、协调和保障全旗信用社工作。

2020 年，四子王旗联社在自治区联社和地方政府领导下，在人民银行及银监部门监管下，在社会各界的密切配合和帮助下，以支持“三农三牧”、支持小微企业、支持社会民生为己任，积极履行社会责任，为地方经济社会发展做出了积极的贡献。先后获得 60 多个奖项，是自治区级文明单位；连续 6 年被授予支持地方经济建设特别贡献奖；连续 5 年被评为乌兰察布市模范企业；连续 5 年被评为普法依法治理先进单位；2 次被评为民族团结进步模范集体；领导班子连续 6 年被自治区联社评为优秀领导班子。连续 2 年被自治区国税局评为纳税信誉 A 级企业。2020 年疫情联防联控期间，组织爱心募捐，累计向红十字会、包联小区捐款捐物 13.9 万元；组建六支志愿者服务队，配合做好联防联控工作。被乌兰察布银行业协会评为“抗击新冠肺炎疫情”工作先进集体，被四子王旗红十字会评为爱心企业。1 人被评为乌兰察布银行业“抗击新冠肺炎疫情”工作先进个人。2020 年，旗信用联社开展股权确权和股权托管工作，年底已完成确权金额为 4958.71 万元，占比 89.1%，为改制农商行打下基础。

【业务完成情况】2020年12月末，旗信用联社资产总额269482万元，较年初增加36008万元；负债总额249367万元，较年增加35643万元；所有者权益20115万元，较年初增加365万元；各项存款余额237600万元，较年初增加30097万元；各项贷款累放181599万元，累收166994万元，余额165187万元，较年初增加14605万元；实现各项收入14250万元；不良贷款余额9611万元，不良贷款率为5.82%；资本充足率为12.22%；拨备覆盖率为133.84%。

【执行重大事项研究决策】2020年，旗信用联社继续执行重大事项党委会前置研究规定。全年召开党委会81次，理事长办公会44次；履行理事会审议决策职能，审议批准联社重大事项。全年共召开理事会9次；打造决策、执行、监督相互制衡的法人治理结构，召开监事会4次。

【支持企业复工复产】2020年，旗信用联社有序支持企业复工复产。在疫情防控期间通过网上申贷、线上审查审批，开展银企对接签约活动。支持农资经销商及农牧户春耕备耕资金需求。共签约信贷95户、贷款金额2520万元；对受疫情影响的企业和个人做到不抽贷、不断贷、不压贷，并通过贷款展期、无还本续贷等方式减轻客户还款压力。累计办理展期续贷业务56384.19万元；办理小微企业临时性延期还本4619万元；延期付息512.6万元，对应贷款余额3474万元。

【开展2020春天行动】2020年，旗信用联社开展2020春天行动。坚持“早谋划、早投放、早见效”的原则。做到应贷尽贷、能贷快贷。全力满足农牧民春耕备耕、接羔保育等生产生活融资需求。全年累计投放涉农贷款157988万元，涉农贷款余额156317万元，占比94.63%，支持农牧户15504户，户均贷款余额10.08万元。

【网格化建设】2020年，旗信用联社对接各乡镇苏木嘎查村，完成11个“信用村（嘎查）”的建设工作。对辖区内居民和小微企业进行走访责任划分。截至年末，辖内常住农牧户建档评级率、建档常住农牧户评级指标符合条件的授信覆盖面、符合条件且有合作意愿的小微企业建档评级率、建档小微企业评级指标符合条件授信覆盖面全部达到100%。

【稳企业、保就业】旗信用联社贯彻落实“稳企业、保就业”政策。下调小微企业和信用村、信用户贷款利率。执行扶贫小额信贷“六项政策要点”以及精准扶贫“七个百分百”要求。在脱贫攻坚期内保持扶贫小额信贷支持政策不变、力度不减。2020年，信用联社累计投放扶贫小额信贷和扶贫产业贷款5813.6万元，带动扶持贫困户2184户；在同期同档次LPR市场报价利率原上浮基点的基础上下调30个基点和60个基点。申请人民银行专项支农再贷款1130.4万元、申请转贷款5000万元，全部以基准利率和优惠利率支持小微企业和个体工商户复工复产。全年累计投放小微企业贷款89199.92万元，余额93724.31万元，占比56.74%；发放普惠小微企业信用贷款168户、1470.68万元；累计让利173万元。

【信贷金融产品】2020年，旗信用联社开展信贷金融产品和操作流程。先后推出烟商易贷、杜蒙羊科技养殖创业贷、普惠小微企业信用贷等创新产品；修订完善《富民一卡通授信业务管理办法》，对农牧户、个体工商户和公职人员富民卡授信额度及担保条件进行调整，最高授信额度由50万元调整为99万元，同时放宽网点授信审批权限。

【扩大普惠金融成果】2020年，旗信用联社按照精品化建设标准，对传统物理网点进行改造升级，年内完成了统建路分社网点改建工程；以ATM机、助农服务点、POS机、特约商户等媒介作为物理网点的补充，实现金融服务无盲区；联社推广“农信银聚合支付”“手机号码支付”等应用，将金融服务嵌入百姓衣、食、住、行。截至年末，共设立农信驿站两处，助农点116个，POS机263台；布放ATM机27台；特约商户258户；代开社保卡75159张；各类非现金交易金额达到47.3亿元，柜面替代率达到88%；联社打造“草原金融轻骑兵”。多次开展“金融知识进万家”“金融知识万里行”等活动。

【存款】 2020年，旗信用联社存款规模在疫情影响和经济持续下行、市场低迷等不利影响下，信用联社坚持“存款立社”这一根本原则。采取各项措施，调整存款结构，加大低成本存款的组织力度。开展和政府及各企事业单位的联系与沟通。争取财政性资金、各类补贴资金、商户流动资金、各类代发工资账户及资金；推广网上银行、手机银行、微信银行和自助银行业务，推广普及聚合支付、手机号码支付等电子支付手段。推广普及利农商城电商平台；企业内部发挥绩效考核的正向激励作用，动员员工走出去、动起来，推动各项存款稳步增长。年末，各项存款余额237600万元，较年初增加30097万元，其中对公存款20549万元。

【增收节支】 2020年，旗信用联社开展增收节支，实现效益最大化。通过强化财务管理，优化资源配置，加强考核激励，全年实现各项收入14250.18万元（其中利息收入12310.25万元，同业收入1628.97万元）；全年各项支出14249.64万元（其中业务及管理费支出6857.63万元），同比减少419.96万元。

【不良贷款】 2020年，旗信用联社把不良资产压降和管控作为全年经营管理的重中之重，多次召开专题会议动员、督导和推动清收工作，并发起了不良贷款“集中清收处置”行动。综合运用岗责清收、依法清收、重组续贷、呆账核销、接收抵债资产等手段清收处置不良贷款。采取的措施是把任务完成情况与工作业绩、个人薪酬、评先评优挂钩；完善尽职免责制度、清收奖励制度，做到尽职必免责，失职必追究；依法清收对公职人员不良贷款的催收力度；对暂时还款困难，但符合产业政策、有市场、有效益的客户，通过续贷、展期、重组等方式，继续给予信贷支持；对符合条件的呆账贷款进行核销，做到应核尽核，按照“账销、案存、权在”的原则继续追索；实行贷款全流程管理，做实做细贷款“三查”“双录”、面谈面签等工作。2020年，累计处置化解不良贷款31400万元，其中现金清收14063万元；重组续贷7304万元；延期付息3750.39万元；核销呆账贷款6282.54万元。年末不良贷款余额9610.73万元，不良贷款率5.82%，完成不良贷款压降任务，如期摘掉高风险信用联社的帽子。

【内控合规建设】 2020年，旗信用联社开展内控合规建设，筑牢风险防范底线。联社开展合规责任承诺工作，以书面形式明确从高管人员到基层员工的合规责任；强化制度执行力，坚持查处并重，开展员工异常行为排查等工作，并发挥审计部门的审计监督职能和远程监控、远程授权的监督作用，按月通报违规行为，对员工行为进行全面监督；开展风险排查工作，先后开展信贷类案件专项治理排查、股东股权排查、市场乱象“回头看”工作、信贷档案规范性检查、大额贷款风险审查、大额不良资产自查等合规性检查，对各类风险进行了全面摸排清查；2020年，旗信用联社开展岗位轮换和强制休假等工作，严控案件风险，全年轮岗123人，强制休假106人；开展审计监督，开展各类内审工作80余次，累计处罚违规人员58人次，起到三道防线作用；按月开展会计赛账活动，通过各社部委派会计现场检查、观摩和评比，夯实全旗信用社会计基础工作。

【完善后备人才库】 2020年，旗信用联社开展培训教育，结合疫情防控和业务发展实际，综合运用现场教学、线上教学等方式，开展各类培训班 11 次，参训人次达到 2200 人次；注重在实践中发现干部、培养干部、使用干部，开展中层管理后备人才选拔活动，充实完善后备人才库，畅通用人渠道；开展人才选拔推荐，年内，有 2 名新员工在全区农信社 2020 年“多彩农信”书法、摄影、绘画比赛中获奖；有 5 名业务骨干入选自治区联社“五个百”人才库；1 名员工被评为全市优秀共青团员。

【安全保卫】 2020 年，旗信用联社树立“大安全”意识，全面建设平安农信。内部层层签订安保、案防责任书 20 份，形成横向到边、纵向到底的“安全责任”体系；不定期开展安全检查 12 次，重视枪支弹药管理，落实巡查、押运交接、24 小时监控等安全工作制度，经常性地开展消防、水电暖等安全排查和整改工作；建立疫情防控常态化机制，保障员工及客户生命安全。

内蒙古银行

【领导名录】

行　长：魏振华

副行长：丁国军

二级支行行长：阿尔山

营业部主任：任劲赫

营销部总经理：冯　昆

【概况】 内蒙古银行乌兰察布四子王旗支行（简称内蒙古银行四子王旗支行）成立于 2014 年 12 月 10 日，地处四子王旗乌兰花镇和平路。支行设有 24 小时自助服务区、网上银行体验区、开放式低柜服务区和较多营业柜台等，基础服务设施齐全，行内部控制制度完善、硬件设备配备齐全。内蒙古银行内设营销部、直属营业厅、办公室。2020 年，内蒙古银行乌兰察布四子王旗支行贯彻落实分行工作会议精神，以支行扩大经营成果为主线，围绕分行的工作部署，明确支行全年的经营策略，全面开展精细化管理，加大力度清收逾期贷款、积极拓展市场，严控风险，强化营销，主要做了各类存款的营销，银行卡与电子银行业务的拓展，支农支牧、普惠金融服务，逾期贷款清收工作。

【存款营销情况】 2020 年，内蒙古银行四子王旗支行组织开展了一系列存款营销活动，以“存款享积分、积分换好礼”为活动基础，开展了幸运转盘抽奖、客户来访送礼、分享朋友圈换礼等营销活动；银行与大型超市联合组织刷卡减免活动；在合作单位摆放宣传展架，推广并宣传银行理财产品、“大额存单”“薪金宝”等优势存款类产品；积极与财政局、征收办联系，推广工会会员普惠卡等一系列活动。

【支农支牧情况】 2020 年，内蒙古银行四子王旗支行先后深入乡镇召开产品对接会议 5 次，完成入户调查乡镇 6 个、行政村 16 个、自然村 42 个，共计 600 余户；完成种养殖合作社及涉农小微企业调查 26 户（其中自治区扶贫龙头企业 1 家、乌兰察布市扶贫龙头企业 1 家、农牧业企业 7 家、种养殖合作社 17 户）。2020 年，内蒙古银行四子王旗支行克服疫情困难，推动试点工作，主动对接农牧业企业和农牧民，满足农牧民春耕备耕、接羔保育的信贷需求，助力涉农涉牧企业复工复产。累计发放支农支牧贷款 594 笔，金额合计 1.43 亿元，其中，个人类农（牧）户贷款 588 笔，贷款金额 7842 万元（其中以基准利率向建档立卡贫困户发放贷款 25 笔，金额共计 147 万元）；涉农小微企业及种养殖合作社贷款 9 笔，贷款金额合计 6500 万元。截至 2020 年 11 月 30 日，尚有支农支牧贷款 530 笔，余额 8682 万元。其中，个人类农（牧）户贷款 525 笔，余额 5087 万元，涉农小微企业及种养殖合作社贷款 5 笔，余额合计 3595 万元。

【活畜质押贷款】 2020 年，内蒙古银行四子王旗支行根据养殖规模和存栏周期具体确定贷款期限、利率、抵质押率、借款金额等，贷款产品期限为1～3年，可循环使用，随借随还。在抵押物价值的确定上，依据不同牲畜按单体计价；计价取值以最近两年平均市场价和最近三个月的平均市场价二者中的较低者，来确定拟抵押活体牲畜的价值。贷款额度一般不得超过牲畜资产价值的80%。截至2020年11月30日，已累计发放活畜质押贷款5笔，合计贷款金额2140万元，分别为内蒙古红星伟业养殖有限公司1000万元易贷通贷款、内蒙古赛诺种羊科技有限公司700万元流动资金贷款、四子王旗田牧养殖专业合作社中期流动资金贷款300万元、四子王旗瑞发养殖专业合作社短期流动资金贷款90万元、内蒙古小媳妇黑猪散养商贸有限责任公司易贷通贷款50万元。

通过第三方公司在线上利用物联网技术，通过电子耳标、电子项圈等基于蜂窝网络通信、卫星定位技术实时监测牲畜状况，通过在地图上绘制电子围栏，限定牲畜活动范围，对其进行地位追踪。数字牧场使得每一个生物资产都具备唯一性，能够有效规避农牧企业的道德风险与意外风险，每只牲畜都有唯一的生物资产ID，实现了生物资产所有权的确权、转移、监督、追溯，数字牧场可以明确生物资产的所有权、收益权、管理权和监督权，实现活化生物资产。

【杜蒙联名信用卡】 2020年，内蒙古银行四子王旗支行与内蒙古赛诺草原羊业有限公司合作试点发行按日分期的信用卡产品"杜蒙联名卡"。"杜蒙联名卡"按照个人客户统一授信的原则审批，额度范围为1万～100万元（含）；授信额度循环使用；分期期限1～360天，年利率4.32%～8.1%，靠档计息，支持提前还款或部分提前还款。年内，入户办理杜蒙卡业务400张，每张平均授信额度10万元。

【蒙银绿色种业贷】 2020年，内蒙古银行四子王旗支行为解决企业生产能力跟不上订单规模的问题，特推出蒙银种业（奶山羊）订单贷。赛诺公司提供有可靠付款条件的订单（飞鹤集团），并以销售回款作为第一还款来源，以该企业与飞鹤奶粉此次奶山羊订单业务为契机，通过应收账款质押的方式为其提供1500万元授信业务。同时该项目可嵌入供应链融资，可同时为赛诺公司上游养殖户提供授信业务；采用"金融+种薯+科技+订单回购"的业务模式，联合本地种薯生产龙头企业内蒙古中加农业生物科技有限公司推出了"中加订单种植贷"。截至2020年11月30日，累计发放"中加订单种植贷"22户，合计贷款金额2325万元。内蒙古银行四子王旗支行按照银监会《中国银监局办公厅关于报送绿色信贷报表的通知》，支持现代农作物种业育繁推一体化项目属于绿色信贷，按照这一标准将绿色信贷与金融支农支牧、扶贫相衔接。截至2020年11月30日共发放"中加2号种植贷"11户，合计贷款金额1195万元。完成由乌兰察布市土豆集电子商务有限公司回购、内蒙古鼎新融资担保有限责任公司提供担保的马铃薯种植贷3笔，合计贷款金额90万元。

【蒙银绿色种业（养殖）贷】 2020年，内蒙古银行四子王旗支行支持养殖户从内蒙古赛诺种羊科技有限公司购买12月龄基础母羊（每户约30只），赛诺公司为养殖户免费提供1只成年种公羊，基础母羊生产周期一般为2年3胎，每胎平均可产羔2.5只，羊羔出生后35天到40天左右由赛诺公司回收，回收价在每只1000～1200元，赛诺公司与养殖户签署回购订单。剔除饲草料成本后每户可得纯利润3万～4万元不等，为农牧民增收提供了稳定渠道。

【萨日朗草原纾困贷】 2020年，内蒙古银行四子王旗支行推出萨日朗草原纾困贷产品，支持对象是有相关融资需求的农牧民。贷款用途是农牧民生产经营、资金周转，贷款额度是10

万元以内，贷款期限为3年，还款方式为按月结息、分期还本。担保方式为四子王旗汇沣融资担保有限责任公司提供担保，保证金比例为10%，农牧民以“两权”抵押、草场补贴等作为反担保。支行与数字牧场合作，以活畜作为质押。在与牧区蒙古族牧户接洽时，派熟练掌握蒙语的蒙古族客户经理提供相应的金融服务，同时由相应嘎查长为贷款牧户出具资信证明以更好把控信贷风险。

【蒙银农贷易】 2020年，内蒙银行四子王旗支行推出蒙银农牧快贷（农贷易）产品。当地农牧户可通过内蒙古银行手机银行线上申请蒙银农（牧）快贷，信贷部门在接到农牧户网上贷款申请后主动与其取得联系，符合条件的农牧户，该行线下为客户办理最长三年期的循环授信贷款，可实现随借随还，为农牧户提供方便的同时节省其融资成本。在期限确定方面，采取联保方式的农牧户，该支行为其确定最长2年期的授信期限，授信金额在10万元以内；采用抵押方式贷款的农牧户，支行为其确定最长3年期的授信期限，授信金额在10万元到20万元之间。内蒙古银行四子王旗支行初步将该项贷款的办理周期确定在5个工作日内，采取抵押方式申请贷款的客户，为其提供抵押物快评服务。为方便客户，该支行将此项蒙银农（牧）快贷准备通过线上提前申请贷款，信贷部门接到线上申请后与农牧户取得联系，办理相关贷款事宜。

【蒙银民贸精英贷】 2020年，内蒙古银行四子王旗支行推出蒙银民贸精英贷产品。支持对象为自治区级、盟市级、旗县级龙头企业。贷款用途为企业经营所需。贷款额度是根据企业经营收入情况确定，贷款期限为1～3年。还款方式是按月结息、到期还本。担保方式是该支行接受的担保方式。贷款利率为支农支牧优惠利率。

【蒙银农牧科创贷】 2020年，内蒙古银行四子王旗支行发行蒙银农牧科创贷产品。支持对象为拥有核心技术的科技创新企业，贷款用途为企业经营所需。贷款额度是根据企业经营收入情况确定，贷款期限为1～3年。还款方式为按月结息、到期还本。担保方式为股权、知识产权、专利权等作为质押。贷款利率为支农支牧优惠利率。该支行对经认定的农牧业高新技术企业、创新型企业、技术先进型服务企业、知识产权试点示范企业给予的信贷支持；对于具有发展前景的科创型企业为其解决融资难、融资贵问题。截至2020年11月30日，支行发放专利权质押贷款3笔，合计贷款金额3000万元。具体明细为支行为内蒙古赛诺种羊科技有限公司以专利权质押方式为其办理流动资金贷款2笔，合计金额2300万元；支行为内蒙古中加农业生物科技有限公司发放700万元流动资金贷款，以该公司所有的10项专利权作为质押。

【蒙银农资e贷】 2020年，内蒙古银行四子王旗支行推出蒙银农资e贷产品。四子王旗电商服务中心旗下在四子王旗各乡镇苏木已建立36个电商服务站点，由当地站点负责人联络并推荐站点负责地区优质种养殖农户，农户在电商平台选购农资，并与电商平台签订购买协议。内蒙古银行四子王旗支行根据农户种养殖规模及所签订的农资订单确定贷款额度，放款后购买农资部分由农户转入电商平台的账户中，电商平台为农户下单，待农资运送到农户家中后电商平台为农户向相应农资销售商确认付款，此种模式的优势在于通过电商平台可以筛选出贷款用途真实的优质种养殖户。截至2020年11月30日，内蒙古银行四子王旗支行信贷部门已与四子王旗电商服务中心共同完成尽调农户200户，已发放蒙银农资e贷50户，合计贷款金额300万元。为方便客户，内蒙古银行四子王旗支行此项蒙银农资e贷客户可通过线上申请贷款，信贷部门收到线上申请后与农牧户取得联系，办理相关贷款事宜。

【整村推进模式】为更好服务四子王旗“三农三牧”，支行根据当地农牧业产业特点及农牧民资金需求，以村、嘎查为单位，逐户进行尽职调查，为建档立卡贫困户、种养殖户、新型农牧业经营主体发放小额贷款。并根据种养殖业生产周期和行业特点合理确定贷款期限、额度、保证方式、利率和支付方式，最长贷款期限可达三年，贷款金额3万～10万元，担保方式以联保为主，采取3～5户联保，建档立卡贫困户给予利率优惠，采用三年期基准利率4.75%，其他贷款执行支农支牧优惠利率，支付方式为自主支付。截至2020年11月30日，通过整村推进并采取3～5户联保以及单户抵押、保证等形式累计发放的个人类小额农户贷款574户，贷款金额6557万元。

【数字化整村授信】内蒙古银行四子王旗支行引入北京乡邻涉农小微信贷业务智能系统，启动数字化整村授信业务新模式。智能系统主要由“量化信”风险计量模型引擎系统、客户办贷系统和客户管理系统三个子系统组成。整套系统能够实现风险数字化计量、业务数字化办理和营销数字化管理，可以使农牧户信贷客户的信用风险得到精确的计量，依托有效风控系统对农牧户开展整村授信，可提升农牧户信贷业务的办理效率和风控水平。截至年底，内蒙古银行四子王旗支行通过该职能系统在整村授信业务中成功办理8笔贷款，合计贷款金额40万元。

【服务创新】内蒙古银行四子王旗支行与涉农涉牧企业联系，组建金融服务队，为企业提供咨询指导、融资规划等专项服务。支行详细了解企业发展规划和金融服务需求，按照“一企一策、一问题一方案”为企业量身定制合适的金融产品和配套服务方案，帮助企业解决生产经营中遇到的难点问题。强化金融服务队的“桥梁”作用，将各级政府一系列惠企政策解读、传达到位。支行设立服务专柜，为客户提供一对一专业支农支牧服务，助力客户解决产品销路问题，为牧区提供相应的金融服务、“草原额吉”孝心特色存单等服务。

支行设置阳光放贷告知卡，贷款信息一目了然，保证客户更多知情权。开通线上申请支农支牧贷款服务，专员审批，快速落实，做到精简业务流程，在风险可控条件下减少审批手续。支行与农牧业龙头和骨干企业共同创办农牧民知识培训大讲堂。探索致富能人引领、龙头企业带动、银政合作指导等金融服务组织形式，开展“银政、银企、银税、银保”等合作模式，发挥其普惠性和特惠性优势，降低企业和农户的融资成本。在培训农牧民种养殖技术的同时，为农牧民讲解个人征信、防范和处置非法集资和该支行涉农涉牧金融产品等金融知识，让农牧民更加深入地了解金融知识，引导农牧民珍视个人信用并树立正确的财富观。适时推出“三新”普惠金融业务讲堂。

【试点成效】2020年，内蒙古银行四子王旗支行试点工作进展较为顺利，成效明显。支行的各业务模式运行良好，风险可控。通过各种业务模式发放的贷款经过一个完整周期的检验，还款情况良好；基本上解决了涉农小微企业以及农牧民贷款难贷款贵问题，缓解了农牧民高利贷压力。推出试点创新7种业务模式，有效解决涉农涉牧企业和农牧民因缺乏有效抵押物导致融资难融资贵的问题。同时根据种养殖业生产周期和行业特点确定贷款期限为三年，按季结息，本金分3年结清，减轻还款压力，贷款在农户春耕前全部发放到位，确保了农户能够及时购买农资，解决了农牧民往年春耕因无法获得银行融资而向民间借入高利贷的问题。内蒙古银行四子王旗支行支农支牧创新试点工作加强了总行、分行与支行的联系，形成了总分支现场办公、合力创新的新模式，在提升创新效率的同时，带动了金卡、信用卡、手机银行及贷款等各项业务的发展。

四子王旗蒙银村镇银行股份有限公司

【领导名录】
董事长：那日苏（蒙古族）
行　长：侯宝峰
副行长：许恒泽
　　　　金　芝

【概况】 四子王旗蒙银村镇银行股份有限公司（简称蒙银村镇银行）成立于2011年3月，注册资本2000万元，是乌兰察布市首家村镇银行。现有员工90人（其中正式员工88人、实习员工2人）。经营层按照前后台分工设立了12个部门，分别是综合管理部、运营管理部、财务部、风险合规部、审计部、三农服务部、营销部、营业部及四家支行。董事会审计委员会办公室下设审计部，隶属董事会，对董事会负责并报告。四子王旗蒙银村镇银行始终坚持“立足县域、服务三农”的宗旨，以现代化理念构筑百姓精品银行。通过全面深化优质服务与下沉服务重心，实现精细化管理，创新性经营，深耕农村金融市场。

【各项业务指标】 2020年，蒙银村镇银行资产总额124549.69万元，较年初增加19938.15万元，增幅19.06%；负债总额115663.66万元，较年初增加18908.28万元，增幅19.54%；所有者权益8886.03万元，较年初增加1029.87万元，增幅13.11%；各项存款余额112138.33万元，较年初增加17273.49万元，增幅18.21%；各项贷款余额65400.08万元，较年初增加4163.79万元，增幅6.8%；拨备前利润2101.52万元，净利润1429.88万元，资本充足率14.42%，资本利润率17.08%，资产利润率1.25%。

【监管评估】 2020年银监局监管评级3B，人民银行监管评级6级，综合实力在内蒙古银行发起的31家村镇银行中位居前列，各项结构性指标基本达到乌兰察布市各级地方法人机构上游水平。2020年根据上级党组织和公司章程的规定，蒙银村镇银行召开21次党支部委员会和党支部全体委员大会，研究讨论股东大会、董事会、高级管理层重大事项。

【扶贫贷款】 2020年，蒙银村镇银行利用自用资金发放扶贫贷款1826万元，扶持建档立卡户372户，小微企业贷款1529万元，个体工商户贷款4214.96万元，小微企业主贷款25615.47万元，不良贷款1404.58万元，同比减少118.17万元，不良贷款率2.15%，同比下降0.34个百分点。

【市场定位情况】 2020年，蒙银村镇银行持续扩大支农支牧支小阵地的金融支持力度。加大对“涉农贷款”的投放力度。年初，蒙银村镇银行按照区域负责制，深入农牧区，询问农牧户资金使用情况、收益情况、资金需求情况等，制定“三农、三牧”信贷规模投向。并根据农牧民使用资金季节，合理分配信贷投放时间，驱车下乡、挨家挨户办理贷款手续，简化信贷流程，第一时间发放贷款，资金能够及时到位、支持农牧民正常生产经营。从2018年开始，截至2020年12月底，蒙银村镇银行以3.625‰的利率累计为达赖嘎查牧民发放1008万元贷款，为牧民减少了54.43万元利息支出。发放贷款全部以“无还本续贷”形式办理，免去了牧户居民的还贷压力，降低了牧民的融资成本和还贷成本；蒙银村镇银行帮扶困难群体，践行社会责任。蒙银村镇银行推出了“惠企惠民”疫情帮扶政策，对受疫情影响出现还款困难的小微企业进行无条件延期还本付息，帮助困难群体减少融资成本。截至12月底，蒙银村镇银行对小微企业办理延期还本付息共计2045万元，支持当地小微实体经济。蒙银村镇银行突破了物理网点少的服务瓶颈。生盖营子支行的开业标志着四子王旗蒙银村镇银行形成了“一个中心、四个基点”的纵深辐射的合理布局。

【股东大会】 2020年，蒙银村镇银行股东共计有22户。其中，法人股1户，持股700万元，占比35%；自然人股东21户，持股1300万元，占比65%。2020年蒙银村镇银行共计召开三次股东大会，三次股东大会议题均经出席股东大会的股东所持有效表决的100%同意并形成股东大会决议。

【董事会】 2020年，蒙银村镇银行共计召开两次董事会，议题为《关于聘任侯宝峰为四子王蒙银村镇银行股份有限公司行长》《关于四子王蒙银村镇银行股份有限公司全体职工缴纳企业年金》《关于聘任金芝为四子王蒙银村镇银行股份有限公司副行长》《四子王蒙银村镇银行关于明确高管薪酬标准》，两次董事会议题均经全体董事三分之二以上通过。关于聘任侯宝峰为行长的议题，监管部门已受理，已经监管部门核准，正式履职。关于聘任金芝为副行长的议题，监管部门已受理，监管部门核准正式履职。2020年度董事会下设五大委员会，战略委员会、审计委员会、关联交易控制委员会、风险管理委员会、薪酬委员会。

【监事会】 2020年3月10日，蒙银村镇银行根据公司法、公司章程及有关法律法规，通过职工大会选举表决，由苑雅萍、张璐任职工监事，2020年4月任职后，2名监事严格按照企业职工监事程序，参与企业重大事项的监督。年内监事会成员学习了职工监事相关方面的法律法规政策，参与维护职工的合法权益。监事会列席本年度董事会会议两次，股东大会会议三次，对大会的决议、履行诚信义务进行了监督；履职以来，对董事会、经营层运作以及会议决议的落实、执行情况进行监督。

【高级管理层】 2020年，蒙银村镇银行高级管理层执行股东大会董事会各项决议并完成董事会下达的各项任务，存贷款稳步上升，利润水平保持一定增长。主要监管指标符合监管部门要求。同时在党建方面做了实质性的工作，在疫情防控方面积极配合地方政府完成了防疫任务。并且在员工队伍建设、团队建设方面做了许多有益的探索。

【制度建设】 蒙银村镇银行改革薪酬制度，进行绩效考核。对之前薪酬制度中不合理的规定进行修正，就员工月薪、绩效、年终奖金等方面进行全面改革，将工资绩效与业绩考核结合起来，提高工作效率与工作质量；蒙银村镇银行在舆情应急预案方面填补了制度空白，在处理网络舆情应急情况时，提出了书面化制度化方针策略，尤其是疫情防控期间，使相关工作得以顺利开展；在财务制度方面，新增了《四子王蒙银村镇银行财审会工作细则》，对单位内外相应支出，设立了严格完善的审核框架及审批流程；消费者权益保护方面，出台了《四子王蒙银村镇银行客户信息保密管理办法》，严打真抓违规行为，扎紧合规制度的笼子，将消费者权益保护工作落实到位；业务制度方面，蒙银村镇银行制定了《四子王蒙银村镇银行无还本续贷管理办法》《四子王蒙银村镇银行延期还本付息管理办法》《四子王蒙银村镇银行疫情期间信贷管理办法》《四子王蒙银村镇银行小微企业信用贷款管理办法》《四子王蒙银村镇银行欠息不良贷款处罚办法》《四子王蒙银村镇银行欠息不良贷款处罚办法修正稿》《涉诉不良贷款申报程序》等制度，缓解因疫情影响而带来的不便，扶持小微企业、小微企业主、个体工商户、农牧民的经营发展。

【信贷规模】 2020年，蒙银村镇银行贷款余额65400.08万元，同比增加4163.79万元，增幅6.8%；农户联保类贷款32934.79万元，抵（质）押类贷款21051.63万元，公务员类贷款4142.89

万元，保证类贷款3673.08万元，个人住房类贷款3597.68万元；涉农贷款比例81.52%，农户和小微企业贷款合计占比95.14%，户均贷款7.7万元。信贷规模呈现增长趋势，信贷投向符合国家政策。

【信贷质量】 2020年，蒙银村镇银行清收不良贷款方面，控制新增不良贷款，清前堵后。对于控制新增不良贷款方面，在日常工作中实行动态监控，到期15日前观察询问信贷人员的客户情况，对于有问题的客户，及时拿出意见进行化解；蒙银村镇银行采取有效途径，多管齐下，清收盘活不良贷款，敦促信贷人员对辖内的不良贷款做到“一户一策”，采取多种措施进行清收，并考核到人，将清收盘活业绩与岗位工资挂钩；蒙银村镇银行借助司法程序，主动积极与法院沟通协调，及时诉讼执行清收。

【负债类业务】 2020年，蒙银村镇银行负债类业务只开展了存款业务，存款业务中包括活期存款、定期存款以及周理财存款。截至年末，全行负债总额115663.66万元，较年初增加18908.28万元，增幅19.54%，各项存款余额112138.33万元，较年初增加17273.49万元，增幅18.21%；各项存款中活期存款19680.49万元，占比17.55%，定期存款67084.24万元，占比59.82%，周理财存款25373.6万元，占比22.63%，各项存款结构合理且较为稳定。

【产品研发与市场拓展】 2020年，蒙银村镇银行坚持回归本源业务的经营理念，围绕各项基础业务开展工作。及时调整存款营销的思路与政策，制定新的营销办法，落实分层营销，稳存增存。首先在宣传上，各支行对目标客户进行了细化，利用各网点地域优势，走进社区、广场、商业中心、临街商铺、学校进行宣传；其次在营销上，举办“月末定期存款积分兑换礼品”“定期存款抓奖”等活动，制定行之有效的活动方案，巩固老客户，发展新客户。经过全行员工的共同努力，四子王旗蒙银村镇银行于2020年12月10日存款正式突破10亿元大关，超额完成了在上年底制定的目标。

【所有者权益及利润】 2020年，蒙银村镇银行所有权益余额8886.03万元，其中，实收资本2000万元，盈余公积金918.6万元，一般风险准备1602.37万元，未分配利润4365.06万元。

【利润情况】 2020年，蒙银村镇银行实现净利润1429.88万元，累计实现净利润合计9235.09万元。按照《村镇银行监管指引》第四十三条“开业3年内原则上不得现金分红”要求，2011年至2013年开业三年内未进行股利分红。2014年分红金额为300万元，2015年至2019年每年分红金额均为400万元，累计分红2300万元。

中国邮储银行四子王旗支行

【领导名录】

行　长：张东祥

【概况】 中国邮政储蓄银行四子王旗统建路支行（简称邮储银行四子王旗支行）于2013年9月18日成立并投入运营，邮储银行的分设机构在业务和干部管理上实行垂直领导，统一管理。近年来，中国邮政储蓄银行四子王旗统建路支行在各级政府、金融监管部门以及社会各界的关心和支持下，中国邮政储蓄银行坚持普惠金融理念，自觉承担“普之城乡，惠之于民”的社会责任，走出了一条服务“三农”、服务中小企业、服务社区的特色发展之路。2020年，在旗政府、监管机构及市分行的领导下，支行完成“带资入股”扶贫项目整改任务。年内多次接受各级审计和检查工作。重点业务方面在信用卡、收单、信贷、不良贷款化解、公司业务拓展等都取得了较好成绩。

【完成收入情况】 2020年，邮储银行四子王旗支行收入累计完成680万元，还原扶贫退息后完成872万元，完成预算797万元的109.41%；利润累计完成138万元，虽未完成年初目标计划，但较2019年贷款发放增加了2802万元。

【存款业务】 2020年，邮储银行四子王旗支行个人储蓄存款时点余额5420万元，较上年新增759万元。

【贷款业务】 2020年，邮储银行四子王旗支行调结构、促转型初见成效，在陆续关停“农牧贷”“供销贷”“惠农贷”、家庭农场白名单等家庭农场项下高额度、弱担保产品的同时，四子王旗统建路支行对接就业局，邮储银行发展普惠再就业贷款，就业贷款全年发放74笔929万元；邮储银行发展极速贷线上贷款业务，优化作业流程，提高客户体验，抵押类极速贷全年放款182笔1251万元；邮储银行发展房贷业务，提高中长期贷款占比，二手房贷款全年发放1334万元，结余2460万元；重点发展非房消费贷款业务，抢占一至三类优质客户，优享贷业务全年发放3000万元，结余3464万元。本年放款9800万元，净增3440万元，还原核销后净增4317万元。

【个金业务】 2020年，四子王旗统建路支行完成了网点系统化转型导入工作。收单业务完成转型提升，完成旺季营销第一阶段任务目标。

【信用卡业务】 2020年，邮储银行四子王旗支行在乌兰察布市分行组织的进件PK赛中取得了第三名的成绩。全年累计发展新客770张；持续加大房贷、信消联动营销力度。

【公司业务】 2020年8月份，支行拿到开办公司业务的批复。截至2020年底，邮储银行四子王旗支行累计开立公司户17户；完成营销开放式缴费平台1户。

中国人民财产保险股份有限公司四子王旗支公司

【领导名录】

经　理：高智敏（女，蒙古族）

副经理：薛　富

【概况】 中国人民财产保险股份有限公司四子王旗支公司（简称旗人保财险）成立于1984年，原名中国人民保险公司四子王旗支公司；1996年与寿险分家后，更名为中国人民财险保险股份有限公司四子王旗支公司。经营范围包括车辆保险、财产损失保险、责任保险、保证保险、信用保险、人身意外伤害保险、农业保险、健康保险等业务。下设单位有乌兰花镇营销服务部、东八号镇营销服务部、供济堂镇营销服务部、白音朝克图镇营销服务部。2020年，人保财险公司内设岗位经理1人、副经理1人、出单员1人、理赔员2人、财务1人、电商座席2人、组训1人、三农经理3人，共12人。2020年，人保财险公司赔付防贫救助保险金19.26万元。2020年4月2日，人保财险四子王旗支公司为森林防火办赠送生活物资。2020年5月8日，人保财险四子王旗支公司通过四子王旗红十字会向各学校捐赠消杀物资。2020年8月7日，乌兰察布市保险行业协会授予人保财险四子王旗支公司“乌兰察布市保险业抗击新冠肺炎疫情工作先进单位”称号。9月，人保财险四子王旗支公司通过各种渠道向广大消费者普及车险综合改革。

【收取各类保费】 2020年，旗人保财险公司收取各类保费2586.32万元，其中车险1197.9万元、非车险354.72万元、农险1033.7万元。收取的各类保费中，政策性森林保险965万元，商业保险1552.62万元，森林保险按照自治区财政厅和林业厅统一招投标承办该业务。商业性业务通过公司员工和业务人员拓展业务收取。

【赔付各类保费】2020 年，旗人保财险公司支付各类赔款 734.31 万元。赔款涉及农险、车险、非车险等公司所有已售出的险种，理赔人员会核实是否属于保险责任、出险时间是否在保险期间内、是否有违法行为等相关问题，部分业务还需要交警部门提供责任认定和法院的判决书等证明材料进行综合审核，若属于保险责任，确定损失金额后予以赔付。

【宣传活动】6 月 30 日，旗人保财险公司作为受邀单位，参加四子王旗金融乌兰牧骑启动仪式暨“金融乌兰牧骑”授旗宣传演出活动。共同组成宣传方队，向过往行人讲授车险、健康险、人身保险等保险知识，并为广大消费者答疑解惑。

（张静）

中国人寿保险公司四子王旗支公司

【领导名录】

总经理：张锦虹（女）

个险部经理：杭婷燕（女）

柜面经理：康彩霞（女）

【概况】中国人寿保险股份有限公司四子王旗支公司（简称人寿保险公司）隶属中国人寿保险股份有限公司乌兰察布分公司，成立于 1987 年 7 月，位于四子王旗体育路中段，主要经营人寿保险、健康保险、意外伤害保险等。中国人寿服务网点四子王旗支公司下设城乡网点，为客户提供风险咨询、风险管理、投资理财，以及养老、医疗等特色化、个性化和高品质的增值服务。内设机构有经理室、营销服务部、客服中心。2020 年，着力规范寿险保险市场秩序，坚持防范化解行业风险，推进重点领域业务发展，使寿险市场保持了规模和效益协调发展的良好势头。积极构建营销、电子商务等多渠道的销售网络和全方位的销售体系，发展和壮大销售队伍，完善销售管理制度和福利保障、培训、销售支援等配套制度。2020 年末，人寿保险公司营销员人数已达 100 余人。人寿保险公司与中国工商银行、中国农业银行等签订全面合作协议，同时进一步和客户宣传“95519”全国统一客户服务电话系统。

【业务工作】2020 年，中国人寿四子王旗支公司保险保费收入 4854 万元，同比增长 1.34%。其中，首年期缴保费收入为 804.7 万元，同比增长 15.65%；标保保费收入为 42.3 万元，同比增长 36.24%。2020 年，中国人寿四子王旗支公司短期类赔款金额合计 92.61 万元。

【内控管理】2020 年，中国人寿四子王旗支公司及时贯彻监管要求，落实合规内控情况评价办法。建立落实合规内控情况评价工作奖惩机制，加强对监管文件的传达学习；针对监管文件组织分公司员工开展专项培训，重点解读监管合规内控情况评价的指标、程序等内容；落实上级公司合规内控情况评价工作纳入年度合规工作计划，明确工作目标和工作要求，加强监督考核；开展风险排查工作；完善合规内控三道防线，组织开展合规及风险防控工作。中国人寿四子王旗支公司与各乡镇苏木计生办合作，通过政企联动，依托地方乡镇苏木的组织和宣传，为当地百姓提供意外伤害保险保障服务。公司紧盯前台营销和后台管理两大风险环节，以现场检查、非现场检查和各类客户投诉中发现的问题线索为抓手，通过综合分析研判，对相关单位或网点实施精准检查，提升合规检查的针对性。2020 年，中国人寿四子王旗支公司通过持续加强针对各层级从业人员的合规培训宣传，推动监管规章及公司合规内控措施的有效落实。组织开展每月一次的专题晨会培训活动，内容涵盖重要监管文件、反洗钱及反非法集资宣导，相关案例视频播放等。

四子王旗招商引资服务中心

【领导名录】
主　任：薛文志（2020 年 7 月任职）
副主任：谢　新（2020 年 7 月任职）
　　　　白林河

【概况】 四子王旗招商引资服务中心成立于 2020 年 7 月，机构规格属政府直属公益一类正科级事业单位。领导职数为 1 正 2 负，无内设机构。

【签约落地项目】 2020 年，四子王旗招商引资签约落地项目 7 项。签约落地的有 7 个项目，分别为乌兰察布风电基地一期 600 万千瓦示范项目，四子王旗太衡号四通化工建材有限公司年产 4 万吨优质岩棉制品项目，内蒙古康源再生资源利用有限公司建设年处理废旧铅酸蓄电池等 10 万吨项目，四子王旗乌兰花镇幸福颐养养老院建设项目，马铃薯精淀粉及净菜、主食化加工项目，四子王旗辉煌梦欢乐谷·机车嘉年华项目，四子王旗生活垃圾裂解气化处理厂。拟投资 432.856 亿元，其中签约已开工的有 4 项，为马铃薯精淀粉及净菜、主食化加工项目，乌兰察布市风电基地一期 600 万千瓦示范项目，四子王旗辉煌梦欢乐谷·机车嘉年华项目，四子王旗生活垃圾裂解气化处理厂。

【销号项目】 2020 年，四子王旗招商引资销号项目 3 项，分别为四子王旗乌兰花镇水资源利用提升工程 PPP 项目、中草药生产加工销售基地项目、140 万千瓦风电基地风机制造项目。

【在谈项目】 2020 年，四子王旗招商引资在谈项目 4 个，分别为四子王旗全国无人飞机测试、训练竞赛基地项目，四子王旗天然气利用工程，四子王旗年出栏 100 万头商品猪（1+1 模式）即年存栏 36000 头父母代种猪场项目，大唐四子王旗新能源项目。

【开复工项目】 2020 年，四子王旗招商引资开复工项目共 8 项，总投资 452.97 亿元（其中亿元以上招商引资项目 6 项）。开复工完成投资 3.706 亿元，其中，区外（国内）6 项，完成投资 3.056 亿元；区内 2 项，完成投资 0.65 亿元。续建项目 4 项，分别为内蒙古永和氟化工有限公司氟化工项目、四子王旗泰和花园商住小区建设项目、内蒙古中峰农业科技有限责任公司四子王旗亨元贞阴山驴养殖项目、四子王旗国通仓储物流园区项目。完成投资 1.23 亿元。

（四子王旗招商引资服务中心）

四子王旗粮食储备库

【概况】 四子王旗粮食储备库又叫乌兰察布乌兰花内蒙古自治区粮食储备库，属国有企业。2016年12月机构改革后，旗发改局设粮食与物资储备办公室。完成自治区、市、旗县间的政策性粮食调拨、移库及划转，负责全旗粮食流通宏观调控的具体工作。管理好自治区级、市级粮食储备，组织好各级储备粮的收购、储存、保管、轮换和抛售。编制粮食流通、仓储、加工设施建设规划，管理有关粮食流通设施投资项目。机关内设4个职能机构，办公室、财务股、综合股、监督检查股。2020年，粮库在各级主管业务部门的具体指导下，按照各级地储粮管理办法的有关规定，严格管理，确保所储的地方储备粮数量真实、质量良好、储存安全；确保各级储备粮储得进、管得好、调得动、用得上。

【健全各项管理制度】 2020年，四子王旗粮食储备库完善企业各项规章制度，并落实到人、到岗，做到责权明确、奖惩分明。将库内所有的规章制度归纳为《企业内部管理规程》，并装订成册发给各室，使库内各个岗位在实际工作中有章可循，每月对照规章制度对各自的工作进行一次总结，并形成书面材料，发现问题及时纠正。

【库存粮检查】 2020年，四子王旗粮食储备库根据各级政府和业务主管部门《关于粮食清仓查库工作的通知》精神，按照“有仓必到、有粮必查、有账必核、查必到底”的原则，对粮库现库存的各级地方储备粮的数量、品种、质量，以及库存粮食实物与保管账、统计账、会计账、银行资金账的账实相符、账账相符情况，账务处理的合规情况和地方储备粮的轮换、管理情况进行全面检查。在组织开展清仓查库工作时，按照规定的检查步骤和相关制度，对检查中发现的问题、隐患及所有不安全因素，边查边处理、边查边总结经验教训，认真对待，分清责任，杜绝重复发生。对账实不符的粮食及时查找原因，属于客观因素造成的应及时纠正，属于人为因素造成的分清责任一查到底。经过全面自查工作，顺利完成全国粮食库存检查的各项任务。

【明确安全责任】 2020年，四子王旗粮食储备库为了保障各项生产工作的绝对安全，经旗发改委批准，成立了安全领导小组。专门负责本库安全生产制度的落实及安全生产应急预案的实施。并在年初根据本库的实际情况结合有关安全生产的政策法规，讨论制定了《安全生产应急预案》《安全教育培训制度及检查奖惩制度》《安全检查制度》《设备安全管理制度》《消防安全管理制度》《事故报告和登记备案制度》《事故责任追究制度》。7月，结合《四子王旗粮食行业开展安全生产“三项行动”实施方案》的相关内容，按照粮库的实际情况对所有仓储设施、设备的安全性能进行了检查。经过近一年的运行，所制定的各项制度基本能够控制粮库不安全因素的发生，符合粮库的实际情况，便于在实际工作中操作，截至年底没有出现过任何事故。

【储备粮轮换工作】 2020年，四子王旗粮食储备库根据各级地储粮管理办法、轮换管理办法的规定，粮库储存的5000吨区级地方储备粮已到达轮换年限，为了做好该项工作，保质、保量完成轮换任务，粮库制定《轮换区市级储备粮工作安排》和相应的轮换出入库管理制度。完成区市两级4500吨玉米轮换任务，并于9月14日通过验收。完成旗库存粮食和安全检查工作。截至12月20日，区级储备粮小麦5000吨已全部签订销售合同。

四子王旗供销社

【领导名录】
主　任：席双喜

【概况】 2020年，四子王旗供销社积极推进供销合作社综合改革，供销社召开基层社建设工作会议，确定村级基层社建设点，布置建设工作任务等。以基层供销社为终端农民专业合作社为支撑，构建供销合作社电子商务经营服务体系，开办日用品实体店，创新现代农业社会化服务，开展“菜单式”土地托管。保障全旗春耕农资供应，平抑旺季农资价格。对供销系统内烟花爆竹零售网点进行安全隐患排查。推进产业扶贫、电商扶贫，利用基层社、农民专业合作社和互联网+扶贫“832”平台，为农牧户提供了技术咨询和培训、发布供求信息等综合性、专业化服务。组织全旗农畜产品销售企业参加了全国供销总社主办的2020年消费扶贫·贫困地区农副产品产销对接会，为全旗推介了优质特色农副产品，扩大了四子王旗农副产品销售渠道。

【基层服务组织】 2020年，四子王旗供销社完成2个基层供销合作社、3个村级基层基层社升级改造任务。对东八号、库伦图基层供销合作社，罗罗图、东八号、阿玛乌素村级综合服务社进行了升级改造。

【农资供应】 2020年，四子王旗供销社基层农资经营网点销售各种化肥2860吨、农药8吨、地膜510吨。

【三农服务】 2020年，四子王旗供销社为了规范发展农牧民专业合作社，举办农牧民专业合作社实用技术培训5期，培训社员300余人。2020年，旗供销社联合旗电子商务中心，构建供销合作社电子商务经营服务体系，实行网络支付和快递服务，提供现场购物，实施现金、网银支付服务，实现了农产品进城和工业品下乡双流通。2020年，旗供销社完成7个村级综合服务社建设工作。

【标杆基层社建设】 吉生太基层供销社被自治区供销社评选为基层社标杆社，北国兴农种养殖专业合作社被全国供销合作总社和自治区供销社分别评选为国家级和自治区级专业合作社示范社，本坝村级综合服务社被自治区供销合作社评选为五星级综合服务社。组织申报基层社标杆社、专业合作社示范社、综合服务社星级社各1家。

（席双喜）

中国石油四子王旗经营部

【领导名录】

经　理：侯敬英（女）

副经理：李增智（2020年8月调离）

【概况】 中国石油四子王旗经营部（简称中石油公司）隶属中国石油天然气股份有限公司内蒙古乌兰察布销售分公司。下设10座全资加油站，2020年加油站运营9座，暂停营业站1座。主营业务是成品油直销、零售业务，另设便利店，以包装饮料、包装食品以及润滑油为主要商品。2020年全年销售任务指标为纯枪销售28145吨，直销油3000吨，非油销售506万元。指标完成情况为纯枪销售16948吨（其中汽油销售7411吨，柴油销售9537吨），直销油销售3149吨，非油销售892万元。

【市场经营】 2020年，中石油公司开展春耕送油下乡活动，累计销售农用柴油600吨；与翔振矿业、英达萤石公司、乾磊公司签订长期购油协议，直销油2000吨；与五丰农贸公司达成合作，累计销售化肥500吨。

【经营管理】 2020年，新冠肺炎疫情期间，中石油公司参加社区新冠疫情联防联控工作。成立防疫管控小组到包联小区执勤；疫情防控期间，所辖10座加油站承诺“不断供、不打烊、不涨价”，保障疫情期间油品供应不中断；3月中石油参加旗市场监督管理局主办的“3·15”质量万里行活动，宣传油品辨识小知识；参加旗应急管理局主办的安全活动月宣传活动，宣传日常安全知识。

【增强服务社会能力】 2020年，中石油公司落实旗委政府及上级公司的防疫管控要求，加油站严格执行防疫管控措施，建立消杀台账、进出人员登记表等，开展疫情防控演练；落实加油站各项管理制度，开展加油站员工规范操作、营销话术等销售技能的培训。

【落实安全管理制度】 中石油公司落实消防管理要求，执行重点防火单位安全管理措施，进行日常巡检、月度检查等安全检查工作。开展应急预案演练工作，提升加油站员工的应急处置能力；开展卸油规范治理活动，推行“手指口述”卸油操作规程，规范卸油操作，规避人为的不安全行为，提升卸油安全操作能力。

（塔娜）

四子王旗教育体育局

【领导名录】

局　长：魏伏虎

副局长：斌　巴（蒙古族）

刘志君

孙立波（女，6月任职）

【概况】 四子王旗教育体育局（简称教体局）是旗人民政府工作部门，下设办公室、计划财务和组织人事师资股、教育股（审批股）、体育股、安全督导股5个股室及电教仪器站、教研室、四子王旗青少年学生校外活动中心、四子王旗学生资助管理中心4个二级单位。2020年6月，原培训中心的教师进修学校职能分离，整体划入教育体育局管理，成立四子王旗教师进修学校。四子王旗现有中小学校及幼儿园28所，其中完全高中1所（含职高）、初中3所、一贯制学校（12年）1所、小学8所、幼儿园15所。民族学校4所（初中1所，小学2所，幼儿园1所）。全旗在校生13140人，其中普高1512人、职高303人、义务教育学生8367人、幼儿园2958人。学生总数中蒙语授课学生1087人，占8.3%。全旗在职教职工1646人（其中专任教师965人，占全体教师的59%）。2020年，四子王旗教育体育局全面贯彻落实全区、全市教育大会和《乌兰察布市中小学教学质量提升三年行动计划》等相关会议文件精神，以全面提高教育教学质量为中心，学前教育抓普惠，义务教育抓优质均衡，普通高中抓特色，民办教育抓品牌。通过与北京宽高教育集团合作，极大地缓解了全旗生源外流的现象。落实扶贫资助政策，使四子王旗学生不因贫困而辍学；在脱贫攻坚工作中，通过“七项政策保障”措施，适龄儿童无因贫困而辍学；教体局党委全面部署疫情防控工作，全面打赢疫情防控阻击战。全面推进国家统编教材在民族语言授课学校使用工作。按照内蒙古自治区义务教育课程计划，在课程设置、课时安排、教师配备上予以保障。开展双语师资培训。组织全体教师认真学习有关民族团结教育政策，了解掌握民族团结教育的目标和任务；全旗小学入学率达到100%，初中净入学率达到102%。

【教育保障机制】 2020年，四子王旗教体局落实国家各项教育保障机制，全年发放补贴147.6万元，受益学生7005人次。全年投入8475万元，用于校舍、体育场馆、设备配套、校园文化建设等。

【防疫情保教学】 2020年，四子王旗教体局落实防控新型冠状病毒肺炎责任，成立疫情防控工作领导小组。完成镇内小区值守防疫工作。落实中小学、幼儿园疫情防控管理和“日报告”“零报告”制度。学校复课后开展疫情防控突发应急处置演练。各中小学、幼儿园通过各种渠道开展健康教育宣传活动200多次，通过微信群宣传疫情防控知识600多次，悬挂横幅30多条。教育体育系统党员干部为疫情防控捐款54万元。教体局利用“钉钉”软件资源网络教学平台，开展教师网络教学培训，组建学生网络学习班级，开展学生网络学习。教体局通过网络宣传告知家长，知晓和熟知网络教学工作，配合学校和老师，督促学生在家自觉接受网络教学、按时完成网上作业。3月，教体局邀请乌兰察布市心理专家对全旗中小学生及家长进行复课前的心理辅导。5月20日，蒙古族小学邀请国家二级心理咨询师敖特更格日乐师对全体教师、学生及家长进行了为期一天的心理健康疏导培训活动，参加本次培训人数500余人。蒙古族中学特邀内蒙古师范大学教授、教育学硕士生导师、情绪辅导师、国家注册心理咨询师马斯琴为全体家长、教师进行了“净化家庭这片土壤”的主题讲座，共200多人参加。

【控辍保学】 2020年，四子王旗教体局根据自治区教育督导委员会办公室《关于加强控辍保学劝返复学督查有关事宜的通知》精神，定期不定期对义务教育学校进行督导检查，按时上报控辍复学返学情况。“三残”儿童是控辍保学的重点和难点，教体局按照“一生一案”的原则落实防控措施，全旗随班就读41人，送教上门服务13人，特殊学校就读25人，办理缓学11人，免学4人。

【困难学生生活补助金】 2020年，四子王旗受疫情影响，学校资助工作采取分学段递次开学。从2019年秋季起将义务教育阶段建档立卡贫困户学生，以及非建档立卡的家庭经济困难残疾学生、农村低保家庭学生、农村特困救助供养学生等四类家庭经济困难非寄宿生纳入生活补助范围。2020年，共发放生活补助147.6万元，资助家庭经济困难学生3057人次。

【困难学生资助金】 2020年，四子王旗资助建档立卡贫困家庭学生1790人，发放资助金514.6万元；资助家庭经济困难普通高中学生481人，发放普通高中国家助学金44.8万元；资助中职学生224人，发放中职助学金18万元；资助家庭经济困难幼儿学生463人次，发放支持学前教育发展中央专项补助36.4万元。2020年四子王旗为应往届大学生办理生源地信用助学贷款2422笔，贷款金额为1641.137万元。

【营养餐计划】 2020年，补贴红格尔蒙古族学校6万元，为120名在校生免费提供营养早餐。

【教师招聘及职称评定】 2020年，四子王旗教体局招聘特岗教师12人、中小学教师34人；评审通过初级职称17人、中级专业职称70人、高级专业职称28人。

【招生考试】 2020年，四子王旗招生办完成1364名高考生的体检、考试、填报志愿、封档工作；完成922名中考生的报名、体育测试、理科试验操作考试、中考考试、填报志愿和录取工作；完成八年级837名学生的地理、生物报名、考试工作；完成教育心理学148名考生的报名工作；完成112名特岗教师的报名工作。四子王旗一中参加高考学生509人，普高本科上线230人，升本率45.2%，实现了高考升本率稳中提升。中考在全市51所中学中，四子王旗天和学校语文、数学、英语、政治、历史、化学和物理7个学科综合得分排名第一，地理和生物学科排名第三。2020年，四子王旗高考成绩在乌兰察布市旗县排名第二，中考成绩居全市旗县第一名，小考素养测试第一名。

【教师培训】 2020年，四子王旗教体局组织第一中学教师一行20人赴赤峰3所学校开展为期

5天的学习交流；组织22名蒙语骨干教师赴赤峰开展为期7天的跟岗培训学习；邀请鄂尔多斯市康巴什区第十幼儿园园长苗永艳、亿童课程培训部内蒙古省区培训中心主任费非利用一天时间对全旗幼儿园（含民办）教师分别做了“儿童观，教育观”“幼儿园游戏活动和实践与思考”专题讲座；11月，组织旗第一中学等4所学校24名教师赴包头一机一中等4所学校考察学习。

【帮扶协作机制】 8月，北京市怀柔区教育工委和怀柔区爱心企业负责人到四子王旗进行帮扶协作工作，出资5万元资助四子王旗贫困中小学生125名，怀柔区第三小学等4所小学与四子王旗第二小学、第三小学等6所小学和1所幼儿园签署了手拉手帮扶协议，实现了全旗各校（园）与怀柔区对接帮扶的“全覆盖”。

【改善教育教学设施设备】 2020年，四子王旗教体局利用能力提升资金投资约110万元为全旗义务教育学校开通了四子王旗智慧教育云平台；投资约257万元为蒙古族中学等6所学校安装了6间精品录播室，为第三中学等8所学校安装了8间同屏互动教室，并配套安装了全旗教育在线视讯平台与同屏互动管控平台。

【校外培训机构】 2020年，四子王旗教体局开展校外培训机构综合治理工作。全旗有校外培训机构59所，已受理校外培训机构申请37所，审批37所。进行整改的5所，取缔17所。3月，教体局对未审批民办幼儿园的园舍、设施设备、收费情况、安全工作、师资力量、保教质量等方面开展清理整顿。逐项检查，并建立台账。

【体育工作】 2020年，四子王旗教体局组织参加四子王旗大型祭敖包活动；9月，举办了“校长杯”“旗长杯”校园足球联赛，部分幼儿园举办了“娜荷雅杯”幼儿足球趣味活动；10月，组织高中、初中、小学的男、女队参加了乌兰察布市第六届中小学“市长杯”足球赛，小学组男、女队均获得第二名的成绩。

【中小学厕所改造】 2020年，四子王旗完成中小学厕所改造项目总投资73.5万元，改造面积810平方米，分别是蒙古族中学、第二小学、第四小学、移民村幼儿园。

【智慧教育云平台】 2020年，四子王旗投资110万元为全旗义务教育学校开通了四子王旗智慧教育云平台；投资约257万元为蒙古族中学等6所学校安装了6间精品录播室，为第三中学等8所学校安装了8间同屏互动教室，并配套安装了全旗教育在线视讯平台与同屏互动管控平台。

【校园安全】 2020年，四子王旗教体局组织各中小学校寄宿学生和全体师生进行二次紧急疏散的演练；10所寄宿制学校食堂都办理了卫生许可证，为62名从业人员进行了体检，做到持证上岗；为24所学校聘请法制副校长，并颁发了聘书，以课堂讲课等形式开展了法治教育；对全旗16所学校采取了警校防控体系，建立了“校园110”，设置了专用警务室，并安装警灯。

【民办幼儿园】 2020年，四子王旗教体局清理整顿未审批民办幼儿园7所，在园幼儿387人。对未审批的7所幼儿园分别下达了限期整改通知书。整改评估后5家幼儿园基本达到了《内蒙古自治区民办幼儿园设置标准》要求，批准办园，在园幼儿280人。其余2所未经审批的幼儿园107名幼儿，已分流到第二幼儿园59人、实验幼儿园48人。

【民族教育】 2020年，全旗现有民族教育学校4所，其中初级中学1所、小学1所、幼儿园1所、红格尔蒙校1所。有蒙语授课学生1106人。有蒙语授课教职工242人（其中专任教师144人）。

【三科统编教材使用】 2020年，四子王旗教育体育局通过宣传民族语言授课学校使用国家统编教材相关政策。使民族学生及家长认识到民族语言授课中小学使用国家统编教材，是党中央做出的关于加强民族地区国家通用语言文字教育的重大决策部署。语文、政治、历史三科统编教材分三年逐步实施。2020年9月在三所蒙古族学校（蒙古族中学、蒙古族小学、红格尔小学）小学一年级和初中一年级先使用统编《语文》教材；教研室教研员深入三所蒙古族学校，进行了统编教材使用情况调查并开展指导培训；组织蒙古族中学与第三中学、蒙古族小学与第四小学、红格尔蒙校与第五小学结为对子学校，使蒙古族学校尽快适应和使用国家通用语言，民族学校学生到校率100%。

（赵宏俊）

四子王旗第一中学

【领导名录】

校　长：王智广（兼书记）

副书记：赵喜俊

副校长：刘霄栋

　　　　刘满元

　　　　陈　达

　　　　薄　睿

【概况】 四子王旗第一中学（简称旗一中）建校于1956年，历经60多年的发展与壮大，办成一所普通高中兼办职业高中的综合性中学。2020年下半年，共有在编教职工257人。其中专任教师219名，学历合格率为96%，所有教师都具备相应的教师资格，教师专业结构配置基本合理。2020年，学校有42个教学班（其中普通高中33个教学班、职业高中9个教学班）；在校生1457人（其中高一342人、高二276人、高三537人、职业高中302人）。职业高中开设计算机、建筑、医学、农学（含普职融通）、汽修、机电、财会、幼师（含高铁）8个专业。学校实行全封闭管理。

2020年，四子王旗第一中学根据《2020年度旗县市区教育业务目标考核评估体系》《四子王旗教体局2020年度教育业务目标考核指标体系》等文件要求，进行了全面自查自评，较好地完成年初制定的各项目标任务。

【立德树人】 旗一中把《中小学德育工作指南》和《新时代爱国主义教育实施纲要》作为开展德育工作的纲领性文件，并始终秉承育人为本、德育为先，制度管理理念。开展校园文化建设，打造校园文化品牌。旗一中围绕“以人为本、德育为先、质量至上”这一特色办学理念，依托学校的墙体、廊道、绿地、广场、宣传栏等硬件条件，绿化美化校园、设计人文景观；建设文化长廊、校史陈列室，举办校园广播站、创办校刊校报，打造校园文化、班级文化、廊道文化、食堂文化、办公室文化、宿舍文化等；把社会主义核心价值观融入教育教学和管理服务各个环节，不定期组织师生开展爱国主义教育、国情教育、诚信教育、文明礼仪教育等；开展家国情怀教育、社会关爱教育和人格修养教育。创建文明书香校园；开展民族团结进步教育。校党支部联合团委举办了大型的“中华民族一家亲、同心共筑中国梦”主题系列活动。号召学校党员干部、入党积极分子、所有班主任和全体学生一起参加每周一的升旗仪式；通过组织师生开展国旗下演讲、主题班会、主题黑板报、学校电子滚动屏及微信公众号、校领导带头承诺签名等多种形式，凝聚共识、践行初衷；组织师生开展教育实践活动，规范活跃团队组织生活。每周一，利用全校升国旗时间，让优秀团员进行“国旗下的演讲”。利用课外活动时间，学校的广播喇叭“校园之声”准时开播，播放传播正能量的优秀题材；校党支部副书记赵喜俊牵头主办拓荒文学社，定期出版刊载校内师生精选作品的《远帆》，给全校师生带来文学的滋养。

【体育艺术和健康教育】 2020年，旗一中开足开齐体育课，要求学生每天在校锻炼时间达1小时以上。学校为促进“阳光体育”工作的开展，组织师生开展秋季田径运动会。创建校园足球特色学校，打造足球文化品牌，创建班级、年级和校足球梯队体系。学校组建男女足球队各一支，2020年举办“旗长杯”“校长杯”足球联赛。学校足球队在各场次的比赛中都取得优异成绩；开足开齐音乐、美术等艺术课，以特色活动为载体，培养艺术类师资，2020年组织举办全校师生艺术节；贯彻落实《中小学健康教育指导纲要》，心理辅导教师对学生进行心理健康教育，让学生懂得如何认识自我、尊重生命、学会学习、调适情绪、规划人生；引导学生如何应对挫折、适应环境的能力，培养学生健全的人格、良好的心态和个性心理品质；2020年，学校全方位开展环境卫生治理整顿工作，开展健康教育课及传染病的防控工作，开展对学生进行健康体检工作，开展学生防控近视工作；建设无烟学校的长期保持工作。

【劳动和家庭教育】 四子王旗第一中学贯彻落实《关于加强中小学劳动教育的意见》，增设劳动与技术教育课，组织学生参与参加校园劳动、校处社会实践活动。学校关工委、政教处、团委携手家长成立家长委员会，每学期分别召开一次家长委员会议、一次家长会，并举办一期家长学校，把家庭教育纳入德育工作重点内容，请家长参与学校管理。

【普高特色课程建设】 四子王旗第一中学在生源严重不足且成绩参差不齐的办学形势下，下大力气把“音乐、美术、体育、播音主持、足球、第二外语（俄语）”作为突破口。通过多元开放的课程体系，借助京蒙对口帮扶，怀柔二中美术教师石海涛到学校支教一年，上学期成立高三零起点教学美术集训班，仅用了三个月时间，高考生取得美术科本科过关6人，专科过关13人的成绩。学校在实现国家课程方案、达到国家基本教育质量要求的同时，结合本校实际，做到“一校一案”、特色化办学。

【职业高中融通优势】 四子王旗第一中学加设了普职融通班（学生继续沿用职高学籍，但改学普高文化课程），实行灵活务实的普职分流动态管理机制，对学生课程选择、生涯规划等进行综合指导。逐步形成特色化、多样化发展的格局，满足了学生考学深造、自主择业的需求；建设符合经济社会发展新特点与人才培养高要求的综合高中，并尝试校企合作、产教融通的新模式。

【规范办学行为】 四子王旗第一中学制定并完善了学校章程，以及有关教学、教研、政教、考勤、财务、后勤、安全等各方面的各项规章制度，并落实教育部等九部门印发的《中小学生减负措施》（减负三十条），实行一把手负责、常态化治理，建立问责机制、一律责任到人；学校建立并完善了教职工大会、教代会、校行政会等制度。全面实行校务公开制。学校坚持执行课程计划，规范教学管理秩序，严禁违规乱补课、乱收费、滥定教辅材料等行为。学校执行新生入学“阳光分班”，取消大班额，实行小班教学。

【教师队伍建设】 四子王旗第一中学把师德师风建设作为重点工作常抓不懈。2020年，一中组织教师学习国务院、教育部、教育厅等各级相关政策法规，并制定了监督管理制度。通过家长委员会、家长会问卷的形式，多方征求意见和建议，接受社会监督。建立师德事件及舆情快速反应机制，对师德师风不良行为进行查处，坚持执行师德一票否决制。

【培训体系建设】 四子王旗第一中学开展常态化的教师培训工作。以“走出去、引进来”等方式，通过远程、校本等培训，提高教师的教育教学能力、教育技术水平、新课标实践能力。

旗一中公用经费的5%用于教师培训。培养出一批名优教师、学科带头人、青年骨干教师为主的稳定教学团队；学校教务处和教研室负责组织一线教师学习新课标、同科目教师（分年级）集体备课，科任教师每学期填写教学进度计划、学情分析、教学反思等。学校组织开展教师业务知识考试和课堂教学基本功大赛，将大赛成绩和评优晋级挂钩。

【校长队伍建设】 2020年，四子王旗第一中学新一届校领导班子职数为6名，校长兼书记1名、副书记1名、副校长4名。学校分设10个处室，共配备环节干部21名。学校管理按“决策—执行—监督—评估”四步有序运行。首先由校长办公会组织制定学校管理制度，再由行政会讨论完善，经教代会审议通过；后由分管校长、主任、教师具体落实；教师全程接受教育行政部门和校级领导的监督；由学生、家长、社会及第三方机构予以评估。学校实施以“课堂教学”为主的办学思路。各分管校长、各处室主任给教职工起到带头引领和示范作用。

【教研教改工作】 四子王旗第一中学落实了“备、讲、批、辅、考、评、思”等环节的把控。按学期对每位教师的专业水平、教学业绩、教学效果进行考核评定，并开展了教学反思活动。旗一中的高考成绩一直位居全市各旗县前三名。

【比赛观摩】 四子王旗第一中学为了提高中青年教师的教学教研能力，学校每学期举办一次“中青年教师好课堂大赛”“一师一优课，一课一名师”赛课活动，一大批优秀的中青年教师脱颖而出，并把这些优秀的骨干教师充实到尖重班，实现了新老更替；让新分配的老师跟老教师结对子、拜师傅，既学传授知识，又学如何做人。

【学习先进教学法】 四子王旗第一中学先后派出300多人次，赴山东省杜郎口中学、河南西峡一中、宁夏银川一中、北京师范大学附中、东北师大附中、怀柔二中、怀柔一中、怀柔职中、集宁一中、集宁北师大附中等学校学习新课改教学模式。每次学习后，组织教师反复研讨，吸收内化。

【课堂教学改革】 四子王旗第一中学持续进行课堂教学改革，并按“学习模仿—内化生成—自成体系”三个阶段逐步推进。到2020年底，第一阶段目标已实现，并形成了“读·议·讲·练”的教学模式。组织了全旗中小学课堂教学改革好课堂大赛和教学能手大赛，选拔出一批业务精湛的一线教师。学校摆脱了其他教学法的束缚，自成体系，形成一套系统、科学且适用的一中课堂教学模式。

【平安校园创建】 四子王旗第一中学制订了学校的安全工作计划，完善了各类安全管理制度，分层签订了安全责任书，修订了各类应急预案，组织师生开展消防、地震等应急演练。学校维修整合了校园监控系统，购置了一批消防设备，维修更换了消防管道。2020年底，学校配有保安5名，警用器械齐全，防火灭火器材齐备。出入校园人员实名登记，全校无死角全部覆盖视频监控。学校还开展了对师生的安全教育（消防教育、交通安全教育、国防教育）。学校安排专人定期排查各种安全隐患。尤其饮食安全，生熟分离，执行饭菜留样制。学校领导及安全员每月对学校的水、电、暖、体育设施、活动场所进行全面排查，截至年底，学校没有发生任何安全事故。学校开展“扫黑除恶　预防校园欺凌”专题教育宣传活动。就如何预防校园欺凌、如何应对校园暴力、如何避免校园贷等方面进行宣传。讲解员重点结合近期发生的某些校园违法犯罪典型案例，通过通俗易懂的语言，向师生讲解黑恶势力犯罪的危害及预防措施。

【教学质量】 2020年，四子王旗第一中学参加自治区学业水平考试，绝大多数同学都能一次性通过考试，个别基础较差的学生经过补考，也基本达到合格标准；学考通过率为94.8%。2020年旗一中高三年级高考报名总人数为509人。一本上线40人，领先于乌兰察布其他旗县；二本以上230人（普通文、理科二本147人，艺体生43人）；升本率为45.2%，比上年提升0.4个百分点。其中，理科特招班共84人，一本37人，二本以上80人，升本率高达95.2%；高考成绩在乌兰察布旗县排名第一。

【学校管理新举措】 2020年，由于受新冠肺炎疫情影响，四子王旗一中实行半封闭管理。下午放学到晚自习期间实行封闭管理，国庆后学校引进第三方管理团队，对公寓楼和食堂就餐秩序进行管理。学校实行封闭管理期间，共有住校生1154人（男535人，女619人），开学仅两周时间，学生的行为习惯和学习习惯有了明显改善。

（四子王旗一中）

四子王旗第三中学

【领导名录】

校　长：郝建文
书　记：沈　忠
副校长：弓　俊
　　　　段　旺
　　　　宁文在

【概况】 四子王旗第三中学是一所寄宿制公办初级中学，2004年新建并投入使用。学校占地面积166亩，建筑面积33909平方米，其中运动场馆2500平方米，学生餐厅2600平方米，男女生公寓楼10600平方米。学校现有三个年级28个教学班，1134名学生。在编教职工274人，其中，专任教师153人，中共党员55人，少数民族16人，教师学历合格率100%。

【教师队伍建设】 2020年，四子王旗第三中学坚持“教书育人，德育为先”的思想观念，推进教师队伍思想道德建设，营造教师健康成长环境。学校特别重视班主任队伍建设工作，通过开展班主任专题讲座、经验交流、专业能力大赛、主题班主任会和互观互检等办法，有计划、有重点地对班主任进行培训。将年轻有为、热心班主任工作的教师选聘到班主任工作岗位上来，补充班主任队伍的新鲜血液；制定师德建设方案，将育人工作作为考核教师的一个重要指标，要求教师热爱学生、严谨治学、敬业爱岗、乐于奉献、廉洁从教；在学科教学中注重德育渗透。引导学生形成符合社会规范的情感、态度和价值观；健全和完善内部管控工作领导机构，明确职责，完善校内外齐抓共管的工作局面；学校健全整体工作管理网络，优化校内用人环境；学校开展家庭学校社会互动交流指导工作，如开展家长培训讲座，增强教育工作实效性；发挥社会人士、企业对学校帮扶工作的教育合力；学校为加强对教师和学生的教育和管理，促使师生良好习惯的养成，引进绩效管理机制，将文明班级、先进班主任、德育先进个人、优秀教师的评选落实到具体的班级管理、学生教育之中，并列入教师的绩效考核。对学生的教育管理有突出成绩的班主任、科任教师进行奖励，调动全体教职工热心学生成长、热爱教育事业、热衷管理工作的积极性。

【教学质量】 第三中学结合市、旗教育局提升三年教学质量工作总要求和课堂教学改革精神，实施校长承包年级责任制，教研室、教务处及相关教研人员分别承包各年级各学科的教研及教学；落实集体备课制度，每次活动都有包年级领导、包学科领导参加，有准备、有记录、有签到，集体备课工作制度化、常态化、规范化，实效化；为推进使用国家统编教材工作，由旗教体局统筹安排，与四子王旗蒙古族中学结对，在教学交流与互动工作中主要负责统编教材的语文、道德与法治两科的帮扶工作；组织教师参加自治区、市、旗各类教研活动，举行中青年教师课堂教学技能大赛，各科获奖教师执教公开课，组织教师开展教学观摩；组织初三年级开展三次模拟考试、初二年级地理生物结业模拟考试；制定初三统一教学进度，各学科根据学校要求，完成好近三年包头市中考试题的分析，把握中考内容、知识点、范围、题型、分值，提高学生日常训练的针对性和时效性；对初二年级的地理、生物课研究近三年乌兰察布市结业考试试卷，把握结业考试内容、知识点、范围、题型、分值，提高学生日常训练的针对性及效果，安排教学时间，安排教学进度；学校组织期中、期末考试试卷的编辑印制工作，组织考后的教学质量分析工作；开展课题研究工作，开展上学期的课题研究，强调每位教师要树立“问题就是课题”的意识，随时发现捕捉课题信息，大处着眼，小处着手，联系实际，解决教学中的疑难问题；继续开展数字化在线教研。按上级“同频互动”教研活动方案，配合市、旗教研室开展形式多样的“同频互动”活动。

【教学创新】 四子王旗第三中学组织开展“三科”教师参加自治区、市级组织的培训，制订适合本校“三科”培训计划并付诸实施；开展家长进课堂活动，倾听家长的呼声，采纳他们的合理意见或建议；组织开展教师年度业务考试工作；承包学科的领导及教研教务人员，听取每位科任教师讲课，实行推门听课、随机（利用监控视频）听课、随堂听课制度；举办以“民族团结”为主题的第九届现场作文比赛，举办“软、硬笔书法比赛”“民族文化知识比赛”等多项活动；推进“青蓝工程”，利用老教师和名师的资源优势，建立以老带新，实行传帮带制度；按市、旗课堂教学改革精神，全校开展课堂创新改革，课改典型课每学期进行示范课展示；“三科”教师与蒙古族中学“三科”教师对每单元典型课例进行同课异构，并进行磨课、听课、说课、评课、反思、总结。

【课堂教学】 2020 年，第三中学按照上级教育主管部门规定的课程、课时计划，把各种课程开齐开足，不随意增减。把教师在课程计划执行中有无违规现象作为评选先进的依据，并与奖惩挂钩。学校每天的教学活动实行全天候管理，行政值周人员每天从早读开始到晚自习下课后一小时进行巡查，如发现私自调课、不按教学常规上课、课堂环节脱节、随意上自习或未按规定时间放学等现象都作为教学事故记录，并根据学校奖惩制度进行处理。学校开展备课“三全”。类型全，所有课堂都必须有教学设计，包括新课、复习课、作文课、试卷分析课；内容全，备课标、备教材、备教法，备学生、备手段、备习题；格式全，备课必须有目标、教学重点、教学难点、教学方法、教学程序、教学反思。学校对课堂教学质量的管理方法是推门观课、不打招呼，听后个别交流意见，提出要求和建议。学校领导包年级包学科，每学期听课不少于 30 节，教师每学期不少于 15 节。每位教师每学期公开课不少于 2 节，且听课要有评议，共同研究讨论教学改革的经验和做法。学校实行把补困加在课后的办法。

【特色教育】 四子王旗第三中学针对不同年龄学生的心理特点，对不同年级的学生采取分层教育管理。学校心理咨询在保密的原则下，心理咨询室定时开放。在宽松的环境中进行一对一的心理辅导，开展各种形式并具有一定特色的心理健康教育，对减轻甚至消除学生的各类心理问题特别有效果。对初一新生刚入学碰到的许多问题进行心理疏导教育，培养他们的自理能力与合作能力。利用每周的心理健康课，运用自编教材，综合各家之长，从中选择适合学生的内容，以形式多样的活动调动学生的积极性。针对初二学生的心理状态和情绪特点，通过心理讲座主题班会、大众传媒（校刊、宣传橱窗等），有的放矢地进行心理健康教育和青春期情感教育，指导学生积极的自我期望与生活态度。针对初三学生时间紧、压力大的现状，通过心理讲座、主题班会、大众传媒（校刊、宣传橱窗等）进行放松应试紧张心理的指导，邀请历届优秀毕业生为初三学子加油鼓劲，邀请心理专家为初三全体学生开设题为“自信、从容，走向成功”的心理辅导讲座，举行中考百日宣誓。针对各个班级学生的不同特点，各班自行开展不同的心理主题活动。开展诵读经典诗文活动，发展经典诵读特色，在校园内营造一种“书声琅琅，书香满校园”的氛围，引导学生正确面对繁杂而又丰富多彩的阅读世界，博览群书，使阅读真正成为学生的自觉行动和生活需要。围绕“读圣贤书、立君子品、做有德人”的主题，开展以《论语》、唐诗、宋词为主要内容的经典诗文诵读活动，帮助学生养成读书习惯，多读书、读好书。开展特色足球运动，以足球运动为切入点，开展体育运动，要求每一位学生掌握两项以上运动技能，每天体育活动一小时以上。

（仝仲杰、贾沃、杨秀萍、郭珍荣）

四子王旗蒙古族中学

【领导名录】

校　长：苏和巴特尔（蒙古族）

副校长：阿力玛（女，蒙古族）

　　　　宝　珠（蒙古族）

副书记：格日勒（女，蒙古族）

【概况】 四子王旗蒙古族中学始建于1958年，是全旗唯一一所蒙古语授课的初级中学。学校占地总面积51875平方米，建筑总面积9265平方米。拥有300米的塑胶跑道、16200平方米的绿茵场和3个标准的篮球场，校园绿化、硬化面积达到2.5万平方米。学校现有教职工76名，学历合格率100%，在校学生159名。2020年，蒙古族中学语文、政治两科荣获全市中考第一名的好成绩。

【教学工作】 2020年，蒙古族中学优化教学评价体系建设。以“全市教学质量提升年”为契机，继续以课堂常规教学为重点，提高课堂教学效率。按照教务处工作计划与教学常规检查方案进行管理。每月进行一次教学常规检查。对好的现象提出表扬，对不良现象提出教育批评。大部分教师都写出详细教案。组织教师开展听课评课活动，杜绝个别老师为了应付检查而听课的行为。使一些新教师在听课后能积极、主动地去找有关的老师去交流、找差距、谈体会。

【开展教科研活动】 2020年，蒙古族中学教务处定期召开教研组长会议，指导教研组开展各项教研活动，针对基础差的学生进行专题研究，分析原因，给予特别关怀。各教研组开展每两周一次的教研组活动，活动有内容，过程有记录，任务有落实。各教研组结合国家统编教材推行的时机，运用新理念研究课标、教材、学生，探究教法、学法。

【推行国家统编教材】 2020年，蒙古族中学为了推行国家统编教材使用的教学工作，与旗第一中学、第三中学结成了“校际联盟”，开展帮教活动。把教师交流互动作为民族语言授课“结对共建”的关键。制定教师交流规划，建立人才双向交流机制。蒙古族中学定期组织教师开展互动教学活动。结对学校选派优秀教师参与蒙古族中学教研活动全过程。开展“献爱心”帮扶、“手拉手、共进步、同成长”“寒暑假综合实践研学”活动。选择双方部分班级“一对一”结对帮教。结对班级相互邀请参加校园艺术节、学校运动会、“六一”儿童节、“五四”青年节、校长杯足球赛、校园那达慕等活动。使不同民族学生共学共进，交往交流交融。

【信息化交流互动】 蒙古族中学利用网络信息技术，采取优质课程资源网上共享，实现“校际联盟”结对双方无缝对接和资源共享，形成结对共建学校网上互动的新教育模式。

【课堂教学】 2020年，蒙古族中学借鉴好学校的教学模式，开展“示范展示课”活动。成立蒙古族中学“名师工作坊”。对每一位教师的课堂教学技能、特长进行经验推广。认真设计每个教学环节，突出学生的主动性，突出学生的亲身体验和实践。蒙古族中学组织学生积极参加社会实践活动，培养学生热爱家乡，了解本民族的传统文化和民俗民风；组织校园足球赛、队列队形及广播体操比赛、拔河、蒙古象棋、冬季越野赛、英语歌赛、迎新年文艺会演、电子琴比赛等；蒙古族中学开展民俗文化教育、班会、各类兴趣小组活动——搏克、射箭、马头琴、蒙古象棋、舞蹈、社会实践等均纳入课程体系。

【蒙古族中学特色教育】 2020年，蒙古族中学利用本校“乌日根努图格”教育实习基地，组织全校师生开展为期三天的爱国主义和集体主义教育实践活动。活动内容包括对学生进行爱国家、爱民族、爱家乡教育；对学生进行饮食、居所、蒙古包的起源、蒙古包的用具、奶食品加工等传统习俗的传承教育；传授学生对五畜的名称、颜色、烙印和各自的产量、用途、与牧业有关的用具、放牧手段等牧业生产知识；对学生传授历史悠久的蒙古象棋、猜谜语等智力游戏和踢毽子、推铁环、男儿三项竞技等技巧和力量的活动；让学生清楚地掌握敖包祭祀的习俗，蒙古族中学在教育基地后面土丘上修建一座敖包，教师和学生在祭祀敖包中进行祭祀礼仪，让学生默记祭词、神马桑、伊金桑等；学校民俗办公室的老师们为丰富教育实践活动，编写了《蒙古包》《蒙古饮食》《蒙古游戏》《五畜》等五本读物；学校在蒙古包内为孩子们制作了杜尔伯特传奇山脉、河流、古迹、名人等影像资料。

北京宽高四子王旗实验学校

【领导名录】

校　长：岳玉田

副校长：孙月文

　　　　徐志军

　　　　宁　文

【概况】 北京宽高四子王旗实验学校是北京宽高教育集团与四子王旗人民政府于2019年4月3日签订项目合作协议书后联合创办的一所国有民办非营利学校，集小学、初中、高中、国际部于一体的现代化全日制封闭式管理学校。校区占地150多亩，建筑面积4.7万平方米，教学楼、宿舍楼、食堂、标准操场、电化教学馆、图书馆一应俱全，学校容量60个班级，3000名学生。2020年有41个教学班，在校学生1760人，专任教师121位（研究生学历占比达到55%，本科及以上学历达到100%）。北京宽高四子王实验学校共设立7个处室，包括办公室、总务处、教育处、教学处、招生办、团委、保卫处。办学目标是“自治区领先、全国一流，创世界名校”。

【高效教学】 学校各学科教研组锁定中高考方向，将一日一研、一课三研落实到高中各年级，老师们各抒己见，集思广益，讨论出突破重点、难点最好的方式方法以及本节课教学注意的问题等，为学生制订科学高效的学习计划和措施，利用导学案、学测案、课时作业、复习提问、周测月考等形式，实现了学生提前预习、当堂检测、课后巩固，使学生做到日日清、周周清、月月清的学习效果。

【精细化管理】 学校落实到“有学生的地方就有老师”的管理理念，通过课堂常规、课下常规、饮食常规、就寝常规等规范制度的执行，帮助学生养成了“四大痛快”：“学个痛快、吃个痛快、睡个痛快、玩个痛快”，课堂上没有打瞌睡的学生，宿舍里没有熬夜打疲劳战的学生。

【学习氛围】 学校内严禁使用手机、电脑等电子产品，教师及时督促学生把学习作为高中生活的主旋律，保证了优秀学生在中学阶段发展的延续性。学校教研组深化新授课“四三二一多维互动生本课堂”教学模式。从开学前的教师培训开始，着力打造这一教学模式，以“三律三图”为理论依据，推进“路演课大赛”“课堂教学大讲赛”。

【惜时高效】 2020年，学校执行小学夏季六点、冬季五点半放学，保证在学校完成所有作业，在外无须再进行补课。每天一个小时体育锻炼，学校开设特色心理健康课程，保障学生身心健康。初高中全寄宿制封闭式管理，两周放假一次，保证学生充足的学习时间和学习效率。

【课堂比武】 2020年，宽高学校注重教师队伍建设，开展教学比武系列活动。

【多元化教学】 2020年，宽高学校开设音乐、阅读、视频剪辑、美术、阮咸、马头琴、钢琴、声乐等特色课程及多门校本课程，举办各种德育活动，塑造学生的家国情怀。

【减轻家长经济负担】 北京宽高学校四子王旗实验学校遵循中央关于切实减轻家长负担的文件精神，要求教师，特别是班主任的全天陪伴式教育，双师课堂，使学生在校期间从学习到生活各方面基本需求得到满足，寒暑假期间全科教师全程跟踪，指导假期学习，为家长省去了辞工陪读的精神负担及参加各类辅导班的经济负担。

（刘海龙）

四子王旗天和学校

【领导名录】

董事长：程秀丽

校　长：王立功　闫永胜

副校长：续志强

【概况】 四子王旗天和学校成立于2003年3月，是四子王旗民政局批准成立的社会力量投资的民办学校，属于民办非企业单位。学校设立幼儿园和初中部。幼儿园现有11个教学班，329名在园幼儿，专任教师33名。初中部现有12个教学班，七、八、九年级各4个班；在校生616名，其中住宿生423名；专职教师34人。全校教职员工102人。天和学校被自治区教育厅评为内蒙古自治区民办教育示范校。2020年，初三毕业学生213名。新招收初一学生200名，新招聘教师3名。

【立德树人】 2020年，天和学校初中部继续开展主题班会、唱红歌比赛、中考百日誓师大会、社会实践活动、毕业典礼、助考活动等；开展励志教育，组织远足活动、秋季运动会、七年级军训等；主张个性张扬，学校组织书画比赛、诗歌朗诵比赛、英语电视剧配音比赛、迎新年艺术节等；学校开展习惯培养，组织月评比考核、月表彰会、安全讲座、法制讲座、安全演练等；开展师德师风教育活动，治理“三乱”、学校不准请托宴请、不准体罚学生。

【教学教研】 2020年，天和学校组织教师每周每学科开展半天的校本教研活动；骨干教师外出学习取经。开展“星级教师”评选活动，优绩优酬，引入竞争激励机制。每学年开展一次“五项教师业务能力过关考核”；采取“精讲多练”的课堂教学模式和“以考代练”的方法，提高学生的应试能力和学业成绩。

【安全教育】 天和学校开展学校、年级组、班主任、保安室安全管理，互动联防的责任管理体系，落实安全工作层级管理责任制；建立学校安全工作检查制度和预防措施，定期或不定期对校园内的设施、建筑物、食堂卫生、消防、学生宿舍、用电用气等方面进行安全检查，对存在的安全隐患及时排除；利用每周安全一课、国旗下的讲话、班会课、安全教育月和每年一次的消防演练，对师生进行交通安全、食品卫生、火灾、地震、常见病和流行性病毒传染的预防等安全知识的教育与培训。

【培养青年教师】 天和学校针对学校中青年教师所占比例较大的特点，要求青年教师多学习、多听课；开展青年教师岗前培训学习。培养校内骨干教师，以名师效应带动和影响广大教师，为教师成长搭建平台。同时为了提高教师业务水平，每学期进行教师业务过关考试，如比粉笔字、计算机基本操作、历年中考卷及教学案设计；派遣校骨干教师、班主任去北京、呼和浩特、包头等地学习。

【教学改革】 天和学校执行教学改革方案，每周上 5 天课，每节课 45 分钟。执行国家节假日放假规定，从不占用节假日安排学生集体补课，更不允许教师私自给本校学生补课。学生每天在校完成教学任务后放学回家不留作业。

【教育教学管理】 天和学校形成了自己的办学特色，以学生全面发展和提高素质为根本目标。制定办公室、普通教室、实验室、图书室、阅览室等功能室内的各种规章制度；学校常抓安全卫生工作。安全和卫生制度健全，责任明确，无安全隐患。2020 年被评为旗级安全工作先进单位。天和学校有学校、班级课程总情况表，悬挂于明显位置；各科教学计划使用国家统编教材；对教师备课、授课、作业批改、辅导、考试等基本环节，有准确的要求，健全常规教学管理制度；执行国家的课程方案，按规定开好实验课。学校教学研究有教研组、年级组。

【校园文化建设】 2020 年，天和学校学生体育达标率 98%。为培养学生的艺术素养，开展文艺会演、书画比赛、棋类比赛、校园足球联赛等。重视学生的劳动教育，以校内与校外的劳动实践基地为主，开展劳动技能、劳动习惯教育。

【教学成绩】 天和学校 2020 届中考，213 名初三毕业生以人均分 439.6 分及 75.7% 的及格率在全市 50 多所初中学校中综合排名第一，其中单科 9 科中该校共有 7 科获得全市第一、2 科获得全市第三，被市直重点高中录取的学生共有 137 人；2019—2020 学年度第一学期期末全旗七年级联考中，天和学校以人均分 589.5 的高分，位居全旗第一。乌兰察布市学科素养调研考试中，七年级语文人均分在乌兰察布市 50 所中学中排名第一；八年级数学人均分排名第三，其中武佳乐在数学学科素养考试中以满分的优异成绩获得全市第一名。

（刘伟）

文化　旅游

四子王旗文化和旅游局

【领导名录】

局　长：银向忠

副局长：张　婧（女）

　　　　达林太（蒙古族）

【概况】 四子王旗文化和旅游局（简称文旅局）是旗人民政府工作部门，为正科级，加挂四子王旗文物局牌子。内设办公室、产业发展股、审批股、综合股，二级单位有文化市场综合行政执法局、乌兰牧骑、文化馆、图书馆、美术馆、博物馆和旅游管理所和文物管理所。旗文化和旅游局机关行政编制 7 名。设局长 1 名，副局长 2 名。2020 年，四子王旗文旅局举办多项大型文化旅游节庆活动，全年共接待国内外游客 90 万人次，旅游总收入 5.7 亿元。

【文化馆工作】 2020 年，四子王旗文化馆举办“同心同书——祖国新春好”主题春节群众文化活动；举办第三届农牧民文艺会演和第三届文化周活动；举办蒙语春节联欢晚会、汉语春节联欢晚会、送春联等文化活动。

【文化产业】 2020 年，四子王旗文化产业年总产值 1060.8 万元，年总利润 453.8 万元；2020 年四子王旗微乐丝民族服饰有限公司加工制作民族服饰及手工艺品销售，年产值 150 万元，年利润 80 万元，同时使 15 名残疾人就业；四子王旗摆渡文化产业有限公司 2020 年加工制作的蒙元钧瓷复烧品及陶艺加工品和旅游纪念品，年产值 80 万元，年利润 30 万元，帮助困难人员就业 10 人；2020 年，内蒙古牧源民族有限公司年产值 180.8 万元，年利润 80.8 万元，其中生产家具 200 余件、蒙古包内装修 32 顶、民族家具微型版 100 件、蒙古元素首饰盒 600 余件，价值 4.8 万元，解决就业人员 14 人；四子王旗二毛蒙古包加工厂生产制作蒙古包、桌椅板凳，年产值 120 万元，年利润 45 万元，解决就业人员 8 人；四子王旗兴旺家具制造有限公司生产制作民族特色旅游纪念品、蒙古元素家具，年产值 150 万元，年利润 58 万元，解决就业人员 8 人；内蒙古禾苏格尔传统文化产品商贸有限公司制作蒙古族手工艺银饰品，年产值 180 万元，年利润 80 万元；内蒙古斌巴民族工艺有限公司加工销售金银首饰及其他银制品，年产值 150 万元，年利润 60 万元；四子王旗南梁俊旦糖饼店加工生产糖饼年产值 50 万元，年利润 20 万元。

【公共文化】 2020 年，四子王旗文化和旅游局在 13 个苏木乡镇文化站分别建立了文化馆分馆。投入 15 万元购置锣鼓镲、秧歌服、扬琴、二胡、四胡、台球案等文化活动设施设备，充实提升了27处文化室的服务能力。

【申报市级非遗传承项目】 2020年，旗文旅局申报市级非遗传承项目7个，传承人8人。

2020年申报人（传承人）一览表

表1

申报人（传承人）	性　别	类　别	非遗传承项目
特木尔巴特尔	男	民　俗	蒙古族祝赞词
贺希格宝音	男	民　俗	蒙古族传统祝赞词
乌仁陶格斯	女	传统技艺	四子部落传统奶食品制作技艺
吉木斯	女	传统音乐	蒙古族长调民歌演唱技艺
胡已雄	男	传统医药	四子王旗胡六烧伤膏药制作技艺
浩毕斯哈拉图	男	民　俗	哈萨尔祭祀
阿拉德尔图	男	民间文学	格斯尔文化
乌兰图雅	女	传统蒙医	妇科疾病诊疗法

【文艺活动】 2020年，文旅局举办“首届内蒙古民族民间舞蹈大赛”预选赛，全旗共10支队伍参加了比赛，共计选出22人组成队伍，进行为期10天的培训；在哈萨尔广场举办“不忘初心、文化筑梦”守望相助好家园第三届全旗农牧民文艺会演，参加演出群众300人次，累计观众8000人次；11月3日，文化馆、图书馆分别召开馆制建设工作推进会，会上为13个苏木乡镇举行了授牌仪式。

【非遗助力脱贫攻坚】 四子王旗文化和旅游局弘扬非遗文化，助力脱贫攻坚，巩固健康扶贫成效。协调组织蒙医非遗传承人、蒙中医院专家组、乌兰察布市红十字会、乌兰察布朝聚眼科医院和四子王旗红十字会组成的11人义诊队深入红格尔、脑木更等7个苏木乡镇场开展了为期14天的义诊活动，为1000余名农牧民送去健康和光明。

【乌兰牧骑惠民演出】 四子王旗文化和旅游局为弘扬乌兰牧骑精神，乌兰牧骑开展“双决双扶”进村入户惠民演出20场；在自治区规定时间内拍摄完成并报送“旗帜传递”视频《乌兰牧骑队员的一天》；乌兰牧骑深入基层开展脱贫攻坚宣讲及文艺辅导3次。为创新发挥“红色文艺轻骑兵”作用，做好网上乌兰牧骑工作，建立抖音政务账号，并已通过官方认证，上传脱贫攻坚、乌兰牧骑月、原创舞蹈作品等26部。复工复产后，乌兰牧骑陆续深入农村牧区开展惠民演出活动100场次。

【乡村旅游扶贫规划】 2020年，四子王旗为了全面推进全域旅游示范旗创建工作，投资160万元完成四子王旗全域旅游规划及乡村旅游扶贫规划编制工作；完成25座旅游厕所的建设任务。

【文化旅游活动】 8月21—23日，在格根塔拉草原举办AOPA乌兰察布市草原飞行大会暨第五届亚太地区商学院草原挑战赛，三天接待游客10万人次。10月1—7日，格根塔拉草原举办2020年乌兰察布·辉煌梦机车嘉年华活动。活动涵盖了机车展览、越野赛事、音乐节、娱乐、美食、商业、地方民俗特色文化等多项内容，接待游客30万人次。全年共接待国内外游客90万人次，旅游总收入5.7亿元。

【建设乌兰牧骑排练厅】 四子王旗投资2600万元建设乌兰牧骑排练厅。建设项目总占地15000平方米。集游客中心、乌兰牧骑排练厅、文化馆和图书馆为一体的综合文化办公楼年底已完成封顶。

【游客中心建设】 6月9日，哈萨尔广场蒙古包改建的四子王旗游客中心正式启动运行；在乌兰花镇新区投资1340万元，新建1处建筑面积3764平方米的游客中心。

【清理整顿旅游景区】 2020年，四子王旗文化和旅游局开展草原旅游景区、牧家乐占用草场整改工作。全旗共有36家旅游景区占用草原，其中32家存在违规占用草原问题。截至年底，对部分景区违规占用草原的建筑设施已进行拆除，并根据违规情况进行了处罚，同时补办了草原征占手续，31家已完成清理整顿。

【旅游宣传】 8月19日，文化和旅游局官方微信公众平台正式开通，以发布最新旅游工作动态，旅游景区和涉旅企业的相关旅游资讯，推介旅游资源、民俗文化、旅游节庆活动、旅游产品等方面为主要内容。同时在各新媒体平台注册，抖音、今日头条、快手、新浪微博、西瓜视频、火山视频、微信公众号等都已完成了账号的注册认证工作。截至年底共推送相关信息43篇；聘请专业团队精心制作旅游宣传画册2000余份。

（赫智宇）

四子王旗图书馆

【概况】 四子王旗公共图书馆属文化旅游局二级单位，现有人员编制5人，馆舍面积500平方米。馆内设外借处、阅览室、文化共享工程电子阅览室。馆藏各学科文献资料2万余册。

【全民阅读】 2020年，图书馆举办“挥毫写春意·泼墨送吉祥”鼠年送福、“全民阅读”倡议活动以及“触摸红色历史、感知红色文化”知识竞赛等线上线下活动共计23场；举办了“书香草原”第三届朗诵比赛。

【图书服务】 2020年图书馆全年无休息日免费对读者开放，每周免费开放时间达56小时，年接待读者7500余人次。外借图书5000余册次。2020年订购期刊、报纸75种。

【抗疫服务】 2020年新冠疫情期间，图书馆于2月举办“众志成城、抗击疫情”书法网络微展和摄影网络微展；利用图书馆微信公众号，开展了线上全民阅读战“疫”情，以“读”攻“毒”活动、“新型冠状病毒”防疫知识竞答活动、“书香悦读·智赢战疫”红包答题、“我们的中国梦——文化进万家”元宵节线上猜灯谜活动，推送阅读活动14期。

四子王旗乌兰牧骑

【概况】 四子王旗乌兰牧骑属文化旅游局二级单位，有队员45名，其中，国家二级演员1名、国家三级演员6名、国家四级演员14名，所有演职人员由旗财政参照事业单位人员工资支付。2020年，乌兰牧骑代表乌兰察布市参加中央电视台《中国地名大会》节目录制工作；乌兰牧骑完成舞蹈《岩魂》《牧人的喜悦》的二度创作及配乐工作；乌兰牧骑新创作歌曲《天使之歌》《浴火的凤凰》《吉祥草原》，群口快板《脱贫攻坚》《扫黑除恶亮利剑》，小品《建档立卡》，器乐作品《万马奔腾》，男女群舞《赛拜努》，表演唱《幸福路》《美好生活》等。2020年，为了拓宽外出文化交流的范围，分别赴北京、南京、杭州、苏州、上海、福建等省市演出50余场次。

【排练厅建设】 2020年，四子王旗文旅局争取到自治区文化和旅游厅下拨资金800万元，建设乌兰牧骑排练厅；投资200多万元更新灯光、大屏设备；投入20万余元购置表演服装。

【乌兰牧骑演出】2020年，乌兰牧骑共演出180场，其中，对外演出50场，农牧区演出100场，城镇社区演出30场，圆满完成了全年的演出任务。

【获奖剧目】2020年，乌兰牧骑参加第十届华北五省区舞蹈大赛，舞蹈作品《牧人的喜悦》《都贵玛额吉》分别荣获表演二等奖、创作三等奖，四子王旗乌兰牧骑被评为优秀组织单位奖；11月，乌兰牧骑参加首届内蒙古民间舞蹈大赛，舞蹈作品《牧人的喜悦》《岩魂》分别荣获表演银奖、表演铜奖、创作优秀奖；11月底，参加第二届全区乌兰牧骑新人新作比赛，声乐作品《蔚蓝的天》荣获表演金奖，原创舞蹈作品《母亲》荣获表演银奖。

四子王旗博物馆

【概况】四子王旗博物馆属文化旅游局二级单位。2020年，博物馆保卫科对安全报警设施和消防设施进行全面检查，维修监控系统，增设消防设施，全年馆藏文物安全无事故；组织馆员深入农村、牧区宣传文物保护法、文物保护条例；组织业务人员参加学术交流，修复霉变、受损文物；更换部分老化的文物展览与保管设施。

【文物申报】2020年，四子王旗博物馆完成87件（套）文物的数据采集。博物馆指定3名馆员继续完成文物普查数据录入工作，累计共完成336件（套）文物的数据采集及上报工作。

【文物保护】2020年，自治区、乌兰察布市两级领导先后共计6次到四子王旗开展文物安全隐患大排查专项行动。就旗境内砂井总管府城址、元净州路故城、王府和锡拉木伦庙址进行安全隐患排查调研，并就各文物点存在的安全隐患和问题提出了整改意见。旗文旅局对旗境内各级文保单位共巡查60多次；针对锡拉木伦庙存在安全隐患情况，定期开展巡查工作共9次；旗文旅局与风电基地项目人员及自治区考古研究所人员一同勘察境内文物点共11次；联合旗消防救援大队、查干补力格苏木及红格尔苏木人民政府、各庙管会人员对王府和锡拉木伦庙开展了定期的消防演练及消防安全培训；对国核电力规划设计研究院有限公司和乌兰花至艾勒格庙段旅游公路穿越北魏长城等的施工路线和范围进行了实地勘测，要求项目建设单位在施工过程中，注意地下文物遗存的保护。

【文物单位项目建设】2020年，四子王旗投资659万元，历时5个月完成修缮王爷府工程；自治区文化和旅游厅拨付50万元，旗政府配套25万元完成王爷府消防水系统建设工程；申请上级专项经费开展对锡拉木伦庙的抢险加固工程；委托中国科学院上海高等研究院对锡拉木伦庙开展前期勘察和数字化保护工作；委托内蒙古自治区壁画保护中心对锡拉木伦庙壁画进行前期勘察和保护方案设计；完成了砂井总管府监控设备故障修复、重新树立净州路故城遗址保护标志碑、修复净州路古城遗址监控设备、重新描绘金界壕沿线的两处保护标志碑等工作。

四子王旗地质公园服务中心

【领导名录】

主　任：张　凯

副主任：郭振华

　　　　柳林旺（2020年任职）

【概况】四子王旗事业单位机构改革后，地质公园服务中心（简称旗地质公园）是旗政府直属的公益一类正科级事业单位。内设4个股室，即办公室、规划建设股、地质遗迹保护股、旅游开发股。

【项目申报】 2020年，旗地质公园服务中心成功申报四子王旗地质公园展厅布展及地质广场项目专项债券。2020年已下达资金6000万元；旗地质公园向上级林草部门申报了四子王国家地质公园地质遗迹保护项目，金额1960万元，已完成项目书编写和上报工作；旗地质公园向上级林草部门申报了原地埋藏馆升级改造项目，已下达资金150万元，用于连接原地埋藏馆和地层剖面长廊的序厅建设。

【博物馆布展】 2020年，旗地质公园博物馆布展项目继续建设，约完成了总工程量的60%；地质广场及周边绿化项目在7月组织项目单位进行竣工验收，并将周边绿化工程整体移交至旗园林服务中心；完成埋藏馆序厅主体框架浇筑；完成地层剖面长廊内部装修；完成博物馆配套工程建设；完成博物馆备用电源工程和博物馆室外消防工程。

【自然保护地整合优化】 2020年，旗地质公园按照上级自然保护地整合优化要求，完成四子王旗自然保护地优化预案编制，并通过国家林草专办评审、考核，已报国务院审批。预案撤销了南梁、脑木更、胡杨林、乌兰哈达和奥德其沟5个保护区，保留四子王国家地质公园2个园区。

【业务拓展】 2020年，旗地质公园拓展与周边盟市公园和博物馆业务联系，加大合作力度。上半年与二连浩特国家地质公园签署了兄弟地质公园协议，开展互帮互助；下半年与内蒙古自然博物馆进行了对接，明确了将四子王国家地质公园作为内蒙古自然博物馆研学基地之一，并在博物馆布展、地质公园科学研究及推广方面给予支持。

（孙志文）

四子王旗希敏高勒文化园

【领导名录】
董事长兼总经理：张　荣

【概况】 四子王旗希敏高勒文化园位于红格尔苏木南2公里处的塔布河畔。该园占地面积约1350亩。2018年被纳入国家田园综合体规划。2019年，园区完成供电供水基础设施建设；完成航天科技馆和民俗展馆建设。2020年，园区研学教育基地接待学生1万多人次；有36个单位到园区举办主题党日活动，其中自治区直属机关（发改委、统战部）2个、市直机关单位9个、旗直机关13个、省外机关12个，累计接待3000余人次。开展形式多样的民族团结教育、党史教育、爱国主义教育和国防教育、红色文化教育、航天精神教育、“人民楷模”先进事迹教育。2020年被上级部门授予“全市民族团结进步创建教育基地”“全旗爱国主义教育基地和国防教育基地”“旗委党校教学基地”称号。

【红色教育展厅】 红色教育展厅占地面积300平方米。收集整理了四子王旗特色鲜明的红色教育实物和图片5000多件，特别是一些抗战资料和历史遗物。

【神舟飞船展厅】 神舟飞船展厅占地面积600平方米。展厅由三个部分组成，分别是中国航天事业的开拓与发展历程展区、中国历次神舟飞船及其各个发射基地展区、航天育种展区。育种展区主要介绍航天育种的产生过程和育种成果，引进航天种子，种植航天牧草、蔬菜、花木等。

【人民楷模展厅】 人民楷模展厅展示了草原额吉、人民楷模都贵玛老人生活图片，用图片和文字集中反映20世纪60年代，19岁的都贵玛敢于担当，主动承担起28名上海孤儿的养育任务，老人用半个世纪的真情付出诠释了大爱无疆。

卫生与医疗

四子王旗卫生健康委员会

【领导名录】

主　任：刘耀华

副主任：高　霞（女）

　　　　段荣鹏（6月任职）

卫生健康综合行政执法大队

大队长：张鑫（女，6月任职）

【概况】 四子王旗卫生健康委员会（简称旗卫健委）是旗政府主管卫生健康事业的职能部门。设有办公室、医政医管股、蒙中医药股、基层卫生健康股、人口家庭与老龄健康股、科技教育宣传股。下设二级单位有旗人民医院、蒙中医院，17所苏木乡镇卫生院、2所社区卫生服务中心。2020年，四子王旗卫生健康委员会开展公立医院综合改革，建立“破除以药养医”机制，全面实行药品零差价。成功完成自治区卫生旗创建工作；实施健康扶贫工程；落实“精准筛查、靶向治疗、慢性病管理、大病兜底”健康扶贫工作模式以及为慢性病患者上门送药服务；组建家庭医生团队，对建档立卡等重点人群签约全覆盖。及时应对重大传染病疫情，采取防控措施，1例人间鼠疫疫情和1例输入型新冠肺炎疫情得到有效控制，疫情处理受到上级专家的认可。旗乡两级招聘专业技术人员54人，缓解了人才短缺问题。新建旗蒙中医院、妇幼保健所、残疾人康复中心业务楼。

【卫生健康】 2020年，旗人民医院与内蒙古医科大学、内蒙古人民医院及北京大学首钢医院建立了医联体合作关系，开展帮扶工作和进行学术交流。开展鼠疫防控工作，全年完成常规鼠疫监测面积15936平方公里，全年完成春季草原鼠害危害面积176.8万亩，监测样方242公顷，发现鼠间疫情8起，并对疫区开展灭鼠灭蚤处理工作，处理疫区面积25.98平方公里，8个疫点经市地病中心实地验收，均符合国家验收标准，未发生人间鼠疫疫情。开展新冠肺炎疫情防控工作和流行病学调查，及时发现密切接触者进行隔离观察，救治新冠肺炎患者，治愈新冠肺炎病例1例，未发生疫情传播，实现了院内零感染。落实疫情防控措施，加强预检分诊，及时发现疑似对象，实现早发现、早报告、早隔离、早治疗，加强疫情防控知识宣传教育，引导群众落实防控措施。开展新冠肺炎监测能力建设，在旗医院、疾控中心建成了2个核酸检测实验室，日单检最大检验能力700份，有效应对新冠肺炎疫情和鼠疫疫情。全年新冠肺炎核酸检测共9000份。旗卫健委按照自治区爱卫办11月30日《关于反馈乌兰察布市四子王旗创建自治区卫生旗县考核结果的函》（内爱卫办函〔2020〕23号）文件精神，该旗成功创建成为“内蒙古自治区卫生旗县”。

【健康扶贫】 2020年，建档立卡享受政策贫困人员11040人，边缘人口1521人，以上两类人员参保率100%；将建档立卡精准贫困人口全部纳入基本医疗、大病保险、医疗救助、政府重特大疾病“四重保障”范围，实现贫困人口参保全覆盖。贫困患者在四子王旗健康扶贫定点医疗机构住院治疗全部实行“先诊疗、后付费”、出院“一站式”报销政策，转旗外定点医疗机构住院患者，出院后到旗政务服务大厅“一站式”结算窗口报销，原则上10个工作日报销资金上银行卡。2020年1—10月，“一站式”累计为2458人次贫困患者支付医疗费1467.28万元。

【基础设施建设】 2020年，卫健委完成新建旗蒙中医院、妇幼保健所、残疾人康复中心综合楼二次装修及设备采购；完成红格尔鼠疫监测点、核酸实验室、鼠炮库房和扩建第一社区卫生服务中心建设项目图纸设计。

【地方病防治】 2020年，卫健委疾控机构全面完成地方病防治三年攻坚行动和尘肺病攻坚任务。慢性病控制标准达到自治区考核标准，严重精神障碍患者报告率、规范管理率达97.97%。

【等级医院创建】 旗人民医院成功创建为二级甲等医院，旗蒙中医院积极筹备创建二级医院。

【新冠肺炎防治】 2020年，卫健委自新冠疫情发生以来，全系统取消休假全员上岗，第一时间成立疫情防控指挥部、启动突发公共卫生事件一级响应，指定旗人民医院作为全旗唯一一所新冠肺炎定点医院；开展新冠肺炎知识和防控技能培训；基层卫生院、社区卫生服务中心和卫生室医务人员加入社区、嘎查村等网格化管理队伍；开展返乡人员和居家隔离人员排查、随访和健康管控工作；全旗所有医疗机构设立预检分诊点，旗人民医院和疾控中心设立核酸检测实验室；从武汉返旗1名新冠肺炎患者治愈出院，做到“零本土患者、零死亡病例、零院内感染、零社区传播”。

【医联体建设】 2020年，北京怀柔医院、首钢医院及内蒙古医科大附属医院选派19名医疗技术人员对旗人民医院进行了帮扶工作及技术支持；旗卫健委选派了27名医务人员赴北京市怀柔区各医疗机构进行为期1个月以上的进修学习；北京市投入100万元支持了红格尔鼠疫监测点建设，投入20万元支持医务人员赴京培训。

【医养结合】 2020年，卫健委实施签约合作、医疗嵌入等医养结合服务模式，要求各苏木乡镇卫生院为幸福院老年人提供医疗服务。东八号乡卫生院与东八号乡中心敬老院签订医养结合服务协议，常年开展老年人日常医疗服务。

【职业病防治】 2020年，卫健委组织开展从业人员健康体检，全年有6792名从业人员完成健康体检。

【慢性病防治】 2020年，卫健委完成“高血压、糖尿病”两病筛查认定工作，全年共筛查两病患者8563人，其中高血压病患者7060人、糖尿病患者742人、高血压、糖尿病两病患者761人，并将两病患者的签约服务合理用药融入日常工作中，完善城乡居民高血压、糖尿病门诊用药保障机制。

【技术人才招聘】 2020年，卫健委为基层卫生医疗机构招聘专业技术人员6人；为旗人民医院、蒙中医院招聘专技人员48人。

【健康扶贫】 2020年，卫健委贫困户患慢性病、大病、重病救治率均达到99%以上。对1377名慢性病患者开展了送医送药服务，金额达 220 万元。报销比例达到 90%，对未进入送医送药范围的其他贫困慢性病患者用药，开展了 80% 的门诊统筹报销以保障基本用药。新发现患 30 种大病的患者集中救治 153 人。全旗经确诊强直性脊柱炎贫困患者 11 名，其中，5 人在此工程实施前已进行治疗，2 人享受此政策并在四子王旗人民医院进行救治，4 人病情稳定暂时无救治意愿。完成苏木乡镇卫生院、社区卫生服务中心“清零达标”任务。农区 78 个村委会（除卫生院所在地村委会外）中，有 68 个村委会全部建有标准化卫生室。

【计划生育服务】 2020 年，卫健委贯彻落实全面两孩生育政策。发放计生宣传品，加大宣传力度，实行一孩、二孩生育登记。开展优生优育服务；开展免费婚前医学检查 554 对，开展免费孕前优生健康检查 254 对；对计划生育失独家庭、伤残家庭、奖励扶助家庭进行摸底，确认 485 名（其中新增 25 名）奖励扶助对象，录入国家奖扶信息系统。2020 年，全旗独生子女父母奖励费 494 户 8.3 万元；全年共对 2648 户农牧区部分计划生育家庭奖励 254.2 万元，对 139 户计划生育特别扶助家庭拨付 97.3 万元。

【计划生育协会】 2020 年，卫健委计生协会开展特殊家庭帮扶关爱活动；开展特殊家庭慰问活动；利用“5·29”计生协会日活动发展协会会员 6 人；开展关爱特殊家庭活动。

【爱国卫生】 2020 年，卫健委爱卫会经过考核各项指标均达到创卫标准，顺利通过自治区专家组的验收，成功创建自治区卫生旗县。开展病媒生物防治，开展除“四害”活动，严格控制“四害”密度，对各机关单位和各居民统一投放溴敌隆灭鼠毒饵。乌兰花镇内投放毒饵站 5000 余处，做到不留死角不漏户。对居民区进行入户布粉调查，鼠迹率达到了预期效果。使用国家允许的杀虫剂先后多次对乌兰花镇的公共厕所、垃圾场、垃圾转运站及多个垃圾点、公共绿地以及所有下水管道等蚊蝇滋生地进行了集中消杀，密度达到了国家规定的标准。

【城乡环境卫生监督】 2020 年，卫健委开展环境卫生集中整治，动员广大干部群众、中小学师生、城镇居民利用节假日清扫垃圾、捡拾白色垃圾。开展镇容镇貌秩序整治，在主要路段划定非机动车停车位，在部分路段设定便民摊点、安置流动菜摊，取缔占道经营行为，规范建筑施工场地，拆迁违章建筑，拆除大型违法户外广告，清理违法“小广告”等。开展交通秩序整治，清理违规停车和占道经营、乱堆乱放现象。

【农村改厕】 2020 年完成 2019 年下达任务，四子王旗人居环境整治厕所革命已建成双坑交替式户用旱厕和三格式化粪池水冲式厕所共 4985 处，涉及 7 个乡镇、38 行政村、337 自然村。年度建设任务完成率 100%，普及率 39%，效益指标大于 85%，满意度指标大于 98%。7 辆吸粪污车已购回并发放到乡镇。发放资金 406 万元。

四子王旗妇幼保健计划生育服务中心

【领导名录】

主　任：杨云亭

【概况】 四子王旗妇幼保健计划生育服务中心属卫健委二级单位，是一所为妇女儿童提供公共卫生和基本医疗服务的专业机构，并承担全旗基层妇幼卫生业务指导工作。内设孕产保健部、儿童保健部、妇女保健部、计划生育技术服务部、信息管理与健康教育科、医技科、临床科室，以及办公室、财会室、挂号室、医保科。2020 年妇幼保健中心以防控新冠疫情为主，在新冠疫情期间派出 28 名医务人员在车站设立测控点，从 2 月 28 日至 9 月 20 日结束，检测过往旅客 60000 余人次；派出 12 名医务人员对本院就诊患者进行体温测控，从 2 月 28 日至年底，检测就诊患者 12000 余人次。

【新生儿听力筛查】 2020 年，妇幼保健计划生育服务中心开展新生儿听力筛查，全年共有 641 个新生儿接受了听力筛查。

【妇女保健】 2020 年，妇幼保健计划生育服务中心开展妇科普查，全年妇科病普查普治率为 130.63%；筛查高危孕产妇，并对高危孕产妇进行专案管理，全年全旗孕产妇保健管理率为 96.71%，孕产住院分娩率为 100%，全年无孕产妇死亡、新生儿破伤风。

【妇女“两癌”检查】 2020 年，妇幼保健中心完成农牧区妇女“两癌”检查 4000 人；完成 998 名适龄妇女宫颈癌检查；完成 TCT 检查人数 998 人，阳性结果 0 人；对 977 名适龄妇女进行乳腺癌检查。

【艾滋病、梅毒和乙肝母婴检查】 2020 年，妇幼保健中心开展孕产妇艾滋病、梅毒和乙肝检测，共完成 454 例产妇的检测工作，发现疑似梅毒 1 例；疑似艾滋病 0 例，疑似乙肝 8 例。

【儿童保健管理】 2020 年，妇幼保健计划生育服务中心加强幼儿园卫生保健人员业务培训。4—6 月，妇幼保健计划生育服务中心组织人员对城区内各幼儿园开展儿童体格检查，共检查 4400 人，做出儿童生长发育评价。对儿童腹泻、肺炎、佝偻、贫血、营养不良进行专案管理和矫治，做到有登记、追踪、复查、统计和总结分析。全旗 3 周岁以下儿童系统管理率为 95.58%，7 周岁以下儿童保健管理率为 96.67%，5 周岁以下儿童死亡率为 5.27‰。婴儿死亡率为 3.95‰，新生儿死亡率为 2.64‰。

【婚前医学检查】 2020 年，四子王旗妇幼保健计划生育服务中心完成婚前医学检查 554 对，孕前优生健康检查 254 对，婚检率 80.09%。

【发放出生医学证明】 2020 年，旗人民医院和旗妇幼保健计划生育服务中心 2 所助产机构共为 709 名新生儿发放了出生医学证明。

【健康检查】 2020 年，四子王旗妇幼保健计划生育服务中心对全旗 8 所小学、4 所中学的学生进行健康体检，受检学生人数达 9094 人。

（武日更）

四子王旗疾病预防控制中心

【领导名录】

主　任：徐文斌

【概况】 2020 年，四子王旗疾病预防控制中心以疫情监测、免疫规划、疾病控制、免费体检等工作为重点，全年完成鼠疫源地常规监测任务；增加鼠蚤类实验室标本；完成布病流调及宣教干预任务；开展碘缺乏病抽样检测工作；加强旗内建档立卡贫困户生活饮用水安全监测任务；完成脱贫攻坚改水工程水样监测项目；完成严重精神病障碍管理和心血管高危筛查工作。

【疾病预防与控制】 2020 年，疾控中心完成疫源地常规监测和鼠蚤类实验室标本监察。完成布病三位一体部署，流行病学调查及宣教干预 1065 人。完成碘缺乏病抽样检测尿碘 300 人份，抽样检测碘盐 300 份。对旗内建档立卡贫困户生活饮用水进行安全监测，涉及 14 个苏木乡镇的 78 个行政村、423 个自然村，水样均达标，涉及监测项目共 6528 项。疾控中心开展对精神障碍和心血管高危疾病筛查工作，共筛查出全旗严重精神障碍在册人数 740 人，规范管理患者 725 人，规范管理率 97.97%，严重精神障碍管理各项指标均达到了要求。完成心血管病初筛任务1002人，短期随访工作301人，长期随访1358人。全旗共筛查棘球蚴病4087人，B超筛查2016人次，在校学生筛查627人，均未发现棘球蚴病疑似病例。犬粪采集200份，对500只1岁以上羊开展肝触检，均未发现阳性病变。开展从业人员健康体检7000人次。全旗完成24所托儿所和8所小学预防接种证查验工作。对近视和肥胖的学生常见病干预工作开展筛查工作，体检学生1135名。

【鼠疫疫情监测与防控】 2020年，疾控中心全年监测面积16145平方公里，采取分层抽样的方法做鼠密度调查样方255公顷；全年共剖验各种鼠类动物687只，培养蚤类217组794匹，检验鼠类动物血清187份；共判定疫鼠13只（长爪沙鼠12只，达乌尔黄鼠1只）、疫蚤1组2匹（黄鼠蚤），鼠疫阳性血清4份（大沙鼠）；疾控中心在4个苏木（江岸苏木、白音朝克图镇、白音敖包苏木、脑木更苏木）辖区内判定动物间疫点8处，处理疫区面积32平方公里，共出动人员2978人次、车辆403台次，投放灭鼠烟炮26050公斤（1302.5箱）；疫区周边牧户灭鼠、灭蚤面积20650平方米，使用灭鼠灭蚤药140公斤；共发放宣传手册56300多份，宣传彩页1.2万余份，宣传折页2.8万余册。

【PCR实验室】 2020年4月，疾控中心新建了PCR实验室，属旗县级首家开展鼠疫核酸检测的实验室，当年完成鼠疫相关核酸检测94份；7月中旬，疾控中心承办了内蒙古自治区中部区域鼠疫防控现场会。

【新冠肺炎疫情监测与防控】 2020年，疾控中心累计完成新冠肺炎个案流行病学调查113例，完成流调报告113份。其中，流调确诊病例1人、密切接触者33人、不明原因发热54人、入境人员25人，累计消杀场次232场，消杀面积合计约20000平方米。共使用（发放）消毒药品405瓶，使用含氯消毒液4210公斤，发放宣传单页40000余份。出动车辆105台次，出动消杀人员343人次；集中隔离医学观察共计263人，未发现感染者；疾控中心派出专业消杀人员对中加农业有限公司等7个复工企业做了疫情防控期间集中隔离现场验收，要求复工企业指派专人负责日常消毒和垃圾处理工作。截至年底无输入或新发病例。

【儿童免疫接种】 2020年，疾控中心完成一类疫苗接种卡介苗536人次，实际接种率99.74%；乙肝1821人次，实际接种率99.76%；糖丸2668人次，实际接种率99.78%；百白破2597人次，实际接种率99.77%；麻疹1640人次，实际接种率99.86%；A群流脑1014人次，实际接种率99.83%；A+C群流脑1171人次，实际接种率99.85%；乙脑1372人次，实际接种率99.93%；甲肝644人次，实际接种率99.82%。二类疫苗接种4价流感236人次；流感疫苗（Hib）914人次；水痘疫苗521人次；手足口疫苗（EVTI）1362人次；23价肺炎716人次；狂犬疫苗接种3763人次。

【安全生活饮用水监测】 2020年，疾控中心完成旗内建档立卡贫困户生活饮用水安全监测任务，涉及14个苏木乡镇的78个行政村、423个自然村，脱贫攻坚改水工程已完成，水样均达标，涉及监测项目共6528项。

【应急机动装备库】 2020年，疾控中心新建了100平方米的标准化应急机动装备库，当年开展新冠相关样本的核酸检测；完成新冠肺炎疫情相关检测核酸标本1605份，血清抗体标本105份。

（李志军）

四子王旗人民医院

【领导名录】

院　长：张宏图

支部书记：王永禄

副书记：白洁琼（女）
副院长：黄道尔吉（蒙古族）

【概况】 四子王旗人民医院是一所集医疗、教学、科研、预防保健于一体的综合性二级甲等医院。医院占地面积31.98亩，建筑总面积2.2万平方米。医院核定病床299张，核定编制180人，有职工385人，在岗人员中有卫技人员307人。设置临床、医技辅助及行政科室共53个，增加血液净化中心、血管介入科、重症医学科、康复医学科、健康体检中心、PCR实验室等科室。2020年全年总诊疗人次为128838人次，较2019年提高30%，其中门急诊人次为120949人次，较2019年提高38%；手术1727台次（其中白内障手术119例），较2019年提高22%；全院实际占用床日数56565天，出院者平均住院日7.8天，病床使用率为53.29%；对182个病种实施临床路径管理，临床路径管理出院人数5492人次；2020年完成药品网采金额2209.02万元；新冠肺炎核酸检测3058例，均未发现新冠肺炎患者。2020年5月20日，旗委第三巡察组对旗医院党总支进行为期50天的巡察工作。

【科室建设】 2020年，四子王旗人民医院新建PCR核酸检测实验室，改建病理标本化验室，成立科教科。胸痛中心通过初审，“120”急救中心成功挂牌。

【设备购置】 2020年，四子王旗人民医院新购进口DR、进口彩超，胃肠镜、氩气刀、大型C形臂、支气管镜、进口血液透析机等医疗设备，购置真空灭菌器等消毒设备。

【医疗业务】 开展职业病健康体检；开设“新生儿全程无陪护模式”；开设伤口造口门诊，申报“PCCM（呼吸与危重症医学科）规范化建设”；引进“标准化代谢性疾病管理中心”（简称MMC）以及开展结直肠恶性肿瘤根治手术、术后规范化化疗、甲状腺癌根治术、乳腺、胃穿孔微创治疗以及心脏冠脉介入手术等新技术，稳中求进，积极引进新技术，发展新业务。

【公立医院改革】 2020年，四子王旗人民医院开展临床路径个数为182种，较2015年增加了175种临床路径。实行单病种付费由之前仅执行的几种如白内障、胆结石等扩展到现在执行的如髋关节置换术、膝关节置换术、十二指肠息肉、急性阑尾炎等二十几种。

【人才招聘】 2020年，四子王旗人民医院公开招聘20名专业医师，聘用护士15名；医院人员支出占业务支出比例为57.5%。

【公共卫生应急管理】 2020年，鉴于四子王旗属于鼠疫疫源区，加之新冠肺炎疫情形势严峻，作为定点救治医疗机构，医院完善各项应急预案，储备应急物资，开展应急演练；成立应急医疗分队，承接全旗范围内飞行大赛、机车嘉年华、高考、嫦娥五号回归等大型活动及突发公共卫生事件紧急医疗救援任务。

【助力精准扶贫工作】 2020年，四子王旗人民医院共计为2560人次实现精准扶贫报销；全年开通网络会诊病人115例，使疑难病人不出旗就能得到及时诊疗。

（杨嘉琪）

四子王旗蒙中医院

【领导名录】
院　长：马志德
副院长：马希毕力格（蒙古族）

【概况】 四子王旗蒙中医院始建于2011年，是四子王旗唯一一所以蒙、中医药为主，集医疗、预防、保健、康复、公共卫生为一体的综合性医院。建筑面积1000平方米，占地面积700平方米；开设蒙医科、蒙医五疗科、中医科、针灸推拿科、内科、康复科、检验科、影像科、碎石科、护理部、蒙药房、中药房、西药房等20个科室；医院核定床位100张，实际开放床位40张；核定编制140人，在职职工108人，其中正式人员49人、借调19人、聘用40人。2020年全年门诊人数14196人次，比2019年增长7270人次；住院人数1612人，比2019年增长383人次。

【基础设施建设】 四子王旗蒙中医院新建标准化综合大楼于2016年9月初开工建设；二次装修及设备采购总投资9000万元（其中二次装修资金2187万元，其余为设备资金）。

【医疗设备配置】 四子王旗蒙中医院新建标准化综合大楼设备采购分三次完成招标。第一批设备采购招标2220万元，第二批设备采购招标1100万元，第三批设备采购招标800万元。

【重大疫情防控救治体系建设】 2020年，医院通过重大疫情防控救治体系建设项目和医疗服务与保障能力提升项目，完成购置了无创呼吸机、有创呼吸机、床旁血气分析仪、便携式彩色多普勒超声诊断仪、血细胞分析仪、除颤仪、中频干扰电疗仪、脑电仿生电刺激仪、光谱治疗仪、吞咽障碍神经和肌肉低频电刺激仪等一系列设备。

【专科能力建设】 2020年，蒙中医院开展了经颅磁肢体电治疗、红光艾蒸治疗、深层肌肉按摩、排痰治疗、周波中频治疗、短波紫外线治疗、压疮垫治疗、下肢加压治疗、艾条灸治疗、磁振热治疗、神经损伤治疗、红外光谱治疗、肺功能检测仪、竹药罐治疗、耳穴治疗、高流量氧气吸入治疗、拔罐（留罐、走罐、闪罐）治疗、雷火灸治疗、中频药物导入治疗仪、刮痧治疗、督灸治疗、脐灸治疗、推拿（便秘、失眠）治疗、中药熏洗治疗、慢性病宣教（高血压、糖尿病）等特色服务，为4000余人次提供服务。

【疫情防控】 2020年，蒙中医院应对新冠肺炎、鼠疫突发事件，及时制定蒙中医院新冠肺炎医疗防控应急预案等文件，完善预检分诊、清洁消毒等院感防控工作制度及流程；设置预检分诊台、发热门诊及留观室，严格执行首诊负责、领导带班等制度，落实就诊患者、住院患者及陪护等人员核酸检测及健康监测；全年预检分诊7780余人次，核酸检测783人次，均无异常；疫情防控知识培训及演练20余次，受益人700余人次。

【残疾人评定】 蒙中医院承担着全旗残疾人（肢体残疾）等级评定工作。2020年累计开展残疾人评定1768人，对行动不便的67名患者进行入户评定。

【城乡居民医保报销】 2020年，蒙中医院累计完成城乡居民医保报销人数998人，“精准扶贫”一站式报销人数386人。

【公益性救助】 2020年，蒙中医院利用LED屏、微信公众平台等新媒体及各类节假日、纪念日、那达慕等节点，开展“蒙中医药中国行”“医疗服务企业行”“传承精华，守正创新健康宣讲”及推广“八段锦健身操”等讲座义诊服务15场次，累计受益人数2000余人次，发放各类健康知识宣传册8000余份。

【人才引进】 2020年，蒙中医院通过事业招考、公益性岗位、订单定向及人才引进等方式引进技术人员31名；选派18名医务人员到上级医疗机构进修，住院医师规范化培训人员2人，参加盟及以上护理培训11次。通过远程学习、现场教学、院内讲座、继续教育、实践技能考核等方式开展培训150余次，并在“5·12”护士节举办了护理操作技能比赛。

【医联体和医共体建设】 蒙中医院与内蒙古自治区中医医院、呼和浩特市蒙中医院分别建立了医联体和对口支援关系，与北京市怀柔区中医院签订了京蒙帮扶协议。2020年，北京怀柔区中医院派驻1名专家以传帮带、组团式帮扶模式，帮助医院补短板、强技术。派驻期间累计诊疗人数500余人次，开展教学查房32次，开展业务培训32次，培训人数1000余人次；蒙中医院与查干补力格苏木中心卫生院、红格尔苏木中心卫生院建立长效帮扶机制，结合下派指导、送来进修、免费义诊、举办多种形式的讲座，参与家庭医生签约服务等。

（宗慧敏）

四子王旗医疗保障局

【领导名录】

局　长：高剑英

副局长：武振兵

【概况】 根据《四子王旗机构改革方案》（四党发〔2019〕1号）文件要求，四子王旗医疗保障局（简称旗医保局）于2019年1月28日正式挂牌成立。内设办公室、规划财务股、基金监管股和医药服务管理股。四子王旗医疗保障服务中心，为四子王旗医疗保障局下设二级单位，相当于股级公益一类事业单位。2020年，旗医保局在旗委、旗政府和市医疗保障局的正确领导下，紧紧围绕全旗工作大局，立足实际，狠抓落实，努力开创医保工作新局面。

【新冠肺炎疫情防控】 2020年，旗医保局制定《四子王旗医疗保障局做好新型冠状病毒感染的肺炎疫情医疗保障工作方案》，成立工作领导小组。开展新冠肺炎医疗保障工作。根据实际情况向集中救治定点医疗机构先行预拨医保基金，支持集中救治定点医疗机构及时开展救治；简化结算报销手续，做到第一时间审核、第一时间结算、第一时间拨付；建立基金，使用台账、专款专用。

【城乡居民基本医疗保险】 2020年，全旗城乡居民参保人数达154527人，征缴城乡居民基本医疗保险费4319.6万元，累计为34558人次支付医疗费7823万元；累计为1158人次城乡居民提供现场和电话备案服务。

【城镇职工基本医疗保险】 2020年初，城镇职工基本医疗保险与生育保险实施合并，城镇职工参保人数达18280人，征缴城镇职工基本医疗保险费2945万元。累计为2228人次支出医疗费3343.55万元；累计约为1789人次城镇职工提供现场和电话备案服务。

【健康扶贫工作】 2020年，全旗建档立卡精准贫困人员10954人，本地参保10844人，异地参保110人；全旗边缘人口1492人，本地参保1472人，异地参保20人，两类人员参保率100%。将建档立卡精准贫困人口全部纳入基本医疗、大病保险、医疗救助、政府重特大疾病“四重保障”范围，实现贫困人口参保全覆盖。根据各苏木乡镇提供的贫困人口补贴清册按照成人145元/人、学生儿童135元/人的补贴标准进行参保补贴，所有补贴已通过一卡通账户补贴上卡。

【“一站式”服务】 2020年，四子王旗的贫困患者在旗健康扶贫定点医疗机构住院治疗全部实行“先诊疗、后付费”、出院“一站式”报销政策，转旗外定点医疗机构住院患者，出院后到旗政务服务大厅“一站式”结算窗口报销，原则上10个工作日上卡。

【慢性病及“两病”管理】 2020年，旗医保局开展贫困人口慢性病和“两病”政策宣传工作。通过多种形式大力宣传贫困人口门诊慢性病相关政策，使贫困人口知晓慢性病政策及报销流程。4月，组织工作人员协助卫健委在全旗范围内开展慢性病摸排工作，现场查看慢性病管理台账和贫困人口慢性病享受情况。截至年底，为4239贫困人口发放慢性病卡。2020年，全旗“两病”贫困人口认定人数为8563人。其中，高血压认定7060人，糖尿病认定742人，高血压+糖尿病认定761人。

【政策宣传】2020年，旗医保局通过手机APP、电视广播、张贴海报、入户宣传和发放《健康扶贫医疗报销政策告知书》《城乡居民基本医疗保险政策宣传册》《城乡居民高血压糖尿病门诊用药保障机制宣传册》等形式开展宣传医疗保障相关政策，提升贫困人口医疗保障政策的知晓度。

【挂牌督战】2020年，旗医保局紧扣“基本医疗有保障”目标任务，重点聚焦未脱贫人口参保、补贴、报销这一链条，制定了工作方案，成立了领导小组。对问题突出的重点村、户开展了全面督战；对贫困户、监测户、边缘户、特困户等人群建立监测机制，并和驻村工作队、村“两委”、帮扶责任人进行实时联动。由驻村工作队、村“两委”关注辖区内居民，特别是贫困人口患病住院及报销情况，及时为重点监测人群提供医疗保障服务。

【工作落实】2020年，旗医保局通过健康扶贫政策、措施的实施，累计为5157人次建档立卡贫困人员支付医疗费2641万元。其中，住院3865人次，支付2379万元；门诊1292人次，支付262万元。

四子王旗卫生健康综合行政执法大队

【领导名录】

大 队 长：张　鑫（女）

支部书记：史文军

副 队 长：王志平

稽查队长：巴格那（蒙古族）

【概况】2020年6月7日，原四子王旗卫生监督所更名为四子王旗卫生健康综合行政执法大队，属卫健委所属的二级事业单位，单位级别为副科级。承担全旗的医疗卫生、公共场所卫生、生活饮用水卫生、学习卫生、职业病卫生、消毒产品卫生、消毒餐饮具卫生、食品安全卫生等卫生健康综合行政执法工作。

【执法办案】2020年，卫生健康综合行政执法大队共执行行政处罚案件16件，其中医疗卫生14件，公共场所卫生2件；开展职业危害因素检测及职业健康体检企业30余家，全部完成职业危害申报，对检查中发现问题的企业，依照相关法律、法规，给予警告、限期整改。

【公共场所卫生监督管理】2020年，卫生健康综合行政执法大队对辖区内301家（其中住宿场所103家、影剧院1家、沐浴场所10家、美发场所131家、美容店47家、音乐厅2家、超市6家、游泳场所1家）公共场所经营单位进行重点监督检查，监督覆盖率达100%；对乌赛公路两侧89家旅游景点和格根塔拉景区展开全面监督检查。

【卫生许可证】2020年，卫生健康综合行政执法大队新发、续发公共场所卫生许可证102户，变更4户，注销32户，公共场所卫生许可证持有率达99%。

【医疗机构卫生监督管理】2020年，卫生健康综合行政执法大队发放放射诊疗许可证7份，依据医疗机构管理条及相关法律法规，对辖区内235家医疗机构（5家医院、2家社区卫生服务中心、1所疾控中心、1所妇幼保健所、16所卫生院、43家个体诊所、78家社区卫生室、89家村卫生室）开展全面卫生执法监督检查工作。重点检查医疗机构执业场所、执业人员资质、执业范围、医疗废弃物处理、学校保健室各项制度及实施管理等情况。从事放射工作人员21人，持有放射工作人员证21人，参加放射工作人员培训21人，体检21人。

【学校卫生监督管理】 2020年，卫生健康综合行政执法大队出动卫生执法人员28人次，车辆14台次，对辖区内13所学校（其中高等中学1所、初等中学4所、小学8所）、15家托幼机构开展秋冬传染病防控专项监督检查工作，督促各级学校配备校医，并对校医进行传染病防控培训，对学校和托幼机构开展“手足口病”防控。

【生活卫生管理】 2020年，全旗有自来水厂2家，农村牧区集中式供水148家，二次供水53家（不使用储水箱通过二次加压泵设施供水的16家）。卫生健康综合行政执法大队依法对镇内生活饮用水卫生开展专项监督检查，此次专项检查共出动执法人员39人次，车辆13台次，监督检查集中式供水单位2家，二次供水单位53家。对该旗消毒餐饮具进行监督检查；出动工作人员24人次，车辆8台次，对镇内3家餐饮具集中消毒单位（鑫之源消毒餐具配送中心、金峰餐具消毒中心、净洁源消毒餐具配送中心）的单位选址、卫生制度、从业人员健康合格证、生产经营场所卫生条件、流程布局、卫生防护设施、使用的消毒产品以及消毒餐饮具的产品包装和标签等内容进行了现场监督检查指导。

【职业病卫生监督管理】 2020年，卫生健康综合行政执法大队对辖区重点行业（领域）开展职业卫生执法检查工作，已对辖区2家化工企业，11家光伏、风力发电厂，5家商砼站，2家水厂，1家酿酒厂，1家建筑材料矿山，2家建筑材料生产企业，8家非煤矿山、选厂，3家饲料加工企业，4家热力公司开展了专项监督检查工作。共出动执法员160余人次，车辆70台次。

【卫生法律法规宣传培训】 2020年，卫生健康综合行政执法大队完成辖区内涉及职业危害的用人单位进行全覆盖的信息采集和职业卫生宣传、培训。

【“双随机”监督抽检】 2020年，卫生健康综合行政执法大队开展传染病防治、公共场所卫生、医疗卫生、学校卫生、计划生育卫生执法监督“双随机”检查；在45项公共场所双随机任务中，任务关闭15项，任务监督完成36项，任务完结率100%；在1项医疗卫生、3项学校卫生、1项传染病防治、1项计划生育的双随机任务中，监督完成率与任务完结率均为100%。监督抽检中发现，绝大部分的公共场所卫生状况良好，部分公共场所存在从业人员未及时办理健康合格证明、用品用具未落实消毒措施、索证资料和卫生管理档案不齐全等问题。针对检查中发现的问题，执法员作了细致的指导，并下达卫生执法监督意见书。

（吕海平）

四子王旗人力资源和社会保障局

【领导名录】

局　长：范新明

副局长：张迎敏（女）

　　　　金　霞（女，蒙古族）

【概况】 四子王旗人力资源和社会保障局（简称旗人社局）由原四子王旗人事劳动和社会保障局组建。2019年行政机关机构改革，重新确定内设机构，共7个职能股室：办公室、人力资源股、社会保障股、规划财务与基金（资金）监督股、专业技术人员管理股（职业能力建设）、劳动监察仲裁股、人事档案信息管理股。3个直属事业单位分别是四子王旗劳动就业服务局、四子王旗社会保险事业管理局、四子王旗外出务工人员综合服务管理局。2020年，四子王旗人力资源和社会保障局统筹推进就业、社保、人事人才等各方面工作。突出就业惠民、社保安民、增收富民、服务便民，全力以赴惠民生。社保局扩大社保覆盖面工作成效明显，全旗参加养老保险总人数达126258人，其中企业职工基本养老保险22018人、机关事业养老保险10193人、城乡居民养老保险92243人，全年新增参保人数330人。2020年共为10704名企业退休人员和34726名城乡居民养老保险享受待遇人员按时足额发放了养老金，足额发放率和社会化发放率均为100%；国有企业退休人员社会化管理人事档案移交工作顺利开展，已完成联通公司、烟草公司、邮政公司、邮政储蓄144名退休人员的档案移交工作，年底开展信用联社和移动公司的移交工作。

【就业培训】 2020年，旗人社局开展线上专业技能培训，共完成各类技能培训涉及11个工种，2247人，其中，建档立卡人员202人，创业培训109人。四子王旗劳动就业服务局与北京市怀柔区人力资源和社会保障局商定，由内蒙古自治区赛诺四子王旗新牧民职业培训学校农牧民田间学校（赛诺公司为自治区认定扶贫龙头企业）对四子王旗81个易地搬迁村的贫困户和易地搬迁随迁户（非建档立卡贫困户）等为主的有劳动能力和培训愿望的劳动力，围绕肉羊养殖实用技术实施培训。截至年底，共完成培训260人。

【就业情况】 2020年，全旗城镇新增就业125人，完成目标任务650人的19.23%；失业人员再就业44人，完成目标任务270人的16.3%；城镇登记失业率控制在3.99%，比任务4.5%下降0.51个百分点；城镇技能培训321人，完成目标任务260人的123.46%；农牧民转移技能培训1485人，完成目标任务600人的

247.5%；农牧民转移就业 19528 人，完成计划任务 32000 人的 61.03%；其中转移 6 个月以上 17254 人，完成计划任务 26000 人的 66.36%。

【失业保险】 2020 年，四子王旗落实“援企稳岗”政策，落实困难企业（返还社会保险的 6 个月的 50%）5 家 373.11 万元，落实普惠企业（返还失业保险的 100%）10 家 72.32 万元。发放失业保险金 19 人 1.43 万元。截至年底，领取失业保险金 109 人次，发放失业保险金 22.1 万元，其中代缴医疗保险 5.06 万元，失业补助金 4 人 2.51 万元，发放临时价格补贴 72 人 0.31 万元。四子王旗失业保险参保 7900 人，完成任务 7900 人的 100%，征缴失业保险金 397.92 万元；完成任务 250 万元的 0.0002%。发放创业贷款 27 人 253 万元。

【创业担保贷款】 2020 年，四子王旗鼓励自主创业，发放创业担保贷款 56 人 631 万元。其中，大学生 12 人 138 万元，城镇登记失业人员 17 人 182 万元，就业困难人员（残疾人）1 人 10 万元，农牧民创业 26 人 301 万元。其中妇女 18 人 203 万元，蒙古族 12 人 118 万元。2020 年对民族手工艺园区房租补贴共 5 户，补贴金额共计 87993 元，补贴资金 11 月底到期拨付。

【社保工作】 2020 年，四子王旗机关养老保险参保人数完成 8667 人（含退休人员）；城乡居民社会养老保险参保人数完成 114273 人；建档立卡贫困户符合发放养老保险人数为 4098 人，已发放人数为 4098 人，发放率 100%。建档立卡贫困户符合代缴人数为 5774 人，已代缴人数为 5774 人，代缴率 100%。全旗共有企业离退休人员 10704 人，月支付离退休人员养老金 2700.28 万元，企业离退休人员遗属 355 人，月支付遗属生活补助费 17 万元，1—6 月支付一次性抚恤费和丧葬补助费 22 人共 68.89 万元；享受城乡居民社会养老保险待遇 33114 人，发放养老金 2227.5 万元，城乡居民丧葬补助费 55.5 万元。

【企业退休人员管理】 2020 年，四子王旗社会保险事业管理局按计划对全旗企业退休人员进行年检工作。年内对国有企业退休人员社会化管理人事档案进行移交。截至年底，接收四子王旗联通公司退休人员档案 62 本、烟草公司 15 本、邮政集团 66 本、邮政储蓄银行 1 本，一共移社保局退休人员档案 144 本，旗信用联社和移动公司的退休档案陆续移交。

【减免企业社会保险费】 2020 年，四子王旗按照内蒙古人社厅下发的《关于阶段性减免企业社会保险费实施意见的通知》（内人社发〔2020〕19 号）和《关于做好阶段性减免企业社会保险费经办工作有关事宜的通知》（内人社办发〔2020〕31 号）文件精神，对 61 家企业减免养老保险费 895.4 万元，对 102 家企业减免工伤保险费 136.8 万元，其中大型企业 3 家减免工伤保险费 2.1 万元、中小微企业 99 家减免工伤保险费 134.7 万元。

【劳动监察仲裁】 2020 年，人力资源和社会保障局贯彻落实劳动法律法规文件要求。共检查各类用人单位 431 户次，开展各项专项检查 5 次；协调处理来电来访投诉问题 6 件，涉及拖欠农民工 118 人，工资金额 108.27 万元；开展劳动监察执法检查，开展专项行动共 5 次，检查用工单位 43 户。完成劳动用工备案单位 431 户。受理劳动争议案件 4 件，已结案 4 件。协调处理来电来访投诉问题 3 件，被拖欠劳动者人数共计 11 人，涉及拖欠工资金额 18 万元。

【人事人才】 2020 年，人社局人事人才交流中心对符合条件的“三类生”68 人进行安置。旗事业单位公开招聘 175 人。卫生系统 52 人，教体系统 34 人，新招募“三支一扶”高校毕业生服务基层 19 人，高校毕业生“社区民生”志愿者 35 人，全部完成安置。

【工资福利】 2020年，全旗机关事业单位工作人员正常晋升工资。全年办理丧葬费、抚恤金62人，转正定级41人。截至年底，旗人社局为行政事业人员办理退休120人；为2002年、2006年机构改革提前退休工龄工资核定122人；为2019机构改革人员工资转隶57人，办理行政事业单位商调人员工资介绍信19人；全部完成苏木乡镇基层补贴工作。共受理申请工伤认定19件，结案19件；办理享受养老金待遇423人。

【人事档案管理】 2020年，人力资源和社会保障局收集档案相关材料2200余份。新建档案37卷，转递档案328卷。接受档案查阅250余人次。档案室共整理档案3461卷，收集到短缺个人档案材料2710份，已归入本人档案。移交组织部档案105卷。调入其他旗县档案11卷。审核企业退休299人和事业退休40人的档案资料；移交整理企业退休档案299卷。配合纪检部门查阅档案资料39人例。

四子王旗社会保障局

【领导名录】

局　长：温润霖

【概况】 2020年，四子王旗社会保障局为建档立卡贫困户、特困、五保、重度残疾等困难群体每人代缴城乡居民养老保险费100元（重度残疾人每人代缴200元）。全年代缴14504人。2020年对全旗92户中小微企业1916人减免养老保险费1233万元，4户大型企业271人减免养老保险费123万元；2020年新增参保人数813人；通过网上认证、异地就近社保机构代理认证、村委会和社区嘎查全面配合等方式，对全旗所有享受养老保险待遇人员进行了全面认证；全年共为585人办理了退休手续。

【养老保险改革】 2020年，社保局完成机关事业单位养老保险改革工作。全旗96%的单位完成最后录入工作，开始正常办理养老保险缴费、退休待遇发放等业务。

【社会养老保险基金监管】 2020年，社保局利用大数据进行比对，追回城乡居民、服刑人员和死亡人员违规领取养老金80647.29元。

【工伤保险】 2020年，社保局收缴工伤保险费81万元。对4家大型企业271人减免工伤保险费20万元；对95家中小微企业2307人减免工伤保险费55万元；对23家项目企业2020年的工程项目应缴的工伤保险费全部减免；受理工伤待遇30人（其中新工伤24人，老工伤6人），定期待遇8人，共发放金额482万元。

【养老保险征缴】 2020年，社保局全年共征缴养老保险费8601万元（不包括企业单位减免部分）。

【养老金调整】 2020年，社保局对城乡居民养老保险缴费档次进行调整。城乡居民缴费档次由2019年的100～3000元13个档次，调整为200～7000元的15个档次，全年共征缴1888.63万元（其中财政代缴40.57万元）；调整企业11301人养老保险金，人均月增长133.7元；调整机关事业单位1580人养老金，人均每月增长197.3元。

【养老金发放】 2020年，社保局对所有享受养老金待遇人员的养老金都能按月足额发放，发放率100%。其中为企业11301人发放养老金34903万元；为城乡居民35312人发放养老金6714万元；为机关事业单位1580人发放养老金5186万元。

（张继业）

外出务工人员服务中心

【领导名录】

主　任：张尧杰

【概况】2017年2月16日，经旗委书记专题会议研究决定，成立全旗外出务工人员服务中心，服务中心驻呼和浩特，负责对全旗外出务工人员摸底调查，建立信息台账，掌握外出务工人员动态和诉求。自服务中心成立以来，各苏木乡镇先后成立了外出务工人员综合服务管理站，各行政村配备协理员，完善管理体制，配齐工作机构，畅通四子王旗外出务工人员的诉求渠道，搭建起收集社情民意的平台，为旗委、旗政府决策提供依据。2020年，外出务工人员服务中心在旗委、旗政府领导下，树立服务观念，尽量把矛盾消化在萌芽状态，把问题解决在基层，较好地履行了职责。

【外出务工人员信息统计】2020年，全旗外出务工人员信息统计，主要采集全旗外出务工人员个人的基本信息，包括外出去向、从业单位、工种岗位、劳务收入等，突出农村建档立卡贫困户外出务工人员相关数据信息采集，掌握相关身份信息、是否经过技能培训、有何专业特长，以及是否参加养老保险、医疗保险等相关情况。

【外出务工人员诉求收集】2020年，四子王旗外出务工人员服务中心通过领导带头，各部门、各苏木乡镇的协作，服务中心将接到的诉求反映按流入地和流出地乡镇分别建档，整理成册，便于及时与各部门协调解决外出务工人员的诉求反映，引导其合理合法地反映诉求，能解决的及时协调解决，不能解决的做好解释说服教育工作，将矛盾化解在基层。截至年底，已收集登记各项诉求154件，全部转交各苏木乡镇及信访局，各项诉求基本上得到了有效解决。

【外出务工人员思想动态】2020年，四子王旗外出务工人员服务中心按照“属地管理、责任到人”的原则，包村领导干部和各嘎查村“两委”班子成员走村入户，及时掌握外出务工人员的情况。在家党员及时向外出亲戚朋友宣传相关政策，正面解答政策法规。做到不信谣、不传谣。发现苗头性、倾向性问题及时向党组织汇报，第一时间了解和掌握动态，及时采取措施进行防范。截至年底，收集预警信息9条，并及时上报、及时协调处理。

【舆论引导】2020年，四子王旗外出务工人员服务中心组织开展了形式多样的政策宣传活动。组织工作人员赴呼包二市实地走访接待外出务工人员，发放宣传资料，让广大外出务工人员准确了解现行有关惠民政策，同时，教育引导广大外出务工人员自觉遵守法律法规，通过各级农民工综合服务中心等正常渠道反映合理诉求，自觉抵制串联集聚闹事等违法行为。

【开展“五个一”活动】2020年，四子王旗外出务工人员服务中心发送一封慰问信。春节期间，向本地外出务工党员发出一封慰问信，在送上新春问候和节日祝福的同时，宣传了四子王旗脱贫攻坚、全面建设小康的新发展新变化。开展一次走访慰问。2020年，服务中心开展流动党员教育管理工作，按照旗委组织部的要求，对在呼市地区的10个流动党支部开展走访慰问流动党员活动。重新建立了在呼外出务工人员流动党员花名册，并将党组织的关怀送到了流动党员及家属的心中，让他们安心在外务工，让他们感受到家乡党组织的关怀和温暖。召开一次座谈会。2020年，服务中心先后多次派出专职干部在呼市服务中心、包头服务中心召开了与外出务工党员代表、外出务工人员代表的座谈会。会上对四子王旗现行的支农惠农政策进行了宣传，介绍了家乡经济社会发展情况，推介本地发展投资项目，并充分听取了他们的意见建议，引导他们关注家乡建设，共商发展计策，为家乡发展攒劲出力。举办一场培训。四子王旗外出务工人员服务中心协调市外出务工人员综合服务管理局呼市服务中心、包头服务中心以及服务中心各党支部，以短期培训班、送技术下乡、远程教育等形式，对外出务工人员进行一次全覆盖、有针对性的培训，重点培训实用技术、法律知识等，帮助他们提高能力素养和就业技能，提升外出务工档次和收入水平。发现一批优秀人才。通过上门走访、座谈交流、考察了解等方式，重点掌握了一批政治素质好、有致富能力、有回乡意愿的优秀外出务工人员，建立管理台账，有针对性地加强沟通联系，特别是对优秀青年人才进行跟踪培养，引导其向党组织靠拢。

【重视信访工作】 2020年，四子王旗外出务工人员服务中心多次配合政法委的安排部署，在各个重要节点参与四子王旗安全工作，并采取多种渠道增加舆情预警的收集整理，多次上报、化解预警信息。

四子王旗扶贫开发办公室

【领导名录】

主　任：张满元

副主任：云文拯（蒙古族）

　　　　付重逢

　　　　薛　龙（扶贫开发服务中心主任）

　　　　雷云鹏（北京怀柔区派驻挂职）

【概况】 四子王旗扶贫开发办公室（简称旗扶贫办）是四子王旗人民政府工作部门，为正科级，下设扶贫开发服务中心（副科级事业单位）。四子王旗扶贫开发办公室内设机构股室中心9个，分别是综合室、产业扶贫股、金融扶贫股、社会扶贫股、京蒙扶贫协作股、规划财务股、扶贫发展研究和信息监测中心、廉政效能室、考核评估股。2020年是全面建成小康社会目标实现之年，也是全面打赢脱贫攻坚战的收官之年。按照《2020年旗县市区脱贫攻坚工作成效考核实施方案》〔2020〕18号文件精神，旗委、旗政府高度重视，认真组织，围绕年度目标任务完成“三落实”、减贫成效、精准识别退出、精准施策、精准帮扶、“两不愁三保障”突出问题、京蒙扶贫协作、问题整改、扶贫资金投入和使用管理、巩固脱贫成果、防止返贫等相关工作。

【重点工作】 2020年是四子王旗脱贫攻坚收官之年，旗扶贫办严格落实“四不摘”要求，把乡村振兴战略和脱贫攻坚有效衔接，发挥扶贫资金在补短板、强弱项、促增收方面的作用，促进贫困人口收入稳定增长，巩固脱贫成果。年底，8109户18906名建档立卡贫困人口全部脱贫，78个贫困嘎查村全部退出。接受了国家脱贫攻坚普查、成效考核和第三方评估验收、审计署扶贫资金项目审计。旗扶贫办被评为全国脱贫攻坚先进集体。

【减贫成效】 四子王旗是全区31个国贫旗县之一，自精准扶贫建档立卡以来，累计识别贫困人口8048户18807人，贫困发生率11.7%；贫困嘎查村78个，其中深度贫困村13个。2020年，建档立卡贫困人口动态调整后，累计减贫8048户18807人，贫困发生率0，贫困嘎查村全部退出。建档立卡贫困人口中，因病致贫3172户6558人，占比39.2%；因残致贫730户1689人，占比9.1%；因学致贫1017户3222人，占比12.6%；因自身发展动力不足致贫1268户2785人，占比15.7%，因灾致贫256户681人，占比3.18%；因缺资金致贫733户1891人，占比9.1%；因缺劳力致贫416户815人，占比5.16%；因缺技术致贫286户719人，占比3.55%；其他原因致贫170户447人，占比2.41%。

【脱贫退出】 四子王旗扶贫办聚焦扶贫工作重点，确保未脱贫人口稳定脱贫。2020年建档立卡未脱贫人口53户121人，全部为因病致贫。所有未脱贫人口在原帮扶责任人的基础上，又充实了帮扶力量。由市、旗两级领导包联，建立包联台账，不定期走访帮助解决实际困难和问题。截至年底，53户未脱贫户新增危房改造、低保提标、托管代养、生态护林员等帮扶措施

158项，人均收入均高于4000元，“两不愁三保障”均已解决，达到脱贫标准，在10月的动态管理调整中全部脱贫退出。

【识别边缘易致贫户】 2020年，旗扶贫办对全旗边缘易致贫户、脱贫不稳定户按照程序进行识别。对边缘户771户1521人、脱贫监测户106户227人进行监测预警和动态管理机制，因人因户落实帮扶措施。其中，大病医疗救治365人，接受其他健康医疗救助203户，享受扶贫小额贷款36户，参加产业就业培训32人，参加公益性岗位12人，产业带动、集体经济收益分红68户，新增低保待遇和落实低保提标1151人，特困供养16人，享受其他临时性救助507户。

【贫困群众喝上安全水】 四子王旗水资源分布不均，地下水匮乏且部分水井含氟较高，安全饮水是脱贫攻坚的重中之重。2014—2020年，累计投入资金2.78亿元，解决了12.8万人次的饮水不安全问题。针对牧区地下水资源匮乏、部分牧民拉水距离较远的问题，采取“新打井+牧区水窖”的方式解决，累计新打井231眼，其中机电井138眼，把牧民集中取水往返时间控制在20分钟以内。新建牧区10吨水窖2603座、20吨水窖17座，让牧民在家门口取用生产生活用水；针对农区人饮工程年久老化、部分老管网埋深不够，导致冻管等原因，造成供水保证率不达标问题，新建人饮工程130处，维修改造和续建人饮工程493项；针对农区水质不达标问题，结合村庄居住人口数量，采取安装“集中净水设备+户用净水设备”的方式解决，累计安装集中净水设备103套、户用净水设备5390套，实现饮用水水质达标。

【危土房变砖瓦房】 四子王旗在脱贫攻坚过程中，结合在村人口数量、群众意愿等，分类施策，共解决26701户农牧民住房安全问题，其中贫困户5464户。2016—2020年，累计实施危房改造20590户，其中新建17688户、维修加固2900户，涉及贫困户3308户（其中新建2891户、维修加固417户）。对自筹能力差、不愿意农危改的老年人口，政府在村委会或苏木乡镇政府所在地统一建设互助幸福院，产权归集体所有，动员老年人口搬迁入住。累计建成互助幸福院26处，安置农牧民1074户（其中贫困户85户）。四子王旗开展了易地扶贫搬迁与小村整合相结合。在乌兰察布市率先启动了小村整合易地扶贫搬迁工程，将山区老区、常住人口少、出行不便等空心村、老龄村整合后搬迁到交通便利、有发展潜力、条件较好的中心村，让贫困群众挪出穷窝，便捷地享受公共服务。累计搬迁农牧民5037户（其中贫困户2071户）。共建成易地扶贫搬迁新村81个，撤并自然村130个，安置农牧民4597户（其中贫困户1631户）。货币化安置贫困户368户，进城安置贫困户72户。同时，结合农户意愿，对撤并自然村耕地进行集中统一流转，共流转耕地29.7万亩，其中旱地流转金100元/亩/年，亩均较流转前稳定增收40元以上。

【“有学上”变“上好学”】 自实施精准扶贫到2020年底，四子王旗加大教育投入力度，累计投入资金4.7亿元，用于校舍、体育场馆、设备配套、校园文化建设等。在脱贫攻坚工作中，四子王旗通过“七项政策保障”措施，没有因为贫困辍学的适龄儿童。落实国家义务教育保障机制，发放补贴889.8万元，受益学生8221人次。落实乡村学校“营养餐改善”计划，享受学生328人次，补助28万元。落实学前教育保障，资助贫困幼儿学生4555人次，免收保育费1062.3万元；落实教育扶贫资助政策。资助建档立卡贫困家庭学生9705人次，发放资助金2211.1万元。落实生源地信用贷款，累计发放助学贷款8480.4万元，帮助6917名大学生完成学业。落实“三残”儿童学生控辍保学，按照“一生一案”的原则落实防控措施，全旗随班就读36人，送教上门服务22人，特殊学校就读20人，办理缓学5人，免学3人，常住人口中“三残”儿童学生全部实现了因人施教、因人施策。落实社会帮扶，四子王旗协调社会力量，累计投入帮扶资金723万元。其中，“泛海助学行动”资助139.5万元，新兴际华集团、怀柔区、旗内企事业单位捐资捐物583.5万元。

【贫困人口就医有保障】 四子王旗落实健康扶贫“三个一批”行动。实行住院治疗“一站式”结算服务，健康扶贫到定点医疗机构实行“先诊疗后付费”政策。实行健康体检、基本医疗、商业保险、大病救助、基金兜底、慢性病送药“六位一体”医疗保障制度体系网。慢性病送药和住院报销比例不低于90%。2017—2020年，四子王旗累计为17437人次贫困人口报销医疗费用1.24亿元；对贫困人口进行免费体检累计投入230万元；足额兑现医疗保险缴费补贴，贫困人口参保率100%，累计补贴278.5万元。报销14374人次，报销8812.3万元。2020年，四子王旗政府为贫困人口每人代缴商业补充保险100元，累计代缴保费376.8万元，报销6792人次，报销733万元；对重特大疾病在基本医疗保险的基础上，按比例再进行救助，累计救助14297人次，救助2028.1万元；四子王旗建立健康扶贫兜底基金998万元，其中重特大疾病基金698万元、慢性病基金300万元。对贫困患者自付金额较大的予以一定补助，累计救助2822人次，救助399.27万元。2020年，四子王旗对符合条件的慢性病患者，由家庭签约医生送药上门服务，管理慢性病患者3760人，送药上门3022人，累计送药价值619万元。

【社会兜底有保障】 四子王旗政府贯彻落实低保标准和扶贫标准“两线合一”政策。增加对残疾人、“五保”户、农牧区特困人员等对象的救助力度。2020年底，农牧区累计享受最低生活保障人口33846人（其中贫困人口8090人），人均保障标准4492元/年。全旗享受孤儿、困境儿童补助195人（其中贫困人口54人）；享受五保供养补助1685人（其中贫困人口80人）；享受重度残疾人护理补贴3335人（其中贫困人口814人）；享受困难残疾人生活补贴5245人（其中贫困人口1397人），补贴资金全部按月足额发放。为9806名贫困人口代缴养老保险99.01万元，领取城乡居民养老保险待遇贫困人口3948人。

【“两不愁三保障”】 2020年，旗扶贫办持续巩固“两不愁三保障”成果。维修管网老化、水泵损坏等人饮工程问题319处，未脱贫户新建住房2户，为1790人次建档立卡贫困学生发放教育补助331万元，为2458人次贫困患者报销医疗费用1467万元。

【产业扶贫】 2020年，旗扶贫办提升产业扶贫带贫减贫能力。在81个易地扶贫搬迁新村投放种公羊1943只，更换杜蒙半血母羊3760只，新建肉羊科技服务站5个，扶持发展杜蒙二元和杜蒙萨三元杂交肉羊产业。建成了肉羊育肥场和活畜交易市场，亿茗公司马铃薯精淀粉、净菜和主食加工项目主体基本完工，民贸公司肉羊、肉牛精深加工项目完成前期工作，完善了马铃薯、肉羊、肉牛产业链条。

【生态建设有收入】 四子王旗是国家主体生态功能区试点示范旗，旗委、旗政府把生态建设保护与脱贫攻坚相结合。2014—2020年，全旗累计发放草原生态保护奖励补助7.6亿元，退耕还林补贴2.9亿元，公益林补贴2.2亿元，让农牧民通过生态保护获得收益。

【发展主导特色产业】 四子王旗委、旗政府把发展主导特色产业作为脱贫攻坚的重点。杜蒙肉羊产业以赛诺公司为龙头企业，2020年底，共有合作户2891户，杂交改良肉羊30万只，是国家首批6个核心育种场之一。2020年，马铃薯产业以中加公司为龙头企业，生产合格种薯5.6万吨，全旗马铃薯良种覆盖率达到91%。

四子王旗扶持大戈壁公司、中峰公司、民贸公司、景欣农业公司、绿循环公司、北国兴农公司等龙头企业和合作社，健全从种养殖业到深加工业、电子商务销售的全产业链。2020年底，全旗有7家龙头企业，3个农牧业专业合作社与贫困户建立起联结机制。共有769户农户与企业形成订单关系，其中贫困户728户。截至2020年底，累计流转耕地5万亩，涉及贫困户472户，户均增收3900元；流转草场120万亩，涉及贫困户144户，户均增收1.8万元。4家龙头企业和合作社优先聘用贫困户季节性和长期务工，务工贫困户40户，户均增收1万元以上。

【小额信贷】 2020年，旗扶贫办着力解决贫困户资金技术难题。对符合扶贫小信贷、有贷款需求的2038户贫困户发放贷款9743万元。聘用产业指导员157名，帮助贫困户解决产业发展难题。

【稳岗就业】 针对贫困户家庭实际情况，制定出台《四子王旗扶贫公益岗位开发与管理实施意见》，对岗位设置、人员选聘、岗位管理、综合保障等几个方面做出详细规定，采取多项措施解决务工就业问题。发挥京蒙协作扶贫机制，在全旗范围内推荐有文化、年富力强的贫困人口外出务工。2020年，全旗共实现贫困人口务工就业3205人（其中，旗内务工2734人，旗外市内务工24人，市外区内务工383人，区外务工64人）。截至年底，四子王旗共解决护林员岗位1280个，工资每人每年10000元；年底前，共解决保洁、垃圾清运岗位983个，保洁员工资每人每年3600元，垃圾清运工每人每年工资7200元；累计安排治安员、信息员公益岗位281个，工资每人每年4200元。2020年，针对新冠疫情影响，少数贫困人口外出务工受阻的实际情况，安置社区信息员、乡村安全饮水设施管护员103个，信息员月工资按2020年城镇最低工资执行，乡村安全饮水设施管护员工资每人每年3600元；安置城镇园林管护、环卫清洁87个，工资比照临时雇工标准执行。

【贫困群众产品销售有渠道】 2020年，旗扶贫办借助四子王旗与京蒙和央企对接机遇，组织拓宽销售渠道，在北京怀柔区建成四子王旗特色产品体验店和农畜产品特产馆，在大兴批发市场开设2处农畜产品专柜，销售20余个品牌的农副产品，推动特色农畜产品进入北京市场。截至年底，累计外销精淀粉、羊肉、马铃薯等农畜产品2.5亿元，其中进京销售额3000余万元。

【防返贫保险】 2020年，为了巩固脱贫成效，与旗人保财险公司合作建立防返贫保险。共投保1万人，每人保费200元，重点赔付因病、因学和意外事故等贫困线边缘人口，赔付比例上限4万元，降低返贫、致贫风险。

【集体经济】 2020年，旗扶贫办发展壮大村集体经济。投入集体经济发展资金0.4亿元，累计达到1.97亿元。121个嘎查村年收益达到5万元以上，年收益总额1376.5万元。

【资产收益】 2020年，旗扶贫办继续推进“资产收益”模式，使贫困人口收入稳定增收。在自治区率先推行“产权+劳务”入股的“资产收益”脱贫模式。尊重贫困户意愿，协调邮储银行为符合金融扶贫政策、无劳动能力或无经营能力贫困户发放4年期贷款5万元/户，政府再扶持股本金2万元/户，每户共7万元，购置资产入股到企业，让贫困户变为股东，每年分红现金4000元/户，股本金3000元，4年期满偿还贷款后，在企业股本金积累至3.2万元，年持续分红不低于3000元，保障贫困户有持续稳定收入，共带动贫困户1279户。

【资金投入】 旗扶贫办增加资金投入。2020年，共投入扶贫资金3.16亿元，其中财政专项扶贫资金2亿元、整合行业部门资金0.64亿元、京蒙扶贫协作资金0.52亿元。共实施扶贫项目125个，其中，产业扶贫投入资金1.65亿元，实施项目51个；小型公益性基础设施建设投入资金1.37亿元，实施项55个；住房保障投入资金103万元，实施项目8个；就业和创业培训投入资金231万元，实施项目6个；综合保障投入资金1073.8万元，实施项目5个。

四子王旗民族事务委员会

【领导名录】

局　长：苏伊拉图（蒙古族）

副局长：包额尔登（蒙古族）

【概况】 2020年，四子王旗民族事务委员会（简称旗民委）围绕自治区、市、旗民族工作会议精神，以促进民族团结为目标，加强对全旗贯彻落实自治区党委和市委民族工作会议精神的督导检查，坚持把加快少数民族和民族聚居区经济社会发展作为根本任务。经过深入调研、多次召开座谈会，积极协调全旗5个苏木1个镇做好少数民族发展资金项目备案工作。

【少数民族发展资金】 2020年，旗民委将上级下拨的第一批少数民族发展资金1160万元整合用于脱贫攻坚任务需求。项目具体实施到：巴音敖包苏木夏布嘎嘎查饲草料地灌溉及防洪坝建设工程，投入资金110万元；江岸嘎查塔布河漫水桥建设工程，投入100万元；江岸苏木江岸嘎查—吉江线通村水泥路工程，投入280万元；江岸苏木饲料地灌溉渠维修建设工程，投入60万元；红格尔苏木乌布力吾素嘎查南河道治理工程，投入128万元；红格尔苏木乌布里吾素嘎查人畜饮水工程，投入40万元；红格尔苏木白音花嘎查漫水桥建设项目，投入80万元；红格尔乌布力吾素嘎查人居环境整治工程，投入47万元；查干补力格苏木杜蒙萨三元杂交肉羊养殖，投入100万元；查干补力格苏木贫困户新建住房基础设施建设，投入45.3万元；查干补力格苏木幸福院维修改造工程，投入25.2万元；查干补力格苏木贫困户草棚建设项目，投入9.65万元；脑木更苏木黑沙图嘎查饲草料基地建设，投入120万元；白音朝克图镇贫困户草棚建设项目，投入14.85万元。2020年，旗民委将上级下拨的第二批少数民族发展资金120万元，用于农村牧区草棚、人畜饮水、住房保障、防洪工程等基础设施建设；第三批少数民族发展资金180万元，用于江岸苏木白兴图乌善线水泥路建设项目。

【清真饮食市场管理】 2020年，旗民委开展对清真食品的管理，进一步规范清真饮食市场。民委会同市场监督管理局、清真寺寺管会开展排查清真食品市场，严把运输、储藏、销售各环节，打击假冒清真食品的违法行为。

【民族团结进步创建活动】 5月，旗民委利用民族法律法规宣传月之机，通过各种舆论宣传工具，开展维护祖国统一和热爱祖国的宣传教育。开展党的民族理论宣传教育；开展民族政策和民族区域自治制度宣传教育；开展维护社会稳定和社会主义法治的宣传教育。9月，旗民委开展民族团结进步活动月。助推乌兰察布市创建全国民族团结进步示范市。旗委宣传部、统战部特制定印发《2020年全旗民族团结进步活动月》实施方案。活动月以“民族团结助力脱贫攻坚　各族人民携手共进小康”为主题，开展民族团结进步创建。旗民委结合四子王旗实际，特制定《乌兰察布市争创“全国民族团结进步示范市”四子王旗工作实施方案（2019—2020年）》；旗民委开展民族团结进步创建“七进+”活动，定期不定期深入全旗民族团结进步创建示范单位进行督促和指导，推进创建工作。2020年创建旗级民族团结示范单位16个，市级民族团结示范单位10个、自治区级民族团结示范单位4个。

【整顿蒙汉牌匾】 2020年，旗民委对蒙古、汉两种文字并用的牌匾进行检查整顿。针对全旗市面牌匾蒙汉文并用的准确率、合格率开展检查整顿。截至年底，共审核牌匾600个，翻译牌匾800个。

（四子王旗民族事务委员会）

四子王旗民政局

【领导名录】

局　长：海　山（蒙古族）

副局长：赵振华

　　　　赵俊文（10月任职）

【概况】 四子王旗民政局位于乌兰花镇新区王府路，属正科级行政机关。内设办公室、基层政权建设和社区治理股、社会救助股、社会事务股、社会福利股、低保中心（事业单位）、社会保障所（事业单位）、东八号中心敬老院，共5个股室、2个二层事业单位、1所养老机构。全局工作人员共30人（其中行政编6人，事业编14人，外聘人员7人，“三支一扶”人员2人，返聘人员1人）。在旗政务中心开设婚姻登记1个窗口。加快转变民政服务供给方式，保障好各类特殊困难群体的衣食冷暖，努力提升群众的幸福感、获得感、安全感。

2020年，民政局围绕“民政为民、民政爱民”的工作理念，把保障民生、解决民生作为工作重点，各项工作有序推进。

【社会福利】 2020年，民政局对全旗的16名社会散居孤儿、2名事实无人抚养儿童、50名因病因残致困儿童及128名困境家庭儿童建立档案，做到了一人一档动态管理，为16名孤儿发放生活补贴23万元；为178名困境儿童发放生活补贴金117.4万元。2020年办理儿童收养登记1名；在全旗各苏木乡镇任命1名儿童督导员，在各个嘎查村委会任命1名儿童主任，健全了农村留守儿童关爱服务体系；为4747名高龄老人发放高龄津贴561.9万元；为315名享受“三民”待遇人员发放资金434.8万元。

【特困供养】 2020年，民政局提高城镇特困对象分散供养标准，每人每月达到861元，农村牧区特困对象分散供养标准对象每人每年达到6240元，集中供养标准达到每人每年8000元；实行了特困人员分级照料护理补贴制度，特困人员半护理、全护理对象照料护理补贴标准分别为每人每月403元和1047元。为1537名分散供养特困人员、70名集中供养特困人员、65名“三无”人员发放生活补贴841.7万元，护理补贴205万元。

【城乡居民最低生活保障】 2020年，民政局提高低保对象的保障标准，城镇低保保障标准达到每人每月662元，农牧区低保保障标准达到每人每年4700元。全旗共救助城镇低保3153户4509人，发放城镇低保资金2842.4万元；救助农牧区低保23229户34721人，发放救助资金11897.3万元。

【福利机构建设】 2020年，四子王旗民政局投资140余万元对幸福院设施进行改造，建有蔬菜大棚2座，种植果树100余棵，全自动无压力供暖锅炉1处，剩余空地全部硬化。2处小广场安放老年活动器材和休闲桌椅，院落空地绿化树木和花草。院内道路两旁添设太阳能路灯48盏。聘请专人护理，提高院民的伙食标准，由每人每日12元提高到18元。民政局每周指派专人对敬老院的消防设施、院内电路、各类食材进行检查，防止食品安全、火灾和触电事故发生。增设12个床位，增加暖气片，解决了走廊及个别房间冬天温度低的问题。

【殡仪馆建设项目】 2020年9月15日，四子王旗殡仪馆建设项目在忽鸡图乡小东营行政村正式开工。项目计划总投资2000万元，总占地面积149亩，项目由殡仪馆、骨灰寄存塔和墓地三部分组成（包括悼念楼、火化楼、守灵楼、业务办公楼及配套工程等）。

【婚姻登记】2020年，四子王旗民政局共完成结婚登记953对，离婚登记533对，补办结婚证1641对，补办离婚证72对。

【地名管理】2020年，四子王旗民政局地名库更新完善26条地名信息，与武川县、苏尼特右旗完成行政界线联检，勘察乡镇苏木嘎查行政界线47次。

【慈善事业】2020年，四子王旗民政局对符合救助条件的管理对象实施慈善救助25人次，救助金额为26.12万元。

【社会组织建设】2020年，四子王旗民政局共登记成立社会组织26家，其中社会团体20家、民办非企业单位6家。

【脱贫攻坚】2020年，四子王旗民政局对建档立卡贫困对象进行了重新认定，将符合低保条件人员全部纳入保障范围。实施了单人户施保，对建档立卡贫困家庭中符合低保条件的单人户及时给予保障。旗财政拨付专项救助资金80万元，对重病重残人员救助后生活仍然困难的家庭继续给予临时救助。2020年全旗建档立卡贫困人口10954人，其中享受民政救助8137人，达到了贫困人口的70%，发放救助资金2518.5万元。

四子王旗退役军人事务局

【领导名录】

局　长：侯玉根

副局长：王　鹏

图　希（蒙古族）

【概况】四子王旗退役军人事务局（以下简称退役军人事务局）于2019年3月19日挂牌，4月17日转隶组建。“三定方案”设置有办公室，思想政治、权益维护和就业创业办，移交安置办，优抚管理办。局下设服务中心，属副科级事业单位。年内，完成旗退役军人服务中心、13个苏木乡镇和13个社区退役军人服务站的建设任务，全部实现“有机构、有编制、有人员、有经费、有保障”，由苏木乡镇党委书记兼职任站长，武装部部长和党群服务中心主任任副站长。

【开设“退役军人专窗”】2020年，退役军人事务局为维护退役军人合法权益，全面推行“一次申请、一窗受理、限时办结”。做到“小事不出村、大事不出镇、矛盾不上交、平安不出事、服务保障不缺位”。创建乌兰花镇退役军人服务站为全国“枫桥式”退役军人服务站。以点带面在全旗各苏木乡镇和13个社区全面开设“退役军人专窗”。

【拥军优抚工作】2020年，退役军人事务局全面完成优抚事业单位转隶移交工作。制定了《烈士纪念设施规划建设管理实施方案》，全面排查烈士纪念设施，对存在的问题及时进行整改，在烈士褒扬系统及时更新完善信息。全面完成对烈士纪念设施的升级改造和周边环境整治。按照“四尊崇”“五关爱”“六必访”的要求，走访慰问困难退役军人，发放慰问金；会同人武部为四子王旗在部队荣立三等功的家属送去喜报；2020年，举行新兵欢送大会；在中国人民志愿军抗美援朝出国作战70周年之际，为健在的14名抗美援朝老战士颁发纪念章，各类优待抚恤金及生活补助按时足额发放。

【社保接续工作】2020年，退役军人事务局成立了解决部分退役士兵社会保险问题专项工作组及工作专班，专门负责该旗退役士兵社会保险接续工作；发放《部分退役士兵社会保险接续相关政策解释》手册1000余份。建立了“一人一档”工作台账，将退役士兵申请、核查认定及参保、补缴等有关材料装入卷宗，以备复查复核。

【扶持就业创业】 2020年，退役军人事务局按照中央和自治区、市“六稳”“六保”工作部署要求，建立部门协调配合机制，组织退役军人通过高职扩招方式被各大专院校录取；为解决企业下岗退役军人实际生活问题，安排城镇下岗退役士兵到公益岗位，工资按旗最低工资标准执行，并享有三险补贴。按要求对接收的转业士官服役量化评分进行公示，完成2020年度符合政府安置工作的转业士官工作安置。

【退役军人联络机制】 2020年，退役军人事务系统建立联系制度，利用旗、苏木乡镇、嘎查村（社区）三级退役军人服务站，在重要时间节点，及时联系对象，确保每季度至少联系一次、每年至少走访一次，保持全年联系工作不间断，重点联系功臣模范和伤残、参战人员，烈士遗属，特困退役军人，依托退役军人信息服务平台，利用电话、微信等方式开展针对性、个性化的联系服务工作，真心实意帮困解难。

【解决遗留问题】 2020年，退役军人事务局为全旗退役军人建立台账，按照文件要求把问题梳理到位。根据旗长办公会议纪要《专题研究“三类生”、部分“下岗退役军人”公益性岗位安置有关事宜》(〔2020〕8号）和人力资源和社会保障局《四子王旗关于“三类生”、部分“下岗退役军人”公益性岗位安置工作实施方案》，分两批为城镇下岗义务兵、志愿兵和伤残人员安排专项公益岗位。

【创建自治区“双拥模范旗”】 2020年12月24日，内蒙古自治区党委、自治区人民政府、内蒙古军区印发《关于命名自治区双拥模范城的决定》，四子王旗再次被授予“双拥模范旗”荣誉称号。四子王旗实现自治区“双拥模范旗”六连创。

查干补力格苏木

【领导名录】

书　　记：赵文忠（蒙古族）
苏 木 长：巴雅尔图（蒙古族）
人大主席：乌巴特尔（蒙古族）
副 书 记：武　勇
纪委书记：范　亮
组织委员：云建新（副苏木长，10月任职）
宣传委员：陶　热（女，蒙古族）
副苏木长：孙志斌
　　　　　段俊杰（蒙古族）

查干补力格苏木事业单位科级干部

党群服务中心副主任：哈斯其木格
　　　　　　　　　（女，蒙古族，10月任职）
综合保障和技术推广中心主任：
　　　　　　　　　宝力达（6月任职）
综合行政执法局局长：李　宁（6月任职）

【概述】 查干补力格苏木位于四子王旗中部，距乌兰花镇22公里。全苏木土地总面积3186平方公里，草场面积396.9万亩，耕地面积5800亩。林地面积110.36万亩，其中公益林面积7.8659万亩，主导产业以畜牧业为主。全苏木共8个嘎查，其中，饲草料基地嘎查1个（查干补力格嘎查），生态移民嘎查1个（准额和嘎查），纯牧业嘎查6个（格日勒图雅、山滩、巴音、白音乌拉、白音补力格和敖包图嘎查）。2020年全苏木户籍人口2395户3983人，常住人口587户1580人，其中蒙古族2082人，占总人口的52%。2020年12月12日，查干补力格苏木召开嘎查村"两委"换届选举工作动员部署大会。

【畜牧业】 2020年，查干补力格苏木通过养殖专业合作社选育优质戈壁短尾种公羊1040只，在全旗示范户内推广使用，仅在查干补力格苏木范围内推广使用490只。杜蒙萨三元杂交肉羊养殖示范户发展到60户，养殖规模达到24000只；养殖西门塔尔肉牛示范户25户，户均养殖肉牛30头。

【旅游业】 2020年，查干补力格苏木依托丰富的旅游资源，发展草原生态旅游项目，累计建成120处家庭式旅游景点，重点扶持发展格日勒图雅嘎查境内格根塔拉景点及209国道周边星级"牧家乐"20户，全年接待境内外游客13万人次，当地牧民旅游人均收入达4万元。

【文化】 2020年，查干补力格苏木成立了新时代文明实践所，完善配套设施。共建设基层文化站8处、嘎查草原书屋8处，配套各类图书、音响设备，实现广播电视信号全覆盖；新建手机信号网络基塔3个，手机网络信号覆盖率达75%以上，组建网上微信学习讲堂。

【民族宗教】 2020年，查干补力格苏木所在地有宗教活动场所1处，喇嘛9人，庙管会3人，年内举行大型庙会活动4次。贯彻执行党的宗教政策，抵御境外利用宗教进行渗透活动。

【社会保障】 2020年，查干补力格苏木推进和完善民生和社会保障体系。年内共有残疾人214人、"五保"户13人、低保户520户712人；参加农牧民合作医疗1450户3061人；享受养老待遇累计657人，参保1781人；享受"三民"补助22人。

【基础建设】 2020年，查干补力格苏木改造危房及无房牧民47户，原址新建44户，采用钢板加固完成维修3户。货币化安置10户；全年完成标准化暖棚26处，储草棚42处；新建水窖514处，配套净水设备514套，对未建水窖的牧户发放净水设备263户，水利部门鉴定水质全部达标。2020年对6个牧业嘎查69处水窖及管道进行维护。全苏木2个嘎查接通网电，6个嘎查采用网电和风光互补。全苏木共用网电453户，风光互补200户。

【人居环境】 2020年，查干补力格苏木成立人居环境整治和旧房拆除工作小组，动员嘎查驻村工作队、嘎查"两委"人员及保洁员清理各自辖区内主干道两边垃圾与嘎查队部周边垃圾。2020年，查干补力格苏木共拆除旧房92处，清理垃圾及废弃物2800多吨，总投资达50.29万元。

【脱贫攻坚】 2020年，查干补力格苏木130户253人全部实现脱贫；边缘易致贫9户18人，脱贫不稳定户16户25人，全部减除致贫风险。

红格尔苏木

【领导名录】

书　　记：苏伊拉巴特尔（蒙古族）
苏 木 长：宝音呼（蒙古族）
人大主席：朝鲁孟花（蒙古族）
副 书 记：敖德毕力格（蒙古族）
纪委书记：康矗东
组织委员：乌力吉呼斯楞（蒙古族，副苏木长）
宣传委员：乌力吉图（蒙古族）
副苏木长：阿拉腾宝力格（蒙古族）
　　　　　陶格斯（女，蒙古族）

红格尔苏木事业单位科级干部

党群服务中心副主任：扎　娜（女，蒙古族，10月任职）
综合保障和技术推广中心主任：海丽罕（女，蒙古族，6月任职）
综合行政执法局局长：哈斯巴特尔（6月任职）

【概况】 红格尔苏木位于四子王旗中北部。境内河道属塔布河流域。境内已探明地下矿藏有煤、石油。有天然草场528万亩。野生动物5种，野生植物22种。苏木驻地位于乌布力吾素嘎查。红格尔苏木辖区总面积3046.5平方公里，可利用草场面积453万亩，耕地面积为38426亩。农业以种植马铃薯、葵花为主。苏木下辖8个嘎查，分别为脑木更嘎查、白音花嘎查、海卜子嘎查、瀚乌拉嘎查、红格尔嘎查、达忽拉嘎查、阿日点力素嘎查、乌布力吾素嘎查，其中6个为牧业嘎查、2个为农业嘎查，牧业嘎查中的5个为草畜平衡区、1个为禁牧区。红格尔苏木以牧业为主，是航天神舟系列飞船的主着陆场，也是全区重点文物保护单位。辖区内有著名的喇嘛教圣地锡拉木伦庙。全苏木户籍3784户6692人，其中蒙古族2017人。2020年，红格尔苏木坚持把发展地区经济、改善民生放在首位。新冠肺炎疫情发生以来，苏木迅速成立疫情防控领导小组，第一时间进入疫情防控紧急状态。对进出苏木以及嘎查所有路口设卡检查，进行全面排查。

【“杜蒙萨”杂交肉羊】 畜牧业生产是红格尔苏木的主导产业。为推进“杜蒙萨”肉羊产业发展，苏木继续实行主要领导包片，包队干部、嘎查干部、技术人员包户的方法，做到任务明确、责任到人并建立奖罚制度，推进“杜蒙萨”肉羊产业发展。苏木政府在保持原有实施成果的同时，进一步扩大“杜蒙萨”杂交肉羊的扩繁和养殖。2020 年，红格尔苏木主要发展“杜蒙萨”肉羊产业。苏木扩大“杜蒙萨”杂交肉羊的扩繁和养殖。对“杜蒙萨”三元经济杂交后代实施了羔羊生长和产肉性能测定及肥羔生产体系建设项目。

【牲畜疫病防治】 2020 年，红格尔苏木在牲畜防疫工作中继续推行行政技术双承包责任制，层层落实责任，并且做到防疫台账和牲畜户口本谁注射谁填写，对流入牲畜疫病重点检疫，坚决堵截外疫传入。牲畜五号病、布病预防免疫，免疫密度均达到 100%，羊痘、羊三病免疫密度达到 95% 以上。

【草原监管】 2020 年，红格尔苏木共有林地面积 196931 公顷。苏木配置护林员 10 名，草畜平衡区配置草原专职管护员 16 名，主要巡查监督草畜平衡、禁牧制度的落实，草场乱开滥垦，草原防火等工作。

【草原保护】 2020 年，红格尔苏木按照继续紧抓禁牧及草畜平衡工作，落实压实嘎查责任，强化政策执行力度。明确管护员责任，紧抓管护员队伍建设，宣传禁牧和草畜平衡工作政策及相关法律法规，全苏木禁牧和草畜平衡工作常抓不懈；苏木针对草场乱开滥垦现象，只允许牧区饲料基地和畜群小草圐圙必须种植饲草料作物，不准种植经济作物，并组织人员排查了牧区饲料基地和畜群小草圐圙种植经济作物情况，做到发现一起、整治一起；苏木政府与各嘎查签订了森林草原防火安全责任状，要求各嘎查建立健全森林草原防火机构组织，将森林草原防火工作纳入常态化管理。

【水利工程】 2020 年，红格尔苏木辖区内河湖均设立河湖长，每月进行巡湖巡河。2020 年为解决海卜子嘎查托城卜子新村积水问题，修筑防洪土堤 2 处、排洪明渠 360 米、浆砌石排洪涵洞 1240 米；为解决牧民饮水安全问题，在乌布力吾素嘎查打井 20 眼，修建拦头坝段 3 段，全长共 60 米。

【文化建设】 2020 年，红格尔苏木共有草原书屋 8 个。2020 年新建乌布力吾素嘎查新时代文明实践场所 1 处；在瀚乌拉嘎查、白音花嘎查、脑木更嘎查、阿日点力素嘎查建设文化活动室；完成海卜子嘎查托城卜子新村文化大舞台配套设施建设。

【卫生医疗】 2020 年，红格尔苏木有卫生院 1 个，执业医师 8 人。利用流动医疗服务车下乡，开展基本医疗、慢性病随访、精准扶贫送医送药服务；开展健康教育宣传、鼠疫、新冠肺炎疫情防控宣传等工作。全年接受流动下乡服务检查 3000 余人次。2020 年冬季，对卫生院重新装修并建成了蒙医馆，购置蒙医诊疗设备及常用蒙药 50 余种。

【补贴款项发放】 2020 年，红格尔苏木为 5 个嘎查 913 人发放草畜平衡补助款；为脑木更嘎查 68 人发放禁牧补贴款；为 10 名乡村防疫人员、10 名森林管护人员发放工资补助款。

【人居环境整治】 2020 年，红格尔苏木继续落实“网格化”整治模式。由苏木党委书记、苏木长、人大主席分片负责，包队领导各负其责，由当地农牧民，嘎查“两委”干部等负责常态清理房前屋后柴草堆、粪堆以及辖区内及道路两侧废弃生活垃圾；由各包队领导负责嘎查的旧土方、烂房、危房等清理拆除工作与嘎查环境卫生检查工作，将群众自清与集中整治有效结合。在乌布力吾素嘎查修建全封闭式旱厕7处，在达忽拉嘎查为每户农牧民建设旱厕。

【社会保障】 2020年，红格尔苏木为952户，1472人发放低保补贴；为困境儿童8人发放养育补贴；为80周岁以上老人110人发放高龄补贴；为15人发放“三民”定量补助款；为181人发放残疾人生活补助款，为104人发放重度残疾人护理补助款；为40人发放农村牧区特困救助款；为15人发放优抚、抚恤补助款；为60周岁以上老人1001人发放养老保险款。红格尔苏木59周岁以下参加养老保险的人数1770人，新型农合参保人数4480人。

【脱贫攻坚】 2020年，红格尔苏木继续推动产业扶贫、教育扶贫、社会兜底等原有精准扶贫政策落实。宣传小额贷款政策，组织驻村工作队入户摸底，建立了台账。全苏木已有20户符合贷款条件的贫困户；组织嘎查“两委”、驻村工作队精准扶贫档案归档工作；对照中央脱贫攻坚专项巡视整改情况实地踏查调研反馈意见、石泰峰暗访调研四子王旗脱贫攻坚工作反馈问题、自治区第三方退出评估发现问题，苏木认真进行自查，认领问题，落实各项扶贫整改工作。

2020年，红格尔苏木实施就业扶贫5人，发放务工求职补贴3000元，新建草棚15个，落实小额信贷帮扶贫困户14户，边缘易致贫户2户，共计80人。使边缘易致贫户22户48人解除致贫风险。2020年，红格尔苏木贫困人口45户97人全部脱贫。

【嘎查集体经济】 2020年，红格苏木8个嘎查集体经济收入全部达到5万元以上，其中5个嘎查已超10万元。乌布力吾素嘎查利用集体资金新建门面房4间。

【美食文化节】 2020年9月，四子王旗第四届美食文化节暨红格尔苏木首届美食文化节在红格尔苏木举行，活动内容包括蒙古族特色饮食、乌兰牧骑表演和蒙古族传统那达慕等。

（兰雅斐）

江岸苏木

【领导名录】

书　　记：乌日罕（蒙古族）
苏 木 长：青格勒图（蒙古族，10月任职）
人大主席：斯日古楞（蒙古族）
副 书 记：青格勒图（蒙古族，10月任职）
纪委书记：魏永宽
组织委员：武　彬（副苏木长）
宣传委员：崔泽锋
副苏木长：敖登格日勒（女，蒙古族）

江岸苏木事业单位科级干部

党群服务中心副主任：萨仁图雅（女，蒙古族，6月任职）
综合保障和技术推广中心主任：包力达（蒙古族，10月任职）
综合行政执法局局长：曹　锟（蒙古族，10月任职）

【概况】 江岸苏木位于四子王旗西北边陲，西和北与蒙古国交界，东与脑木更苏木毗邻。地理坐标北纬42°34′18″，东经111°06′41″。属山地丘陵区，气候干旱，风多雨少，无霜期110天左右，冬季寒冷，夏季酷热。边界线长83公里。总辖地面积4343平方公里，可利用草场面积648万亩。通往苏木境内的公路主干道有3条，分别是乌兰花镇至山丹呼日勒口岸公路，乌兰花镇至江岸苏木公路，331国道于2020年正式竣工通车，交通较为便利。2020年，江岸苏木总人口2051户3611人。全苏木共有蒙古、汉、满3个民族，少数民族人口1559人，其中蒙古族1485人，占总人口的41%，人口密度为每平方公里0.83人。全苏木行政区划为8

个嘎查，其中卫境嘎查、额尔登嘎查、赛点力吾素嘎查属于一线抵边嘎查。江岸苏木是全旗3个边境苏木之一，是四子王旗重要的绿色生态屏障。2020年，江岸苏木在全面做好新冠肺炎疫情联防联控工作机制的同时，开展鼠疫防控、牲畜疫病防治等工作，未发生鼠疫疫情和牲畜疫病感染传播事件。全苏木基层党组织建设、农牧业发展、生态建设、基础设施建设稳步推进，水利、交通、文化、卫生等设施持续改善。嘎查集体经济收益稳步提升，全部实现5万元以上目标。持续巩固脱贫攻坚成果，社会事业稳步推进，养老保险、城乡居民医疗保险、民政工作进步明显。2020年，贫困人口全部脱贫。

【基层组织建设】 2020年，江岸苏木党委发挥党员先锋模范作用，坚守疫情一线战斗。统筹嘎查干部、群众在疫情期间以辖区网格为单位组建69个战疫网格。选派有担当的党员干部担任战疫网格长。新选任网格员41名，网格长41名，党支部书记担任总网格长；为推进基层网格化治理和维护边境和谐稳定，新选拔推荐护边员32名。12月，初步确定嘎查“两委”换届选举拟定人选，全部按照“一肩挑”任职要求开展选拔推荐工作。

【农牧业】 2020年初，牲畜存栏26197头（只、峰），其中牛5594头、马1105匹、骆驼1578峰、羊17920只。江岸苏木耕地播种面积15540亩，主要以种植葵花、玉米、青储、蜜瓜为主。其中，葵花种植面积占30%，平均亩产量150公斤；饲料玉米种植面积占22.5%，平均亩产量750公斤；青储种植面积占总播种面积的40%，平均亩产量3500公斤；蜜瓜种植面积占7.5%，平均亩产量3750公斤。

【生态建设】 江岸苏木坚持“生态优先”发展战略，立足建设北方重要的生态安全屏障，严格落实草原生态补奖机制，草原生态环境逐步恢复。

【基础设施建设】 2020年，江岸苏木实施危房改造19户26人；江岸嘎查3.399公里通村水泥路顺利通车；建成公共卫生厕所5座，乌拉嘎查拜兴图至乌善线5公里公路项目在建设。江岸苏木境内331国道已全面竣工通车。2020年争取扶贫项目资金，建设了2处水利工程设施，拜兴图嘎查饲料地27公里灌溉渠洗渠工程和江岸嘎查1.7公里漫水桥项目全面完工。2020年，配套建设嘎查党群服务中心8个，新时代文明实践中心1处，维修建设嘎查阵地文化活动中心6处。

【牲畜疫病防治】 2020年，江岸苏木开展两次春防、秋防工作。对全苏木成羊、牛进行强制免疫，注射了口蹄疫病、羔羊小反刍兽疫、羊布病疫苗、羊三联疫苗、羊痘疫苗，注射率达到了98%以上。针对下半年暴发牛结节性皮肤病，该苏木兽医站工作人员加班加点进行疫苗注射，疫苗注射率达到98%。

【禁牧工作】 2020年，江岸苏木动员两级干部入户宣传解读《中华人民共和国草原法》《中华人民共和国森林法》《内蒙古自治区草原管理条例》以及市委、旗委关于进一步加强禁牧工作的有关文件精神，共发放禁牧告知书和禁牧工作宣传单各500余份，设立禁牧警示标志9块，宣传条幅12条。对苏木全体草原管护员、护林员进行3次集中培训，着重从提高思想认识、加强区域管理、宣传引导等多个方面进行培训。

【补贴款项发放】 2020年，江岸苏木共发放2019年度边民补助款4254000元，惠及3107人。发放2020年度禁牧款3810余万元。

【集体经济】 江岸苏木8个嘎查集体经济全部实现清零达标，集体经济收入达10万元以上的2个嘎查，5万元以上的6个嘎查。

【社会事业】 2020年，全苏木参加城乡居民合作医疗保险人数达到2590人，城乡居民社会养老保险参保人数达到593人。农牧民低保402人，残疾人口99人、“五保”6人，优抚对象5人。

【脱贫攻坚】 2020年，江岸苏木贫困人口实现全部脱贫。2019年建档立卡精准贫困户91户242人，当年全部脱贫。其中脱贫享受政策28户62人，脱贫不再享受政策共63户180人。2020年全苏木贫困发生率从2014年的18%降为零。江岸苏木8个嘎查以及苏木本级扶贫档案全部按照要求进行了规范化整理并归档。

【环境卫生】 2020年，江岸苏木开展嘎查清洁行动。常态化保洁的嘎查有8个。累计清理生活垃圾约9700余吨、清理洪水渠3条。开展进村入户宣传教育3次，发放宣传资料860余份，张贴宣传标语45条，发动农民群众投工投劳160余人，投入资金78.15万元。配备垃圾清运车1辆，装载机1辆，洒水车1辆。结合鼠疫防控和新冠肺炎疫情防控工作，以“干干净净迎小康”为主题，累计开展村庄清洁行动5次；对拜兴图嘎查范围内进行美化，其中美化墙体2006平方米，美化铁艺围栏442.5平方米，刷写墙体标语184字，涂刷停车位23个。8个嘎查共拆除危旧房218户、923间，其中正房364间、附房559间。

【新冠肺炎疫情防控】 2020年，江岸苏木党委、政府落实旗疫情防控指挥部各项工作指示要求，第一时间成立联防联控工作领导小组，坚守疫情防控第一道防线。排查出入人员、车辆，重点人员的测温、消毒、防护等疫情防控措施，累计排查了返乡人员518人次，累计发现密切接触者2人，无感染新冠肺炎疫情病例。苏木党委动员广大党员干部、群众就新冠肺炎疫情进行爱心捐款，捐款人数800余人，捐款金额15余万元。

脑木更苏木

【领导名录】

书　　记：若布腾（蒙古族）

苏 木 长：毕力格巴特尔（蒙古族）

人大主席：包　柱（蒙古族）

副 书 记：布特格其（蒙古族，10月任职）

纪委书记：朝克图（蒙古族）

组织委员：敖登其木格（女，蒙古族，副苏木长）

宣传委员：赛音毕力格（蒙古族）

副苏木长：布和巴图（蒙古族）

　　　　　胡其图（蒙古族）

脑木更苏木事业单位科级干部

党群服务中心副主任：斯琴托娅（女，蒙古族，6月任职）

综合保障和技术推广中心主任：胡格吉勒（蒙古族，10月任职）

综合行政执法局局长：哈斯极亚（蒙古族，6月任职）

【概况】 脑木更苏木位于四子王旗乌兰花镇正北150公里处，苏木所辖6个嘎查，总辖地面积4311平方公里，646万亩草场。户籍人口1793户3214人（其中少数民族人口1645人），常住户433户1146人。阿莫吾素嘎查是中国神舟系列飞船的主着陆场；哈沙图嘎查有乌兰察布市唯一一处胡杨林；宝日花嘎查大红山是自治区地质遗迹保护区。2020年，脑木更苏木以扶贫攻坚为重点，着力改善民生，调整产业结构，创新发展模式。

【基层组织建设】 2020年，脑木更苏木将乌兰席热嘎查和阿莫吾素嘎查建成五强支部示范点。苏木6个嘎查中有2个嘎查支部书记是大专以上学历。2020年8月，苏木积极推荐其余4位嘎查支书参加“一村一名大学生”培养行动。建立了入党申请人、积极分子、重点培养对象、预备党员、流动党员台账，并且保持每个嘎查发展1名预备党员，保持2名以上入党积极分子。各嘎查每月召开一次支部委员会和党小组会，每月召开一次主题党日活动。年内建成苏木和6个嘎查党群服务中心，并开展基层网格化治理体系建设，6名嘎查支书担任总网格长，22名嘎查“两委”成员担任网格长和网格员。

【生态环境治理】 2020年，脑木更苏木紧盯生态环境治理，成立了禁牧执法队伍，配齐人员及设备，畅通群众监督举报渠道；持续开展人居环境整治工作。组织全体党员干部、驻村工作队、嘎查“两委”和部分牧民参加人居环境整治清理行动，共出动260人次，出动车辆82次，拉运垃圾及废土1500余立方米，清除各类草场垃圾50余吨；拆除危土房101户152间。

【基础设施建设】 2020年，脑木更苏木新建1处新时代文明实践站和5处文化活动室，引领群众参与各类赛事节庆活动。危旧住房提升改造4户。

【疫情防控】 2020年1月，脑木更苏木在哈沙图嘎查开展人工灭鼠工作，共出动人员150人次，车辆20次，并在外围进行飞机撒药灭鼠。4月29日，脑木更苏木阿莫吾素嘎查发现鼠疫，脑木更苏木及时向上级报告，并在疫点周围4平方公里范围内进行人工灭鼠，7天时间内共出动人员587人次，车辆64台次，同时在外围进行了飞机灭鼠和拖拉机灭鼠。新冠肺炎防控，脑木更苏木利用网格化管理“两委”干部和驻村工作队员，每人负责联系7～8户牧民进行各项疫情防控措施管理，在各个嘎查交通要道共设立6个卡点，从1月30号开始，苏木全体班子成员、部分苏木干部、嘎查“两委”、驻村工作队和志愿者轮流值班落实交通车辆人员登记管控工作。脑木更苏木春季牲畜防疫从3月2号正式开始开展羊痘、羊三联、牛羊口蹄疫、狂犬病免疫、小反刍兽疫工作，到5月底已经全部结束。苏木专门抽组人员对防疫工作进行了专项验收检查，五号病、布病、羊三联、羊痘等重大疫病防治密度都达到100%。

【补贴款项发放】 2020年，脑木更苏木发放低保补助金190万元；发放残疾人生活困难补助金10.6万元；发放重度残疾人护理补贴5.9万元；发放困境儿童补助7.2万元；发放三民定补2.3万元；发放长寿补贴3.8万元；发放临时救助资金10.9万元；发放自然灾害生活救助5.6万元；发放创业补贴0.9万元；发放禁牧补贴款1857.3万元；发放公益林生态效益补助资金358万元。

【集体经济】 2020年，脑木更苏木6个嘎查集体经济年收益全部达到5万元以上，年收益总额达61.5万元。收益用于扩大再生产，发展公共事业和改善民生。

【社会救助】 2020年，脑木更苏木对60周岁以上养老保险对象办理年检手续，对符合低保条件的489人重新审核并进行指纹录入；享受“五保”保障7人；享受困境儿童补助8人；享受残疾人补贴88人，重度残疾人护理补贴48人；享受“三民”定补对象2人；享受养老保险待遇贫困人口23人；享受80周岁以上长寿补贴老人31名；脑木苏木为53名贫困人口代缴养老保险；组织参加就业技能培训38人，申请创业补贴13人。

【脱贫攻坚】 2020年，脑木更苏木有贫困户111户239人。其中，脱贫（享受政策）48户92人，脱贫（不享受政策户）63户147人。边缘易致贫户12户35人，当年解除风险11户33人，未解除风险1户2人。脱贫不稳定户2户4人，年底全部解除致贫风险。

【扶贫措施】 2020年，脑木更苏木贫困户中有4户享受社会兜底扶贫，44户享受产业扶贫措施，12人安置护林员公益岗位。全苏木通过

"六种扶贫模式"，覆盖所有贫困户，实现户户有产业扶持措施。"托管代养"扶贫模式，每户贫困户贷款认购2头基础母牛，托管给大戈壁公司代为养殖，经营风险由企业承担，5年为1个周期，期满后可继续合作，或以同月龄基础母牛归还贫困户，每户年分红1800元。"资产收益"模式。苏木协调邮储银行为符合金融扶贫政策，无劳动能力或无经营能力贫困户发放4年期贷款5万元，政府再扶持股本金2万元，每户共7万元，保障贫困户稳定就业。全苏木共实现贫困人口务工就业19人；护林员岗位12个，工资每人每年10000元。2020年，脑木更苏木享受产业扶贫48户93人，其中18户36人享受"产权＋劳务"入股的模式，年持续分红不低于3000元；16户38人享受"托管代养"扶贫模式，每户年享受1800元；8户13人享受光伏电站项目，年增收3000元；2户6人享受京蒙帮扶资产收益（高效肉羊养殖）措施，每年每人享受4200元。

（吕艳军、王卓）

巴音敖包苏木

【领导名录】

书　　记：哈斯额尔登（蒙古族）
苏 木 长：乌日罕（女，蒙古族）
人大主席：晓　明（蒙古族）
副 书 记：吉日格拉（蒙古族）
纪委书记：郭利平
组织委员：宝音图（蒙古族，副苏木长）
宣传委员：李　毅
副苏木长：朝克吉勒（蒙古族）

巴音敖包苏木事业单位科级干部

党群服务中心副主任：牛亚荣（女，6月任职）
综合保障和技术推广中心主任：
任　晓（10月任职）
综合行政执法局局长：吉布胡楞
（蒙古族，6月任职）

【概况】 巴音敖包苏木位于四子王旗西北部，距旗政府所在地乌兰花镇130公里，全苏木边境线长21.7公里。辖区总面积2800平方公里，其中草牧场393.3万亩，全部为禁牧区，辖4个嘎查（夏布格嘎查、达赖嘎查、宝力格嘎查、嘎少嘎查），总户数1039户，总人口1826人，其中蒙古族1109人，占总人口60.7%。常住295户717人。2020年，全苏木干部狠抓重点项目推进、基础设施建设，统筹抓好各项社会事业，认真开展脱贫攻坚、扫黑除恶、人居环境整治、疫情防控等工作。巴音敖包苏木建档立卡贫困人口已全部脱贫。各嘎查通过入股旅投公司发展嘎查集体经济。2020年新冠疫情期间，巴音敖包苏木及时制定工作方案，值班人员坚持24小时值班制度，辖区内未发生一例新冠肺炎患者。

【社会保障】 2020年，巴音敖包苏木享受计划生育独生子女奖励扶助9人，每人每年960元，发放扶助资金8640元。对于独生子女死亡的家庭夫妇享受特别奖励，扶助2人，每人每年7860元，共计15720元。2020年城乡居民社会养老保险费缴纳44100元。2020年医保缴费共计972人（18周岁及以下学生199人，成人773人），合计金额266840元。

【基层组织建设】 2020年，巴音敖包苏木开展主题党日活动，通过主题党日活动传达上级文件精神。召开嘎查"两委"换届动员会，严格换届纪律，并为牧民发放换届宣传小册子，宣传"两委"换届相关政策，动员民众参与和监督嘎查"两委"换届工作。

【人居环境整治】 2020年，巴音敖包苏木开展人居环境整治工作，全苏木累计出动人力200人次、动用各类车辆100台次，共清运各类垃圾1000余吨，清理牧户房前屋后垃圾累计约800万平方米，清洁街道及沿线15公里，生活垃圾清运2000立方米，拆除危旧房屋39户。

【嘎查基础建设】巴音敖包苏木完成乌江线油柏路至宝力格嘎查阵地10.25公里水泥路建设；完成苏木所在地至嘎少嘎查阵地水泥路20.5公里建设；完成新建达赖嘎查边境公路至华井浩特8.7公里便民水泥路建设；完成达赖嘎查边境公路至嘎查阵地水泥路8.2公里建设；完成夏布格嘎查帅林至饲草料基地3.003公里水泥路建设。截至年底，嘎查通村公路共计50.653公里，嘎查通村公路覆盖率达100%。2020年，巴音敖包苏木对4个嘎查阵地的文化图版进行更新。嘎查全部实现通电通水；嘎查全部开通党建直通车远程视频系统。2020年巴音敖包苏木实施危改工程2户；完成夏布格嘎查引洪灌溉枢纽水毁修复工程。

【保护草原生态】2020年，巴音敖包苏木完成禁牧面积393.3万亩，发放禁牧款2095万元，发放公益林补贴747万元。2020年，巴音敖包苏木机构改革后成立行政综合执法局，设置人员7人。成立以综合行政执法局为中心的禁牧工作队。利用嘎查宣传栏、牧民微信群和入户走访牧户发放禁牧通知单等多种形式，宣传全旗禁牧政策。全年共下发宣传材料1000余份、出动车辆80余次。禁牧工作队收到辖区牧民招揽外地牲畜信息，及时拦截3000余头（只）外地牲畜进入辖区放牧。

【嘎查集体经济】2020年，巴音敖包苏木4个嘎查集体经济通过扶贫资金发展，集体经济年收入均达到5万元以上。夏布格嘎查2018年申请76万元扶贫资金，购买装载机1台，大型农用拖拉机1台，配套农机具1套，每年以外包租赁的方式获取集体经济收益每年达5万元。2019年申请60万元专项资金入股四子王旗旅投公司，在格根塔拉旅游景区内建设住宿包，实现集体经济每年收入至少4.8万元，外租嘎查饲草料地年收入10万元。嘎少嘎查以同样方式入股四子王旗旅投公司130万元（2018年70万元，2019年60万元），每年收益10.4万元。达赖嘎查与宝力格嘎查入股四子王旗田牧养殖专业合作社发展集体经济专项资金50万元，每年分红5万元，宝力格嘎查通过外租嘎查饲草料地每年收益1万元。

【脱贫攻坚】2020年是巴音敖包苏木脱贫攻坚决战决胜之年。全苏木建档立卡贫困人口79户192人全部实现脱贫。其中，享受政策脱贫建档立卡贫困户31户70人，已脱贫不再享受政策48户122人，边缘易致贫户6户19人解除致贫风险；脱贫不稳定户2户4人通过采取产业扶贫等方式实现脱贫。贫困发生率为0。

【扶贫措施】2020年，巴音敖包苏木享受教育扶持的学生10人，按照不同学龄段进行分类扶持；实施资产收益（带资入股）6户12人；参与高效肉羊联合体项目18户41人，每户年受益4200元；参与托管代养牛项目13户29人，每户每年受益1800元；巴音敖包苏木在健康扶贫方面为6户6人落实大病报销重病兜底政策，健康体检31户69人；聘用7名贫困人口为护林员，每人每年补助1万元。贫困人口稳定达到不愁吃、不愁穿，义务教育、基本医疗、住房和饮水安全得到了保障。

【化解矛盾纠纷】2020年，巴音敖包苏木开展打击基层黑恶势力和侵害群众利益的行为，共排查出本级信访案件线索3条，上级转办信访案件线索2条，组织召开研判会议5次，已办结2条，苏木和嘎查两级领导干部对重点信访案件实施包案调解，成功调解3件，全年没有越级上访现象发生。

（王珮怡）

白音朝克图镇

【领导名录】

书　　记：钢巴特尔（蒙古族）

镇　　长：宝力格（蒙古族）

人大主席：海　山（蒙古族）
副 书 记：额日德木图（蒙古族）
纪委书记：巴德日胡（蒙古族）
组织委员：乌力吉（蒙古族，副镇长）
宣传委员：海莎仁高娃（女，蒙古族，10月任职）
副 镇 长：阿其图（蒙古族）
　　　　　巴　图（蒙古族）

白音朝克图镇事业单位科级干部

党群服务中心副主任：安格鲁玛其其格
　　　　　　　　（女，蒙古族，6月任职）
综合保障和技术推广中心主任：董文杰
　　　　　　　　（6月任职）
综合行政执法局局长：冯晓州（6月任职）

【概况】 白音朝克图镇位于四子王旗东北部，距旗政府所在地乌兰花镇120公里处，辖区总面积2950平方公里，可利用草场436万亩，辖9个嘎查、1个社区。镇政府设在白乃庙工业园区内。2020年，本镇户籍人口4068户7211人，常住人口787户2042人，其中蒙古族人口2860人，其他少数民族人口90人。2020年牧业年度牲畜存栏17万头（只），主要以杜蒙杂交肉羊为主，是全旗肉羊杂交的成功典型。现有山丹杜泊养殖专业合作社和尚泰养殖合作社两个龙头合作社。辖区内矿产资源有煤、铜、金、萤石、石英等，辖区内有白音希勒水库和乌兰哈达海地石林。2020年，白音朝克图镇以产业结构调整、牧民增收为主线，以精准扶贫为重点，联防联控新型冠状病毒疫情，顺利推行使用国家三科统编教材和全面加强国家通用语言文字教育工作。

【脱贫攻坚】 2020年，白音朝克图镇建档立卡贫困人口382人全部实现脱贫。边缘户36人全部解除致贫风险。

【脱贫措施】 2020年，白音朝克图镇安置生态护林员45名，每人每年8000元。2020年春季，对31名贫困家庭在读学生按学籍分别给予了补助，其中小学生13人、初中生6人、高中生（含职高）11人、大学生1人，共补助53635元。秋季，对34名贫困家庭在读学生按学籍分别给予补助，其中小学14名、初中6名、普高9名，职高、中职4名，大学本科1名，共58235元。2020年，该镇为8户贫困户新建草棚；4户贫困户新落实京蒙帮扶高效肉羊养殖；为8户贫困户落实托管代养政策；为全镇贫困人口382人，边缘户人口36人全部缴纳了合作医疗。

【畜牧业】 2020年，白音朝克图镇继续以发展高效杜蒙肉羊、蒙萨肉羊养殖为重点，同时发展壮大肉牛养殖规模。利用民委少数民族发展专项资金，为基础设施薄弱的牧户新建草棚8处。2020年召开2次防疫工作会议，重点防控牲畜五号病、小反刍病、狂犬病、羊三联病、羊痘病。全年狂犬病、羊痘防疫密度均达到了90%以上，小反刍病、五号病疫苗防疫密度达到100%，开展非洲猪瘟排查、流入牲畜疫病检疫。在秋防结束后，对所有牛进行了牛结节性皮肤病紧急免疫注射。

【工业】 2020年，白音朝克图镇辖区内有白乃庙铜业公司、宏隆矿业公司、阿莫吾素铜业公司、乌兰哈达石英矿。

【危房改造】 2020年，白音朝克图镇为16户牧户实施了危房改造项目。年底全镇贫困户住房安全全部保障。

【交通】 2020年，白音朝克图镇完成了白音朝克图嘎查夏日点力素—夏仁路、白音朱日和嘎查—白供线路、供济堂镇—乌兰哈达嘎查共50公里的自然路改造；完成了白音朱日和嘎查—乌供线11.56公里水泥路的基础建设。

【集体经济】 2020年，白音朝克图镇7个贫困嘎查通过“旅游＋扶贫”项目与旅投公司签订发展集体经济协议。其中，6个嘎查年底均分红 10.4 万元，1 个嘎查年底分红 6.4 万元。朱日和军事训练基地为乌兰哈达嘎查提供 40 万元资金注入合作社中，年底分红 4 万元，乌兰哈达嘎查集体经济收入总量达到 14.4 万元；山丹嘎查的尚泰合作社项目和白音朱日和嘎查的四子王旗种植养殖专业合作社集体经济项目，年底分红均为 5 万元。除此之外，旗组织部还将部分“资产收益”扶贫项目收益金分配给山丹嘎查和白音朱日和嘎查各 5 万元，壮大其集体经济收入。全镇 9 个嘎查集体经济均达到 5 万元以上。

【风电项目】 2020 年，白音朝克图镇成立乌兰察布市风电基地 600 万千瓦示范项目征地工作领导小组，前后召开 6 次专题会议研究征地工作，配合征地工作组完成征地任务。共与 447 户牧民签署了征地补偿协议，涉及风机 764 台，线路杆塔 2484 个，基站征地全部完成。

【新冠肺炎和鼠疫疫情防控】 2020 年，白音朝克图镇完善疫情防控工作机制。累计召开新冠肺炎疫情防控专题会议 7 次，微信群转发疫情防控知识 2789 条，张贴宣传标语 10 条，张贴倡议书 20 张。利用镇政府，4 个嘎查、社区的喇叭循环播放疫情告知书等音频资料。做到外防输入、内防反弹。5 月和 10 月，出现鼠间鼠疫疫情，镇党委第一时间制定防控方案和应急预案。各嘎查、社区都根据实际情况分别建成 4 ～ 6 个网格化监测点，严格执行鼠疫“日报告”“零报告”制度。累计召开鼠疫防控及卫生工作会议 4 次，清理垃圾 35.5 吨，入户宣传 721 户，发放宣传资料 820 多份，并通过微信群转发宣传鼠防知识 110 余次，悬挂爱国卫生运动宣传横幅 11 条，鼠疫疫源地 5 公里范围内路口设立醒目的警示牌 4 个。控制住了鼠疫疫情的扩散。

【文化宣讲】 2020 年，白音朝克图镇开展“双扶双决”巡回宣讲活动集中宣讲 6 次、入户宣讲 57 户，旗乌兰牧骑到该镇开展文艺宣传 1 次。8 月 6 日举办“决胜小康、奋斗有我”守望相助好家园——白音朝克图镇农牧民文艺会演。全镇张贴新冠肺炎疫情防控、双拥工作、决战决胜脱贫攻坚、扫黑除恶、人居环境、鼠疫防控等相关内容的宣传海报、条幅 100 余条次；在主要干道的路灯杆安装了宣传标语牌匾。

【社会保障】 2020 年，白音朝克图镇持续开展低保对象自查自纠工作。清查核实后，全镇共有低保户 1035 人 623 户，政策已全部落实到位；为 2 人发放“五保”金、159 人发放临时救助补助、61 人领取高龄补贴、19 人发放抚恤金。全镇有 3 户享受了计划生育奖励扶助政策，继续对有生育二孩意愿的家庭开展孕前优生健康检查；该镇继续实施全民参保登记，全镇城乡居民养老保险参合人数为 1171 人，缴费金额共计 643300 元。全镇 60 周岁以上 272 名老龄人全部领取了养老保险金。

【环境卫生】 2020 年，白音朝克图镇利用集体经济收益和工作经费，在白乃庙社区、新尼淖尔、依克吾素、白音敖包、白音朱日和、乌兰哈达、山丹、太吉敖包 8 个嘎查（社区）新安装路灯 48 盏。结合各项重点工作开展进村入户宣传教育 1300 余次、发放宣传资料 860 余份、张贴宣传标语 18 条，发动农民群众投工投劳 1240 人次、拆除危旧房屋 36 处，动用各类机械 62 台次，清运各类垃圾（包括主干道路边）2315 吨，平整用土 4800 立方米。

（郭敏）

乌兰牧场

【领导名录】

总支书记兼场长：李　赫

副场长：图　雅（女，蒙古族）

【概况】 乌兰牧场位于四子王旗东北部，隶属四子王旗和内蒙古农垦局双重管理。总面积88.46平方公里，其中草场面积11.57万亩，耕地面积1.16万亩，退耕还林地面积2000亩。有户籍人口365户551人（少数民族35人）；常住户31户62人；其中牧户5户10人。

【乡村振兴】 2020年，乌兰牧场和农牧队管委会“两委”成员入户走访，调研农牧户生产生活情况。了解到31户62人常住户的基本情况，申请内蒙古农垦局下拨专项资金71万元，用于人饮工程改造及发展农垦建设。

【基础设施建设】 2020年，乌兰牧场开展人居环境整治工作。全年共清理垃圾200立方米、粪堆1400立方米，拆除土墙50米，修理5个垃圾点，新建厕所3座、路灯30座，入户水表45户。

【民生和社会事业】 2020年，乌兰牧场将低保户、特困户供养对象动态调整和精确认定。年内，动态调整低保3人。落实残疾人补贴、医疗救助、临时困难救助135人次。完成城乡医疗保险收缴117600万元，参保392人。城乡养老保险收缴93600元，参保100人，参合参保率分别为98.8%和100%。

东八号乡

【领导名录】

书　　记：梁忠利　（10月任职）
乡　　长：侯瑞祥
人大主席：郝二根
副 书 记：侯山林
纪委书记：刘　瑞
组织委员：云小乐（女，蒙古族，兼副乡长）
宣传委员：牛云飞
副 乡 长：何卫东
　　　　　姚明远

东八乡事业单位科级干部

党群服务中心副主任：曹丽娜（女，10月任职）
综合保障和技术推广中心主任：刘　涛（10月任职）
综合行政执法局局长：李海泉（10月任职）

【概况】 东八号乡位于四子王旗南部，属丘陵干旱地区，地形平缓、丘陵相间，属典型大陆性干旱季风气候，春冬季风大严寒，夏秋季炎热干旱，年降雨量为150～300毫米。无霜期110天。全乡辖11个行政村113个自然村，户籍人口9586户19254人（其中少数民族人口642人），常住人口3624户5537人，拥有耕地面积23.08万亩，退耕地面积5.1万亩，水浇地面积10.7万亩。林地面积21.7万亩，其中公益林面积9万亩。全乡大小牲畜存栏70414头（只）。主导产业以马铃薯、葵花种植和养羊为主。辖区内有中加公司等12家驻区企业，各类专业合作社23家。2020年全乡农民人均纯收入为11300元。2020年东八号乡以发展经济社会为主线，以打赢脱贫攻坚战、落实民生政策统揽农村工作全局，努力完成疫情防控工作，以优异成绩通过国家脱贫攻坚普查验收和2020年脱贫攻坚成效第三方评估检查验收等上级交办的各项任务，全乡呈现经济发展、社会进步、人民安居乐业、社会和谐稳定的良好态势。

【基层组织建设】 2020年，东八号乡推进“基层党组织效能建设年”工作。建成12个党群服务中心，转化晋级1个软弱涣散党支部。组织开展发展党员违规、违纪、违法排查整顿和村“两委”干部联审，调整撤换村干部1名。新发展党员4名，重点培养中共党员对象4名，入党积极分子31名。

【种植业】 2020年，东八号乡共投资1298.3万元，实施高标准农田建设1万亩。全乡马铃薯播种面积10万亩，其中马铃薯良种种植播种面积达4.3万亩。引导农民合理配置种植结构，全乡葵花种植面积2.5万亩，约占作物播种面积的15%左右；旱地主要以小麦、莜麦、马铃薯、油菜籽等作物为主。进一步加大了与“西贝”公司合作力度，全乡实施有机燕麦订单种植近3万亩。全乡春播小麦1.3万亩、玉米2.2万亩，播种豆类等杂粮2.2万亩，其他经济类作物播种面积约5.2万亩。

【生态环境治理】 2020年，东八号乡落实河湖长制，健全乡、村两级河长责任体系。整治非法采砂和污水排放，开展畜禽养殖污染治理、农业面源污染治理、生活垃圾治理、安全防汛等工作；开展禁牧工作，巩固退耕还林成果；开展秸秆禁烧宣传，建立“乡负责、村为主、组落实、户联防”的工作机制，重点禁烧期实行全天候巡查。

【脱贫攻坚】 2020年，东八号乡建档立卡贫困户共712户1759人（其中贫困户320户705人，标稳户392户1054人）。2020底，所有贫困户实现脱贫。

【扶贫措施】 2020年，东八号乡对边缘易致贫户83户162人，通过安置公益岗位6户、小额信贷11户、低保提标16户、村集体经济收益分红50户等措施进行帮扶；脱贫不稳定户12户26人，除正常享受扶贫政策措施外，通过安置公益岗位1户、小额信贷1户措施进行帮扶。年底，所有边缘易致贫困户、脱贫不稳定户解除风险。

【产业扶贫】 2020年，东八号乡通过种植业扶贫累计落实菜单式产业扶贫补贴40.303万元，受益贫困户累计127户。落实有机燕麦订单种植面积20000余亩，涉及9个行政村，受益贫困户53户127人；通过养殖业扶贫，累计落实菜单式产业扶贫补贴（棚圈建设）5户，补贴资金2.0104万元。落实肉牛托管代养政策，共托养到中峰公司177头进口肉牛，受益贫困户109户，受益金额15.93万元。

【易地搬迁】 2020年，东八号乡易地扶贫搬迁新村5个，新建储草棚122处，受益农户122户270人，其中贫困户14户36人。在厂汉此老、乌吉尔、窑子新建广场及配套设施3处，共投入资金50万元。东八号乡为4个易地搬迁村（沙梁子、乌吉尔、厂汉此老、韭菜沟）新建厕所13处，垃圾池20处，投入资金62.195万元。2020年，东八号乡为贫困户、新村搬迁户和庭院经济示范户累计免费发放菜秧2.2万株、补贴蛋鸡7456只，受益农户418户。

【危房改造】 2020年，东八号乡累计为全乡11户农户实施危房改造工程，新建住房11间，补贴金额共232500元。

【生态扶贫】 2020年，东八号乡安置贫困户生态护林员岗位106人，累计发放生态补贴106万元。

【就业扶贫】 2020年，东八号乡利用京蒙帮扶资金，全乡聘用25名贫困户保洁员，累计发放补贴9万元；累计发放个人求职补贴3次62人，发放求职补贴54000元；对全乡建档立卡贫困户进行技能培训。

【教育扶贫】 2020年，全乡累计贫困户发放教育补贴183615元，受益学生96人次，控辍保学率100%。

【健康扶贫】 2020年，东八号乡合作医疗共缴费14318人，参合率73.25%，其中贫困户717户1787人（2019年数据），参合率100%。落实大病商业补充保险717户1787人。累计慢性病送医送药1044户1255人。为贫困人口免费体检325户733人，免费体检率达到100%。2017—2020年，累计为全乡贫困户报销住院费385户459人次，报销金额609.7万元，贫困人口大病医药费报销比例达90%。

【“领头雁”培养工程】 2020年，东八号乡累计培养农村致富带头人78名，推选出43名政治素质好、领富能力强、协调本领高的“实干型”年轻党员干部重点培养。

【村集体经济】 2020年，东八号乡有7个行政村利用京蒙对口帮扶资金累计350万元和旗扶贫办发展村集体经济扶持资金70万元，共计420万元入股中加公司，年收益达5万元；有6个行政村利用扶持发展集体经济专项资金360万元投入旅投公司，年收益达4.8万元；有2个行政村与养殖合作社合作发展村集体经济，每个行政村年收益5万元；有2个行政村入股景欣农业公司发展村集体经济，年收益共计12.8万元；有1个行政村通过光伏扶贫项目发展村集体经济，年收益11.46万元。全乡实现100%的村集体经济清零和收入稳定在5万元以上的目标任务。

【社会保障】 2020年，东八号乡纳入低保户共计有2794户4249人，其中贫困户258户475人，累计发放低保金1254.644万元。“五保”户185人，发放“五保”生活费114.568万元，护理费24.49万元。2020年，东八号乡养老保险缴费5680人1833600元，其中低保户、“五保”户、重症残疾人员建档立卡贫困户人员代缴907人，享受养老保险待遇人员共4037人。2020年度全乡合作医疗缴费3872450元，其中成人11873人缴费3502535元，学生、儿童1897人缴费369915元。全年伤残抚恤8人次2.9万元，退伍军人生活补助48人次22.7073万元，补助农村退役士兵老年生活补助11.3万元。

【文体娱乐活动】 2020年，东八号乡扩大了村级文化活动阵地建设；以全市2020年“十星家庭示范户”评选活动为契机，成功举办了“决胜小康、奋斗有我”守望相助好家园第三届东八号乡农民文艺会演活动。

【畜牧业】 2020年，东八号乡以赛诺公司科技服务站为依托，以整村推进项目为重点，推广“二元杂交”“三元杂交”模式，引导带动养殖户发展规模化高效养殖，全乡1.5万只肉羊实现改良；引进生猪、肉驴、芦花鸡等新型养殖业新品种，拓宽农民增收渠道。

【乡村环境整治】 2020年，东八号乡按照年初工作计划，修建16.9公里的通村公路、新建公厕47座、垃圾处理点55处、垃圾转运站3处；东八号乡土地增减挂钩项目全乡共涉及9个自然村，拆旧复垦面积共计358.4亩，涉及应拆危旧房177户，年底按照工作要求全部完成。

【新冠疫情防治】 2020年，东八号乡面对来势迅猛的疫情，第一时间成立了疫情防控组织机构，每个自然村成立了疫情防控行动小组，构建起网格化常态防控工作机制，全面开展动态摸排、疫情监控、信息上报等工作。全乡共设置监测劝返点29个，组织动员481名党员干部群众参与到防控行动中，共监测到12个从湖北武汉返回或有湖北武汉接触史的重点人员，严格落实了体温监测和监管责任，平稳度过了居家隔离医学观察期和居家隔离期。疫情防控期间全乡累计投入各类抗疫物资价值总计22.5万元。全乡党员干部群众以及社会各界爱心人士累计捐款捐物共计48.044万元；为了供应市场需求，东八号级组织农户在合理价位及时售出马铃薯、葵花籽等农产品库存量；全力组织春耕备耕生产，组织各类金融机构累计投放支农贷款3400多万元，累计调入各类农作物籽种1.3万余吨，化肥6000余吨，地膜、毛管1.2万余卷。

【人居环境整治】 2020年，东八号乡坚持房前屋后责任三包，公共区域集中整治、专人管护。全年共出动装载机956小时、自卸翻斗车125车次，累计出动人员1028人（其中乡、村两级干部166余人次、生态护林员506人次、保洁员196人，群众自发160人），共清“五堆”约9000立方米，清除各类广告标语140条，清理平整村庄农户房前屋后、河道累计约4.6万平方米，清洁街道及沿线86公里，生活垃圾清运约2800立方米，农户自行清理废旧地膜3860亩，拆除乱搭乱建网围栏86处3688米，拆除破烂圐圙20余处。拆除危旧房130处398间。

（高佳欣）

忽鸡图乡

【领导名录】

书　　记：郭　鹏（10月任职）
政府乡长：张文杰（10月任职）
人大主席：曹　荃（10月任职）
副 书 记：陈　俊
纪委书记：姚振国
组织委员：曲永贤（兼任副乡长）
宣传委员：塗振强
副 乡 长：赵　晓
　　　　　那顺巴图（蒙古族）

忽鸡图乡事业单位科级干部

综合保障和技术推广中心主任：王国栋（10月任职）
综合行政执法局局长：李　峥（10月任职）
党群服务中心副主任：张艳芳（女，6月任职）

【概况】 忽鸡图乡位于四子王旗东部，距旗政府所在地20公里。境内有萤石、钨砂石、麦金石等矿藏。野生动植物种类繁多，以天然中药材出名，有黄芩、柴胡、秦艽、甘草、车前子、知母、麻黄、贝母、党参、防风、百合等。笔架山、大阴山属辖区内自然景观。有哈勒圪那动委会革命遗址、二道沟遗址、庙后烈士陵园。全乡总面积788平方公里，辖12个村委会（活福滩、三合泉、东卜子、腮忽洞、英土、闪丹、堂村、哈拉圪那、庙后、小东营、大清河、麻黄洼），149个自然村，2020年户籍人口11344户22465人（其中少数民族人口635人），常住户2520户，常住人口5122人。全乡土地确权后耕地面积23.7万亩（其中水浇地面积10.2万亩）。林地面积34.35万亩（其中公益林面积30.96万亩）。以种养业为主导产业。2020年，全乡村集体经济总收入达167.45万元。全乡抗击新冠肺炎疫情取得胜利。全乡贫困人口实现全部脱贫。2020年，新吸收入党积极分子12人，发展预备党员5人，转正党员9人。

【种植业】 2020年，忽鸡图乡以种植大豆、马铃薯、葵花、油菜、玉米、小麦、燕麦为主。全乡完成高标准农田建设1000亩，机械化膜下滴灌8.9万亩，井灌区设施农业基本实现全覆盖。全乡引导和推动种植业产业结构优化调整，落实大豆种植、马铃薯脱毒种薯、轮作倒茬等一系列补贴政策。2020年，耕地轮作倒茬补贴2182户，倒茬面积5.5万亩，补贴金额827.1万元；马铃薯良种补贴370户，3258.95吨，马铃薯良种补贴325.9万元；玉米种植补贴834户，面积1.973万亩，补贴金额94.万元；耕地地力保护补贴6991户，面积20.63万亩，747.7万元。完成全乡农村土地承包经营权确权登记和颁证工作。

【保护生态】 2020年，忽鸡图乡继续推进集体林权制度改革。执行禁牧舍饲政策，巩固扩大生态建设成果，推动生态宜居美丽乡村建设。布置各村加强森林防火监测工作，加大护林员巡视力度，持续做好森林草原生态管护工作。推行殡葬改革，宣传绿色文明祭祀，保护生态环境。

【脱贫攻坚】 2020年，忽鸡图乡全面完成年度脱贫攻坚目标，实现贫困人口全部脱贫。发放农村最低生活保障资金21.19万元；安排公益性岗位保洁员106人，每人年工资7200元（非全日制）；护林员199名，每人年工资10000元；贫困户一次性务工求职补贴191人；贫困户危房改造 20 户，危改政策补贴资金 28.8 万元。2020 年底，未脱贫人口 55 户 128 人全部脱贫；138 户边缘易致贫户有 136 户已解除致贫风险；11 户脱贫监测户，实施防（返）贫保障机制。

【种植业补贴】 2020 年，忽鸡图乡贫困户种植补贴 67.1 万元。其中扶持贫困户种植小麦、葵花、油菜籽、草谷子，补助标准均为 100 元 / 亩；种植玉米补助标准 200 元 / 亩；种植马铃薯补助标准 400 元 / 亩。

【养殖业扶持】 2020 年，忽鸡图乡贫困户 144 户 336 人，政府每只羊投入 1500 元，每人 7 只，每户最多 14 只，每只羊年收益 630 元；发展“肉牛托管代养”贫困户 23 户 44 人。政府每头牛投入 1.5 万元，每人 1 头，每户最多 2 头，每头牛年收益 900 元；“资产收益”补贴 323 户，每户每年补贴 4000 元；建设棚圈、栅栏 30 处，补贴贫困户 21.7 万元。

【金融扶贫】 2020 年，忽鸡图乡贫困户资产收益邮政储蓄续贷 191 户、农业银行续贷 4 户、农村信用社续贷 123 户，贷款额度由每户 3 万元增加到每户 5 万元。

【“两不愁三保障”落实】 忽鸡图乡完成危房改造 51 户，其中 49 户四类户、2 户一般户。截至年底，“两不愁三保障”全面落实。累计建成的孔独林新村、玻璃沟新村等 9 处集中安置点，安置农户 352 户（包括 57 户贫困户）乔迁入住；累计 161 名贫困家庭学生获得教育资助顺利完成学业；全乡贫困人口全部纳入基本医保、大病保险；全乡行政村道路硬化覆盖率、饮水安全率、住房安全率、自然村动力电覆盖率达到 100%。

【村集体经济】 忽鸡图乡在村集体经济清零达标基础上，继续巩固现有 23 个村集体经济项目。以“旅游 + 扶贫”、光伏扶贫、养殖专业合作社、种植专业合作社、赛诺种羊托管租赁、景欣农业合作、集体土地出租等形式发展村集体经济。2020 年，全乡村委会集体经济总收入达 167.45 万元，其中三合泉村委会集体收入 18.548 万元、东卜子村委会集体收入 6.4 万元、活福滩村委会集体收入 6.7 万元、腮忽洞村委会集体收入 15.6 万元、英土村委会集体收入 16.648 万元、闪丹村委会集体收入 15.348 万元、哈拉圪那村委会集体收入 5 万元、堂村村委会集体收入 16.348 万元、庙后村委会集体收入 14.948 万元、小东营村委会集体收入 14 万元、大清河村委会集体收入 5 万元、麻黄洼村委会集体收入 16.912 万元。

【忽鸡图乡社会保障】 2020 年，忽鸡图乡坚持“应保尽保、应退即退、动态管理”原则。按照“档案统一、以户施保、按标施保、差额救助”社会救助模式，规范低保对象的认定和管理。全乡共 2987 户 4623 人享受低保（其中贫困户 456 户 852 人）；212 户（人）享受“五保”供养（集中供养 11 户）；550 人享受 80 周岁以上高龄补贴；18 人享受“三民”补助；55 人享受优抚待遇；745 人享受残疾人生活补助（其中 445 人享受重度残疾人护理补助）。2020 年，全乡“新农合”参保人数达 21486 人，覆盖率达到 95% 以上；社会养老保险参保人数达 14246 人，领取养老金人数为 5959 人。全乡医疗保险参保率 100%。

【畜牧业方面】 2020 年，忽鸡图乡农民在旱地种植饲草，引进赛诺公司杜蒙杂交技术发展肉羊产业，走“以种促养、种养结合”的增收路子，引导农民在水浇地种植玉米作物，与中峰肉牛公司合作发展肉牛产业。发挥畜牧业龙头企业带动优势，推动全乡肉羊品种改良。开展春、秋两季动物疫病集中免疫防控工作。忽鸡图乡成立禁牧舍饲工作领导小组，乡政府与各村委会签订生态保护和禁牧舍饲工作责任状，要求养殖户实行圈养。

【防洪治理】 2020年，忽鸡图乡继续执行“河长制”。成立防汛抗旱指挥部，下设防汛抗旱工作领导小组，制定工作方案，组建应急分队。对庙后新村进行防洪治理，改造河道修筑防洪护坝150米。

【公共服务】 2020年，忽鸡图乡成立乡爱国卫生运动委员会，成立精神卫生综合管理小组和关爱帮扶小组，执行“两病”门诊报销政策，进行“两癌”普查、65周岁以上老年人免费体检等义诊活动。全乡全年出生人口46人，死亡人口117人，人口增长率-3.13‰。享受奖励扶助348人，发放扶助金33.408万元；享受特扶16人，发放特扶金10.794万元。0～14周岁独生子女奖励63人，发放10440元。

【新冠疫情防治】 2020年初，新冠肺炎疫情发生后，忽鸡图乡成立全面加强新冠肺炎防控工作领导小组，设立网格员。广大干部群众迅速出动，开展防控宣传、设卡网格摸排、物资运输渠道疏通、防护用品发放等手段。全乡共设卡27处，拉网排查3000余人。广大党员干部群众共捐款28万余元，投放口罩、消毒液等约5万元抗疫物资。

【补贴款项发放】 2020年，全乡发放最低生活保障补助1585.9万元；发放“五保”分散供养补助133.6万元；发放在役、退伍军人、退役士兵安置、生活补助、优抚等270万元；发放残疾人生活补贴140.4万元，发放重度残疾护理补贴85万元；发放困境儿童救助补贴12.4万元；高龄长寿补贴58万元；公益性岗位补贴39.3万元；公益林补贴5417户，366.9346万元，退耕还林补贴2478户，147.6447万元；合作医疗缴费贫困户补贴22.5530万元。

【乡村人居环境治理】 2020年，忽鸡图乡完成了白音不浪至东达乌素段通村公路6公里，义成山至黑沙图段通村公路2.003公里；二柜村村内道路硬化0.782公里，庙后村到烈士陵园道路硬化0.331公里；忽鸡图乡围绕“三清一改”，组织干部带领群众展开全方位无死角集中环境卫生整治，拆除危旧房屋和乱搭乱建破烂的围墙护栏，平整村庄周边及河床垃圾，动员农户自行清理废旧地膜。各村均配备保洁人员实行保洁员网格责任制，日常清扫保洁工作做到分片负责、责任到人；健全农村生活垃圾收集、转运和处置体系，在各村投放垃圾桶、垃圾箱和手推垃圾车，由装载机和垃圾转运车定期清除垃圾，将垃圾清运设施巡查管护工作纳入综合行政执法局工作职责范畴。要求农户做好“门前四包”（包环境卫生、包门前绿化、包公共秩序、包公共设施），责任到户；忽鸡图乡完成“户改厕”工程894户，涉及9个村委会72个自然村，全乡覆盖率达38.5%，其中水冲厕所555户，群众满意率达100%。

大黑河乡

【领导名录】

党委书记：王海军
政府乡长：佟　喜
人大主席：周清钰
副 书 记：杨　权
纪委书记：冯海龙
组织委员：邢　敏（女，兼副乡长）
宣传委员：杨树勋（10月任职）
副 乡 长：岳　强
　　　　　次永红

大黑河乡事业单位科级干部

党群服务中心副主任：郭志宏（女，6月任职）
综合保障和技术推广中心主任：韩　昆（6月任职）
综合行政执法局局长：郭建华（6月任职）

【概况】 2020年，大黑河乡辖9个村民委员会，81个自然村，总面积334平方公里；全乡总户数7926户16228人（少数民族1335人），其中常住人口5462人。全乡林地面积有13.852万亩，耕地面积24.8万亩，其中设施农业面积达到18.9万亩，占实际播种面积的90%，以种植马铃薯、葵花、油菜为主。

2020年1月1日，按照机构改革要求，大黑河乡共设置8个工作机构，分别是党政办公室、基层党建办公室、乡村振兴办公室、社会事务办公室、平安建设办公室、党群服务中心、综合行政执法局、综合保障和技术推广中心。全乡总编制56人，有行政人员16人，事业编制人员28人。

【种植业】 2020年，大黑河乡继续巩固发展五大区域。分别为轮作倒茬调整区域、良种繁育补贴区域、“两区”生产划定区域、主导产业种植区域、流转土地承包区域。四十顷地、杨油房两村土地流转给中加公司18000亩，打造种薯种植基地；全乡轮作倒茬完成种植70890.63亩面积；全乡购买优质脱毒种薯9625.49吨，种植脱毒马铃薯54852亩，购买普通脱毒种薯4925.77吨，共补贴金额9625490元；购置马铃薯原原种20954305粒，种植4935亩，补贴98.7万元；种植玉米52962.1亩，补贴金额252.6万元；种植大豆37亩，补贴金额0.69万元；大黑河乡和中华联签订农业保险保单1812户2089379.9亩，承保金额41.8万元；大黑河乡完成81个自然村土地确权工作，完成窑滩、大黑河、四十顷地、罗罗图、毛独亥5个村委会土地确权证书的颁发工作。

【生态建设】 2020年，大黑河乡种植高富果树578亩26000株；大黑河乡重视森林防火工作，年初与各村委会签订森林草原防火责任状，并开展森林防火工作宣传，制定护林员巡视制度，布置各村委会加强森林防火监测任务。

【脱贫攻坚】 2020年，大黑河乡紧紧紧围绕“两不愁三保障”和“五个一批”，按照把问题找出、找准、找实，夯实原则，至2020年底，全乡建档立卡贫困人口716户1630人全部脱贫。

【“两不愁三保障”】 2020年全乡共完成危改6户（其中建档立卡贫困户2户、低保户3户、一般户1户），补贴资金18.155万元；拆除闲置院落17户42间。

【安全饮水】 2020年，大黑河乡继续维护已安装的14台大型净水机、43台小型户内净水机正常运转。

【社会兜底】 2020年，大黑河乡对没有产业发展条件、丧失劳动能力的建档立卡贫困人口，全面落实最低生活保障，做到应保尽保，贫困户中享受低保408人（其中“五保”7人，残疾人95人，其他丧失劳动力的306人）。

【产业扶贫】 2020年，大黑河乡“菜单式”扶持项目覆盖种植养殖贫困户76户187人，发放补贴15.02万元；托管代养肉牛覆盖50户贫困户，托养84头牛，调整至村委会集体经济97头肉牛，与中峰公司合作每托养一头牛每年可享受900元收益分红；为45户贫困户购买雏鸡1029只。

【金融扶贫】 2020年，大黑河乡29户贫困户在邮储银行贷款共145万元参与中加、赛诺“资产收益”项目，每年可获得4000元收益分红，33户贫困户在农村信用社贷款共127万元用于发展生产。

【教育扶贫】 2020年，大黑河乡春季资助贫困学生33人（其中小学16人、初中10人、职高2人、普高4人、大学1人），共发放补助资金4.887万元；秋季资助贫困学生30人（其中小学16人、初中6人、职高5人、普高2人，大学生1人），共发放补助资金4.612万元；中国青少年发展基金会资助该乡11名贫困学生，每人资助1000元；“雨露计划”覆盖5人，每人资助 1500 元。

【健康扶贫】 2020 年，大黑河乡贫困户基本医疗保险参保率达 100%，为 591 名贫困户发放基本医疗保险缴费补贴共 8.5135 万元。补贴标准为成人 145 元，学生、儿童 135 元。全乡 188 名贫困户慢性病患者享受慢性病送药服务。

【就业扶贫】 2020 年，大黑河乡为鼓励贫困人口外出务工，为 9 人发放求职补贴 1 万元；设置公益岗位保洁员 33 名、护林员 93 名。

【集体经济】 2020 年，大黑河乡在村集体经济继续巩固现有项目和投入资金。按照“旅游 + 扶贫”、肉羊养殖、光伏扶贫项目、集体资产租赁项目、马铃薯仓储库租赁、利民饲草料加工服务站、与四子王旗冬梅种植专业合作社合作等形式，全乡 9 个村委会集体经济创收 74.9 万元。

【公共服务与社会保障】 2020 年，大黑河乡开展对低保、“五保”清理规范工作，清理不符合条件低保人员 5 人，新纳入低保人员 193 人，全乡享受低保的 2644 人，发放最低保障金共计 953.1775 万元；为 190 名农村“五保”户发放生活费 118.0379 万元；为 4 名孤儿发放养育补助费 2.88 万元；80 周岁以上高龄老人 374 人，发放高龄补贴 43.5 万元；为困境儿童 20 人发放救助金 8.28 万元；发放在役、退伍军人生活补贴 6.2082 万元；发放退役士兵老年生活补贴 3.9715 万元；发放残疾人生活补贴 415 人 33.9 万元；发放重度残疾护理补贴 281 人 23.79 万元；全乡共参加社会养老保险 4934 人，其中领取养老保险 3072 人。全乡参加“新农合”11971 人，完成参合资金 335.0645 万元。2020 年合作医疗缴费补贴覆盖贫困户 591 人，共补贴 8.5135 万元，贫困户参保率 100%；全乡建立慢性病档案共 1116 户 1275 人，其中贫困户慢性病 259 户 351 人。慢性病签约送药 152 户 183 人，大病救治 23 人，重病兜底 10 人；全乡享受奖扶 226 人，发放 21.696 万元；特扶 7 人，发放 4.368 万元。

【人口出生】 2020 年全乡出生 22 人，死亡 41 人，人口增长率为 –1.7‰。

【文体娱乐活动】 2020 年，大黑河乡共有文化室 10 个，配备了相关文化体育设施。

【畜牧业】 2020 年，大黑河乡牲畜存栏情况存栏绵羊 37979 只、山羊 17893 只、牛 73 头、猪 697 头。实施京津风沙源棚圈建设项目，完成贮草棚建设 100 处，补贴资金 36 万元。

【牧畜防疫】 2020 年，大黑河乡继续全面实行统防统治，全年完成非洲猪瘟、羊三联、羊痘、五号病、禽流感、鸡新城疫、布鲁菌病（又称布病）、高致病性猪蓝耳病的强制免疫；完成猪 819 头、牛 523 头、羊 65000 只、鸡 5137 羽的疾病防疫工作。

【水利】 2020 年，大黑河乡申请扶贫项目投入资金 215 万元立项开工修建段油房村 130 米长、宽 4 米、高 2.6 米的防洪护坝；组建 20 人应急防汛抗旱小分队，确保汛期村内安全。

【新冠疫情防控】 2020 年，大黑河乡面对突如其来的新冠疫情，成立了大黑河乡新型冠状病毒感染的肺炎疫情防控指挥部，成立各村网格员，并在主要路口设置路卡 8 个，安排人员 24 小时值班，排查登记出入人员车辆；从 1 月 26 号开始，各村网格员逐村逐户进行摸排，完成对七类回村返乡人员 2198 人次的摸排录入工作，完成常住及流动人员自主和协助注册“乌丽吉”系统 6028 人，完成了对湖北（武汉）及密切接触者共计 17 户 29 人的隔离和解除隔离报备审批工作；接受全乡 2617 位各界人士捐款达 325847 元，其中党员 56621 元、贫困户

14230元、“五保”户1000元、其他爱心人士253996元。分别上交旗红十字会315647元，旗组织部10200元。

【乡村人居环境治理】 2020年，大黑河乡开展村容治理工作，从3月开始，结合疫情防控、全国“爱月”活动，围绕“三清一改”，以“干干净净迎小康”为主题，组织全乡干部带领群众，全方位无死角地集中环境卫生整治。共出动装载机1314小时、四轮车549车次、自卸翻斗车459车次，出动人员2266人次，共清理“五堆”约7600立方米，拆除乱搭乱建网围栏50处12214延米，拆除危旧房屋16处42间、破烂圐圙2处280延米，平整村庄周边及河道垃圾约51680平方米，动员农户自行清理废旧地膜2360来亩，撕除各类广告标语320条；修理破损花篮墙120延米，铺张210平方米；书写人居环境整治标语98条，发放宣传单3000多份；利用京蒙帮扶资金招聘公益岗位保洁员33名；利用光伏扶贫资金、集体经济收益招聘公益岗位保洁员65名；全乡共投放垃圾桶103个、垃圾箱24个，建立垃圾池152个，配备手推垃圾车19辆、转运垃圾车1辆、装载机1辆；对有条件的农户，推广建设室内水冲式厕所，全年在9村委会建设完成水冲厕所1335户，旱厕298户。

【鼠疫防控】 2020年，大黑河乡按照上级有关鼠疫防控会议精神，开展以村“两委”成员、驻村工作队成员以及各村村主任为工作成员的鼠疫防控“网格化”管理；发动群众进行灭鼠活动，居民灭鼠户数1520户，发放宣传单2200余份，农户回答问卷1000余份，入户宣传1200余户；干部群众发送鼠防短信1800余条，利用广播宣传（大喇叭）30余次；发现该乡杨油房村委会死亡狐狸1只，大黑河村委会死亡狐狸1只、死亡土狗2只，及时联系旗疫情防控中心化验检测。

（赵剑峰）

吉生太镇

【领导名录】

书　　记：卢建军

镇　　长：高俊文

人大主席：董珍贵（10月任职）

副 书 记：杜海波（兼副镇长、10月任职）

纪委书记：郭林春

宣传委员：逯建斌（10月任职）

副 镇 长：薛　刚（10月任职）

邢秀峰

吉生太镇事业单位科级

综合保障和技术推广中心主任：邢占文（6月任职）

综合行政执法局局长：杨茂生（10月任职）

党群服务中心副主任：段红宇（女，10月任职）

【概况】 吉生太镇位于四子王旗旗政府所在地西北部，距旗所在地32公里。塔布河由南向北纵贯全镇，流域长度38公里，地下水资源丰富。全镇辖13个村委会，总辖地面积887平方公里；户籍人口13694户26732人（其中少数民族人口587人），常住人口3816户8833人。吉生太镇共设置党政机构5个（党政综合办公室、平安建设办公室、基层党建办公室、乡村振兴办公室、社会事务办公室）；设置事业单位3个，党群服务中心（挂牌便民服务中心、退役军人服务站、新时代文明实践所牌子）、综合行政执法局、综合保障和技术推广中心。2020年，吉生太镇聚焦脱贫攻坚、人居环境整治、产业结构调整、改善民生、综合治理、政府自身建设、经济建设以及各项社会事业。岁末年初，面对突如其来的新冠肺炎，镇党委政府对全镇疫情防控工作进行部控。全镇干部、村“两委”、党员群众、志愿者舍小家为大家，义无反顾地投入到抗击新冠肺炎的第一线。干部、村民捐钱捐物。共计捐款54万元，捐赠防疫必需品若干。为应对本次疫情，全镇共出动工作人员190多名，设置卡点35处，累计劝阻外出人员487次，对全镇13个村委会的95个自然村的9150人进行了排查，顺利完成疫情防控任务。配合旗统计局完成全国第七次人口普查工作。

【农业】 2020年，吉生太镇在马铃薯、葵花等优势作物的基础上，调整农业种植结构，引导农民扩大玉米、大豆、小麦种植面积，进行轮作倒茬和良种培育项目。玉米种植面积14.89万亩；马铃薯种植面积约5.2万亩，葵花种植面积2.35万亩；谷类作物种植面积8.34万亩；豆类植物种植面积0.75万亩；油料植物种植面积14.93万亩；其他种植面积约0.99万亩。补贴马铃薯种薯原种0.78万吨，原种1780万粒，补贴金额总计860万元。2020年，农民种植业保险共参保农作物约31万亩，参保金额160万元，年底赔付金额506万元。

【牧业】 2020年，吉生太镇继续以赛诺公司先进的良种繁育体系为平台，引导村民通过品种改良，少养精养等措施，实现养殖业由数量型向质量型、效益型的转变。全年畜禽饲养量达到29.24万头（只）（肉牛存栏0.48万头、猪存栏0.46万头、羊存栏26.13万只、禽存栏2.17万羽）。2020年春季，羊三联、羊口蹄疫、羊痘、小反刍兽疫免疫密度达100%。禽二联免疫密度达100%，猪瘟、猪口蹄疫、猪蓝耳病免疫密度达100%，牛口蹄疫免疫密度达100%。

【林业管护】 2020年，吉生太镇继续开展防火禁牧、林草管护工作，监控毁坏城镇绿地和森林草原违法行为，非法毁林毁树占用林地事件；发放退耕还林及公益林补贴1523.53万元；镇政府成立禁牧工作领导小组、防火领导小组，印发公告并与13个村委会负责人签订责任状。

【汛期监测】 2020年，吉生太镇成立防汛领导小组和应急分队。对易涝点、危房、水库、河道等重点区域开展安全隐患排查；开展巡河工作，落实“河长制”。推广净水设备使用，对全镇净水设备进行统一维修，发放安全饮用水服务明白卡。对大中型饮水机配备专人管理。

【应急救援】 2020年7月11日，吉生太镇多处遭受强降雨冰雹灾害。镇党委政府紧急启动应急预案，发动干部群众120多人次，出动装载机，协调应急和消防，紧急撤离群众20多户，救出涉水车辆8人5辆；同步进行灾情统计，全镇造成直接经济损失2667.33万元。发放救灾救助资金10万元。在“7·11”强降雨冰雹灾害中，无人员伤亡。

【脱贫攻坚】 2020年，吉生太镇对精准识别的1016户贫困户2332人全部实现脱贫。2个深度贫困村、8个重点村全部出列。通过监测风险，解除边缘易致贫户73户152人，解除脱贫不稳定户4户11人，现全镇仅剩余边缘易致贫户2户4人。2020年继续推进危房改造工程，全镇新建住房18户。

【产业帮扶】 2020年，吉生太镇共识别产业帮扶530户，采取因户因人施策和加强风险评估。通过菜单式扶贫、资产收益、肉牛托管和庭院经济的扶持，惠及贫困户380户，累计补贴资金441.82万元。

【安全饮水】 2020年，吉生太镇对全镇70个水源点进行了水质化验，对水质不达标的进行水质提升，安装大型净水设备3套，分至处理净水设备28套，备家用净水设备700套，解决该镇饮水安全问题。

【卫生健康】 2020年，吉生太镇继续推进医改工作。逐步完善群众健康档案、家庭签约服务项目。共建立居民健康档案7738人，家庭签约人次6710人，其中贫困人口签约479户1067人，办理慢性病本546人，全部进行健康管理。

【社会事业】 2020年，吉生太镇共有5424人享受低保；259人纳入"五保"；708人纳入困难残疾；475人纳入重度残疾；39人纳入困境。全镇社保缴费人数8277人，缴费金额149.5万元；参加医保缴费20868人，医保缴费总额626.04万元。

【金融扶贫】 2020年，吉生太镇通过入户摸底排查，对符合条件有贷款意愿的贫困户及边缘户做到应贷尽贷。共解决贫困户贷款92户，边缘户18户；对无还本续贷、贷款展期和受疫情影响延长贷款期限的贫困户已全部办理；通过风险管理排查，贷款用途全部用于贫困户个人发展生产，其中不存在"户贷企用"的问题。针对贫困户建立风险监测预警机制，执行贷款贴息和风险补偿。

【公益性岗位】 吉生太镇共设立扶贫公益性岗位223个（保洁员岗位93个、护林员岗位130个）。给涉及公益性岗位的保洁员和护林员划定责任区并签订了聘用合同，按照管理办法，按时发放补助津贴。

【兜底保障】 吉生太镇自实施以户施保以来，继续做好农村低保、特困供养提标工作。兜底保障对象基本生活不出问题。采取多种措施，确保不漏一户、不落一人。2020年，全镇共纳入低保户3313户5424人，其中贫困低保户415户755人，残疾人口1183人。

【电子商务销售】 2020年，吉生太镇通过全镇7个电子商务站，建立贫困村、贫困户产品销售利益链接。打通全镇农牧特色产品销售渠道。全年通过消费扶贫销售渠道带动贫困户92户，累计销售额达到77.95万元。其中，销售品种有农产品10种、牧业产品2种、其他特色产品1种（芦花鸡鸡蛋）。

【村集体经济】 2020年，吉生太镇村集体经济通过2年的发展壮大，个别村集体经济初具规模，如白林地鸿大科技园和老圈滩饲草料科技服务站。其他村通过龙头企业带动，集体经济明显提升。截至年底，全镇13个村集体经济累计收入达到176.8万元。

【扶贫档案管理】 2020年，吉生太镇聘请旗档案局业务人员到镇内召开培训动员会，并明确镇村两级立卷人和检查人共27人，集中镇村两级档案管理员到本坝村委会开展扶贫档案归档试点整理工作。截至7月底，全镇扶贫档案全部按照存档年限进行分类归档。

【人居环境整治】 2020年3月底，吉生太镇开展村庄清洁行动，镇干部、村"两委"进村入户宣传，共发放宣传材料4000余份，悬挂横幅28条，张贴人居环境整治通告120张。共发动党员群众9700多人次参与清理行动。重点集中清理公路沿线、养殖区、拆除危旧房、拆除网围栏、清理房前屋后及村内卫生。全镇13个村委会全面完成人居环境整治行动。清理村内乱堆乱放2358处，拆除私搭乱建289处，清理"五堆"49万立方米，拆除网围栏6.9万多延长米，拆除危旧闲置房586户1593间。拆旧补贴61万元，机具及清运费用110万元，人居环境机具及人工费用189.6万元，总计开支360.6万元。

库伦图镇

【领导名录】

书　　记：王　飚
镇　　长：齐长城
人大主席：高　峰（10月任职）
党委副书记：张海军
纪委书记、监察办主任：樊向军
组织委员：王俊卿（兼副镇长）
宣传委员：杨利军（10月任职）
副 镇 长：张聪灵
　　　　　薛　东

库伦图镇事业单位科级干部

综合保障和技术推广中心主任：吕　魁（6 月任职）

综合行政执法局局长：张亚雄（12 月任职）

党群服务中心副主任：王志勇（10 月任职）

【概况】 库伦图镇位于四子王旗东北部，距旗政府所在地乌兰花镇约 30 公里。全镇辖地面积 462 平方公里，辖 13 个村委会 126 个自然村，户籍人口 12363 户 24364 人（少数民族人口 819 人），其中常住人口 2424 户 4702 人。主要经济收入以种植业、养殖业和外出务工经商为主。种植业以马铃薯和葵花、油菜为主，养殖业以分散养羊为主。全镇耕地面积 23.83 万亩，其中水浇地面积 5.2 万亩。林地面积 21.89 万亩，其中公益林面积 13.61 万亩。

2020 年机构改革后，该镇共设置 8 个工作机构，分别是党政办公室、基层党建办公室、乡村振兴办公室、社会事务办公室、平安建设办公室、党群服务中心、综合行政执法局、综合保障和技术推广中心。全镇总编制 70 人，现有行政人员 29 人、事业编制人员 41 人。

【农业】 2020 年，库伦图镇农作物以油菜籽、马铃薯、小麦为主，播种面积 22.72 万亩。马铃薯良种覆盖率超过 90%。农业保险参保率高于 90%，上缴保费 48.69 万元，承保面积 14.85 万亩，获得理赔 151 万元。马铃薯良种补贴达 4879.6 亩，805.99 吨，共补贴资金 80.599 万元，涉及 39 户农户。土地确权总面积 22.72 万亩，涉及 8370 户农户。

【畜牧业】 2020 年，库伦图镇补贴投放杜泊、萨福克种公羊 378 只，受益户 251 户。发放高繁半血基础母羊 1395 只，受益户 74 户，户均增收 10000 元。存栏绵羊 70433 只、山羊 205 只、牛 254 头、马 51 匹、驴 72 头、猪 440 头。

【牲畜防疫工作】 2020 年，库伦图镇召开库伦图镇春防、秋防动员大会，已 100% 完成牲畜五号病、猪瘟、猪高致病性蓝耳病、小反刍兽疫、禽流感、羊三联、羊痘等各项传染病的预防工作。

【林业】 2020 年，库伦图镇 13 个村委会进行责任区划分，聘用生态护林员 303 名，签订聘用合同，制定管理办法，明确工作职责义务，并召开由村支书、村主任、生态护林员参加的全镇禁牧、防火暨生态护林员培训工作会议，明确划分责任区域，安排全年的工作，落实生态扶贫措施，对全镇 13 个村委会进行责任区的划分，明确工作职责义务，明确划分责任区域，签订《森林草原防火目标管理责任书》和禁牧责任状。免费为护林员发放棉衣及秋季服装各 1 套。

【水利】 2020 年，库伦图镇加强水源地保护，设立并全面推行河长制，并成立领导小组。实行最严格的水资源管理制度。配合有关部门严格监控盗采水资源以及全镇境内河道采砂等违法行为。为做好防洪抗洪工作，成立防汛工作领导小组和应急分队，严格执行汛期 24 小时值班制度。

【环境保护】 2020 年，库伦图镇以实施乡村振兴战略为契机，围绕“村容整洁、环境舒适、生态美好、乡风文明”的目标，加大垃圾治理、污水治理、杂乱治理力度。明确各自然村为主体责任单位，农户门前实行“三包”制；包村领导负总责，村“两委”成员包片，自然村村长、保洁员、护林员分区分片负责；建立奖惩机制，严格督查考核，以改善村容村貌，增强村民环保意识，提高农民生活质量。年末，发放垃圾箱 70 个，垃圾桶 1750 个，电动三轮垃圾车 42 台，电动扫路机 9 台，以配合人居环境卫生整治。各自然村“脏、乱、差、散”的现象得到明显改善。

【贸易】 2020年，库伦图镇共设立5个电子商务公共服务中心服务站（点），幸福院4处。通过光伏、旅游和饲料厂发展集体经济，其中11个村委会发展光伏、2个村委会发展旅游、1个村委会（富贵）发展饲料厂。其中，光伏、旅游收入146.06万元，饲料厂收入3万元，共收入149.06万元，集体经济达到全部清零。

【文化体育】 2020年，库伦图镇成立13个文化室，配备了相关文化设施。

【卫生】 2020年，库伦图镇村级卫生室实现了全覆盖，镇中心卫生院有11名医务人员，13个行政村卫生室有13名医务人员，常用药品、医疗设备配置齐全，贫困人口常见病、多发病、慢性病全部能够在基层卫生机构就近治疗。

【社会治理】 2020年，库伦图镇组织召开专项民族宗教会议2次；综治工作安全防范检查2次，消防、安全生产检查2次；排查各类矛盾纠纷36件，及时化解36件，化解成功率为100%。

【脱贫攻坚】 2020年，库伦图镇13个行政村中有重点贫困村5个，深度贫困村7个，一般村1个。贫困村已全部出列。2020年11月动态调整后，贫困户全部脱贫；已脱贫享受政策户1256户2885人；标注稳定脱贫户559户1384人；边缘易致贫户共119户205人；脱贫不稳定户13户30人全部解除风险；边缘易致贫户未解除风险4户6人。对边缘易致贫户加强监测预警和动态管理机制，采取产业带动、集体经济收益分红等措施，及时给予帮扶救助，坚决防止返贫致贫。

【产业扶贫】 2020年，库伦图镇“菜单式”扶贫共落实扶贫措施167户，共补贴资金56.54万元；为33户贫困户发放羊棚建设补贴资金19.8万元；资产收益扶贫，全镇共有393户贫困户入股中加和赛诺公司，每人每年享受红利4000元；托管代养扶贫，为237户贫困户托管代养肉牛318头（户均年收益900元/头）；3户贫困户获得光伏扶贫分红（3000元/年）。

【健康扶贫】 2020年，库伦图镇贫困户共有1814户4249人参加城乡居民基本医疗保险、2864人参加大病保险、1135户参加家庭医生签约服务、纳入慢性病管理947人，其中享受送药服务280人。贫困人口城乡居民基本医疗保险、大病保险和医疗救助等政策实现全覆盖。

【义务教育】 2020年，库伦图镇义务教育阶段学生参学率达100%，春秋季共为174名学生发放教育补贴57.61万元；为60名建档立卡贫困户、低保大学生发放教育补贴70万元。

【京蒙对口帮扶】 2020年，库伦图镇新修点力什太通村公路，全长2.35公里。积极开展“万企帮万村”工作，北京怀柔区三大企业帮扶高台、头股、朝克文都，助力脱贫攻坚，总计投入帮扶资金8万元。

【安全住房】 2020年，库伦图镇对常住户住房情况进行排查，实施危房改造55户（其中建档立卡户2户）。

【就业扶贫】 2020年，库伦图镇聘用生态护林员303人（年待遇1万元）；非全日制保洁员196人（日工资100元）。2020年为170名外出务工人员补贴资金12.15万元。

【金融扶贫】 2020年，库伦图镇为181户贫困户办理并发放小额贷款；对393户符合条件的贫困户实施了资产收益扶持措施。

【庭院经济】 2020年，库伦图镇免费为朝克文都、大新地、高台、头股、马安桥等行政村7个新村共计发放菜苗16196株。

【综合保障】2020年，库伦图镇16～60周岁符合条件并缴纳基本养老保险的共有6452人，该镇为2327人代缴26.5万元，其中贫困户1511人、重度残疾323人、低保特困493人；对完全丧失劳动能力和部分丧失劳动能力且符合低保条件的建档立卡贫困户全部实施了社会兜底。

【安全饮水】2020年，库伦图镇针对排查发现的净水器故障等170个问题，维修人饮工程电路、水泵、管道等共计194处，新建自来水工程1处，保障了人畜饮水安全。

【硬件设施】该镇通村道路硬化1条，全长2.35公里；用电实现全覆盖；广播电视实现全覆盖。

【社会保障】2020年，库伦图镇对完全丧失劳动能力和部分丧失劳动能力且符合条件的4863人全部纳入低保，其中建档立卡贫困户1492人，实施社会兜底，作到应保尽保、应扶尽扶。该镇共有残疾人1392人，其中，享受重度残疾护理补贴459人，享受残疾人生活补贴841人。“五保”户264人，均享受相应措施。按时发放取暖补贴，四个互助幸福院运行良好。严格落实计划生育各项奖励扶助政策，2020年，全镇共有383户495人享受计划生育家庭补助，奖励金额为47.52万元；52户52人享受独生子女父母奖励；奖励金额为0.948万元；12户18人享受计划生育家庭特别奖励扶助补助，补助金额为12.042万元。同时进行了全员人口管理系统、流动人口管理系统、药具系统的上报与维护。积极开展优生优育宣传，广泛开展新家庭计划试点工作。

（库伦图镇）

供济堂镇

【领导名录】

书　　记：谢靖宙
镇　　长：郭建军（10月任职）
人大主席：丁彦军（蒙古族）
副 书 记：张连波
纪委书记：佟世荣
组织委员：段彩霞（女，兼副镇长）
宣传委员：范　帅（6月任职）
副 镇 长：李　志

供济堂事业单位科级干部

综合保障和技术推广中心主任：
李　哲（10月任职）
综合行政执法局局长：戳兰成（10月任职）
党群服务中心副主任：曹宏杰（女、10月任职）

【概况】供济堂镇位于四子王旗东北部，距旗政府所在地乌兰花镇70公里；全镇东西长约34公里，南北宽约19公里，总面积534平方公里；全镇辖有12个村委会，114个自然村。2020年，全镇共有户籍人口12453户24053人（其中少数民族人口804人），常住人口2591户5254人，建档立卡贫困人口1026户2347人。该镇是以农业为主、养殖业为辅的农业乡镇，耕地总面积28万亩，其中水浇地1.04万亩；林地32万亩；已流转土地21万余亩。

【筹备“两委”换届】2020年，供济堂镇党委为做好村“两委”换届前期准备工作，对不能胜任的村党支部书记进行了调整，共调整村党支部书记5人；为开展好脱贫攻坚工作，将优秀驻村工作队员纳入到村“两委”班子，调整后全镇各行政村45周岁以下、高中以上学历的后备人才共有25人。

【种养植业】2020年，供济堂镇以规模化种植、节水灌溉、良种推广为依托，全镇种植各类作物28万亩；2020年为8.3749万头牲畜进行了疫病防治，防疫免疫率均达97%。

【生态建设】2020年，供济堂镇以“美丽乡村”建设和人居环境集中整治工作为重点，对辖区

12个行政村开展环境卫生整治工作。共发放宣传单4000余张；书写悬挂环境卫生整治宣传标语13条；清理各类垃圾1600余立方米；整治乱堆乱放杂物现象80处；清运、整理各类粪堆270处；拆除大小网围栏120处，拆除危旧土房1400余户；通过集中整治，全镇“脏、乱、差、散”的现象得到改善，村容村貌得到较大提升。

【脱贫攻坚】 2020年是脱贫攻坚的收官之年，供济堂镇年初对未脱贫的3户7人落实各项扶贫政策措施，10月已全部脱贫。

【生态扶贫】 2020年，供济堂镇在精准扶贫人口中聘用生态护林员277名和公益性岗位保洁员179名，从而使贫困户家庭稳定增收。

【教育扶贫】 2020年，供济堂镇为154名贫困学生发放教育扶贫资金30.7万元，秋季向145名贫困学生发放教育扶贫资金13万元。

【产业扶贫】 2020年，供济堂镇以“菜单式”扶贫为导向，为贫困户发放种植业补贴63户、补贴资金20.6479万元；为贫困户发放养殖业补贴18户补、补贴资金9.38万元；为贫困户发放棚圈补贴6户、补贴资金4.2万元。以资产收益分红“托管代养肉牛”措施，托管给农牧业龙头企业——蒙特兴合作社养殖肉牛，为贫困户落实补贴资金149.64万元；托管给大戈壁公司代为养殖698头肉牛，每头每年收益900元，带动贫困户359户784人增收。涉及贫困户214户475人，每人享受505.26元，共计分红24万元。

【金融扶贫】 2020年，供济堂镇以发展壮大贫困户产业发展为目标，在邮储银行为272户贫困户办理扶贫小额贷款，每户可贷5万元，共计1360万元。在农村信用社为155户贫困户办理扶贫小额贷款共计672.5万元，为6户边缘户办理扶贫小额贷款共计30万元，在农业银行为2户贫困户办理扶贫小额贷款共计9.4万元。

【社会保障兜底】 2020年，供济堂镇为贫困户办理低保14户22人，为困难残疾户办理低保6人。为贫困户发放临时救助217户，补贴金额28.8万元。

【后续产业】 2020年，供济堂镇完成储草棚建设575处。完成2个新村的整村肉羊养殖。2020年完成危房改造问题，解决了C、D级危房及无房户住房24户。

【村集体经济】 2020年，供济堂镇12个行政村集体经济实现清零目标。其中7个行政村（三股、供济堂、厂汉此老、六股、黄羊城、乌兰淖、双井）累计投资1680万元入股光伏扶贫项目，实现收益134.4万元；5个行政村（阿莫吾素、陆合堂、大清河、吉庆、柯梅）累计投资490万元入股“旅游+扶贫”项目，实现收益36万元。

【社会保障】 2020年，供济堂镇继续实施农村新型合作医疗政策，全镇城乡居民合作医疗保险共缴费16682人，共计缴费467.5995万元。城乡居民社会养老保险参保总人数达7066人，缴费金额达到227.11万元，60周岁以上领取养老保险金人数4998人。全镇农村低保3504户5318人、“五保”219人、高龄524人、残疾708人，全镇16～59岁人员参加城乡养老保险人数7252人，征缴养老保险费1596700元，平均缴费档次为220元。审核办理独生子女奖励机制50人、奖励扶助373人、特别扶助3人，共涉及资金39.15万元。

【新冠疫情防控】 2020年，供济堂镇认真落实新冠肺炎疫情防控及鼠疫防控工作，坚持把人民生命和身体健康放在第一位。累计通过网络、“村村响”、流动宣传车、大喇叭等多种宣传渠道普及疫情防控知识500余条；入户、电话摸排返镇居民 1.6 万余次；张贴疫情防控倡议书、悬挂条幅累计 1 万余份；建立劝导站点 6 处，发放设卡劝导标识牌 6 块；配套各类消毒、防护设备设施。

【人口普查】 2020 年，供济堂镇在全国第七次人口普查工作中共张贴宣传标语 100 余条，招聘“两员”48 人（指导员 13 人、普查员 35 人），人口普查摸底与短表登记全部完成，上门普查居民 24204 人（户籍人口 23669 人）。

【畜牧业】 2020 年，供济堂镇历年购入二元杂交杜寒母羊 624 只，为全镇 11 个行政村提供杜泊种公羊 612 只，淘汰本地种公羊，逐步实现杜寒萨三元杂交品种全覆盖。

【道路交通】 2020 年，供济堂镇历年共计实施街巷硬化 71.5 公里，建设通村道路 109 公里。为全镇 7 个新村道路修建两侧路灯。

【乡村人居环境治理】 2020 年，供济堂镇对辖区 12 个行政村开展环境卫生整治工作，共发放宣传单 4000 余张，书写悬挂环境卫生整治宣传标语 13 条，清理各类垃圾 400 余立方米，整治乱堆乱放杂物 80 处，清运、整理各类粪堆 270 处，拆除大小网围栏 120 处，供济堂镇对 166 户进行了厕所改造。完成供济堂村 4 公里街面道路硬化工程。推进农村生活垃圾治理，开展就地分类、源头减量试点。

【脱贫攻坚档案整理】 2020 年，供济堂镇按照统一规范、统一分类、统一标准，将 12 个行政村的精准扶贫文件材料收集整理归档。

（李哲、李国荣、庞昕暐）

乌兰花镇

【领导名录】

书　　记：胡文波（女）
镇　　长：段卓君
人大主席：斯琴高娃（女，蒙古族）
副 书 记：崔建军（10 月任职）
纪委书记：王海龙
组织委员兼副镇长：张陟峰（10 月任职）
宣传委员：李海兵
副 镇 长：张　耀
　　　　　闫建光
　　　　　乐建峰（10 月任职）

乌兰花镇事业单位科级领导

综合保障和技术推广中心主任：李瑞环（6 月任职）
综合行政执法局局长：王　赫（10 月任职）
党群服务中心副主任：刘舒媛（女，10 月任职）

【概述】 乌兰花镇位于四子王旗政府所在地，行政区域面积 401.69 平方公里。全镇地处丘陵地带，地势南高北低，平均海拔 1400 米。属温带大陆性干旱气候，多年平均气温 3.7℃。年大风日数 20 天以上。年平均降水量 150 ～ 300 毫米。无霜期年平均 110 天。乌兰花镇境内主要河流有塔布河，长 40 公里，流域面积 16 平方公里。乌兰花镇是一个多民族聚居城镇，辖区总面积 484 平方公里，总户籍数 22616 户，总户籍人口 48928 人，常住 39371 户，常住人口 104953 人。总耕地面积 23.83 万亩，退耕面积 4.14 万亩，公益林 14.94 万亩。大小牲畜约 10.2 万头（只）。全镇现辖 13 个社区居民委员会（154 个小区）、18 个城中村、8 个村民委员会（62 个自然村）。镇内有初、高中学校 4 所，小学 7 所，实验小学和实验幼儿园各 1 所。共有驻镇单位 170 多个，沿街个体工商户近 8000 多户。下设党支部 23 个，党员 1334 人。2020 年，乌兰花镇以全国第七次人口普查工作为重点，全面落实开展普查工作。

【农牧业】 2020 年，乌兰花镇协调旗农牧业局对讨思号村 1640 亩耕地进行高效农田改造，以马铃薯为主导产业。全镇种植各类作物 23 万亩。对 9.3 万亩农作物进行良种补贴，补贴资金 921.5 万元。2020 年，乌兰花镇为 23 万头牲畜进行疫病防治，防疫免疫率均达 97% 以上。同时，对 61 只布病羊进行无害化处理。

【水利】 2020 年，人饮工程方面，协调旗水务局为保力图等 7 个自然村人饮管网进行分离，维修更换饮水设备。

【生态环境】 2020 年，乌兰花镇以“美丽乡村”建设和人居环境集中整治工作为重点，对辖区 13 个社区、8 个行政村开展环境卫生整治工作。共发放宣传单 1.5 万余张，书写悬挂环境卫生整治宣传标语 265 条，出动宣传车辆 37 台次，清理各类垃圾 4.8 万余立方米；整治乱堆乱放杂物现象 512 处，整理、修缮倒塌花栏墙 18 处，清运、整理各类粪堆 270 处，拆除私搭乱建的各类建筑物 24 处，拆除大小网围栏 538 处，拆除闲置院落 209 户，填埋闲置贮窖 454 处，种植各类树苗 5000 余棵。

【交通】 2020 年，乌兰花镇为 5 个行政村 6 个自然村修建通村公路 4.5 公里，街巷硬化 3.07 公里。

【金融】 2020 年，乌兰花镇进一步摸排脱贫户、边缘户的生产经营情况，及时掌握新的信贷需求，为符合条件的脱贫户、边缘户继续办理小额信贷，全镇已办理小额贷款 79 户。

【疫情防控】 2020 年，新冠疫情期间，乌兰花镇通过网络、“村村响”、流动宣传车、社区大喇叭等多种宣传渠道普及疫情防控知识 3.5 万余条；入户、电话摸排返镇居民 15 万余次；张贴疫情防控倡议书、悬挂条幅累计 4 万余份；建立劝导站点 46 处，发放设卡劝导标识牌 120 块；配套各类消毒、防护设备设施。

【社会保障】 2020 年，全镇城乡居民合作医疗保险共缴费 2.7 万余人，共计缴费 650 万余元。城乡居民社会养老保险同步进行，参保总人数累计达 6000 余人，缴费金额累计达到 161 万余元，60 周岁以上领取养老保险金人数 4000 余人，有力有序推进社会各项事业持续健康发展。严格落实各项奖励扶助政策，累计审核办理独生子女奖励机制 132 人，奖励扶助 316 人，特别扶助 58 人，共涉及资金 73.8 万元。

【脱贫攻坚】 2020 年，乌兰花镇对 6 户 11 人未脱贫户配套各项扶贫政策措施，年底已全部脱贫。聘用生态护林员和公益性岗位保洁员，实现了贫困户家庭收入稳定增收；向 62 名贫困学生发放教育扶贫资金 18.54 万元；以“菜单式”扶贫、资产收益分红等扶贫措施，累计为 209 户贫困户发放补贴资金 46.09 万元；累计为 119 户贫困户办理扶贫贴息贷款 567.5 万元。2020 年，贫困户累计纳入低保 258 户 480 人，“五保”10 户，困难残疾 86 人，重度残疾 38 人，困境儿童 2 人。发放临时救助 67 户，补贴金额 6.79 万元。2020 年，继续以提升安全住房质量为基础，累计解决危房及无房户住房 11 户。其中通过维修加固 2 户，新建 9 户。

荣　誉

2020年四子王旗获先进集体荣誉一览表

表3

获奖单位	获奖名称	授奖单位
乌兰花镇东湖村	第六届文明村镇	内蒙古自治区党委、自治区人民政府
东八号乡白彦敖包村	第六届文明村镇	内蒙古自治区党委、自治区人民政府
红格尔苏木红格尔嘎查	第六届文明村镇	内蒙古自治区党委、自治区人民政府
忽鸡图乡庙后村	第六届文明村镇	内蒙古自治区党委、自治区人民政府
江岸苏木拜兴图嘎查	第六届文明村镇	内蒙古自治区党委、自治区人民政府
脑木更苏木乌兰席热嘎查	第六届文明村镇	内蒙古自治区党委、自治区人民政府
四子王供电分局	全国文明单位	全国精神文明建设表彰大会
疾控中心	“卫生应急规范疾控中心”称号	乌兰察布市综合疾控中心
	卫生健康行业“先进基层党组织”称号	乌兰察布市综合疾控中心
	卫生健康行业“抗击新冠肺炎疫情先进集体”称号	乌兰察布市综合疾控中心
	2019年度脱贫攻坚农村牧区饮用水监测项目先进单位	内蒙古自治区卫生健康委员会
	“2019年度生活饮用水监测项目先进单位”称号	内蒙古自治区卫生健康委员会
	心血管病高危人群早期筛查与综合干预项目“2019年度先进项目点”称号	乌兰察布市综合疾控中心
乌兰牧骑	先进集体荣誉称号	自治区“草原学习轻骑兵”
四子王旗图书馆	优秀组织奖	全区书香草原大美北疆少儿美术大赛
	2020年世界读书日全民共读活动优秀团体奖	内蒙古自治区图书馆“书香草原，码上阅读”

续表 3

获奖单位	获奖名称	授奖单位
乌兰牧骑	第十届华北五省（区）市舞蹈大赛内蒙古赛区选拔赛，参赛的两个作品《牧人的喜悦》《都贵玛额吉》分别获得表演二等奖和创作三等奖，四子王旗乌兰牧骑被评为优秀组织单位	内蒙古文学艺术界联合会
	第六批民族团结进步示范区示范单位	内蒙古自治区
乌兰花镇蒙古族小学	全区红十字示范学校	自治区红十字会、教育厅
第三中学青年志愿者	“疫情防控服务青年突击队”荣誉称号	共青团内蒙古自治区委员会、内蒙古自治区青年志愿者协会
北国兴农种养殖专业合作社	专业合作社示范社	全国供销合作总社、自治区供销社
吉生太基层供销社	基层社标杆社	自治区供销合作社
本坝村级综合服务社	五星级综合服务社	
乌兰牧骑	舞蹈作品《牧人的喜悦》《都贵玛额吉》分别荣获表演二等奖、创作三等奖	第十届华北五省区舞蹈大赛
	优秀组织单位奖	
	舞蹈作品《牧人的喜悦》《岩魂》分别荣获表演银奖、表演铜奖、创作优秀奖	首届内蒙古民间舞蹈大赛
	声乐作品《蔚蓝的天》荣获表演金奖；原创舞蹈作品《母亲》荣获表演银奖	第二届全区乌兰牧骑新人新作比赛
红十字会	“光明行”社会公益活动先进集体荣誉称号	内蒙古自治区“光明行”组委会
四子王旗	“双拥模范旗”称号	自治区党委、自治区人民政府、内蒙古军区
融媒体	作品《草原额吉——人民楷模都贵玛》获全区旗县融媒体作品一等奖	内蒙古日报社
检察院	“园林式单位”称号	乌兰察布市政府
	“五强党支部”和“最强党支部”称号	四子王旗组织部
乌兰牧骑	“金融乌兰牧骑”称号	乌兰察布市宣传部
法院	全市“三八红旗先进集体”	乌兰察布市法院
四子王旗人民医院	二级甲等医院	乌兰察布市卫健委

续表 3

获奖单位	获奖名称	授奖单位
信用合作联社	支持实体经济突出贡献奖	乌兰察布市人民政府
	防控与化解风险突出成效奖	
	荣获 2020 年度不良贷款双降专项奖	内蒙古自治区信用合作联社
	荣获第九届自治区文明单位标兵	
	荣获“抗击新冠肺炎疫情”工作先进集体	乌兰察布市银监局
	荣获四子王旗红十字会爱心企业	四子王旗红十字会
红十字会志愿服务队	获得了自治区“第四批学雷锋先进集体”荣誉称号	内蒙古党委宣传部
东八号乡团委	全市五四红旗团委	共青团乌兰察布市委员会
大黑乡团委		
教育团工委		
四子王旗库伦图镇大新地村团支部	全市五四红旗团支部	共青团乌兰察布市委员会
四子王旗白音朝克图镇朱日和嘎查团支部		
国家税务总局四子王旗税务局团支部		
消防中队团支部		
蒙古族中学团支部		
公安局特警大队	全旗第二届四子王旗青年五四奖章	共青团四子王旗委员会
赛诺种羊科技有限公司		
互联网信息办公室		
人民法院		
人民检察院		
融媒体中心		
统计局	第四次全国经济普查先进集体	内蒙古自治区统计局

2020年四子王旗先进个人荣誉榜一览表

表4

获奖人	村（嘎查）名	获奖名称	授奖单位
董文莲（家庭）	白音朝克图镇白乃庙社区	2020年度“十星家庭示范户”	乌兰察布市文明办
朝勒孟（家庭）	查干补力格苏木格日勒图雅嘎查		
赵建平（家庭）	巴音敖包苏木达赖嘎查		
李丽霞（家庭）	大黑河乡四十顷地村		
杨引弟（家庭）	东八号乡天顺永村		
王润生（家庭）	供济堂镇三股新村		
谢兰英（家庭）	红格尔苏木白音花嘎查		
马二妮（家庭）	忽鸡图乡大清河村		
王海青（家庭）	吉生太镇哈彦忽洞新村		
王长青（家庭）	库伦图镇头股村		
呼和巴拉（家庭）	脑木更苏木丁吉嘎查		
郭补生（家庭）	乌兰花镇富康社区		
韩云生	四子王旗小韩发艺经理	第七届道德模范称号	乌兰察布市第七届道德模范奖
色音那木拉	乌兰花镇居民	孝老爱亲道德模范称号	
斯庆图	库伦图镇派出所	孝老爱亲道德模范称号	
董文杰	驻忽鸡图乡东卜子村驻村第一书记	见义勇为道德模范提名奖	
郭建华	教育体育局团委书记	助人为乐道德模范提名奖	
马焱楠	第二小学五年级	乌兰察布市2020年度新时代好少年	乌兰察布市文明办
呼日勒朝鲁	蒙古中学		
范雪姣	第二小学五年级		
赵思源	第四小学四年级		
孟三虎	白音朝克图镇山丹嘎查	2020年全国劳动模范和先进工作者	中共中央、国务院
谢图雅	检察院	获得自治区级先进工作者荣誉称号	自治区政府
李　强	乌兰花镇王府家园小区西区	自治区级“最美家庭”、市级“最美家庭”标兵户	自治区文明办、乌兰察布市文明办
杨启武（家庭）	四子王旗人民武装部	乌兰察布市“最美家庭”	乌兰察布市文明办
宝音青格乐（家庭）	江岸苏木额尔登嘎查		
杨　祺（家庭）	四子王边境管理大队		

续表 4

获奖人	村（嘎查）名	获奖名称	授奖单位
斯琴图娜（家庭）	红格尔苏木红格尔嘎查	乌兰察布市“最美家庭”	乌兰察布市文明办
李俊平（家庭）	库伦图镇高台村委会		
董云梅（家庭）	大黑河乡巨龙太村委会什丙地自然村		
乌日高娃（家庭）	查干补力格苏木山滩嘎查妇联		
额尔登其其格	巴音敖包苏木达赖嘎查		
马世民	乌兰花镇市场监督管理所	2020 年度全区非公党建优秀党建工作指导员	自治区组织部
高　禄	政法委办公室	乌兰察布市优秀共青团员	共青团乌兰察布市委员会
范　琳	农村信用社		
赵慧娟	旗委宣传部		
李　娜	旗团委学少部		
郑晓娜	社区		
呼斯勒	社区		
李　潇	社区		
刘　鑫	天和中学	乌兰察布市优秀共青团员	共青团乌兰察布市委员会
赵铁晨	第三中学		
高　甜	乌兰花镇第六小学		
卜　凡	第一中学		
乌日根	蒙古族小学		
苏德其其格	蒙古族中学		
杨晓宇	交管大队	乌兰察布市优秀团干部	共青团乌兰察布市委员会
任子扬	法院		
王晓东	忽鸡图乡		
王利勇	人民医院		
郭宏敏	第三中学		
希呢胡	旗团委		
张　慧	第三中学	内蒙古自治区“优秀教师”	自治区教育厅、自治区人力资源和社会保障厅

2020 年卫生高级专业技术资格核准名单

表 5

序号	姓名	工作单位	性别	核准专业	专业级别	认定资格等级	核准日期
1	陈必新	四子王旗人民医院	男	普外	主任医师	正高级	2020.12.30
2	祈雨霞	四子王旗人民医院	女	护理	副主任医师	高级	2020.12.31

2020 年高级专业技术资格核准名单

表 6

序号	姓名	性别	工作单位	核准专业及专业级别	核准日期
1	赵福虎	男	四子王旗吉生太镇人民政府	兽医高级兽医师	2020.12.30
2	李宝宝	男	四子王旗农牧和科技局	兽医高级兽医师	2020.12.30
3	张长在	男	四子王旗查干补力格苏木人民政府	兽医高级兽医师	2020.12.30
4	南　璐	男	四子王旗忽鸡图乡人民政府	兽医高级兽医师	2020.12.30
5	刘俊虎	男	四子王旗巴音敖包苏木人民政府	兽医高级兽医师	2020.12.30
6	赵林旺	男	四子王旗脑木更苏木人民政府	兽医高级兽医师	2020.12.31
7	苏润梅	女	四子王旗乌兰花镇人民政府	林业高级工程师	2020.12.31
8	刘福旺	男	四子王旗林业局林业工作站	林业高级工程师	2020.12.31
9	张　帆	女	四子王旗自然资源局	矿业高级工程师	2020.12.31
10	苏和巴特尔	男	蒙古族中学	中学语文（蒙）高级教师	2020.12.31
11	郭文毅	男	四子王旗第三中学	中学语文高级教师	2020.12.31
12	韩　韬	男	四子王旗第一中学	中学英语高级教师	2020.12.31
13	阿力玛	女	四子王旗蒙古族中学	中学英语高级教师	2020.12.31
14	刘文俊	男	四子王旗第三中学	中学物理高级教师	2020.12.31
15	陈　达	男	四子王旗第一中学	中学物理高级教师	2020.12.31
16	刘瑞芬	女	四子王旗第三中学	中学历史高级教师	2020.12.31
17	秦玉明	男	四子王旗第一中学	中学计算机高级教师	2020.12.31
18	敖特更花	女	四子王旗民族幼儿园	幼教（蒙）高级教师	2020.12.31
19	哈斯巴根	男	四子王旗民族幼儿园	幼教（蒙）高级教师	2020.12.31
20	潘菊芳	女	四子王旗蒙古族小学	小学语文（蒙）高级教师	2020.12.31
21	陈淑杰	女	四子王旗蒙古族小学	小学语文（蒙）高级教师	2020.12.31
22	吴永胜	男	四子王旗第六小学	小学语文高级教师	2020.12.31
23	乔喜报	男	四子王旗第七小学	小学语文高级教师	2020.12.31
24	高　明	男	四子王旗第六小学	小学语文高级教师	2020.12.31

续表 6

序号	姓名	性别	工作单位	核准专业及专业级别	核准日期
25	张玉芳	女	四子王旗第四小学	小学英语高级教师	2020.12.31
26	冯晓坤	女	四子王旗第四小学	小学英语高级教师	2020.12.31
27	杨　志	男	四子王旗第二小学	小学思想品德高级教师	2020.12.31
28	曹瑞清	女	四子王旗实验小学	小学思想品德高级教师	2020.12.31
29	斯庆花	女	四子王旗蒙古族小学	小学数学（蒙）高级教师	2020.12.31
30	张九泉	男	四子王旗红格尔蒙校	小学数学（蒙）高级教师	2020.12.31
31	任福虎	男	四子王旗第五小学	小学数学高级教师	2020.12.31
32	马玉恒	男	四子王旗第五小学	小学数学高级教师	2020.12.31
33	刘志英	女	四子王旗第四小学	小学数学高级教师	2020.12.31
34	梁忠诚	男	四子王旗实验小学	小学数学高级教师	2020.12.31
35	侯跃成	男	四子王旗第六小学	小学数学高级教师	2020.12.31
36	贺俊英	女	四子王旗妇幼保健计划生育服务中心	妇产基层副主任医师	2020.12.31
37	陈建华	男	四子王旗第二社区卫生服务中心	中医基层副主任医师	2020.12.31
38	杨俊峰	男	四子王旗大黑河卫生院	中医基层副主任医师	2020.12.31
39	李兰枝	女	四子王旗市场监督管理局	计量高级工程师	2020.12.31
40	巴　图	男	四子王旗乌兰牧骑	艺术二级演员	2020.12.31

2020年四子王旗人民政府发文（四政发）一览表

表7

月	日	发文机关	发文编号	文件名
1	28	政府	3号	关于印发《四子王旗突发公共事件应急预案》的通知
2	28	政府	4号	关于调整旗政府领导班子成员工作分工的通知
3	11	政府	5号	关于加强2020年鼠疫疫情防控的通知
3	11	政府	6号	关于在森林草原高火险区实行戒严防火的命令
3	17	政府	7号	关于做好第七次全国人口普查工作的通知
4	17	政府	8号	关于深入开展春季爱国卫生运动暨进一步做好农村牧区人居环境整治工作的通知
4	28	政府	9号	关于组织我旗民兵队伍进行鼠疫防控的通知
4	28	政府	10号	关于印发《四子王旗创建自治区卫生城镇工作实施方案》的通知
4	29	政府	11号	关于发布2020年度四子王旗鼠疫疫情IV级预警的通知
5	11	政府	12号	关于印发《2020年四子王旗审计项目计划》的通知
6	16	政府	13号	关于乌兰察布风电基地一期600万千瓦示范项目建设用地征地公告
7	6	政府	14号	关于张璐同志任职的通知
7	6	政府	15号	关于刘志慧等同志职务任免的通知
7	17	政府	16号	关于表彰2019年度全旗教育系统工作先进集体的决定
7	22	政府	17号	关于转发《自然资源部、农业农村部关于设施农用地管理有关问题的通知》的通知
7	24	政府	18号	关于废止涉煤相关政策性文件的决定
7	28	政府	19号	关于认定刘文山同志因公牺牲的决定
8	7	政府	20号	关于四子王旗城乡建设用地增减挂钩项目权属调整的通知
8	7	政府	21号	关于印发《四子王旗城乡建设用地增减挂钩2020年度节余指标跨省调剂双井村项目区实施方案及拆旧补偿标准》的通知

续表 7

月	日	发文机关	发文编号	文件名
8	3	政府	22 号	四子王旗生活垃圾裂解处理厂建设项目实施机构授权书
8	5	政府	23 号	政府出资方代表授权书
8	5	政府	24 号	关于《四子王旗生活垃圾裂解气化处理厂建设项目》规范实施承诺书
8	20	政府	25 号	关于废止涉煤相关文件的决定
10	27	政府	28 号	关于三峡乌兰察布新一代电网友好绿色电站示范项目（一期）、三峡乌兰察布新一代电网友好绿色电站示范项目（二期）三峡乌兰察布新一代电网友好绿色电站示范项目（三期）社会稳定风险评估备案的请示
10	29	政府	29 号	关于发布 2020 年度四子王旗鼠疫疫情 IV 级预警的通知
11	2	政府	30 号	关于成立“11・2”事故调查组的通知
11	6	政府	31 号	关于印发《四子王旗城乡建设用地增减挂钩项目 2019 年度实施规划调整方案及拆旧补偿标准》的通知
11	6	政府	32 号	关于四子王旗城乡建设用地增减挂钩项目 2019 年度实施规划调整方案权属调整的通知
11	6	政府	33 号	关于《四子王旗城乡建设用地增减挂钩苏计项目 2020 年度实施方案及拆旧补偿标准》的通知
11	6	政府	34 号	关于四子王旗城乡建设用地增减挂钩苏计项目区 2020 年度实施方案权属调整的通知
11	12	政府	35 号	关于成立“11・12”火灾事故调查组的通知
11	24	政府	36 号	关于对市人大代表提出的第 123 号意见和建议的答复
11	24	政府	37 号	关于对市人大代表提出的第 126 号意见和建议的答复
11	27	政府	39 号	关于对市人大代表提出的第 139 号意见和建议的答复
11	30	政府	40 号	关于手填商品房购房合同代替网签商品房购房合同办理转移登记手续的通知
12	31	政府	41 号	关于印发《四子王旗违法用地清理专项整治工作实施方案》的通知
		政府	42 号	关于印发《四子王旗 2020 年乌兰花镇老旧小区改造工程实施方案》的通知

2020 发文登记（四政函发）一览表

表 8

月	日	发文机关	发文编号	文件名称
1	8	政府	1 号	关于四子王旗第二次易地扶贫搬迁拆旧复垦项目资金申请报告
1	9	政府	2 号	关于中央环保督察“回头看”信访事项反馈意见整改完成情况说明的函
2	19	政府	3 号	关于四子王旗征地区片综合地价成果有关情况说明的函
2	27	政府	4 号	关于四子王旗白音朝克图镇小城镇建设奖励项目的说明函

续表 8

月	日	发文机关	发文编号	文件名称
2	27	政府	5 号	关于中电投内蒙古四子王旗 20 万千瓦供热项目建设用地与新《土地管理法》实施衔接情况的补充说明
2	27	政府	6 号	关于四子王旗宝日花 35 千伏输变电工程项目建设用地与新《土地管理法》实施衔接情况的补充说明
2	27	政府	7 号	关于内蒙古准兴新能源投资有限公司一期 5 万千瓦风光同场光伏发电项目（10 兆瓦）建设用地与新《土地管理法》实施衔接情况的补充说明
2	27	政府	8 号	关于实施城镇规划 2019 年第二批次建设用地与新《土地管理法》实施衔接情况的补充说明
3	5	政府	9 号	关于农村公路建设工程地方配套资金的承诺函
3	9	政府	10 号	关于上报 2019 年财政总决算的函
3	17	政府	11 号	关于四子王旗乌兰花镇新区和平路、哈萨尔街道路及管网配套工程项目调整还款计划后按时偿还建设银行贷款本息的函
3	24	政府	12 号	关于我旗将内蒙古亿茗农业科技有限公司淀粉加工项目纳入马铃薯产业园区的函
3	27	政府	13 号	关于收回国有土地使用权的函
3	27	政府	14 号	关于国道 331 线艾乐格庙至乌华敖包段公路项目用地征地报批前程序情况说明的函
3	27	政府	15 号	关于国道 331 线艾乐格庙至乌华敖包段公路项目建设用地补偿合法性、安置途径可行性及妥善安置被征地农民生产生活保障措施、履行征地程序情况说明的函
3	27	政府	16 号	关于国道 332 线艾乐格庙至乌华敖包段公路项目用地拟供地的承诺函
3	27	政府	17 号	关于乌兰花工业园区至国道 209 线（小东营）二级公路工程项目与新《土地管理法》实施衔接情况补充说明的函
3	27	政府	18 号	关于国道 331 线艾勒格庙至乌华敖包路段管理项目与新《土地管理法》实施衔接情况补充说明的函
4	7	政府	19 号	关于调整四子王旗大活牙崔耀碎石场为拟关停取缔类企业情况说明的函
4	10	政府	20 号	关于商请调整棚户区改造项目资金支付计划的函（给国源公司）
4	10	政府	21 号	关于商请调整棚户区改造项目资金支付计划的函（给财信投资集团）
4	11	政府	22 号	关于在黑沙图工业园区拟新建 220kV 变电站的函
4	15	政府	23 号	关于四子王旗空间天气科学中心地方配套项目征地补偿费标准的说明
4	16	政府	24 号	关于四子王旗城乡建设用地增减挂钩 2019 年度节余指标跨省调剂厂汉此老拆旧区复垦项目验收申请函
4	28	政府	25 号	关于四子王旗额尔顿朝古拉矿业有限责任公司四子王旗达尔布盖超贫磁铁矿区年采选 60 万吨铁矿石项目是否在自然保护区范围内情况说明的函
4	28	政府	26 号	关于四子王旗额尔顿朝古拉矿业有限责任公司四子王旗达尔布盖超贫磁铁矿区年采选 60 万吨铁矿石项目是否占用生态红线情况说明的函
4	29	政府	26 号	关于落实乌兰察布市监察委员会监察建议书（乌监察〔2020〕10 号）的报告

续表 8

月	日	发文机关	发文编号	文件名称
4	29	政府	27 号	关于四子王旗额尔顿朝古拉矿业有限责任公司四子王旗达尔布盖超贫磁铁矿区年采选 60 万吨铁矿石项目与新《土地管理法》实施衔接情况补充说明的函
5	11	政府	27 号	关于开展 2019 年中央和自治区用于农村公路建设补助资金摸底排查情况说明的函
5	20	政府	28 号	关于对乌兰察布市审计四子王旗委书记武玉亮、旗长赵利国任职期间（2014—2017 年）草原资源审计发现问题整改情况的说明
5	20	政府	28 号	关于武川至格根塔拉一级公路（四子王旗境内）项目是否涉及生态红线说明的函
5	20	政府	29 号	关于武川至格根塔拉一级公路（四子王旗境内）项目是否位于自然保护区的说明的函
5	29	政府	30 号	关于武川至格根塔拉一级公路（四子王旗境内）建设用地与新《土地管理法》实施衔接情况补充说明的函
6	1	政府	31 号	关于对易地扶贫搬迁安置点配套基础设施和公共服务设施补短板项目建设的承诺书
6	3	政府	32 号	关于对四子王旗京津风沙源治理工程区自然灾害损失面积情况说明的函
6	5	政府	33 号	关于《四子王旗 2019 年农业保险保费补贴实施方案》中有关问题整改情况的说明
6	11	政府	34 号	关于申请公益性岗位保洁员棉衣和医疗机构病号服的函
6	12	政府	35 号	关于同意举办第五届亚太地区商学院草原挑战赛的复函
6	12	政府	36 号	关于申请在格根塔拉景区出售临时门票的函
6	14	政府	37 号	关于报送《四子王旗黑沙图工业园区修编调整方案》的函
6	15	政府	38 号	关于协调将四子王旗佳辉硅业有限公司两条供电线路借用给内蒙古永和氟化工有限公司的函
6	16	政府	39 号	关于拟将四子王旗佳辉硅业有限公司两条供电线路借用给内蒙古永和氟化工有限公司的函
6	22	政府	40 号	关于商请跨年度调整棚户区改造项目资金支付计划的函
7	3	政府	41 号	关于国道 335 线黄家滩至百灵庙（黄家滩至苏计段）公路项目用地征地报批前程序情况说明的函
7	3	政府	42 号	关于国道 336 线黄家滩至百灵庙（黄家滩至苏计段）公路项目与新《土地管理法》实施衔接情况补充说明的函
7	3	政府	43 号	关于国道 337 线黄家滩至百灵庙（黄家滩至苏计段）公路项目用地拟供地的承诺函
7	3	政府	44 号	关于国道 338 线黄家滩至百灵庙（黄家滩至苏计段）公路项目建设用地补偿合法性、安置途径可行性及妥善安置被征地农民生产生活保障措施、履行征地程序情况说明的函
7	3	政府	45 号	关于赴察右前旗考察学习防空地下室易地建设费收缴工作的函
7	9	政府	46 号	关于呼和浩特市赛罕区人民法院致四子王旗征收办函的复函

续表 8

月	日	发文机关	发文编号	文件名称
7	16	政府	47 号	关于变更《乌兰察布市四子王旗 2019 年农村人居环境整治专项实施方案》情况说明的函
7	14	政府	48 号	关于商请优惠快递产品价格的函
7	27	政府	49 号	关于乌兰察布市公路管理局神州路养护管理分局公路养护管理站（停车服务区）建设项目用地拟供地的承诺函
7	27	政府	50 号	关于乌兰察布市公路管理局神州路养护管理分局公路养护管理站（停车服务区）建设项目与新《土地管理法》实施衔接情况补充说明的函
7	28	政府	51 号	关于商请申报四子王旗 10 万吨马铃薯净菜加工项目的函
7	30	政府	52 号	关于“四子王奶皮子”地理标志证明商标申报工作有关事宜的函
7	31	政府	53 号	关于“四子王奶豆腐”地理标志证明商标申报工作有关事宜的函
7	32	政府	54 号	关于“四子王酪蛋子”地理标志证明商标申报工作有关事宜的函
7	28	政府	55 号	关于同意四子王旗地质公园服务中心申报“四子王旗石雕”地理标志证明商标的函
8	3	政府	56 号	关于商请申报四子王旗万只杜蒙肉羊绿色高效标准化生产示范牧场综合建设项目的函
8	5	政府	57 号	关于商请申报内蒙古有机小麦生产发展项目的函
8	7	政府	58 号	关于实施四子王旗城乡建设用地增减挂钩 2020 年度结余指标跨省调剂双井村项目区拆旧地块复垦承诺的函
8	7	政府	59 号	关于实施城乡建设用地增减挂钩项目资金保障的承诺函
8	8	政府	60 号	关于上报《四子王旗十三五易地扶贫搬迁评估核查自评价报告》的函
8	18	政府	61 号	关于商请申报 2020 年绿色农畜产品生产发展项目的函
8	21	政府	62 号	关于对《内蒙古自治区工业园区调整目录（征求意见函）》和《内蒙古自治区工业园区产业发展指导目录》的复函
8	28	政府	63 号	关于国道 335 线黄家滩至百灵庙（黄家滩至苏计段）公路项目用地征地补偿落实到位的说明
9	2	政府	64 号	关于 2016 年至 2019 年扶贫审计发现问题整改情况的说明
9	10	政府	65 号	关于乌兰花工业园区至国道 209 线（小东营）二级公路工程项目与新《土地管理法》实施衔接情况补充说明的函
9	15	政府	66 号	关于要求四子王供电分局实施建设 2017 年乌兰察布市首届草原音乐节供电工程有关情况说明的函
9	18	政府	67 号	关于四子王旗 2020 年玉米、大豆、马铃薯种植情况说明的函
9	23	政府	69 号	关于呼和浩特市赛罕区人民法院致四子王旗房屋征收服务中心函的复函
9	24	政府	70 号	关于增拨土地征收补偿安置费的函
9	27	政府	71 号	关于商请调整乌兰察布市四子王旗贫困村基础设施建设项目还款计划的函
9	29	政府	72 号	关于乌兰察布风电基地一期 600 万千瓦示范项目场区内建设配套预拌商品混凝土站的请示

续表 8

月	日	发文机关	发文编号	文件名称
10	15	政府	73 号	关于协助解决四子王旗境内非法倾倒工业废水有关问题的函
10	30	政府	74 号	关于乌兰花工业园区至国道 209 线（小东营）二级公路工程项目不在生态红线的说明
11	3	政府	75 号	关于乌兰花工业园区至国道 209 线（小东营）二级公路工程项目建设用地核减的函
11	6	政府	76 号	关于实施城乡建设用地增减挂钩项目资金保障承诺函
11	6	政府	77 号	关于城乡实施建设用地增减挂钩项目区拆旧地块复垦承诺的函
11	6	政府	78 号	关于实施城乡建设用地增减挂钩苏计项目资金保障承诺函
11	6	政府	79 号	关于实施城乡建设用地增减挂钩苏计项目区拆旧地块复垦承诺的函
11	10	政府	80 号	关于上报《四子王旗边民补助管理实施细则》的函
11	13	政府	81 号	关于空间环境地基综合网（子午工程二期）四子王旗空间天气科学中心项目建设用地补偿合法性、安置途径可行性及妥善安置被征地农民生产、生活保障措施、履行征地程序情况说明的函
11	13	政府	82 号	关于空间环境地基综合网（子午工程二期）四子王旗空间天气科学中心项目用地拟供地的承诺函
11	13	政府	83 号	关于空间环境地基综合网（子午工程二期）四子王旗空间天气科学中心项目用地征地报批前程序情况说明的函
11	13	政府	84 号	关于报送四子王旗“放管服”改革、优化营商环境工作具体措施的函
11	16	政府	85 号	关于申请不报马铃薯原原种种植补贴的函
11	17	政府	86 号	关于武川至格根塔拉一级公路（四子王旗境内）项目建设用地与新《土地管理法》实施衔接情况的补充说明
11	23	政府	87 号	关于实施城镇规划 2020 年第一批次建设用地补偿合法性、安置途径可行性及妥善安置被征地农民生产生活保障措施履行征地程序情况说明的函
11	23	政府	88 号	关于实施城镇规划 2020 年第一批次建设用地征地报批前程序情况的说明的函
11	23	政府	89 号	关于四子王旗人民政府实施城镇规划 2020 年第一批次建设用地不占用生态红线的函
11	23	政府	90 号	关于实施城镇规划 2020 年第一批次建设用地拟供地的承诺函
11	24	政府	91 号	关于国道 331 线黄家滩至百灵庙（黄家滩至苏计段）公里项目不占用生态红线的说明的函
12	1	政府	92 号	关于国道 331 线艾勒格庙至乌华敖包段公路压覆矿产资源情况说明的函
12	1	政府	93 号	关于空间环境地基综合监测网（子午工程二期）四子王旗空间天气科学中心项目不占用生态红线的函
12	7	政府	95 号	关于内蒙古自治区乌兰察布市四子王旗殡仪馆建设项目不占用生态环境的函
12	7	政府	96 号	关于内蒙古自治区乌兰察布市四子王旗殡仪馆建设项目用地拟供地的承诺函
12	7	政府	97 号	关于内蒙古自治区乌兰察布市四子王旗殡仪馆建设项目用地征地报批前程序情况说明的函

续表 8

月	日	发文机关	发文编号	文件名称
12	7	政府	98 号	关于四子王旗光伏扶贫村级电站项目用地拟供地的承诺函
12	7	政府	99 号	关于四子王旗光伏扶贫村级电站项目不占用生态红线的函
12	7	政府	100 号	关于四子王旗光伏扶贫村级电站项目建设用地补偿合法性、安置途径可行性及妥善安置被征地农民生产、生活保障措施、履行征地程序情况说明的函
12	7	政府	101 号	关于四子王旗光伏扶贫村级电站项目用地征地报批前程序情况说明的函
12	17	政府	103 号	关于四子王旗城乡建设用地增减挂钩人员安置情况的函
12	17	政府	105 号	关于四子王旗城乡建设用地增减挂钩人员安置情况的函
12	17	政府	106 号	关于承诺开展城乡建设用地增减挂钩项目相关情况说明的函
12	17	政府	107 号	关于承诺开展城乡建设用地增减挂钩项目相关情况说明的函
12	18	政府	108 号	关于国道 331 线艾乐格庙至乌华敖包段公路项目用地项目与新《土地管理法》实施衔接请款补充说明的函
12	18	政府	109 号	关于国道 331 线艾勒格庙至乌华敖包段公路项目可以占用生态红线的函
12	21	政府	110 号	关于创建四子王旗现代农牧业产业园请示的函
12	22	政府	111 号	关于征求内蒙古自治区四子王旗通用机场场址审查意见报告的函
12	23	政府	112 号	关于乌兰花至艾勒格庙段旅游公路工程建设项目建设用地补偿合法性、安置途径可行性及妥善安置被征地农民生产生活保障措施、履行征地程序
12	23	政府	113 号	关于乌兰花至艾勒格庙段旅游公路工程建设项目用地征地报批前程序情况说明的函
12	23	政府	114 号	关于乌兰花至艾勒格庙段旅游公路工程建设项目用地拟供地的承诺函
12	23	政府	115 号	关于乌兰花至艾勒格庙段旅游公路工程建设项目可以占用生态红线的函
12	23	政府	116 号	关于乌兰花至艾勒格庙段旅游公路工程建设项目土地利用现状库与嘎查公章名字不符的函
12	25	政府	120 号	关于乌兰花至艾勒格庙段旅游公路压覆矿产资源情况说明的函
12	25	政府	121 号	关于村委会名称核实情况说明的函
12	25	政府	122 号	关于四子王旗乌兰牧场土地权属性质情况的说明的函
12	25	政府	123 号	关于乌兰花（大清河）至土木尔台公路改扩建工程（四子王旗段）违法用地检查的函
12	25	政府	124 号	关于乌兰花（大清河）至土木尔台公路改扩建工程（四子王旗段）未涉及占用划定生态保护红线范围内情况说明的函
12	30	政府	125 号	关于提交四子王旗补充制定征地补偿标准成果的函
12	31	政府	126 号	关于报送四子王旗 2016—2020 年水土保持规划实施情况和 2020 年度水土保持目标责任考核工作自评情况的函

2020 发文登记（会议通知）

表 9

月	日	发文机关	发文编号	文件名称
1	6	政府	1 号	关于召开全旗精准扶贫档案工作会议的通知
2	27	政府	2 号	关于召开全旗春季重大动物疫病防控暨春耕备耕生产动员会议的通知
5	21	政府	4 号	关于举办全旗贫困户产业发展指导员能力提升培训班的通知
7	15	政府	5 号	关于举办 2020 年就业扶贫基地挂牌仪式暨就近就地就业专项招聘会的通知
8	3	政府	6 号	关于召开 2020 年度四子王旗种植业现场观摩会的通知
12	1	政府	7 号	关于举办全旗政务服务业务培训会议的通知
12	30	政府	8 号	关于举办 2021 四子王旗马铃薯产业高质量发展培训会议的通知

2020 发文登记（四政批）

表 10

月	日	发文机关	发文编号	文件名
1	21	政府	1 号	关于对《关于对下达 2019 年中央自然灾害救灾资金的请示》的批复
1	21	政府	2 号	关于对《关于申请收回乌兰花中心敬老院国有建设用地使用权并重新履行供地的请示及出让方案的报告》的批复
1	21	政府	3 号	关于对《关于上报四子王旗人民政府实施城镇规划 2018 年第一批次等批次中部分建设项目和国有存量土地供地方式的请示及编制出让方案的报告》的批复
1	21	政府	4 号	关于对《关于上报四子王旗人民政府实施城镇规划 2019 年第一批次等批次中部分建设项目供地方式的请示及编制出让方案的报告》的批复
2	21	政府	5 号	关于对《关于四子王旗人民医院开设中国农业银行四子王旗支行账户的请示》的批复
3	9	政府	6 号	关于对《关于胜硕房地产开发有限公司建设的商住小区改变商住兼容比例的请示》的请示
3	9	政府	7 号	关于对《关于修改四子王旗土地利用总体规划的请示》的批复
3	9	政府	8 号	关于对《关于乌兰花镇部分用地改变土地用途及划拨土地使用权补办土地出让手续的请示》的批复
3	9	政府	9 号	关于对《关于收回房产管理局乌兰二期部分土地并重新履行供地的请示》的批复
3	17	政府	10 号	关于同意乌兰花镇声环境功能划分方案及四子王旗声环境功能区划分技术的批复
3	17	政府	11 号	关于对《关于分配上级下达土地指标跨省调剂收入安排的专项资金用于脱贫攻坚项目的请示》的批复
3	17	政府	12 号	关于落实四子王旗二个补充耕地储备库项目竣工后地力培肥和后期管护的批复
4	8	政府	13 号	关于对申请建设幸福院报告的批复

续表 10

月	日	发文机关	发文编号	文件名
4	14	政府	14 号	关于对请求实施格根塔拉至红格尔苏木旅游资源公路项目报告的批复
4	14	政府	15 号	关于对请求实施 2020 年四子王旗养护工程项目报告的批复
4	15	政府	16 号	关于同意 2020 年农网升级改造 10KV 及以下配电线路路径的批复
4	22	政府	17 号	关于对《关于 2020 年拟收储土地项目计划和土地储备三年滚动计划的请示》的批复
5	12	政府	18 号	关于对中心敬老院设置家庭病床的批复
5	13	政府	19 号	关于对《关于拟定四子王旗 2020 年农村牧区饮水安全改造提升工程项目法人》的批复
5	18	政府	20 号	关于对《关于申请四子王旗易地扶贫搬迁安置点配套基础设施和公共服务设施第三批补短板项目实施方案》的批复
5	28	政府	21 号	关于上报四子王旗人民政府实施城镇规划 2019 年第二批次中部分建设项目供地方式的批复
5	29	政府	22 号	关于对《关于请求实施 2020 年四子王旗村道、乡道生命安全防护工程项目的报告》的批复
6	1	政府	23 号	关于对 2020 年实施京蒙扶贫协作和怀柔区捐赠资金项目方案请示的批复
6	12	政府	25 号	关于对《四子王旗应急管理局 2020 年度安全生产监督检查计划》报告的批复
6	19	政府	26 号	关于对《关于申请 2020 年农村公路养护费列入财政预算的报告》的批复
5	27	政府	27 号	关于对《关于申请财政统一发放在编人员工资的请示》的批复
6	22	政府	28 号	关于以拍卖方式公开出让二层山砂岩矿普查项目探矿权的批复
6	24	政府	29 号	关于对《四子王旗防汛抗旱应急救援预案》的批复
6	28	政府	30 号	关于对乌兰花镇东山公园中水输水工程项目用地的批复
6	28	政府	31 号	关于实施乌兰花镇建国路（统建东路 – 政北段）雨水管道改造工程的批复
6	22	政府	32 号	关于对《关于开展醇基燃料专项集中整治工作的请示》的批复
6	30	政府	33 号	关于对《四子王旗山洪灾害防御及应急预案》《四子王旗乌兰花镇城镇防洪应急预案》《四子王旗防汛抗旱应急预案》的批复
6	30	政府	34 号	关于对柠条平茬项目实施方案请示的批复
7	28	政府	35 号	关于上报四子王旗人民政府实施城镇规划 2017 年第二批次等批次单选中部分建设项目供地方式的批复
8	6	政府	37 号	关于对《关于请求实施 2020 年四子王旗“油返砂”养护工程项目的报告》的批复
8	6	政府	38 号	关于对《关于请求实施 2020 年四子王旗农村公路养护工程项目的报告》的批复
8	7	政府	39 号	先要号
8	10	政府	40 号	关于对《关于四子王旗新能源供电用户专网电的请示》的批复
8	12	政府	41 号	关于开展江岸苏木艾日格嘎查联户草场划分到户工作的批复

续表 10

月	日	发文机关	发文编号	文件名
8	12	政府	42 号	关于开展脑木更苏木哈沙图嘎查联户草场划分到户工作的批复
8	12	政府	43 号	关于教育体育局第二小学新建风雨活动室等项目用地供地方式的批复
8	12	政府	44 号	关于开展我旗城镇标定地价评估工作及履行招投标的批复
8	12	政府	45 号	关于开展我旗集体建设用地及农用地基准地价工作及履行招投标的批复
8	12	政府	46 号	关于实施城镇规划 2019 年第二批次等批次中部分建设项目供地方式的批复
8	12	政府	47 号	关于四子王旗人民政府实施城镇规划 2017 年第二批次等批次部分建设项目供地方式的批复
8	12	政府	48 号	关于乌兰花镇部分用地改变土地用途及划拨土地使用权补办土地出让手续的批复
8	20	政府	49 号	关于对《关于四子王旗 AOPA 草原飞行大会配套基础设施临时用地的请示》的批复
8	25	政府	50 号	关于同意《四子王旗生活垃圾裂解气化处理厂建设项目实施方案》的批复
7	3	政府	51 号	关于对《关于分配 2020 年抗疫特别国债和特殊转移支付直达资金的请示》的批复
7	3	政府	52 号	关于对《关于分配直达资金的请示》的批复
9	4	政府	53 号	关于对 2020 年第二批京蒙扶贫协作项目方案请示的批复
9	4	政府	54 号	关于对《四子王旗安全生产专项整治三年行动实施方案》报告的批复
8	7	政府	55 号	关于对《东八号乡农业产业强镇示范建设实施方案》变更申请的批复
11	3	政府	57 号	关于 2019 年度四子王旗城乡建设用地增减挂钩拆旧区土地复垦项目施工履行招投标的批复
11	3	政府	58 号	关于 2020 年度四子王旗城乡建设用地增减挂钩拆旧区土地复垦项目苏计项目区施工履行招投标的批复
11	3	政府	59 号	关于四子王旗城乡建设用地增减挂钩 2020 年度结余指标跨省调剂双井村拆旧复垦项目施工履行招投标的批复
11	6	政府	60 号	关于对《四子王旗城乡建设用地增减挂钩项目 2019 年度实施规划调整方案》的批复
11	6	政府	61 号	关于《四子王旗城乡建设用地增减挂钩苏计项目区 2020 年度实施方案》的批复
12	2	政府	62 号	关于对《关于更改高北河洗沙作业方式的请示》的批复
12	31	政府	66 号	关于对《四子王旗耕地土壤环境质量类别划分成果》的批复
12	31	政府	67 号	关于对《内蒙古永和氟化工有限公司“11·2”一般生产事故调查报告》的批复
12	31	政府	68 号	关于同意申报四子王旗王府基础设施建设及环境整治项目的批复
12	31	政府	73 号	关于对《四子王旗防汛抗旱应急预案》的批复
12	31	政府	74 号	孙小龙（一中）

2020 发文登记（四政字）

表 11

月	日	发文机关	发文编号	文件名称
3	17	政府	1号	关于同意乌兰察布风电基地一期600万千瓦示范项目220千伏送出汇集线路走径的批复
4	14	政府	2号	关于向新兴际华集团申请2020年扶贫资金的函
4	26	政府	3号	关于对《关于构建现代环境治理体系的具体举措（征求意见稿）》修改意见的函
4	29	政府	4号	关于对《乌兰察布市600万千瓦风电基地外送工程变电站站址及线路路径征求意见》的复函
6	1	政府	5号	关于呈报《四子王旗开展妨碍统一市场和公平竞争的政策措施清理工作总结》的报告
6	19	政府	6号	关于对李永祥“内人党”信访事项的复查意见书
6	19	政府	7号	关于对斯琴信访事项的复查意见
6	19	政府	8号	关于对段福胜反映草场承包经营权信访事项的复查意见书
6	19	政府	9号	关于对姚宝平信访事项的复查意见书
6	19	政府	10号	关于对利德玛信访事项的复查意见书
6	19	政府	11号	关于对胡翠英信访事项的复查意见书
6	19	政府	12号	关于对贺和平信访事项的复查意见书
6	19	政府	13号	关于对其木格信访事项的复查意见书
7	2	政府	14号	关于对刘利峰信访问题复查的意见书
7	27	政府	15号	关于乌兰察布市公路管理局神州路养护管理分局公路养护管理站（停车服务区）建设项目建设用地征用土地补偿标准合法性安置途径可行性及履行征地程序的情况说明
8	17	政府	16号	关于对东八号村邢四召反映危房改造问题的复查意见书
9	14	政府	17号	关于同意建立四子王旗疫苗管理部门联席会议制度的批复
9	14	政府	18号	关于四子王旗查干敖包晋太硅石选料厂查干敖包硅石一矿的情况说明
9	25	政府	19号	关于国务院“互联网＋督查”群众留言核查情况的报告
9	25	政府	20号	关于四子王旗通用机场预选场址的复函
9	30	政府	21号	关于四子王旗圪团乌素矿区普通建筑用花岗岩（碎石）矿的情况说明
10	22	政府	22号	关于乌兰察布市2018年例行督查重大典型问题四子王旗格根塔拉旅游区升级改造工程违法占地整改到位的情况说明
10	27	政府	23号	关于对苏和申请土地确权的行政处理决定书
12	1	政府	24号	关于2020年度我旗计划安置军转干部的通知
12	29	政府	25号	关于易地扶贫搬迁拆旧复垦试点项目整体工作进展和成效情况说明的函

2020 发文登记（四政报）

表 12

月	日	发文机关	发文编号	文件名
1	6	政府	1 号	关于上报 2019 年度做严格水资源管理制度自查报告
1	8	政府	2 号	关于上报大图布新信访问题的情况说明
1	9	政府	3 号	关于拨付三条抵边公路剩余工程款的请示
1	10	政府	4 号	关于无法落实 2020 年退耕还林还草任务的情况说明
1	14	政府	5 号	关于拨付土地流转补贴资金的请示
1	17	政府	6 号	关于拨付白乃庙（西区）煤田应急灭火经费的请示
1	19	政府	7 号	关于超调资金的请示
2	6	政府	8 号	关于拨付新型冠状病毒感染的肺炎疫情防控经费的请示
2	25	政府	9 号	关于上报《四子王旗清理拖欠民营企业中小企业账款方案》的报告
2	25	政府	10 号	关于上报《四子王旗 2020 年到期金融类债务本息偿还计划》的报告
3	13	政府	11 号	关于推动解决国电投 600 万千瓦风电项目在四子王旗落户运营相关问题的请示
3	27	政府	12 号	关于国道 331 线艾勒格庙至乌华敖包段公路项目用地的请示
4	2	政府	13 号	关于 2018 年、2019 年 1—9 月全区化解地方政府性债务审计发现问题的整改报告
4	2	政府	14 号	关于 2020 年度边民补助统计情况的报告
4	8	政府	15 号	关于申请安置四子王旗朱日和军界移民高校毕业生的请示
4	10	政府	16 号	关于反馈北京费雷塞普科技发展有限公司举报相关问题线索的报告
4	20	政府	17 号	关于审计署太原特派办《内蒙古自治区 2019 年财政收支及 2020 年第一季度政策落实跟踪等事项审计报告（征求意见稿）》反馈意见情况说明的请示
4	29	政府	18 号	关于启动白乃庙（西区）煤田生态环境损害赔偿磋商机制的请示
5	8	政府	19 号	关于修改四子王旗土地利用总体规划的请示
5	11	政府	20 号	关于审计对四子王旗医疗保险基金运行情况提出问题的整改报告
5	13	政府	21 号	关于拨付脱贫攻坚缺口资金的请示
5	20	政府	22 号	关于白乃庙（西区）煤田生态环境损害赔偿有关情况的报告
5	26	政府	23 号	关于孟克巴特尔同志信访问题核查情况的报告
5	29	政府	24 号	关于上报《自治区政府督查室反馈问题的整改方案》的报告
5	29	政府	25 号	关于白乃庙（西区）煤田生态损害赔偿有关情况的报告
6	4	政府	26 号	关于超调涉农惠民补贴资金的请示
6	12	政府	27 号	关于国道 335 线黄家滩至百灵庙（黄家滩至苏计段）公路项目用地的请示
7	15	政府	28 号	关于上报四子王旗自然保护区内工矿企业整改及销号情况的报告
7	27	政府	29 号	关于乌兰察布市公路管理局神州路养护管理分局公路养护管理站（停车服务区）建设项目用地的请示

续表 12

月	日	发文机关	发文编号	文件名
8	3	政府	30 号	关于协调解决四子王旗农畜产品加工园区建设项目用地审批及明确乌兰花镇列入主体功能区点状开发区有关情况的报告
8	7	政府	31 号	关于上报《四子王旗城乡建设用地增减挂钩 2020 年度节余指标跨省调剂双井村项目区实施方案》的请示
8	14	政府	32 号	关于将乌兰花镇列入四子王旗国家重点功能区点状开发城镇有关情况的报告
8	15	政府	33 号	关于上报审计署太原特派办对四子王旗扶贫资金审计发现问题整改情况的报告
9	7	政府	34 号	关于上报《四子王旗工程建设项目审批制度改革工作进展情况》的报告
9	7	政府	35 号	关于新建高标准基本农田建设和基本农田土地整治项目建设情况的报告
9	15	政府	36 号	关于上报《四子王旗建设用地项目暂停审批报件受理条件的情况说明》的报告
9	30	政府	37 号	关于对境内草原旅游景区（点）整改情况及销号的报告
9	30	政府	38 号	关于对境内阿拉腾塔拉牧户整改工作的承诺的报告
10	12	政府	39 号	关于四子王旗境内 G209 国道两侧牧户自建蒙古包占用草原有关情况的报告
10	19	政府	40 号	关于解决四子王旗乌兰花镇公共体育设施项目建设经费的请示
11	6	政府	41 号	关于《四子王旗城乡建设用地增减挂钩项目 2019 年度实施规划调整方案》的请示
11	6	政府	42 号	关于上报《四子王旗城乡建设用地增减挂钩苏计项目区 2020 年度实施方案》的请示
11	11	政府	43 号	关于上报《四子王旗人民政府关于 2019 年度耕地保护责任目标履行情况的自查报告》的报告
11	13	政府	44 号	关于空间环境地基综合监测网（子午工程二期）四子王旗空间天气科学中心项目建设用地的请示
11	17	政府	45 号	关于武川至格根塔拉（四子王旗境内）一级公路建设项目用地的请示
11	23	政府	46 号	关于实施城镇规划 2020 年第一批次建设用地的请示
11	23	政府	47 号	关于实施城镇规划 2020 年第一批次建设用地不属于暂停受理报件的报告
12	7	政府	48 号	关于四子王旗坚决制止耕地“非农化”自查报告
12	2	政府	49 号	关于内蒙古自治区乌兰察布市四子王旗殡仪馆建设项目不属于暂停受理报件的报告
12	2	政府	50 号	关于内蒙古自治区乌兰察布市四子王旗殡仪馆建设项目建设用地征用土地补偿标准合法性安置途径可行性及履行征地程序的报告
12	2	政府	51 号	关于内蒙古自治区乌兰察布市四子王旗殡仪馆建设用地的请示
12	2	政府	52 号	关于四子王旗光伏扶贫村级电站项目不属于暂停受理报件的报告
12	7	政府	53 号	关于四子王旗光伏扶贫村级电站项目用地的请示
12	16	政府	54 号	关于空间环境地基综合监测网（子午工程二期）四子王旗空间天气科学中心项目不属于暂停受理报件的说明的报告

续表 12

月	日	发文机关	发文编号	文件名
12	18	政府	55 号	关于国道 331 线艾勒格庙至乌华敖包段公路项目建设用地的请示
12	18	政府	56 号	关于国道 331 线艾勒格庙至乌华敖包段公路项目不属于暂停受理报件的报告
12	22	政府	57 号	关于申请将内蒙古自治区四子王旗通用机场场址选址报告报请至中国人民解放军空军进行审查的请示
12	21	政府	58 号	关于乌兰花至艾乐格庙段旅游公路工程建设项目用地的请示
12	21	政府	59 号	关于乌兰花至艾勒格庙段旅游公路工程建设项目不属于暂停受理报件的报告
12	25	政府	60 号	关于乌兰花（大清河）至土木尔台公路改扩建工程（四子王旗段）项目建设用地的请示
12	25	政府	61 号	关于乌兰花（大清河）至土木尔台公路改扩建工程（四子王旗段）项目建设用地合法性说明的报告
12	25	政府	62 号	关于乌兰花（大清河）至土木尔台公路改扩建工程（四子王旗段）项目建设用地补偿标准合法性安置途径可行性及履行征地程序情况说明的报告
12	25	政府	63 号	关于国道 335 线黄家滩至百灵庙（黄家滩至苏计段）公路项目不属于暂停受理报件的报告

2020 年四子王旗人民政府办公室发文（四政办发）

表 13

月	日	发文机关	发文编号	文件名称
1	21	政府办	1 号	关于印发《四子王旗农村牧区集中供水水费收取和使用规定》的通知
1	29	政府办	2 号	关于成立四子王旗新型冠状病毒感染的肺炎疫情防控指挥部的通知
2	20	政府办	3 号	关于调整四子王旗法治政府建设领导小组成员的通知
3	2	政府办	4 号	关于开展畜禽疫病春防大会战的紧急通知
3	2	政府办	5 号	关于成立四子王旗“十二五”以来高标准农田建设评估工作领导小组的通知
3	4	政府办	6 号	关于开展银企对接集中签约周活动的通知
3	4	政府办	7 号	关于成立四子王旗脱贫攻坚普查工作领导小组的通知
3	4	政府办	8 号	关于开展旗级行政企事业单位国有资产专项清查工作的通知
3	9	政府办	9 号	关于成立四子王旗草原鼠害防控工作领导小组的通知
3	10	政府办	10 号	关于进一步夯实劳动年龄内劳动力资源基础工作的通知
3	17	政府办	11 号	关于印发《四子王旗彻底清理整顿未审批民办幼儿园工作方案》的通知
3	17	政府办	12 号	关于为旗境内所有犬只接种狂犬疫苗的紧急通知
4	10	政府办	13 号	关于禁止焚烧秸秆、残膜、根茬的通知
3	24	政府办	14 号	关于加强全旗乡村种养殖生产生活场所环境卫生整治的通知
3	24	政府办	15 号	关于印发《四子王旗电子商务进农村综合示范项目工作实施方案》的通知
3	27	政府办	16 号	关于成立解决全旗城镇国有土地上房屋建设项目历史遗留问题工作组的通知

续表 13

月	日	发文机关	发文编号	文件名称
3	27	政府办	17 号	关于印发《四子王旗 2020 年农村牧区危房改造实施方案》的通知
3	27	政府办	18 号	关于调整全旗农村牧区危房改造改造领导小组的通知
3	31	政府办	19 号	关于加强苏木乡镇统计基层基础建设工作的通知
4	3	政府办	20 号	关于印发《关于治理生产运输销售焚烧冥纸冥币等活动的工作方案》的通知
4	3	政府办	21 号	关于开展妨碍统一市场和公平竞争的政策措施清理工作的通知
4	7	政府办	22 号	关于调整旗食品药品安全委员组成人员的通知
4	22	政府办	23 号	关于调整旗规划管理委员会的通知
4	23	政府办	24 号	关于印发《四子王旗非法金融放贷专项整治行动方案》的通知
4	23	政府办	25 号	关于印发《四子王旗综合治理农村牧区民间借贷工作实施方案》的通知
3	10	政府办	26 号	关于调整办公室主任、副主任工作分工的通知
3	13	政府办	27 号	关于调整全旗鼠疫防控工作领导小组的通知
4	26	政府办	28 号	关于成立四子王旗国土空间总体规划编制领导小组的通知
4	26	政府办	29 号	关于印发四子王旗国土空间总体规划编制工作方案的通知
4	28	政府办	30 号	关于划定森林草原防火区的通知
4	28	政府办	31 号	关于印发《关于马铃薯种薯检疫性病害的通告》的紧急通知
5	15	政府办	32 号	关于认真开展 2011 年度以来农村牧区危房改造情况清查整改工作的紧急通知
5	15	政府办	33 号	关于成立农村牧区危房改造情况清查整改工作领导小组通知
5	28	政府办	34 号	关于调整土地出让集体决策小组的通知
5	28	政府办	35 号	关于印发《四子王旗 2020 年有机旱作农业示范区建设实施方案》的通知
5	28	政府办	36 号	关于印发《四子王旗 2020 年农业保险保费补贴实施方案》的通知
5	28	政府办	37 号	关于经济林后期管理有关事宜的通知
6	2	政府办	38 号	关于建立推动经济高质量发展统计工作联席会议制度的通知
6	2	政府办	39 号	关于做好全旗夏季农牧业普查工作的通知
6	2	政府办	40 号	关于报送人口信息的紧急通知
6	2	政府办	41 号	关于印发《四子王旗社会信用体系建设提升年活动实施方案》的通知
6	7	政府办	42 号	关于聘请第三方机构开展待聘企业（合作社）风险评估的紧急通知
6	8	政府办	43 号	关于印发《四子王旗“强产业、补短板”项目实施方案》的通知
6	8	政府办	44 号	关于印发《关于开展全旗文物安全状况大排查行动工作方案》的通知
6	9	政府办	45 号	关于确定王海军、李海军、程泽、渠晓滨、陈宝成 5 位同志为考察对象建议人选的报告
6	10	政府办	46 号	关于开展 2020 年防范非法集资集中宣传活动的通知
6	19	政府办	47 号	关于举办乡镇高炮作业人员培训班的通知

续表 13

月	日	发文机关	发文编号	文件名称
6	22	政府办	48 号	关于加快推进乌兰察布风电基地一期 600 万千瓦示范项目征收土地工作的通知
6	22	政府办	49 号	关于调整旗大中专招生委员会组成人员的通知
6	22	政府办	50 号	关于印发《四子王旗教育招生考试安全类突发公共事件应急预案》的通知
6	30	政府办	51 号	关于开展高标准农田水利设施问题调查摸底和整改工作的通知
6	30	政府办	52 号	关于调整旗直机关防汛应急包联住户的通知
6	30	政府办	53 号	关于印发《四子王旗防汛抗旱指挥部工作规则（试行）》的通知
7	2	政府办	54 号	关于印发《赋予苏木乡镇和街道行政权力事项清单》（第一批）的通知
7	2	政府办	55 号	关于成立四子王旗城镇职工基本医疗保险基金清查工作领导小组的通知
7	8	政府办	56 号	敖主任要
7	14	政府办	57 号	关于调整办公室主任、副主任工作分工的通知
7	16	政府办	58 号	关于第七次全国人口普查工作人员抽调的通知
7	17	政府办	59 号	关于报送创建自治区卫生城镇汇编材料的通知
7	17	政府办	60 号	关于印发《四子王旗教育系统安全风险防控机制实施方案》的通知
7	17	政府办	61 号	关于成立四子王旗公开招聘卫生专业技术人员工作领导小组的通知
7	20	政府办	62 号	关于印发《四子王旗“十三五”易地扶贫搬迁全面评估核查工作方案》的通知
7	20	政府办	63 号	关于推进经济高质量发展加强部门联动的通知
7	22	政府办	64 号	关于成立四子王旗“12345”政府服务热线工作领导小组的通知
8	8	政府办	65 号	关于成立四子王旗城乡建设用地增减挂钩项目工作领导小组的通知
8	11	政府办	66 号	关于印发《四子王旗政府部门权力和责任清单梳理方案》的通知
8	12	政府办	67 号	关于进一步推进机关事业单位养老保险改革的通知
8	13	政府办	68 号	关于成立四子王旗退役军人暨随军家属就业安置专项工作组的通知
8	18	政府办	69 号	关于转发《内蒙古自治区自然资源厅农牧业厅关于规范和加强设施农业用地管理的通知》的通知
8	18	政府办	70 号	关于成立“华夏保险·AOPA 乌兰察布草原飞行大会暨亚太地区商学院草原挑战赛”应急救援领导小组的通知
8	18	政府办	71 号	关于印发《四子王旗残疾人联合会改革实施方案》的通知
8	18	政府办	72 号	关于印发《四子王旗第七次全国人口普查“两员选聘”》
8	29	政府办	73 号	关于印发《四子王旗加强农村牧区饮用水水源保护工作方案》的通知
8	28	政府办	74 号	关于进一步加强项目实施过程中相关配套设施同步推进的通知
9	14	政府办	75 号	关于调整四子王旗政务公开领导小组的通知
9	14	政府办	76 号	关于进一步做好清理变相审批和行政许可监督检查等相关工作的通知
9	15	政府办	77 号	关于印发《四子王旗 2020 年“质量月”活动方案》的通知

续表 13

月	日	发文机关	发文编号	文件名称
9	16	政府办	78 号	关于印发《四子王旗节水型社会达标建设工作实施方案》的通知
9	25	政府办	79 号	关于印发《乌兰察布市风电基地一期 600 万千瓦示范项目建设征地工作经费使用和奖励办法（暂行）》的通知
9	25	政府办	80 号	关于召开全旗工业企业培训会的通知
9	26	政府办	81 号	关于 2020 年自治区第三季度政务新媒体（微信公众号）检查情况的通报
9	27	政府办	82 号	关于做好 2020 年烈士纪念日活动的通知
9	27	政府办	83 号	关于做好 2020 年冬季供热管理工作的通知
9	14	政府办	84 号	关于印发《四子王旗金融机构考评办法》的通知
10	10	政府办	85 号	关于推行政务服务代办帮办工作的通知
10	15	政府办	86 号	关于印发《四子王旗》的通知
10	16	政府办	87 号	关于印发《四子王旗 2020 年重点生态功能区县域生态环境质量监测评价与考核工作实施方案》的通知
10	26	政府办	88 号	关于印发《四子王旗第十一批次公共租赁住房分配实施方案》的通知
10	27	政府办	89 号	关于对杜蒙肉羊新品种培育领导小组人员调整的通知
10	27	政府办	90 号	关于印发《四子王旗残疾儿童康复救助制度实施方案》的通知
10	27	政府办	91 号	关于进一步做好 2020 年秋季重大动物疫病防控工作的通知
10	27	政府办	92 号	关于成立秋季重大动物疫病防控工作领导小组的通知
11	6	政府办	94 号	关于印发《四子王旗工程建设项目审批制度改革工作实施方案（试行）》的通知
11	10	政府办	95 号	关于建立规范烟草市场经营秩序和全面优化烟草营商环境联合工作机制的通知
11	16	政府办	96 号	关于成立四子王旗第一次全国自然灾害综合风险普查工作领导小组的通知
12	2	政府办	99 号	关于国道 335 线四子王旗段一级公路征拆有关工作的通知
12	17	政府办	101 号	关于成立四子王旗现代农牧业产业园区管理委员会的通知
12	17	政府办	102 号	关于印发《做好农村牧区房屋安全隐患排查整治工作实施方案》的通知
12	17	政府办	103 号	关于支持新型农业经营主体开展农业社会化服务的实施意见
12	17	政府办	104 号	关于印发《四子王旗现代农牧业产业园区扶持政策（试行）》的通知
12	17	政府办	105 号	关于成立四子王旗现代农牧业产业园区建设领导小组的通知
12	18	政府办	106 号	关于印发《四子王旗开展违法建设违规审批专项清查及加强建筑施工安全管理工作实施方案》的通知
12	22	政府办	107 号	关于成立四子王旗通用机场项目建设专项推进工作组的通知
12	31	政府办	108 号	关于成立四子王旗环境治理、退耕还草工作领导小组的通知

2020 发文登记（四政办报）

表 14

月	日	发文机关	发文编号	文件名称
1	2	政府办	1 号	关于申请拨付职能部门信息公开建设服务费的请示
1	16	政府办	2 号	关于申请巴图同志挂职补助的请示
3	23	政府办	3 号	关于近期政府网站及政务新媒体抽查的整改报告
3	24	政府办	4 号	关于斯日吉好日勒辞职的请示
4	15	政府办	5 号	关于拨付购置打印一体机经费的请示
4	18	政府办	6 号	四子王旗人民政府办公室关于矿产资源领域突出问题专项整治工作情况的报告
4	30	政府办	7 号	关于对涉煤领域政策执行类文件初步清理意见复审的请示
6	23	政府办	8 号	关于申请调动胡国栋同志工作的请示
10	13	政府办	9 号	关于《内蒙古自治区政务服务局 2020 年第三季度全区政府网站与政务新媒体抽查情况》的整改报告
11	3	政府办	10 号	关于拨付基层政务公开建设服务费和网站维护费的请示
11	6	政府办	11 号	关于增拨搭建 OA 办公平台经费的请示
12	14	政府办	12 号	关于申请将乌兰察布市年鉴编制工作经费列入 2021 年度财政预算的请示
12	14	政府办	13 号	关于申请将春节慰问经费列入 2021 年度财政预算的请示
12	14	政府办	14 号	关于申请将公务费列入 2021 年度财政预算的请示
12	14	政府办	15 号	关于申请将旗政府办工会委员会经费列入 2021 年度财政预算的请示
12	14	政府办	16 号	关于申请将旗政府门户网站维护费、网络安全测评、维护经费列入 2021 年度财政预算的请示
12	14	政府办	17 号	关于申请将政务公开工作经费列入 2021 年度财政预算的请示
12	14	政府办	18 号	关于申请将旗政府办驻村工作队驻村工作经费列入 2021 年度财政预算的请示
12	14	政府办	19 号	关于申请将旗政府办应急工作经费列入 2021 年度财政预算的请示
12	14	政府办	20 号	关于拨付宣传报道经费的请示
12	31	政府办	21 号	关于增拨经费的请示

四子王旗人大常委会
农牧业工作及农村牧区重点工作调研报告

按照旗人大常委会2020年工作要点安排，5月19日至5月29日，人大常委会主任、副主任分别带队，各委办负责人以及部分常委会委员组成四个调研组，采取实地察看、听取汇报、走访座谈等方式，对全旗农村牧区重点工作开展情况进行了专题调研。现将调研情况汇报如下：

一、基本情况

2020年以来，旗政府围绕旗委十三届委员会第十次全体会议、旗委经济工作会议及十五届人大四次会议上政府工作报告中确定的目标任务，不断夯实基础、统筹规划，农牧业工作取得了一定成效。

（一）农牧业生产情况

调研组重点对各苏木乡镇春耕备耕、疫病春防等工作开展了调研。在调研中了解到，今年我旗总播种面积为170万亩，主要种植农作物以马铃薯、玉米、小麦、油菜籽为主。受旱情影响，部分地区旱田还未能耕种。牧区巴音敖包苏木、江岸苏木、白音朝克图镇草场返青较差，旱情较为严重。各地春季牲畜疾病预防、接种疫苗工作已接近尾声，全旗未发生任何牲畜疫情。鼠疫防控工作在旗政府统一部署下，各地采取多种方式开展灭鼠灭骚工作有效控制了蔓延及传播，鼠疫防控工作取得了一定成效。

（二）脱贫攻坚后续产业延伸和发展情况

我旗在脱贫攻坚后续产业延伸和发展中充分发挥了我旗农牧业龙头企业的带动作用。供济堂镇、查干补力格苏木等6个苏木乡镇，以赛诺公司科技服务为依托，发展杜蒙杂交肉羊产业，实现了稳定增收；东八号乡发展“订单”农业，农户收益可观；忽鸡图乡、库伦图镇贫困户通过中峰公司托管代养牛，实现了收益，我旗脱贫攻坚后续产业发展目标明确，推进有力，成效明显。特别是农区发展“种养结合”的模式值得推广。

（三）嘎查村集体经济发展壮大情况

调研中发现，全旗大部分嘎查、村将集体经济发展资金投入到我旗区域内的农牧、光伏、旅游等龙头企业或当地成立的合作社等实体经济组织实现了收益；少部分嘎查村通过出租农机具、出租土地和强村带弱村等模式实现收益，壮大了嘎查村集体经济。

二、存在的问题

（一）水位下降严重，人畜饮水短缺。因今年的旱情，再加上近年过度打井，超量开采地下水，造成地下水位下降严重，多地出现缺水情况，特别是巴音敖包、江岸、脑木更、供济堂等地人畜饮水问题尤为突出。

（二）对农牧业工作重视程度不够，缺乏合理安排。在调研中发现，旗政府缺乏农牧业工作安排，导致苏木乡镇对农牧业发展没有明确的思路和长期发展规划，研究得不够深入细致，给予的重视度不够。全旗农牧业发展相对缓慢。

（三）嘎查村集体经济增收渠道单一，缺乏风险防范机制。调研中发现，嘎查集体经济发展没有得到足够的重视，缺少扶持的总体思路和具体措施，缺乏长远发展的整体规划。全旗大部嘎查村未建立健全集体经济风险防控机制及相关制度。少部分嘎查村制定了风险防控相关制度，但是落实还不够到位，嘎查村集体经济入股企业行为存在严重风险。

（四）农牧业产业化水平低，利益连接机制不够紧密。主要表现为农业、畜牧业产品工业化、工厂化、规模化水平低。特别是能形成一定规模和带动效应的加工龙头企业数量少，农畜产品生产、精加工、深加工的产业链条还没有很好地形成，企业与农牧户利益连接不紧密，未能有效形成“企业＋基地＋农牧户”的利益均沾、风险共担的利益共同体，造成市场竞争乏力，产销衔接不畅，直接影响着我旗农畜产品综合效益，制约着我旗农牧业快速长远发展。

三、意见和建议

一是建议旗政府要认真贯彻落实《乌兰察布市水资源保护条例》和《乌兰察布市地下水资源管理办法》的有关规定，不断加强水资源管理和监督力度，对违法违规行为给予严厉打击，保护水资源。发展设施农业、招商引资项目落地时，要科学规划，合理布局，严格审批，有计划开展，使有限的水资源得以高效利用。

二是旗政府要进一步提高对农牧业工作的重视度，把农牧业工作放在重要位置，结合我旗实际，合理布局，制定出台一定时期的农牧业工作方案，明确农牧业生产和农村牧区经济工作的基本任务、发展目标和关键措施，使农牧业工作方向明确、思路清晰，快速健康发展农牧业，切实提高农牧民收入。

三是严把项目关，确保嘎查村集体经济持续壮大。旗政府、各苏木乡镇要高度重视嘎查集体经济的发展，政策上给予扶持，提早制定出台全旗嘎查村集体经济发展规划，助推嘎查村集体经济健康发展。同时要把好嘎查村集体经济发展资金投入项目选择关，指导嘎查村集体经济组织立足本地优势，科学选择一批见效快、经济效益好、生态效益优、建设成本低、市场前景好的项目，强化源头风险防控。同时，做好项目跟踪支持，通过支持拓展市场营销、特色农业保险等途径，强化项目运行风险防控，保证嘎查村集体经济健康发展。

四是增强扶持力度，完善龙头企业与农牧民利益联结机制。农牧业产业化龙头企业是我旗农牧业发展的主要力量，旗政府要强化政策引导，继续扶持龙头企业转变发展方式，在扩销促产、降本增效、促进要素资源配置等方面继续给予更多倾斜和支持。尤其是对我旗肉联加工企业面临的困难和问题，要予以重视，并结合在十五届人大四次会议上政府工作报告中畜牧业方面确定的任务，完善屠宰、加工产业链，强化农畜产品产业化水平。同时，不断完善龙头企业、合作社、农牧民之间生产、加工、销售、资金、技术等多方位的利益联结机制，通过直接投资、参股经营、签订长期合同等方式，构建紧密联结机制，保障农牧民合理分享产业链和价值链的增值收益。

关于全旗土壤污染防治工作开展情况的调研报告

四子王旗人大常委会环境资源城乡建设工作委员会

（2020 年 10 月 28 日）

按照旗人大常委会工作安排，10 月 15 日，由旗人大常委会副主任贾喜宏同志带队组成调研组，对我旗土壤污染防治工作开展情况进行了专题调研，现将调研情况汇报如下：

一、2020 年全旗土壤污染防治工作情况

（一）《土壤污染防治法》贯彻落实和宣传情况

旗政府及其相关部门全面落实习近平总书记“绿水青山，就是金山银山”的重要指示，积极贯彻落实《土壤污染防治法》和相关法律法规，将大气、水、土壤污染防治工作作为改善全旗生态环境的重要抓手，按照上级部署，扎实开展各项治理工作，并取得初步成效。同时，以多种形式开展宣传工作，开导群众积极参与到土壤污染防治工作中。

（二）各类污染源处理情况

1. 生活垃圾无害化处理场运行情况

目前，我旗境内已建设运营的生活垃圾无害化处理场有 1 处，于 2013 年 11 月投入使用，总库容 37 万立方米，垃圾处理方式为填埋处理，渗滤液处理方式为回轮蒸发，目前平均日处理生活垃圾 80 吨左右，无害化处理率达到 90% 以上，建有监测井 3 个、导气管 24 个。2020 年投资建设的新垃圾场目前已完成调研、选址、征地、立项等各项前期工作，预计年内开工建设。

2. 化工企业生产工艺、污水排放、排污管网建设情况

旗政府强化对重点化工排污企业的日常监督管理，督促化工企业优化生产工艺，完善排污处理系统，实现废水循环利用，要求企业严格执行排污达标排放控制制度，从源头控制化工企业对土壤造成的污染。

3. 畜禽养殖粪污处理情况

我旗规模养殖场涉及粪污资源化利用的养殖场共有 11 个，其中生猪养殖场 6 个，肉牛养殖场 2 个，奶牛场 1 个，肉羊养殖场 1 个，鸡场 1 个，目前已有 8 个养殖场通过了环评验收，并在直联直报平台通过了审计审核。已通过环评验收养殖企业畜禽粪污资源化利用率达到 76%，达到农业部≥ 75% 的考核指标。

4. 废旧地膜回收情况

截至目前，全旗共回收废旧地膜 316 吨，回收面积 25 万亩。相关部门积极开展农田地膜污染防治宣传、指导、服务工作，废弃农膜回收率达到 84%，完成 80% 回收率目标。

5. 废水、污泥处理情况

2019 年 10 月至 2020 年 9 月，全旗污水进水总量 336.57 万 m^3，污水出水总量 333.54 万 m^3，达标排放量 318.76 万 m^3，达标排放率 95.6%。进水 COD 平均浓度 410.26mg/L，出水 COD 平均浓度 24.47mg/L，COD 削减量 1298 吨；进水氨氮平均浓度 45.89mg/L，出水氨氮平均浓度 1.29mg/L，氨氮削减量 150 吨。污泥处置量 3478 吨。出水中水回用于园林绿化，回用率 59%。

二、存在问题

（一）土壤污染防治重视程度需进一步提高。长期以来，我国缺乏关于土壤污染防治的专门法律，防治措施分散规定在环境保护、土地管理、农产品质量安全等法律之中，直到2019年1月1日颁布实施《土壤污染防治法》，才填补了我国土壤污染防治领域的立法空白。与早已开展的大气、水污染防治相比，土壤污染防治属于起步阶段。我旗开展土壤污染防治工作中，相关部门未系统的制定管理、防治、监测等工作制度，对土壤污染防治重视程度需进一步提高。

（二）生活垃圾和危险废物处置能力不足。由于我旗生活垃圾焚烧发电厂尚未建设完工，目前产生的生活垃圾仍是以简单的焚烧填埋处理，将对土壤环境造成一定污染。

（三）土壤污染防治存在监测能力不足、监管不到位的问题。对土壤进行监测、对违法违规行为进行监管是土壤污染防治的重要手段，由于相关部门的土壤监测任务量大、专业人员少，加大了土壤污染防治工作开展的难度。同时，监管部门联合执法整治力度有待加强，污染防治长效机制有待完善。

（四）农业面源污染管控工作还需加强。调研中发现，化肥、农药用量大，利用率低，存在过量使用的情况。农膜回收、利用难度大，回收效益低，运输成本高，捡拾、回收、运输、处理还没有形成完整的链条，田间地头树梢“黑白”污染严重。

三、几点建议

（一）进一步提高思想认识，增强土壤污染防治意识。一是继续加大对《土壤污染防治法》的宣传力度、进一步增强公众的环保意识，重点要强化对排污企业和经营业主的宣传教育，不断提高企业对土壤污染危害严重性的认识，增强落实防治措施的积极性。二是进一步提高思想认识，将土壤污染防治工作与水、气污染防治工作放在同等重要位置，坚持治水、治气、治土一体推进，持续发力。三是充分认识土壤污染防治工作的重要性、艰巨性和复杂性，切实增强紧迫感责任感，认真落实各项治理措施，扎实推进土壤污染防治工作，要坚持绿色发展、标本兼治，促进我旗土壤环境质量持续改善。

（二）加快推进生态环保项目实施建设。一是积极推进我旗各项生态环保基础项目设施的实施建设，并解决好建而不用的问题。二是加快生态项目建设环评和用地征收等前期工作，确保生活垃圾焚烧发电厂项目早日完工。

（三）加强土壤环境监测、监管综合能力建设。一是加大专业人才引进的力度，完善土壤监测人员和执法人员配置，不断提高监测人员和执法人员的综合素质和专业技术水平。二是加强土壤环境监测设施建设，相关部门应具备一定的重金属检测能力和土壤样品现场监测能力。同时，要注重土壤监测和农产品质量检验协同监测，明确监管重点。三是建立土壤环境事故应急监测制度，确定应急监测污染物，了解污染程度，锁定污染范围，为事故处理提供依据，并按照有关要求对后续情况进行跟踪监测。四是加快补齐医疗废物、危险废物收集处理设施方面短板。五是加大执法力度，将土壤污染防治作为环境执法的重要内容，严厉打击各种环境违法行为。

（四）严控农业面源污染。一是深入推广测土配方施肥技术，合理使用化肥农药，提高肥料的利用率；鼓励和引导种植户增施有机肥，扶持开发生产生物肥。二是积极开展农药使用减量控害行动，推广农药减量使用技术，提高农药利用率，减少农药对环境的污染。三是强化源头治理，建立农膜生产销售管理数据库，严厉打击违法生产和销售（包括网络销售）不合格农膜的行为；加大对现有废弃农膜回收利用企业的支持力度，出台相关扶持政策，确保其“吃得饱”、留得住、有效益；倡导“谁使用谁清理，谁污染谁治理”的原则，鼓励种植企业、农民适时回收农膜。

四子王旗人大常委会
关于对我旗贯彻实施《中华人民共和国草原法》和《内蒙古自治区草原管理条例》的执法检查报告

按照2020年度工作要点安排，旗人大常委会于2020年5月27日组成执法检查组对我旗贯彻落实《中华人民共和国草原法》和《内蒙古自治区草原管理条例》（以下简称“一法一条例”）情况开展执法检查，现检查情况汇报如下：

一、检查基本情况

此次执法检查是为了推动“一法一条例”在我旗的深入贯彻实施，依法有效保护草原，检查苏木乡镇政府和有关部门及领导干部是否依法行政、依法办事，着重检查了解依法管理、保护、建设草原中存在的突出问题。此次检查深入查干补力格苏木山滩嘎查和巴音嘎查，察看草原防鼠应急库建设维护和草原植被恢复情况及草原建设利用情况，在江岸苏木江岸嘎查鼠疫疫点检查草原鼠虫害防治情况，并在巴音敖包苏木达赖嘎查实地察看草原生态保护情况，听取有关部门对实际情况的介绍，与苏木乡镇干部群众进行了广泛交流。

二、贯彻落实“一法一条例”情况

（一）草原鼠虫害防治工作开展情况

从2018年开始我旗鼠害密度增加，发生面积逐年扩大，各苏木乡镇均有不同程度的鼠害发生。主要危害鼠种为长爪沙鼠，鼠害发生严重地段均为点状，主要位于江岸苏木、巴音敖包苏木、脑木更苏木、白音朝克图苏木和查干补力格苏木。今年我旗春季草原鼠害危害面积122万亩，目前完成防治面积176.8万亩。草原虫害发生面积90万亩，其中沙葱萤叶甲危害面积10万亩，没有严重危害，蝗虫发生面积80万亩，6月初开始防治工作。

（二）退化草原治理及草原植被恢复管理情况

全旗属于半干旱地区，可利用草地面积2981.5万亩，83.37%的草场均不同程度沙化、退化、盐碱化，个别地区已失去人畜生存的条件。多年来，由于人口增长较快、人为破坏和不合理利用加剧、资源过度开发、投入严重不足等原因，草原“三化”趋势仍未改变，草原畜牧业可持续发展依然面对很大的挑战。自启动生态修复工程以来，一是我旗采取对优质牧草种类的围封、采集、驯化、扩繁等措施，加强了对野生草种的保护，积极打造优质草种繁育基地，保障生态修复用种安全。二是积极投入京津风沙源治理项目，建设暖棚5万平方米、储草棚3万平方米、青贮窖0.6万平方米、饲草料地5000亩。三是实施2019年、2020年草原生态修复（试验）项目，修复治理退化草原2万亩，建设优质打草场0.1万亩，治理已垦草原0.46万亩，建设单一野生草种采集基地5.3万亩，改建新建提升禾本科、豆科草种繁育基地0.29万亩。截至目前，项目实施单位全部落实，已完成查干补力格苏木1万亩草场，采取免耕补播、移栽驼绒藜围栏封育的方式进行草原修复。

（三）禁牧与草畜平衡政策落实情况

草原所有权、使用权和草牧场有偿承包责任制工作开展以来，改变了长期以来草原无主、牧民无权、放牧无界、使用无偿、破坏无责的状况，实现了草原有价、使用有偿、建设有责、管护有法。

我旗把草牧场的用、管、建同牧户的责、权、利结合起来，调动农牧民群众保护、建设、合理利用草原和发展畜牧业的积极性，深化牧区的经济改革，改善牧区民生。

为进一步加强禁牧与草畜平衡监管体系建设，禁牧办对全旗禁牧和草畜平衡工作进行监督检查，发现问题及时与当地苏木政府进行沟通，立行立改，确保政策顺利实施。严格按照《四子王旗草原生态保护补助奖励政策实施方案》，对禁牧、草畜平衡制度落实不到位的牧户下发责令改正通知书，扣发部分补奖资金，以示警示教育。

（四）草原“两权一制”情况

草原“两权一制”是指草牧场的所有权、使用权和承包责任制。为确保草原经营权稳定和减少草原承包纠纷事件，我旗始终贯彻执行“一法一条例”，明确牧民群众在使用管理草原方面的责、权、利。全旗牧区 37 个纯牧业嘎查、农区 13 个行政村草原所有权涉及面积 2917.45 万亩，1 个国营牧场（乌兰牧场）和 1 个陆空军军事训练基地（朱日和军事训练基地）草原使用权涉及面积 97.94 万亩。目前，牧区完成牧户承包经营确权登记 6134 户，已确权草场面积 2783.80 万亩，占应确权面积的 97.6%。未确权牧户 95 户，草场面积 35.46 万亩，占应确权面积的 2.4%。

针对已经形成的草原纠纷问题，一是在法律方面寻求解决方案。有明确规定的，严格按照规定执行。没有明确规定的，根据政策，召开嘎查村大会，通过集体协商解决。二是调整草原承包经营纠纷仲裁委员会。此举可以及时妥善化解草牧场承包经营纠纷，维护矛盾双方合法权益，促进草原承包经营纠纷调解法律化、制度化和规范化。

在落实承包经营权转让方面，严格按照有偿、自愿、依法的原则，完善备案登记手续，建档立卡，使草牧场承包经营权转让和流转工作实现规范化管理。从 2003 年开始，累计登记备案草牧场流转合同 728 份，流转面积 255.3 万亩。

（五）依法开展草原保护和建设利用情况

我旗为科学处理发展与保护的关系，落实好各类草原基本保护制度，根据自治区草原保护建设规划和市草原保护、建设和利用规划，聘请自治区草勘院编制我旗草原保护、建设和利用规划。

在草原征占用审核审批工作方面，我旗根据“一法一条例”积极协调相关部门规范审批工作、规范查验程序，对所有申请进行认真审核。对“未批先建”项目依法严格查处，然后按照政策办理审核审批手续。2011 年至今，我旗累计办理征用使用草原审核审批项目 66 个，涉及面积 14616.02 亩，办理临时占用草原审批项目 26 个，涉及面积 359.61 亩，草原保护和畜牧业生产服务工程项目 24 个、涉及面积 1206.384 亩。

（六）非法开垦破坏草原及其整治情况

近年来，我旗为惩治非法开垦草原的行为，根据“一法一条例”严肃查处了各类破坏草原行为。据悉，近年来累计查处违法开垦草原案件 67 起 9054.06 亩，其中移送公安机关立案查处 24 起 4953.33 亩。其中涉及开垦草原案件 26 起 4293.65 亩，移送公安机关立案查处 21 起 4162.65 亩。其他违法破坏草原行为 41 起 4891.41 亩，其中移送公安机关立案查处 3 起 790.68 亩，有效震慑了乱开垦行为。同时，对全旗牧区各项目区进行每年不少于 1 次的全面监督检查，对草原生态保护奖补机制项目区牲畜饲养情况进行定期检查，督促相关苏木乡镇加大对禁牧区散养放牧与草畜平衡区超载养畜的检查力度。

（七）执行“一法一条例”的成效

一是严格遵守“一法一条例”。严守草原生态保护红线，组织实施各类草原生态保护建设工程的补助奖励机制，持续打击偷牧、非法开垦、超载放牧等破坏草原生态的违法行为。

二是加强草原基础建设。随着牧区改革的逐步深入，开展了以饲草料加工和青贮为重点的综合配套建设，推广了适应家庭规模经营的规范化、标准化配套草库伦等项目，极大地改善了畜牧业生产条件，使畜牧业经济从数量增长型向质量效益型转变。

三是确保草原保护利用规划的制定与实施。遵循在保护中开发、在开发中保护的原则，制定规划，适度合理开发利用草原，保护草原生态。

四是强化对违法行为的惩治力度。加大对“一法一条例”的宣传，严肃惩处，形成有力震慑，努力营造知法守法的法制氛围。

（八）执法机构设置、执法队伍建设情况

机构改革前，草原监督管理局、草原工作站隶属于旗农牧业局二级局站。机构改革后，原草原监督管理局草原确权登记管理职责划转自然资源局并转隶 10 人，草原监督管理职责划转林业和草原局并转隶 14 人。原草原工作站职责整体划转林业和草原局并转隶 8 人。转隶后林业和草原局成立草原保护站（股级，编制 14 人，配站长 1 人、副站长 1 人），负责宣传贯彻有关草原的法律法规，监督检查这些法律法规和政策的实施。

三、存在的问题

（一）违法开垦草原依然时有发生。主要表现为未经政府执法部门批准擅自开垦草原或者虽经政府执法部门批准，但草场不具备开垦条件，依然进行大面积开垦的行为。这些非法开垦地没有防护林带和防风治沙措施，对草原生态带来很大的破坏。

（二）草牧场建设投入不足，草原沙化、退化情况还在持续。棚圈、饲草料基地、饲草加工机具、储草棚、青贮窖等畜牧业基础设施投资与禁牧舍饲需求不匹配，导致治理的速度远不及草原退化的速度。有些偏远地带人畜用水仍很困难，能够用于牧区水利建设的份额很少，使草牧场长期处于低效益状态，草牧场载畜能力严重下降，草畜矛盾依然突出，制约草原畜牧业经济持续稳定发展。

（三）粗放的生产经营方式在牧区还占据主导地位，现代化农牧业程度不高，究其原因还是成本较高，牧民负担不起。这样就形成了草原生态保护与发展生产之间的矛盾，减少牲畜头数与牧民增收的矛盾，导致仍存在偷牧现象。

（四）草原相关法律法规体系不健全、不配套。除了“一法一条例”以外，没有切实可行的处罚标准，增加了执法难度。

（五）草原管理机构执法力度不够。草原监管队伍缺乏专业性人才，执法力量薄弱，设备设施需要更新换代。

（六）草原植被恢复问题。没有相关草原植被恢复的行业标准，且植被恢复后没有专门的验收机构，致使草原植被恢复评定标准滞后。

四、建议意见

（一）依法认真引导、推进、规范和保障草原畜牧业工作，进一步提高各级领导以法治牧，以法兴牧意识，广泛深入宣传“一法一条例”，使农牧民群众充分认识草原资源的宝贵性、重要性，把草业作为发展畜牧业的首要条件，努力增加产草量，逐步实现草畜平衡和畜牧业持续稳定发展。进一步提高非法破坏草原行为的查处力度，发现一起查处一起治理一起，绝不容忍违反草原法律法规的破坏草原行为。

（二）持续加快草原建设，为畜牧业稳定发展打下物质基础。加大对草原建设的投入，建议在个人投入的基础上大力增加国家和地方投入，逐步建立国家、地方、集体、个人和外资共同投入的多元化投资机制，把各方面有限的资金集中起来，采取行之有效的措施，首先用在投资少、见效快、效益好的草原建设项目上，提高草场资源的利用率，使天然草原生态达到整体恢复。对于目前杂乱无章的牧户家庭旅游制定出台符合我旗特点、有具体措施的牧家游草原旅游产业整体规划，严格办理草原牧家游草原征占用手续，确保草原旅游产业健康、优质、有序发展。

（三）加速牧业结构的转变升级，引导牧民从传统粗放养畜模式转变到精养细养模式，提倡良种饲养，推行舍饲、半舍饲的生态型高效肉羊养殖方式，保障草原植被得到休养生息。对于零散分布的小片牧区给予草原补奖补贴，鼓励无法养蓄或无意愿养蓄的牧民进城务工或发展二、三产业。对生态移民牧民成立专门的帮扶机制，开拓后续生活支持。对于良种饲养和人工种草的牧民应当发放相应的补贴，同时也应增加生态建设项目区的管护经费。

（四）做好草原法律法规的配套建设。当前，草原法律法规的配套建设还是一个薄弱环节，与草原执法的需要和其他法律法规配套建设相比，存在很大的差距。我旗应该依照国家和自治区的规定，根据地域特点、经济发展情况出台或完善一些具有操作性的政策和规定，以法的形式规范草原的各项管理工作。

（五）加强执法队伍的自身建设，提高行政执法人员素质。吸纳法律专业人才，同时加强干部职工法律专业知识的培训，坚持依法办事，提高办案效率。加大草原执法力度，狠抓典型案件的查处，严格监督检查，尤其是发挥群众性检查监督的作用，坚决杜绝非法开垦草原等破坏草原的行为。

（六）继续深化牧区改革，促进草牧场建设各项目标的落实。建议相关部门出台植被恢复的行业标准，明确验收机构，为后续履行有关执法奠定基础。

四子王旗企业国有资产情况的报告

四子王旗人大常委会

2020 年 9 月 21 日

按照乌兰察布市人大常委会办公室《关于开展企业国有资产管理情况调研的通知》文件要求，现将我旗企业国有资产情况报告如下：

一、全旗企业国有资产基本情况

我旗共有国有及国有控股企业 5 家，分别为四子王旗联创旅游投资有限公司、四子王旗国有资产经营公司、四子王旗国源投资有限公司、四子王旗城乡建设投资开发有限责任公司、四子王旗旗智赢扶投资产管理有限公司。截至目前，总资产 84.42 亿元，总负债 35.89 亿元，所有者权益 867.48 亿元，实收资本 1.42 亿元，其中国家资本 1.42 亿元，营业收入 16.87 万元，净利润 93.96 万元，上缴税金总额 10.24 万元。国有资本应享有权益总额为 16.86 亿元。归属于母公司所有者权益 3,734.51 万元，所有国有企业负责人薪酬全部参照行政事业单位人员工资标准执行。公司具体情况为：

（一）四子王旗联创旅游投资有限公司。该公司正式成立于 2017 年，属国有独资有限责任公司，公司注册资本 5000 万元，主要从事全旗旅游项目股权投资，旅游资源开发和旅游景区、景点等旅游产品的经营，文化旅游节庆活动的策划和组织等。公司辖 1 家子公司，即四子王旗联创旅游景区管理公司，采用“景区托管模式”，专门负责格根塔拉景区的经营和管理工作。公司成立以来，圆满完成了草原音乐节、美食文化节、自治区草原那达慕、格根塔拉草原飞行大会等多个活动赛事的承办和接待工作，为开创全旗文化旅游发展新格局和推动经济社会各项事业发展起到了积极作用。

（二）四子王旗国源投资有限公司。该公司成立于 2015 年，属国有独资有限责任公司，公司注册资本 1 亿元，公司主要负责全旗重点建设项目的投融资及国有资本运营工作，拥有 3 家全资子公司，公司对外信用等级经合作金融机构评定为 AA。近年来，该公司在全旗重点项目投融资、政府化债、易地扶贫、新能源建设、棚改等基础设施建设及国有资本运营方面发挥了积极的作用。

（三）四子王旗城乡建设投资开发有限责任公司。该公司成立于 2007 年，属国有独资有限责任公司，注册资本为 4147 万元，现有 3 家子公司。该公司是主要从事市政道路、给排水、污水处理、垃圾处理、绿化、供热等公用设施的项目投资、建设、经营及房地产开发投资；主要职能为代建和承建旗政府交办的各类建设项目，对政府投资项目进行指导、协调和综合管理，管理政府资产及 PPP 合作项目，以科学、规范、合理的运营机制经营国有资产，确保国有资产保值、增值。

（四）四子王旗国有资产经营公司。该公司于 1996 年成立，注册资本 58 万元，主要有投资、控股、收储、拍卖等职能作用。该公司严格按照现代企业管理制度要求，遵循市场化运作、公司化经营的模式，现已发展成为一个集融资、建设为一体，具有一定资产实力、抗风险能力和竞争能力较强的国有独资公司。

（五）四子王旗旗智赢扶投资产管理有限公司。该公司于 2020 年成立，主要负责对扶贫资金形成的资产进行管理运营，目前，该公司正在组建中。

二、存在的问题

（一）企业国有资产监管效能有待提升。机构改革以来，我旗国有资产管理机构为旗财政局下设的股级科室，为四子王旗财政局国有资产管理办公室。目前，对全旗行政事业性国有资产管理较为规范，但对企业国有资产管理力量薄弱。

（二）企业国有资产管理体制有待完善。目前，我旗对企业国有资产的监管职责相对粗放，国有资本授权经营体制还未建立。

（三）国有企业转型不够彻底全面。我旗目前除国源公司外，其他国有企业转型还不彻底。同时，企业在转型后董事会职能发挥、选人用人、薪酬管理机制等方面亟待加强。

（四）国有企业市场运作力度较弱。我旗国有企业虽然正在大力开展转型工作，因公司的法人全部为行政事业单位委派人员，对市场经济经营管理方面力量较弱。因此，我旗国有企业在法人治理结构、资本运作能力方面还存在较大差距。

三、工作建议

（一）建议成立地方独立运作的国有资产行政监管机构，通过成立地方国有资产管理机构，对国有企业进行全面的、系统的、有效的监督管理。

（二）建议加快改革国有企业国有资本授权经营体制机制，加强国有企业党组织建设，坚持政企分开、政资分开的原则，加快转变国资职能和履职方式，建立国有资本授权经营机制，同时，实行清单管理，发挥国企董事会作用，建立权责明晰的授权边界，不断创新监管方式，提升监管效能。

（三）建议加快推动地方国有企业转型发展，加快完善地方国有企业战略规划和选人用人、股权激励、薪酬管理等制度，加强公司法人治理结构，提升国有企业资本运作能力，加快建立地方国有企业职业经理人制度，充分发挥职业经理人市场运作能力，进一步放大国有资本效能。

关于全旗古长城保护及非物质文化遗产保护和传承情况的调研报告

（政协四子王旗委员会办公室）

按照《四子王旗2020年度政协协商工作计划》安排，为进一步加强全旗古长城保护及非物质文化遗产保护和传承工作，学习和借鉴外盟市在非物质文化遗产传承和保护方面的经验和做法，今年8月16日至22日，由旗政协组织文史委、部分政协委员赴锡盟西乌珠穆沁旗，赤峰市红山区、阿鲁科尔沁旗等5个地区进行了专题调研，10月23日组织文化艺术界、少数民族界政协委员对乌兰花镇内5家非物质文化遗产传承点进行了调研，现将调研情况报告如下：

一、全旗古长城及非物质文化遗产保护情况

（一）古长城基本情况

涉及到我旗境内有不同时代的两条长城，分别是国家重点文物保护单位金代长城遗址（金界壕），自治区级重点文物保护单位北魏长城。

北魏长城遗址，北魏泰常八年(423)，沿阴山北境地区修筑，东西走向，其要害地带设置6个军事重镇（包括沃野、怀朔、武川、抚冥、柔玄、怀荒）。在四子王旗境内，北魏长城分为南、北两段线路。经四子王旗境内的白音朝克图镇、查干补力格苏木和吉生太镇进入达尔罕茂明安联合旗、西南迄武川县水泉村西南0.8公里处结束。

金长城遗址也称金边墙或金界壕，始建于金朝明昌三年（1192）四月，是一套系统的防御工程。东起呼伦贝尔盟莫力达瓦旗，经内蒙古中部，东西横贯四子王旗境内（东向西分别跨越白音朝克图镇、查干补力格苏木、红格尔苏木3个苏木、镇），至大青山后庙沟止。金界壕主线在四子王旗境内按墙体保存现状统计：墙体187公里，消失3.3公里；分别占主线墙体总长度的98%、2%。还发现有边堡49座；马面389个；铺房134座。金代长城由北向南也可分为三条线路，它们分别为漠南线、早期主线和主线。东西相距1000公里左右。

（二）古长城保护管理情况

我旗高度重视长城资源的保护和利用，严格执行《中华人民共和国文物保护法》和《长城保护条例》以及相关法律法规。一直坚持“保护为主、抢救第一、合理利用、加强管理”工作方针，采取切实有效的措施，加大了保护管理力度。近年来我们逐步完善长城“四有”建设工作。在旗境内两条长城与主要交通路口设立了长城标志牌共10处20个，金界壕沿线埋设保护界桩1640个。2017年，内蒙古自治区人民政府发文《内蒙古自治区人民政府关于自治区境内长城保护范围和建设控制地带的通知》（内政发〔2017〕139号），明确了我旗境内长城的保护范围和建设控制地带。通过不同途径，加大了长城的宣传保护力度，使得长城保护工作取得了一定成效。

（三）非物质文化遗产传承保护基本情况

非物质文化遗产是人类宝贵的文化财富，我旗非物质文化遗产种类繁多，内容丰富，特色鲜明。涉及的主要内容有表演艺术、手工制作技艺、民俗和礼仪、民间文学、传统医学和技能等。这些无形的文化遗产较之于有形的遗产更容易遭到扭曲和破坏。

近年来，旗委、政府非常重视非物质文化遗产的申报工作，非物质文化遗产传承保护项目有七个大项20个小项，传承人43人（其中自治区级传承人3人，地市级传承人36人，旗级传承人43人）。非物质文化遗产传承保护项目具体有：传统音乐（马头琴）、传统戏剧（二人台）、传统美术（泥塑）、传统技艺（金银铜器制作、布艺、民间铁艺、糖饼制作技艺、四子部落传统服饰、剪纸、骨雕、马鞍、传统实木家具）、传统医药（传统烧伤疗法、传统蒙医、正骨疗法）、民俗（祭敖包、哈萨尔祭祀、花纛祭祀、蓝色哈达礼俗）、民间文学（格斯尔文化）；其中祭敖包（传承人当代）、蒙古族金银铜器制作技艺（传承人斌巴、苏格尔），被选为自治区级非物质文化遗产传承保护项目；四子部落传统服饰、四子王旗民间铁艺、四子王旗民间剪纸、四子王旗传统蒙医、二人台和蓝色哈达礼俗六项被选为全市第四批非物质文化遗产项目。

二、存在的问题

（一）古长城保护存在的问题

一是自然因素造成的破坏。由于风雨侵蚀等自然原因或耕地、修路等人为原因，部分段落需要进行维修保护。二是缺少文物专业人才，给文物保护工作带来一定影响。三是保护机构不健全。长城大多分布在荒郊野外、距离居住区较远，呈现出“点多、线长、面广”的特点，需要有专门的机构去管理，存在标志、标识比较少的问题。四是经费不足。文物保护工作又是一项系统工程，需要投入大量的人力、物力和财力来保障，目前，缺少对古长城保护的专项经费，很难对长城进行全面的保护。

（二）非物质文化遗产传承、保护方面存在的问题

1. 非物质文化遗产传承、发展的全民保护意识有待加强。目前，社会上对“非遗”还存在认识不足的问题，齐抓共管的合力还没有形成。一是群众对“非遗”知识了解甚少，对“非遗”项目认知度不够，没有在社会形成保护非遗项目合力。二是“非遗”工作的宣传氛围还欠浓，特别是在一些大型的演艺、节庆活动和各类比赛中，有很多“非遗”类项目的表演和展示，但观众并不了解。三是在“非遗”申报与保护的关系上，认为“非遗”保护工作是文旅部门一家的事情，一些“非遗”项目传承方面的根本问题得不到解决，停留于一般程序性的保护。

2. 传承保护体系不够健全。一是国家出台《关于加强我国非物质文化遗产保护工作的意见》《中华人民共和国非物质文化遗产法》等政策法规后，我旗一直未能出台实施意见等综合性的相关政策，致使非物质文化遗产保护工作在制度要求、保护标准和目标管理等方面有所缺乏。二是我旗非物质文化保护工作是由民俗协会具体实施，缺乏必要的采录设备和专业人员，参与非物质文化遗产保护工作的队伍数量不多，知识储备不足，有些对非物质文化遗产工作了解不深，大多还停留在文件上，概念不清，缺乏必要的专业知识，保护手段落后，不利于非遗的传承和保护。

3.“非遗”传承形势严峻。一些非物质文化遗产传承后继乏人，一些传统技艺面临灭绝。一是我旗非遗资源大多分散存留或流传于民间，由于岁月的流逝和现代生活方式的冲击，很多非遗项目缺乏展示场所和宣传平台，使其已经灭绝和濒临灭绝。“非遗”传承仍然处在口传心授、耳提面命的状态。现有的“非遗”传承由于学艺周期长、经营收入低、未来成效难预测等诸多因素影响，很难吸引年轻人主动融入，一些“非遗”传承人在人才资源上已经出现断层。二是多数传承保护项目以个体小工厂、小作坊、工作室、店铺形式存在，店面偏、规模小、人员少、收益小，发展空间受限，难以产生较大经济和社会效益，比如温馨家园院内布艺制作，因没有固定场所，只能在家中临时搭建台面进行制作；南梁俊旦糖饼店因场所小、不达标，至今未能办理正式手续；镇内唯一一家泥塑

制作店设在三完小院内，群众知道的很少，更不要说进行销售。这些严重制约了非遗项目的传承和发展。

4. 非遗保护投入不足。由于我旗处于内蒙古自治区老少边贫地区，是乌兰察布市唯一的以蒙古族为主体的少数民族边境旗，地域辽阔，“非遗”点分布不均，路途遥远，需要投入大量的人力、物力和财力。除了自治区级非遗项目和传承人可获得部分拨款外，职能部门没有足够的非物质文化遗产保护经费，难以对濒危、珍贵的民族非物质文化遗产进行抢救保护。

5. 非遗工作与经济、旅游结合不够紧密。许多现有的非遗潜在价值没有被看到，已被某些地方利用得很娴熟的文化产业在我旗还处于探索阶段，非物质文化遗产与经济、旅游等的结合度不高，非遗产品没有形成产业，只是碎片化经营，经济效益很不明显非物质文化遗产的展示、展演等内在魅力和潜在价值没有真正得到利用，影响了非遗的传承。

三、意见和建议

古长城和非物质文化遗产作为一种旅游资源应该得到正确地开发和利用。探索非物质文化遗产开发具有深刻地现实意义，值得精心呵护，培育精神家园。实现非物质文化遗产保护与旅游开发互动，提高我旗旅游业的核心竞争力。

（一）关于古长城保护的建议

一是加大对金界壕和北魏长城保护标志投入力度，增大保护标志密度。二是建立健全基层长城保护员队伍制度，提高队伍稳定性，保证一线保护员待遇。三是加强对现有文物单位工作人员和长城保护员的业务培训，以便提高长城保护整体管理水平。四是挖掘古长城故事传说，对古长城进行宣传，提高广大群众对古长城的认知度和保护意识

（二）加强非物质文化遗产保护传承工作的建议

1. 加强组织领导，构建顺畅高效的工作机制

在非物质文化遗产保护中必须突出政府把关定向的“方向盘”地位。一是确立政府在保护与抢救中的主导地位。政府和文化部门应切实将非物质文化遗产挖掘与保护工作摆上议事日程，纳入经济社会发展的整体规划，纳入文化发展纲要，做到政府统一领导，统一规划，统一推广。二是建立有效的联动机制。加强文旅部门与发改、财政、教育等部门的合作联动，建立联席会议制度，形成长效的保护机制。三是建立健全非物质文化遗产保护激励机制。可考虑设立专项奖励基金，奖励非物质文化遗产保护先进集体和个人，补助非遗传承人，最大限度地调动各级参与非物质文化遗产保护的积极性和艺术创造性。

2. 广泛宣传，调动非遗保护的社会力量

一是拍摄四子王旗非遗宣传片，充分利用新闻出版、广播电视、互联网等各种媒体和微信、抖音、快手新型手段进行展播，通过举办“文化遗产日”“非遗展示展演”“民间文艺会演”等系列活动，加大非遗的宣传力度，提高广大群众对非遗认知度和保护意识，使人民群众既是非遗的创造者、传承者，同时也是宣传者、保护者。二是积极推动非遗进学校，让各级学校承担起非遗的传承义务。把优秀的民族民间文化传承给青少年一代，从小培养他们对非遗的兴趣爱好及对自己民族文化的荣誉感和尊严感。

3. 扩大传承方式，加大非遗保护工作的传承力度

要注重培养和使用专门人才，加强对非遗项目的挖掘、保护、开发的研究。一是组织开展苏木乡镇“非遗”普查和苏木乡镇“非遗”筛查。逐步覆盖全旗“非遗”资源的筛查，积极储备一批“非遗”项目资源，申报一批旗级“非遗”保护名录，出版《四子王旗非物质文化遗产名录》。二是建

立长久完善的非遗档案数据库，为非遗传承奠定基础。由于许多民间艺术属独门绝技，口传心授，往往因人而存，人绝艺亡，因此要全面普查，深挖非遗项目，通过科学论证，运用文字、录音、摄影、录像、数字化多媒体等多种方式、不同载体，整理记录下这些原生态、原汁原味的非遗资料，给每一个非遗项目建好档案，保护非遗的真实性和完整性。特别是濒临失传的非遗项目和优秀传承人，要优先进行调查、收集、建档，作为地方文化史、艺术史、民俗史研究的重要资料，为传承历史文化奠定基础。

4. 采取有效措施，解决项目、资金问题

做好四子王旗“非遗”项目申报策划工作，要与文化产业、旅游业等结合起来，加大国家、自治区相关项目申报力度，要在陈述、论证环节下足功夫，让更多与“非遗”保护有关的项目落地四子王旗，解决无钱做“大事”的问题。一是加大政府投入力度。将非遗保护经费列入年度财政预算，并确保一定的基数。设立专项资金，主要用于濒危重点项目抢救。二是用足用活国家和自治区有关文化产业的扶持政策。依托项目申报及富有特色的文化成果展示，积极向上争取资金。三是积极争取社会团体、企业和个人对“非遗”保护工作的支持。拓宽投资渠道，通过建立扶持和激励机制，积极探索社会参与保护的有效途径。四是应该打造成产业集群，借鉴赤峰翁牛特旗的经验，建立一个非遗产业园区，一方面有利于统一管理，另一方面可以带动旅游资源迅猛发展。

5. 整合文化资源，加快非遗保护与旅游产业融合

我旗非物质文化遗产资源较为丰富，地方特色浓郁。一是文化旅游等部门要充分发掘非物质文化遗产资源，整合非物质文化遗产资源，努力实现从文化资源向文化产品的转化，精心打造文化产品和各种载体，形成具有影响力和品牌号召力的文化产品，提高“金银铜器制作、糖饼制作技艺、四子部落传统服饰”等非物质文化遗产开发利用的产业化程度，发挥非物质文化遗产在全旗经济建设中的作用。二是要鼓励和支持“非遗”传承人大胆创新，使传统手工技艺从自给自足型向市场需求型转变，使其成为群众增收的重要途径。要经常性地组织开展展演、展示、展览活动，并将其打造成为“富民工程”。要引导民间资本投入，力争建成集传承保护、研究实践、宣传教育、展演展示、观众体验为一体的“非遗”产业平台、展示中心。三要抢抓乡村振兴的历史发展机遇，加大对传承载体的建设，在乡村振兴建设中，申报和争取实施一批城镇文化基础设施项目，配套建设民间文化表演展示设施，夯实村镇文化基础设施根基，为非遗保护创造良好环境，进一步铸牢中华民族共同体意识。四是坚持提升非遗项目自身质量，在保持原有特色的基础上，创新内容表现形式，使特色项目更加规范、更具吸引力。

2020年12月15日

关于加强我旗公共卫生服务体系建设，提高应对突发公共卫生事件能力的调研报告

（政协四子王旗委员会办公室）

2020年以来，发生在身边的鼠疫事件以及新型冠状病毒肺炎疫情不仅给人民群众的生命健康带来了巨大危害，还给全旗公共卫生应急工作带来新的挑战。按照《四子王旗2020年度政协协商工作计划》，旗政协于今年9月份组织工青妇界、医药卫生界委员围绕加强我旗公共卫生服务体系，提高应对突发公共卫生事件能力进行了专题调研，现将调研有关情况报告如下：

一、基本情况

近年来，旗委、政府高度重视公共卫生服务体系建设，加强基础设施建设，加大人才引进力度，强化执法监督检查，加强信息化建设，完善应急反应机制，建立起了政府主导、多部门协作、全社会共同参与的长效工作机制，形成了以旗人民医院为龙头，各级医疗机构为基础覆盖全旗的医疗卫生服务体系，有效保障了广大人民群众的身体健康，维护了社会稳定，促进了经济发展。目前全旗共有各级各类医疗卫生机构241个，其中，旗级医疗卫生机构5个，民营医院3个，苏木乡镇卫生院16个，社区卫生服务中心2个，个体诊所42个，村卫生室93个，乌兰花镇卫生室80个。全旗共有卫生技术人员890人，其中执业（助理）医师427人，注册护士289人，病床666张。每千人拥有卫生技术人员6.13人，每千人口拥有执业（助理）医师2.94人，每千人拥有注册护士1.99人，每千人拥有床位数4.59张。

去年以来，我旗先后发生鼠疫及新冠肺炎疫情，各级党组织和党员干部奋勇当先，医务人员逆行冲锋，社会各界守望相助，形成了打赢疫情防控阻击战的强大合力，成功实现了疫情零传播、医务人员零感染，为推动社会发展、维护群众生命健康发挥了重要作用。

二、存在问题

（一）公共卫生硬件不足。旗人民医院是综合性医院，现有发热门诊面积不够，医疗废弃物和污水处理等后勤保障设施不完善，无法满足临床工作需要。旗疾控中心办公楼是与妇幼保健所公用，实际使用面积仅900平方米，面积狭小，实验室面积受限，不能有效划分区域，无法满足疾病防控需要。

（二）公共卫生服务体系存在短板。一是人员编制普遍配备不足，存在人员老化、结构不合理等问题。旗人民医院现有352人，除去医技、后勤等人员，临床医生98人，按照床位比例医护人员严重不足。旗卫生健康综合行政执法大队，现有工作人员12人，按照服务人口要求需要配备26名执法人员，缺少14人。新建旗蒙中医院床位数132张，现有专业技术人员65人，临时聘用37人，按照床位应配备专业技术人员185人，缺少83人。旗疾控中心、妇幼保健院也存在专业技术人员缺少现象，只能通过返聘退休专业技术人员开展服务。二是部分医务人员职称不能及时兑现，严重影响了医务人员工作积极性，甚至造成部分高级职称人才的流失。比如：旗医院现有正高、副高职称12人，仅兑现3人；旗蒙中医院现有正高、副高职称7人，仅兑现3人；旗疾控中心现有副高

职称2人，无人兑现。三是公共卫生应急队伍演练频次少，针对性不强，应急队伍的实战能力与实际要求之间存在一定的差距。

（三）社会公众预防意识较差。传染病防控等公共卫生知识宣传普及不够常态化，重病轻防的观念未从根本上得到转变，一旦发生突发情况，不能自觉配合防疫工作。食用野生动物、隐瞒接触史等情况时有发生，群众个人预防意识亟待提高。

三、意见建议

（一）加强公共卫生基础设施建设。加快旗人民医院感染科扩建项目、四子王旗红格尔、白音朝克图PCR核酸实验室、鼠疫检测试验站、鼠疫库房等项目的建设进度，完成疾控中心实验室改造工作，完善旗医院医疗废弃物和污水处理等后勤保障设施，加快蒙中医院、妇幼保健所及残疾人康复中心建设项目进度，更新必要的仪器设备，全面提升公共卫生服务体系的现代化水平，以适应新时期应对突发公共卫生事件的需要。

（二）加强公共卫生人才队伍建设。一是大力引进医疗卫生专业技术人才，补齐短板，特别是要持续加强全科医护人员、公共卫生专业技术人才的引进，充实各级医疗机构，应对各种突发性公共卫生事件，为人民群众的生命安全和身体健康保驾护航。二是以京蒙帮扶为契机，建立与北京、呼市等地医院的医联体、医共体机制，通过专家坐诊、挂职实习等方式，提升在职人员医疗技术水平。三是健全医务人员的待遇保障、考核评价和激励机制，在政策上适当给予优惠，充分调动广大医务人员的积极性和主动性，增强职业自豪感、荣誉感。

（三）加强公共卫生应急队伍建设。建议由卫健委牵头，多部门协作，建立公共卫生应急队伍，将队伍建设、运转经费纳入财政预算，确保应急工作顺利开展。要加强应急物资储备和日常实战演练，做好防护用品、医疗器械装备和药品等相关应急物资的储备工作，定期组织开展应急演练，加大应急知识培训力度，为应急队伍配备便携式医疗设备、卫生防疫车、后勤保障车等卫生应急救援装备，确保在各类突发公共卫生事件中能快速响应、快速集结、快速投送，并高效开展应急工作。

（四）加大公共卫生知识宣传力度。一是建立公共卫生信息发布平台，明确信息发布主体，定期通过微信平台及手机短信向群众发送健康知识和疾病预防知识，提升群众公共卫生素质。二是给全旗各中小学校医务室配齐医务人员，并由他们定期开展公共卫生知识教育，使每一位学生能够常态化接受公共卫生教育，逐步具备基本的公共卫生知识，养成良好的卫生习惯。三是建立重点人群、重点场所、重要会议等大型活动突发公共卫生事件及相关信息报告制度，加强对人员密集场所相关负责人和直接责任人的应急相关知识培训，增加重点场所突发公共卫生事件法定职责报告人，扩大突发公共卫生事件报告范围，提升突发公共卫生事件发现概率。

2020年12月15日

关于加快推进农村牧区危土房拆迁及环境整治助力我旗乡村振兴的调研报告

（政协四子王旗委员会办公室）

推进农村牧区危土房拆迁，改善农村人居环境，建设美丽宜居乡村，是实施乡村振兴战略的一项重要任务，事关广大农民根本福祉，事关农村社会文明和谐。根据中央实施开展乡村振兴战略要求，按照《四子王旗2020年度政协协商工作计划》安排，旗政协组织政协经济委员会组成人员以及农牧民界、宗教界委员赴赤峰市、通辽市部分旗县区进行了实地调研，并于10月份邀请部分苏木乡镇、农牧和科技局、住房和城乡建设局等主要负责同志对我旗农村牧区危土房拆迁及环境整治开展情况通过采取听汇报、召开座谈会、收集材料等方式进行了专题调研，现将调研情况报告如下：

一、我旗农村牧区危土房拆迁及环境整治开展情况

（一）强化领导，推动工作落实。组织全旗干部职工学习我市农村人居环境整治文件精神要求，安排部署全旗改善人居环境工作，落实了责任，明确了目标。各苏木乡镇是改善农村人居环境的责任主体，党政主要领导是第一责任人，将改善农村人居环境摆上重要日程，亲自安排、亲自落实、亲自推进。

（二）宣传动员，引导群众爱村治村。我旗多次召开农村牧区人居环境突出问题集中整治行动动员部署会后，旗委、政府组织包村单位、驻村工作队和乡村干部以及帮扶责任人积极开展宣传动员。在危房拆除工作上以“钉钉子”精神，一步一个脚印，通过持续不断的上门沟通和电话劝说，引导外出户签订拆除旧房协议；并且通过评选示范户等方式，加强常住户的主观能动性，让群众自觉参与到整治行动中，形成了广大农牧民积极参与建设美丽家园的良好格局。

（三）交流观摩，推广借鉴好经验好做法。积极推进整治行动中有效的经验和措施，组织全旗各个苏木乡镇和部分旗直单位开展农村牧区人居环境突出问题专项整治行动，并召开全旗脱贫攻坚和农村牧区人居环境突出问题集中整治现场观摩会，通过乘车观摩、实地走访和听取汇报等方式对全旗各苏木乡镇的危房改造、旧房拆除、新村后续产业发展和农村牧区人居环境突出问题集中整治工作进行检查，找准工作中存在的困难和问题，总结好的经验做法，进一步开阔了视野、拓展了思路，巩固了全旗农村牧区人居环境整治行动成果，为确保打好打赢脱贫攻坚战奠定了坚实的基础。

（四）强化监管，建立了长效机制。各苏木乡镇都建立村庄公共环境保洁制度，形成了人居环境整治民建、民管、民享的长效机制。明确农牧民维护村庄环境的责任和义务，实行“房前屋后三包”制度，增强了农牧民自觉性主动性，确保村庄常年保持干净、整洁、有序。结合美丽乡村建设，教育引导农牧民主动爱护和维护环境卫生，培养良好卫生意识和文明生活习惯。完善了村庄保洁员和生态护林员管理制度，明确任务目标，加强日常调度和监管力度，对村庄保洁员和生态护林员进行实绩考核，对工作不尽责、群众满意度不高的给予相应处罚。

二、当前在推进农村牧区危土房拆迁及环境整治存在的问题

（一）环境污染多种多样，生活环境差。一是受传统陋习和落后观念影响，很多村民随地堆放柴草习以为常。塑料袋等白色垃圾四处散落，路边、沟渠、屋前屋后、树下、洼地成了垃圾场，形成了“柴草乱堆”，“垃圾围村”现象。二是住宅与禽畜圈舍混杂，虽然多数农户通过房屋改造实现了人畜分离，但受传统养殖习惯影响，在屋前屋后修建禽畜圈舍的情况仍然普遍，动物粪便随意倾倒。三是建筑垃圾随意遗弃。原址新建村民建盖新房产生的砖头、水泥块、瓷砖、砂石等废弃材料在屋前屋后长期乱堆乱放。

（二）农业垃圾日益增多。随着农业机械化的进一步的普及发展，很多群众不再使用传统的农家肥种植，而是依靠农药杀虫、化肥催肥种植以及地膜提速增效等短平快的方式。加之群众环保意识不强，施肥后将包装袋就地乱扔以及地膜到处飘散，这些都产生了大量的农业污染，对土壤、水源甚至人、畜的生命安全带来较大隐患。

（三）破旧烂房、土窖、菜窖拆除难度大。据调查摸底统计，目前大量危旧废弃不用的破旧烂房、土窖、菜窖大量存在，特别是随着易地搬迁、小村整合项目的推进实施，许多村民都搬进了新房，但是之前住的旧房还有大量未拆除并且还存在许多村民新房居住旧房养殖的现象，这些情况的出现严重影响了村容村貌和村民生活质量的改善，特别是村民拆旧意识不强，严重制约了农村“人居环境综合整治”的开展。

（四）舆论引导和长效管理机制不健全。一是缺乏接地气的宣传媒介，对农民群众的环保需求缺乏有针对性的宣传，没有考虑到农民的接受能力和生活习惯，起不到共鸣作用。二是行政村一级虽建立了管理机制，但是存在“只建不管”的现象，长效机制作用发挥不明显，这就使得嘎查村民主体作用发挥不够，参与程度不高。只当旁观者，不当参与者，有些群众既不主动作为，也不支持配合，等靠要思想严重。

三、对我旗推进农村牧区危土房拆迁及环境整治的建议

（一）加大宣传力度，提高环保意识。群众是垃圾的产生者，也是垃圾污染环境的受害者，更是环境治理的受益者。积极引导群众，教育群众，增强群众的环保责任意识，改变群众的环保观念是改善环境问题的关键。一是开展形式多样的卫生健康教育，使卫生健康理念融入到群众的日常生活中，更好地发动群众自觉投身到环境治理活动中来。二是进一步加大舆论宣传力度，利用村民喜闻乐见、通俗易懂的方式，及时报道工作动态，宣传报道好典型、好经验、激励先进，曝光问题、鞭策后进，真正把各方面的积极性调动起来，形成人人关注农村环境的浓厚氛围；三是宣传引导农民减少化肥、地膜的使用，大力推广高垄等绿色环保的种植技术，逐渐改变原有的种植方式。四是以家庭为单位培育全社会重视环保新风尚，尝试环境保护知识进课堂活动，对农村中小学生进行环保教育，培养孩子的环保习惯，让孩子成为监督家长的有效“武器”。

（二）科学规划，因村施策。坚持因地制宜的发展理念，发挥规划的先导性作用和基础性地位，高起点、高标准、高质量全面开展全旗村庄布局规划、村庄整治规划。一要在学习先行地区先进经验基础上，深入群众，充分吸取环境整治的意见和建议，制定适合本地乡村环境整治的工作方案，明确优先建设的重点村和中心村，确定整治重点和时序。要根据各地民俗、经济水平和农牧民期盼，科学确定各地区整治目标任务，既要尽力而为又要量力而行，集中力量解决突出问题。二要切实做好农村破旧危土房、土窖、菜窖的拆除工作。要加大宣传引导力度，切实解读好政策，打消村民顾虑；要规范拆除程序，依法依规做好拆除工作；要充分发挥党员、领导干部的带头作用，形成示范效应；还要严格落实旗级领导包苏木乡镇、苏木乡镇领导包嘎查村机制，督促指导抓好拆除工作，确保按

时完成拆旧任务。

（三）**示范带动，精准发力。**农村环境整治工作是一项长期的工作任务，特别是在起步阶段不可能面面俱到，要通过以点带面，先行先试、示范带动，促进农村环境整治工作的整体提升。按照“典型引路、示范带动，突出重点、全面推进”的工作思路，以美丽乡村建设为平台，以农村综合环境整治为重点，实施青山绿水建设工程，突出抓好美丽乡村示范带的建设，集中打造一批生态示范点儿，辐射带动全旗各嘎查村开展整治工作。

（四）**加强组织领导，统筹协调。**各地区、各部门要充分认识改善农村人居环境的重要意义，切实加强对有关工作的组织领导。要强化旗级党委和政府主体责任，明确牵头责任部门，统筹安排年度工作任务，为工作持续开展提供组织和政策保障。要加强对各地改善农村人居环境工作的指导，建立部门联动、分工明确的协调推进机制，整合资源，共享信息，形成工作合力。各职能部门要经常开展监督检查，及时掌握各地农村环境综合整治有关情况，确保农村突出环境问题得到及时发现和解决。

（五）**突出重点，扎实推进。**一是做好垃圾分类处理。垃圾分类工作正在成为社会的一种新时尚，在垃圾分类处理的各个环节中，群众是第一道关口，大力宣传从家庭就开始垃圾分类，可有效降低成本、提高效率。按照减量化、资源化、无害化的要求，可回收垃圾由农户自行变卖，建筑垃圾单独清运，厨余垃圾、易腐烂的用于沤肥，有毒垃圾由相关部门负责回收。确保全旗城乡生活垃圾终端无害化处理实现全覆盖。二是梯次推进农村生活污水治理。建议有条件的苏木乡镇和规模较大、基础较好、有一定经济实力的村庄要建立集中污水处理设施；乌兰花镇城区周边村镇的污水可纳入城镇污水收集管网统一处理；居住比较分散的村，应建设户用污水处理设施。我旗农村牧区居民住房分布较散，特别是一些偏远农区，住户之间距离很远，用集中式污水处理很不经济。建议结合农村生产生活的方式，采取分片区、分散式、低成本、易管理的方式处理，解决好农村污水转化利用和处理问题。三是示范推动农村“厕所革命”。要坚持以户改厕为主，建公厕为辅的原则，按照重点区域优先改、整合资源集中改、农村旱厕整村改的要求，明确改厕方式、流程、质量标准等，统筹推进农村厕所革命。大力推进传统旱厕改造。加大农村改水力度，为农村“厕所革命”创造条件，解决村民想改不能改的问题。不断增加有效投入和专项资金补贴，严格考核奖补，提高广大村民改厕积极性，解决村民愿改不急改的问题。加强改厕与农村生活污水治理的有效衔接，将厕所粪污、畜禽养殖废弃物一并处理并资源化利用。四是积极开展农业面源污染防治。加大残膜的回收力度，提高回收的补贴金额，鼓励社会力量参与残膜回收工作。科学制定畜牧业发展规划，依法划定畜禽养殖禁养区，推进规模化畜禽养殖区和居民生活区的科学分离，引导养殖业规模化发展，有效解决畜禽养殖污染。

（六）**健全机制，压实责任。**一是健全责任追究机制。改善农村人居环境涉及方方面面，要充分调动社区和嘎查村的工作积极性，健全旗、镇、村三级责任体系，形成人人有任务、个个有压力的工作格局。按照履职必尽责的要求，严格落实主体责任，对工作不力、效果不佳的部门、乡镇（社区），既要给予一定的经济处罚，又要追究主要负责人和分管领导的责任，年度考核不得评先评优。建立全面的考核评价监督制度，将改善农村人居环境工作纳入年终绩效考核的重要内容。采取月督查、季排名、半年一小结、年度一总评的方式，进行全面的考核评价，以考核为抓手推动环境改善。二是完善长效管护机制。坚持建管结合，逐步建立有制度、有标准、有队伍、有经费、有督查的农村人居环境管护长效机制，推进农村人居环境整治工作常态化开展。要制定村规民约，落实农牧民主体责任，将不卫生、不文明、不健康等行为与农牧民的经济利益挂钩，建立相应的激励惩戒机制，提高农牧民的环境卫生意识和公共道德意识。还要树典型，立标杆，定期评选文明卫生家庭。明确保洁人员职责，严格考核奖惩，确保农村人居环境整治的成果持续发挥作用。

2020 年 12 月 15 日印发

关于优化我旗营商环境民主监督调研报告

（政协四子王旗委员会办公室）

营商环境是一个地区有效开展交流与合作、参与区域竞争的重要依托，也是一个地区经济软实力的重要体现。根据自治区政协、市政协《关于开展“优化营商环境民主监督专题协商”三级联动调研的通知》文件精神，按照《四子王旗2020年度政协协商工作计划》安排，旗政协于7月份组织政协经济委员会组成人员、部分政协常委、共产党界、工商企业经济界委员并邀请发改委、工业和信息化局、财政局、自然资源局、市场监督管理局、金融办、政务服务局、税务局、内蒙古银行等主要负责同志对我旗优化营商环境开展情况通过采取听汇报、召开座谈会、收集材料、实地走访等方式进行了专题调研，并于9月份组织政协常委、共产党界、工商企业经济界部分委员赴赤峰市、通辽市部分旗县区进行了实地调研。现将调研情况报告如下：

一、我旗优化营商环境开展情况

（一）亲商惠企的政策进一步健全。2020年，我旗继续深化商事制度改革，降低准入门槛，简化审批流程，进一步优化了营商环境。一是继续巩固和扩大了“一照一码”改革成果，“多证合一”工作全面开展。二是通过广播、电视、报纸、显示屏、微信公众平台、印发宣传册、发送信息等多项措施，督促各类市场主体及时开展了年报公示工作。三是同四子王旗农村信用合作联社签署了“政银合作协议”，积极推行全程电子化改革，为各类市场主体搭建信息互联互通和“一站式”免费代办服务与融资平台，申请人“足不出户”即可通过互联网办理营业执照。四是推行了“审核合一、一人通办”改革，除特殊登记业务外，市场监管登记窗口受理、审查、核准事项均由同一登记人员负责，群众办事效率明显提高，有效解决了群众办事等候时间长、环节多的顽疾。五是推行“一站式”服务，切实做到咨询解答一口清，将企业设立登记时间压缩到3天。六是对符合条件的市场主体，积极推行简易注销程序，有效降低了经营者的注销成本，缩短了注销时间。

（二）高效透明的政务环境进一步优化。一是建设便捷高效综合服务大厅。加快推进“证照分离”改革，积极推行了“马上办”“网上办”“一次办”和电子营业执照改革，平均办理时间由过去的5天压缩到现在的3天，群众满意率达到98%。二是推行“互联网+政务服务”。建立线上政务服务平台，加快“互联网+政务服务”综合窗口建设，推进网上政务大厅和实体大厅深度融合，让数据多跑路、群众少跑腿。

（三）减税降费进一步深入。我旗严格贯彻落实了国务院六项减税政策和七项减税措施，对符合政策的纳税人进行了减免。制定了《国家税务总局四子王旗税务局实施减税降费工作宣传方案》，制定了宣传路线图，明确责任、统筹部署，抓好减税降费宣传辅导培训的落实工作。充分利用各类宣传载体，丰富宣传内容，优化宣传模式，确保宣传辅导取得实效。印发以减税降费政策等为主要内容的“三折页”宣传资料，放置于办税服务厅和培训场所进行发放，以供纳税人阅读了解；积极创造条件分期分批为纳税人、缴费人进行专题培训，及时解答纳税人关注的热点问题，提高纳税人的认知度。

（四）监管机制进一步完善。严格遵守全国统一的市场监管规则和标准，落实市场监管部门信用体系建设指导意见，健全完善信用监管平台。将“双随机、一公开”监管与企业信用风险分类结果有机结合，基本实现市场监管领域相关部门“双随机、一公开”。对涉及人民群众生命健康的特殊重点领域，以及公众聚集场所、事故多发和问题反映集中的特种设备，实行重点监管，提升了监管规范化、标准化水平。

二、我旗营商环境工作存在的问题

（一）涉企优惠政策措施宣传落实不到位。我旗惠企政策的公开形式单一，市场主体知晓率不高，尤其在执行层面还存在不及时、不到位等突出问题，极大地抑制了政策的有效发挥。虽然各部门出台了许多涉企优惠政策，但存在着配套措施少、可操作性差等问题，导致政策兑现难。在落实支持中小微企业发展上，多是照搬上级政策文件，有针对性的措施较少。

（二）数据整合共享依然存在壁垒，“互联网＋政务服务”综合应用亟待加强。我旗虽已初步建成网上政务服务平台，但与其他旗县（区）、市直部门在系统对接、网上办事、用户注册应用和数据交换共享等方面存在不足，“各自为政、条块分割”问题还比较严重。涉及多部门办理的审批事项需要在多个审批系统和部门应用系统重复填报、多次录入，市场主体对此反映强烈。网上办事普及不够，企业和民众对网上办事的认知度较低，习惯于到窗口排队办理，旗政务服务大厅部分事项自助服务终端设备不足，自助式服务功能不强。

（三）金融服务体系作用发挥不够。中小企业“融资难、融资贵”问题依然突出。当前，我旗金融服务体系建设还不能很好地适应当前形势发展要求，尤其是面对中小微企业“短、小、频、急”的融资需求，现有金融体系还不能有效地提供充足的金融产品和金融服务，还不能形成推动中小企业脱困发展的支撑力量。

（四）社会信用体系不够健全，法治政府建设仍需推进。一是对企业细致周到地跟进服务、诚实守信地兑现承诺等方面亟待改进。出台的政策变化快、难预期，有的企业反映有些部门重招商轻服务、重许诺轻兑现，造成企业对政府诚信产生质疑，严重影响政府公信力。二是法治化营商环境待进一步强化，守法诚信激励和违法失信惩戒的联动机制尚需完善，政府对企业信用资源挖掘利用不够。

（五）人才短缺。调研时企业反映，招工难特别是招专业技术人才更难，本地人宁愿到发达地区打工也不愿留在本地，外地人愿意进来的更少，且流动性强，专业技术人才、高级技工缺乏已成为制约我旗民营企业发展的普遍问题。

三、关于优化全旗营商环境的对策建议

（一）加强基础设施建设，统筹解决企业落地后续问题。一是全面排查问题。对全旗物流园区、产业集聚区等项目园区进行全面摸底排查，及时发现问题、解决问题。加大对项目园区、城区基础配套设施建设支持力度，鼓励社会资本投入，对园区和城区道路、水、电、气、暖、通讯、环保等基础设施进行规划建设。坚持工业项目区与城市功能协同推进，打造产城融合综合体。突出交通先行，优化公交线路和站点设置，在园区及周边配套建设住宿、餐饮、商务、休闲等生活配套，为入驻企业员工创造便利生活条件。二是强化服务保障。协调、督促相关部门和水、电、气、暖供应企业，压缩办理时限，强化收费标准等信息公开力度，拓展服务方式，提升保障能力，为客户提供便捷、高效、稳定的服务，满足企业生产运营需求，加强对相关行业价格进行监管，切实为企业减负。三是完善配套政策。完善住房、社保、户籍、教育等落地配套政策，加大对企业引进人才和进城务工人员在保障性住房和子女入学等方面公共服务力度，解决企业员工后顾之忧。落实各项优惠政策，动态调整涉企收费目录清单，扩大直供电交易规模，降低用电、用气成本，全面落实支持清洁取暖的优惠政策。

（二）加强政策宣传，提升惠企政策知晓度。一要加大惠企政策透明度，凡可以公开的政策文件及时在旗政府网站上发布。加强优化营商环境各项政策措施的宣传解读，向企业精准推送各类政策信息，提高政策知晓度和覆盖面。各行业部门准确把握政策要求，联合相关部门及时进行研究，避免发生标准不一、政策落实难的问题。旗政务服务局要设立政务服务“好差评”专栏，及时回应和研究解决市场主体关注的重点难点问题。二要落实好旗级领导包联重点企业、重点项目制度，定期开展“送政策进企业”活动，主动向企业开展政策宣传，帮助企业用足用好国家、自治区、乌兰察布市的政策和专项资金，最大限度享受政策红利。三要加大对优化营商环境典型经验做法的宣传力度，及时展示我旗营造稳定、公平、透明、可预期营商环境的工作成效，形成良好舆论导向。

（三）突破信息壁垒，加快推进“一网通办”。一要针对部门专网林立、互不兼容、业务不协同等问题，加快推进一体化在线政务服务平台建设，推动自治区、市、旗政务服务平台融合和实体大厅与网上大厅的无缝对接。加强部门之间协调对接，加快推进数据交换共享，将各部门业务信息系统与一体化在线政务服务平台完成对接，政务服务事项网上办理实现“应上尽上、全程在线”。二要构建统一身份认证平台，建设电子证照库和政务数据共享交换平台，做到电子证照“一次生成、多方使用、一库管理、共享互认”，加快完善网上办事大厅、移动客户端、自助终端等多渠道、多形式服务平台，推行网上咨询、网上预约、网上受理、网上办理、网上反馈。三要以审批智能化、服务自助化、办事移动化为重点，拓展在线政务服务多终端、多场景应用，推进一体化平台向自助端、手机端发展，全面推广电子印章、电子证照，变“企业群众线下跑”为“数据信息线上跑”，提升在线政务服务的功能效率。

（四）优化产业结构，增强产业发展后劲。一要加强对传统产业改造升级，加快新旧动能转换，努力提高资源综合利用率和产业精深加工度，提高产品附加值和市场竞争力。推动工业绿色化转型，支持发展节能环保产业。二要大力发展“高精强特优”现代农牧业，通过多种经营方式，提升农业适度规模经营水平。优化农畜产品产业布局结构，促进农牧业与加工、流通、旅游、文化、康养等产业深度融合，提高农畜产品加工转化率。三要深化全域旅游示范区创建，推动旅游与文化、生态深度融合，丰富旅游产品供给，延伸旅游产业链条。四要培育壮大电子商务、商贸物流等定性服务业，大力发展健康养老、家庭服务等生活性服务业，发展跨境电子商务、农村牧区电子商务和快递业，构建现代服务业体系。

（五）完善融资机制，切实解决企业融资难融资贵的问题。一要适当下放国有银行信贷权限，在一定信贷额度内给予旗县支行信贷产品创新方面的自主权，鼓励引导金融机构开发个性化、差异化、定制化的金融产品和服务，有针对性地满足企业不同类型的融资需求。二要加强银企间的密切合作，建立完善银政企业合作长效机制，加大金融对全旗经济建设的支持力度，促进经济、金融良性互动互赢，实现银企双赢。三要落实好金融支持实体经济发展的各项政策措施，积极推荐担保贷款及其他形式融资服务，适当降低小微企业房屋产权办理费用，扩大小微企业抵押品范围，缓解小微企业融资困境。对全旗现有的好企业和项目在贷款权限范围内择优调查受理，如不在贷款权限范围内，要将优良企业引荐到上级银行以得到支持，切实解决企业周转资金困难问题。

（六）统筹各方土地资源，保障项目建设用地需求。一是严把审核关。从严配置土地指标，严把项目审核关，严防圈地占地现象，加大存量用地挖潜力度，及时清理、依法收回闲置土地，调拨给急需用地企业。二是盘活土地资源。加大闲置土地盘整力度，引导更多社会资金投入城区改造，采用协议出让价与土地盘整并举，提高土地利用率，转变土地利用方式，推进土地节约集约利用，将存量建设用地盘活用足。深化农村土地制度改革，探索和创新农村集体用地思路，合理开发利用地下空间资源，通过改善用地结构、布局，挖掘用地潜力，提高投资强度和利用效率。

（七）坚持人才为本，聚集经济高质量发展第一资源。一是做好人才项目规划。制定完善我旗“人才引进、培育计划、激励计划”，出台招才引智方案政策。二是加快人才培育。扎实做好人才招引培育工作，以人才带技术、带项目、促创新。围绕我旗特色产业，重点培养行业领军人才、高级管理人才、青年专业技术骨干和专业技术人员后备力量，集聚起转型发展的人才资源。三是夯实留住人才条件基础。继续完善公共服务设施及住房、就业创业、户籍、教育等各项服务人才配套政策，加大人才激励保障力度，形成既能招引人才、培育人才，又能留住人才的良性格局，让四子王旗成为人才实现价值、发挥作用的沃土。四是解决好企业与工人问题。搭建公共就业创业服务平台，定期组织就业创业政策宣讲、企业联合招工等活动，降低企业招工成本，解决企业招工、用工难问题，满足企业正常经营生产用工需求。织密扎牢社会保障网，加大劳动监察力度，解决好劳动纠纷、拖欠工资等问题，保障劳动者合法权益。

2020年12月15日印发

四子王旗非物质文化遗产项目名录及传承人

表 15

序号	项目名称	项目保护单位	传承人	级 别	批次	年度
1	蒙古族金银铜器制作技艺	四子王旗蒙古族民俗协会	苏格尔	☑ 旗县级 ☑ 盟市级 ☑ 自治区级	第五批	2013
2	蒙古族传统手工艺品制作	四子王旗蒙古族民俗协会	斌巴	☑ 旗县级 ☑ 盟市级 ☑ 自治区级	第五批	2012
3	祭敖包	四子王旗蒙古族民俗协会	当代	☑ 旗县级 ☑ 盟市级 ☑ 自治区级	第一批	2009
4	蒙古族银饰制作技艺	四子王旗蒙古族民俗协会	斯楞格	☑ 旗县级 ☑ 盟市级□自治区级	第三批	2011
5	四子部落蒙古服饰	四子王旗蒙古族民俗协会	额登塔娜	☑ 旗县级 ☑ 盟市级□自治区级	第四批	2012
6	四子部落蒙古服饰	四子王旗蒙古族民俗协会	孟根花	☑ 旗县级 ☑ 盟市级□自治区级	第四批	2012
7	四子王旗民间剪纸	四子王旗蒙古族民俗协会	孙树青	☑ 旗县级 ☑ 盟市级□自治区级	第四批	2012
8	四子王旗民间铁艺	四子王旗蒙古族民俗协会	杨陈林	☑ 旗县级 ☑ 盟市级□自治区级	第四批	2012
9	四子王旗蒙医	四子王旗蒙古族民俗协会	阿拉腾格日乐，劳布森，陶高	☑ 旗县级 ☑ 盟市级□自治区级	第四批	2012
10	二人台	四子王旗蒙古族民俗协会	王文豹	☑ 旗县级 ☑ 盟市级□自治区级	第四批	2012
11	蓝色哈达礼俗	四子王旗蒙古族民俗协会	满都麦	☑ 旗县级 ☑ 盟市级□自治区级	第四批	2012
12	花纛祭祀	四子王旗蒙古族民俗协会	当代	☑ 旗县级 ☑ 盟市级□自治区级	第五批	2013
13	哈撒儿祭祀	四子王旗蒙古族民俗协会	当代	☑ 旗县级 ☑ 盟市级□自治区级	第五批	2013
14	蒙古族正骨疗法	四子王旗蒙古族民俗协会	张效	☑ 旗县级 ☑ 盟市级□自治区级	第五批	2013
15	蒙古族烧伤疗法	四子王旗蒙古族民俗协会	胡六	☑ 旗县级 ☑ 盟市级□自治区级	第五批	2013
16	蒙古族马鞍传统制作技艺	四子王旗蒙古族民俗协会	道尔吉	☑ 旗县级 ☑ 盟市级□自治区级	第六批	2014
17	蒙古族象棋雕刻技艺	四子王旗蒙古族民俗协会	道尔吉	☑ 旗县级 ☑ 盟市级□自治区级	第六批	2014
18	蒙古族制桶传统技艺	四子王旗蒙古族民俗协会	钢嘎玛	☑ 旗县级 ☑ 盟市级□自治区级	第六批	2014
19	蒙古族传统骨雕技艺	四子王旗蒙古族民俗协会	达来	☑ 旗县级 ☑ 盟市级□自治区级	第六批	2014

续表 15

序号	项目名称	项目保护单位	传承人	级　别	批次	年度
20	蒙古族传统实木家具制作技艺	四子王旗蒙古族民俗协会	史良贵	☑旗县级☑盟市级□自治区级	第七批	2016
21	蒙古族传统手工绘画技艺	四子王旗蒙古族民俗协会	史静波	☑旗县级☑盟市级□自治区级	第七批	2016
22	布贴花	四子王旗蒙古族民俗协会	王慧琴	☑旗县级☑盟市级□自治区级	第十批	2020
23	蒙医五疗银针疗术	四子王旗蒙古族民俗协会	马希毕力格	☑旗县级☑盟市级□自治区级	第八批	2018
24	四子部落蒙古族刺绣技艺	四子王旗蒙古族民俗协会	苏伊拉其其格	☑旗县级☑盟市级□自治区级	第八批	2018
25	四子部落脑木更驼队拉脚（走阿音）	四子王旗蒙古族民俗协会	其仁	☑旗县级☑盟市级□自治区级	第八批	2018
26	四子部落蒙古族马头琴演奏技艺	四子王旗蒙古族民俗协会	根斯格达来	☑旗县级☑盟市级□自治区级	第八批	2018
27	蒙古族金银铜器制作技艺	四子王旗蒙古族民俗协会	苏晓霞	☑旗县级☑盟市级□自治区级	第十批	2020
28	蒙古族传统骨雕制作技艺	四子王旗蒙古族民俗协会	斯日古楞	☑旗县级☑盟市级□自治区级	第八批	2018
29	四子部落蒙古服饰制作技艺	四子王旗蒙古族民俗协会	莲花	☑旗县级☑盟市级□自治区级	第八批	2018
30	俊旦糖酥饼制作技艺	四子王旗蒙古族民俗协会	徐建云	☑旗县级☑盟市级□自治区级	第九批	2019
31	蒙医五疗放血疗术、针刺疗术	四子王旗蒙古族民俗协会	格日乐其木格	☑旗县级☑盟市级□自治区级	第九批	2019
32	二人台爬山调	四子王旗蒙古族民俗协会	张永平	☑旗县级☑盟市级□自治区级	第九批	2019
33	泥塑	四子王旗蒙古族民俗协会	闫强	☑旗县级☑盟市级□自治区级	第九批	2019
34	传统面塑艺术	四子王旗蒙古族民俗协会	高飞山	☑旗县级□盟市级□自治区级	第九批	2019
35	妇科疾病诊疗法	四子王旗蒙古族民俗协会	乌兰托雅	☑旗县级□盟市级□自治区级	第九批	2019
36	潮尔	四子王旗蒙古族民俗协会	那日格乐	☑旗县级□盟市级□自治区级		

续表 15

序号	项目名称	项目保护单位	传承人	级 别	批次	年度
37	四子部落传统奶食制作技艺	四子王旗蒙古族民俗协会	乌仁陶格斯	☑旗县级☐盟市级☐自治区级		
38	四子王旗胡六烧伤药膏制作技艺	四子王旗蒙古族民俗协会	胡已雄	☑旗县级☐盟市级☐自治区级		
39	四子部落传统婚礼赞颂	四子王旗蒙古族民俗协会	贺希格宝音	☑旗县级☐盟市级☐自治区级		
40	蒙古族长调民歌演唱技艺	四子王旗蒙古族民俗协会	吉木斯	☑旗县级☐盟市级☐自治区级		
41	蒙古族祝赞词	四子王旗蒙古族民俗协会	特木尔巴特尔	☑旗县级☐盟市级☐自治区级		
42	格斯尔文化	四子王旗蒙古族民俗协会	阿拉德尔图	☑旗县级☐盟市级☐自治区级	第九批	2019
43	哈撒儿祭祀	四子王旗蒙古族民俗协会	浩毕斯哈拉图	☑旗县级☐盟市级☐自治区级		